"清人經解叢編"出版說明

　　如今我國處於數百年難逢的歷史時期,修復我國已然破損的文明傳統,乃當下的世紀性學術使命。清代學術的輝煌傳世成就,顯見於整理中國歷代經典,此乃學界共識。21世紀中國學術能否有成,能否化解西方文明的挑戰,不僅端賴當今學人掌握西方歷代經典的進深,亦當基於對中國歷代經典的重新認識。上世紀八十年代初,中華書局推出"十三經清人注疏"整理規劃,見目二十餘種,刊行十餘種,嘉惠學林,功莫大焉。惜乎這一計劃尚未完成,且未囊括的十三經清人注疏不在少數,令人惋惜。

　　本《叢編》願承繼前輩心志,繼往開來,繼續整理十三經清人箋注。整理方式為:繁體橫排,施加現代標點,針對難解語詞、人物職官、典章制度、重要事件等下簡明注釋。如今的典籍整理,大多點校為止,如此習慣做法使故書仍然是"故書",我們的企望是,通過箋釋使得故書煥然而為當今向學青年的活水資源。

古典文明研究工作坊
中國典籍編注部甲組
2009年5月

目　　録

出版説明

　　清末民初之際，列强煎逼，國體不堪，我國經學却出現了新景象——總結經學傳統、歸納經學條貫。這意味着，在華夏政體傳統危難之際，研經者聚集精神，警醒國體危難意識，宛若前清研經者深痛性理之學空疏妄誕導致國家覆亡。湘中大儒皮錫瑞著《經學歷史》和《經學通論》兩種，相互發明，開風氣之先，引領出一批兼宗漢宋、不廢古今、學貫四部的經學通識著作。我國傳統學術過去并無"學術史"名目（西方傳統學術同樣如此），但《經學歷史》絶非如今意義上之學術史；同理，我國傳統學術過去并無"通論"名目（西方傳統學術同樣如此），但《經學通論》絶非如今意義上之經學理論，而是因應國體危難亟求兩千年來歷代大儒之精神。

　　"五四"以來形勢驟變，新派智識人亟求現代實證化人文社會科學"新偶像"（尼采語）。從此，中國經學到了該終結的歷史時刻之説，延綿半個多世紀不絶於耳——倡言終結經學者非異邦人，而是國人：民主共和興，傳統經學被判爲帝制附庸、"封建糟粕"，當然應該廢。廢近兩千年不絶若線之經學，具體做法大致有二：要麽變經學爲"國故"之學或古典文獻學，要麽變經學爲現代西式實證史學——"經學史"科目創始人明言，經學史之目的僅在於讓經學成爲歷史陳跡，讓本來活生生的身體變成僵屍。無論採取哪種方式，終結經學都得先對經學有一番爬梳功夫，因此不難理解，終結經學者乃"五四式"新派經學史家——終結中國經學之舉成爲現代中國經學的一次内部事變，經學品質蕩然無存。上世紀九十年代，國學界甚至一度追仿美國漢學,變經學史爲所謂社會史,如此怪現象正是變經學爲經學史一科之結果。

然而,在"現代性漩渦"中,我國經學傳統并未成爲僵屍,正如西方現代傳統——古希臘羅馬經學和猶太—基督教經學并未變成僵屍:在西方的現代化進程中,古希臘羅馬經學的復興此起彼伏,不斷質疑現代僭政,基督教經學傳統亦未因實證化人文社會科學之僭政而廢。如今,我國新生學子比"五四"學輩更願意珍惜經學命脈,守護經學傳統品質——值此之際,皮鹿門在經學危難時刻所著《經學歷史》和《經學通論》兩書仍爲啓蒙讀本。如今名爲"經學史"和"經學概論"的新派論著雖多,無一能取代皮鹿門經學兩書。

在中國思想史論著或新派經學史論著不斷推陳出新的今天,《經學通論》的學術價值和歷史意義當遠在《經學歷史》之上。《經學歷史》一書經著名經學史家周予同先生校注,半個世紀以來流傳不衰,在現代學問的漩渦中爲傳承經學統緒作出了不可磨滅的貢獻。令人遺憾的是,周予同先生未能校注《經學通論》,坊間流傳者乃 1954 年中華書局據民國時期僅有舊式句讀的刊印本出版之的影印本,迄今未見校注本行世。我們輒不自揆,罄竭所能,以古典文學普及本方式(隨文解釋難詞,生僻字出拼音)而非古籍整理方式校注《經學通論》,爲熱切回歸古典學問的年青學子提供沒有受到現代"主義"學問污染的"綠色"讀本。

古工坊

2009 年 9 月

修訂説明

1. 皮錫瑞《經學通論》五卷,初刻於清光緒三十三年(1907 年,湖南思賢書局),後被收入《續修四庫全書·經部》(第 180 册)。1934 年,商務印書館將其列爲《國學基本叢書》,出版四册本,有舊式句讀。1954 年 10 月,中華書局據《國學基本叢書》本校正重印,改正了原本的不少錯訛,此後又數次重印,是直至今日最爲通行的本子。今以 1954 年中華書局重印本爲工作本,參校思賢書局刻本,添加現代標點,重新分段,并出校勘記。

2. 爲方便普通讀者明瞭文意,對於文中需要重點理解的疑難字詞、經學術語、人名書名、典章名物、學術事件等,均出簡明注釋,疑難字詞并加注漢語拼音。原文引文,盡量考證并注明出處。排版格式爲:原文正文用 11 磅字,校注者所加注文用 8 磅字,原文雙行小字部分(即原文本有之注文)亦用 8 磅字,外加括號,以與校注者文字區别(疑難字注音之括號除外)。注釋文字采用隨文夾注形式,校勘記則采用當頁脚注形式。

3. 中華書局本原分四卷,《易經》與《書經》共屬一卷,今參以思賢書局本所稱"五卷",重新釐爲五卷,以符"五經通論"之實。將中華本《目録》略加調整,全書 209 條論題按順序添加阿拉伯數字,以明次序,冠以"經學通論序目"置於原"序"之前,以利檢尋。

4. 2011 年 4 月,華夏出版社初版印行《經學通論》(校注本)一書,因本人古典語文水平及經學修養有限,書稿中出現了不少斷句和注釋上的錯誤,十分愧對讀者。本次修訂,乃對書稿中所有句讀和引文進行了認真覈查訂正,同時吸收近年新出校點成果之優長,并對相關注釋做了較大幅度的增删修正。然囿於水平,書稿中一定還有諸多失當之處,敬祈方家郢正,在下不勝感激!

周春健
2018 年 2 月

經學通論序目 *

一、易經

---

　　* 思賢書局本無此目錄，據中華本《目錄》略加調整。此序目明列全書論題二百〇九條，其中《易經》三十條，《書經》三十三條，《詩經》三十八條，《三禮》五十二條，《春秋》五十六條。

16. 論以傳附經始於費直不始於王弼,亦非本於鄭君

17. 論宋人圖書之學亦出於漢人而不足據

18. 論《先天圖》不可信,朱子《答袁機仲書》乃未定之説

19. 論胡渭之辨甚確,若知《易》皆孔子所作,更不待辨而明

20. 論黃宗羲論《易》取《王注》與《程傳》,漢之焦、京,宋之陳、邵,皆所不取,説極平允,近人復理焦、京之緒又生一障

21. 論近人説《易》,張惠言爲顓門,焦循爲通學,學者當先觀二家之書

22. 論象數已具於《易》,求象數者不當求象於《易》之外,更不當求數於《易》之先

23. 論焦循《易》學深於王弼,故論王弼得失極允

24. 論焦循以假借説《易》本於《韓詩》,發前人所未發

25. 論假借説《易》并非穿鑿,學者當援例推補

26. 論《易》説多依託,不當崇信僞書

27. 論《易》爲卜筮作,實爲義理作;孔子作卦爻辭純以理言,實即義、文本意

28. 論説《易》之書最多,可取者少

29. 論漢人古義多不傳,漢碑可以引證

30. 論筮《易》之法,今人以錢代蓍,亦古法之遺

二、書經

31. 論《尚書》分今古文最先,而《尚書》之今古文最糾紛難辨

32. 論漢時今古文之分由文字不同,亦由譯語各異

33. 論伏生傳經二十九篇非二十八篇,當分《顧命》《康王之誥》爲二,不當數《書序》與《大誓》

34. 論古文增多十六篇見《漢志》,增二十四篇爲十六卷見《孔疏》,篇數分合增減皆有明文

35. 論《尚書》僞中作僞,屢出不已,其故有二:一則因秦燔亡失

而篇名多僞,一則因秦燔亡失而文字多僞

三、詩經

　　此義

92. 論賦、比、興、豳雅、豳頌皆出《周禮》,古文異説不必深究

93. 論《南陔》六詩與金奏三《夏》不在三百五篇之内

94. 論《詩》無不入樂,《史》《漢》與《左氏傳》可證

95. 論《詩》至晉後而盡亡,開元遺聲不可信

96. 論《詩》教温柔敦厚在婉曲不直言,《楚辭》及唐詩、宋詞猶
　　得其旨

97. 論三百篇爲全經,不可增删改竄

98. 論風人多託意男女,不可以文害辭

99. 論鳥獸草木之名,當考《毛傳》《爾雅》《陸疏》而參以圖説、
　　目驗

100. 論《鄭箋》《朱傳》間用三家,其書皆未盡善

101. 論孔子删《詩》是去其重,三百五篇已難盡通,不必更求三
　　百五篇之外

四、三禮

102. 論漢初無"三禮"之名,《儀禮》在漢時但稱《禮經》,今注疏
　　本《儀禮》大題非鄭君自名其學

103. 論鄭君分别今之《儀禮》及《大戴禮記》《小戴禮記》甚明,
　　無小戴删大戴之説

104. 論三《禮》之分自鄭君始,鄭於《儀禮》十七篇自序皆依劉
　　向《别録》;《禮記》四十九篇皆引《别録》,已有《月令》《明
　　堂位》《樂記》三篇,非馬融所增甚明

105. 論鄭注《禮器》以《周禮》爲"經禮"、《儀禮》爲"曲禮"有
　　誤,臣瓚注《漢志》不誤

106. 論鄭注三《禮》有功於聖經甚大,注極簡妙并不失之於繁

107. 論漢立二戴博士是《儀禮》非《禮記》,後世説者多誤,毛奇
　　齡始辨正之

127. 論王朝之禮與古異者可以變通,民間通行之禮宜定畫一之制

128. 論明堂、辟雍、封禪,當從阮元之言爲定論

129. 論古制不明由於説者多誤,小學、大學皆不知在何處

130. 論三《禮》皆周時之禮,不必聚訟,當觀其通

131. 論《周官》改稱《周禮》始於劉歆,武帝盡罷諸儒即其不信《周官》之證

132. 論《周官》當從何休之説出於六國時人,非必出於周公,亦非劉歆僞作

133. 論毛奇齡謂《周官》不出周公,并謂《儀禮》不出周公,而不知《儀禮》十七篇乃孔子所定,不可詆毀

134. 論《周禮》爲古説,《戴禮》有古有今,當分別觀之,不可合并爲一

135. 論鄭君和同古今文,於《周官》古文、《王制》今文力求疏通,有得有失

136. 論鄭君以《周禮》爲經、《禮記》爲記,其別異處皆以《周禮》爲正,而《周禮》自相矛盾者仍不能彌縫

137. 論《周禮》在周時初未舉行,亦難行於後世

138. 論《周官》之法不可行於後世,馬瑞臨《文獻通考》言之最晰

139. 論鄭樵解釋《周禮》疑義,未可信爲確據

140. 論《周官》并非周公未行之書,宋元人強補《周官》更不足辨

141. 論《禮記》始撰於叔孫通

142. 論《王制》《月令》《樂記》非秦漢之書

143. 論《王制》爲今文大宗,即《春秋》素王之制

144. 論《禮記》所説之義,古今可以通行

145. 論《禮記》記文多不次,若以類從尤便學者,惜孫炎、魏徵之書不傳

146. 論《鄭注》引漢事、引讖緯皆不得不然,習《禮記》者當熟玩注疏,其餘可緩

五、春秋

162. 論《穀梁》在《春秋》之後，曾見《公羊》之書，所謂"一傳"
　　　即《公羊傳》

163. 論《公羊》《穀梁》二傳當爲傳其學者所作，《左氏傳》亦當
　　　以此解之

164. 論《穀梁》廢興及三《傳》分別

165. 論《春秋》兼采三《傳》不主一家始於范甯①，而實始於鄭君

166. 論《春秋》借事明義之旨，止是借當時之事做一樣子，其事
　　　之合與不合、備與不備本所不計

167. 論三統三世是借事明義，黜周王魯亦是借事明義

168. 論《春秋》有現世主義有未來主義，義在尊王攘夷而不盡在
　　　尊王攘夷

169. 論孔子成《春秋》不能使後世無亂臣賊子，而能使亂臣賊子
　　　不能無懼

170. 論《春秋》一字褒貶之義，宅心恕而立法嚴

171. 論《春秋》書災異不書祥瑞，《左氏》《公羊》好言占驗，皆非
　　　大義所關

172. 論"獲麟"《公羊》與《左氏》說不同而皆可通，鄭君已疏通之

173. 論《春秋》本魯史舊名，《墨子》云"百國《春秋》"即百二十
　　　國寶書

174. 論《漢志》"《春秋》古經"即《左氏經》，《左氏經》長於二
　　　傳，亦有當分別觀之者

175. 論左氏不在七十子之列，不得口受傳指，《左傳疏》引《嚴
　　　氏春秋》不可信，引劉向《別録》亦不可信

176. 論趙匡、鄭樵辨左氏非丘明，《左氏傳》文實有後人附益

177. 論賈逵奏《左氏》義長於《公羊》，以己所附益之義爲《左
　　　氏》義，言多誣妄

---

① "甯"，原作"寧"，據思賢書局本正文改。

序[*]

經學不明，則孔子不尊。孔子不得位_{指孔子雖有德而未居天}_{子之位，所謂"素王"也}，無功業表見，晚定《六經》以教萬世_{《六經》}_{者，《詩》《書》《禮》《樂》《易》《春秋》六部經書，秦火后《樂經》亡佚而爲"五}_{經"}，尊之者以爲萬世師表。自天子以至於士庶_{士子與平民，泛指}_{普通百姓}，莫不讀孔子之書，奉孔子之教。天子得之以治天下，士庶得之以治一身，有舍此而無以自立者。此孔子所以賢於堯舜，爲生民所未有，其功皆在删定《六經》。今人周予同先生注釋《經學歷史》言："古文學家以爲孔子之前已有所謂'六經'，經非始於孔子。今文學家則以爲有孔子而后有'六經'，孔子之前不能有所謂經。皮氏系今文學者，故經學開闢時代始于孔子之删定'六經'。"孟子稱孔子作《春秋》，比禹與周公，爲天下一治，其明證矣。《孟子·滕文公下》云："天下之生久矣，一治一亂。……昔者禹抑洪水而天下平，周公兼夷狄、驅猛獸而百姓寧，孔子成《春秋》而亂臣賊子懼。"漢初諸儒，深識此義，以《六經》爲孔子所作，且謂孔子爲漢定道_{爲漢朝定立治國處世之準則}。太史公謂："言六藝者折衷於孔子_{六藝：意同《六經》}，可謂至聖。"_{語出}_{司馬遷《史記·孔子世家》，"孔子"原作"夫子"}。董仲舒奏武帝，表章《六經》，抑黜百家，諸不在六藝之科、孔子之術者，勿使并進_詳_{見董氏《舉賢良對策》，載《漢書·董仲舒傳》}。故其時上無異教，下無

---

* "序"，思賢書局本作"自序"。

異學,君之詔旨天子的詔書聖旨,臣之章奏臣下呈報皇帝的文書,無不先引經義。所用之士,必取經明行修謂經學博洽,德行美善。此漢代人才所以極盛,而治法最近古,由明經術而實行孔教之效也效:效驗,明證。後漢以降,始有異議,不盡以經爲孔子作。《易》則以爲文王作卦辭,周公作爻辭;《春秋》則以"凡例"爲出周公;《周禮》《儀禮》皆以爲周公手定;《詩》《書》二經,亦謂孔子無刪定事。於是孔子無一書傳世,世之尊孔子,特名焉而已徒尊其名而已,不知所以爲萬世師表者安在。唐時,乃尊周公爲"先聖",降孔子爲"先師",配享從祀配享:亦作"配饗",指附祭於神廟。從祀:猶配享,與漢《韓敕》《史晨》諸碑所言大異。《韓敕》,全稱爲《漢魯相韓敕造孔廟禮器碑》,又稱《禮器碑》。《史晨碑》分前碑、後碑,前碑稱《漢魯相史晨奏祀孔子廟碑》,後碑稱《漢魯相史晨饗孔廟碑》。二碑均極尊孔子,如《韓敕碑》稱:"孔子近聖,爲漢定道。自天王以下至於初學,莫不冀思,歎仰師鏡。"《史晨碑》稱:"臣以爲素王稽古,德亞皇代。"豈非經學不明、孔子不尊之過歟?近世異説滋多,非聖無法"非"通"誹"。非聖:詆毀聖人之道。無法:無視法紀,至欲以祖龍之一炬祖龍:指秦始皇。南朝宋裴駰《史記集解》引蘇林曰:"祖,始也;龍,人君像。謂始皇也。"祖龍之一炬:指秦朝焚書事,施之聖經指儒家經典。在廷儒臣,上言尊孔,恭奉諭旨,升孔子爲大祀最隆重的祭祀,古時常指祭祀天地、宗廟等,尊崇盛典,遠軼百王軼:超越。百王:歷代帝王。

　　錫瑞竊以爲,尊孔必先明經。前編《經學歷史》以授生徒,猶恐語焉不詳,學者未能窺治經之門徑。更纂《經學通論》以備參考,大旨以爲:一當知經爲孔子所定,孔子以前不得有經;二當知漢初去古未遠,以爲孔子作經説必有據;三當知後漢古文説出古文:東漢有經學今古文之爭,今古文之別首先在於抄寫經書的字體不同,據皮錫瑞《經學歷史》所言,古文指先秦籀書,今文指漢代通行隸書。因漢代重視師法家法,傳授各有系統,説解因之亦多所不同。又因今古文何派立于學官關涉利祿,故二派爭論劇烈,乃尊周公以抑孔子;四當知晉宋以下，專信古文《尚書》《毛詩》《周官》《左傳》《周官》即《周禮》，因分天、地、春、夏、秋、冬六官，述西周官制，故名，而大義微言不彰；五當知宋元經學雖衰，而不信古文諸書，亦有特見；六當知國朝經學復盛國朝：本朝，此指清朝，乾嘉以後治今文者，尤能窺見聖經微旨。執此六義以治諸經，乃知孔子爲萬世師表之尊，正以其有萬世不易之經，經之大義微言，亦甚易明。治經者當先去其支離不足辨，及其瑣細無大關繫，而用漢人存大體、玩經文之法《漢書·藝文志·六藝略》云："古之學者耕且養，三年而通一藝。存其大體，玩經文而已。是故用日少而畜德多，三十而五經立也。"，勉爲漢時通經致用之才，斯不至以博而寡要與迂而無用疑經矣博而寡要：學識廣博卻不得要領。

錫瑞思殫炳燭之明指年老好學，漢劉向《說苑·建本》："臣聞之少而好學，如日出之陽；長而好學，如日中之光；老而好學，如炳燭之明。"，用捄燔經之禍捄(jiù)：同"救"。燔(fán)：焚燒，鑽仰既竭鑽仰：深入探求，不知所裁不知如何裁處。尚翼達者諒其僭愚(jiàn yú)差失，愚鈍。常用爲謙詞，而匡所不逮不足，錯失，則幸甚！

光緒丁未光緒三十三年，1907年，善化皮錫瑞自序善化：地名，今屬湖南長沙。

一、易經

1. 論變易、不易皆《易》之大義

　　治經者當先知此經之大義,以《易》而論,變易、不易變與不變,皆大義所在,二者當并行不相悖。《周易正義·第一論易之三名》曰唐太宗時期,國子祭酒孔穎達(574—648)奉敕主持編修《五經正義》,標誌着唐代經學的統一,其中《周易正義》乃由魏人王弼作注、孔穎達作疏:"夫'易'者,變化之總名,改換之殊稱別稱。自天地開辟,陰陽運行,寒暑迭來,日月更出,孚萌庶類孚萌:孵育滋生。庶類:萬物,萬類,亭毒群品亭毒:《老子》第五十一章云:"長之育之,亭之毒之,養之覆之。"有學者以"亭之毒之"當讀爲"成之熟之",亭毒,引申指化育、養育。群品:義同"庶類",新新不停新新:新之又新,不斷革新,生生相續,莫非資變化之力、換代之功莫非:無不。資:具有,具備。然變化運行,在陰陽二氣,故聖人初畫八卦八卦相傳爲伏羲所作,設剛柔兩畫八卦符號由陰(--)陽(—)兩種線形組成,陽爲剛,陰爲柔,象二氣也象徵陰陽二氣;布以三位上、中、下三個方位,象三才也三才:指天、地、人。謂之爲'易',取變化之義。既義總變化,而獨以'易'爲名者,《易緯·乾鑿度》云《易緯》是漢代緯書之一,鄭玄曾爲之作注,其中《乾鑿度》發明《周易》之旨爲最多。乾爲天,度爲路,意爲開辟通向天下之路:'易一名而含三義,所謂易也平易,簡易,變易也變化,不易也不變。'

又云:'易者,其德也。光明四通,簡易①立節樹立節操,天以爛明,日月星辰,布設張列,通精②無門,藏神無穴"穴",一本作"内"。清人惠棟《周易述》卷二十二注云:"神在内,故藏神無内。有内不可言藏。"鄭玄注云:"偷易無爲,故天下之性莫不自得也。",不煩不擾,澹泊不失,此其易也。鄭玄注云:"未始有得,夫何失哉"變易者,其氣也。天地不變,不能通氣;五行迭終五行:水、火、木、金、土,古代稱構成物質的五種元素,常用其相互之間的相生相克來説明宇宙萬物的起源變化,四時更廢四時:春、夏、秋、冬四季。鄭玄注云:"天道如之,而況於人乎。";君臣取象取某事物之徵象,變節相移變節:轉換時節;能消者息消息:意爲消長,增減。鄭玄注云:"文王是也。",必專者敗鄭玄注云:"殷紂是也。",此其變易也。不易者,其位也。天在上地在下,君南面臣北面,父坐子伏乃就卦象在先天八卦圖中的位置而言。乾爲君,居於上,坐北朝南;坤爲臣,居於下,立南朝北。乾爲父,坐於上;震、坎、艮爲子,伏於下,所謂"父坐子伏"也,此其不易也。'惠棟《周易述》云:"天在上地在下,此陰陽之位也;君南面臣北面,父坐子伏,此貴賤之位也,皆不易之義。"鄭玄依此義作《易贊》及《易論》云鄭玄(127—200):字康成,北海高密(今山東濰坊高密)人。東漢經學大師,兼采今古文,遍注群經,以《三禮注》最爲著名。他整齊百家,融合今古文,在經學史上具有重要地位:'易一名而含三義,易簡,一也;變易,二也;不易,三也。故《繫辭》云:"乾、坤,其《易》之藴邪?"又云:"《易》之門戶邪?"又云:"夫乾,確然示人易矣確然:剛健貌。示人易:以平易顯示於人。夫坤,隤然示人簡矣隤(tuí)然:柔順貌。示人簡:以簡約顯示於人。""易則易知,簡則易從。"此言其"易簡"之法則也。又云:"爲道也屢遷體現的道理在於屢屢推遷,變動不居,周流六虚周流:周遍流動。六虚:指六爻,《易》

---

①　"簡易",文淵閣《四庫全書》本《周易乾鑿度》卷上作"偷易",漢鄭玄注云:"偷易者,寂然無爲之謂也。"

②　"通精",《周易乾鑿度》作"通情"。

卦之畫曰爻,六十四卦中每卦六畫,故稱。宋人胡瑗《周易口義·繫辭下》云:"言一卦六爻,有陰有陽,上下周遍,互相更易,在於六位之間也。",上下無常,剛柔相易,不可爲典要,唯變所適歸向:趨向。"此言順時變易、出入移動者也移動:變動。又云:"天尊地卑,乾坤定矣。卑高以陳一經陳列,貴賤位矣位:各居其位。動靜有常,剛柔斷矣斷:判然分明。"此言其張設布列不易者也。'"語出孔穎達《周易正義》卷首。

錫瑞案:孔穎達引證詳明。《乾鑿度》爲説《易》最古之書,鄭君兼通今古文之學,其解《易》之名義,皆兼"變易""不易"之説。鄭引《易》尤切實,是《易》雖有"窮變通久"之義《周易·繫辭下》:"《易》窮則變,變則通,通則久。",亦有不易者在。斯義也,非獨《易》言之,群經亦多言之,而莫著於《禮記》。《大傳》曰《禮記》之第十六篇:"改制度《禮記》原文作"改正朔",易服色改換車馬牲祭顏色,表示各代所尚不同,殊徽號設置不同的旗幟名號,異器械,別衣服穿不同于前朝的衣服,此其所得與民變革者也。其不可得變革者,則有矣:尊尊也,親親也,長長也,男女有別,此其不可得與民變革者也。"變革即變易也,不可變革即不易也。董仲舒漢初大儒董仲舒(前179—前104):廣川(今屬河北衡水)人,西漢著名今文經學大師,專研《公羊春秋》,撰《春秋繁露》等。曾上《舉賢良對策》,提出著名的"大一統""抑黜百家,表彰六經"等觀念,影響後世深遠,深得斯旨,其《對策》曰即《舉賢良對策》,見《漢書·董仲舒傳》:"道之大原出於天,天不變,道亦不變。"又曰:"爲政而不行不得施行,甚者必變而更化之更化:改革,改制,乃可理也理:治理。"後人讀之,議①其前後矛盾,不知董子《對策》之意,全在變法。以爲舜繼堯後,大治有道大治:政治修明,天下安定,故可無爲而治此指儒家一種政治

---

① "議",思賢書局本作"疑"。

主張,意謂以德化人,不重刑罰,而使天下治理,與道家順應自然、無所作爲而使天下治者有别;漢繼秦後,大亂無道,而漢多襲秦舊秦朝舊制,故謂當變更化。不變者道也,當變者法也,亦即《易》以變易爲義,而有不變者在也。今之學者,不知"窮變通久"之義,一聞變法,群起而争,反其説者,又不知變易之中有不易者在,舉天地、君臣、父子不可變者亦欲變之,又豈可爲訓乎?

2. 論伏羲作《易》垂教,在正君臣、父子、夫婦之義

讀《易》者當先知伏羲爲何畫八卦伏羲:又作宓羲、庖犧、伏戲等,亦稱犧皇、皇羲、太昊。古代傳説中的"三皇"之一,相傳其始畫八卦,又教民漁獵,被尊爲中華民族的人文始祖,其畫八卦有何用處。《正義》曰:"作《易》所以垂教者垂教:垂示教訓,即《乾鑿度》云:'孔子曰:上古之時,人民無别,群物未殊,未有衣食器用之利。伏羲乃仰觀象於天象:指天象,俯觀法於地法:指地形,中觀萬物之宜適宜存在於地上的種種事物。於是始作八卦,以通神明之德神妙顯明的德性,即陰陽變化的德性,以類萬物之情類歸天地萬物之情狀。鄭玄注云:"伏羲之時,物漸流動,是以因别八卦以鎮其動也。"故《易》者,所以繼天地秉承天地之意、理人倫統理尊卑長幼之倫常關係,而明王道。《周易乾鑿度》卷上鄭玄注云:"王道繼天地而已。"是以畫八卦,建五氣五行之氣,五方之氣,以立五常之行五常:即五行;《周易乾鑿度》原文作:"是故八卦以建,五氣以立,五常以之行。"鄭玄注云:"天地氣合,而化生五物。"象法乾坤象法:效法,取法,順陰陽,以正君臣、父子、夫婦之義;鄭玄注云:"天地陰陽尚有尊卑先後之序,而況人道乎?"度時制宜,作爲罔罟(wǎng gǔ),漁獵的網具,以佃以漁佃(tián):通"畋",獵獸。漁:捕魚,以贍民用。鄭玄注云:"時有不贍,因制器以宜之。"於是人民乃治,君親以尊,臣子以順,群生和洽,各安其性。鄭玄注云:"安,猶不失也。

順其度而通之，因其宜而制之，則天下之志通，萬類之情得也。”’此其作《易》垂教之本意也。”語出孔穎達《周易正義》卷首。又《坤靈圖》曰《易緯》篇名：“伏羲氏立九部劃分天下為九個區域，明人孫瑴《古微書》卷十五云：“蓋九州之始也。”，民易理百姓易於管理。”《春秋緯·文耀鈎》曰：“伏羲作《易》名官命名其官長。傳說伏羲時有龍馬銜圖之瑞，乃以龍名其百官師長，曰“龍師”。”《禮緯·含文嘉》曰：“慮(fú)者①，別也；戲者②，獻也，法也。伏羲始別八卦，以變化天下，天下法則天下以之為法則，咸伏貢獻咸伏：全部歸服。貢獻：進奉，貢奉，故曰伏羲也。”鄭君《六藝論》曰鄭君：指漢人鄭玄：“慮羲作十言之教，曰乾、坤、震、巽、坎、離、艮、兌、消、息。無文字，謂之‘易’，以厚君民之別厚：重也。”參宋人羅泌《路史》卷十《太昊紀上》注。宋人王應麟輯《周易鄭康成注》無“以厚君民之別”六字。鄭專以“厚君民之別”為說，蓋本孔子云“君親以尊，臣子以順”之義引文見宋人薛據輯《孔子集語》卷上《易者第一》。陸賈《新語·道基篇》亦云陸賈（約前240—前170）：漢初著名政治家，曾勸劉邦讀《詩》《書》，文武并用，《史記》有傳：“先聖仰觀天文，俯察地理，圖畫乾坤，以定人道，民始開悟，知有父子之親、君臣之義、夫婦之道、長幼之序，於是百官立，王道乃生。”《白虎通》暢其說云《白虎通》：又名《白虎通義》《白虎通德論》，東漢班固撰。東漢初年，今古文經學的門戶之見日益加深，各派對儒家經典的解說不一，章句歧異。建初四年(79)，章帝親自主持會議，召集各地著名儒生如魏應、淳于恭、賈逵、班固等於洛陽白虎觀，討論五經異同，一定程度上彌合了經學今古文之爭，史稱白虎觀會議。討論的結果，由班固纂輯而成《白虎通義》：“古之時，未有三綱六紀三綱：即所謂“君為臣綱，父為子綱，夫為妻綱”。六紀：《禮緯·含文嘉》云：“六紀，謂諸父有善，諸舅有義，族人有敘，昆弟有親，師長有尊，朋友有舊，是六紀也。”，民人但知其母，而

---

① 慮：一本作“伏”。
② 戲：一本作“犧”。

不知其父,能覆前不能覆後,臥之詓詓(qǔ qǔ)張口貌,起之吁吁自得貌,飢即求食,飽即棄餘拋棄多餘之物,茹毛飲血而衣皮韋衣:去聲,動詞,穿。於是伏羲仰觀象於天,俯察法於地,因夫婦因:通"姻",婚配,正五行此當指仁、義、禮、智、信之五常,始定人道,畫八卦,以治天下。"語出《白虎通》卷上《號》。焦循謂讀陸氏之言焦循(1763—1820):字里堂,一作理堂。江蘇甘泉(今揚州)人。清代經學家,著有《易章句》《易圖略》《易通釋》《孟子正義》等,乃恍然悟伏羲所以設卦之故,更推闡其旨曰:"學《易》者,必先知伏羲未作八卦之前是何世界,伏羲作八卦重爲六十四何以能治天下,神農太古帝王,又稱炎帝,始教民稼穡、堯、舜、文王、周公、孔子,何奉此卦畫爲萬古修己治人之道。孔子删《書》始唐虞唐堯虞舜的并稱,此指堯舜時代,治法至唐虞乃備也;贊《易》始伏羲贊《易》:《周易》原來只有本經,現行《周易》中的《易傳》部分爲孔子所加,即所謂"孔子贊《易》",人道自伏羲始定也。有夫婦然後有父子,有父子然後有君臣。伏羲設卦觀象,定嫁娶以別男女,始有夫婦,有父子,有君臣。然則君臣自伏羲始定,故伏羲爲首出之君,前此無夫婦、父子,即無君臣。凡緯書所載天皇、地皇、人皇緯書:漢代依託儒家經義宣揚符籙瑞應占驗之書,相對于經書,故稱。緯書內容多附會人事吉凶,預言治亂興廢。天皇、地皇、人皇:古代民間傳說中的"三皇",是中國最古的三位帝王,九頭、五龍、攝提、合雒等紀據《廣雅·釋天》,自天地開闢,人皇以來,至春秋魯哀公十四年,共二百七十六萬年,分爲十紀,曰:九頭、五龍、攝提、合雒、連通、序命、循蜚、因提、禪通、疏訖,無容議矣不容議論。《莊子·繕性篇》云:'古之人,在混茫之中,與一世而得淡漠焉。一世:舉世。宋人林希逸《莊子口義》卷五云:"澹然漠然,上下不相求之意。"當是時也,陰陽和静,鬼神不擾,四時得節合於節度,萬物不傷,群生不夭,人雖有知通"智",心智,無所用之,此之謂至一完滿純一的境地。當是時也,莫之爲常自然原本"常"上有"而"字。無所作爲而使萬物順任自然，逮德下衰等到德性衰落，及燧人、伏戲始爲天下燧人：傳說中的古帝王，鑽木取火的發明者。一說爲古代"三皇"之一，是故順而不一只能順隨民心而不能返回完滿純一的境地。'按，莊子不知《易》道，不知伏羲之功者也。飲食男女指對食物和異性需求的慾望及本能，雖禽獸蟲豸生而即知，然牝牡無定偶牝（pìn）牡：雌性鳥獸和雄性鳥獸，故有母而無父。自伏羲畫八卦而人道定，有夫婦乃有父子，有父子乃有君臣。孔子贊《易》，所以極稱伏羲之功也。人道不定，天下大亂，何以得至一？故無伏羲畫卦，則無夫婦，無父子，無君臣，而以爲'陰陽和靜''萬物不傷'，真妄論矣！阮嗣宗《通易論》云阮籍（210—263），字嗣宗，三國魏玄學家，陳留尉氏（今屬河南）人。崇老莊，爲"竹林七賢"之一：'《易》者何也？乃昔之玄真指道之真諦，往古之變經也變經：講變化的經書。庖犧氏當天地一終明人薛瑄《讀書録》卷三云："天地一終，翕寂之餘，太極動而生陽而天復開；動極而靜，靜而生陰而地復成。一動一靜，互爲其根。天命流行無窮，而萬物生生不息焉。"同書卷七又云："吾意天地一終之時，昏暗之極。"，值人物憔悴人物：人與物，利用不存利用：指物盡其用，法制夷昧蒙昧、暗昧，神明之德不通，萬物之情不類，於是始作八卦。引而伸之《周易正義》云："謂引長八卦而伸盡之，謂引之爲六十四卦也。"，觸類而長之《周易正義》云："謂觸逢事類而增長之。……天下萬事皆如此例，各以類增長，則天下所能之事，法象皆盡。"，分陰陽，序剛柔，積山澤，連水火，雜而一之齊一、整一，變而通之，終於《未濟》《周易》六十四卦之末，離上坎下，《象》曰："火在水上，未濟，君子以慎辨物居方"。六十四卦，盡而不窮。'參明人張溥編《漢魏六朝百三家集》卷三十四。嗣宗亦莊生之流，而論《易》則稱伏羲之功，不拾漆園唾餘漆園：地名，一說在今河南商丘北，一說在今山東菏澤北，一說在今安徽定遠東。此指代莊子。據《史記》載，莊子"嘗爲蒙漆園吏"。然謂'利用不存，法制夷昧'，似謂上古本有法制利用，至伏羲時晦亂，而伏羲氏復之，則無稽耳。"

錫瑞案:焦氏發明伏羲畫卦之功尤暢。畫卦之功,首在厚君民之別,故曰:"上天下澤,履小心行走。君子以辨上下辨別上下名分,定民志端正百姓意志。"語出《周易·履卦》象辭。而地天爲泰《周易》卦名,通泰。《象》曰:"天地交,泰。",天地爲否(pǐ)卦名,閉塞,阻隔。《象》曰:"天地不交,否。",似與此義相反。蓋泰之得在天地交,否之失在天地不交。"履"以位言,"泰""否"以情言,所謂言豈一端而已難道可以一概而論嗎。後世"尊卑闊絕長時間斷絕來往,而上下之情疏;禮節繁多,而君臣之義薄"(四語本蘇子瞻)語出《東坡全集》卷四十六《策略五》。昧者欲矯其弊,遂議盡去上下之分,豈知作《易》垂教,所以理人倫而明王道之義乎?

3. 論重卦之人當從史遷、揚雄、班固、王充以爲文王

《易》爲群經之首,讀《易》當先知作《易》之人。欲知作卦爻辭爲何人卦爻辭:説明六十四卦每卦要義及各爻象的筮辭,又必先知重卦爲何人重卦:謂重疊八卦而成六十四卦。《周易正義·第二論重卦之人》曰:"重卦之人,諸儒不同,凡有四説:王輔嗣等以爲伏羲重卦王輔嗣:王弼(226—249),字輔嗣,山陽高平(今山東金鄉)人。三國魏玄學家,著《周易注》《老子注》等。伏羲:思賢書局本作"伏犧",本節下同,鄭玄之徒以爲神農重卦,孫盛以爲夏禹重卦孫盛:東晉史學家,撰《晉陽秋》等,史遷等以爲文王重卦。其言夏禹及文王重卦者,案《繫辭》,神農之時已有蓋取《益》與《噬嗑》(shì hé),二者皆《周易》卦名。以此論之,不攻自破。其言神農重卦,亦未爲得。今以諸文驗之,案《説卦》云:'昔者聖人之作《易》也,幽贊於神明而生蓍。'高亨《周易大傳今注》云:"言聖人作《易》,暗中受神明之贊助,故生蓍草,以爲占筮之用。"凡言'作'者,創造之謂也。神農以後便是述修,不可謂之作也,則幽贊用蓍,謂伏羲矣。"語出孔

穎達《周易正義》卷首。

　　錫瑞案：解經以最初之説爲主，《史記·儒林傳》曰：“自魯商瞿受《易》孔子_{商瞿：字子木，孔子弟子}，傳六世至齊人田何_{田何爲齊國淄川人，創西漢今文《易》學，字子莊}，而漢興。田何傳東武人王同子仲_{東武：地名，今山東諸城}，子仲傳菑川人楊何_{菑川：今屬山東淄博}。……言《易》者，本於楊何之家。”是楊何上距商瞿，凡八傳。漢初，言《易》皆主楊何，太史公父談亦受《易》於楊何_{談：史遷之父司馬談（？—前110），曾任漢太史令，學天官於唐都，受《易》於楊何，習道論於黄子。撰有《論六家要指》，將先秦學術分爲陰陽、儒、墨、名、法、道德六家，代表了漢初對於先秦學術的劃分}，史公言《易》必用楊何之説。《周本紀》曰：“西伯蓋即位五十年_{西伯：指周文王姬昌，因其曾爲西方諸侯之長，故稱}，其囚羑里（yǒu lǐ）_{古地名，一作牖里，今河南湯陰北，文王曾被商紂囚禁於此}，蓋益《易》之八卦爲六十四卦_{益：增益}。”《日者傳》曰_{《史記·日者列傳》}：“自伏羲作八卦，周文王演三百八十四爻_{演：推演。三百八十四爻：六十四卦，每卦六爻，而得三百八十四爻。爻爲《周易》卦畫符號，分陽爻和陰爻，含有交錯和變化之意}，而天下治。”《正義》謂史遷以爲文王重卦，其説甚明。且非獨史遷之説爲然也，揚子《法言·問神篇》曰_{揚子：揚雄（前53—18），蜀郡成都人。西漢辭賦家、小學家，有《法言》《太玄》《方言》等書傳世}：“《易》始八卦，而文王六十四，其益可知也。”《問明篇》曰：“文王淵懿也_{淵深美好}，重《易》六爻_{《易》每卦六爻，自下而上數：陽爻稱初九、九二、九三、九四、九五、上九；陰爻稱初六、六二、六三、六四、六五、上六}，不亦淵乎？”《漢書·藝文志》曰：“至於殷周之際，紂在上位_{國君之位}，逆天暴物違背天命，暴殄天物。文王以諸侯順命而行道_{順命：順應天命}，天人之占可得而效_{占：卜問。效：效驗、徵驗}，於是重《易》六爻_{重：重複交錯}。”《論衡·對作篇》曰：“《易》言伏羲作八卦，前是未有八卦，伏羲造之，故曰作也。文王圖八_{關於卦圖，有伏羲先天八卦圖和}

文王後天八卦圖之別。先天八卦，以乾居南方，坤居北方，離居東方，坎居西方，震爲東北，兌爲東南，巽爲西南，艮爲西北。後天八卦方位與之不同，以離居南方，坎居北方，震居東方，兌居西方，艮爲東北，巽爲東南，坤爲西南，乾爲西北，自演爲六十四，故曰衍①。"《正説篇》曰《論衡》篇名："伏羲得八卦，非作之；文王得成六十四，非演也。"是以爲文王重卦者，非獨史遷，更有揚雄、班固、王充，故《正義》以爲"史遷等"。揚雄，西漢末人；班固、王充，東漢初人，皆與史遷説同。鄭玄，東漢末人，已在諸人之後。其説以爲神農重卦，蓋以取《益》《噬嗑》爲據。謂伏羲取諸《離》，在八卦之内；神農取《益》《噬嗑》，在六十四卦之内也。《孔疏》亦以神農之時已有蓋取《益》與《噬嗑》，爲伏羲重卦之證。案，此説亦太泥拘泥，《朱子語類》曰："十三卦所謂'蓋取諸《離》''蓋取諸《益》'者《易·繫辭下》："作結繩而爲網罟，以佃以漁，蓋取諸《離》。"又云："包犧氏没，神農氏作。斲木爲耜，揉木爲耒，耒耨之利，以教天下。蓋取諸《益》。"，言結繩而爲網罟有離之象網罟（wǎng gǔ）：古代捕魚或鳥獸的工具。離：附麗。晉韓康伯《周易注》卷八："離，麗也。網罟之用，必審物之所麗也。魚麗於水，獸麗於山也。"，非觀《離》而始有此也。"語出《朱子語類》卷六十五。又云："不是先有見乎《離》而後爲網罟，先有見乎《益》而後爲耒耜（lěi sì）古代耕地翻土的農具。晉韓康伯《周易注》卷八："制器致豐，以益萬物。"。聖人亦只是見魚鱉之屬，欲有以取之，遂做一個物事去攔截他；欲得耕種，見地土硬，遂做一個物事去剔起他。卻合於《離》之象，合於《益》之意。"語出《朱子語類》卷七十五。沈寓山《寓簡》曰沈寓山：即宋人沈作喆，字明遠，浙江吳興人，沈守約丞相之侄，自號寓山："《大傳》言蓋取諸《益》、取諸《睽》，凡一十三卦。蓋聖人謂耒耜得《益》、弧矢得《睽》耳弧

---

① "衍"，原作"演"，誤，據《論衡·對作篇》改。

矢:弓箭。《易·繫辭下》:"弦木爲弧,剡木爲矢,弧矢之利,以威天下。蓋取諸《睽》。",非謂先有卦名,乃作某器也。"陳澧曰陳澧(1810—1882),字蘭甫,廣州番禺人,學者稱東塾先生。曾先後受聘爲學海堂山長、菊坡精舍山長,創東塾學派,著有《東塾讀書記》《漢儒通義》等:"案《繫辭》所言'取諸'者,與《考工記·輪人》'取諸圜也圜:同"圓"''取諸易直也易直:平易正直''取諸急也急:緊固',文義正同。輪人意取諸圜,非因見圜物而取之也;意取易直與急,非因見易直與急之物而取之也。"此三説皆極通,可無疑於神農時已有《益》與《噬嗑》,而不得云文王重卦矣。後人猶有疑者,皆疑所不當疑。

羅泌《路史·餘論》曰羅泌:南宋學者,吉州廬陵(今江西吉安),著有《路史》《易説》等:"世以爲文王重卦,因揚雄之説而謬之也。……滿招損,謙受益。謙與損益,益、稷之言益:伯益,氏族首領,曾爲舜禹之臣。稷:后稷,舜之農官,周之先祖,不自後世。佃漁之離佃:通"畋",打獵。漁:捕魚,謂之小成可也小成:指八卦。《易·繫辭下》云:"是故四營而成《易》,十有八變而成卦,八卦而小成"。末耜之益,與交易之噬嗑《易·繫辭下》云:"日中爲市,致天下之民,聚天下之貨,交易而退,各得其所,蓋取諸《噬嗑》",豈小成哉? 然則不自文王重卦,可識矣。"語出《路史》卷三十九,所引與原文略異。顧炎武《日知錄》曰顧炎武(1613—1682):字寧人,號亭林。江蘇崑山人。明末清初啓蒙思想家、經學家,開啓清代樸實學風的先路,著有《日知錄》《音學五書》《天下郡國利病書》等:"考襄公九年前564年,穆姜遷①於東宮穆姜:魯成公之母。東宮:太后所居之宮。筮之,遇《艮》之《隨》。姜曰:'是於《周易》曰:《隨》,元亨,利貞,无咎。'獨言'是於《周易》',則知夏商皆有此卦。而重八卦爲六十四卦者,不始於文王也。"語出《日知錄》

---

① "遷",《左傳》作"薨"。

卷一《重卦不始文王》。

錫瑞案：羅氏不知"滿招損，謙受益"出僞古文《大禹謨》，不足據。《益》與《噬嗑》，言"取諸"者，朱子辨之已明。顧氏不知《左氏》雜取占書，唐啖助已言不可盡信啖助（724—770）：字叔佐，趙州（今河北趙縣）人，後遷居關中。長於《春秋》，撰《春秋集傳》《春秋統例》等，占筮書多傅會。穆姜説"元亨利貞"之義，全同孔子《文言》《易》"十翼"之一種，專釋《乾》《坤》二卦義理，相傳爲孔子所作，以爲暗合，未必穆姜之學與聖人同。以爲孔子作《文言》勦襲穆姜之説勦襲：抄襲，襲取，尤無是理。疑占書取孔子《文言》，傅之穆姜傅：傅會，而《左氏》載之。不當反據其文，疑重卦不始文王也。丁晏《孝經徵文》云丁晏（1794—1875）：字儉卿，號柘堂，江蘇山陽人。清代經學家，有《周易述傳》等："丘明博聞，多采孔門精語綴集成文，而後儒反疑聖經勦襲《左氏》勦（chāo）襲：義同"抄襲"，必不然矣。"據丁氏説，可爲《左氏傳》引聖經之證。焦循亦云："左氏生孔子贊《易》之後，剌取《易》義剌取：采取，取用，以飾爲周史之言飾：文飾。周史：周代典籍。"

4. 論《連山》《歸藏》

《周易正義·第三論三代〈易〉名》曰："案《周禮·太卜》'三易'云：'一曰《連山》，二曰《歸藏》，三曰《周易》《連山》《歸藏》《周易》，分別爲夏、商、周三代的卜筮書。《連山》《歸藏》久佚，内容無考。'杜子春云子春爲東漢河南緱氏人，通《周禮》，鄭衆、賈逵等從之學：'《連山》，伏羲；《歸藏》，黄帝。'鄭玄《易贊》及《易論》云：'夏曰《連山》，殷曰《歸藏》，周曰《周易》。'鄭玄又釋云：'連山者，象山之出雲，連連不絶；歸藏者，萬物莫不歸藏於其中歸藏：斂藏；周易者，言《易》道周普完備，普遍，无所不備。'鄭玄雖有此釋,更無所據之文。先儒因此遂爲文質之義,皆煩而无用,今所不取。案《世譜》等群書《世譜》:或即《漢書·藝文志》所載《帝王諸侯世譜》二十卷,今佚,神農一曰連山氏,亦曰列山氏,黄帝一曰歸藏氏。既'連山''歸藏'并是代號,則《周易》稱'周',取岐陽地名岐陽:岐山之南,今陝西西岐山縣境。又稱岐周,《孟子·離婁下》云:"文王生於岐周,卒於畢郢,西夷之人也。",《毛詩》云'周原膴膴'是也膴膴:肥沃貌,語出《大雅·緜》。又文王作《易》之時,正在羑里,周德未興謂尚未建立西周,猶是殷世也,故題'周'别於殷。以此文王所演,故謂之《周易》。其猶《周書》《周禮》,題'周'以别餘代,故《易緯》云'因代以題周'是也。先儒又兼取鄭説,云:'既指周代之名,亦是普遍之義,雖欲無所遐棄遠相抛棄,亦恐未可盡通。'其《易》題周,因代以稱周,是先儒更不别解。唯皇甫謐云皇甫謐(215—282):幼名静,字士安,自號玄晏先生,安定朝那(今甘肅靈台)人。魏晉醫學家、史學家,著《素問》《高士傳》等:'文王在羑里,演六十四卦,著七八九六之爻《易》乃由七、八、九、六這四個數字的變化而產生爻,由爻而組成卦。《易·乾》"初九"孔穎達疏云:"七爲少陽,八爲少陰,質而不變,爲爻之本體;九爲老陽,六爲老陰,文而從變,故爲爻之别名。",謂之《周易》。'以此文王安'周'字。其《繫辭》之文,《連山》《歸藏》无以言也。"語出孔穎達《周易正義》卷首。

《周禮·太卜》疏:"趙商問趙商爲鄭玄弟子,字子聲,河内人:……'今當從此説①以不②? 敢問杜子春何由知之?'答云:'此數者非無明文明確文字記載,改之無據,故著子春説而已。近師皆以爲夏、殷、周。'鄭既爲此説,故《易贊》云:'夏曰《連山》,殷曰《歸藏》。'又注《禮運》云:'其書存者有《歸藏》。'如

---

① "説",思賢書局本作"問"。
② "不",鄭小同《鄭志》卷中作"下"。

是玉兆爲夏，瓦兆爲殷可知玉兆、瓦兆：占卜時龜甲裂紋像玉。《周禮·大卜》云："大卜掌三兆之法，一曰玉兆，二曰瓦兆，三曰原兆。"，是皆從近師之説也。按今《歸藏·坤·開筮》一説，《開筮》即《歸藏》之《啓筮》："帝堯降二女爲舜妃二女：指娥皇、女英。"又見《節卦》云：'殷王其國常毋谷①。'若然，依子春之説，《歸藏》黃帝，得有帝堯及殷王之事者，蓋子春之意。宓戲、黃帝造其名，夏、殷因其名以作《易》，故鄭云：'改之無據。'是以皇甫謐《記》亦云：'夏人因炎帝曰《連山》，殷人因黃帝曰《歸藏》。'雖'炎帝'與子春'黃帝'不同，是亦相因之義也。……云'名曰連山，似山出內氣也'②者，此《連山易》，其卦以純《艮》爲首純卦：指伏羲所創之先天八卦。純艮：上下卦均爲艮。《艮》爲山，山上山下，是名連山。雲氣出內於山，故名《易》爲《連山》。'《歸藏》者，萬物莫不歸而藏於其中'者，此《歸藏易》，以純《坤》爲首。《坤》爲地，故萬物莫不歸而藏於中，故名爲《歸藏》也。鄭雖不解'周易'，其名《周易》者，《連山》《歸藏》皆不言地號，以義名《易》，則'周'非地號。以《周易》以純《乾》爲首，《乾》爲天，天能周帀於四時周帀：同"周匝"，環繞、包圍，故名《易》爲'周'也。"語出《周禮注疏》卷二十四。

錫瑞案：孔、賈二《疏》不同孔：孔穎達。賈：賈公彥，唐洺州永平（今河北永平）人，精於《禮》，有《周禮義疏》《儀禮義疏》。孔不從鄭，以爲代號；賈從鄭，以爲以義名。當以鄭説義名爲是。"連山""歸藏"若是代號，不應夏、殷襲伏羲、黃帝之舊。且《連山》《歸藏》不名《易》，若是代號，必下加"易"字乃可通。故鄭皆

---

① "毋"，一本作"母"。一説"谷"下有"目"或"月"字。

② "山出內氣"，底本及思賢書局本皆作"山內出氣"，今據《周禮注疏》改。

以義名,與《連山》首《艮》、《歸藏》首《坤》正合。鄭以"周易"
爲周普,亦以義名,蓋本《繫辭傳》"《易》之爲書也,周流六
虛"。《孔疏》以爲無據,非也。桓譚《新論》曰桓譚:字君山,沛國
相(今安徽淮北)人。東漢政論家,《後漢書》有傳。"《連山》八萬言,《歸
藏》四千三百言。"不應夏《易》數倍於殷,疑皆出於依託。《連
山》,劉炫僞作劉炫(約546—613):字光伯,隋河間人。有《春秋規過》《尚
書述義》等,《北史》明言之。《北史·劉炫傳》載:"時牛弘奏購求天下遺
逸之書,炫遂僞造書百餘卷,題爲《連山易》《魯史記》等,録上送官,取賞而去。
後有人訟之,經赦免死,坐除名,歸于家,以教授爲務。"《歸藏》雖出隋唐
以前,亦非可信爲古書。删定《六經》,始於孔子。孔子以前,
《周易》與《連山》《歸藏》并稱,猶魯之《春秋》與晉之《乘》、楚
之《檮杌》并稱也。《周易》得孔子贊之而傳爲經,《連山》《歸
藏》不得孔子贊之而遂亡。猶魯之《春秋》,得孔子修之而傳
爲經;晉《乘》(shèng)、楚《檮杌》(táo wù),不得孔子修之而遂
亡也。孔子所不贊修者,學者可不措意留意,在意。況是僞書,
何足辨乎?《連山》《歸藏》之辭,絶不見於古書稱引,蓋止有
占法而無文辭。故《周易》當孔子未贊之前,疑亦止有占法而
無文釋也。

5.論卦辭文王作、爻辭周公作皆無明據,當爲孔子所作

《周易正義·第四論卦辭爻辭誰作》曰:"其《周易》繫辭,
凡有二説:一説所以卦辭、爻辭并是文王所作。知者,案《繫
辭》云:'《易》之興也,其於中古乎中古:指殷商之末?作《易》者,
其有憂患乎?'又曰:'《易》之興也,其當殷之末世、周之盛德
耶蓋指周文王德業隆盛之時?當文王與紂之事耶指文王姬昌臣事商
紂?'上二句皆出《繫辭下》。又《乾鑿度》云:'垂皇策者犧策:指籌

策，即用來推衍的蓍草。皇策：皇大之策，代指八卦系統。犧：伏羲，卦道①演德者文德：狹義而言乃指卦德，引申爲天地萬物及人的品行。演德即推演出每一卦的特性。文：文王，成命者孔成命：順性命之理，成就天命，此謂孔子作《易傳》。'《通卦驗》又云：'蒼牙通靈昌之成蒼牙：指伏羲。昌：文王姬昌，孔演命明道經孔：孔子。'準此諸文，伏羲制卦，文王繫辭，孔子作《十翼》《易》之《文言》、《象傳》上下、《彖傳》上下、《繫辭傳》上下、《說卦傳》、《序卦傳》、《雜卦傳》共十篇，均旨在釋《易》之經文，如經之羽翼，故名。相傳爲孔子所作。《易》歷三聖伏羲、文王、孔子三位聖人。《漢書·藝文志·六藝略》云："《易》道深矣，人更三聖，世歷三古。"，只謂此也。故史遷云：'文王囚而演《易》'②，即是'作《易》者，其有憂患乎'？鄭學之徒，并依此説也。二以爲驗爻辭多是文王後事，案《升卦》六四：'王用亨于岐山王：指周文王。亨：通"享"，指祭祀。岐山：今陝西岐山縣境，乃周部族之發祥地。'武王克殷之後，始追號文王爲王。若爻辭是文王所制，不應云'王用亨于岐山'。又《明夷》六五：'箕子之明夷箕子：紂王叔父，官太師，封於箕，曾因勸諫紂王而遭囚禁。明夷：光明殞傷。'武王觀兵之後觀兵：指武王即位次年在古渡孟津列兵，試探伐商的可能性，箕子始被囚奴，文王不宜預言'箕子之明夷'。又《既濟》九五：'東鄰殺牛指盛大之祭，不如西鄰之禴祭(yuè jì)祭祀名，指微薄之祭。'説者皆云西鄰謂文王，東鄰謂紂。文王之時，紂尚南面指尚居天子之位，豈容自言己德，受福勝殷，又欲抗君之國，遂言東西相鄰而已？又《左傳》韓宣子適魯韓宣子：又稱韓起，春秋時晉國正卿，見《易象》，云：'吾乃知周公之德。'周公被流言之謗指武王去世後，周公兄弟管叔、蔡叔散布流言，稱周公對成王政權造成威脅，亦得爲憂患也。驗此諸説，以爲卦辭文

---

① "卦道"，一本作"益卦"。

② "文王囚而演《易》"，史遷《報任安書》原文作"西伯拘而演《周易》"。

王、爻辭周公。馬融、陸績等并同此說馬融(79—166)，字季長，右扶風茂陵(今陝西興平東北)人。東漢經學家，尤長於古文經學，有《尚書注》二卷，鄭玄曾問學於融。陸績(187—219)：三國吳人，通《易》，今依而用之。所以只言三聖、不數周公者，以父統子業故也。"語出孔穎達《周易正義》卷首。

《左傳正義》曰："《易•繫辭》云：'《易》之興也，其當殷之末世、周之盛德耶？當文王與紂之事耶？'鄭玄云：'據此言，以《易》是文王所作，斷可知矣。'且史傳、讖緯皆言文王演《易》讖緯(chèn wěi)：讖指吉凶征驗的隱語或預言，緯指漢代依託儒家經義宣揚符籙、瑞應、占驗之書，相對於經書而稱緯，讖緯之學於東漢十分流行，演謂爲其辭以演說之，《易經》必是文王作也。但《易》之爻辭有：'箕子之明夷，利貞。'又云：'王用亨于岐山。'又云：'東鄰殺牛，不如西鄰之禴祭，實受其福。'二者之意，皆斥文王。若是文王作經，無容自伐其德伐：批評，抨擊。故先代大儒鄭衆、賈逵鄭衆：東漢經學家，河南開封人，經學家鄭興之子，官至大司農，史稱"鄭司農"，從父受《左氏春秋》，作《春秋難記條例》，兼通《易》《詩》。賈逵(30—101)：扶風平陵(今陝西咸陽西北)人，東漢經學家，著有《春秋左氏傳解詁》《國語解詁》等，或以爲卦下之彖辭(tuàn cí)斷卦之辭，文王所作；爻下之象辭解釋卦象與爻象之辭，周公所作。雖復紛競大久太久，無能決當是非。"語出唐孔穎達《春秋左傳正義》卷四十二。

錫瑞案：據《孔疏》之說，文王作卦爻辭，及文王作卦辭、周公作爻辭，皆無明文可據，是非亦莫能決。今據西漢古義以斷，則二說皆非是。以卦辭爲文王作者，但據《繫辭傳》"《易》之興也，其于中古乎"，下有"是故《履》，德之基也"云云，"當文王與紂之事耶？是故其辭危"云云危：危懼警戒，遂以爲文王作卦辭。實則"《履》，德之基也"云云共引九卦，正是文王重卦之證。則"其辭"云云當即六十四卦，非必別有卦辭。伏羲在未制文字之先，八卦止有點畫；文王在制文字之後，六十四卦必有文字。有文字即是辭，不必作卦辭而後爲辭也。《孔疏》云："史傳、讖緯，皆言文王演《易》。"今考之史傳，《史記》但云文王演三百八十四爻，不云作卦爻辭。讖緯云："卦道演德者文。"則演《易》即演三百八十四爻之謂，不必爲辭演説乃爲演也。其云周公作爻辭者，但以"箕子""岐山""東鄰"等文不當屬文王説。惠棟《周易述》用趙賓説而小變之惠棟（1697—1758）：字定宇，號松，江蘇元和（今江蘇吳縣）人。清代著名漢學家，吳派代表人物，著有《古文尚書考》《九經古義》等。趙賓：東漢《易》學家，以"箕子"爲"其子"。又據《禹貢》"冀州，治梁及岐"，《爾雅》"梁山山西曰梁山，晉望也望：古代祭祀山川的專名。望而祭之，故名"，因謂岐山亦冀州之望，夏都冀州，王用亨于岐山者爲夏王。惠氏疏通爻辭，可以解鄭、賈諸人之疑矣。然以爻辭爲文王作，止是鄭學之義；以爻辭爲周公作，亦始於鄭衆、賈逵、馬融諸人，乃東漢古文家異説。若西漢今文家説，皆不如是。史遷、揚雄、班固、王充，但云文王重卦，未嘗云作卦辭、爻辭，當以卦爻之辭并屬孔子所作。蓋卦爻分畫於羲、文，而卦爻之辭皆出於孔子，如此則與"《易》歷三聖"之文不背。箕子、岐山、東鄰、西鄰之類，自孔子言之亦無妨。若以爲文王作爻辭，既疑不應豫言即預言；以爲周公作爻辭，又與"《易》歷三聖"不合。《孔疏》以爲父統子業，殊屬强辭勉强之辭；韓宣適魯，單文孤證，未可依據，韓宣亦未明説周公作爻辭也。或疑《左氏傳》引筮辭多在孔子之前，不得以卦辭、爻辭爲始於孔子。案占書傅會，前已言之，《困學紀聞》曰南宋王應麟撰，劄記體著述，多涉經史："'八世之後，莫之與京强大也'，其田氏篡齊之後之言乎？'公侯子孫，必復其始'，其三卿分晉之後之言乎？皆非《左氏》之舊也。"語出《困學紀聞》卷六。姚鼐以爲"畢萬筮仕於晉"一係姚鼐(1731—1815)：清代著名散文家，安徽桐城人，古文桐城派之代表人物，與方苞、劉大櫆并稱"桐城三祖"，編有《古文辭類纂》等。引語出自《左傳·閔公元年》，言春秋時人畢萬占卜在晉國爲官的吉凶，吳起增竄以媚魏者。然則懿氏卜妻敬仲懿氏要把女兒嫁給敬仲而占卜吉凶。敬仲，陳國人，逃亡至齊，云："有嬀之後有嬀(guī)：舜居於嬀水，後因以爲姓。春秋時，陳國爲嬀氏，將育于姜養育於齊姜。"語出《左傳·莊公二十二年》。亦陳氏得政之後，人所增竄。若是當時實事，未必齊人不忌敬仲，而更任用之。晉獻公筮嫁伯姬于秦，有"爲嬴敗姬勝利者嬴姓，失敗者姬姓，姪其從姑，死於高粱"之占；叔孫穆子之生穆子爲春秋時魯國大夫，又稱叔孫豹，有"以讒人入，其名曰牛，卒以餒死"之占餒：饑餓。應驗如神，疑皆傅會。若是當時實事，獻公未必嫁女于秦，穆子未必用豎牛爲政。《左氏傳》此等處皆不可據，《説苑》泄冶引《易》曰"君子居其室"至"可不慎乎"《説苑》：西漢劉向撰，多引《易》《詩》等經典。泄冶：春秋時陳國大夫，泄冶在孔子前，不應引《繫辭》，此等明是後人攙入。《左氏》引《易》，亦猶是也。

6. 論《易》至孔子始著，於是學士大夫尊信其書

《王制》《禮記》篇名："樂正崇四術樂正：古時樂官之長。四術：與下文"四教"，皆指詩、書、禮、樂四種經術，立四教，順先王《詩》《書》《禮》《樂》以造士培養造就學業有成的人才。春秋教以《禮》《樂》，冬夏教以《詩》《書》。"《文獻通考》："應氏曰，《易》雖用於卜筮，而精微之理，非初學所可語。《春秋》雖公其記載，而策書亦非民庶所得盡窺。故《易·象》《春秋》，韓宣子適魯始得見之，則諸國之教，未必盡備六者。"《文獻通考》爲元人馬端臨所撰大型政書，引文語出卷一七四《經籍考》。

　　錫瑞案：此亦卦辭、爻辭不出於文王、周公之一證。若卦爻之辭爲文王、周公作，則當如後世"欽定""御纂"之書，頒之學官以教士子矣。而當時造士，止有《禮》《樂》《詩》《書》，則以《易》但有卦爻而無文辭，故不可與《禮》《樂》《詩》《書》并立爲教，當時但以爲卜筮之書而已。至孔子闡明其義理，推合於人事，於是《易》道乃著彰明，顯著。《史記‧孔子世家》曰："孔子晚而喜《易》，序《彖》，繫《象》《説卦》《文言》。讀《易》，韋編三絶串聯竹簡的皮繩多次斷絶，喻極其勤奮，曰：'假我數年假：增加。一説，借，若是，我於《易》則彬彬矣彬彬：文質兼備貌。'《論語‧述而》云："子曰：'加我數年，五十以學《易》，可以無大過矣。'"孔子以《詩》《書》《禮》《樂》教，弟子蓋三千焉，身通六藝者七十有二人六藝：古代教育學生的六種科目，即禮、樂、射、御、書、術。"蓋《易》與《春秋》，孔門惟高才弟子乃能傳之。於是學士大夫尊信其説，或論作《易》之大旨，或説學《易》之大用，或援《易》以明理，或引《易》以決事，而其教遂大明。如《荀子‧大略篇》曰："善爲《易》者不占。"此以當時之用《易》者專爲占卜，不知天地消長、人事得失，無不可以《易》理推測，故云善《易》不占，以挽其失。又曰："《易》之《咸》《咸卦》，艮上兑下，艮爲少男，兑爲少女，故曰見夫婦，見夫婦，夫婦①之道，不可不正也，君臣父子之本也。咸，感也，以高下下，以男下女，柔上而剛下。聘士之義聘士：猶徵士，指不應朝廷以禮徵聘的隱士，親迎之道，重始也。"此本《象傳》《序卦》之旨而引申之。《非相篇》曰："好其實，不恤其文唐人楊倞注曰："但好其質而不知文飾，若墨子之屬。"，是以終身不免埤污庸俗，故《易》曰'括囊束緊囊口，無咎無譽免遭咎害，不求讚譽'，腐儒之謂也。"此爲當日石隱者流隱於山林間之人，如沮、溺、丈

---

　　① 　底本及思賢書局本皆無"夫婦"二字，疑脱，據《荀子》原文補。

人指長沮、桀溺、荷蓧丈人，皆春秋時著名隱士，《論語·微子》篇曾載孔子與弟子路遇三人而遭嘲諷，匿跡銷聲，介之推所謂"身將隱，焉用文之"介之推：又名介子推，春秋時晉臣，隨重耳流亡國外十九年，備嘗艱險。曾爲重耳割股充饑，重耳回國爲君後辭官不言祿，隱於綿山，重耳焚山，推抱樹而死。文：文飾，究非中道中正之道。《大略篇》又曰："'復自道，何其咎'《易·小畜》句，意爲復返自身陽剛之道，哪有什麼咎害，以爲能變也。"《吕覽·務本篇》引而申之曰《吕氏春秋》，又名《吕覽》，以書中有八覽之篇目（《有始》《孝行》《慎大》《先識》《審分》《審應》《離俗》《恃君》），故稱："以言本無異，則動卒有喜。"漢人高誘注云："乾動，反其本，終復始，無有異，故卒有喜也。"《荀子》言變，《吕覽》言動，皆取《復卦》"剛反"之義剛反：陽剛更甦返回。《吕覽·應同篇》曰："平地注水，水流濕；均薪施火，火就燥。"闡發經義，簡明不支。《慎大覽》篇引《易》"愬愬（sè sè，一讀 suǒ suǒ）恐懼貌，履虎尾，終吉①，可證今本之誤。《召類篇》引史默説"涣群"之義曰史默：春秋時晉國大夫，一作"史黯"："涣者，賢也。群者，衆也。元者，吉之始也。'涣其群，元吉'者，其佐多賢也。"可證注疏以"涣"爲"涣散"之非。"元吉"與"大吉"異，元吉以德言，大吉以時言。《彖》②曰："大哉乾元，萬物資始。"《文言》曰："乾元者，始而亨者也。"故曰"元吉者，吉之始"，亦可證舊解"元吉"爲"大吉"之失。周末諸子引《易》，具有精義如此。《史記》載蔡澤言"亢龍"之義"上而不能下，信而不能詘③，往而不能自返"蔡澤：戰國時燕人，曾爲秦相。亢龍之義：《易·乾》云："上九，亢龍有悔。"意爲巨龍高飛窮極，終將有所悔恨。《國策》載春申君言"狐濡其

---

① "愬愬，履虎尾，終吉"，今本作"履虎尾，愬愬，終吉"。

② "彖"，原作"象"，誤，據《周易·乾卦》改。

③ "詘"，原作"決"，誤，據《史記·蔡澤列傳》改。

尾"之義"始之易,終之難"_{春申君(前314—前238):嬴姓,黄氏,名歇,}
_{戰國時楚國公室大臣,曾爲楚相,"戰國四公子"(另有魏國信陵君、趙國平原}
_{君、齊國孟嘗君)之一。}狐濡其尾:《易·未濟》云:"小狐汔濟,濡其尾,無攸
利。",皆引《易》文以決時事。其説之精,亦可以補周末諸子之
遺也。

7. 論卦辭、爻辭即是繋辭,《十翼》之説於古無徵

以卦辭、爻辭爲孔子作,疑無明文可據,然亦非盡無據也。
古以繋辭即爲卦辭、爻辭,漢儒説皆如是。而今之《繋辭》上
下篇,古以爲《繋辭傳》,《釋文》王肅本有"傳"字_{《釋文》:隋唐之}
_{際小學家陸德明所撰《經典釋文》,解釋儒道經典文字意義,於唐初經學統一大}
_{有功勞。王肅(195—256):字子雍,東海郯(今山東郯城西南)人。三國魏經學}
_{家,學崇馬融,反對鄭學。亦遍注群經,又有《孔子家語》《孔叢子》等書,於魏}
_{晉玄學有很大影響,}蓋古本皆如是。宋吴仁傑《古周易》以爻爲繋
辭_{吴仁傑:字斗南,崑山人,南宋經學家,又有《易圖説》三卷、《集古易》一卷}
_{等,}今考《繋辭》有云:"聖人設卦觀象,繋辭焉以明吉凶。"又
云:"聖人有以見天下之動①,而觀其會通,以行其典禮,繋辭
焉以斷其吉凶,是故謂之爻。"_{以上語出《繋辭上》。}又云:"繋辭焉
而命之,動在其中矣。"_{語出《繋辭下》。}又云:"繋辭焉以盡其
言。"_{語出《繋辭上》。}據此諸文,明是指卦爻辭謂之"繋辭"。若
謂《繋辭》中四處所云"繋辭"即是今之《繋辭》,孔子不應屢
自稱其所著之書,又自言其作辭之義,且不應自稱"聖人"。
蓋"繋辭"即卦辭、爻辭,乃孔子所作;今之《繋辭》乃"繋辭"
之傳,孔子弟子所作。《繋辭》中明有"子曰",必非出自孔子

---

① "動",原作"物",誤,據《周易·繋辭上》改。

手筆,《史記·自序》引繫辭之文爲《易大傳》,是其明證。凡孔子所作謂之"經",弟子所作謂之"傳"。所云"聖人繫焉以斷其吉凶",乃孔子弟子作《傳》稱孔子爲聖人,非孔子作《繫辭》而稱文王、周公爲聖人也。鄭樵《六經奧論》曰鄭樵(1104—1162):字漁仲,南宋興化軍莆田(今福建莆田)人,世稱夾漈先生。南宋著名史學家,撰《通志》《詩辨妄》等:"《易大傳》言繫辭者五,皆指爻辭曰繫辭。如《上繫》曰'繫辭焉而明吉凶','繫辭以斷其吉凶'有二,曰'繫辭焉而命之'。孔子專指爻辭以爲繫辭。……今之《繫辭》,乃孔門七十二子傳《易》,於夫子之言,爲《大傳》之文。則《繫辭》者,其古傳《易》之《大傳》歟?"鄭樵以《繫辭傳》爲《易大傳》,正本《史記》。《孔疏》云:"經,文王周公所作;傳,孔子所作。"不知孔子以前不得有經。《漢書·儒林傳》云:"孔子晚而好《易》,讀之,韋編三絶,而爲之《傳》。"則已誤以孔子所作爲《傳》,與《史記》之説大異矣。歐陽修不信祥異妖異,以《繫辭》云"河出①《圖》,洛出《書》,聖人則②之"爲非孔子之言河出《圖》,洛出《書》:古代儒家關於《周易》《洪範》二書來源的傳説。宋人胡方平《易學啟蒙通釋》卷上引漢孔安國云:"《河圖》者,伏羲氏王天下,龍馬出河,遂則其文,以畫八卦。《洛書》者,禹治水時,神龜負文,而列於背,有數至九,禹遂因而第之,以成九類。",不知《繫辭傳》本非孔子之言,乃孔子弟子所作,以解釋孔子之言者也。

　《史記·孔子世家》云:"孔子晚而喜《易》,序《彖》,繫《象》《説卦》《文言》。"史公既以今之《繫辭》爲《易大傳》,則不以爲孔子所作,《世家》所謂,亦必指卦辭、爻辭而言。繫者,屬也,繫辭猶云屬辭。據《史記》云,伏戲畫八卦,文王重

---

① "出",原作"作",誤,據《周易·繫辭上》改。
② "則",原作"作",誤,據《周易·繫辭上》改。

卦爲六十四,分爲三百八十四爻而無其辭,至孔子乃屬辭以綴其下,故謂之繫。此其有明文可據而不必疑者也。惟《孔子世家》引《説卦》,頗疑有誤。《論衡·正説篇》曰:"至孝宣皇帝之時,河內女子發老屋 河內:古代指黃河以北地區。發:發掘,得逸《易》《禮》《尚書》各一篇,奏之。宣帝①下示博士 古代學官名,六國時始置,最初負責保管文獻檔案、編撰著述、掌通史事等,秦代因之。至於漢,則專指傳授儒家經學的學官,然後《易》《禮》《尚書》各益一篇。"所説《易》益一篇,蓋《説卦》也。《隋書·經籍志》曰:"及秦焚書,《周易》獨以卜筮得存,唯失《説卦》三篇,後河內女子得之。"所謂三篇,蓋兼《序卦》《雜卦》在內。據王充説 王充(27—97),字仲任,會稽(今浙江)上虞人,東漢思想家。曾師事班彪,主張"元氣自然",批評當時的讖緯神學,著有《論衡》《政務》《養性》等,《説卦》至宣帝時始出,非史公所得見,故疑《世家》"説卦"二字爲後人攙入者。《説卦》論八卦方位,與《卦氣圖》合,疑焦、京之徒所爲 焦:焦延壽,字贛,西漢梁(今河南商丘南)人,學《易》於孟喜,撰《易林》等。京:京房,字君明,西漢頓丘(今河南清豐西南)人,焦延壽弟子,有《京氏易傳》三卷。程迥《古易考》十二篇闕序、雜《卦》程迥:字可久,應天府寧陵人,宋代易學家,以爲非聖人之言。李邦直、朱新仲、傅選卿皆疑《序卦》李、朱二人皆宋代學者。傅選卿:疑當作"王巽卿"。朱彝尊《經義考》卷四按語云:"《六經》自秦火之後,惟《周易》爲完書。雖費直更之於前,王弼亂之於後,其餘無可議者。而歐陽永叔、王景山乃疑及《繫辭》,張芸叟疑及爻辭,李邦直、朱新仲、王巽卿疑及《序卦傳》,皆高明之過也。"即作"王巽卿"。又元人吳澄《吳文正集》卷三有云:"往歲,蒙惠王巽卿《易》《春秋》二書。《易》雖與鄙説多不同,然皆祖本《程傳》。",近儒朱彝尊亦然。戴震云:"昔儒相傳《説卦》三篇,與今文《大誓》同後出《大誓》:《尚書》篇名,又作《泰誓》,分上中下,通常以爲屬東晉梅賾所上之僞古文,《説

---

① "宣帝",原作"皇帝",誤,據《論衡·正説》改。

卦》分之爲《序卦》《雜卦》,故三篇詞指_{言詞指意},不類孔子之
言。或經師所記孔門餘論,或別有所傳述,博士集而讀之,遂
一歸孔子,謂之《十翼》矣。"據此,則古今人皆疑《説卦》三篇,
而"十翼"之説於古無徵。《漢書・藝文志》"《易》,經十二
篇"又曰:"孔氏爲之《彖》《象》《繫辭》《文言》《序卦》之屬十
篇。"語出《六藝略・易類》小序。是已分爲十篇,尚不名爲《十翼》。
《孔疏》以爲鄭學之徒并同此説,是"十翼"出東漢以後,未可
信據。歐陽修謂:"'十翼'之説,不知起於何人。自秦漢以
來,大儒君子不論。"語出《文忠集》卷十八《易或問三首》。後人以爲
歐陽不應疑經,然"十翼"之説,實不知起於何人也。

8. 論孔子作卦辭、爻辭,又作《彖》《象》《文言》,是自作而自解

　　或疑卦辭、爻辭爲孔子作,《彖》《象》《文言》又孔子作。
夫《彖》《象》《文言》,所以解卦辭、爻辭也,是豈孔子自作之
而自解之歟? 曰:孔子正是自作之而自解之也。聖人作
《易》,幽贊神明_{暗中受神明佐助},廣大精微,人不易喻_{曉喻,理解}。
孔子恐人之不能盡喻也,既作卦辭,又自作《彖》以解卦辭;既
作爻辭,又自作《象》以解爻辭。《乾》《坤》爲《易》之門,居各
卦之首,又特作《文言》以釋之。所謂言之不足,故長言之<sub>引長
聲音吟唱</sub>,所以開愚蒙、導後學也。若疑自作自解,無此文體,
獨不觀揚雄之《太玄》乎?《太玄》準《易》而作者也<sub>準:模擬,以
爲標準</sub>。《漢書・揚雄傳》曰:"爲其泰曼漶而不可知<sub>泰:同"太"。
曼漶:模糊不清</sub>,故有《首》《衝》《錯》《測》《攡》《瑩》《數》《文》
《挽》《圖》《告》十一篇,皆以解剝《玄》體,離散其文,章句尚
不存焉。"唐顏師古注云:"《玄》中之文雖有章句,其旨深妙,尚不能盡存,故

解剝而離散也。"據此,是雄作《太玄》,恐人以爲曼漶不可知,自作十一篇解,散其文以示後人。正猶孔子作《易》,有卦辭、爻辭,恐人不知,自作《彖》《象》《文言》以示後人也。司馬光《說玄》曰《說玄》,一作《讀玄》:"《易》有《彖》,《玄》有《首》。《彖》者卦辭也,《首》者亦統論一首之義。《易》有爻,《玄》有贊。《易》有《象》,《玄》有《測》,《測》所以解贊也。《易》有《文言》,《玄》有《文》,《文》解五德,并《中·首》九贊,《文言》之類也。"據此,則《太玄》準《易》,《玄》之贊即《易》之爻。若謂自作不當自解,則揚子既作贊矣,何必又有《測》以解贊,復有言以解贊乎?當時客有難《玄》太深難:問難,責難,雄解之,號曰《解難》,其辭曰:"是以宓犧氏之作《易》也,綿絡天地綿絡:纏繞,經以八卦,文王附六爻,孔子錯其象而象其辭,然後發天地之藏,定萬物之基。"語出《揚子雲集》卷四。揚子但以文王爲附六爻,與《法言》所說同。文王但重卦而無辭,則卦爻辭必孔子作。雄以孔子作卦爻辭,又作《彖》《象》《文言》而自解之,故準《易》作《太玄》,亦作《首》贊以法卦爻辭,又作《測》與《文》而自解之。揚雄《太玄》自作自解,人未有疑之者,獨疑孔子不應自作自解,是知二五而不知十也。高貴鄉公以下高貴鄉公:即曹髦(241—260),三國曹魏第四代皇帝,多疑《彖》《象》不當合經,不知《彖》《象》與卦爻辭,皆孔子一人所作。既皆孔子所作,則皆當稱爲經,并無經、傳之分,惟《繫辭傳》當稱傳耳。《彖》《象》合卦爻辭與不合卦爻辭,似可無庸爭辨。《太玄》舊本分《玄》之贊辭爲三卷,一方爲上,二方爲中,三方爲下,次列《首》《衝》《錯》《測》《攡》《瑩》《數》《文》《掜》《圖》《告》,凡十一篇。范望散《首》《測》於贊辭之間范望:晉人,曾注《太玄經》,王涯因之王涯:宋人,有《太玄經》六卷。宋惟幹依《易》之序宋惟幹:宋人,有《太玄經注》十卷,以《玄·首》準卦辭,《測》準

《小象》,《文》準《文言》,《攡》《瑩》《掜》《圖》準《繫辭》,《告》《數》準《説卦》,《衝》準《序卦》,《錯》準《雜卦》,吴祕因之吴祕：宋人,曾注《太玄》,又有《周易通神》一卷。司馬光從范本,諸人紛紛改訂,正與改訂《易》文相似。其實一人所作,次序先後可以不拘。阮孝緒稱《太玄》經九卷阮孝緒：字士宗,陳留尉氏（河南尉氏）人,南朝梁目録學家,撰有《七録》,雄自作《章句》。是雄且作《章句》以自解其《太玄》矣,尚何疑於自作自解之不可乎？章學誠《文史通義》以著書自注爲最善章學誠（1738—1801）：字實齋,會稽（今浙江紹興）人。清代史學家、方志學家,又著有《校讎通義》《方志略例》等,謂本班固《漢書》,不知揚雄又在班固之前,孔子更在前也。

9. 論傳經之人惟《易》最詳,經義之亡惟《易》最早

孔子删定《六經》,傳授之人,惟《易》最詳;而所傳之義,惟《易》之亡最早。《史記·仲尼弟子列傳》曰："孔子傳《易》於商瞿字子木,春秋末魯國人,孔子弟子,瞿傳楚人馯臂子弘馯臂,字子弘,一説字子弓,傳爲子夏門人,弘傳江東人矯子庸疵矯疵,字子庸。一説爲魯人,疵傳燕人周子家豎周豎,字子家,豎傳淳于人光子乘羽淳于：縣名,屬北海郡（郡治在今山東青州、昌樂一帶）。光羽,字子乘,羽傳齊人田子莊何田何,字子莊,菑川人,何傳東武人王子中同東武：縣名,今山東諸城。王同,字子中,同傳菑川人楊何,何元朔中以治《易》元朔：漢武帝年號（前128—前123）,爲漢中大夫官名,備顧問應對。"《漢書·儒林傳》曰："自魯商瞿子木受《易》孔子,以授魯橋庇子庸,子庸授江東馯臂子弓,子弓授燕周醜子家,子家授東武孫虞子乘,子乘授齊田何子裝,田何授東武王同子中。雒陽周王孫、丁寬字子襄,梁人、齊服生即濟南伏生,同授淄川楊何,

字叔元。寬授同郡碭田王孫碭:地名,今安徽碭山,王孫授施讎字長卿,江蘇沛人、孟喜字長卿,東海蘭陵(今屬山東蒼山)人、梁丘賀字長翁,琅琊諸(今山東諸城)人,繇是《易》有施、孟、梁丘之學繇:通“由”。繇是:於是。”引文與《漢書》原文稍異。《史》《漢》載商瞿以下傳授名字,子弘即子弓,矯疵即橋庇,周醜即周豎,光羽即孫虞。《史記》以爲子弘傳子庸,《漢書》以爲子庸傳子弓,各有所據,而小異大同。孔門傳《易》之源流,在漢固甚明也。《史記》止於楊何,距商瞿八傳,《漢書》下及施、孟、梁丘,距商瞿九傳。《史記·儒林傳》云:“言《詩》於魯則申培公,於齊則轅固生,於燕則韓太傅燕人韓嬰,言《尚書》自濟南伏生,言《禮》自魯高堂生,言《易》自菑川田生,言《春秋》於齊、魯自胡毋生一作胡母生,字子都,西漢齊(今山東臨淄)人,專治《公羊春秋》。漢景帝時爲博士,曾與董仲舒同業,於趙自董仲舒。”是皆言漢初傳經諸人,而申公、轅固、韓嬰、伏生、高堂生等,皆不言其所授,蓋史公已不能明。惟於《易》云:“自魯商瞿受《易》孔子,孔子卒,商瞿傳《易》,六世至齊人田何,字子莊,而漢興。田何傳東武人王同子仲,子仲傳菑川人楊何。”史公父談受《易》於楊何,故於《易》之授受獨詳。史公能詳《易》家授受之人,豈不能知《易經》作卦爻辭之人?而《周本紀》但云文王重卦,《魯世家》不云周公作爻辭,則文王、周公無作卦爻辭之事。《孔子世家》云“序《彖》繫《象》”,即卦爻辭在其中矣。《史記》不及丁寬,《漢書》以爲寬授田王孫,王孫授施、孟、梁丘。又云:“至成帝時,劉向校書劉向(前77—前7):原名更生,字子政,江蘇沛人。西漢經學家、文獻學家。漢成帝河平三年(前26),奉詔領銜校理皇室圖書,分典籍爲六藝、諸子、詩賦、兵書、術數、方技六部,撰成《別錄》,是我國最早的綜合圖書目錄,考《易》說,以爲諸《易》家說皆祖田何、楊叔即楊何、丁將軍即丁寬,大誼略同大誼:大義,要旨,唯京氏爲異黨。焦延壽獨得隱士之說,託之孟氏,不相與同。"據《漢書》,則田何、丁寬、楊何之學本屬一家,傳之施、孟、梁丘,爲《易》之正傳;焦、京之學,明陰陽術數以種種方術推測人的氣數和命運,亦稱"數術",《漢書·藝文志》之"數術略",分天文、曆譜、五行、蓍龜、雜占、形法六類,爲《易》之別傳。乃至於今,不特王同、周王孫、丁寬、服生之《易傳》數篇無一字存,即施、孟、梁丘,漢立博士,授生徒以千萬計,今其書亦無有存者,轉不如伏生《尚書》,齊、魯、韓《詩》,猶可稍窺大旨。豈非事理之可怪,而經學之大可惜者乎? 後惟虞翻注《易》虞翻(164—233):字仲翔,會稽餘姚(今浙江餘姚)人。三國吳經學家,有《周易注》十卷,自謂五世傳《孟氏易》,其注見李鼎祚《集解》稍詳李鼎祚:資州磐石(今屬四川資中)人,唐代《易》學家,著有《周易集解》,近儒張惠言爲之發明張惠言(1761—1802):字皋文,武進(今江蘇常州)人。清代詞人、經學家,有《周易虞氏義》等。此則孟氏之學支與流裔支:支脈。流裔:沿承之流派,猶有存者,而漢儒《易》學幸得存什一於千百也。

10. 論漢初説《易》皆主義理、切人事,不言陰陽、術數

　　西漢《易》學之書雖亡,而其説猶有可考者。如《淮南子·繆稱訓》曰:"故君子懼失仁義,小人懼失利。觀其所懼,知各殊矣。《易》曰:'即鹿無虞即鹿:逐鹿。虞:掌山澤之官,惟入於林中此句意謂:失正不中,躁於進取,猶無虞人之助而逐鹿,徒入林中,必無所獲。君子幾見機行事,不如舍舍棄不逐,往吝若執意追逐則會導致憾惜。'語出《屯》六三。"又曰:"小人在上位①,如寢關暴纊寢關:墓門。一説,關隘。暴纊(pù kuàng):即曝纊,用新綿置於臨死者鼻前,察其是否斷氣。一説,鹽繭晒在日光之下,不得須臾安。故《易》曰:'乘馬班如

---

① "上"下原脱"位"字,據《淮南子·繆稱訓》補。

盤桓不進貌,泣血漣如<small>淚流不止貌</small>。'語出《屯》上六。言小人處非其位,不可長也。"又曰:"故至德者,言同略<small>要略</small>,事同指<small>旨歸</small>,上下一心,無歧道旁見者,遏障之於邪<small>遏障:阻止,阻擋</small>,開道之於善<small>開道:以道理啓發勸導</small>,而民鄉方矣<small>鄉(xiàng)方:歸向仁義之道</small>。故《易》曰:'同人於野<small>在原野和同於人</small>,利涉大川<small>利於涉越大河巨流</small>。'語出《同人》。"《齊俗訓》曰:"故《易》曰:'履霜<small>踩上微霜</small>,堅冰至<small>預示著堅冰將至</small>。'語出《坤》初六。聖人之見終始微言。"《氾論訓》曰:"自古及今,五帝三王<small>五帝:上古傳説中的五位帝王,説法不一:一説爲黄帝、顓頊、帝嚳、唐堯、虞舜;一説爲太昊、炎帝、黄帝、少昊、顓頊;一説爲少昊、顓頊、高辛、唐堯、虞舜;一説爲伏羲、神農、黄帝、唐堯、虞舜。三王:指夏、商、周三代君王</small>,未有能全其行者也<small>全其行:使行爲完美無缺</small>。故《易》曰:'小過①<small>與"大過"相對,謂事有失之於偏,矯其失必待小有所過</small>,亨,利貞。'言人莫不有過②,而不欲其大也。"《人間訓》曰:"今霜降而樹穀,冰泮而求穫<small>泮(pàn):融化</small>,欲其食則難矣,故《易》曰'潛龍勿用'者<small>語出《乾》初九,謂巨龍潛伏水中,暫不施展才用,言時之</small>不可以行也。故'君子終日乾乾<small>整日健强不息</small>,夕惕若<small>夜晚依然警惕慎行。若爲語助詞</small>,厲無咎<small>即使面臨危險也會免遭咎害。一説,此句當斷爲"夕惕若厲,無咎"</small>'語出《乾》九三。終日乾乾,以陽動也;夕惕若厲,以陰息也。因日以動,因夜以息,惟有道者能行之。"《泰族訓》曰:"《易》曰'豐其屋<small>豐大房屋</small>,蔀其家<small>蔀(bù):覆蓋,遮蔽</small>,窺其戶,闃其無人'者<small>闃(qù):寂静無聲。語出《豐》上六</small>,非無衆庶也,言無聖人以統理之也。"賈誼《新書·容經》曰:"亢龍往而不返,故《易》曰'有悔'<small>《乾》上九云:"亢龍有悔。"</small>。悔者,凶也,潛龍入而不能出,故曰'勿用'<small>《乾》初九云:"潛龍勿用。"</small>。勿用者,

---

① "過",原作"道",誤,據《淮南子·氾論訓》改。

② "過",原作"道",誤,據《淮南子·氾論訓》改。

不可也,龍之神也,其爲蜚龍乎? 蜚龍:飛龍,與"潛龍"相對,比喻帝王在位。《易·乾》云:"九五,飛龍在天,利見大人。" "《春秋篇》曰 亦《新書》篇名:"故愛出者愛反,福往者福來,《易》曰:'鳴鶴在陰,其子和之。'語出《中孚》九二。其此之謂乎?"董子《繁露·基義篇》曰:"《易》言'履霜堅冰',蓋言遜也。"《精華篇》曰:"其在《易》,曰:'鼎折足,覆公餗 美味佳肴。'語出《鼎》九四。夫鼎折足者,任非其人也;覆公餗者,國家傾也。"

劉向《説苑》:"'无咎,有言不信 有所言未必見信於人。'語出《困》。聖人所與人難言信也。"又引孔子曰:"困之爲道,猶寒之及暖,暖之及寒也,惟賢者獨知而難言之也。《易》曰:'困,亨。貞,大人吉。'語出《困》"《法誡篇》曰《説苑》卷十,今篇名作《敬慎》:"孔子讀《易》,至於《損》《益》,則喟然而歎。子夏避席而問曰 避席:離席起立,以示敬意:'夫子何爲歎?'孔子曰:'自損者益,自益者缺,吾是以歎也。'子夏曰:'然則學者不可以益乎?'孔子曰:'否,夫道①成者未嘗得久也,夫學者以虛受之,故曰得。"又曰:"'謙也者,致恭以存其位者也 致力於恭謹來保存其地位。'語出《易·繫辭上》。夫豐明而動,故能大《豐》云:"《彖》曰:'豐,大也。明以動,故豐。"唐孔穎達《正義》云:"動而不明,未能光大。資明以動,乃能致豐。",苟大則虧矣。吾戒之。'"《奉使篇》曰:"趙簡子將襲衛 趙簡子:趙鞅,春秋時晉國六卿之一,使史黯往視之。黯曰:'渙其群,元吉。'渙者賢也,群者衆也,元者吉之始也,'渙其群元吉'者,其佐多賢矣。"《指武篇》曰:"《易》曰:'不威小,不懲大。《易》之逸句,今本不存。此小人之福也。"《列女傳·鄒孟母》曰:"《易》曰:'在中饋 主管家中飲食事宜,无攸遂 無所成

———————————

① "夫道",《説苑·敬慎篇》原文作"天之道"。

就。'①以言婦人無擅制之義擅制：專斷，而有三從之道也舊禮教所謂在家從父，出嫁從夫，夫死從子。"

《劉向傳》稱："《易》有《鼎卦》。鼎，宗廟之器。主器奉宗廟者，長子也。野鳥自外來，入爲宗廟器主，是繼嗣將易也易：更易，变易。一曰：鼎三足，三公象取象三公。三公爲古代中央三種最高官職的合稱，西漢指丞相、太尉、御史大夫，而以耳行唐顏師古《漢書注》云："鼎非舉耳不得行，故云以耳行"。野鳥居鼎耳，小人將居公位，敗宗廟之祀。野木生朝，野鳥入廟，敗亡之異也。"語出《漢書·五行志中之下》。又曰："於《易》，在《豐》之《震》，曰：'豐其沛，日中見沫，折其右肱，無咎。'顏師古《漢書注》云："此《豐卦》九三爻辭也，言遇此災，則當退去右肱之臣，乃免咎。"於《詩·十月之交》，則著卿士、司徒，下至趣馬、師氏，咸非其材顏師古《漢書注》云："《十月之交》詩曰：'皇父卿士，番維司徒。蹶維趣馬，楀維師氏，豔妻煽方處。'司徒，地官卿也，掌邦教。趣馬，中士也，掌王馬之政。師氏，中大夫也，掌司朝得失之事。番、蹶、楀，皆氏也。美色曰豔。豔妻，褒姒也。豔或作閻，閻亦嬪妾之姓也。煽，熾也。詩人刺王淫於色，故皇父之徒皆用后寵而處職位，不以德選也。"，同於右肱之所折，協於三務之所擇三務：春、夏、秋三時之務，明小人乘君子《繫辭傳上》云："《易》曰：'負且乘，致寇至。'負也者，小人之事也；乘也者，君子之器。小人而乘君子之器，盜思奪之矣；上慢下暴，盜思伐之矣。"，陰侵陽之原也。"語出《漢書·五行志下之下》。又曰："讒邪進則衆賢退，邪枉盛則正士消，故《易》有《否》《泰》。小人道長，君子道消，則政日亂，故爲《否》。否者，閉而亂也。君子道長，小人道消，則政日治，故爲《泰》。泰者，通而治也。"又曰："《易》'渙汗其大號'顏師古《漢書注》云："此《易·渙卦》九五爻辭也，言王者渙然，大發號令，如汗之出也。"，言號令如汗，汗出而

——————

① "在中饋，无攸遂"，《家人》六二原文作："无攸遂，在中饋。"

不返者也。"又曰:"故賢人在上位,則引其類而聚之於朝。《易》曰:'飛龍在天,大人聚也。'顏師古《漢書注》云:"此《乾卦》九五象辭也,言聖王正位,臨馭萬方,則賢人君子皆來見也。"在下位,則思與其類俱進。《易》曰:'拔茅茹,以其彙,征吉。'鄭玄注云:"彙音謂,類也。茹,牽引也。茅喻君有潔白之德,臣下引其類而仕之。""以上三處引文皆見《漢書·劉向傳》。"又《易》曰:'有嘉折首,獲匪其醜。'顏師古《漢書注》云:"《離》上九爻辭也。嘉,善也。醜,類也。言王者出征,克勝斬首,多獲非類,故以爲善。"言誅首惡之人,而諸不順者皆來從也。"語出《漢書·陳湯傳》。《彭宣傳》:"宣上書言:'三公鼎足承君,一足不任,則覆亂矣。'顏師古《漢書注》云:"美實,謂鼎中之實也。《易·鼎卦》九四爻辭曰:'鼎折足,覆公餗。'餗,食也。故宣引以爲言。"宣治《易》,事張禹(?—前5),西漢河内軹(今河南濟源東)人,封安昌侯,曾傳《易》《論語》等,禹受《易》於施讎者也。劉向治《易》,校書考《易》說,以爲諸家說皆祖田何、楊叔、丁將軍者也。淮南王,集九師說《易》者也淮南王:劉安(前179—前122),漢高祖劉邦之孫、淮南厲王劉長之子。曾召賓客術士編輯《淮南鴻烈》一書,其旨近《老子》,爲雜家學派代表著作。九師:刘安曾聘明《易》者几人,號"九師說"。賈賈誼、董董仲舒,漢初大儒,其說《易》皆明白正大,主義理,切人事,不言陰陽術數,蓋得《易》之正傳。田何、楊叔之遺,猶可考見。

11. 論陰陽災變爲《易》之別傳

經學有正傳,有別傳。以《易》而論,別傳非獨京氏而已京氏:西漢《易》學家京房,如孟氏之卦氣西漢《易》學家孟喜以《易》六十四卦與四時、月令、氣候等相配之法、鄭氏之爻辰鄭玄以乾坤六爻與十二時辰相配合,皆別傳也。又非獨《易》而已,如《伏傳》五行伏生撰《尚書大傳》,其中有《洪範五行傳》一篇,乃專門闡發《洪範》五行(水、火、木、金、士）休咎之説，《齊詩》五際《漢書·翼奉傳》顏師古注引孟康曰："《詩内傳》曰：'五際，卯、酉、午、戌、亥也。陰陽終始際會之歲，於此則有變改之政也。'"，《禮·月令》明堂陰陽説明堂：古代帝王宣明政教之所。《四庫全書總目》稱："《月令》於劉向《別録》屬《明堂陰陽記》，當即《漢書·藝文志》所云'古明堂之遺事'，在《明堂陰陽》三十三篇之内者。"，《春秋公羊》多言災異，皆别傳也。子貢謂夫子言性與天道，不可得聞《論語·公冶長》云："夫子之文章，可得而聞也；夫子之言性與天道，不可得而聞也。"，則孔子删定《六經》以垂世立教，必不以陰陽五行爲宗旨。《漢·藝文志》陰陽、五行分爲二家《漢志》中，"陰陽家"入《諸子略》，"五行"入《術數略》，其後二家皆竄入儒家，此亦有所自來。古之王者，恐己不能無失德，又恐子孫不能無過舉也過舉：錯誤行爲，常假天變以示儆惕假：借也。儆惕：戒懼。《禮記》曰："王前巫而後史，卜、筮、瞽、侑皆在左右瞽（gǔ）：盲人，指樂官，古代常以瞽者爲之。侑（yòu）：古代輔佐帝王的諫官，一説膳宰。王中心無爲也心中無須操勞雜務，以守至正堅守正道。"語出《禮運》。《易》本卜筮之書，其掌卜筮者，必陳祥異占驗以左右王祥異：吉祥災異。左右：輔佐，幫助。古卜筮與史通，周官馮相《周禮·春官·馮相氏》云："馮相氏掌十有二歲，十有二月，十有二辰，十日，二十有八星之位。辨其叙事，以會天位。"、保章司天文者保章：《周禮·春官·保章氏》云："保章氏掌天星，以志星、辰、日、月之變動，以觀天下之遷，辨其吉凶。"，皆屬太史，故《國語》曰："吾非瞽史，焉知天道？"《左氏傳》采占書，雖未必皆當時本文，而所載卜筮事，皆屬史官占之。此古卜筮與史通之明證，亦古卜史借天道以儆君之明證。

後世君尊臣卑，儒臣不敢正言匡君匡：正君主，於是亦假天道進諫，以爲仁義之説，人君之所厭聞充分聽取；而祥異之占，人君之所敬畏。陳言既效，遂成一代風氣，故漢世有一種天人之學，而齊學尤盛，《伏傳》《齊詩》《公羊春秋》，皆齊人所傳也。孟、京非齊學,其言《易》亦主陰陽災變者。卜筮占驗,本與陰陽災變爲近,故後世之言術數者,多託於《易》。《漢書·儒林傳》曰:"孟喜好自稱譽,得《易》家候陰陽災變書候:占驗,預測,詐言師田生田何,且死時枕喜㮻(xī)膝蓋也,獨傳喜,諸儒以此燿之以此爲榮耀。……博士缺,衆人薦喜。上聞喜改師法,遂不用喜。……京房受《易》梁人焦延壽,延壽云嘗從孟喜問《易》。會喜死,房以爲延壽《易》即孟氏學,翟牧、白生不肯翟牧:西漢沛人。白生:白光,東海蘭陵人,皆曰非也。至成帝時,劉向校書,考《易》説……唯京氏爲異黨。"據班氏説,則《易》家以陰陽災變爲説,首改師法,不出於田何、楊叔、丁將軍者,始於孟而成於京。班氏既謂二家不同,而《藝文志》又有《孟氏京房》十一篇、《災異孟氏京房》六十六篇見《漢志·六藝略·易類》,似二家實合爲一者,蓋又京氏託之孟氏,而非孟氏之本然也。孟氏得《易》家書,焦延壽得隱士説,則當時實有此種學,而非其所自創。《漢志》《易》家有《雜災異》三十五篇,是《易》家本有專言災異一説。而其傳此説者,仍是別傳而非正傳。漢儒藉此以儆其君,揆之《易》義"納約自牖"與神道設教之旨揆:揣度,度量。"納約自牖(yǒu)",語出《易·坎卦》,通過明窗結納信約。神道設教:利用神鬼之道進行政治教化。《易·觀》:"聖人以神道設教,而天下服矣。"孔穎達疏云:"聖人法則天之神道,本身自行善,垂化於人,不假言語教戒,不須威刑恐逼,在下自然觀化服從。",皆相吻合。可見人臣進諫之苦心,亦不背聖人演《易》之宗旨。而究不得爲正傳者,孔子説《易》見於《論語》者二條,一勉無過《論語·述而》云:"子曰:'加我數年,五十以學《易》,可以无大过矣。'",一戒無恒《論語·子路》云:"子曰:'南人有言曰:"人而無恒,不可以作巫醫。"善夫!''不恒其德,或承之羞。'子曰:'不占而已矣。'",皆切人事而言。戰國諸子及漢初諸儒言《易》,亦皆切人事而不主陰陽災變。至孟、京出而説始異,故雖各有所授,而止得爲《易》之別傳也。《困學紀聞》:"《京氏易積算法》引夫子曰:'西伯父子指文王、武王父子,研理窮通,上下囊括,推爻考象,配卦世應京房《易》學術語。世指世爻,應指應爻,是對《象》應位説的發展。世應説主要用於占術,加乎星宿,局於六十四所即六十四卦、二十四氣即二十四節氣,分天地之數,定人倫之理,驗日月之行,尋五行之端,災祥進退,莫不因茲而兆矣。"王應麟曰:"此占候之學,決非孔子之言。"語出《困學紀聞》卷一。惠棟曰:"如京説,則今占法所謂納甲謂十天干分納於八卦,即乾納甲壬,坤納乙癸,震納庚,巽納辛,坎納戊,離納己,艮納丙,兑納丁,相傳出於《京氏易傳》、世應世指世爻,應指應爻,是對《周易·象》應位説的發展,主要用於占術、遊歸指遊魂、歸魂,本於《周易·繫辭》"精氣爲物,遊魂爲變"。遊歸説認爲陰陽消長如到盡頭必然回歸原始,表示物極必反、循環往復之意、六親人有六親,指父、子、兄、弟、夫、婦、六神之説六神:又稱"六獸",指青龍、朱雀、勾陳、螣蛇、白虎、玄武。在占卜中,依據占筮之日的天干選取所對應之神,皆始於西伯父子也。"語出《易漢學》卷四《京君明易上》。案西漢以前,無以爲文王、周公作卦爻辭者,況納甲、世應之説乎? 此不特非孔子之言,并非京氏之説。《京氏易傳》無之,乃後人傅會,不可信。

12. 論孟氏爲京氏所託,虞氏傳孟學,亦間出道家

孟氏之學,以今考之,有與諸家相出入者。"卦氣"出於孟氏,而其書不傳,其説不詳,詳見於京氏書。《漢書·京房傳》曰:"分六十四卦①,更直日用事直:通"值",謂各以其日觀其善惡,以風雨寒温爲候征候。"孟康曰孟康爲三國魏人,撰《漢書音義》:

───────────

①　"十"下原脱"四"字,據《漢書》原文補。

"分卦直日之法，一爻主一日，六十四卦爲三百六十日。餘四卦《震》《離》《兌》《坎》，爲方伯監司之官方伯：殷、周時代指一方諸侯之長，後泛指地方長官。監司：監察。所以用《震》《離》《兌》《坎》者，是二至二分用事之日二至：夏至、冬至。二分：春分、秋分。"[1]其説亦見於《易緯·稽覽圖》，所云卦氣起《中孚》卦名，兌下巽上，象徵"中心誠信"。《易·中孚》云："中孚，豚魚吉，利涉大川，利貞。"，卦主六日七分孟喜認爲，六十四卦中除去《震》《離》《兌》《坎》四卦，余六十卦，以配一年天數之整數三百六十日，得每卦六日；一年天數所余之五又四分之一日，孟氏又將每日以八十分計，共得四百二十分，除以六十卦，則每卦得七分。是所謂每卦"六日七分"，大誼略同。唐一行《卦議》引之唐一行：僧一行，本名張遂(683—727)，唐代天文學家，曾編制《大衍曆》，以爲十二月卦出於《孟氏章句》。漢儒以緯爲孔子作，固未必然，《孔疏》以讖緯起自哀、平西漢哀帝、平帝之時，亦不甚合。緯書之出最古，亦有漢儒傅會者，《稽覽圖》未知與孟、京孰爲先後；或緯竊孟、京，抑或孟、京竊緯，皆不可知。漢儒稱讖緯，宋人斥讖緯而稱圖書參本書第17、18條，其實皆主陰陽五行。如邵子曰當指北宋理學家邵雍(1011—1077)，字堯夫，謚號康節，有《皇極經世》《伊川擊壤集》等："卦氣始於《中孚》。"蔡西山云蔡元定(1135—1198)，字季通，建寧府建陽(今屬福建)人，學者稱西山先生。南宋理學家，有《皇極經世指要》，又與朱熹合訂《易學啓蒙》："康節亦用六日七分。"是孟、京之説，不僅漢儒宗之，宋儒亦宗之矣。然其説有可疑者，六十四卦直日用事，何以《震》《離》《兌》《坎》四卦不在内，但主二至二分？《乾》《坤》爲諸卦之宗，何以與諸卦并列？似未免削趾適履，强合牽附。京氏與孟氏相出入。《漢書》云："焦、京託之孟氏，不相與同。"則"卦氣"之説，或并焦、京所託，非孟氏本旨

---

[1]　此處"孟康曰"一段，爲顏師古《漢書注》所引，非《漢書》原文。

歟？《漢書》又云："孟喜得《易家候①陰陽災變書》。"則卦氣之説,或孟氏得《易》家書本有之歟？皆疑莫能明。焦循云："六日七分,即所得陰陽災變託之田生者。《藝文志》,《章句》二篇,此乃得之田王孫者。今《説文》《釋文》中所引即此。《志》又有《孟氏京房》十一篇、六十六篇,則所傳卦氣六日七分之學也。"_{語出焦循《易圖略》。}孟氏今文,與費氏《古文易》判然不合_{費氏：費直,字長翁,東萊(今山東萊州)人,西漢《易》學家。}而許慎《説文解字敘》云_{許慎(約58—約147)：字叔重,汝南召陵(今河南偃城東)人。東漢經學家,著有《説文解字》《五經異義》等：}"《易》孟氏,皆古文也。"則孟氏亦有古文矣。荀爽傳《費氏易》而言"升降"_{荀爽(128—190)：字慈明,東漢潁陰(今河南許昌)人,有《易傳》《詩傳》《春秋條例》等,號爲碩儒。}虞翻表獻帝云："潁川荀諝號爲知《易》_{荀諝：即荀爽,}臣得其注,有愈俗儒。"虞氏言"消息"_{漢代《易》學術語,卦變的方式之一,一個卦體中,凡陽爻去而陰爻來稱"消",陰爻去而陽爻來稱"息"。}與進退、往來、升降同義,相傳爲西漢孟喜所傳、"旁通"_{漢魏《易》學術語,本卦陽爻變爲陰爻,陰爻變爲陽爻,轉化爲與其對立的卦,本卦與轉化的卦可以相通,故稱,}與荀言"升降"相出入,則荀氏《費易》與虞氏《孟易》相出入矣。張惠言《易義別錄》首列孟氏,亦僅能舉《説文》《釋文》諸書之異字,而不能舉其義。張氏以爲學者求田何之書,則惟孟氏此文；求孟氏之義,惟虞氏注説,故作《虞氏義》與《消息》_{張氏曾撰《周易虞氏義》九卷及《周易虞氏消息》二卷。}阮元稱爲"孤家專學"_{阮元(1764—1849)：字伯元,號芸臺,謚文達。揚州儀徵人。清代經學家,爲當時學界領袖。主持編纂《皇清經解》《十三經注疏》等,又著《揅經室集》等,近之漢學家多宗之,而亦有不盡謂然者。}王引之謂虞氏以"旁通"説《彖》《象》_{王引之(1766—1834)：字伯申,}

---

① "易家"下原脱"候"字,據《漢書》原文補。

號曼卿,江蘇高郵人。王念孫之子,清代著名小學家,有《經義述聞》《經傳釋詞》等,顯與經違;虞氏釋"貞以之正",違失經義,見《經義述聞》。錢大昕論虞仲翔説《易》之卦錢大昕(1728—1804):字曉徵,號辛楣,又號竹汀,嘉定人。清代著名史學家,又有《十駕齋養新錄》《宋遼金元四史朔閏考》等。虞仲翔:即虞翻,有失其義者,有自紊其例者,見《潛研堂答問》。陳澧云"虞氏《易注》多不可通,所言卦象尤多纖巧",見《東塾讀書記》。焦循《易圖略》雖取虞義,亦駁其非。張惠言云:"虞氏雖傳孟學,亦斟酌其意,不必盡同。"然則虞氏間有違失,而非必盡出於孟矣。虞氏引《參同契》"日月爲易"《參同契》:即指《周易參同契》,東漢魏伯陽撰,是一部用《周易》、黄老與爐火相參合的道教修仙煉丹之作,又言夢道士飲以三爻,則其學雜出於道家。故虞氏雖漢《易》大宗,亦有當分別觀之者。

13. 論鄭、荀、虞三家之義,鄭據《禮》以證《易》, 學者可以推補,不必推補爻辰

鄭君用《費氏易》鄭君指鄭玄,其注《易》有"爻辰"之説,蓋本費氏《分野》一書西漢費直著有《周易分野》。然鄭所長者不在此,鄭學最精者三《禮》。其注《易》,亦據《禮》以證《易》義廣大,無所不包。據《禮》證《易》,以視陰陽術數,實遠勝之。《鄭注》如嫁娶、祭祀、朝聘,皆合於《禮經》。其餘雖闕而不完,後儒能隅反而意補之隅反:舉一隅而以三隅反,意謂舉一反三,亦顓家之學也顓(zhuān)家:同"專家"。鄭君《自序》:"來至元城古縣名,在今河北大名北,乃注《周易》。"其成書在絶筆之年鄭玄病逝於漢獻帝建安五年(200)六月。晉以後,《鄭易》皆立學立爲學官。南北朝時,河北用《鄭易》河北:泛指黄河以北地區,江左用王弼《易注》江左:指東晉及宋、齊、梁、陳各朝的統治區域。至隋,《鄭易》漸衰。唐

定《正義》唐初由孔穎達主持編撰《五經正義》，一定程度上實現了經學的統一，其中有《周易正義》，《易》主王弼，而《鄭易》遂亡。宋末，王應麟始爲蒐輯古書之學蒐(sōu)輯:同"搜輯"，輯《鄭易注》一卷。近儒惠棟以爲未備，更補正爲三卷。丁杰又以爲有誤入者丁杰(1738—1807):字升衢，原名鐵鴻，後改名杰。歸安(今浙江吳興)人。清代經學家、藏書家，撰有《周易鄭注後定》等，復加釐訂整理訂定，稱爲善本。是鄭君之成《易注》，視諸經爲最後。鄭君書多亡逸，輯《易注》者，視諸書爲最先。

張惠言亦輯《鄭易》，而加以發明，《周易鄭荀義敘》曰:"昔者處犧作十言之教處犧(fú xī):同"伏義"，曰乾、坤、震、巽、坎、離、艮、兑、消、息，鄭氏贊《易》實述之鄭玄有《易贊》一書。至其説經，則以卦爻無變動，謂之《象辭》。夫'七、八'者象，'九、六'者變，經稱'用九'用九:《乾》卦特有之爻題，謂六爻皆九。《易·乾》:"用九，見群龍無首，吉。"高亨注曰:"依古筮法，筮遇《乾》卦，六爻皆七，則以卦辭斷事，六爻皆九，則以用九爻辭斷事。用九猶通九，謂六爻皆九也。"、'用六'用六:《坤》卦特有之爻題，謂六爻皆六。《易·坤》:"用六，利永貞。"高亨注曰:"依古筮法，筮遇《坤》卦，六爻皆八，則以卦辭斷事;六爻皆六，則以用六爻辭斷事。用六猶通六，謂六爻皆六也。"，而辭皆'七、八'，名與實不相應，非處犧氏之旨也。爻象之區既隘爻象:《周易》中六爻相交成卦所表示的事物形象。區:區分，則乃求之於天。《乾》《坤》六爻，上繫二十八宿宿:音 xiù。古代天文學家把周天黃道(太陽和月亮所經天區)的恒星分成二十八個星座，分別指，東方:角、亢、氐、房、心、尾、箕;北方:斗、牛、女、虛、危、室、壁;西方:奎、婁、胃、昴、畢、觜、參;南方:井、鬼、柳、星、張、翼、軫，依氣應宿，謂之爻辰。若此，則三百八十四爻，其象十二而止，殆猶溓焉溓(nián):通"粘"，粘著，此又未得'消息'之用也。然其列貴賤之位，辨大小之序，正不易之倫，經綸創制，吉凶損益，與《詩》《書》《禮》《樂》相表裏，則諸儒未有能及之也。荀氏之説消息荀氏指東漢荀爽，以《乾》升《坤》降，萬物始乎《泰》,終乎《否》。夫陰陽之在天地,出入上下,故理有易有簡,位有進有退,道有經有權經:常道,常態。權:權宜,變通,歸於正而已。而荀氏言陽常宜升而不降,陰常宜降而不升,則《姤》卦名,下巽上乾,象徵"相遇"、《遯》卦名,下艮上乾,象徵"退避"、《否》之義《否》:卦名,下坤上乾,象徵"否閉",大于《既濟》也《既濟》:卦名,下離上坎,象徵"事已成"。然其推乾坤之本,合于一元事物之始,雲行雨施比喻廣施恩澤。《易·乾》云:"雲行雨施,天下平也。",陰陽和均協調,諧和,而天地成位各定其位,則可謂得《易》之大義者也。虞氏考日月之行以正乾元朱子《周易本義》云:"乾元,天德之大始。",原七九之氣以定六位原:推原。指六十四卦一至六爻的爻位,運始終之紀以敘六十四卦,要變化之居以明吉凶悔吝要:審察,核實。居:停息,停止。悔吝:災禍。六爻發揮旁通,乾元用九,則天下治,以則四德四德:元、亨、利、貞。《易·乾》云:"《文言》曰:元者,善之長也;亨者,嘉之會也;利者,義之和也;貞者,事之幹也。君子體仁足以長人,嘉會足以合禮,利物足以和義,貞固足以幹事。君子行此四德者,故曰:乾,元、亨、利、貞。",蓋與荀同源,而閎大遠矣。王弼之說,多本鄭氏,而棄其精微。後之學者習聞之,則以為費氏之義如此而已。其盈虛消息之次,周流變動之用,不詳於《繫辭》《彖》《象》者,概以為不經不合常法。若觀鄭、荀所傳卦氣、十二辰即子、丑、寅、卯、辰、巳、午、未、申、酉、戌、亥十二地支、八方之風指東北、東、東南、南、西南、西、西北、北八方之風。古人把八風與八卦、二分、二至及四季一一對應,用以解《易》。陸德明《經典釋文》云:"八方之風,謂東方谷風,東南清明風,南方凱風,西南涼風,西方閶闔風,西北不周風,北方廣莫風,東北方融風。"、六位、世應爻、互卦變①互卦:又稱"互體",《易》卦上下兩體相互交錯取象而成之新卦,如《觀》為坤下巽上,取其二至四爻則為《艮》,三至五爻則為

---

① "變",思賢書局本作"動"。

《坤》，莫不彰著。劉向有言：‘《易》家皆祖田何，大義略同，豈特楊叔、丁將軍哉？’”語出張惠言《茗柯文編》二編卷上，引文略有差異。

錫瑞案：張氏舉鄭、荀、虞，而斟酌其得失，皆有心得。其於鄭義取其言《禮》，不取其言爻辰，與李鼎祚《集解》采《鄭注》不采其言爻辰者，同一卓識。惟以卦氣、十二辰之類亦祖田何，則未必然。孟、京以前，言《易》無有主卦氣、十二辰之類者，不可以後人之說誣前人，而以《易》之別傳爲正傳也。焦循曰：“爻辰自爲鄭氏一家之學，非本之《乾鑿度》，亦不必本於月律也古樂分十二調，爲六陽律，六陰律。《呂氏春秋》始以律與曆相附會，以十二律應十二月，故稱。然以《離》九三爲《艮》爻《離》九三云：“日昃之離，不鼓缶而歌，則大耋之嗟，凶。”，位值丑，丑上值弁星，弁星似缶。《坎》上六爻辰在巳《坎》上六云：“繫用徽纆，置於叢棘，三歲不得，凶。”，蛇之蟠屈似徽纆徽、纆(mò)皆爲繩索之名，三股曰徽，兩股曰纆。《臨卦》斗臨丑，爲殷之正月，以見周改殷正之數殷商曆法，以建丑之月爲正月；周代改之，以建子之月爲正月，謬悠非經義謬悠：虛空悠遠，荒誕無稽。至以“焚如”爲不孝之刑《易·離》九四云：“突如其來如，焚如，死如，棄如。”漢代將“焚如”作爲將人燒死的酷刑，顏師古《漢書注》引如淳曰：“焚如、死如、棄如者，謂不孝子也。不畜於父母，不容於朋友，故燒殺棄之，莽依此作刑名也。”，“女壯”爲一女當五男《易·姤》云：“女壯，勿用取女。”《周易鄭康成注》云：“一陰承五陽，一女當五男，苟相遇耳，非禮之正，故謂之遘。女壯如是，壯健似淫，故不可娶。婦人以婉娩爲其德也。”，尤非聖人之義也。余於爻辰，無取焉爾。”

14. 論《費氏易》傳於馬、鄭、荀、王而其説不同，王弼以十篇説經，頗得費氏之旨

漢《易》立博士者四家，施、孟、梁丘、京氏，并今文説而皆

亡佚。後世所傳者，費氏古文《易》也。而今之《易》又非古文，蓋爲後人變改幾盡。《説文》間載古文，許慎以爲孟氏。《釋文》所載經文異字，惟《易》獨多。然則漢時傳《易》者，尤爲雜而多端，未知田何、楊叔、丁將軍之傳本究如何也。《漢書·儒林傳》曰："費直字長翁，東萊人也。治《易》爲郎，至單父令。長於卦筮，亡章句，徒以《彖》、《象》、《繫辭》十篇、《文言》解説上下經明人朱睦㮮《授經圖義例》卷三云："徒以《彖》《象》《繫辭》《文言》爲十篇，解説上下經。"，瑯邪王璜平中能傳之瑯邪(láng yé)：一作琅邪、琅琊，漢代郡名，今山東諸城一帶。王璜，字平中，一作平仲，曾傳《易》。"《後漢書·儒林傳》曰："東萊費直能《易》，授瑯邪王横爲費氏學王横：即王璜，本以古字，號古文《易》。陳元、鄭衆皆傳《費氏易》陳元：字長孫，蒼梧廣信(今屬廣西梧州)人。東漢古文經學家，曾就《左傳》廢立與范升等論辯，撰《左氏異同》等，其後馬融亦爲其傳。融授鄭玄，玄爲《易注》，荀爽又作《易傳》，自是費氏興而京氏遂衰。"

錫瑞案：費氏之《易》，不知所自來，考其年當在成、哀間漢成帝、漢哀帝之間，出孟、京後。王璜即王横，與王莽同時，爲費氏一傳弟子，則必在西漢之末矣。費氏無《章句》，故《藝文志》不載。《釋文》有《費直章句》四卷，當屬後人依託。費氏專以《彖》《象》《繫辭》《文言》解經，與丁將軍訓故舉大誼略同顏師古《漢書注》云："故，謂經之旨趣也。"舉大誼：《漢書·丁寬傳》云："景帝時，寬爲梁孝王將軍距吳楚，號丁將軍，作《易説》三萬言，訓故舉大誼而已，今《小章句》是也。"，似屬《易》之正傳。而漢不立學者，漢立學皆今文，而費氏傳古文；漢人重師授，而費氏無師授，故范升曰范升：字辯卿，代郡(今山西代縣)人。東漢今文經學家，習《梁丘易》《老子》，教授後生："《京氏》既立，《費氏》怨望。"語出《後漢書·范升傳》。則東漢初有欲立《費易》者，而卒不立。陳元傳《費易》，或即欲立《費易》之人,正與范升反對者也。陳元、鄭衆、馬融《易》學不傳,鄭、荀二家稍傳其略,王弼亦傳《費易》,而其説各異。費氏亡《章句》,止有文字。東漢人重古文,蓋但據其本文,而説解各從其意,此鄭、荀、王所以各異也。劉向以中古文《易經》校施、孟、梁丘經_{中古文:指藏於朝廷宮中的古文經籍,相對於民間而言,或}脱去"無咎""悔亡"_{没有咎害,禍害消除。二者爲《易》中經常使用的説}_{明吉凶的術語},唯費氏經與古文同,此馬、鄭所以皆用費氏。《釋文》以爲《費易》人無傳者,是不知馬、鄭、王之《易》即《費易》也。王弼盡掃象數_{象數:《左傳·僖公十五年》載:"龜,象也;筮,數也。}_{物生而後有象,象而後有滋,滋而後有數。"杜預注云:"言龜以象示,筮以數}_{告,象數相因而生,然後有占,占所以知吉凶。"《周易》中凡言天日山澤之類爲}_{象,言初上九六之類爲數。象數并稱,即指龜筮。}《易》學派別大致有二:一爲象數,一爲義理,而獨標卦爻承應之義,蓋本費氏之以《彖》《象》《繫辭》《文言》解經。後儒多議其空疏,陳澧獨取之,曰:"'乾,元亨利貞。初九,潛龍勿用。'王輔嗣注云:'《文言》備矣。'九二,見龍在田,注云:'出潛離隱,故曰見龍。處於地上,故曰在田。'此真費氏家法也。'元亨利貞'之義,'潛龍勿用'之義,《文言》已備,故輔嗣不復爲注。至'見龍在田',《象》曰:'德施普也。'_{孔穎達《周易正義》云:"道德恩施,能普遍也。"}《文言》曰:'龍德而正中者也_{喻有龍之品德而立身中正之人。}'又曰:'時舍也_{舍:通"舒"。形勢已經舒展好轉。}'皆未釋'見'字、'田'字,故當①爲之注,而又不可以意而説也。《文言》曰:'潛之爲言也,隱而未見。'潛爲未見,則'見'爲'出潛'矣;潛爲隱,則'見'爲'離隱'矣。故輔嗣云'出潛離隱',據彼以解此也。《繫辭傳》曰:'兼三才而兩之_{三才:指天、地、人。兩之:將八卦兩兩重}

---

① "當",原作"皆",誤,據陳澧《東塾讀書記》卷四改。

疊。故《易》六畫而成卦。'是五與上爲天,三與四爲人,初與二爲地。初爲地下,二爲地上,故輔嗣云'處於地上'也。此真以《十篇》解說經文者《十篇》:即《十翼》。若全經之法皆如是,則誠獨冠古今矣。"語出陳澧《東塾讀書記》卷四《易》。

15. 論王弼多清言而能一掃術數,瑕瑜不掩是其定評

王弼《易注》,《孔疏》以爲獨冠古今。程子謂學《易》先看王弼,《易傳》中不論《象》,不論卦變因爻變而引起卦象的變化,皆用弼說。王應麟謂:"輔嗣之《注》,學者不可忽也。"語出《困學紀聞》卷一。《困學紀聞》錄王《注》二十三條,何焯云何焯(1661—1722):字潤千,改字屺瞻,晚號茶仙,學者稱"義門先生"。清崇明人,有《義門讀書記》等:"《程傳》中所取輔嗣之義正多《程傳》:程頤《伊川易傳》,又稱《周易程氏傳》。輔嗣:王弼之字,厚齋則但就其格言錄之厚齋:王應麟之號。"陳澧謂:"厚齋所錄,非但尚《易》之辭,并尚輔嗣之辭矣,此孫盛所謂'麗辭溢目'者也孫盛語見《三國志·鍾會傳》注。然所錄如《大有》六五注云:'不私於物,物亦公焉;不疑於物,物亦誠焉。'《頤》初九注云:'安身莫若不競,修己莫若自保,守道則福至,求祿則辱來。'造語雖精,然似自作子書,不似經注矣。又如《乾》九三注云:'《乾》三以處下卦之上,故免亢龍之悔《易·乾》云:"上九,亢龍有悔。"王肅云:"知進忘退,故悔也。";《坤》三以處下卦之上,故免龍戰之災《易·坤》云:"上六,龍戰於野,其血玄黃。"因以指陰陽二氣交戰。'厚齋所云'《乾》以惕无咎,《震》以恐致福'語出《困學紀聞》卷一,頗似摹擬輔嗣語也。朱子云:'漢儒解經,依經演釋。晉人則不然,舍經而自作文。'語出《朱子語類》卷六十七。輔嗣所爲格言,是其學有心得,然失漢儒注經之體,乃其病也。"語出陳澧《東塾讀書記》卷四。

錫瑞案:程子之取王弼者,以其説多近理;朱子之不取晉人者,以其文太求工。言非一端,義各有當。陳澧謂其所爲格言,學有心得。予謂弼之所學,得於老氏者深,而得於《易》者淺。魏晉人尚清言指魏晉時人擯棄世務、競談玄理的風氣,常以《老》《易》并舉,見於史者,多云某人善説《老》《易》。是其時之所謂《易》學,不過藉爲談説之助,且與老氏并爲一談。王弼嘗①注《老子》,世稱其善。其注《易》亦雜老氏之旨,雖名詞雋句,耐人尋味,實即當時所謂清言。南朝好玄理,重文詞,故弼之書盛行;北人尚樸學,《易》主鄭玄,不主王弼。自隋以後,北學并入南學,唐人以爲獨冠古今,於是《易》專主王弼《注》及晉韓康伯之《補注》矣韓康伯(332—380):名伯,字康伯,潁川長社(今河南長葛東)人。東晉《易》學家,發展王弼《易》學,爲《繫辭》《説卦》《序卦》《雜卦》作注,後收入《十三經注疏》。宋元嘉時元嘉爲南朝宋文帝年號,王、鄭兩立,顏延之爲祭酒顏延之(384—456):字延年,南朝宋文學家。琅邪臨沂(今山東臨沂)人,與謝靈運并稱"顏謝",黜鄭置王,而《太平御覽》引顏延之《庭誥》曰:"馬、陸得其象數而失其成理馬指東漢馬融,陸指三國吳陸績,荀、王舉其正宗而略其象數荀指東漢荀爽、王指三國魏王弼。"則延之雖以王弼爲正宗,亦疑其於象數太略也。孔子之《易》,重在明義理,切人事。漢末《易》道猥雜,卦氣、爻辰、納甲、飛伏、世應之説飛伏:易學術語。以卦見者爲飛,不見者爲伏;以飛爲未來,伏爲既往。漢儒用以占驗吉凶,紛然并作。弼乘其敝趁其衰敝,掃而空之,頗有摧陷廓清之功。而以清言説經,雜以道家之學,漢人樸實説經之體,至此一變。宋趙師秀詩云"輔嗣《易》行無漢學"趙師秀(1170—1219):字紫芝,號靈秀,亦稱靈芝,又號天樂。永嘉(今浙江温州)人,南宋詩壇"永嘉四靈"(另有徐照、徐璣、翁卷)之一,可爲

---

① "嘗",原作"常",據思賢書局本改。

定論。范武子謂王弼、何晏罪浮桀、紂 范甯（339—401）：字武子，南陽順陽（今河南淅川東）人。東晉經學家，有《春秋穀梁傳集解》十二卷。浮：超過，則詆之太過矣。弼《注》之所以可取者，在不取術數而明義理；其所以可議者，在不切人事而雜玄虛。《四庫提要》曰："弼之説《易》，源出費直，直《易》今不可見。然荀爽《易》即費氏學，李鼎祚書尚頗載其遺説。大抵究爻位之上下，辨卦德之剛柔，已與弼《注》略近。但弼全廢象數，又變本加厲耳。平心而論，闡明義理，使《易》不雜於術數者，弼與康伯深爲有功；祖尚虛無，使《易》竟入於《老》《莊》者，弼與康伯亦不能無過。瑕瑜不掩，是其定評。諸儒偏好偏惡，皆門戶之見，不足據也。"語出《四庫全書總目》卷一"王弼《周易注》"條。

16. 論以傳附經始於費直不始於王弼，亦非本於鄭君

古本《易經》與今不同，朱子《記嵩山晁氏卦爻象象説》謂古經始變於費氏，而卒大亂於王弼。顧炎武謂此據孔氏《正義》，謂連合經、傳始於輔嗣，不知其實本於康成也。《漢書·儒林傳》云："費直治《易》無章句，徒以《彖》《象》《繫辭》《文言》解説上下經。"則以傳附經，又不自康成始。近儒姚配中説尤詳晰 姚配中（1792—1844）：字仲虞，清安徽旌德人，著有《周易姚氏學》，曰："經、傳之合，始自費直。《魏志·高貴鄉公紀》，帝問曰：'孔子作《彖》《象》，鄭氏作注，雖聖賢不同，其所釋經義一也。今《彖》《象》不與經文相連，而注連之，何也？'《易》博士淳于俊對曰：'鄭氏合《彖》《象》於經，欲使學者尋省易了也。'據此，則經、傳之合，始自鄭矣。然案《儒林傳》云：'費直治《易》，長於卦筮，亡章句，徒以《彖》、《象》、《繫辭》十篇、《文言》解説上下經。'以傳解經，則必以傳合經。經、傳之連，

實當始自費，非始自鄭也。而高貴鄉公、淳于俊并云鄭者，蓋費氏亡章句，徒以傳解經，則傳即為其章句。注者因費氏之本，既注經即還注傳，而合傳於經之名，遂獨歸注之者矣。且直以古字，號古文《易》。劉向以中古文《易》校諸家，唯費氏經與古文同。費氏經既與中古文同，而又亡章句，非合傳於經，則傳其書者，直云傳古文可耳，烏得以直既無章句又無異文，而乃獨以其學歸之費氏耶？《尚書》有今古文之學，此其可證者也。《後漢書·儒林傳》云：'陳元、鄭眾皆傳《費氏易》，其後馬融亦為其傳。'案馬融注《周禮》，尚欲省學者兩讀，其為《易傳》，當亦必仍費氏之舊。高貴鄉公不言馬融獨言鄭連之者，時方講鄭學，據鄭言也。蓋唯費無章句，以傳解經，傳其學者，不過用其本耳。是以注家言人人殊，而俱曰傳《費氏易》，極至王弼之虛言，亦稱為費氏之學，此其明驗也。"語出《周易姚氏學》。

錫瑞案：姚氏此説，可為定論。其謂傳費氏學者"不過用其本，是以注家言人人殊"，尤可以見漢時傳古文者之通例，非特《周易》一經。即如《尚書》，傳古文者，衛、賈、馬、鄭皆用杜林本衛、賈、馬、鄭：乃指衛宏、賈逵、馬融、鄭興。杜林：字伯山，東漢扶風茂陵人。好學沉深，博洽多聞，時稱通儒。有志節，曾得漆書《古文尚書》一卷，常寶愛之，雖遭難困，握持不離身，而鄭不同於馬，馬亦未必同於衛、賈，正與鄭、荀、王皆傳《費氏易》鄭、荀、王：乃指鄭玄、荀爽、王弼，而言人人殊者相似。漢時傳今文者，有師授，有家法；傳古文者，無師授，無家法。其崇尚古文者，以古文之本為是，今文之本為非，如《易》則云諸家脱"无咎""悔亡"，《書》則云《酒誥》脱簡一，《召誥》脱簡二語出《漢書·藝文志》。故好古者以古文經相矜炫，而相傳為秘本。然古文但有傳本而無師説，當時儒者若但以古文正今文之誤，而師説仍用今文博士所傳，則無鄉壁虛造之譏鄉：通"向"。鄉壁虛造，形容憑空捏造，亦無多歧亡羊之患，漢之經學，雖至今存可也。乃諸儒名爲慕古，實則喜新。傳本雖用古文，而解經各以意説，以致異議紛雜，言人人殊，學者苦其繁而無由折衷，以致漢末一亂而同歸於盡，不得謂非諸儒之咎矣。《易經》皆孔子作，《彖》《象》《文言》亦當稱經，惟今之《繫辭傳》可稱傳耳。據高貴鄉公言，則當時已誤以卦爻辭爲經，《彖》《象》《文言》爲傳矣。

17. 論宋人圖書之學亦出於漢人而不足據

漢人有圖書之學，宋人亦有圖書之學。宋人之圖書，亦出於漢人之圖書。《公羊疏》曰："《六藝論》言六藝者，圖所生也。《春秋》言依百二十國史何？答曰：王者依圖書行事，史官録其行事。言出圖書，豈相妨奪？"語出《春秋公羊傳注疏·原目》，引文與原文有出入。俞正燮曰俞正燮（1775—1840）：字理初，清安徽黟縣人，著有《癸巳類稿》《癸巳存稿》等："百二十國史仍是圖書，古太史書雜處，取《易》于《河圖》，則《河圖》餘九篇；取《洪範》于《洛書》，則《洛書》餘六篇，皆圖書也。"語出《癸巳類稿》卷十四。

錫瑞案：漢時圖書即是讖緯，讖緯篇多以"圖"名，則當時書中必有圖。《韓敕禮器碑》云："秦項作亂秦指秦朝，項指項梁、項羽。秦項作亂，指秦末楚漢之亂，不尊圖書。"此碑多引緯書，其稱"圖書"必是讖緯。《易緯》亦或以圖名篇，卦氣出《稽覽圖》《易緯》篇名，則所云《坎》《離》《震》《兑》爲四正卦，餘六十卦，每月五卦，卦六日七分，當日必有圖以明之，是讖緯即圖書之明證。宋人圖書之學，出於陳摶（871—989），字圖南，賜號"希夷先生"。亳州真源（今河南鹿邑）人，一説普州崇龕（今重慶潼南）人。五代宋初道教學者，創繪"太極圖""先天方圓圖"等，對宋代理學有較大影響。摶得道家之圖,創爲"太極""河洛""先天""後天"之説,宋人之言《易》學者多宗之。周子稍變而轉易之周子:周敦頤(1017—1073),字茂叔,號濂溪,道州營道(今湖南道縣)人。北宋理學四大派"濂洛關閩"之一,被視爲北宋理學的開山鼻祖,著有《太極圖説》《通書》等,爲《太極圖説》,宋人之言道家者多宗之。邵子精於數學指術數之學,著《皇極經世書》,亦爲學者所宗。程子與邵同時,又屬懿戚皇親國戚,不肯從受數學。其著《易傳》,專言理,不言數專言義理,不言象數。義理、象數是《易》學史上的重要兩派。《答張閎中書》云:"得其義,則象數在其中。"故程子於《易》頗推王弼,然其説理非弼所及,且不雜以老氏之旨,尤爲純正。顧炎武謂見《易》説數十家,未見有過於《程傳》者,以其説理爲最精也。朱子作《本義》以補《程傳》《本義》:指朱子《周易本義》十二卷,謂程言理而未言數,乃於篇首冠以九圖《周易本義》卷首有《河圖》《洛書》《伏羲八卦次序》《伏羲八卦方位》《伏羲六十四卦次序》《伏羲六十四卦方位》《文王八卦次序》《文王八卦方位》《卦變圖》九圖,有學者認爲,九圖是《易學啟蒙》的初版舊圖,當爲朱子本人編纂。參梁濤《〈周易本義〉卷首九圖考辨》;又作《易學啓蒙》,發明圖書之義,同時袁樞、薛季宣已有異論袁樞(1131—1205),字機仲,南宋建安(今福建建甌)人。史學家,撰《通鑑紀事本末》,創"紀事本末"一體,又有《易傳解義》等。薛季宣(1134—1173):字士龍,號艮齋,學者稱常州先生,永嘉(今浙江温州)人。永嘉學派創始人,撰有《古文周易》《古詩説》等。考《宋史·儒林傳》,《易學啓蒙》朱子本屬蔡元定創稿屬:囑託,委託,非所自撰。《晦庵大全集》中載《答劉君房書》:"《啓蒙》本欲學者且就《大傳》所言卦畫蓍數推尋,不須過爲浮説。而自今觀之,如《河圖》《洛書》,亦不免尚有剩語多餘的話。"語出《晦庵集》卷六十。至於《本義》卷首九圖,王懋竑《白田雜著》以《文集》《語類》鉤稽參考王懋竑(1668—1741):字予中(一作與中),號白田,江蘇寶應人,曾撰《朱子年譜》,多相矛盾,信其爲門人所依附,則九圖亦非朱子所自列也。朱子嘗疑《龍圖》是偽書《龍圖》：即《河圖》，以康節之學爲《易》外別傳，持論至確。特疑程子《易傳》不言象數，以致後來有九圖之附益。宋元明言《易》者，開卷即及先天、後天，惟元陳應潤作《爻變義蘊》陳應潤：浙江天臺人，生平不詳，始指《先天》諸圖爲道家借《易》理以爲修煉之術。吳澄、歸有光亦不信圖書吳澄（1249—1333），字幼清，撫州崇仁（今江西崇仁縣）人，學者稱草廬先生。元代理學家，有《易纂言》《易纂言外翼》等。歸有光（1506—1571）：字熙甫，號震川。明代文學家，有《易圖論》等，國朝毛奇齡作《圖書原舛篇》毛奇齡（1623—1716）：字大可，號秋晴，稱西河先生，浙江蕭山人。清代經學家，《易》學著作又有《推易始末》《太極圖說遺議》《易小帖》等、黃宗羲作《易學象數論》黃宗羲（1610—1695）：字太沖，號南雷，浙江餘姚人，學者稱梨洲先生。明末清初啓蒙思想家、史學家，撰有《明夷待方録》《明儒學案》《宋元學案》等、黃宗炎作《圖書辨惑》宗炎爲宗羲之弟，爭之尤力。胡渭《易圖明辨》引據舊文胡渭（1633—1714）：初名渭生，字朏明，一字東樵，浙江德清人。清初經學家，又有《禹貢錐指》《洪範正論》等，足箝依託之口箝（qián）：緊閉；張惠言《易圖條辨》駁詰精審，足箴先儒之失箴：規諫，告戒。今且不必深論，但以"圖書"二字詰之：圖，今所謂畫也；書，今所謂字也。是圖但有點畫，而書必有文字。漢人以《河圖》爲八卦，《洛書》爲九疇九疇：傳說中天帝賜給大禹治理天下的九類大法，《尚書·洪範》載："天乃錫禹洪範九疇，彝倫攸敍。初一曰五行，次二曰敬用五事，次三曰農用八政，次四曰協用五紀，次五曰建用皇極，次六曰乂用三德，次七曰明用稽疑，次八曰念用庶徵，次九曰嚮用五福、威用六極。"，劉歆謂"初一曰五行"以下二十八字即是《洛書》劉歆（前53—23）：字子駿，劉向之子，著名目録學家、經學家。與其父共同校理群書，先後撰著《別録》《七略》，是中國最早的綜合性圖書目録。劉歆推崇古文經，是西漢古文經學的真正開創者，其說尚爲近理。宋人所傳河、洛，皆黑白點子，但可云河圖、洛圖，何云河圖、洛書？此百喙所不能解者百喙：百口。

18. 論《先天圖》不可信，朱子《答袁機仲書》乃未定之説

宋人圖書之學，近儒已摧陷廓清，學者可勿道矣。而朱子之説，猶有不得不辨者。《答袁機仲書》曰："據邵氏説，先天者，伏羲所畫之《易》也；後天者，文王所演之《易》也。伏羲之《易》初無文字，只有一圖以寓其象數，而天地萬物之理、陰陽始終之變具焉。文王之《易》即今之《周易》，而孔子所爲作傳者也。孔子既因文王之《易》以作傳，則其所論固當專以文王之《易》爲主。然不推本伏羲作《易》畫卦之所由，則學者必將誤認文王所演之《易》，便爲伏羲始畫之《易》，只從中半説起，不識向上根原矣。故《十翼》之中，如八卦成列，因而重之，太極 又稱太初、太一，指天地陰陽未分時的混沌狀態、兩儀 指天地或陰陽二氣、四象 指春夏秋冬四時，對應於少陽、老陽、少陰、老陰四種爻象、八卦《易·繫辭上》云："《易》有太極，是生兩儀，兩儀生四象，四象生八卦，八卦定吉凶，吉凶生大業。"，與天、地、山、澤、雷、風、水、火之類，皆本伏羲畫卦之意。而今新書《原卦畫》一篇 見於朱熹《易學啓蒙》，亦分兩儀，伏羲在前，文王在後。必欲知聖人作《易》之本，則當考伏羲之畫；若只欲知今《易》書文義，則但求之文王之經、孔子之傳足矣。兩者初不相妨，而亦不可以相雜。來教乃謂專爲邵氏解釋 來教：來相教益，常用作對他人來信的敬稱，而於《易經》無所折衷，則恐考之有未詳也。"語出《晦庵集》卷三十八。《本義·圖説》曰："右《易》之圖九，有天地自然之《易》，有伏羲之《易》，有文王、周公之《易》，有孔子之《易》。自伏羲以上，皆無文字，只有圖畫，最宜深玩，可見作《易》本原精微。文王以下，方有文字，即今之《周易》。然讀者亦宜各就本文消息 消長，增減，不可便以孔子之《易》爲文王之説也。"語出《周易本義》卷首。

　　錫瑞案：朱子此説與經學大有關礙妨礙，牽連。《六經》皆
出孔子，故漢初人以爲文王但重卦而無辭，卦辭、爻辭皆孔子
作。其後乃謂文王作卦爻辭，又謂文王作卦辭、周公作爻辭，
《孔疏》遂以文王、周公作者爲經，孔子作者爲傳，則已昧於經
傳之別，而奪孔子之制作以歸之文王、周公矣。然《易》歷三
聖，道原一揆本原於同一道理，猶未始歧而二之也。自宋陳、邵之
圖書出，乃有伏羲之《易》與文王之《易》、孔子之《易》，分而
爲三。朱子此説，更增以天地自然之《易》判而爲四，謂不可
便以孔子《易》爲文王之説，又謂不可誤認文王所演之《易》爲
伏羲始畫之《易》。則是學《易》者，於孔子之明義理切人事
者，可以姑置勿論，必先索之杳冥之際、混沌之初。即使真爲
上古之傳，亦無裨於聖經之學，矧其所謂伏羲者非伏羲也矧
（shěn）：況且，乃陳、邵之書也。且非儒家之言，乃道家之旨也。
夫以道家之旨解《易》，固不始於宋人，虞翻明引《參同契》，是
道家之旨也；王弼以老氏注《易》，亦道家之旨也。然二人但
以道家之旨雜於儒家之中，宋人乃以道家之書加乎孔子之上。
以圖書之學説《易》，亦不始於宋人，卦氣、爻辰出於讖緯，亦
圖書之學也。然漢人以讖緯爲孔子所作，説雖近誣，尚不失爲
尊聖；宋人乃以羲、文列孔子之上，説尤近誣，而聖更不尊矣。
學如孔子，亦云至矣，不當更求之於孔子之上；時代如孔子，亦
云古矣，不當更推之於孔子之前。世去孔子一二千年去：距離，
聖學之僅存不過什一千百，乃於其僅存者視爲未足，必遠求之
荒渺無徵，飾僞欺人，迭相祖述效法，闡揚，怪圖滿紙，迷誤後學。
王鳴盛謂宋儒以虞廷十六字爲三聖傳心王鳴盛（1722—1797）：字
鳳喈，一字禮堂，號西莊，嘉定（今屬上海）人。清代吳派考據學大師，著有《十
七史商榷》等。虞廷十六字：指《尚書·大禹謨》所載"人心惟危，道心惟微，惟
精惟一，允執厥中"十六字，是舜傳位給禹時告誡大禹的話，宋儒奉爲歷聖相傳

的心法,此《風俗通》所云"鮑君神"之類鮑君神:鮑,鹹乾魚。東漢應劭《風俗通》卷九載,有一汝南人野外沼澤地打得一麋鹿,拴於樹旁再去打獵。有一經商車隊路過,遂將麋鹿牽走,而放置一條大乾魚以示補償。獵人回來覺得奇怪,以爲澤地不當有乾魚,遂以爲神,且鄉人共捐資建廟供奉。後用以指不經思慮分辨而編造神話,盲目崇信,予謂《先天》諸圖乃真鮑君神之類也。《朱子語類》曰:"《先天圖》傳自希夷陳摶,號希夷先生,即希夷又自有所傳,蓋方士技術,用以修煉。"語出《朱子語類》卷一百。則朱子非不知《先天圖》不可信。《答袁機仲》蓋未定之說,不可不辨。

19. 論胡渭之辨甚確,若知《易》皆孔子所作,更不待辨而明

　　胡渭《易圖明辨》辨《本義》之說曰:"按《本義》卷首,列九圖於前,而總爲之說。所謂天地自然之《易》,《河圖》《洛書》也;伏羲之《易》,先天八卦及六十四卦次序方位也;文王之《易》,後天八卦次序方位及六十四卦之卦變也,是皆著爲圖者。伏羲有畫而無辭,文王繫《彖》,周公繫《爻》,孔子作《十翼》,皆遞相發揮以盡其義,故曰'聖人之情見乎辭'。辭者,所以明象數之難明者也。而朱子顧以爲三聖人之《易》專言義理顧:反而,卻,而象數闕焉,是何說與? 且《易》之所謂象數,著卦焉而已。卦主象,著主數,二體六畫六十四卦由兩個八卦相重而成,居上者爲上卦,居下者爲下卦,稱"二體"。六畫:又稱"六位",《易》之每卦共六畫,故稱,剛柔雜居者,象也;大衍五十大爲大數,衍爲推衍。大衍即用大數以演卦。《易·繫辭上》云:"大衍之數五十,其用四十有九。",四營成《易》者,數也。經文粲然,不待圖而明。若朱子所列九圖,乃希夷、康節、劉牧之象數劉牧:字長民,北宋彭城人。《易》學家,有《易數鈎隱圖》等,非《易》之所謂象數也。三聖人之

言,胡爲而及此乎? 伏羲之世,書契未興_{書契:文字。}《易·繫辞下》:"上古結繩而治,後世聖人易之以書契。",故有畫而無辭。延及中古,情僞漸啓,憂患滋多,故文王繫《彖》,以發明伏羲未盡之意;周公又繫《爻》,以發明文王未盡之辭,一脈相承,若合符節。至於孔子,紹聞知之統_{紹:接續,}集群聖之大成,論者以爲生民所未有。使伏羲、文王、周公之意_{使:假使,}而孔子有所不知,何以爲孔子? 既已知之,而別自爲説,以求異於伏羲、文王、周公,非述而不作之旨也。然則伏羲之象,得辭而益彰,縱令深玩圖書而得其精微,亦不外乎文王、周公、孔子所言之理,豈百家衆技之説所得而竄入其中哉? 九圖雖妙,聽其爲《易》外別傳_{聽:聽任,}勿以冠經首可也。"語出《易圖明辨》卷十。

錫瑞案:胡氏之辨甚明,以九圖爲《易》外別傳尤確。特猶誤沿前人之説,以爲文王作卦辭、周公作爻辭、孔子作《十翼》,故但以爲孔子之説,不異文王、周公之意,不知卦爻辭亦孔子之説也。自東漢後,儒者誤疑《繫辭傳》云"蓋取諸《益》與《噬嗑》",以爲神農時已有重卦,則重卦當屬神農。重卦既爲神農,則文王演《易》必當有辭,遂疑卦辭、爻辭爲文王作。其後又疑文王作爻辭不應有岐山、箕子、東郊諸文,遂又疑爻辭爲周公作。重性訑繆_{性(pī):謬誤。訑(yì):重複,重疊。意謂重複其謬誤,}悍然以文王、周公加孔子之上,與《六經》皆孔子作之旨不合矣。宋之陳、邵更加伏羲,此猶許行并耕_{許行爲戰國時農家學派代表人物,主張君民一起耕作,上託神農;}老莊無爲,高談皇古_{遙遠的古代,上古,}乃昌黎所謂"惟怪之欲聞"者_{語出韓愈《原道》。}宋儒之學過求高深,非但漢唐注疏視爲淺近,孔孟遺經亦疑平易。故其解經多推之使高,鑿之使深,有入於二氏而不覺者_{二氏:乃指佛、道兩家。}其説《易》以孔子之《易》爲未足,而務求之道家;亦猶其解各經,疑孔子之言爲未至,而間雜以二氏也。宋時一代風尚如此,故陳、邵圖書盛行,以朱子之明,猶無定見而爲所惑。元明以其書取士元仁宗皇慶、延祐年間恢復科舉,規定《周易》以程子《程氏易傳》和朱子《周易本義》爲主,學者不究《本義》,而先觀九圖,遂使《易》學沈霾數百年沈霾(chén mái):埋没,泯滅。國初諸儒辨之而始熄,若知《易》皆孔子所作,不待辨而明矣。

20. 論黄宗羲論《易》取《王注》與《程傳》,漢之焦、京,宋之陳、邵,皆所不取,説極平允,近人復理焦、京之緒又生一障

黄宗羲《象數論序》曰:"夫《易》者,範圍天地之書也,廣大無所不備,故九流百家之學,俱可竄入焉。自九流百家借之以行其説,而於《易》之本意反晦矣晦:湮没。《漢·儒林傳》孔子六傳至菑川田何,《易》道大興,吾不知田何之説何如也。降而焦、京焦延壽、京房,世應、飛伏、動爻、互體、五行、納甲之變動爻:指卦中的老陰爻(數六)、老陽爻(數九),因此二卦皆要變動,故名,無不具者。吾讀李鼎祚《易解》①,一時諸儒之説,蕪穢康莊謂使康莊正道遭受玷污,使觀象、玩占之理觀象:觀察卦爻之象以測吉凶。玩占:研究卦象卜辭,盡入淫瞽方技之流淫瞽:侈濫昏昧,可不悲夫!有魏王輔嗣出而注《易》,得意忘象,得象忘言,日時歲月,五氣相推,悉皆擯落,多所不關,庶幾潦水盡而寒潭清矣潦(lǎo)水:雨後積水。顧論者謂其以老莊解《易》,試讀其注,簡當而無浮義,何曾籠絡玄旨籠絡:包羅,統括,故能遠歷於唐,發爲《正義》,其廓清之功,不可泯也。然而魏伯陽之《參同契》、陳希夷之《圖書》,遠有端緒。世之好奇者,卑《王注》之淡薄,未嘗不以'別傳'私之以之爲微賤。逮伊川作《易傳》逮:及,至,收其昆侖旁

① "易解",原作"集解",誤,據黄宗羲《易學象數論序》原文改。

薄者昆:通"渾"。昆侖:廣大無垠貌。旁薄:廣大宏偉,散之於六十四卦中,理到語精,《易》道於是而大定矣。其時康節上接种放、穆修、李之才之傳种放:字名逸,自稱退士,北宋河南洛陽人,有《蒙書》《嗣禹説》等。穆修(979—1032):字伯長,鄆州(今山東鄆城)人。北宋散文家,曾師事陳摶,傳其《易》學。李之才:字挺之,青州人,曾從穆修學《易》,而創爲《河圖》先天之説,是亦不過一家之學耳。晦庵作《本義》,加之於開卷,讀《易》者從之。後世頒之學官,初猶兼《易傳》并行,久而止行《本義》。於是經生學士,信以爲羲、文、周、孔其道不同。所謂象數者又語焉而不詳,將夫子之韋編三絶者,須求之賣醬箍桶之徒指微賤之人,而《易》學之榛蕪,仍如焦、京之時矣。晦翁曰:'談《易》者譬之燭籠,添得一條骨子,則障了一路光明。若能盡去其障,使之統體光明,豈不甚好!'語出《朱子語類》卷六十七。斯言是也。奈何添入康節之學,使之統體皆障乎?世儒過視象數,以爲絶學,故爲所欺。余一一疏通之,知其於《易》本了無干涉,而後反求之《程傳》,或亦廓清之一端也。"語出黃宗羲《南雷文定》三集卷一。

錫瑞案:黃氏此説,但取王弼《注》與《程傳》之説理者,而尤推重《程傳》,漢之焦、京,宋之陳、邵,皆所不取,説甚平允。焦、京之《易》,出陰陽家之占驗,雖應在事後,非學《易》之大義;陳、邵之《易》,出道家之修煉,雖數近巧合,非作《易》之本旨。故雖自成一家之學,而於聖人之《易》,實是別傳而非正傳。俞琰曰琰字玉吾,號全陽子、林屋山人、石澗道人。宋末元初吳郡(今蘇州)人,著有《周易集説》《易圖纂要》《周易參同契發揮》《易外別傳》等:"《先天圖》雖《易》道之緒餘,亦君子養生之切務。"又曰:"丹家之説,雖①出於《易》,不過依仿而託之者,初非《易》之本

---

① "雖",原作"非",誤,據俞琰《易外別傳序》改。

義。"語出俞氏《易外別傳序》。因作《易外別傳》以明之。俞氏深於丹家,明言陳、邵之圖爲《易》外別傳,乃彼道家自認不諱。吾儒家猶據以説《易》,斯可謂大惑矣。近世學者於陳、邵之圖,闢之不遺餘力闢:駁斥,而又重理焦、京之説,是去一障又生一障,曷若如黃氏言盡去其障之尤善乎? 惟焦循《易圖略》,遍斥納甲、納音、卦氣、爻辰之失納音:漢代《易》學術語,將十二地支、十二月、十二方位、八風及卦爻配納十二律,故名,曰:"納甲、卦氣,皆《易》之外道。趙宋儒者闢卦氣而用先天,近人知先天之非矣,而復理納甲、卦氣之説,不亦唯之與阿哉唯:恭敬的答聲;阿:怠慢的答聲。唯之與阿,意謂相差無多!"

21. 論近人説《易》,張惠言爲顓門,焦循爲通學,學者當先觀二家之書

《四庫提要·易類》曰:"聖人覺世牖民使世人覺悟,啟蒙誘導民衆,大抵因事以寓教將教化寄寓於一定的實在形式。《詩》寓於風謠地方歌謠,《禮》寓於節文制定禮儀,使行之有度,《尚書》《春秋》寓於史,而《易》則寓於卜筮。故《易》之爲書,推天道以明人事者也。《左傳》所記諸占,蓋猶太卜之遺法太卜:周代卜官之長。漢儒言象數,去古未遠也,一變而爲京、焦,入於機祥變異之事,指吉凶之先兆;再變而爲陳、邵,務窮造化欲窮極自然宇宙之理,《易》遂不切於民用。王弼盡黜象數,説以老莊,一變而胡瑗、程子胡瑗(993—1059):字翼之,因世居陝西路安定堡,世稱安定先生。與孫複、石介并稱"宋初三先生",是宋代理學的先驅,著有《周易口義》《洪範口義》等,始闡明儒理;再變而李光、楊萬里李光:字泰發,上虞人。南宋學者,劉安世門人,著有《讀易詳説》等。楊萬里(1127—1206):字廷秀,號誠齋,吉州吉水(今江西吉水)人。南宋詩人,精於《易》學,有《誠齋易傳》,又參證史

事,《易》遂日啓其論端。此兩派六宗兩派:象數派與義理派。六宗:象數宗、機祥宗、造化宗、老莊宗、儒理宗、史事宗,已互相攻駁。又《易》道廣大,無所不包,旁及天文、地理、樂律、兵法、韻學、算術,以逮方外之爐火方外:域外。爐火:指道士煉丹製藥,皆可援《易》以爲説,而好異者又援以入《易》,故《易》説愈繁。夫六十四卦大象《易》傳之一,以卦象爲根據來解釋卦辭,如《易·乾》:"象曰:天行健,君子以自强不息。",皆有'君子以'字,其爻象則多戒占者爻象:《周易》中六爻相交成卦所表示的事物形象,聖人之情,見乎詞矣。其餘皆《易》之一端,非其本也。今參挍諸家參挍(jiào):同"參校",以因象立教爲宗,而其他《易》外別傳者,亦兼收以盡其變。"語出《四庫全書總目》卷一《易類敘》。又惠棟《易漢學》提要曰:"漢學之有孟、京,亦猶宋學之有陳、邵,均所謂《易》外別傳也。"語出《四庫全書總目》卷六。

　　錫瑞案:以孟、京、陳、邵均爲《易》外別傳,至明至公。孟、京即所謂天文算術,陳、邵即所謂方外爐火也。漢之孟、京,宋之陳、邵,既經辭闢指已經受到批判排斥,學者可以勿道。國朝二黃、毛、胡之闢宋學二黃指黃宗羲、黃宗炎兄弟,毛指毛奇齡,胡指胡渭,可謂精矣。圖書之學,今已無人信之者,則亦可以勿論。惠棟爲東南漢學大宗,然生當漢學初興之時,多采掇而少會通,猶未能成一家之言。其《易漢學》采及《龍虎經》又稱《龍虎上經》《金碧龍虎經》,撰者不詳,内容專論煉丹,正是方外爐火之説。故《提要》謂其"掇拾散佚,未能備睹專門授受之全",則惠氏書亦可從緩。近儒説《易》,惟焦循、張惠言最善。其成書稍後,《四庫》未收,故《提要》亦未及稱許,實皆學《易》者所宜急治。焦氏説《易》,獨闢畦町(qí tīng),規矩,格式,以虞氏之"旁通",兼荀氏之"升降",意在采漢儒之長而去其短。《易通釋》六通四闢六即"六合",指天地四方。四,指春夏秋冬四時。六合通達,四時順暢。形容順暢通達,皆有據依。《易圖略》復演之爲圖,而於孟氏之卦氣、京氏之納甲、鄭氏之爻辰皆駁正之,以示後學。《易章句》簡明切當,亦與虞氏爲近。學者先玩《章句》,再考之《通釋》《圖略》,則於《易》有從入之徑,無望洋之歎矣。張氏著《周易虞氏義》,復有《虞氏消息》《虞氏易禮》《易事》《易言》《易候》,篤守家法,用功至深。漢學顓門同"專門",謂獨成一家,存此一綫。治顓門者,當治張氏之書,以窺漢《易》之旨。若欲先明義理,當觀《王注》而折衷於《程傳》,亦不失爲《易》之正傳。

22. 論象數已具於《易》,求象數者不當求象於《易》之外, 更不當求數於《易》之先

《王注》《程傳》説《易》主理,固不失爲《易》之正傳,而有不盡滿人意者,則以《王注》言理不言象,《程傳》言理不言數也。《易》本卜筮之書,伏戲畫卦,文王重卦,皆有畫而無辭。其所爲"通神明之德、類萬物之情"者,當時必有口説流傳,卜人筮人世守其業,傳其大義,以用於卜筮。學士大夫鮮有通其説者,但以爲卜筮之書而已。至孔子乃於卦爻各繫以辭,又作《彖》《象》《文言》以解其義。而《易》本爲卜筮之用,不得專以空言説之,孔子欲借卜筮以教人,不能不借象數以明義。若但空言説理,孔子自可別撰一書,何必託之於《周易》乎?平心論之,説《易》不可盡埽象數,亦不可過求之象數。象數已具於《易》,《易》之言象,詳於《説卦》,"《乾》爲馬,《坤》爲牛"及"《乾》爲天,《坤》爲地"之類是也。《易》之言數,詳於《繫辭傳》,"天一地二""天數五地數五"之類是也。《易》之言象已具,則不當求象於《易》之外;《易》之言數已具,則不當

求數於《易》之先。

　　所謂不當求象於《易》之外者,顧炎武《日知錄》曰:"夫子作傳,傳中更無別象。荀爽、虞翻之徒,穿鑿附會,象外生象,以同聲相應爲《震》《巽》,同氣相求爲《艮》《兑》,水流濕、火就燥爲《坎》《離》,雲從龍則曰《乾》爲龍,風從虎則曰《坤》爲虎。《十翼》之中,無語不求其象,而《易》之大指荒矣。"語出《日知錄》卷一《卦爻外無別象》。案漢人於《説卦》言象之外,別有逸象《周易》未收録的象辭,又有出於逸象之外者,穿鑿誠如顧氏所譏。故王弼盡埽其説,《易略例》曰:"爻苟合順,何必《坤》乃爲牛? 義苟應健,何必《乾》乃爲馬? 而或者定馬於《乾》,案文責卦,有馬無《乾》,則僞説滋蔓,難可紀矣紀:記載,記録。互體不足,遂及卦變,變又不足,推致五行。一失其原,巧愈彌甚,縱復或①值,而義無所取。"王氏駁諸家説極明快,而其《注》有偏矯太過者,如《渙》:"《彖》曰:'利涉大川,乘木有功也。'"據《孔疏》,先儒皆以此卦坎下巽上,以爲乘木水上,涉川之象。坎水巽木,明見於《易》,而《王注》云:"乘木,即涉難也。"并明見《易》象者,亦不取,故人譏其蹈虛没有史實根據的虛構。李鼎祚《集解序》曰:"集虞翻、荀爽三十餘家,刊輔嗣之野文指民間流傳的文字,補康成之逸象。"李氏蓋以王不取象而多空言,故欲刊其野文,而補以逸象。然康成注《易》不用逸象,正是謹嚴,又何必補? 是王矯漢儒之失太過,李矯王氏之失又太過也。

　　所謂不當求數於《易》之先者,《繫辭傳》曰:"河出《圖》,洛出《書》,聖人則之取法之。"又曰:"古者包羲氏之王天下也,仰則觀象於天,俯則觀法於地,觀鳥獸之文與地之宜,近取諸

---

①　"復或",原作"或復",誤倒,據王弼《周易略例》乙正。

身,遠取諸物,於是始作八卦。"是包羲作八卦,并非專取《圖》《書》,況《圖》《書》自古不傳。秦不焚《易》,無獨焚其《圖》《書》之理,何以漢儒皆不曾見,乃獨存於道家? 自宋陳摶創說於前,邵子昌言於後昌言:猶倡言,提倡,其傳之者,或以《河圖》爲九、《洛書》爲十,或以《河圖》爲十、《洛書》爲九,說又互異,而皆有圖無書。程子曰:"有理而後有象,有象而後有數。《易》因象以知數,得其義則象在其中矣。必欲窮象之隱微,盡數之毫忽極其細微,乃尋流逐末,術家所尚,非儒者之務也,管輅、郭璞之學是已管輅(210—256):字公明,冀州平原(今屬山東德州)人。三國魏術士,著有《周易通靈訣》《占箕》等。郭璞(276—324):字景純,河東聞喜(今山西聞喜)人。東晉小學家,有《周易注》《爾雅注》等。"語出《二程遺書》卷二十一上《師說》。故《程傳》言理不言數,朱子曰:"程先生《易傳》義理精,字數足,無一毫欠缺,只是於本義不相合。《易》本是卜筮之書,程先生只說得一理。"語出《朱子語類》卷六十七。朱子以《程傳》不合本義,故作《本義》以補《程傳》,而必兼言數。既知《龍圖》是僞書,又使蔡季通入蜀求真圖蔡季通:朱熹弟子蔡元定。紹熙四年(1193),朱子曾派蔡元定入蜀尋找易圖,蔡自蜀之隱者手中求得三圖,朱子據此在《周易本義》卷首畫出河圖洛書樣式;既知邵子是《易》外別傳,又使蔡季通作《啓蒙》,以九圖冠《本義》之首,未免添蛇足而糞佛頭佛頭著糞,比喻美好的事物被褻瀆玷污。且曰有伏羲之《易》,是求數於作《易》之始也;有天地自然之《易》,是并求數於未作《易》之前也,皆未免賢知之過也賢知:賢明多智。

23. 論焦循《易》學深於王弼,故論王弼得失極允

焦循論王弼極允,《周易補疏敍》曰:"《易》之有王弼,說

者以爲罪浮桀紂。近之説漢《易》者,屏之不論不議者也。歲壬申,余撰《易學三書》漸有成易學三書:指《易通釋》《易章句》《易圖略》三部,夏月啓書塾北窗,與一二友人看竹中紅薇白菊,因言《易》,及趙賓解'箕子'爲'荄茲'言其根荄方滋茂,有終而複始之意,或詡其説曰詡(xǔ):夸耀:'非王弼輩所能知也。'余笑而不答。或曰:'何也?'余乃取王弼《注》示之,曰:'弼之解箕子,正用趙賓説,孔穎達不能申明之也。'衆唯唯退。門人進曰:'《正義》者,奉王弼爲準繩者也,乃不能申弼如是乎?'余曰:'非特此也,如讀"彭"爲"旁",借"雍"爲"甕",通"孚"爲"浮"而訓爲"務躁",解"斯"爲"廝"而釋爲"賤役"。諸若此,非明乎聲音訓詁,何足以明之? 東漢末以《易》學名家者,稱荀、劉、馬、鄭,荀謂慈明爽,劉謂景升表。表之學受於王暢,暢爲粲之祖父,與表皆山陽高平人高平:今山東鄒城、金鄉一帶。粲族兄凱,爲劉表女婿。凱生業,業生二子,長宏,次弼。粲二子既誅,使業爲粲嗣繼子。然則王弼者,劉表之外曾孫,而王粲之嗣孫,即暢之嗣玄孫也。弼之學蓋淵源於劉,而實根本於暢。宏字正宗,亦撰《易義》。王氏兄弟皆以《易》名,可知其所受者遠矣。故弼之《易》雖參以己見,而以六書通借六書:古人分析漢字構造而歸納出來的六種條例,即象形、指事、會意、形聲、轉注、假借。通借:通用假借,解經之法,尚未遠於馬、鄭諸儒,特貌爲高簡深奧簡要,故疏者概視爲空論耳。弼天資察慧,通儁卓出通儁(jùn):通達而才智出衆,蓋有見於説《易》者支離傅會,思去僞以得其真,而力不能逮。故知卦變之非而用反對,知五氣之妄而用十二辟又稱"十二消息卦",乃以十二卦配十二月,每一卦爲一月之主。此十二卦分別爲:復、臨、泰、大壯、夬、乾、姤、遯、否、觀、剝、坤,與月份之對應則爲:復主十一(子)月,臨主十二(丑)月,泰主正(寅)月,大壯主二(卯)月,夬主三(辰)月,乾主四(巳)月,姤主五(午)月,遯主六(未)月,否主七(申)月,觀主八(酉)月,剝主九(戌)月,坤主十(亥)月,唯之於阿義同"唯之與阿",未見其勝也。解"龍戰",以《坤》上六爲陽之地《坤》上六曰:"龍戰於野,其血玄黄。",固①本爻辰之在巳。解"文柔""文剛"《賁》曰:"《彖》曰:賁,亨,柔來而文剛,故亨;分剛上而文柔,故小利有攸往。",以《乾》二《坤》上言,仍用卦變之自《泰》來,改換其皮毛,而本無真識也。至局促於乘承比應之中乘承:一卦中鄰近的兩爻,在下者爲承,在上者爲乘。《彖》《象》認爲,陰承陽、陽乘陰爲順爲吉,陰乘陽、陽承陰爲遞爲凶。比應:爻與爻的相鄰關係爲比,上下卦爻與爻的對應關係爲應,顢頇於得象忘言之表顢頇(mán hān):糊塗馬虎。道消道長,既偏執於扶陽重視陽氣,以陽爲貴;貴少貴寡,遂漫推夫卦主一卦的主爻。漢京房云:"定吉凶,只取一爻之象。"。較量於居陰居陽,揣摹於上卦下卦。智慮不出乎六爻,時世謬拘於一卦。洵童稚之藐識洵:誠然,實在。藐識:指淺薄的見識,不足與言通變神化之用也。然於《觀》則會及全《蒙》,於《損》亦通諸《剝》道。'聰不明'之傳,似明比例之相同比例:可作比照的事例或條例;'觀我生'之爻,頗見升降之有合。機之所觸,原有悟心。倘天假之年,或有由一隙貫通,未可知也。惜乎秀而不實,稱道者徒飫其糠秕飫(yù):飽食,譏刺者莫探其精液精華。然則弼之《易》,未可屏之不論不議也。'"語出焦循《雕菰集》卷十六。

錫瑞案:焦氏《易》學,深於王弼,故能考其得失。弼注"箕子之明夷"曰:"險莫如兹,而在斯中。"焦氏《補疏》曰:"古字'箕'即'其','子'通'滋','滋'通'兹'。王氏讀'箕子'爲'其兹',以'兹'字解'子'字,以'斯'字解'其'字。"焦氏《易章句》曰:"箕,古'其'字,與《中孚》'其子和之'同義。"以"其子"解"箕子",與王氏意略同。其以假借説《易》,亦與

---

① "固",原作"因",誤,據焦循《周易補疏自序》改。

《王注》讀"彭"爲"旁",借"雍"爲"甕"相合。故有取於《王注》,而特爲之補疏也。

24. 論焦循以假借説《易》本於《韓詩》,發前人所未發

　　焦循以假借説《易》,獨闢畦町,其《易話》"韓氏易"一條引《韓詩外傳》云:"'《易》曰:"困于石,據于蒺蔾意謂手抓蒺蔾,入于其宫回到家裏,不見其妻看不到自己妻子;一説,難以配人爲妻,凶。"語出《困》六三。此言困而不疾據賢人者疾據:急切地依靠。昔者秦穆公困於殽殽(xiáo)山,今河南西部,屬秦嶺支脈。秦晉曾在此大戰,秦師敗績,疾據五殺大夫、蹇叔、公孫支而小霸五殺(gǔ)大夫:指百里奚,原爲虞國大夫,後流亡至楚。有賢才,秦穆公用五張黑公羊皮贖回,故稱。蹇叔:宋國人,秦穆公時任爲上大夫。秦欲襲鄭,蹇叔勸阻未果,大敗。公孫支:字子桑,岐州人,曾任秦國大夫;晉文公①困于驪氏晉文公:名重耳,春秋五霸之一。驪氏:晉文公之父娶驪戎族之女驪姬,生夷齊。驪姬欲立夷齊爲太子,原太子申生及二公子重耳、夷吾被迫離開京城。後驪姬逼死申生,重耳、夷吾流亡國外多年,史稱"驪姬之亂",疾據咎犯、趙衰、介子推而遂爲君咎犯:即狐偃,戎國人,重耳舅父。趙衰:晉國大夫,又稱趙成子;越王句踐困於會稽(kuài jī)山名,今浙江紹興東南,疾據范蠡、大夫種而霸南國范蠡:楚國宛人,後入越輔佐句踐最終滅吳,後乘舟泛海,積資巨萬,定居於陶,史稱"陶朱公"。大夫種:即文種,句踐謀臣,滅吳後爲句踐賜劍自刎;齊桓公困于長勺春秋魯邑,今山東萊蕪東北,西元前684年爆發齊魯長勺之戰,齊國敗,疾據管仲、寧戚、隰朋而匡天下管仲:名夷吾,齊國上卿,輔佐齊桓公成爲春秋第一霸主。寧戚:衛國人,曾販牛自薦來到臨淄,桓公任爲大夫。隰朋:齊國大夫,擅長外交。匡:匡正,扶正。此皆困而知疾據

① "公",原作"以",誤,據焦循《易話》改。

賢人者也。夫困而不知疾據賢人而不亡者,未嘗有也。'語出《韓詩外傳》卷六。以'疾據賢人'解'據于蒺藜',則借'蒺'爲'疾'。由此可悟《易》辭之比例謂通例、條例。《漢書·儒林傳》稱韓嬰亦以《易》授人,推《易》意而爲之傳,於此可見其一端。余於其以'疾'解'蒺',悟得經文以假借爲引申,如借'祇'爲'底',借'豚'爲'遯',借'豹'爲'約',借'鮒'爲'附',借'鶴'爲'隺',借'羊'爲'祥',借'袂'爲'夬',皆韓氏有以益我也。"又參焦循《易通釋》卷十三。

又《周易用假借論》曰:"近者學《易》十許年,悟得比例引申之妙,乃知彼此相借,全爲《易》辭而設。假此以就彼處之辭,亦假彼以就此處之辭。如'豹''礿'爲同聲,與虎連類而言,則借'礿'爲'豹';與祭連類而言,則借'豹'爲'礿'。'沛''茷'爲同聲,以其剛掩於《困》下,則借'沛'爲'茷';以其成兌於《豐》上,則借'茷'爲'沛'。各隨其文以相貫,而聲近則以借而通。蓋本無此字而假借者,作六書之法也;本有此字而假借者,用六書之法也。古者命名辨物,近其聲即通其義,如'天'之爲'顛','日'之爲'實','春'之爲'蠢','秋'之爲'愁','嶽'之爲'恛','岱'之爲'代','華'之爲'穫','子'之爲'滋','丑'之爲'紐','卯'之爲'冒','辰'之爲'振','仁'之爲'人','義'之爲'我','禮'之爲'體','富'之爲'福','銘'之爲'名','及'之爲'汲','葬'之爲'喪','栗'之爲'慄','踟躕'之爲'蜘蛛'①,'汍瀾'之爲'芄蘭',無不以聲之通,而爲字形之借。故聞其聲即知其實,用其物即思其義。欲其夷平也,則以雉名官;欲其勾聚也勾(jiū):同"鳩"。勾聚:聚集也,則以鳩名官;欲其戶止也,則以扈名官。以曲文其

---

① '踟躕'與'蜘蛛',原誤倒,今據焦循《周易用假借論》乙正。

直文:文飾,以隱蘊其顯,其用本至精而至神,施諸《易》辭之比例引申,尤爲切要矣。是故柏人之過,警於迫人;秭歸之地,原於姊歸。髪忽蒜而知算盡,履露卯而識陰謀,即'楊'之通於'揚','娣'之通於'秭'也。梁簡文、沈約等集梁簡文:即蕭綱,南朝梁武帝蕭衍第三子,擅文學。沈約(441—513):字休文,吳興武康(今浙江德清)人,南朝文學家,永明體代表詩人,創"四聲八病"説,有藥名、將軍名、郡名等詩。唐權德輿詩曰權德輿(759—818):字載之,天水略陽(今甘肅秦安)人。官至禮部尚書,於貞元、元和間執掌文柄,名重一時,有《權載之文集》五十卷:'藩宣秉戎寄,衡石崇位勢。年紀信不留,弛張良自愧。'宣秉字巨公,西漢末馮翊雲陽人。王莽篡位後常稱疾不出,東漢光武時拜爲御史中丞、石崇字季倫,西晉文學家,曾任荆州刺史,生活極度奢華、紀信與張良皆爲西漢劉邦之重要佐臣、張良,即'箕子''帝乙'之借也。帝乙:商朝第三十代國王,文丁之子。陸龜蒙詩陸龜蒙(?—881):字魯望,別號天隨子、江湖散人、甫里先生,江蘇吳縣人。唐代文學家,有《甫里先生文集》等:'佳句成來誰不伏,神丹偷去亦須防。風前莫怪攜詩藁,本是吳吟蕩槳郎。'伏神、防風、藁本三者皆中草藥名,即'蒺藜''菤陸'之借也二者亦皆入藥。温庭筠詩温庭筠(約812—約866):本名岐,藝名庭筠,字飛卿,太原祁(今山西祁縣)人。晚唐著名詩人、詞人,與韋莊并稱"温韋",有《花間集》等:'井底點燈深燭伊,共郎長行莫圍棋。玲瓏骰子安紅豆,入骨相思知不知。'借'燭'爲'屬',借'圍棋'爲'違期',即借'蚌'爲'邦',借'鮒'爲'附'之遺也。相思爲紅豆之名,長行爲雙陸之名雙陸:古代的一種博戲,又名"長行",借爲男之行、女之思。即'高尚其事'爲逸民,'匪躬之故'爲臣節匪躬:忠心耿耿,不顧自身,借爲當位之高、失道之匪也。合艮手坤母而爲'拇',合坎弓艮瓜而'弧',即孔融之離合也;'樽酒'爲'尊卑'之'尊','蒺藜'爲'遲疾'之'疾',即《子夜》之雙關也《子夜》:又名《子夜歌》,現存晉、宋、齊三代歌詞四十二首,寫愛情生活中的悲歡離合,多用雙關隱語。"語出焦循《雕菰集》卷八。

25. 論假借説《易》并非穿鑿,學者當援例推補

　　焦循《與朱椒堂兵部書》曰:"《易》之道,大抵教人改過,即以寡天下之過。改過全在變通,能變通即能行權改變常規,權宜行事,所謂'使民宜之','使民不倦','窮則變,變則通,通則久'。聖人格致誠正修齊治平,全於此一以貫之。則《易》所以名'易'也,《論語》《孟子》已質言之直言之,如實而言之。而卦畫之所之,其比例、齊同有似九數古算法名,漢鄭衆云:"九數:方田、粟米、差分、少廣、商功、均輸、方程、贏不足、旁要。"後之《九章算術》即本此,其辭則指其所之,亦如句股、割圓句股:數學名詞。古稱直角三角形夾直角的兩條邊,短邊爲句,長邊爲股。又稱立竿測太陽高度時的標竿爲股,日影爲句。割圓:用圓内接正多邊形的周長去無限逼近圓周并以此求取圓周率的方法,三國魏數學家劉徽所創,用甲、乙、丙、丁、子、丑等字,指其變動之迹。吉凶利害,視乎爻之所之,泥乎辭以求之,不啻泥甲、乙、丙、丁、子、丑之義以索算數也。惟其中引申發明,其辭之同有顯而明者(如密雲不雨,自我西郊,《小過》《小畜》同。先甲三日,先庚三日,《蠱》與《巽》同。其冥升、冥豫,敦復、敦艮、敦臨,同人于郊、需于郊之類,多不勝指數)。又多用六書之轉注、假借。轉注如'冥'即'迷','顛'即'窒','喜'即'樂';假借如借'繻'爲'需'(《説文》),借'蒺'爲'疾'(《韓詩外傳》),借'豚'爲'遯'(黄穎説),借'祀'爲'巳'(虞翻)。推之'鶴'即'雀然'之'雀'①,'祥'即'牽羊'之'羊','禄'即'即鹿'之'鹿','衸'即'納約'之

---

① "雀然之"三字原脱,據焦循《雕菰集》卷十三《與朱椒堂兵部書》補。

‘約’，‘拔’即‘寡髮’之‘髮’，‘昧’即‘歸妹’之‘妹’，‘肺’即‘德積’之‘積’，‘沛’即‘朱紱’之‘紱’。彼此訓釋，實爲兩漢經師之祖。其聲音相借，亦與三代金石文字相孚_{相符}。非明九數之齊同、比例，不足以知卦畫之行；非明六書之假借、轉注，不足以知《彖辭》《爻辭》《十翼》之義。”_{語出焦循《雕菰集》卷十三。}

　　錫瑞案：焦氏自明説《易》之旨，其比例通於九數，其假借、轉注本於六書，而説假借之法尤精，可謂四通六闢義同“六通四闢”，謂上下四方無不通暢。學者能推隅反之義例，爲觸類之引申，凡難通者無不可通，不至如何平叔之不解《易》中七事矣_{何平叔：何晏（約190—249），字平叔，南陽宛縣（今河南南陽）人。三國魏玄學家，著有《道論》《論語集解》等。《南齊書·張緒傳》載：“緒長於《周易》，言精理奧，見宗一時。常云何平叔所不解《易》中七事，諸卦中所有時義，是其一也。”}。或疑假借説《易》近於傅會，不知卦名每含數義，不得專執一義以解。專以本義解之，爻辭多不可通，如《革卦》之義爲改革，“初九：鞏用黄牛之革”，則借爲“皮革”。據《説文》“革，獸皮治去其毛，革更之”，故假借爲“改革”。是“皮革”爲“革”字本義也。“九五^①：大人虎變”，“上六：君子豹變”，亦取象於虎豹之皮，而取義於“皮革”之“革”。《禮記·玉藻》“君羔幦虎犆_{幦（mì）：古代車軾上的覆蓋物，又稱“幭”。犆（zhí）：緣飾，鑲邊。}”，故曰“大人虎變”。大夫士“鹿幦豹犆”，故曰“君子豹變”。君稱大人，大夫、士稱君子。云“小人革面”者，蓋庶人役車，其幦以犬羊之鞹爲之_{鞹（kuò）：皮革。}，無虎犆豹犆，故曰“革面”。若以“革面”爲改頭換面，古無此文法也。《易》之取象必有其物、有其事，無虛文設言者。如《賁卦》之義爲賁

----

① “九五”，原作“六五”，誤，據《周易·革卦》改。

飾，"初九：賁其趾"，趾乃足趾。《王注》云："飾其趾。"世豈有文飾其足趾者？正所謂"飾粉黛於胸臆，綴金翠於足趾"矣。"賁"當假爲"僨"，取僨車之義_{僨車：覆車，比喻覆敗。}《左氏傳》："鄭伯之車僨於濟。"_{語出《隱公三年》。}"賁其趾"謂僨車傷其足，故舍車而徒也。"六二：賁其須"，須乃須髯。《孔疏》云："似賁飾其須。"世豈有文飾其須髯者？殆有如湘東王子方諸踞鮑泉腹_{方諸：蕭方諸，字智相，南朝梁元帝蕭繹次子。踞：蹲，坐。鮑泉：字潤嶽，東海人，其父鮑機爲湘東王諮議參軍，}以五色綵辮其髯矣。"賁"當假爲"斑"，謂須髯斑白也。凡此等皆專執一義必不可通者，必以假借之義通之，而後怡然理順，渙然冰釋。學者試平心靜氣以審之，當信其必非傅會矣。

26. 論《易》説多依託，不當崇信僞書

《困學紀聞》云："經説多依託，《易》爲甚。《子夏傳》_{《子夏易傳》，《四庫全書》等有收録，}張弧作也_{張弧爲唐末人，曾任大理寺評事，有《素履子》等。}《關子明傳》_{即《關氏易傳》。關朗，字子明，北魏人，}阮逸作也_{阮逸字天隱，建州建陽（今屬福建）人，北宋詞人。}《麻衣正易》_{全稱《麻衣道者正易心法》。麻衣道者爲唐末宋初人，相傳爲陳摶之師，善相術，}戴師愈作也_{戴師愈爲南宋《易》學家，江西南康人，與朱熹同時。}"_{語出王應麟《困學紀聞》卷一。}

錫瑞案：《關子明傳》《麻衣正易》，朱子《答李壽翁》明言兩書皆是僞書。《關子明易》是阮逸僞作，《陳無己集》中説得分明_{陳無己，即北宋詩人陳師道，}《麻衣易》乃是南康戴師愈作_{參朱熹《晦庵集》卷三十七《答李壽翁》。}今兩書已罕見稱述，惟《子夏易傳》見隋、唐《志》，劉知幾辨其僞，晁以道以爲唐張弧作。朱彝尊《經義考》證以陸德明、李鼎祚、王應麟所引，皆今本所

無,不但非子夏書,并非張弧書。或以爲漢杜子夏作,又或以爲韓嬰、丁寬,皆傅會無據,不足辨。而論《易》之僞託,尚不止此數書,如《連山》《歸藏》,《漢志》不載。《歸藏》,或以爲晉薛正所得,或以爲唐長孫無忌所得。《連山》,隋劉炫作,鄭樵信以爲真。不知《連山》《歸藏》與《易》無關,非由孔子所定,其真其僞皆可不論。先天、後天之圖,漢以來所未見,宋陳摶始創爲《龍圖》,朱子以《龍圖》爲僞,更求真圖。不知此皆道家修煉之圖,與《易》無關,非由孔子所定,其真其僞更可不論。高明好奇之士,不知經皆孔子手定,凡出於孔子之後者,不得爲經;即出於孔子之前者,亦不得爲經。聖人則《河圖》《洛書》,《繫辭傳》明言之。然聖人既則《圖》《書》而作《易》,學者但求之於《易》,不必求之《圖》《書》。猶《春秋》本魯之《春秋》,《孟子》亦明言之,然聖人既據魯史而作《春秋》,學者但求之《春秋》,不必求之魯史。《莊子》云:"筌者所以在魚①筌:捕魚的竹器,有逆向鉤刺,得魚而忘筌。蹄者所以在兔蹄:捕兔的掛綱,得兔而忘蹄。"語出《莊子·外物篇》。《河圖》《洛書》與魯《春秋》,正《莊子》筌蹄之類也。後儒不明此旨,惜《圖》《書》不可見,惜未修《春秋》不可見。不思孔子之經且未能明,何暇求之孔子之前? 求之不得,或且以僞應之,如《連山》、《歸藏》、河洛之圖,皆無益於經,而反泊經義泊:通"薄",鄙薄。或當爲"汨",湮没也,豈非高明好奇之過哉?《漢·郊祀志》劉向引《易大傳》曰:"誣神者殃及三世。"今見《大戴禮·本命篇》,而子政以爲《易大傳》西漢劉向,字子政,與《史記》引《繫辭》爲《易大傳》正同。又《經解》引《易》曰:"差若毫釐,繆以千里。"今見《易緯》而引爲《易經》,則漢以前傳本或與今本不

---

① "在魚"、"在兔"之二"在"字,原文皆作"得",據《莊子》原文改。

同。今本以《彖》《象》雜經文,《序卦》《雜卦》蓋出東漢以後,"十翼"之說,亦出鄭學之徒。宋人訂《古周易》,欲復聖經之舊,其意未始不善。然但知經出羲、文,不當以孔子所作之傳雜之,而不知經實出孔子,不當以弟子所作之傳雜之也。

27. 論《易》爲卜筮作,實爲義理作;孔子作卦爻辭純以理言,實即羲、文本意

朱子曰:"《易》爲卜筮作,非爲義理作。伏羲之《易》,有占而無文,與今人用火珠林起課者相似_{火珠林:古代易卦占法,以錢代筮,又稱錢筮法。起課:占卜方法的一種。古代方士六壬術,有四課式,用占目之干支爲推算之本,後因稱求卜爲"起課"。其占法,或轉動刻有干支等字樣的兩個木盤(上名天盤,下名地盤),或搖銅錢看正反面,或用手指掐算,然後根據課義附會人事,推斷吉凶。}文王、周公之《易》,爻辭如籤辭_{籤(qiān):民間或寺廟中供求神佛卜問吉凶所用的籤牌,多竹制,常寫有文字符號或詩句。}孔子之《易》,純以理言,已非羲、文本意。某解《易》,只是用虛字去迎過意來,便得。"_{本段文字非直接出朱子,而當出清人周漁《加年堂講易·自序》,參朱彝尊《經義考》卷六十七所引,又可參《朱子語類》卷六十七。}周漁駁之曰_{周漁字大西,江蘇興化人,清代《易》學家,著有《加年堂講易》:}"然則孔子當日何用三絕韋編? 而所稱加年無大過者,豈終日把定一束蓍草耶?"_{參周漁《加年堂講易·自序》。}

錫瑞案:朱子以"《易》爲卜筮作,非爲義理作",其說大誤,然其誤亦有所自來。伏羲畫卦,雖有占而無文,而亦寓有義理在內。《繫辭傳》謂包羲"始作八卦,以通神明之德,以類萬物之情",所謂通神明、類萬物者,必有義理,口授相傳。焦循曰:"伏羲畫八卦,重爲六十四,其旁通行動之法,當時必口授指示,久而不傳。文王、周公以辭明之,即明其當日口授指

示者也。學者舍其辭，但觀其卦，則此三百八十四畫，遂成一板而不靈之物板：板滯，呆板。如棋有車、馬、炮、卒、士、相、帥、將，按圖排之，必求之於譜，乃知行動之法，其精微奇妙，存乎其中。若舍去譜而徒排所謂車、馬、炮、卒、士、相、帥、將，不敢動移一步，又何用乎其爲棋也？六十四卦，車、馬、炮、卒、士、相、帥、將也；文王、周公、孔子之辭，譜也。不於辭中求其行動之用，是知有棋而不知有譜者也。"語出焦循《易話上·學易叢言》。焦氏之説極通，惜猶拘於舊説，以爲伏羲重卦，文王、周公作卦爻辭。若更定之，於"重爲六十四"上加"文王"二字，"文王、周公以辭明之"改爲"孔子以辭明之"，"文王、周公、孔子之辭"去"文王周公"四字，則更合矣。而據其説，可知伏羲作《易》垂教，當時所以正人倫、盡物性者，皆在八卦之内。意必有義説寓於卜筮，必非專爲卜筮而作。文王重卦，其説加詳，卜人、筮人口授相傳，以其未有文辭，故樂正不以教士。然其中必有義理，不可誣也。或疑止有畫而無辭，何得有義理在内？既有義理，則必著爲文辭。是又不然。《左氏》雜采占書，其占不稱《周易》者，當是夏、殷之《易》，而亦未嘗不具義理。若無義理，但有占法，何能使人信用？觀夏、殷之《易》如是，可知伏羲、文王之《易》亦如是矣。周衰而卜筮失官，蓋失其義，專言禍福，流爲巫史。《左氏》所載，焦循嘗一一辨其得失，曰："《易》至春秋，淆亂於術士之口術士：指以占卜、星相爲業的人，謬悠荒誕，不足以解聖經，孔子所以韋編三絶而翼贊之也。昭七年傳一條，以靈公名元，直以'元亨'之'元'爲靈公之名，此與陽虎占《泰》之《需》陽虎：一名陽貨，春秋魯國人，季孫氏家臣。《泰》卦乾下坤上，第五爻陰變陽即成《需》卦，以'帝乙'爲宋之祖帝乙：指春秋時宋國祖先微子啟。《左傳·哀公九年》載："陽虎以《周易》筮之，遇泰之需，曰：'宋方吉，不可與也。微子啟，帝乙之元子也。宋、鄭，甥舅也。祉，禄也。若帝乙之元子歸妹而有吉禄,我安得吉焉?'乃止。",同一因文生意。有如市俗神籤妖讖,去古筮法遠矣。"據此,是孔子見當時之人惑於吉凶禍福,而卜筮之史加以穿鑿傅會,故演《易》繫辭,明義理,切人事,借卜筮以教後人,所謂以神道設教。其所發明者,實即羲、文之義理,而非別有義理;亦非羲、文并無義理,至孔子始言義理也。當即朱子之言而小變之曰:"《易》爲卜筮作,實爲義理作。伏羲、文王之《易》,有占而無文,與今人用火珠林起課者相似。孔子加卦爻辭如籤辭,純以理言,實即羲、文本意。"則其説分明無誤矣。

28. 論説《易》之書最多,可取者少

《四庫全書》經部,惟《易經》爲最多,《提要》别擇之亦最嚴。《存目》之外,又别出於《術數》,不欲以溷經也溷(hùn):混亂。《易》義無所不包,又本卜筮之書,一切術數皆可依託。或得《易》之一端,而要不足以盡《易》。雖云密合,亦屬强附。如京房卦氣原出曆數(唐一行言曆,引孟喜卦氣),揚雄《太玄》推本渾天渾天:我國古代關於天體的一種學説,認爲天地的形狀渾圓如鳥卵,天包地外,就像殼裹卵黄一樣。天半在地上,半在地下,其南北兩極固定在天之兩端,日月星辰每天繞南北兩極的極軸旋轉,其數雖似巧合於《易》,實是引《易》以强合其數。孔子作《易》,當時并不知有漢曆,謂孔子據漢曆作《易》,斷斷乎不然也。陳摶《龍圖》本是丹術,邵子衍數亦原道家,其數雖似巧合於《易》,實是引《易》以强合其數。孔子作《易》,當時亦不知有道書,謂孔子據道書作《易》,斷斷乎不然也。此兩家準之孔子作《易》之旨準:比照,衡量,既皆不然,則其學雖各成一家,皆無關於大義。漢學誤於讖緯,宋學亂於圖書,當時矜爲秘傳,後儒不得不加論辨。今

辨之已晰，人皆知其不關大義，學者可以不必誦習，亦不必再加論辨矣。其餘一切術數、風角、壬遁風角：古代占卜之法，以五音占四方之風而定吉凶。壬遁："六壬"與"遁甲"的并稱。六壬，運用陰陽五行進行占卜凶吉的方法之一，與遁甲、太乙合稱"三式"。五行以水爲首，十天干中，壬、癸屬水，壬爲陽水，癸爲陰水，舍陰取陽，故名壬。六十甲子中，壬有六個(壬申、壬午、壬辰、壬寅、壬子、壬戌)，故名六壬。其占法，用兩木盤，上有天上十二辰分野，謂之天盤，下有地上十二辰方位，謂之地盤。兩盤相疊，轉動天盤，得出所占之干支與時辰的部位，以判吉凶。遁甲，其法以十天干的乙、丙、丁爲三奇，以戊、己、庚、辛、壬、癸爲六儀。三奇六儀，分置九宮，而以甲統之，視其加臨吉凶，以爲趨避，故稱"遁甲"，實有徵驗；丹鼎、爐火丹鼎：煉丹所用之鼎。爐火：謂道士煉製丹藥，亦足養生。其書亦或假《易》爲名，要不盡符於《易》之理。《參同契》見引於虞氏三國虞翻，而專言《坎》《離》之旨，已與《易》重《乾》《坤》不同。陰陽、五行、蓍龜、雜占，《漢書‧藝文志》別出之於後《漢志‧諸子略》中有"陰陽家"，《兵書略》中有"兵陰陽"，《數術略》中有"五行、蓍龜、雜占"，未嘗以淆於《易》，誠以先聖大義，非可以九流衆技參之。即蓍龜十五家，實爲卜筮之書，而但言占法，不言義理，亦不得與《易》十三家并列於前。古人別擇之嚴如此，所以尊經而重道也，又況後世臆造委巷不經之書乎委巷：僻陋曲折的小巷，借指民間。不經：不合常法，没有根據？漢人之書，自《太玄》《參同契》以外，今皆亡佚。所傳術數，多出唐宋以後。《提要》既別出於後，不入《易部》，學者更可不必誦習，亦不必再加論辨矣。《存目》諸書，取資甚鮮，即收入《經部》者，亦多節取其長。蓋漢儒之書不傳，自宋至今，能治專家之學如張惠言、能全經之學如焦循者，實不多覯(gòu)遇見。故後之學《易》者，必自此二家始。

29. 論漢人古義多不傳，漢碑可以引證

漢人《易》義，傳世甚鮮，惟鄭、荀、虞稍存崖略鄭、荀、虞：指

鄭玄、荀爽、虞翻。崖略:大略,梗概。而三家皆生於漢末,距魏王弼時代不遠。其前通行之本出於施、孟、梁丘、京氏者,皆不可考。今惟漢碑引《易》爲當時通行之本,姑舉數條證之:

《博陵太守孔彪碑》云:"《易》建八卦,揆菁毃辭。"《隸釋》云碑以"菁"爲"爻"《隸釋》:宋人洪适(kuò)撰,爲漢代碑帖之考證彙編,"毃"即"繫"字。案碑云建卦揆爻,乃云繫辭,此以卦辭、爻辭即是繫辭之證。所謂繫辭,非今之所謂《繫辭》也。《百石卒史碑》云:"孔子作《春秋》,制《孝經》,删述五經,演《易》繫辭,經天緯地,幽讚神明。"碑以"演《易》繫辭"屬孔子説,則亦必以繫辭爲卦爻辭,非今之所謂《繫辭》也。今《繫辭傳》曰:"昔者聖人之作《易》也,幽贊乎神明而生蓍。"碑以"幽讚神明"屬孔子説,則亦必以聖人作《易》屬之孔子。此二碑皆漢人遺説,以卦爻辭爲繫辭、爲孔子作之明證也。若其字句與今不同而與古説合者,如蔡邕《處士圂叔則碑》云"童蒙來求",與《釋文》"一本作'來求我'"合,足證今本之誤脱。又云"彪之用文",及《司徒袁公夫人馬氏碑銘》云"蒙昧以彪"、胡廣《徵士法高卿碑》云"彪童蒙",與《釋文》"鄭曰:包,當作彪。彪,文也"合,足證鄭義之有本。《衛尉卿衡方碑》云:"恩隆乾夳(tài),威肅剥儿(kūn)。""儿"即"坤",則"夳"亦即"泰",與《説文》"夳,古文泰"合,足證漢《易》之古文。《玄儒先生婁壽碑》云"不可營以禄",《堂邑令費鳳碑》云"不營榮禄",邊韶《老子銘》云"禄執弗營",與《虞氏易》作"營"合,足證"營"訓"營惑",而《孔疏》訓爲"榮華"之非。《荆州刺史度尚碑》云"暉光日新",與《釋文》"鄭以'日新'絶句"合,足證《王注》以"渾光日新其德"爲句之非。《博陵太守孔彪碑》云"抍(zhěng)馬蹊害",與《釋文》"子夏作'抍'"合,足證唐開成後定作"拯"字之非開成:唐文宗年號(836—840),開成二年,刻成十二石經(十三經中除《孟子》外之其他十二經),史稱"開成石經"。《太尉橋公廟碑》云"亦用齊斧",與《釋文》《子夏傳》及衆家并作'齊斧'"合,足證今作"資斧"之非。《安平相孫根碑》云:"厥先出自有殷,玄商之系,子湯之苗。至於東吅(lín),大否㦤仁。聖武定周,封干之墓。"《隸釋》引班孟堅《幽通賦》云"東厸虐而殲仁",注云:"厸(lín),古鄰字,謂紂也。仁即三仁也。"碑中之語蓋出於此,則是以"吅"爲"厸",以"㦤"爲"殲",或爲"戕"也。與《坊記》引《易》此文,《鄭注》曰"東鄰"謂紂,孔疏《易》與《左傳》云説者皆云"東鄰"謂紂合,足證《王注》《孔疏》撥棄古義、不解"東鄰"之非。李鼎祚《周易集解》集子夏、孟喜、京房、馬融、荀爽、鄭康成、劉表[1]、何晏、宋衷、虞翻、陸績、干寶、王輔嗣、姚信、王廙、張璠、向秀、王凱沖[2]、侯果、蜀才、翟玄、韓伯、劉瓛、何妥、崔憬、沈麟士、盧氏、崔覲、孔穎達三十餘家。《釋文》云張璠《易集解》二十二家:鍾會、向秀、庾運、應貞、荀煇、張輝、王宏、阮咸、阮渾、楊乂、王濟、衛瓘、欒肇、鄒湛、杜育、楊瓚、張軌、宣舒、邢融、裴藻、許適、楊藻。《釋文》所引諸家,於二《集解》之外,又有董遇、黄穎、尹濤三人。張璠書今不傳,但傳《釋文》與李鼎祚書。漢人《易》説亦不多,漢碑可以補其缺也。

30. 論筮《易》之法,今人以錢代蓍,亦古法之遺

聖人因卜筮而作《易》,乃神道設教之意。《漢·藝文志》曰:"秦燔書指嬴政焚書坑儒之事,而《易》爲筮卜之事,傳者不

---

① "宋衷",原作"宋衷",誤,據朱睦㮮《周易集解序》改。

② "王凱沖",原脱"沖"字,據朱睦㮮《周易集解序》補。

絶。"劉歆《移博士書》曰文章全稱《移讓太常博士書》，一作《移書讓太常博士》："天下但有《易》卜，未有他書。"是《易》以筮卜而幸存。《史記》《漢書》載漢初經師之傳，惟《易》最詳，蓋以此也。乃至漢後，而漢初說《易》之書無一存者，《易》卜之法亦失其傳。聖人之經，幸存於秦火之餘；而經義卜法，盡亡於漢代之後。此事理之不可解者。《漢・藝文志》"蓍龜"十五家，龜有《龜書》五十二卷，《夏龜》二十六卷，《南龜書》二十八卷，《巨龜》三十六卷，《雜龜》十六卷，凡五家；蓍止有《蓍書》二十八卷，一家，蓋重龜而輕蓍。古大事用卜，小事用筮，《左氏傳》云："蓍短龜長，不如從長。"語出《僖公四年》。《史記・日者列傳》專言卜，云"太卜之起太卜：古代卜官之長，自漢興而有"，是古重卜輕筮之證。自漢以後，鮮有用龜卜者。灼龜占墨之法，雖略見於注疏，其詳不可得聞，唐李華所以有"廢龜"之論也李華(？—766年)，字遐叔，趙郡贊皇(今河北贊皇)人。唐代散文家，有《吊古戰場文》。曾倡廢龜之論，清人俞樾稱"此論出而卜竟廢"。惟筮法猶傳於世，詳見於朱子書參《晦庵集》卷七十一《偶讀漫記》。朱子以韓侂胄專權韓侂胄(1152—1207)：字節夫，相州安陽(今河南安陽)人。南宋寧宗時官至平章軍國重事，堅持抗金卻禁止道學，排擠打壓朱熹等人，欲上書極諫，門人請以蓍決之，是朱子嘗用揲蓍之法揲蓍(shé shī)：古代數蓍草以定吉凶，而其法亦不通行。今世通行以錢代蓍，出於《火珠林》。陳振孫《書錄解題・卜筮類》："《火珠林》一卷，無名氏。今賣卜擲錢占卦，盡用此書。"《朱子語類》云："《火珠林》猶是漢人遺法。"蓋其法亦有所本。《儀禮・士冠禮》注曰："所卦者，所以畫地記爻。"疏："云'所卦者所以畫地記爻'者，筮法，依七、八、九、六之爻而記之。但古用木畫地，今則用錢。以三少爲重錢，重錢則九也；三多爲交錢，交錢則六也；兩多一少爲單錢，單錢則七也；兩少一多爲拆錢用三個錢擲而卜卦。

以錢之背爲單數,面爲雙數,合計三錢之面、背。單數則爲單錢,雙數則爲拆錢。或謂雙數指二,單數指三,惟有二單一雙方稱拆錢,拆錢則八也。"項安世《家説》項安世(1129—1208),字平甫,號平庵,江陵人,有《易玩辭》《項氏家説》等:"今占家以三錢擲之,兩背一面爲拆,此即兩少一多,少陰爻也;兩面一背爲單,此即兩多一少,少陽爻也;俱面者爲交,交者拆之,此即三多,爲老陰爻也;俱背者爲重,重者單之,此即三少,爲老陽爻也。蓋以錢代蓍,一錢當一揲。"語出《項氏家説》卷二。錢大昕曰:"賈公彦《疏》,本於北齊黃慶、隋李孟悊二家。是則齊、隋與唐初,皆已用錢。重、交、單、拆之名,與今不異也。但古人先揲蓍而後以錢記之,其後術者漸趨簡易,但擲錢得數,不更揲蓍。"語出錢大昕《十駕齋養新録》附餘録卷一。

　　錫瑞案:據諸家之説,擲錢占卦,是由揲蓍而變,故朱子以火珠林爲漢法之遺也。越人雞卜,載在《史記》《史記・封禪書》載,越族人尚鬼、信巫、重淫祀,有以雞爲卜之俗;《鼠序卜黃》,列於《漢志》《漢志・數術略・蓍龜類》載有《鼠序卜黃》二十五卷。此等小數,猶可占驗,況擲錢本古人遺法,不能得蓍草者,可以此代。用心誠敬,亦足以占吉凶;若心不誠敬,則雖得蓍龜而占之,亦將如《漢志》所云"筮瀆不告,《易》以爲忌《易・蒙》:"初筮,告。再三,瀆,瀆則不告。"顏師古注曰:"言童蒙之來決疑,初則以實相告,至於再三,爲其煩瀆,乃不告也。";龜厭不告,《詩》以爲刺"矣《詩・小雅・小旻》:"我龜既厭,不我告猶。"顏師古注曰:"言卜問煩數,媟嫚於龜,龜靈厭之,不告以道也。"。

二、書經

31. 論《尚書》分今古文最先，而《尚書》之今古文最糾紛難辨

　　兩漢經學有今古文之分，以《尚書》爲最先，亦以《尚書》爲最糾紛難辨。治《尚書》不先考今古文分別，必至茫無頭緒，治絲而棼理絲不找頭緒，就會越理越亂。比喻解決問題方法不正確，使問題更加複雜。故分別今古文，爲治《尚書》一大關鍵，非徒爭門戶也。漢時今文先出，古文後出；今文立學，古文不立學。漢立十四博士：《易》施、孟、梁丘、京氏，《尚書》歐陽、大小夏侯歐陽：歐陽生，字和伯，千乘（今山東博興）人。大小夏侯：指東平人夏侯勝與其侄夏侯建，皆屬今文學派，《詩》魯、齊、韓指魯人申培、齊人轅固生、燕人韓嬰，《禮》大小戴戴德及其侄戴聖，《春秋》嚴、顏嚴：嚴彭祖，字公子，西漢東海下邳（今江蘇邳縣）人。與顏安樂同學于眭孟，習《春秋公羊傳》，創立春秋"嚴氏學"，有《公羊嚴氏春秋》。顏：顏安樂，字公孫，魯國薛（今山東滕縣東南）人。西漢今文《春秋》學"顏氏學"的開創者，宣帝時立爲博士，有《春秋公羊顏氏記》，皆今文立學者也。費氏古文《易》、古文《尚書》、《毛詩》、《周官》、《左氏春秋》，皆古文不立學者也。其後今文立學者皆不傳，古文不立學者反盛傳。蓋自東漢以來，異說漸起，非一朝一夕之故矣。

　　謂今古文之分《尚書》最先者，《史記·儒林傳》舉漢初經

師,《詩》自申培公、轅固生、韓太傅;《禮》自高堂生,《易》自田何,《春秋》自胡母生—作胡毋生、董仲舒,皆今文,無古文。惟於《尚書》云:"孔氏有古文《尚書》孔氏指孔子,古文《尚書》乃從其舊宅中所得,而安國以今文讀之孔安國(約前156—前74):字子國,孔子第十世孫(又有十一世、十二世孫二說)。受《詩》於申公,受《書》於伏生,有《古文孝經傳》《論語訓解》等。相傳他將在孔子屋壁中發現的《尚書》逸篇45卷獻於朝廷,是爲古文《尚書》,因以起其家。"是漢初已有古文《尚書》,與今文別出。故曰今古文之分,以《尚書》爲最先也。

　　謂今古文以《尚書》爲最糾紛難辨者,太史公時,《尚書》立學者惟有歐陽歐陽高,字子陽,千乘(今山東高青東)人。歐陽生曾孫,武帝時立爲首個《書》經博士,太史公未言受《書》何人。《史記》引《書》多同今文,而《漢書・儒林傳》云:"司馬遷從安國問故問《尚書》故實,遷書載《堯典》《禹貢》《洪範》《微子》《金縢》諸篇,多古文說。"然則《史記》引《書》,爲歐陽今文乎?抑安國古文乎?此難辨者一。《漢書・藝文志》曰:"古文《尚書》者,出孔子壁中,安國獻之,遭巫蠱事巫蠱事:漢武帝末年朝廷内部發生的重大政治事件,又稱"巫蠱之禍"。時人以爲,使巫師祠祭或以桐木偶人埋於地下詛咒所怨者,對方即有災難。丞相公孫賀之子公孫敬聲被人告發以巫蠱咒武帝,武帝命寵臣江充調查此案,充又藉此打擊異己,引發朝中内亂,受牽連者達數十萬人,未列於學官。劉向以中古文校歐陽、大小夏侯三家經文。"又《儒林傳》曰:"世所傳百兩篇者,出東萊張霸東萊:古地名,今山東龍口一帶,分析合二十九篇以爲數十,又采《左氏傳》《書叙》爲作首尾,凡百二篇。成帝時求其古文者,霸以能爲百兩徵召,徵聘。以中書校之,非是。"《後漢書・儒林傳》曰:"扶風杜林傳古文《尚書》扶風:今陝西寶雞扶風縣,林同郡賈逵爲之作《訓》,馬融作《傳》,鄭玄注解,由是古文《尚書》遂顯于世。據此,則漢時古文《尚書》已有三本:一孔氏之壁書,一張霸之百兩,一杜林之漆書以漆墨寫在紙帛上之本。此難辨者二。
東晉梅頤獻古文《尚書》孔安國《傳》梅頤:通常作"梅賾",字仲真,
汝南(今湖北武昌)人。東晉元帝時,時任豫章内史的梅賾進獻《孔傳古文尚
書》58 篇,書前有孔安國《書序》。此本自梁朝開始流行,隋人劉炫、劉焯爲之
作《疏》、唐人陸德明爲之作《音義》,流傳遂廣,唐人編《尚書正義》,亦以此爲
底本,孔穎達作《疏》,以孔氏經傳爲真,馬、鄭所注爲張霸僞
書。宋儒以孔安國書爲僞,近儒毛奇齡以孔氏經傳爲真,馬、
鄭所注本於杜林漆書者爲僞。閻若璩、惠棟則以孔氏經傳
爲①僞閻若璩(1638—1704):字百詩,號潛丘,山西太原人。清代考據學開創
期代表人物,撰《尚書古文疏證》一書,考辨精審,證東晉梅賾所獻《古文尚書》
及孔安國《尚書傳》屬僞託之作,千年聚訟,終成定論,馬、鄭所注本於杜
林者,即孔壁真古文。劉逢禄、宋翔鳳、魏源劉逢禄(1776—1829):
字申受,號申甫,江蘇武進人。清末今文經學家,傳其外祖莊存與、舅父莊述祖
之學,爲學務通大義,不專章句,所著有《尚書今古文集解》《書序述聞》《左氏
春秋考證》《論語述何》等。宋翔鳳(1779—1860):字虞庭,一字於庭,江蘇長
洲(今吳縣)人。與劉逢禄皆爲清代常州學派代表人物,著有《周易考異》《尚
書略説》《大學古義説》《論語説義》《孟子趙注補正》等。魏源(1794—1857):
名遠達,字默深。中國近代啓蒙思想家,經學屬今文學派。主張經世致用,著
有《海國圖志》《書古微》《詩古微》《春秋繁露注》等,又以孔氏經傳與馬、
鄭本於杜林者皆僞,逸十六篇亦非孔壁之真。此難辨者三。

　　錫瑞案:張霸書之僞,《漢書》已明辨之。孔安國書之僞,
近儒已明辨之。馬、鄭古文《尚書》出於杜林者,是否即孔壁
真古文,至今猶無定論。故曰今古文之分,以《尚書》爲最糾
紛難辨也。若唐玄宗詔集賢學士衛包改古文從今文衛包:京兆
(今陝西西安)人,官至尚書郎,通文字之學,乃以當時俗書改隸書,與
漢時今文不同。《文獻通考》曰:"漢之所謂古文者科斗書古文

---

　　① "爲",原作"僞",誤,據思賢書局本改。

字體的一種,筆劃多頭大尾小,形如蝌蚪,故稱,今文者隸書也;唐之所謂古文者隸書,今文者世所通用之俗字也。"語出馬端臨《文獻通考》卷一百七十七《經籍考四》。宋時又有古文《尚書》出宋次道家宋次道:北宋人,曾任亳州知州,喜藏書,尤不足據。阮元曰:"衛包以前,未嘗無今文;衛包以後,又別有古文也。"語出阮元《尚書注疏校勘記序》。

32. 論漢時今古文之分由文字不同,亦由譯語各異

漢時所謂今文,今謂之隸書,世所傳熹平石經與孔廟等處漢碑是也。熹平石經:漢代立五經於學官,置十四博士。各家經文皆憑所見,并無供傳習的官定經本,博士考試亦常因文字異同引起争端。漢靈帝熹平四年(175),議郎蔡邕等奏請正定六經文字,得到靈帝許可。乃參校諸體經書,由蔡邕等書石,鐫刻四十六碑,立于洛陽城南開陽門外的太學講堂前。所刻經書有《周易》《尚書》《魯詩》《儀禮》《春秋》及《公羊傳》《論語》。熹平石經是我國刻於石碑上最早的官定儒家經本,對於維護文字統一,訂誤正僞,平息紛争起了重要作用。漢時所謂古文,今謂之古籀古文與籀(zhòu)文的并稱。籀文,古代書體的一種,亦稱"籀書""大篆",因著録于《史籀篇》而得名。字體多重疊,春秋戰國間通行于秦國,與篆文近似,今存秦石鼓文即這種字體的代表,世所傳鐘鼎、石鼓與《說文》所列古文是也。隸書漢時通行,故謂之今文,猶今人之於楷書,人人盡識者也。古籀漢時已不通行,故謂之古文,猶今人之視篆隸,不能人人盡識者也。《史記·儒林傳》曰:"伏生者,濟南人也,故爲秦博士故:過去,從前。伏生(前260—前161):一作伏勝,字子賤。濟南人,其籍今屬山東濱州鄒平市,今文經學家。曾任秦代博士,始皇焚書,藏百篇《尚書》於壁中,亂後僅得二十九篇。漢初,伏生以二十九篇《尚書》教授於齊魯間,漢文帝曾讓太常掌故鼂錯到其家中學習《尚書》。西漢今文《尚書》學者,皆出其門。秦時焚書,伏生壁藏之,其後兵大起,流亡。漢定,伏生求其書,

亡數十篇亡：亡逸，散逸，獨得二十九篇，即以教于齊魯之間。”

　　錫瑞案：孔子寫定《六經》皆用古文，見許氏《説文·自敘》。許慎云：“至孔子書《六經》，左丘明述《春秋傳》，皆以古文。”伏生爲秦博士，所藏壁中之書，必與孔壁同爲古文。至漢發藏以教生徒，必易爲通行之隸書，始便學者誦習。江聲《尚書集注音疏》始用篆文江聲（1721—1799）：本字濤，改字叔瀛，號艮庭，鱣濤。原籍安徽休寧，僑寓江蘇元和（今吳縣）。師事惠棟，信《古文尚書》之僞，撰《尚書集注音疏》。另有《論語質》《六書説》等，書不通行，後卒改用今體楷書。觀今人不識篆文，不能通行，即知漢人不識古文，不能通行之故。此漢時立學所以皆今文，而古文不立學也。古文《尚書》之名，雖出漢初，尚未別標今文之名，但云《歐陽尚書》《夏侯尚書》而已。劉歆建立古文《尚書》之後劉歆繼父業，奉詔整理國家圖書，發現了秘藏宮中的古文《尚書》，并向朝廷推薦。劉歆推崇古文《尚書》，開啟漢代今古文經學之爭，始以今《尚書》與古《尚書》別異。許慎《五經異義》列古《尚書》説，今《尚書》夏侯、歐陽説，是其明證。龔自珍《總論漢代今文古文名實》曰龔自珍（1792—1841）：字爾玉，又字璱人，號定盦。浙江仁和（今杭州）人，晚清思想家、史學家、詩人。學從考據入手，後轉而推崇今文經學，受春秋公羊學影響大，主張通經致用，有《龔定盦全集》二十卷等：“伏生壁中書，實古文也，歐陽、夏侯之徒以今文讀之，傳諸博士，後世因曰伏生今文家之祖，此失其名也。孔壁固古文也，孔安國以今文讀之，則與博士何以異？而曰孔安國古文家之祖，此又失其名也。今文古文，則出孔子之手，一爲伏生之徒讀之，一爲孔安國讀之。未讀之先，皆古文矣；既讀之後，皆今文矣。惟讀者人不同，故其説不同。源一流二，漸至源一流百。此如後世翻譯，一語言也，而兩譯之，三譯之，或至七譯之。譯主不同，則有一本至七本之異。未譯之先，皆彼方語矣；既譯之後，皆此方語矣。其所以不得不譯者，不能使此方之人曉殊方語故殊方：遠方，異域。殊方語謂他鄉之方言。
經師之不能不讀者，不能使漢博士及弟子員悉通周古文故①。
然而譯語者未嘗取所譯之本而毀棄之也，殊方語自在也。讀
《尚書》者，不曰以今文讀後而毀棄古文也，故其字仍散見於
群書及許氏《説文解字》之中，可求索也。又譯字之人，必華
夷兩通而後能之；讀古文之人，必古今字盡識而後能之。此班
固所謂曉古今語者，必冠世大師如伏生、歐陽生、夏侯生、孔安
國庶幾當之，餘子皆不能也。此今文、古文家之大略也。若夫
"讀之"之義，不專指以此校彼而言，又非謂以博士本讀壁中
本而言。具②如予外王父段先生言外王父：外祖父。段先生：段玉裁
（1735—1815），字若膺，号茂堂，江蘇金壇人。清代著名經學家、文字學家，撰
《説文解字注》《六書音均表》等。龔自珍之母段馴，乃段玉裁之女，故稱段氏
爲外王父，詳見段氏《古文尚書撰異》。"語出龔自珍《定庵文拾遺》。
案段氏解"讀"字甚精，龔氏通翻譯，解"讀"字尤確。據此可
知今古文本同末異之故，學者不必震於古文之名而不敢議矣。

33. 論伏生傳經二十九篇非二十八篇，當分《顧命》
《康王之誥》爲二，不當數《書序》與《大誓》

孔子弟子漆雕開傳《尚書》漆雕開：魯國人，一説蔡國人，曾隨孔
子習《尚書》，其後授受源流，皆不可考。漢初傳《尚書》者，始自
伏生。伏生傳經二十九篇，見《史記·儒林傳》。《漢書·藝
文志》《儒林傳》亦云伏生求得二十九篇，無所謂二十八篇者。
乃孔穎達《正義》云："《尚書》遭秦而亡，漢初不知篇數。武帝

---

① "故"字原脱，據龔自珍《大誓答問第二十四》補。
② "具"，原作"其"，誤，據龔自珍《大誓答問第二十四》改。

時有太常蓼侯孔臧者,安國之從兄也。與安國書云:時人惟聞《尚書》二十八篇,取象二十八宿,謂爲信然,不知其有百篇也。"語出《尚書正義》卷十。

錫瑞案:此引《論衡》"法四七宿"之說,而遺"其一曰斗"之文。《論衡·正說篇》云:"或說《尚書》二十九篇者,法曰斗七宿也,四七二十八篇,其一曰斗矣。"段玉裁謂孔臧書不可信,王引之謂二十八篇之說見於僞《孔叢子》及《漢書·劉歆傳》臣瓚注《孔叢子》:舊題秦末孔鮒撰,內容主要記敘孔子及子思、子上、子高、子順、子魚等人的言行,書末又附綴孔臧所著之賦和書上下兩篇。今一般認爲,該書爲三國魏王肅或其門徒所作。臣瓚:晉人,撰有《漢書集解音義》,蓋晉人始有此說。據段、王說,則今文二十八篇之說非是,孔臧書即僞《孔叢子》所載也。惟王充《論衡·正說篇》云:"至孝宣皇帝之時,河內女子發老屋,得逸《易》《禮》《尚書》各一篇,奏之。宣帝下示博士,然後《易》《禮》《尚書》各益一篇,而《尚書》二十九篇始定。"如其說,則益一篇乃有二十九,伏生所傳者,止二十八矣,所益一篇是《大誓》。《尚書正義》引劉向《別錄》曰西漢成帝時,劉向受詔整理國家圖書,於每書各作解題,彙編所成即爲《別錄》:"武帝末,民有得《大誓》書於壁內者,獻之。與博士使讀說之,數月皆起,傳以教人。"《文選注》引《七略》同,且曰:"今《太誓篇》是也。"《論衡》言宣帝時,與《別錄》《七略》言武帝末不合。王引之、陳壽祺皆以《論衡》爲傳聞之誤陳壽祺(1771—1834):字恭甫,號左海,晚號隱屏山人,福建侯官人。清代經學家,著有《五經異議疏證》《尚書大傳定本》《左海經辨》《洪範五行傳輯本》《歐陽夏侯經說考》等,則其言《尚書》篇數亦不可信。而即《論衡》之說考之,亦自有不誤者。《正說篇》云:"傳者或知《尚書》爲秦所燔,而謂二十九篇,其遺脫不燒者也。審若此言,《尚書》二十九篇,火之餘也。七十一篇爲炭灰,二十九篇獨遺耶?夫伏生年老,鼂錯從之學時鼂錯（前 200—前 154）：潁川（今河南禹州）人。漢文帝時曾任太常掌故、太子舍人、太子家令、賢文學等，具辯才，爲文帝之智囊，曾受遣從伏生習《尚書》，適得二十餘篇。伏生死矣，故二十九篇獨見，七十一篇遺脱。"據此，則王仲任亦以爲伏生傳鼂錯已有二十九篇王充，字仲任，與馬、班説不異。其以爲益一篇而二十九篇始定者，蓋當時傳聞之辭，仲任非必堅持其説，而其説亦有所自來。伏生所傳二十九篇，《堯典》一、《皋陶謨》二、《禹貢》三、《甘誓》四、《湯誓》五、《般庚》六、《高宗肜日》七、《西伯戡耆》八、《微子》九、《牧誓》十、《鴻範》十一、《大誥》十二（葉夢得云：伏生以《大誥》列《金縢》前），《金縢》十三、《康誥》十四、《酒誥》十五、《梓材》十六、《召誥》十七、《洛誥》十八、《多士》十九、《毋佚》二十、《君奭》二十一、《多方》二十二、《立政》二十三、《顧命》二十四、《康王之誥》二十五、《鮮誓》二十六、《甫刑》二十七、《文侯之命》二十八、《秦誓》二十九。《釋文》："'王若曰周康王如此説：庶邦侯、甸、男、衛'庶邦：諸位封國。侯、甸、男、衛：屬古代"九服"之一，九服指王畿以外的九等地區。《周禮·夏官·職方氏》載："方千里曰王畿，其外方五百里曰侯服，又其外方五百里曰甸服，又其外方五百里曰男服，又其外方五百里曰采服，又其外方五百里曰衞服，又其外方五百里曰蠻服，又其外方五百里曰夷服，又其外方五百里曰鎮服，又其外方五百里曰藩服。"此指侯、甸、男、衞四服之長，馬本從此以下爲《康王之誥》，歐陽、大小夏侯同爲《顧命》。"故或謂今文二十九篇，當合《顧命》《康王之誥》爲一。而以《大誓》當一篇者，王引之《經義述聞》是也。或以《書序》當一篇者，陳壽祺《左海經辨》是也。案以《書序》當一篇，《經義述聞》已辨之矣；以《大誓》當一篇，《大誓答問》已辨之矣。當從《大誓答問》，分《顧命》《康王之誥》爲二，不數《大誓》《書序》爲是。惟龔氏論夏侯、歐陽無增篇，無解於《釋文》所云。歐陽、夏侯既無增篇，又并二篇爲一,則仍止二十八,而無二十九矣。《史記·周本紀》云"作《顧命》""作《康誥》"(《康誥》即《康王之誥》)",則史公所傳伏生之書明分二篇,其後歐陽、夏侯乃合爲一。疑因後得《大誓》,下示博士,使讀説以教人。博士乃以《顧命》《康王之誥》合爲一篇,而攙入《大誓》。此夏侯篇數所以仍二十九,歐陽又分《大誓》爲三,所以篇數增至三十一也。《論衡》所云益一篇而《尚書》二十九篇始定,乃據其後言之;云伏生傳龜錯適得二十九篇,乃據其先言之。如此解,則二説皆可通。而伏生所傳篇數與博士所傳篇數名同而實不同之故,亦可考而知矣。若《書正義》謂:"司馬遷在武帝之世,見《太誓》出而得行,入於伏生所傳內,故爲史總之。并云伏生所出,不復曲別分析,云民間所得也。"語出《尚書正義》卷首《尚書序》。史公不應謬誤至此,其説非是。漢所得《大誓》今殘缺,考其文體,與二十九篇不類。白魚赤烏之瑞《史記·周本紀》載:"武王渡河,中流,白魚躍入王舟中,武王俯取以祭。既渡,有火自上復於下,至於王屋,流爲烏,其色赤,其聲魄雲。"後遂以"白魚赤烏"爲祥瑞之兆,頗近緯書。伏生《大傳》雖載之,似亦説經之文,而非引經之文。故董子但稱爲《書傳》,馬融疑之,是也。唐人信僞孔古文,以此《大誓》爲僞,遂致亡佚。近人以爲不僞,復掇拾叢殘而補之,似亦可以不必矣。

34. 論古文增多十六篇見《漢志》,增二十四篇爲十六卷見《孔疏》,篇數分合增減皆有明文

伏生壁藏之書,漢立學,今傳誦者也;孔氏壁藏之書,漢不立學,今已不傳者也。書既不傳,則真僞不必辨,而既考今文之篇數,不能不并考古文之篇數。《史記·儒林傳》曰:"逸《書》得十餘篇。"《漢書·藝文志》曰:"以考二十九篇,得多

十六篇。"皆未列其篇名。《書正義》曰:"案壁内所得、孔爲《傳》者,凡五十八篇,爲四十六卷。三十三篇與《鄭注》同,二十五篇增多《鄭注》也。其二十五篇者,《大禹謨》一、《五子之歌》二、《胤征》三、《仲虺之誥》四、《湯誥》五、《伊訓》六、《太甲》三篇九、《咸有一德》十、《説命》三篇十三、《泰誓》三篇十六、《武成》十七、《旅獒》十八、《微子之命》十九、《蔡仲之命》二十、《周官》二十一、《君陳》二十二、《畢命》二十三、《君牙》二十四、《冏命》二十五。但孔君所傳,值巫蠱不行以終。前漢諸儒知孔本有五十八篇,不見《孔傳》,遂有張霸之徒於《鄭注》之外,僞造《尚書》,凡二十四篇,以足《鄭注》三十四篇爲五十八篇。其數雖與孔同,其篇有異。孔則於伏生所傳二十九篇内,無古文《泰誓》,除《序》,尚二十八篇,分出《舜典》、《益稷》、《盤庚》二篇、《康王之誥》,爲三十三,增二十五篇爲五十八篇。鄭玄則於伏生二十九篇之内,分出《盤庚》二篇、《康王之誥》,又《泰誓》三篇,爲三十四篇,更增益僞書二十四篇爲五十八。所增益二十四篇者,則鄭注《書序》、《舜典》一、《汩作》二、《九共》九篇十一、《大禹謨》十二、《益稷》十三、《五子之歌》十四、《胤征》十五、《湯誥》十六、《咸有一德》十七、《典寶》十八、《伊訓》十九、《肆命》二十、《原命》二十一、《武成》二十二、《旅獒》二十三、《冏命》二十四。以此二十四爲十六卷,以《九共》九篇共卷,除八篇,故爲十六,故《藝文志》、劉向《別録》云五十八篇。"語出《尚書正義·原目》。

　　錫瑞案:《孔疏》以僞孔古文爲真,以鄭注古文爲僞,誠爲顛倒之見。而所數篇目,必有所據。其引鄭注《書序》"益稷"當作"棄稷","冏命"當作"畢命"。云增二十五篇,據僞孔《序》文,實當作二十四。蓋作僞孔《書》者,知伏生二十九篇,不數《泰誓》與《序》,遂誤以爲二十八篇,而不知當數《康王之誥》也。桓譚《新論》云："古文《尚書》舊有四十五卷,爲五十八篇。"《漢書·藝文志》云："《尚書》古文經四十六卷,爲五十七篇。"二説不同,桓云四十五卷蓋不數《序》,五十八篇兼數《武成》;班云四十六卷則并數《序》,五十七篇不數《武成》。《武成》正義引鄭云"《武成》逸書,建武之際亡建武:東漢光武帝劉秀年號(25—56)",故比桓譚時少一篇矣。篇數分合增減,皆有明文可據。俞正燮謂《藝文志》本注云五十七篇者,與衆本皆不應,"七"是誤文。《正義》引劉向《別録》云五十八篇,"八"亦誤文,輕詆前人,殊嫌專輒專斷,專擅。龔自珍不信《大誓》,極是,而必以爲博士無增《大誓》之事,則二十九篇之數不能定,乃謂劉向襲稱五十八、班固襲稱五十七爲誤,則亦未盡得也。

35. 論《尚書》僞中作僞,屢出不已,其故有二:一則因秦燔亡失而篇名多僞,一則因秦燔亡失而文字多僞

孔子所定之經,惟《尚書》真僞難分明。至僞中作僞,屢出不已者,其故有二:一爲秦時燔經,《尚書》獨受其害。《漢書·藝文志》曰:"及秦燔書,而《易》爲筮卜之事,傳者不絶。"又曰:"凡三百五篇遭秦而全者,以其諷誦指詩入於樂,爲世人諷誦於口頭,不獨在竹帛故也竹帛:竹簡和絲織物,爲紙張發明之前書寫材料之一種。"據此,則《易》《詩》二經皆全,未嘗受秦害也。《史記·儒林傳》曰:"《禮》固自孔子時,而其經不具。及至秦焚書,書散亡益多。"《十二諸侯年表》曰:"孔子次《春秋》編次《春秋》,七十子之徒口受其傳指七十子:指孔子門下才德出衆的七十二弟子,言七十乃取其成數。口受:口耳相傳。傳指:傳授的意旨,爲有所刺譏、褒諱、挹損之文辭挹損:貶抑,不可以書見也。"據此,則《禮》雖

因焚書而散亡,其先本不完全;《春秋》本是口傳,今猶完全,亦未嘗受秦害也。獨《尚書》一經,《史記》云:"秦時焚書,亡數十篇。"《漢書》云:"《書》凡百篇,秦燔書禁學,漢興亡失。"《論衡·正說篇》云:"蓋《尚書》本百篇,孔子所授也。遭秦用李斯之議,燔燒五經,濟南伏生抱百篇藏於山中。孝景皇帝時,始存《尚書》。伏生已出山中,景帝遣鼂錯往,從受《尚書》二十餘篇皮錫瑞後文以爲,鼂錯受《書》伏生在文帝時,參本書第36條。伏生老死,書殘不竟不完整,不完全。鼂錯傳於倪寬又作兒寬(?—前103),西漢千乘人。經學家,曾從歐陽生、孔安國習《尚書》。"又云:"至孝景帝時,魯共王壞孔子教授堂以爲殿魯共王:一作魯恭王,漢景帝之子劉餘,得百篇於牆壁中。武帝使使者取視,莫能讀者,遂秘於中秘藏於宮禁之內,外不得見。至孝成皇帝時,徵爲古文《尚書》學。東海張霸案百篇之序案:根據,空造百兩之篇,獻之成帝。帝出所秘百篇以較之,皆不相應,於是下霸於吏。吏白霸罪當至死白:上告,成帝高其才而不誅高:看重,亦惜其文而不滅,故百兩之篇傳在世間者。傳見之人,則謂《尚書》有百兩篇矣。"據此,則以孔子所定本有百篇,遭燔殘缺不全。王充且以爲孔壁所得亦有百篇,因秘於中而不得見。學者既不得見,而徒聞"百篇"之名,遂有張霸出而作僞。後之作僞孔古文者,正襲張霸之故智也故智:老辦法。張霸與孔皆僞,究不知真古文安在。馬、鄭注古文十六篇,世以爲孔壁真古文,而馬融云:"逸十六篇,絕無師說。"既無師說,真僞難明,《史》《漢》皆不具其篇目。劉逢祿以爲《逸周書》之類《逸周書》:本名《周書》,記周文王到周景王時事,劉向、劉知幾等認爲是孔子當年刪削《尚書》之餘篇,今多認爲屬戰國人所編,非真古文《尚書》。證以劉歆引《武成》即《逸周書·世俘解》,似亦有據。其書既亡,是非莫決,此因秦燔亡失而篇名多僞者也。

　　一則今文古文，《尚書》分別獨早。孔壁古文藏於中秘宮廷珍藏圖書文物之所，劉向以中古文校三家，成帝以秘百篇校張霸，皆必是真古文。後遭新莽赤眉之亂西漢末，王莽建立新朝，稱"新莽"。王莽統治殘酷，爆發了綠林、赤眉農民起義。綠林軍領袖爲王匡、王鳳，赤眉軍領袖爲樊崇，西京圖籍未必尚存西京圖籍：指西漢圖籍。《後漢書·杜林傳》云："林前於西州得漆書古文《尚書》一卷西州：今人劉起釪先生《尚書學史》以爲在今甘肅境内，常寶愛之，雖遭難困，握持不離身，出以示衛宏、徐巡曰衛宏：字敬仲，東海（今山東郯城）人，東漢經學家，相傳曾著《毛詩序》。徐巡：濟南人，小學家：'林流離兵亂，常恐斯經將絶，何意東海衛子、濟南徐生復能傳之，是道竟不墜於地也。古文雖不合時務，然願諸生無悔所學。'宏、巡益重之，於是遂行。"案杜林古文，馬、鄭本之以作傳注，所謂古文遂行也。此漆書或是中秘古文，遭亂佚出者。杜林作《蒼頡訓纂》《蒼頡故》，《漢書》云："世言小學者由杜公。"語出《漢書·杜鄴傳》。杜既精於小學，得古文一卷，可以校刊俗本之訛，故賈逵作《訓》，馬融作《傳》，鄭玄注解，皆據以爲善本。許慎師賈逵，《説文》所列古文，當即賈逵所傳《杜林漆書》一卷，故其字亦無多。或以爲杜林見孔壁全書，固非；或又以漆書爲杜林僞作，亦非也。《説文》"黥"字注引衛宏説。《隋書·經籍志》："《古文官書》一卷，後漢衛敬仲撰。"《史記·儒林傳》正義、《漢書·儒林傳》注，皆引作"衛宏《詔定古文尚書》。"衛宏傳杜林之學，《官書》一卷蓋本杜林。東漢諸儒，多壓今文以尊古文。馬融詆爲俗儒，鄭君疾其蔽冒疾：厭惡，憎恨。蔽冒：蒙昧，閉塞，於是僞孔所謂隸古定乃乘虛而入。隸古定：隸指隸書，古指古篆文或古科斗文。隸古定即以漢代隸書寫定古文，以便識別。《尚書序》云："至魯共王，好治宮室，壞孔子舊宅，以廣其居，於壁中得先人所藏古文虞、夏、商、周之書及《傳》《論語》《孝經》，皆科斗文字。……科斗書廢已久，時人無能知者，以所聞伏生之書，考論文義，定其可知者爲隸古定，更以竹簡寫之。”自唐衛包改爲今文，而隸古定又非其舊，於是宋人之僞古文又繼踵而起。而據《經典釋文·敘録》曰：“今宋、齊[①]舊本及徐、李等音所有古字晉人徐邈、李軌等撰有《尚書音》，蓋亦無幾。穿鑿之徒務欲立異，依傍字部，改變經文，疑惑後生，不可承用。”段玉裁謂：“按此則唐以前久有此僞書，蓋集《説文》《字林》《魏石經》及一切離奇之字爲之。傳至郭忠恕字恕先，洛陽人，畫家，精通小學，著作又有《佩觿》，編有《汗簡》，作《古文尚書釋文》。此非陸德明《釋文》也，徐楚金、賈昌朝、夏竦、丁度、宋次道、王仲至、晁公武、宋公序、朱元晦、蔡仲默、王伯厚皆見之。公武刻石於蜀，薛季宣取爲《書古文訓》，此書僞中之僞，不足深辨。今或以爲此即僞孔《序》所謂隸古者，亦非也。”又謂：“按《尚書》自有此一種與今本絶異者，如郭氏璞説‘茂才茂才’，賈氏公彦説‘三岳三海’，釋玄應説‘高宗夢㝵説’釋玄應：唐貞觀間人，小學家，撰有《一切經音義》二十五卷，又名《众經音義》，所釋凡佛教經律論四百四十二部。下“説”字，指傳説，原在民間作雜役，武丁用爲國相，造就武丁中興局面、‘砅砥砮丹’砅（lì）：同“礪”。堅硬之石，粗者爲礪，精者爲砥。砮（nǔ）丹：制箭簇的砮石、丹砂，陸氏德明説‘舂徽五典’，孔氏穎達説壁内之書‘治’皆作‘亂’，顔氏師古説‘湯斷奴𦐇’，徐氏鍇説‘才生明’、説‘驩吺’（huān dōu）亦作“驩兜”，古代傳説中的三苗族首領，皆在宋次道以前也（江聲好改字，深信之。段不信，識優於江）。”據此，則僞中之僞，至於擅造文字。此又因秦燔亡失而文字多僞者也。

---

① “宋齊”，原作“齊宋”，據陸德明《經典釋文·序録》改。

36. 論伏生所傳今文不僞,治《尚書》者
不可背伏生《大傳》最初之義

篇名、文字多僞,皆屬古文。古文有僞,伏生所傳今文二十九篇,固無僞也。《史》《漢》皆云伏生得書止二十九篇,《論衡》則云:"伏生老死,《書》殘不竟。"則伏生所得不止此數,當以《史》《漢》爲是。鼂錯景帝時已大用,受《書》伏生在文帝時。兒寬受書歐陽生、孔安國,非鼂錯所傳授。《論衡》多傳聞之失,惟以發孔壁在景帝時,足證《漢書》之誤。《史》《漢》與《論衡》雖少異,而二十九篇之不僞,固昭昭也。《史》《漢》皆云二十九篇之外,亡數十篇。劉歆《移太常博士書》謂博士"以《尚書》爲備",臣瓚《漢書注》曰:"當時學者謂《尚書》唯有二十八篇,不知本存百篇也。"《論衡》引:"或説《尚書》二十九篇者,法斗四七宿也。四七二十八篇,其一曰斗矣,故二十九。"語出《正説篇》。漢時謂《尚書》唯有二十九篇,故以爲備。《尚書》不止此數,而秦燔亡失,所得止此,則雖不備,而不得不以爲備矣。《史》《漢》與博士説少異,而二十九篇之不僞,又昭昭也。全經幾燼,一老憖遺。一老:一位老人,指伏生。憖遺(yìn yí):願意留下。《詩·小雅·十月之交》:"不憖遺一老,俾守我王。"以九十餘歲之人,傳二十九篇之經,又有四十一篇之傳,今雖殘缺,猶存大略。其傳兼明大義,不盡釋經,而釋經者,確乎可據。如大麓之野大麓:廣大之山林,必是山林;旋機之星北斗七星中的第二星、第三星,亦泛指北斗,實爲北極。四方上下,"六宗"之義可尋六宗:古代所尊祀的六神,所指不一,詳下文;三才四時三才指天、地、人,四時指春、夏、秋、冬四季,"七政"之文具在七政:天文術語,所指不一,詳下文之解。禰祖歸假禰(nǐ)祖:父廟和祖廟。歸:返。假(gé),通"格",至。

《尚書·舜典》云："歸,格於藝祖,用特。",知事死如事生;鳥獸咸變,
見物性通人性。十二州之兆祀十二州:指堯舜時代的行政區劃,《尚書
·舜典》云:"肇十有二州。"包括冀州、兗州、青州、徐州、荊州、揚州、豫州、梁
州、雍州、幽州、并州、營州。兆祀:設壇祭祀,是祭星辰;三千條之肉刑
《尚書大傳》云:"夏刑三千條。",難解畫象畫衣冠。指上古以特異的服飾象
徵五刑,以示懲誡。七始七律古代樂論,以十二律中的黃鐘、林鐘、太簇爲
天地人之始;姑洗、蕤賓、南呂、應鐘爲春夏秋冬之始,合稱"七始"。七律:古樂
中的七種基本音律,文猶見於唐山漢高祖唐山夫人,善作樂,有《房中祠
樂》;五服五章古代天子、諸侯、卿、大夫、士五等服式,稱"五服"。五章:指
服裝上的五種不同文采,用以區別等級。《左傳·昭公二十五年》:"爲九文、六
采、五章,以奉五色。"晉人杜預注云:"青與赤謂之文,赤與白謂之章,白與黑謂
之黼,黑與青謂之黻,五色備謂之繡。集此五章,以奉成五色之用。",制豈同
於周世?三公絀陟三公:古代中央三種最高官銜,即太師、太傅、太保。絀
陟(chù zhì):亦作"黜陟",人事之降升,在巡守之先巡守:亦作"巡狩",天
子出行,視察邦國州郡;重華禪讓重華:虞舜之美稱。禪讓:相傳爲中國上古
首領政權更迭方式,生前將帝位讓於賢能,堯讓於舜,舜讓於禹,居賓客之
位。西伯受命,逮六載而稱王文王生前是否稱王,有異說,司馬遷《史
記·周本紀》以爲晚年曾自稱王,唐代劉知幾《史通》則以爲未曾稱王,今人李
學勤、劉國忠又據清華簡《保訓篇》認爲文王確曾稱王;元公居攝因皇帝年
幼不能親政而由大臣代居其位處理政務,謂"居攝"。此指武王去世後,由武王
之弟周公旦輔佐年幼的成王。閱七年而致政經過七年,將權柄歸還成王。
參《尚書大傳》。成王抗法,爲世子以迎侯世子:太子、嫡長子;皇天
動威,開金滕而改葬此指武王病重時,周公曾祈求先王之靈請求代武王
去死,并將祝告冊書藏於金滕(用金屬絲帶纏繫的收藏書契的匣子)。武王去
世後,武王之弟管叔等散佈流言,稱周公威脅成王政權,而使成王生疑。周公
自覺居東二年平定叛亂,又作《鴟鴞》詩送與成王。周公去世之秋,天有"大雷
電以風"示警,成王及諸臣開啓金滕看到冊書,方知真相,遂親迎郊外,迎接周
公遺體改葬。詳參《尚書·金滕》。此皆伏生所傳古義,必不可創新

解而背師説者。其後三家之傳，漸失初祖之義。《漢書·于定國傳》："萬方之事，大録於君。顔師古注："大録，總録也。""是用大夏侯説，背伏生"大麓"之説，一矣。《地理志》："周公封弟康叔，號曰孟侯。"是用小夏侯説，背伏生"迎侯"之説，二矣。《白虎通》以"虞賓在位"爲"不臣丹朱"虞賓:指堯帝之子丹朱，因虞以賓客之禮待之，故稱，亦是用夏侯説，背伏生"舜爲賓客"之説，三矣。歐陽、夏侯説天子服十二章、公卿服九章，背伏生"五服五章"之説，四矣（説詳見後）。古文後出，異説尤多，馬、鄭以璿機玉衡爲渾天儀璿機（xuán jī）:指北斗前四星，亦稱魁，又泛指北斗。玉衡:古代測天儀器。《書·舜典》:"在璿璣玉衡，以齊七政。"渾天儀:我國古代觀測天體位置的儀器，又稱"渾儀"，背伏生"旋機北極"之説，五矣。馬、鄭又以日、月、五星爲七政，背伏生"三才四時"之説，六矣。劉歆以六宗爲水、火、雷、風、山、澤，賈、馬、許以爲日、月、星、河、海、岱，鄭以爲星、辰、司中、司命、風師、雨師，背伏生"上下四方"之説，七矣。馬、鄭訓"肇十二州"之"肇"爲始，分置并、幽、營三州，背伏生"兆祭分星"之説祭壇之四周，封土爲界謂之"兆"。《周禮·春官·小宗伯》云:"兆五帝於四郊。"分星:與地上分野相對應的星次。《周禮·春官·保章氏》云:"以星土辨九州之地所封，封域皆有分星，以觀妖祥。"，八矣[1]。鄭以"藝祖"猶周明堂"藝祖":有文德之祖。明堂:古代帝王宣明政教的地方，凡朝會、祭祀、慶賞、選士、養老、教學等大典，皆在此舉行，背伏生"歸假祖禰"之説，九矣。馬以"鳥獸"爲"筍虡"（sǔn jù）古代懸掛鐘磬的架子，橫架爲筍，直架爲虡，背伏生"鳥獸咸變"之説，十矣。"七始訓"，古文作"在治忽"，鄭本又作"曶"，解爲"笏"，背伏生"七始七律"之説，十一矣。馬、鄭古文以成王感雷雨，迎周公反國，背伏生"公薨改葬"之説，

---

① "八"，原作"七"，恐誤，據上下文意改。

十二矣（説詳見後）。劉歆欲立古文，詆博士"是末師而非往古"_{末師：指膚淺之學者。}試問傳《尚書》者，有古於伏生者乎？豈伏生《大傳》不足信，末師之説乃足信乎？鄭君爲《大傳》作注，可謂伏生功臣，乃於《虞傳》六宗、《夏傳》三公、《周傳·多士》之言郊遂_{郊野，亦指國都周圍地區}，皆引《周禮》爲説。又謂《虞傳》"儀"當爲"義"，以傳合義仲_{遠古時主東方之官，《尚書·堯典》載："分命羲仲，宅嵎夷，曰暘谷。寅賓出日，平秩東作。"}；《洪範》"容"當爲"睿"，而改從古文。則鄭君之於伏書，亦猶注《禮》箋《詩》，雜糅今古，而非篤守伏書者矣。近儒王鳴盛説《牧誓》司徒、司馬、司空，以伏生爲不可解；段玉裁説《金縢》，以今文爲荒謬。彼祖護古文者，猶不足怪。孫星衍始治今文，於《多方》泥於《鄭注》踐奄在攝政時_{踐：侵伐，踐蹢。奄：古國名，今山東曲阜境内}，謂《大傳》不出自伏生。陳喬樅專治今文_{陳喬樅（1809—1869）：字朴園，福建閩縣（今閩侯）人。清經學家，陳壽祺之子，傳其父輯佚之學，續成《今文尚書經説考》《齊魯韓三家詩遺説考》等}，乃於文王受命、周公避居兩事，皆詆伏生老耄，記憶不全。此經義所以不明，皆由不守師説，誠無解於孔穎達"葉不歸根"之誚矣_{"葉不歸根"之典，《四庫總目》卷一《周易正義》提要云："疏家之體主於詮解，注文不欲有所出入，故皇侃《禮疏》，或乖鄭義，穎達至斥爲狐不首丘，葉不歸根。"誚：嘲笑，譏刺。}。

37. 論《伏傳》之後以《史記》爲最早，《史記》引《書》多同今文，不當據爲古文

漢武帝立博士，《尚書》惟有歐陽。太史公《尚書》學，不言受自何人。考其年代，未能親受伏生，當是歐陽生所傳者。陳壽祺曰："司馬子長時_{司馬遷，字子長}，《書》惟有歐陽，所據《尚

書》乃歐陽本也。"語出陳喬樅《今文尚書經説考》卷一。臧琳《經義雜記》分別《史記》引《尚書》爲今文臧琳（1650—1713）：字玉琳，江蘇武進人。清代經學家，精《爾雅》《説文》之學，又有《尚書集解》《周易傳注》《論語傳注》《經説》等，馬、鄭、王本爲古文，已列《堯典》一篇，餘可類推，其説甚是。

今考《史記》一書：如"大麓"是林麓，非録《尚書》；"百揆"即百官，匪云宰相。堯太祖稱"文祖"，異於禰祖之親；"胤子朱"是丹朱，知非允國之爵。舜年凡百歲，見"徵庸三十"之訛；徵庸：被徵召任用。《尚書·舜典》："舜生三十徵庸。"帝咨廿二臣，有彭祖一人在內。（九官十二牧，四岳即在十二牧內，合以彭祖，正是二十有二人。）彭祖：相傳爲帝顓頊之玄孫，精於養生，善導引術，壽長八百餘歲。九官：傳説舜時設置的九個大臣，顏師古《漢書注》云："禹作司空，棄後稷，契司徒，咎繇作士，垂共工，益朕虞，伯夷秩宗，夔典樂，龍納言，凡九官也。"十二牧：相傳舜時十二州的長官。四岳：相傳爲堯臣羲、和四子，分掌四方之諸侯。《書·堯典》云："帝曰：咨！四岳。""夔曰"八字，本屬衍文；"予乘四載"，更當分列。"戛擊鳴球"以下，記自虞史伯夷堯舜時人，共工從孫，非商末孤竹國君子伯夷；"明良喜起"之歌，義即舜傳大禹。《般庚》屬小辛時作小辛：商朝國王，姓子名頌，商王盤庚之弟、祖丁之子，比於陳古刺今；微子咨樂官乃行，何與剖心胥靡？（太師、少師皆樂官，非箕子、比干。）胥靡：刑罰名，指帶枷服勞役。《多士》文兼《毋佚》《尚書》篇名，又作《無逸》《無佚》，意在兩義互明；《君奭》告以勿疑，事在初崩居攝。成王開金匱义同"金縢"，不因管、蔡之言；重耳賜彤弓朱漆之弓，古代天子用以賜予有功諸侯或大臣使專征伐，乃作《文侯之命》。魯公就國，誓衆征戎；秦伯封殽，懲前悔過。皆與古文不合，而與《大傳》略同。惟文王囚羑里之後，乃出戡耆平定耆國，《尚書》有《西伯戡黎》篇；箕子封朝鮮之前，已先訪範。《尚書·洪範》云："惟十有三祀，王訪於箕子。"此二事與《大傳》年代先後稍異耳。司馬貞《索隱》見與僞孔古文不符《索隱》:指唐人司馬貞所撰《史記索隱》，謂史公采雜説，非本義。此其謬，人皆知之矣。《漢書》謂"遷從孔安國問故，遷書載《堯典》《禹貢》《洪範》《微子》《金縢》多古文説"，其言亦無確證。陳壽祺曰:"今以此五篇考之，如《五帝紀》之載《堯典》'居郁夷''曰柳谷''便在伏物''黎民始飢''五品不訓''歸至于祖禰廟''五流有度，五度三居'，《夏本紀》之載《禹貢》'維箘簵楛''滎播既都'，《周本紀》之載《洪範》'毋侮鰥寡'，文字皆與今文吻合，則所謂多古文説者，特指其説義耳。"段玉裁曰:"按此謂諸篇有古文説耳，非謂其文字多用古文也。《五經異義》每云古某説今某説，皆謂其義，非謂其文字。如説'内于大麓'，云'堯使舜入山林川澤'，不云大録萬機之政。説《禹貢》，云天子之國千里，以外甸、侯、綏、要、荒古代王畿週邊，以五百里爲一區劃，由近及遠分爲甸服、侯服、綏服、要服、荒服，合稱五服。服，即服事天子之意。《國語・周語上》載:"夫先王之制，邦内甸服，邦外侯服，侯衛賓服，蠻夷要服，戎狄荒服。"，每服五百里，方六千里;不云甸服千里，加侯、綏、要、荒，每服五百里，方五千里。説《洪範》，云'思曰睿'，不云'思心曰容'。説《微子》，云'大師若曰，今誠得治國，死不恨。不得治，不如去'，不云'微子若曰，我舊云孩子，王子不出'。説《金縢》，雖用今文説，而亦云'或譖周公，周公奔楚，成王發府，見周公禱書，乃泣，反周公'。皆古文説之異於今文家，約略可言者也。"

錫瑞案:史遷從安國問故，《史記》所未載，不知班氏何據。若《史記》所引《尚書》多同今文，不同古文。班氏所云惟"方六千里"同於賈、馬古文，"思曰睿"與"曰涕"同於馬、鄭古文。若"大麓"不作"大録"，是用歐陽説，與夏侯異;"大師"不作"父師"，是今文説，與馬、鄭古文異，特不同於《論衡》

一家之説耳。《金縢》在周公薨後_{諸侯之死曰薨(hōng)},是今文説,與馬、鄭古文異。而又云"或譖周公_{譖(zèn):誣陷,中傷}周公奔楚",雖與《論衡》引古文説頗合,而以爲公歸政後,與馬、鄭古文避居之説不同,皆不足爲《史記》用古文説之證。自孫星衍以後,皆誤用班氏説,以爲《史記》一書引《尚書》者盡屬古文,於是《尚書》今古文家法大亂。不知分別家法,確有明徵,非可執疑似之單文_{孤立的記載},掩昭晰之耳目。孫星衍過信班氏,其解《金縢》,誤分《史記》以"居東"爲東征與《毛詩》同者爲古文説,鄭以周公居東在成王禫後者爲今文説_{禫(dàn):除喪服的祭祀},而無以處《論衡》明言"古文家",乃曰"王氏充以爲古文者,今文亦古説也",豈知《論衡》分今古文甚明,乃欲厚誣古人,豈不謬哉!

38. 論《伏傳》《史記》之後惟《白虎通》多引今文,《兩漢書》及漢碑引《書》,亦皆漢時通行之本

《尚書》有今古文之分,人皆知之,而未有一人能分別不誤者。孔壁古文罕傳於世,至東漢衛、賈、馬、鄭_{分別指衛宏、賈逵、馬融、鄭玄},古文之學漸盛。其原出於杜林,與孔壁古文是一是二,未有明據。至東晉僞孔古文出,唐以立學,孔穎達見其篇目與馬、鄭異,乃强謂馬、鄭爲今文。近人皆知《孔疏》之謬矣,而又誤執《班志》"遷書多古文説"_{《班志》:即《漢書·藝文志》},遂以《史記》所載皆屬古文,而無以處馬、鄭與《史記》異者,又强謂馬、鄭爲今文。夫《史記》據歐陽《尚書》,明明屬今文矣,而必以爲古文;馬、鄭據杜林漆書,明明屬古文矣,而必以爲今文,則謂未有一人能分別不誤者,非過論也。經義最久遠難分明者,莫如《尚書》;經義最有確憑據者,亦莫如《尚書》。《尚

書》之確憑據,首推伏生《大傳》,次則司馬《史記》,其説已見前矣。又次則《白虎通德論》,多載《今尚書》説(陳壽祺曰:《白虎通義》用《今文尚書》)。如琮璜(cóng huáng),五玉古代諸侯作符信用的五種玉,即璜、璧、璋、珪、琮,麑(ní)鹿幼鹿,古代卿大夫常用以爲贄,二牲。九族親睦以自己爲本位,上推至四世之高祖,下推至四世之玄孫爲九族,兼列異聞;三考黜陟經過三次考核,決定升降賞罰,不拘一義。放勳非號放勳:帝堯之名,説見於郊天祭天之禮;伯夷不名,義彰於敬老。鳴球堂上鳴球:樂器名,玉磬類,尤貴降神之歌;燔柴岱宗指泰山,即爲封禪之禮。封禪:古代帝王祭天地的大典。在泰山上築土爲壇,報天之功,稱封;在泰山下的梁父山上辟場祭地,報地之德,稱禪。《史記·封禪書》云:"自古受命帝王,曷嘗不封禪。"考績事由二伯考績:考核官吏政績。二伯:協助天子分治陝東、陝西諸州之長官,亦稱天子之老。《禮記·王制》云:"八州,八伯,五十六正,百六十八帥,三百三十六長。八伯各以其屬,屬於天子之老二人,分天下以爲左右,曰二伯。",州牧旁立三人州牧:一州之長。天下有九州,州各有牧。旁立三人:"旁"通"方",方伯之國各立三人,以佐其伯。《禮記·王制》云:"天子使其大夫爲三監,監於方伯之國,國三人。"。五行衰王之宜"王"通"旺"。衰王:衰落與旺盛,八音方位之別八音:金、石、絲、竹、匏、土、革、木等八種不同材質製成的樂器。受銅即位銅:銅印,借指權力,大斂即可稱王大斂:喪禮之一,將已裝裹的屍體放入棺材;改朔應天改朔:更改正朔,指改朝换代。應天:順應天命,太平亦須革正變革政令。周公薨當改葬,康叔封據平安。康叔:文王之子,姓姬名封,因獲封畿内之地康國(今河南禹州西北),故稱"康叔"或"康叔封"。三監之亂後,因功改封於殷商故都朝歌(今河南淇縣),建立衛國,成爲衛國第一任國君。皆不背於伏書,亦無違於遷史。《白虎通》爲今文各經之總匯,具唐、虞、三代之遺文,碎璧零珪,均稱瓌寶同"瑰寶"。雖不專爲《尚書》舉證,而《尚書》之故實典禮,要皆信而有徵。治今文《尚書》者,於《伏傳》《史記》外,當以此書爲最。他如《兩漢書》紀、志、傳之引《尚書》,漢碑之引《尚書》,以漢家四

百年之通行,證伏書二十九篇之古義,雖不能備,而《尚書》之
大旨,可以瞭然於心,而不爲異說所惑矣。至於孔壁古文,久
已不傳,其餘真僞難明,或且僞中作僞,既無裨於經學,學者可
姑置之。與其信疑似難明之古文而鄉壁虛造,不如信確實有
據之今文而抱缺守殘。《尚書》本出伏生,不當求《書》義於伏
生所傳之外。兒寬受學於歐陽生,又受學於孔安國。歐陽、大
小夏侯之學,皆出於寬。是安國古文之傳,已并入歐陽、夏侯,
更不當求《書》義於歐陽、夏侯三家之外也。

39. 論古文無師説,二十九篇之古文説 亦參差不合,多不可據

古文《尚書》之名舊矣,今止以今文二十九篇爲斷,古文
置之不論。其説似乎駭俗,不知真古文之亡久矣,且真古文亦
無師説。凡今文早出有師説,古文晚出無師説,各經皆然,非
獨《尚書》。孔安國以今文讀古文,或略綴以文字,如後之《釋
文》《校勘記》,亦未可知,要之必無章句訓義。《漢書・孔光
傳》曰:"忠生武及安國忠:孔子十世孫孔忠,武生延年,延年生霸,
霸生光焉。安國、延年,皆以治《尚書》爲武帝博士,安國至臨
淮太守。霸亦治《尚書》,事太傅夏侯勝,昭帝末年爲博士。"
案此孔安國古文《尚書》但有經而無傳之明證也。漢人重家
法,歐陽生至歙八世歙(xī):歐陽歙,皆治歐陽《尚書》。霸爲安
國從孫兄弟之孫,堂孫,如安國有師説,霸豈得舍而事夏侯? 大
夏侯有孔、許之學孔:孔光。許:長安人許商,其師爲夏侯勝弟子臨淄人周
堪,則孔氏之家學轉在夏侯,而非傳安國矣。蓋古文無師説,
博士必以今文師説教授,故夏侯師説有與古文《尚書》相出入
者。班氏世習《夏侯尚書》,《漢書》引經,與《史記》引歐陽説

頗不同。而《漢書》又間用古字,其異同皆可考而知。孔氏所謂"起其家"者,不過守此孤本,傳爲家學耳。逸十六篇本之杜林,託之孔壁,衛、賈、馬、鄭遞相授受。馬融以爲絶無師説,鄭亦不注《逸書》。觀於《逸書》之無師説,又安國古文《尚書》有經無傳之明證也。有經而無師説,與無經同,況并此真經而亡之,乃以贋鼎亂真贋(yàn)鼎:指仿造或僞託之物,奚可哉!二十九篇以外之古文既不可信,二十九篇之中有古文説,蓋創始於劉歆。歆欲建立古文,必有説義可方教授。《周禮》《左氏傳》,皆由劉歆創通大義,有明文可據,則《古尚書》説出於東漢之初者,亦由劉歆創立可知。如以"三公"爲太師、太傅、太保,以"六宗"爲乾坤六子,以"父師"爲箕子,以文王爲受命九年而崩,歆説至今可考見者,皆不與今《尚書》説同,是其明證。劉歆爲國師王莽托古改制,設四輔之官,以劉歆爲國師,王璜、塗惲皆貴顯,塗惲授桑欽漢至新朝《尚書》的傳授譜系爲:孔安國授都尉朝,都尉朝授庸生,庸生授胡常,胡常授徐敖、王璜、塗惲,塗惲授桑欽,則《漢書》《禹貢》引桑欽説又在劉歆之後(《漢書·地理志》於《禹貢》引古文説,必分别言之,則其餘皆今文可知)。《五經異義》引古《尚書》説,蓋出衛宏、賈逵,亦或本之於歆。衛、賈所作《訓》今不傳,鄭君《書贊》曰:"衛、賈、馬二三君子之業,則雅才好博,既宣之矣。"是鄭注古文《尚書》,多本於衛、賈、馬。今馬、鄭注解猶存其略,而鄭不同於馬,馬又不同於衛、賈。蓋古文本無師授,所以人自爲説。其説互異,多不可據,不當以衛、賈、馬、鄭後起之説,違伏生最初之義也。

40. 論《禹貢》山川當據經文解之,據漢人古義解之, 不得從後起之説

郡縣有時而更,山川終古不易。山川之名,自禹始定。《甫刑》曰即《尚書·吕刑》:"禹平水土,主名山川。"郭璞《爾雅注》曰:"從《釋地》已下至九河傳禹治水時曾疏九河,《爾雅·釋水》云:"九河:徒駭,太史,馬頰,覆釜,胡蘇,簡,絜,鈎盤,鬲津。",皆禹所名也。"據此,則禹奠高山大川之後,始一一爲之定名,相傳至今。其支峰支流,不必皆禹所定,而大山川之名,終古不易。即或山有崩壞,水道有遷徙,而準其地望地理形勢,考其形勢,大致猶可推求。《禹貢》一書,爲後世山經水記之祖,《史記·河渠書》《漢書·地理志》,皆全載其文。《漢志》又於郡縣下,備載《禹貢》某山某水在今郡縣某處。漢時去古未遠,其説必有所受。後之治《禹貢》者,吾惑焉。經有明文,習而不察,其數可稽者稽:查考,乃釋以顢頇之辭,此大惑者一。漢人引經有明文,詆而不信,其地可據者,反傅會不經之説,此大惑者二。試舉數條證之:

《禹貢》曰:"九山刊旅開闢道路,九川滌源疏通水源,九澤既陂(bēi)修築堤防。"經明言九山、九川、九澤,則必數實有九,《注疏》乃以九州之山、川、澤解之。據《史記》云"道九山""道九川"語出《史記·夏本紀》,其爲實有九數,而非泛説九州可知。今以經文考之,"岍及岐岍(qiān):今陝西隴縣西南。岐:今陝西岐山縣境,至于荊山北荊山,今陝西朝邑境内",一也。"壺口今山西吉縣西南、雷首今山西永濟東南,至于太岳又名霍山,今山西霍縣東",二也。"砥柱又名三門山,今山西平陸東、析城今山西陽城西南,至于王屋今山西陽城、垣曲二縣中間,其狀如屋,故名",三也。"太行南起河南濟源,北至河北北

部、恒山五岳中的北岳，主峰在今河北曲陽西北，至于碣石今河北昌黎北”，四也。“西傾今青海同德縣北、朱圉(yǔ)今甘肅甘谷西南、鳥鼠今甘肅渭源西南，至于太華即西嶽華山，今陝西華陰縣南”，五也。“熊耳今河南盧氏西南、外方一般認爲即河南登封嵩山、桐柏今河南桐柏縣西，至于陪尾今湖北安陸東北，一説今山東泗水縣東”，六也。“嶓冢(bōzhǒng)今甘肅天水與禮縣之間，至于荆山南荆山，今湖北南漳縣西”，七也。“内方今湖北鍾祥西南，至于大別今河南、湖北、安徽三省交界處山脈”，八也。“岷山之陽今湖北一帶，非指四川岷山，至于衡山南岳衡山，一説今河南南召縣内”，九也。蓋山之數不止於九，而脈絡相承，數山實是一山，故經言某山至于某山，合之適得九數。《史記索隱》曰：“汧即岍山、壺口、砥柱、太行、西傾、熊耳、嶓冢、内方、岐，是九山也。”其説不誤。惟專舉爲首一山言之，未明言一山合數山之故。又誤“岐山”爲“岐”。“岷”，《史記》作“汶”，或作“岐”，“岐”與“岐”相似致誤(《索隱》“岍”作“汧”，“岷”作“岐”，與今文合，蓋出今文遺説)。後人不能訂正誤字，又不能按合經文，故《索隱》雖有明文，而莫之遵信矣。

九川者，《索隱》曰：“弱今甘肅張掖河、黑説法不一，一説指金沙江、河黃河、瀁(yàng)漢水上游，源出陝西寧羌縣、江長江、沇(yǎn)源於王屋山，至河南武陟縣入黃河、淮淮河、渭渭水、洛洛水，爲九川。”按之經文，其數適合(“漾”作“瀁”，亦與今文合，足見其説皆出今文)。九澤，《索隱》無説，以經考之：雷夏一即雷澤，今山東菏澤東北黃河南岸，大野二又名巨野，今山東巨野、嘉祥一帶，彭蠡三今湖北東部、安徽西部一帶的長江北岸，震澤四今江蘇太湖，雲夢五今湖北省中部，所指不一，詳參下文，滎波六今河南滎陽境内，菏澤七一説在山東定陶東，孟豬八又稱孟諸、望諸，今河南商丘東北，豬野九或指今甘肅民勤縣的青土湖或白亭海，其數亦適合。雷夏、彭蠡、震澤、菏澤，經明言澤。雲夢、孟豬、大野以澤名，見《周禮·職方》，滎澤見《左氏傳》，都野澤見

《水經》（即豬野，"豬"今文作"都"）。或一州有二澤三澤，或一州無一澤，蓋無一定，非若《職方》每一州一澤也（楚人名"澤中"爲"夢中"，見王逸《楚辭注》）。是雲夢即雲澤，若分爲二，謂雲在江北，夢在江南，則有十澤，非止九澤矣）。此大山川明見經者，人且忽而不察。自來説《禹貢》者，無一人能確指其數，何論其他！

九河，當從許商，以爲"古説九河之名，有徒駭因禹治此河時費工極多，衆徒驚駭，故名，故河早湮、胡蘇今河北東光東南、鬲津故道在西漢鬲縣（今山東平原西北）附近，東流入海，見在成平、東光、鬲界中三地皆在今河北境内。自鬲以北至徒駭間，相去二百餘里"。《漢志》東光"有胡蘇亭"，成平"虖沱①河，民曰徒駭河"，鬲"平當以爲鬲津"，皆與許商説同。班固、許商，皆習《夏侯尚書》者，若王橫言"九河之地，爲海所漸"王橫即王莽時王璜，乃古文異説，不可從。三江，《漢志》會稽郡吳縣"南江在南"《漢志》：指《漢書·地理志》，毗陵"江在北"，丹陽郡蕪湖"中江出西南"。據《水經》"過毗陵縣，北爲北江"，則《漢志》"毗陵，江在北"，"江"上脱一"北"字。合南江、北江、中江，爲三江。九江，《史記》云："余登廬山，觀禹疏九江。"《漢志》廬江郡尋陽"《禹貢》九江在南，皆東合爲大江"。又豫章郡"莽曰九江"，有鄱水、餘水、修水、豫章水、盱水、蜀水、南水、彭水，皆入湖漢，合湖漢水爲九，入江，則九江在漢廬江、豫章二郡之地。宋胡旦、毛晃胡旦（955—1034）：字周父，渤海（今山東惠民）人，有《漢春秋》《五代史略》等。毛晃：字明權，南宋江山人，精文字音韻，有《增修互助禮部韻略》《禹貢指南》等，始傅會《山海經》，以九江爲洞庭，近治《禹貢》者多惑之。案古有雲夢，無洞庭。至戰國時，吳起説魏武侯，始言"昔三苗氏左洞庭"三苗氏爲古部族名，在長江中游以南一帶。《史記·孫子吳起

---

① "沱"，原作"池"，誤，據《漢書·地理志》改。

列傳》載："昔三苗氏，左洞庭，右彭蠡，德義不脩，禹滅之。"；蘇秦説楚威王，言"南有洞庭、蒼梧今廣西東部蒼梧縣"；張儀説秦王，言"大破荆，襲郢，取洞庭、五渚"；屈子《楚辭》屢稱洞庭，而雲夢罕見稱述。至漢以巴邱湖爲雲夢，又言雲夢，不言洞庭。蓋水道遷徙而異名，要與九江無涉。《山海經》，太史公所不敢言，豈可據以證《禹貢》乎？（《山海經》疑戰國人作，必非禹時之書。）九河、三江，亦多異説。九河或并簡絜爲一，三江或并三江爲一。庾仲初以後各創新説晉人庾闡，字仲初，潁川鄢陵人，有《揚都賦》等，反疑《漢志》是《職方》三江，非《禹貢》三江。又《漢志》大別在安豐，而或以爲翼際大別山一名翼際山、魯山；東陵在金蘭《漢書·地理志》顏師古注云："金蘭西北有東陵鄉，淮水出。"，而或以爲巴陵，皆與古説不同。胡渭《禹貢錐指》有重名，亦多惑於後起之説。惟焦循《禹貢鄭注釋》、成蓉鏡《禹貢班義述》成蓉鏡：字芙卿，晚號心巢，晚清江蘇寶應人，有《尚書曆譜》《切韻表》等，專明古義，治《禹貢》者當先觀之。鄭引《地記》，與《班志》微不同，蓋各有所據。鄭以"九江孔殷"爲"其孔甚多"九江孔殷：言衆水所會，其流甚盛；"因桓是來"，"桓是"爲隴坻之名隴坻即隴山，六盤山南段的別稱，頗近於新巧，乃古文異説，不必從。

41. 論五福、六極明見經文，不得以爲術數，五行配五事，當從《伏傳》《漢志》

陳澧曰："《洪範》九疇，天帝不錫鯀而錫禹錫：通"賜"，賜予。鯀(gǔn)：大禹之父，堯命其治水，鯀乃筑堤堵水，九年未平，被舜殺死於羽山，此事奇怪，而載在《尚書》，反復讀之乃解。所謂'我聞在昔'者，箕子上距鯀與禹千年矣，天帝之錫不錫，乃在昔傳聞之語也。《洪範》之文奇古奧博，千年以來奉爲秘寶，以爲出自天帝。箕子告武王,述其所聞如此耳。至以爲龜文龜背的紋理,此指關於"洛出書"的傳說,則尤當存而不論。二劉輩乃或以爲龜背有三十八字二劉:當指漢代劉向、劉歆父子,或以爲惟有二十字,徒爲臆度,徒爲辨論而已,孰從而見之乎?《洪範》以庶徵爲五事之應。《洪範》云:"庶徵:曰雨,曰暘,曰燠,曰寒,曰風。"《孔傳》云:"雨以潤物,暘以乾物,燠以長物,寒以成物,風以動物,五者各以其時,所以爲衆驗。"伏生《五行傳》以五事分配五行,又以皇極與五事爲六皇極:大中至正之道。孔穎達云:"皇,大也;極,中也。施政教,治下民,當使大得其中,無有邪僻。",又以五福、六極分配之。五福:《洪範》云:"一曰壽,二曰富,三曰康寧,四曰攸好德,五曰考終命。"六極:《洪範》云:"一曰凶短折,二曰疾,三曰憂,四曰貧,五曰惡,六曰弱。"《漢書·五行志》云:'董仲舒治《公羊春秋》,始推陰陽;劉向治《穀梁春秋》,傅以《洪範》傅:附著。一本作"傳",與仲舒錯切磋砥礪。至向子歆治《左氏傳》,其《春秋》意亦已乖矣乖:違背,背離,言《五行傳》又頗不同。'澧謂此漢儒術數之學,其源雖出於《洪範》,然既爲術數之學,則治經者存而不論可矣。"語出《東塾讀書記》卷五《尚書》。

錫瑞案:經學有正傳謂正統之傳,有別傳謂不合正道之傳,《洪範》五行,猶《齊詩》五際《齊詩》五際:漢初《詩》有魯、齊、韓三家,《齊詩》學者翼奉說詩,附會陰陽五行之說,以推論政治變化,認爲每當卯、酉、午、戌、亥是陰陽終始際會之年,政治上必然發生重大變動。《漢書·翼奉傳》云:"《易》有陰陽,《詩》有五際。",專言術數,皆經學之別傳。而《洪範》之五行、五事、皇極、庶徵、五福、六極,明見經文,非比《齊詩》五際存於傳說,尤爲信而有徵,不得盡以爲漢儒術數矣。《繫辭傳》曰:"河出《圖》,洛出《書》,聖人則之。"漢儒以《河圖》爲八卦,《洛書》爲九疇。古時天人本不相遠,龍官鳥紀以命氏相傳太皞、伏羲時有龍瑞,故以龍名官,少皞氏則以鳥名官,《龍圖》《龜書》以授人即指《河圖》《洛書》,所謂天錫當有是事。三國魏時,張掖涌石有牛馬之形及"大討曹"字張掖:地名,別稱甘州,西漢時置郡,今甘肅境内。涌石:即泥石流。大討曹:據《資治通鑑》,魏文帝黄初四年(223),張掖爆發泥石流,有許多牛馬形狀的石頭,且有一石似龜,背上有"大討曹"三字,時人以爲祥異,足見祥異之兆,有不可據理以斷有無者,安見三代以前必無石見文字之事乎? 豈真如杜鎬附會天書杜鎬(938—1013):字文周,常州無錫人。北宋目録學家,參與編纂《太祖實録》《册府元龜》等,云聖人以神道設教乎? 陳氏以爲奇怪,不應載在《尚書》,乃以"我聞在昔"爲傳聞之語,殊屬非是。周公曰"君奭,我聞在昔,伊尹格天"之類奭(shì):召公之名。伊尹:商代宰相,輔佐商湯。格天:升配於天。《君奭》原文云:"君奭,我聞在昔,成湯既受命,時則有若伊尹,格於皇天。",并非奇怪之事。以箕子曰"我聞在昔"爲傳聞之怪事,然則周公曰"我聞在昔",亦爲傳聞之怪事乎?《洪範》自《洪範》,《春秋》自《春秋》。《洪範》言陰陽五行,《春秋》不言陰陽五行。孔子作《春秋經》,但書災異,藉以示儆,未嘗云某處之災,應某處之事也。伏生作《洪範傳》,但言某事不修則有某災,亦未嘗引《春秋》某事應《洪範》某災也。董、劉牽引《洪範》五行以説《春秋》災異,某災應在某事,正如《漢志》所譏淩雜米鹽形容凌亂瑣碎。董據《公羊》,劉向據《穀梁》,歆據《左氏》,三《傳》又各不同,尤爲後人所疑。《隋書·經籍志》云:"濟南伏生之傳,唯劉向父子所著《五行傳》是其本法,而又多乖戾。"《隋志》所云"乖戾",指向、歆之説不同。而謂伏生之傳"惟《五行傳》是其本法",則誤以伏生之學僅有五行,不知《尚書》一經皆出伏生所傳,而五行特其一端。故伏生《大傳》四十一篇,而《洪範五行傳》別出於後。此以《五行傳》爲別傳之證,伏生已明著之。《隋志》祖偽古文,抑今文,故不知伏生之本法何在,其言殊不足據。陳氏云"漢儒術數",亦少别白分辨明白。董、劉强《洪範》合《春秋》,謂之術數,可也;伏生以五行配五事,謂之術數,不可也。以《洪範傳》爲術數,《洪範經》亦術數乎？五行配五事見《漢志》,曰："視之不明,其極疾,順之,其福曰壽;聽之不聰,其極貧,順之,其福曰富;言之不從,其極憂,順之,其福曰康寧;貌之不恭,其極惡,順之,其福曰攸好德;思心之不容,其極曰凶短折,順之,其福曰考終命。"語出《漢書·五行志》,引文与原文有出入。皆本《大傳》爲説。《書正義》引《鄭注》,惟"聽聰則致富"與《漢志》同,餘皆不同,蓋古文異説。孫星衍以爲鄭説皆遜於今文,是也(元胡一中《定正洪範圖》穿鑿支離,與《易》之先後天圖同一怪妄)。

42. 論古文《尚書》説誤以《周官》解唐、虞之制

子曰:"殷因於夏禮,所損益可知也。周因於殷禮,所損益可知也。"語出《論語·爲政》,馬融曰:"所因,謂三綱五常。所損益,謂文質三統。"又曰:"行夏之時朱子曰:"夏時,謂以斗柄初昏建寅之月爲歲首也。……蓋取其時之正與其令之善。",乘殷之輅朱子曰:"輅(lù),大車之名。……周人飾以金玉,則過侈而易敗,不若商輅之樸素渾堅而等威已辨,爲質而得其中也。",服周之冕朱子曰:"周冕有五,祭服之冠也。冠上有覆,前後有旒。……夫子取之,蓋亦以爲文而得其中也。",樂則《韶》舞舜時之樂。一説,《韶》爲虞舜時代音樂,《舞》爲武王時代音樂,定州漢墓竹簡《論語》"舞"字作"武"。朱子以爲"取其盡善盡美"。"語出《論語·衛靈公》。知一代有一代之制度,所謂"五帝殊時,不相沿樂;三王異世,不相襲禮"語出《禮記·樂記》,未有唐唐堯、虞虞舜、夏、商、周一切皆沿襲不變者。强後人以盡遵前人,固不能行;强前人而豫法後人豫法:預先效法,尤爲乖謬。今文家之説《尚書》也,唐、虞之書,即以唐、虞之制解之。此其理甚易明,而至當不可易者也。古文家説《尚書》,務創新説,以別異於今文。其所謂新説者,大

率本於《周官》一書。《周官》出山巖屋壁《周官》實爲漢景帝時河間獻王所獻，乃從民間所得，非出於魯恭王劉餘壞孔子宅之屋壁，漢人多不信爲周公所作。即使真是周公手定，而唐、虞、夏、商諸帝王，遠在千載以上，安能豫知姬周之代有一周公其人姬周：黄帝居姬水，因水爲姓。周人以黄帝後代后稷爲祖，故以姬爲姓，有一周公手定之書名曰《周官》，而事事效法之？此其理甚易明，而至當不可易者也。乃自劉歆以至馬、鄭，鮮知此義，而《尚書》之制度大亂。今試略舉數事言之：

如堯命羲、和羲氏、和氏的并稱，敬授人時，又分命四子。傳説堯曾命羲仲、羲叔、和仲、和叔兩對兄弟分駐四方，以觀天象，并制曆法。《尚書·堯典》云：“乃命羲、和，欽若昊天，厤象日月星辰，敬授人時。”《史記·天官書》《曆書》，《漢書·成帝紀》《律曆志》《食貨志》《藝文志》《百官公卿表》《魏相傳》，以及《論衡》《中論》《後漢書》《續漢志》，皆以羲、和專司天文，四子即是羲、和。鄭注《尚書》乃云：“官名，蓋春爲秩宗掌管宗廟祭祀，夏爲司馬掌管軍旅之事，秋爲士掌管獄訟之事，冬爲共工掌管百工之事，通稷與司徒稷掌管農事，司徒掌管國家土地與民衆教化，是‘六官’之名見。”又云：“仲、叔，羲、和之子，又主方岳之事四方之岳，指東岳泰山、西岳華山、南岳霍山（一説指衡山）、北岳恒山，是爲四岳。”案唐虞以羲、和司天文，四岳主方岳，九官治民事，各分其職。鄭乃混而一之，是本《周官》六卿，以亂唐、虞之官制，其失一矣。“天命有德，五服五章”語出《尚書·皋陶謨》，《大傳》云：“山龍古代袞服或旌旗上的山、龍圖案，青也。華蟲雉的別稱，古代常用作冕服上的畫飾，黄也。作繪通“繢”，旌旗，黑也。宗彝天子祭服上所繡虎與蜼的圖像，白也。藻火古代官服上所繡作爲等差標誌的水藻及火焰圖紋，赤也。天子服五，諸侯服四，次國服三，大夫服二，士服一。”《續漢·輿服志》：“孝明皇帝永平二年，初詔有司采《周官》《禮記》《尚書·皋陶篇》，乘興服從歐陽説興服：車興冠服與各種儀仗，日月星辰十二章；公卿以下從大小夏侯氏説，山龍九章，華蟲七章。"與經"五服五章"不合。當時詔以《周官》列首，故三家舍《伏傳》而從《周官》，《鄭注》又本於歐陽、夏侯，是本《周官》十二章，以亂唐、虞之服制，其失二矣。"弼成五服指五等服役區域，至於五千達到五千里的范圍"，歐陽、夏侯説中國方五千里，《漢書·賈捐之傳》《鹽鐵論》《説苑》《論衡》《白虎通》説同。惟《史記》以爲天子之國以外五服各五百里，似爲賈、馬説六千里所本。《異義》東漢經學家許慎所撰《五經異義》："古《尚書》説五服方①五千里，相距萬里。"鄭云五服已五千，又弼成爲萬里，蓋以夏之五服與周九服相同。是本《周官》九服，以亂唐、虞土地之制，其失三矣。"輯五瑞輯：斂，合。五瑞：古代諸侯用作符信的五種玉器"語出《尚書·舜典》，《白虎通·瑞贄篇》曰："何謂五瑞？謂珪、璧、琮、璜、璋也。……蓋璜以徵召，璧以聘問，璋以發兵，珪以質信保證誠信，琮以起土功之事也土功：指治水、築城、建造宫殿等工程。"《公羊·定八年傳》解詁曰："不言璋言玉者，起珪、璧、琮、璜、璋五玉盡亡之也。珪以朝，璧以聘，琮以發兵，璜以發衆，璋以徵召。"與《白虎通》所施略異，而名正同。《馬注》云："五瑞，公、侯、伯、子、男取執以爲瑞信也。"古代天子頒給諸侯作爲憑信的圭玉稱"瑞信"。案《禮記·王制》鄭注，《白虎通·爵篇》引《禮緯·含文嘉》，皆云殷爵三等，則周以前不得有五等之爵。是以《周官》五等，亂唐、虞瑞玉之制，其失四矣。他如"六宗"爲天、地、四方，鄭引《周官》以爲星、辰、司中、司命、風師、雨師。"同律、度、量、衡"，"同"訓"齊同"；鄭引《周官·典同》，以爲"同"是陰吕即六吕，古樂有十二律，陽聲陰聲各六，陽爲律，陰爲吕。"象

---

① "方"，原作"旁"，據清陳壽祺《五經異義疏證》卷下《中國里數》改。

以典刑象:刻畫。典刑:常刑,指在器物上刻畫五刑形狀以警示世人,流宥五刑指用流放的辦法代替五刑,以示寬大"語出《尚書·舜典》,《大傳》《孝經緯》《公羊注》《白虎通》《風俗通》,皆云唐、虞象刑。馬融注云:"五刑,墨以刀刺面、染黑爲記、劓(yì)割鼻、荆(fēi)斷足、宮閹割男子生殖器,破壞婦女生殖機能(一説將婦女禁閉宮中爲奴)的刑罰、大辟死刑。"是以周制説虞制。"大戰于甘地名,今河南洛陽西南。一説,今陝西戶縣境内,乃召六卿六軍將領"語出《尚書·甘誓》,《異義》:"今《尚書》夏侯、歐陽説:天子三公九卿,古《周禮》説,天子立三公,又立三少,冢宰、司徒、宗伯、司馬、司寇、司空,是爲六卿之屬。許君謹案,此周之制。"是周以前不得有六卿。《甘誓》所云,《鄭注》以爲"六軍之將",是也。又引"《周禮》六軍將皆命卿,則三代同"語出《禮記正義》卷四,與許義不合。不知一代有一代之制,非可强前人以從後人也。

43. 論古文《尚書》説變易今文,亂唐、虞、三代之事實

　　一代有一代之制度,未可據後王而强同之也;一代有一代之事實,尤未可憑胸臆而强易之也。伏生《大傳》、《太史公書》所載事實,大致不異。古來口授相傳,本是如此。兩漢今文,并遵師説;東漢古文,始有異義。所改制度,多本《周官》;所改事實,不知何本,大率采雜説,憑臆斷,爲宋明人作俑製作用於殉葬的俑偶,喻首開先例。自此等臆説出,不僅唐、虞、三代之制度亂,并唐、虞、三代之事實亦亂。今略舉數事以證之:

　　《堯典》"乃命羲、和",專爲授時,"帝曰:疇咨若時登庸疇:誰。咨:嘆詞。登庸:登上帝位。句意謂誰能順應上帝登帝位呢?",别爲一事。張守節《史記正義》云:"言將登用之嗣位。"張説蓋本漢人。揚雄《美新》云又名《劇秦美新》,揚雄在王莽篡漢後所作:"陛

下以至聖之德,龍興登庸。"是漢人以"登庸"爲登帝位之證。馬、鄭乃連合上文爲一事,馬云:"羲、和爲卿官,堯之末年皆以老死,庶績多闕_{庶績:指各種事業},故求賢順四時之職,欲用以代羲、和。"鄭注《大傳》云:"堯始得羲、和,命爲六卿,後稍死,驩兜、共工等代之。"馬、鄭以羲、和爲六卿,登庸爲代羲、和,以致《孔疏》有"求賢而薦太子"之疑。信僞孔以"胤子朱"爲"胤,國。子,爵",而違《史記》"嗣子丹朱"之明證。此亂唐、虞之事實者一也。"帝曰:我其試哉"亦《堯典》文,《史記·五帝本紀》作"堯曰:吾其試哉"。《論衡·正說篇》引"堯曰:我其試哉",是今文有"帝曰"。《孔疏》云:"馬、鄭、王本皆無'帝曰',當時庸生之徒漏之也_{庸生:庸譚,世稱膠東庸生,秦末漢初人,傳《古文尚書》與《齊論語》。}"是古文無"帝曰"。如其說,當直以"我其試哉"爲四岳語,四岳如何試舜? 必不可通。古文不如今文,即此可證。此亂唐、虞之事實者二也。"四罪而天下咸服_{四罪:指四位罪人都受到懲罰。《舜典》云:"流共工於幽州,放驩兜於崇山,竄三苗於三危,殛鯀於羽山。"}"語出《舜典》,《五帝本紀》云:"舜攝政巡狩,見鯀治水無狀,請於堯而殛之_{殛(jí):流放,一說殊殺。}"①是殛鯀在禹治水成功之前。《鄭注》云:"禹治水事畢,乃流四凶_{義同"四罪"。}"王肅難云:"若待治水功成,而後以鯀爲無功殛之,是舜用人子之功而流放其父,則禹之勤勞,適足使父致殛。舜失'五典克從'之義_{語出"舜典"。五典:五種倫常,即所謂"父義、母慈、兄友、弟恭、子孝"。克從:能夠遵從},禹陷'三千莫大'之罪_{《孝經》云:"五刑之屬三千.而罪莫大於不孝。"},進退無據,亦甚迂哉!"如鄭說,誠無以解王肅之難。此亂唐、虞之事實者三也。《盤庚》,《殷本紀》:"帝盤庚之時,殷已都河北。盤庚渡河南,復居成湯之故

---

①　引文當出《史記·夏本紀》,非出《五帝本紀》。

居成湯：商湯，商開國之君，乃五遷，無定處。帝盤庚崩，弟小辛立。
殷復衰，百姓思盤庚，乃作《盤庚》三篇。”鄭云：“陽甲立陽甲：
商朝第十八任國王，盤庚之兄，盤庚爲之臣，乃謀徙居湯舊都。上
篇，盤庚爲臣時事；下篇，盤庚爲君時事。”又云：“湯自商徙亳
商：今河南商丘。亳：今河南商丘南，稱南亳，數商、亳、囂、相、耿爲五囂
(áo)：今河南滎陽。相：今河南内黄。耿：今河南温縣。此指商朝的五次遷
都。”而不數所遷之殷，與經文“於今五邦”“今”字不符。《盤庚
上》云：“先王有服，恪謹天命，兹猶不常寧。不常厥邑，於今五邦。”石經《盤
庚》三篇合爲一篇。依鄭説，非一時事，不當合。此亂三代之
事實者四也。《微子》，《殷本紀》：“微子數諫，不聽，乃與太
師、少師謀太師、少師：皆周代君主輔弼之官，太師、太傅、太保稱三公，少師、
少傅、少保稱三孤，遂去。比干强諫紂，紂殺比干，囚箕子，殷之太
師、少師，乃持其祭樂器奔周。”《宋微子世家》：“微子度紂終
不可諫度(duó)：考慮，欲死之，及去，未能自決，乃問於太師、少
師。”古文“太師”作“父師”，鄭云：“父師者，三公也，時箕子
爲之；少師者，太師之佐孤卿也，時比干爲之。”僞孔《傳》從鄭
義。此亂三代之事實者五也。《金縢》：“周公居東二年，則罪
人斯得罪人：指參與管叔、蔡叔叛亂之人。管、蔡皆爲武王兄弟，武王崩後，
管、蔡曾勾結商紂之子武庚發動叛亂，後爲周公平定。斯得：指盡受處罰。”
《魯世家》：“周公乃奉成王命，興師東伐，作《大誥》。遂誅管
叔，殺武庚，放蔡叔，收殷餘民，寧淮夷、東土寧：使安寧，使安定。
淮夷：古代居于淮河流域的部族。東土：古代指今河南陝縣以東地區，二年
而畢定。”是“居東”即東征，“罪人”即武庚、管、蔡甚明。《異
義》引古《尚書》説云：“武王崩時，成王年十三，後一年管蔡作
亂，周公東辟之辟：避東也，王與大夫盡弁穿戴禮帽、禮服，以開金
縢之書。”此説當出於劉歆、衛、賈諸人，始以“我之弗辟”爲
“弗避”；“居東”爲“東辟”，不爲東征；開金縢爲周公生前，不

在薨後。鄭云："罪人,周公之屬黨與知居攝者。周公出,皆奔,今二年盡爲成王所得。"王肅以爲橫造任意捏造。此亂三代之事實者六也。"秋,大熟豐收在望,未穫尚未收穫,天大雷電以風"語出《金縢》,《大傳》曰："周公死,成王欲葬之於成周指西周東都洛邑,今河南洛陽東郊。天乃雷雨以風,禾盡偃,大木斯拔。國人大恐,王與大夫開金縢之書,執書以泣。"《魯世家》、《論衡·感類篇》、《白虎通·封公侯篇》《喪葬篇》、《漢書·梅福傳》《杜鄴傳》《儒林傳》《後漢書·周舉傳》《張奐傳》、《公羊何氏解詁》說同。是"秋,大熟",不知何年秋,在周公薨後。鄭云："秋,謂周公出二年之後①明年秋也。""新逆,改先時之心,更自新以迎周公於東,與之歸,尊任之。"此亂三代之事實者七也。《多士》在前,《多方》在後,《史記》所載今文《書序》,與馬、鄭古文《書序》同。僞孔《傳》云,奄再叛再征,蓋本漢人舊說。按之經文,其說不誤,鄭君誤合爲一。《多方》疏引鄭云："此伐淮夷與踐奄,是攝政三年伐管蔡時事,其編篇於此,未聞。"蓋謂不應編於《多士》《無逸》《君奭》之後,遂啓後人《多士》《多方》先後倒置之疑。此亂三代之事實者八也。《無逸》,石經"肆高宗之饗國百年"下肆:故,因此。高宗:商高宗武丁。饗國:享有王位,接"自時厥後",則"其在祖甲武丁第三子"。今文作"昔在殷王太宗",以爲太甲商朝第四代國王,商湯嫡長孫,在"周公曰嗚乎"下,以後乃云"其在中宗一說指太戊,一說指祖乙""其在高宗"。古文《尚書》於前遺"太宗",而於後增"祖甲"。《殷本紀》"帝甲淫亂",《國語》亦云"帝甲亂之",則祖甲非賢主,不當在三宗之列。王肅爲調停之說,以祖甲爲太甲,云"先中宗後祖甲,先盛德後有過",說尤非是。此亂三代之事

① "之"下原脫"後"字,據《毛詩正義·毛詩譜》引鄭注補。

實者九也。《君奭》,《史記·燕世家》:"成王既幼,周公攝政,當國踐阼阼爲大堂前東面的臺階。天子、諸侯、大夫、士皆以阼爲主人之位。臨朝覲、揖賓客、承祭祀,升降皆由此。踐阼指即位,登基,召公疑之,作《君奭》。"與《列子·楊朱篇》"周公攝天子之政,召公不説"相合。《漢書·孫寶傳》《王莽傳》、《後漢書·申屠剛傳》,皆以爲周公攝政時作。古文編列《多士》之後,馬、鄭遂有不説周公貪寵之説。此亂三代之事實者十也。

44. 論《尚書》義凡三變,學者各有所據,皆不知專主伏生

孔廣森《戴氏遺書序》曰孔廣森(1753—1787):字衆仲,號顨軒,山東曲阜人。清代經學家,經史小學無不深研,尤精《公羊春秋》,有《春秋公羊經傳通義》《經學卮言》等:"君以梅、姚售僞梅:晉人梅賾,曾進獻僞古文《尚書》。姚:南齊姚方興,僞造《舜典》一篇,稱在大航頭購得,獻於朝廷,孔、蔡謬悠孔指漢人孔安國,蔡指宋人蔡沈,妄云壁下之書,猥有航頭之字猥有:雜有。乃或誤援《伊訓》,滋'元年正月'之疑;强執《周官》指《尚書·周官篇》,云:"六年,五服一朝。"意指每隔六年,侯、甸、男、采、衛等四方諸侯就來朝覲一次,推'五服一朝'之制。譬之争年鄭市,本自兩非;年,年齡。《韓非子·外儲説左上》載:"鄭人有相與争年者,一人曰:'吾與堯同年。'其一人曰:'我與黄帝之兄同年。'訟此而不決,以後息者爲勝耳。"後用以比喻所争論的事情毫無根據,毫無意義。議瓜驪山,良無一是。秦始皇坑儒之典,唐顔師古《史記正義》引衛宏《詔定古文尚書序》云:"秦既焚書,恐天下不從所改更法,而諸生到者拜爲郎,前後七百人,乃密種瓜於驪山陵谷中温處,瓜實成,詔博士諸生説之。人言不同,乃令就視。爲伏機,諸生賢儒皆至焉,方相難不決,因發機,從上填之以土,皆壓,終乃無聲。""參清人江藩《國朝漢學師承記》卷六所引。

孔氏此説,最爲通達,據此可以折衷一是,解釋群疑。惟

戴氏非《尚書》專家，其作《尚書義考》未成，未能發明今文以津逮後學耳津逮：由津渡而到達，比喻引導後學。經定自孔子，傳自漢初諸儒，使後世學者能恪遵最先之義，不惑於後起之説，徑途歸一，門戶不分，不難使天下生徒皆通經術。況《尚書》一經，傳之者止伏生一老，非若《詩》有齊、魯、韓三家，《春秋》有公羊、穀梁、左氏，各有所受，本不止一師也。歐陽、大小夏侯既分顓門同"專門"，小有出入，亦未至截然不合如今古文家也。其後古文説出，初不知所自來，衛、賈、馬、鄭所説各異，既無師授，安有據依？後世震於劉歆古文之名，壓於鄭君盛名之下，循用注解，立於學官。古文説盛行，而今文衰歇，於是《尚書》之義一變。王肅學承賈、馬，亦遠本於歐陽，其學兼通古文，又去漢代不遠，使其自爲傳注，原可與鄭并行，乃必託名於孔安國，又僞造《尚書》古文經。後世見其經既增多，《孔傳》又古於鄭，廢鄭行孔，定於一尊。僞古文説盛行，而今文盡亡，於是《尚書》之義再變。宋儒不信古人，好矜創獲，獻疑《孔傳》，實爲首庸最先，創始。惟宋儒但知《孔傳》之可疑，而不知古義之可信，又專持一"理"字，臆斷唐、虞、三代之事。凡古事與其理合者，即以爲是；與其理不合者，即以爲非。蔡沈、王柏、金履祥之説盛行蔡沈（1167—1230）：字仲默，號九峰，南宋建州建陽（今屬福建）人，從朱熹學，撰《書集傳》《洪範皇極》等。王柏（1197—1274）：字會之，號長嘯，改號魯齋，南宋婺州金華人，著《書疑》《詩疑》等。金履祥（1232—1303）：字吉父，人稱"仁山先生"，婺州蘭溪（今浙江蘭溪）人，宋元之際理學家，曾從王柏、何基問學，著有《尚書表注》《論語孟子集注考證》等，編書者至改古事以從之。《綱鑒輯略》一書，改"西伯戡黎"爲武王，"微子奔周"爲武庚。以近儒臆斷之空言，改自古相傳之實事，於是《尚書》之義三變。經義既已屢變，學者各有所據，蔽所不見，遂至相攻。有據《孔傳》以攻《蔡傳》者，如毛奇齡《古文尚書冤詞》是也;有據《蔡傳》以攻《孔傳》者,如閻若璩《尚書古文疏證》是也;有據馬、鄭而攻《孔傳》與《蔡傳》者,如江聲《尚書集注音疏》、王鳴盛《尚書後案》是也。要皆不知導原而上,專主伏生,故不能宗初祖以折服末師,甚且信末師以反攻初祖。其說有得有失,半昧半明,正孔廣森所云"爭年鄭市,本自兩非,議瓜釃山,良無一是"者。此《尚書》一經,所以本極易明,反致糾紛而極不易明也。

45. 論衛、賈、馬、鄭尊古文而抑今文,其故有二: 一則學術久而必變,一則文字久而致訛

嘗疑衛、賈、馬、鄭皆東漢通儒,豈不知今文遠有師承?乃必尊古文抑今文,誠不解其用意。今細考之,而知其故有二:

一則學術久而必變。漢初,《尚書》惟有歐陽而已,後乃增立夏侯。夏侯學出張生濟南人,學於伏生,張生與歐陽生皆伏生弟子,所學當無不同。然既別於歐陽而自成一家,則同中必有異(如以"大麓"爲"大録"是)。夏侯勝從子建,師事勝及歐陽高,左右采獲,又從五經諸儒問與《尚書》相出入者,牽引以次章句,具文飾說以徒有形式而無實用的空文文飾其說,勝非之曰非:責備,責難:"建所謂章句小儒只重視剖章析句之小儒,破碎大道。"建亦非勝爲學疏略,難以應敵。建卒自顓門名經,是小夏侯又異於大夏侯。而增立博士,號爲顓門,此人情好異、學術易變之證。秦恭延君守小夏侯說秦恭延君:信都(今河北邢台)人,從夏侯建弟子張山拊學《尚書》,又增師法至百萬言。桓譚《新論》:"秦近君(即延君)能説《堯典》篇目兩字之誼至十餘萬言誼:通"義",但説'曰若稽古'三萬言曰若稽古:《尚書》開篇四字。曰若,西周以來追述歷史的發語詞。稽古,考察歷史。"《漢書·藝文志》云:"説五字之文,

至於二三萬言。"明人楊慎《丹鉛餘録》卷十五以爲指"秦近君之訓‘堯典曰稽古’。"即指秦恭而言。蓋小夏侯本破碎支離，恭又加以蔓衍，使人憎厭。<small>唐顏師古《漢書注》云："言小夏侯本所説之文不多，而秦恭又更增益，故至百萬言也。"</small>古文家乘其敝，而別開一門徑，名雖古而實新，喜新者遂靡然從之。此其故一。

一則文字久而致訛。伏生改古文爲今文，以授生徒，取其通俗。古無刊板印本，專憑口授手鈔，訛以傳訛，必不能免。觀熹平石經殘字及孔廟等處漢碑，字多省俗，不合六書，故桓譚、馬融并詆今文家爲俗儒。當時所謂通儒劉歆、揚雄、杜林、衛宏、賈逵、許慎以及馬、鄭，皆精小學，以古文正今文之訛俗，其意未始不善。惟諸儒當日但宜校正文字，而不必改易其義訓，則三家之原於伏生者，雖至今存可也。而古文之名既立，嫉今文如仇讎<small>仇敵</small>，依據故書（<small>如《周禮》之類</small>），創爲新説。古文本無者，以意補之；今文本有者，以意更之。附和末師，撥棄初祖，如①拔趙幟而立漢幟<small>幟，旗幟。《史記·淮陰侯列傳》載，韓信率漢軍擊趙，將至井陘口，先挑輕騎二千，人持一赤幟，抄小路埋伏于趙營附近，背水列陣以誘趙。趙軍出擊，漢軍佯敗，趙軍空營追擊。"信所出奇兵二千騎，共候趙空壁逐利，則馳入趙壁，皆拔趙旗，立漢赤幟二千。"趙軍進擊不能勝，欲回營，見營中儘是漢軍赤幟，大驚，"以爲漢皆已得趙王將矣"，乃潰不成軍，爲信所滅。後用以指偷換取勝，</small>以爲不如是不能別立一學。義雖新而文古，好古者又靡然從之，此其故二。有此二故，故雖歐陽、夏侯三家立學數百年，徒黨遍天下，爲古文家掊擊，而其勢漸衰歇。重以典午永嘉之亂<small>典午：晉朝帝姓司馬氏的隱語，用以指代晉朝。永嘉之亂：又稱"五胡亂華"，指晉懷帝永嘉五年（311），匈奴攻陷洛陽、擄走懷帝的亂事。永嘉亂後，北方士族大量南遷，經學分佈呈現南北對峙、各具特色的面貌，而歐陽、夏侯三家皆亡。</small>至東晉而僞古文經傳出<small>指梅賾</small>

獻僞古文《尚書》事，託之於孔安國，年代比馬、鄭爲更古，而篇又增多。馬、鄭不注《逸書》，而此遍注之，故其後孔、鄭并行，鄭學又漸衰歇。唐以僞孔立學<small>指唐修《五經正義》，《書》取僞古文《尚書》爲底本</small>，并用以科舉取士，而鄭氏《尚書》亡。向之攻擊三家者<small>向：過去，以往</small>，乃與三家同歸於盡，大有積薪之歎<small>後來居上之歎。《漢書·汲黯傳》載："黯褊心，不能無少望，見上，言曰：'陛下用群臣如積薪耳，後來者居上。'"</small>，甘售贗鼎之欺，豈非好古與喜新者階之厲哉！<small>階厲：禍害的開端，導致禍害。</small>夫伏書本藏山之業<small>指著作極有價值，可以藏之名山，傳之後世</small>，而僞孔云"失其本經"<small>語出《尚書序》</small>。古文與史籀稍殊，而僞孔云"字皆科斗"，其抑今文而尊古文，誣妄何可勝究，而其説非始於僞孔。衛宏《古文官書序》曰："伏生老，不能正言，言不可曉也，使其女傳言教錯<small>教授鼂錯</small>。齊人語多與潁川異<small>潁川：今河南禹州，鼂錯之家鄉</small>，錯所不知者凡十二三，略以其意屬讀而已<small>屬讀：連讀</small>。"案《史》《漢》無伏生使女傳言之事。古人書皆口授，即伏生老不能口授，使女傳言，亦有藏書可憑，何至"以意屬讀"？其時山東大師，無不涉《尚書》以教，鼂大夫何至"不知者凡十二三"？宏榮古虐今<small>意即崇古抑今</small>，意以伏生所傳全不可信。僞孔以爲"失其本經，口以傳授"，正用衛宏之説而更加誣。不知《史》《漢》明言得二十九篇，則失本經之説不可信。鄭君《書贊》已有"科斗書"之説，亦不可信（説見後）。

46. 論庸生所傳已有脱漏，足見古文不如今文，中古文之説亦不可信

劉歆《移太常博士書》云："考學官所傳<small>學官：古時主管學務的官員和官學教師，如漢代開始設置有五經博士、博士祭酒</small>，經或脱簡，傳或

間編。"《漢書·藝文志》云:"劉向以中古文校歐陽、大小夏侯三家經文,《酒誥》脫簡一,《召誥》脫簡二。率簡二十五字者率:大率,大體,脫亦二十五字;簡二十二字者,脫亦二十二字。文字異者七百有餘,脫字數十。"此即歆所云"經或脫簡"也。後之祖古文者每以藉口,據爲今文不如古文之證。案《漢書》庸生傳古文,爲孔安國再傳弟子。而《堯典》開卷已漏"帝曰",《般庚》之"心腹腎腸",《呂刑》之"劓、刵(èr)割去耳朵、椓(zhuó)宮刑、黥(qíng)臉上刺字,染以黑色",古文與今文不同,當即在"七百有餘"之內,而皆不如夏侯、歐陽本之善。據此可見古文不如今文,一有師承、一無師承之明證也。

龔自珍《説中古文》曰:"中古文之説,余所不信。秦燒天下儒書,漢因秦宮室,不應宮中獨藏《尚書》,一也。蕭何收秦圖籍,乃地圖之屬,不聞收《易》與《書》,二也。假使中秘有《尚書》,何必遣鼂錯往伏生所受二十九篇? 三也。假使中秘有《尚書》,不應安國獻孔壁書,始知曾多十六篇,四也。假使中秘有《尚書》,以宣、武之爲君,諸大儒之爲臣,百餘年間無言之者,不應劉向始知校《召誥》《酒誥》,始知與博士本異文七百,五也。此中秘書既是古文,外廷所獻古文遭巫蠱不立,古文亦不亡。假使有之,則是燒《書》者,更始之火、赤眉之火更始:東漢淮陽王劉玄年號。更始元年(23),綠林起義軍攻入長安,而非秦火矣,六也。中秘既是古文,外廷自博士以迄民間,應奉爲定本,斠若畫一斠(jiào):量穀物時用器具使穀物與斗斛平齊。斠若畫一:形容公平持正,整齊畫一,不應聽其古文家、今文家紛紛異家法,七也。中秘有書,應是孔門百篇全經,不但《舜典》《九共》之文終西漢世具在,而且孔安國之所無者亦在其中,孔壁之文又何足貴? 今試考其情事,然邪? 不邪不:通"否"? 八也。秦火後,千古儒者獨劉向、歆父子見全經,而生平不曾於二十九篇外引用一句,表章一事,九也。亦不傳受一人,斯謂空前,斯謂絶後,此古文者迹過如掃矣意謂不留蹤跡。異哉,異至於此! 十也。假使中秘《書》并無百篇,則向作《七略》,當載明是何等篇,其不存者亡於何時,其存者又何所受也,而皆無原委,千古但聞有'中古文'之名,十一也。中秘既有《五經》,獨《易》、《書》著,其三經何以蔑聞無聞? 十二也。當帝之時,以中書校百兩篇,非是。予謂此中古文,亦張霸《百兩》之流亞同類事物,成帝不知而誤收之。或即劉歆所自序之言,託於其父,并無此事。古文《書》如此,古文《易》可知。宜其獨與絶無師承之費直《易》相同,而不與施、孟、梁丘同也。《漢書》劉向一《傳》,本非班作。歆也博而詐,固也侗而願幼稚無知而謹厚。"語出龔自珍《定盦全集·文集補編》卷三。案龔氏不信中古文,并疑劉向以中古文校今文,《易》《書》皆有脱簡,爲劉歆所假託,可謂特見。惟《漢志》所云"中古文",似即孔壁古文之藏中秘者,非必別有一書。而此中秘書不復見於東漢以後,則亦如龔氏所云,毁於更始、赤眉之火矣。書既不存,可以不辨。(顧炎武曰:"不知中古文即安國所獻否? 及王莽末遭赤眉之亂,焚燒無餘。")

47. 論百篇全經不可見,二十九篇篇篇有義,學者當講求大義,不必考求《逸書》

《史記》云伏生"得二十九篇","亡數十篇",未言百篇全數。《漢書·藝文志》曰:"《書》之所起遠矣,至孔子纂焉纂(zuǎn):同"纂",編纂,編修,凡百篇。"《論衡·正説篇》曰:"蓋《尚書》本百篇,孔子所授也。"始明言《書》有百篇。《尚書·璿璣鈐》曰:"孔子求書,定可以爲世法者百二十篇,以百二篇爲《尚書》。"則以爲《書》有百二篇,乃張霸《百兩》所自出。或以古文《尚書》爲百篇,今文《尚書》爲百二篇。《伏傳》《書緯》及張霸所據皆今文,《伏傳》有《掩誥》,《史記》有《太戊》,即其多出二篇。古無明文,不必深究。漢博士以《尚書》爲備,以二十八篇應二十八宿,則以爲《書》止有此數,不信百篇、百二篇之説。

案:二十九篇,篇篇有義。如《堯典》見爲君之義,君之義莫大於求賢審官,其餘巡守朝覲、封山濬川、賞功罰罪皆大事清人李光地《榕村語録》卷十二云:"受終之後,齊七政,類上帝,以治天也;巡狩述職,以治人也;封山濬川,以治地也,三才之事備矣。",非大事不書,觀此可以知作史本紀之法矣。《皋陶謨》見爲臣之義,臣之義莫大於盡忠納誨進獻善言,上下交儆交相儆戒,以致雍熙和樂升平,故兩篇皆冠以"曰若稽古",觀此可以知記言問封之體矣。《禹貢》見禹治水之功,并錫土姓古時因土賜姓,即以生地、居處或封地之地名爲姓,以顯揚之,分別五服,觀此可以冠地理水道之書矣。《甘誓》見天子親征,申明約束之義,觀此知仁義之師亦必兼節制矣。《湯誓》見禪讓變爲征誅,吊民伐罪之義慰問受害百姓,討伐有罪之人,與《牧誓》合觀,可知暴非桀紂、聖不及湯武,不得以"放伐"藉口矣。放伐:以武力討伐并放逐暴虐的君主。《孟子·梁惠王下》載:"齊宣王問曰:'湯放桀,武王伐紂,有諸?'"《般庚》見國遷詢萬民指盤庚遷都至殷事,命衆正法度之義,觀此知拓拔宏之譎衆脅遷者非矣拓拔宏:北魏孝文帝,鮮卑族,推行漢化,實行改革,促進了民族大融合。《高宗肜日》見遇災而懼,因事進規之義進諫規勸,觀此知漢以災異求直言,得敬天之意矣。《西伯戡黎》見拒諫速亡,取以垂戒之義垂示警戒,觀此知天命不足恃,而人事不可不勉矣。《微子》見殷之亡由法度先亡,取以垂戒之義,觀此知爲國當正紀綱,不可使民玩其上矣玩:輕慢。《牧誓》見吊民伐罪,兼明約束之義兼明:疑作"堅明",堅決遵守。約束:規章,法令,觀此知步伐整齊乃古兵法,而非迂論矣。《洪範》見天人不甚相遠,禍福足以儆君之義,觀此知人君一言一動,皆關天象而不可不慎矣。《大誥》見開國時基業未固,防小腆、靖大艱之義 小腆(tiǎn):謂小國也。靖大艱:平定大亂,觀此知大臣當國宜挺身犯難 猶冒險,而不宜退避矣。《金縢》見人臣忠孝足以感天,人君報功當逾常格之義 逾常格:超越通例,觀此知周公所以爲聖,而成王命魯郊非僭矣 郊:祭天。僭:僭越。《康誥》見用親賢以治亂國,宜慎用刑之義,觀此知父子兄弟罪不相及,用法似重而實輕矣。《酒誥》見禁酒以絶亂源,宜從重典之義,觀此知作新民必先除舊習矣。《梓材》見宥罪加惠以永保民之義 宥(yòu)罪:赦免罪過,觀此知王者治天下,一夫一婦必無不得所矣。《召誥》見宅中圖大 居於中心,謀劃四方,謂得地勢之利,祈天永命之義 永命:長命,觀此知王者宜監前朝而疾敬德矣 以前朝爲鑒,重視敬慎德行。《洛誥》見營洛復政 指周公營建東都洛邑,歸還政權於成王,留公命後之義 指成王敕命周公留下鎮守洛邑,觀此知君臣當各盡其道而不忘交儆矣 交相儆戒。《多士》見開誠布公以靖反側之義 反側:不安分,不順服,觀此知遺民不忘故君,非新主所能遽奪矣。《無逸》見人君當知艱難,毋以太平漸耽樂逸之義 耽:沉溺,觀此知憂盛危明 猶言居安思危,當念魏徵所云"十漸不克終"矣 唐貞觀十二年(638),宰相魏徵見唐太宗逐漸怠惰於政事,追求奢靡,便奏上著名的《十漸不克終疏》,列舉唐太宗執政初到當前爲政態度的十個變化,以示警誡。《君奭》見大臣當和衷共濟,閔天越民之義(《君奭》,據《史記》,爲周公居攝時作,當上列於《大誥》《金縢》之間),觀此知富弼以撤簾與韓琦生意見者 富弼(1004—1083):字彦國,北宋洛陽人,參與范仲淹慶歷新政,反對王安石變法。撤簾:指皇太后等歸政於皇帝。宋英宗即位後,因病由曹太后垂簾聽政,後因小人讒言,致二宮關係不和,後經宰相韓琦勸説,太后撤簾歸政於英宗。韓琦(1008—1075):字稚圭,自號贛叟,相州安陽(今屬河南)人,北宋名

將,曾任宰相。生意見:指政見對立,其量褊(biǎn)矣器量狹小。《多方》
見綏靖四方安撫平定四方,重言申明之義,觀此知開國之初人多
覬覦,當以德服其心,不當用威服矣。《立政》見爲官擇人,尤
當慎選左右之義,觀此知命官當得其人,不當干預其事矣。
《顧命》見王者所以正終指壽終正寢,當命大臣、立嗣子之義,觀
此知宦官宫妾擅廢立之禍,由未發大命矣大命:指天命。《康王
之誥》見王者所以正始正其即位之始,當命大臣保王室,觀此知
成康繼治成王、康王統治時期政治清明,周室强盛,史稱"成康之治",幾致
刑措置刑法而不用,有由來矣。《甫刑》見哀敬折獄哀敬:憐恤,同
情。折獄:處理訴訟案件,輕重得中之義,觀此知罰即贖刑用錢物贖
罪,不可輕用其慈祥悱惻憂思悲苦,漢人緩刑書,不足道矣。《文
侯之命》見命方伯安遠邇之義方伯:殷周時代一方諸侯之長。安遠邇:
安撫遠近之地,觀此知襄王時王靈猶赫王靈:王朝威德,惜不能振作
矣。《費誓》見諸侯專征受命自主征伐,嚴明紀律之義,觀此知用
兵不可擾民矣。《秦誓》見穆公悔過,卒伯西戎之義伯:通"霸"。
西戎:古代西北戎族的總稱,所指不一,《尚書·禹貢》指織皮、昆侖、析支、渠
搜,《史記·匈奴列傳》指綿諸、緄戎、翟獂、義渠、大荔、烏氏、朐衍等,觀此知
人君不可飾非,當改變以救敗矣。

　　知二十九篇之大義,則知《論衡》所引今文家說獨爲二十
九篇立法者,未可據百篇之序而非之也。其餘《左傳》《國語》
及諸子書(《墨子》引《書》不在百篇之內者,蓋非孔子刪定之本),《大傳》
《史記》所引逸文,雖非後世僞作,而全篇不可得見,則大義無
由而明。至於逸十六篇以及後出①《太誓》,真僞既莫能辨,尤
不當以魚目混珠。《逸周書》,劉向以爲孔子刪《書》之餘,其

---

　　① "出",原作"世",據思賢書局本改。

文不能閎深,亦不可以亂經。洪邁謂"與《尚書》體①不相類"
_{洪邁(1123—1202):字景盧,號容齋,饒州鄱陽人。南宋學者,有《容齋隨筆》}
_{《夷堅志》等},陳振孫謂"文體與古書文②不類",似戰國後人做效
爲之者。近人去僞孔古文,而以《逸周書》入《尚書》,非是。
昔人謂讀人間未見書,不如讀人間常見書。二十九篇皆常見
者,學者當寶愛而講明之,勿徒惜不見夫全經,而反面牆於大
義也_{面牆:比喻視野狹陋,識見淺薄。}

48. 論《書序》有今古文之異,《史記》所引
《書序》皆今文,可據信

　　西漢馬、班皆云孔子序《書》。東漢馬、鄭皆云《書序》孔
子所作。《論衡·須頌篇》曰:"問説《書》者,'欽明文思'以
下誰所言也?曰,篇家也_{著作家也}。篇家者誰也?孔子也。"陳
喬樅謂《論衡》以"欽明文思"以下爲孔子所言者,蓋指《堯典
序》,《書序》實孔子所作也。據此,則《書序》孔子作,今古文
之説同。而今古文之《序》,實有不同,《書正義》曰:"安國既
以同序爲卷,撿此百篇,凡有六十三序;同序而別篇者三十三
篇,通《明居》《無逸》等四篇不序所由者,爲三十七篇,加六十
三,即百篇也。"

　　錫瑞案:僞孔《古文尚書序》,即馬、鄭之《書序》,其稍異
者見於《釋文》。如《金縢序》"武王有疾",云"馬本作'有疾
不豫'"。《康王之誥序》"康王既尸天子",云"馬本此句上更

---

① "體",原作"辭",據洪邁《容齋隨筆·續筆》卷十三改。
② "文體與古書",原作"文辭與古文",據陳振孫《直齋書録解題》卷二
改。

有'成王崩'三字"。《文侯之命序》，云"馬本無'平'字"，則其餘皆同矣。《史記》不載典、謨之序，《禹貢》《甘誓》《五子之歌》《胤征》《帝誥》《女鳩》一作《汝鳩》《女房》一作《汝方》《湯誓》《典寶》《夏社》《中𣆪》《作誥》《湯誥》《咸有一德》《明居》《伊訓》《肆命》《徂后》《太甲》《沃丁》《咸艾》，皆與馬、鄭《古文序》説略同。惟《典寶》在《夏社》前，《咸有一德》在《明居》前，次序不同。"伊陟讓伊陟：商朝大臣，相傳爲伊尹之子，作《原命》"，與《古文序》作"伊陟原命"異。《仲丁》云："書闕不具。"《河亶甲》《祖乙》，亦必有書。史公不云作書，蓋省文。《盤庚》三篇，以爲小辛時作小辛：盤庚之弟、祖丁之子。高宗夢得説高宗夢中得到賢相傅説，序事與古文同，不言作《説命》，亦省文。《高宗肜日》《西伯戡黎》《微子》略同，惟"父師"作"大師"爲異；《大誓》《牧誓》《武成》略同，惟"三百"作"三千"、"歸獸"作"歸狩"爲異。《洪範》《分器》略同。《金縢》無周公作《金縢》明文，序事至周公薨後。《大誥》《微子之命》《歸禾》《嘉禾》《康誥》《酒誥》《梓材》《召誥》《洛誥》《多士》《毋逸》略同。《君奭》以爲"周公攝政，當國踐阼，召公疑之"，則當在《大誥》前後，與古文序次異。《蔡仲之命》雖序事同，無作命明文，其次序亦無考。《書正義》云，鄭以爲在《費誓》前第九十六，則與孔本又異。《成王政》《將蒲姑》序事同，不言作書，"蒲"字作"薄"。《多方》《立政》《周官》《賄肅慎之命》同，"肅"字作"息"。《亳姑》序事同，不言作書，蓋即《亳姑》之序。孫星衍據之，疑《金縢》"秋大熟"以下爲《亳姑》文誤入。《顧命》《康王之誥》略同，"康王之誥"作"康誥"。《畢命》《冏命》《吕刑》《文侯之命》《費誓》《秦誓》略同，惟"冏"作"𩎟"、"吕"作"甫"、"費"作"肸"爲異。《文侯之命》以爲周襄王命晉文公，《秦誓》以爲封殽尸之後追作。此《史記》引

《書序》,與馬、鄭、僞孔《書序》不同之大致也。

　　段玉裁曰:"按《書序》亦有古文、今文之殊,《漢志》曰'《尚書》古文經四十六卷',此蓋今文二十八篇爲二十八卷。又《逸書》十六卷,并《書序》得此數也。伏生教於齊、魯之間,未知即用《書序》與否,而太史公臚舉十取其八九,則漢時《書序》盛行,非俟孔安國也。假令孔壁有之,民間絶無,則亦猶《逸書》十六卷絶無師説耳,馬、班安能采録? 馬、鄭安能作注? 以及妄人張霸安能竊以成《百兩》哉?《孔叢子》與《連叢子》附於《孔叢子》中,題孔臧撰,皆僞書也,臧與安國書曰:'聞《尚書》二十八篇,取象二十八宿,何圖古文乃有百篇耶何圖:哪裏想到?'學者因此語,疑百篇《序》至安國乃出。然則其所云'弟素以爲《堯典》雜有《舜典》,今果如所論'者,豈亦可信乎? 其亦惑矣! 惟内外皆有之,是以《史記》字時有同異,如"女房、女方","登鼎耳、升鼎耳","飢、饉","紂、受","牧、坶","行狩、歸獸","異母、異畝","餽禾、歸禾","魯天子命、旅天子命","毋逸、無逸","息慎、肅慎","伯臩、伯冏","胖誓、獮誓、柴誓","甫刑、吕刑"之類,皆今文《尚書》、古文《尚書》之異也。"語出段玉裁《古文尚書撰異》卷三十二。

49. 論馬、鄭、僞孔古文《書序》不盡可據信,致爲後人所疑,當以《史記》今文《序》爲斷

　　朱彝尊曰:"説《書序》者不一:謂作自孔子者,劉歆、班固、馬融、鄭康成、王肅、魏徵、程頤、董銖諸儒是也董銖:南宋理學家,朱熹弟子,撰《性理注解》等;謂歷代史書轉相授受者,林光朝、馬廷鸞也林光朝:字謙之,莆田人,宋代學者,傳濂洛之學。馬廷鸞:字翔仲,饒州樂平人,官拜右丞相,馬端臨之父;謂齊魯諸儒次第附會而作者,

金履祥也。至朱子持論,謂決非夫子之言、孔門之舊,由是九峰蔡氏作《書傳》蔡沈作《書經集傳》,從而去之。按古者《書序》自爲一篇,列於全書之後,故陸德明稱:'馬、鄭之徒,百篇之《序》總爲一卷。'至孔安國之《傳》出,始引《小序》分冠各篇之首。後人習而不察,遂謂伏生今文無《序》,《序》與《孔傳》并出。不知漢孝武帝時即有之,此史遷据以作夏、殷、周《本紀》。而馬氏於《書小序》有注,見於陸氏《釋文》。又鄭氏注《周官》引《書序》文以證保傅古代保育、教導太子等貴族子弟及未成年帝王諸侯的男女官員,故許謙云鄭氏不見古文謙字益之,號白雲山人,浙江東陽人。元代理學家,學從金履祥,撰《讀書叢説》《讀四書叢説》《詩集傳名物鈔》等,而見百篇之《序》。考馬、鄭傳注本漆書古文,是《孔傳》未上之時,百篇之《序》先著於漢代,初不與安國之書同時而出也。"語出朱彝尊《曝書亭集》卷五十九《書論二》。

錫瑞案:宋儒疑《書序》與僞孔《傳》同出,《孔傳》僞,則《書序》亦僞,朱氏已辨之矣。戴震《尚書今文古文考》以《序》爲伏書所無,王鳴盛《尚書後案》以《書序》亦從屋壁中得。陳壽祺《今文尚書有序説》列十有七證以明之參陳壽祺《左海經辨》卷上:以歐陽經三十二卷,西漢經師不爲《序》作訓,故《歐陽章句》仍止三十一卷,其證一。《史記》於《書序》臚舉十之八九,説義、文字往往與古文異,顯然兼取伏書,其證二。張霸案百篇《序》造百二篇,即出今文,非古文也,其證三。《書正義》曰:"伏生二十九卷而《序》在外。"必見石經《尚書》有百篇之《序》,其證四。《書傳》云"遂踐奄"三字,明出於《成王政》之序,其證五。《書傳》言葬周公事,本於《亳姑序》,其證六。《大傳》①曰:"武丁祭成湯,有雉飛升鼎耳而雊

---

① "傳"上原脱"大"字,據陳壽祺《左海經辨》卷上補。

(gòu)鳴叫。"此出《高宗肜日》之序,其證七。《大傳》曰:"成王在豐周國都名,今陝西西安西南,欲宅洛邑,使召公先相宅謂擇地定居。"此述《召誥》之序,其證八。《大傳》曰:"夏刑三千條。"此本《甫刑》之序,其證九。《大傳》篇目有《九共》《帝告》《𦵑命》,《序》又有《嘉禾》《掩誥》,在二十九篇外,非見《書序》,何以得此篇名? 其證十。《白虎通·誅伐篇》稱"《尚書序》曰武王伐紂",此《大誓序》及《武成序》之文,其證十一。《漢書·孫寶傳》曰:"周公大聖,召公大賢,尚猶有不相説,著于經典。"此引《君奭》之序,其證十二。《後漢書·楊震傳》曰:"般庚五遷,殷民胥怨。"此引《般庚》之序,其證十三。《法言·問神篇》曰:"《書》之不備過半矣,而習者不知,惜乎!《書序》之不如《易》也。"《書》不備過半,唯今文爲然,其證十四。《法言》又曰:"古之説《書》者序以百,而《酒誥》之篇俄空焉,今亡矣夫。"《酒誥》唯今文有脱簡,其證十五。《論衡·正説篇》曰:"按百篇之《序》,闕遺者七十一篇。"亦據今文爲説,若古文,有逸書①二十四篇,不得云"闕遺者七十一篇",其證十六。杜預《春秋左傳後序》曰杜預(222—284),字元凱,西晉京兆杜陵(今陝西西安東南)人。曾任鎮南大將軍,經學家,撰《春秋左傳集解》《春秋釋例》《春秋長曆》等:"《紀年》與《尚書序》説太甲事乖異《紀年》:即《竹書紀年》,相傳爲戰國時魏國史官所作,記載自夏、商、周至戰國時期的歷史。晉武帝太康二年(281)在汲郡(今河南汲縣西南)一座古墓裏出土,故又稱《汲冢竹書》或《汲冢紀年》,老叟之伏生或致昏忘。"詳預此言,直以《書序》爲出自伏生,其證十七。十七證深切著明,無可再翻之案。惟陳氏但知今文有《序》,而今文《序》之勝於古文者,尚未道及。《史記》引《書序》是今文,馬、鄭、僞孔《序》是古

---

① "逸書",原作"逸篇",據陳壽祺《左海經辨》卷上改。

文。今文《序》皆可信,古文不盡可信。

崔應榴謂《書序》可疑者有數端崔應榴:字星洲,號秋穀,浙江海鹽人,清代學者,有《吾亦廬稿》等:《舜典》備載一代政事始終,《序》只言其"歷試諸難歷試:多次考察或考驗",則義有不盡。《伊訓》稱"成湯既歿,太甲元年",則與《孟子》及《竹書紀年》不合。《泰誓》"惟十有一年,武王伐殷",則并不與今文合。《畢命》"康王命作册畢,分居里,成周郊"《史記·周本紀》曰:"康王命作策畢公,分居里,成周郊,作《畢命》。",則句意爲難通。又《左傳》祝鮀稱魯曰"命以《伯禽》"祝鮀(tuó):一作祝佗,字子魚,衛國大夫,稱晉曰"命以《唐誥》",此二篇何以《序》反無之?案百篇《序》無《伯禽》《康誥》,孫寶侗字仲愚,山東益都(屬青州)人,清代學者,有《惇裕堂集》等、顧炎武已言之,此二篇或在百篇之外,無庸深辨。"作册畢"下脱一"公"字,故難通,據《史記》有"公"字。"十有一年,武王伐殷",與僞《泰誓》不同。僞《泰誓》從劉歆古文説,十一年觀兵,十三年克殷;《泰誓序》從《史記》今文説,九年觀兵,十一年克殷,故年歲兩歧,《序》卻不誤。若《舜典序》只言"歷試諸難",遂開梅、姚分"慎徽五典"以下爲《舜典》之妄説梅、姚:梅賾、姚方興。慎徽五典:真誠善意地履行父義、母慈、兄友、弟恭、子孝五種倫常。《伊訓序》云"成湯既没,太甲元年",中失外丙商湯次子、仲壬兩朝仲壬:商湯之子、外丙之弟。外丙即位三年崩,傳於仲壬,遂啓宋人以孟子所云二年、四年爲生年之謬論。《孟子·萬章上》曰:"湯崩,太丁未立。外丙二年,仲壬四年,太甲顛覆湯之典刑,伊尹放之於桐。"又如周公東征攝王,成王不親行,《古文序》於"成王既黜殷命""成王既伐管蔡",皆冠以"成王"字,後人遂誤執爲周公未攝王之證。周公作《君奭》,《史記》引《序》在踐阼當國時,《古文序》列於復政後,遂有召公疑周公貪寵之言。此皆《古文序》之不可信者。宋人一概疑之,固非;近人一概信之,亦未是。惟一以《史記》引《今文序》爲斷,則得之矣。

50. 論二十九篇皆完書,後人割裂補亡,殊爲多事

《尚書》以今文爲斷,經義本自瞭然。即云不見全經,二十九篇皆完書,無缺失也。而後人必自生葛藤比喻糾纏不清,任意割裂,或離其篇次,或攙入僞文,使二十九篇亦無完膚,誠不可解。且其説不僅出於宋以後,并出於漢以前。今舉《堯典》一篇言之。

《堯典》本屬完書,舜事即在《堯典》之中,故《大學》引作《帝典》。《大學》云:“《帝典》曰:‘克明峻德。’皆自明也。”而漢傳《逸書》十六篇,首列《舜典》之名,意必別有一篇,非《堯典》雜有《舜典》也。《舜典》不傳,僅得其《序》。云“虞舜側微虞舜出身卑賤,堯聞之聰明”,即《堯典》之“明明揚側陋”明察推舉下面隱伏的高明之人至“帝曰予聞”云云也;“歷試諸難”,即“我其試哉”我將考察他至“納于大麓”云云也。鄭君親見《逸書》者也,其注《書序》云“入麓伐木”,尤即“納于大麓”之明證。然則《逸書》所謂《舜典》,亦即分裂《堯典》之文,并非別有一篇。或即從“明明揚側陋”分篇,亦未可知。僞孔古文從“慎徽五典”分篇,蓋因馬、鄭之本,小變之耳。其後僞中又僞,增入十二字,復增入二十八字。《釋文》:“王氏《注》,相承云梅頤上孔氏傳《古文尚書》,亡《舜典》一篇,時以王肅《注》頗類孔氏,故取《王注》從‘慎徽五典’以下爲《舜典》,以續《孔傳》。‘曰若稽古,帝舜曰重華,協于帝’,此十二字是姚方興所上,孔氏傳本無①,阮孝緒亦云然。方興本或此下更有‘濬哲文明,温恭允

---

① “無”字原脱,據《經典釋文》卷三《舜典第二》補。

塞,玄德升聞,乃命以位'凡①二十八字異,聊出之,於《王注》無施也。"語出陸德明《經典釋文》卷三。夫《堯典》爲二千年之古籍,開宗明義之第一篇,學者當如何寶愛信從,豈可分裂其篇,加增其字? 且序事直至舜崩之年,則舜事已備載,不可再安蛇足。《舜典》既名曰"典",必有大典禮、大政事,不可專說遜位<small>帝王讓位</small>。而遜位歷試已見《堯典》,不可重複再見。乃自僞孔分裂於前,方興加增於後。當時梁武帝爲博士,已駁議曰:"《孔序》稱伏生誤合五篇,皆文相承接,所以致誤。《舜典》首有'曰若稽古',伏生雖昏耄(mào)<small>昏憒,糊塗</small>,何容合之?"遂不行用。隋初購求遺典,劉炫復以姚書上之,又撰"濬哲文明"十六字,與《堯典》"欽明文思"四句相配。僞中又僞,實自東漢古文《逸書》啓之,此劉逢禄、宋翔鳳所以不信《逸書》也。趙岐未見《逸書》者也<small>趙岐:字邠卿,京兆長陵(今陝西咸陽)人。東漢經學家,有《孟子章句》《三輔決録》等</small>,其注《孟子》曰:"孟子時《尚書》凡百二十篇,《逸書》有《舜典》之《敘》,亡失其文。孟子諸所言舜事,皆《堯典》<small>(當作《舜典》)</small>及《逸書》所載。"自有此説,又開《舜典》補亡一派。閻若璩謂:"'舜往于田''衹載見瞽瞍(gǔ sǒu)'<small>恭恭敬敬地去見舜父瞽瞍</small>與'不及貢,以政接于有庳(bì)<small>地名,今湖南道縣北</small>。'本句之意,朱子《孟子集注》云:"謂不待及諸侯朝貢之期而以政事接見有庳之君。"等語上皆《孟子・萬章上》引《尚書》語,安知非《舜典》之文乎? 又'父母使舜完廩'一段<small>完廩:整修穀倉</small>參《孟子・萬章上》,文辭古崛,不類《孟子》本文。《史記・舜本紀》亦載其事,其爲《舜典》之文無疑。"毛奇齡作《舜典補亡》,遂斷自"月正元日"以下爲《舜典》,采《史記・本紀》之文列於其前,又取魏高堂隆《改朔議》引《書》"粵若稽古,帝舜曰重華,

---

① "凡",原作"此",誤,據《經典釋文》卷三《舜典第二》改。

建皇授政改朔"冠於篇首_{高堂隆：字升平，魏泰山平陽人，漢魯高堂生後}代，以代二十八字。朱彝尊《經義考》所説略同。不知高堂所引，乃《中侯·考河命》文_{《尚書中侯》，屬緯書，見《太平御覽·皇}天部》引。《史記·本紀》載"使舜完廩"一段，或即取之《孟子》，何以見其爲《舜典》文？聖經既亡，豈末學所能臆補？如以爲可臆補，則僞孔古文固應頒之學官，唐白居易補《湯征》亦可用以教士子矣_{白居易云："湯征諸侯，葛伯不祀，湯始征之，作《湯}征》。"所補文字見《白氏長慶集》卷四十六《補遺書》。《四庫提要》曰："司馬遷書豈可以補經？即用遷書爲補，亦何可前半遷書，後半忽接以古經，混合爲一？"_{語出《四庫總目》卷十四毛奇齡《舜典補亡》}提要。其駁毛氏之失，深切著明。王柏《書疑》於"舜讓於德讓_{於有德之人，弗嗣}"下，補《論語》"堯曰"以下二十四字；"敬敷五教，在寬"下_{句意爲：敬敷恭敬地傳播父義、母慈、兄友、弟恭、子孝五種倫常}_{之教，以寬厚爲本}，補《孟子》"勞之來之"以下二十二字。《皋陶謨》《益稷》《武成》《洪範》《多方》《立政》，皆更易其文之次序。蘇軾、黃震(1213—1280)，字東發，南宋慶元慈溪人。學宗朱熹，創東發學派，著《春秋集解》《禮記集解》《黃氏日鈔》等，皆移易《洪範》，蘇軾又改《康誥》篇首四十八字於《洛誥》上，金履祥亦移易《洪範》，疑《洛誥》有缺文_(《武成》僞書不在内)。不知諸儒何仇於聖經，并二十九篇之完書，而必欲顛倒錯亂，使無完膚也。天下本無事，庸人自擾之。諸儒爲此紛紛，是亦不可以已乎！

51. 論僞孔經傳前人辨之已明，閻若璩、毛奇齡兩家之書互有得失，當分別觀之

歐陽、大小夏侯三家既亡，其後鄭、孔并行，至隋，鄭氏漸微。唐作《正義》，專用《孔傳》。至宋，吳棫始發其覆_{吳棫(約}

1100—1154）：字才老，宋建安（今福建建甌）人。音韻學家，撰《韻補》等。發覆：揭除蔽障。朱子繼之曰：“孔安國解經最亂道，看得只是《孔叢子》等做出來。某嘗疑孔安國書是假書，孔書至東晉方出，前此諸儒皆不曾見，可疑之甚。”語出《朱子語類》卷七十八。

錫瑞案：朱子於《孔傳》直斥其偽，可謂卓識。而於古文經雖疑之，未敢明斥之，猶爲調停之説曰：“《書》有二體，有極分曉者，有極難曉者。《尚書》諸‘命’皆分曉，蓋如今制誥是朝廷做底文字；諸‘誥’皆難曉，蓋是時與民下説話，後來追録而成之。”語出《朱子語類》卷七十八。據此，是朱子以《傳》爲偽，於《經》猶有疑辭。故蔡沈作《傳》，仍存古文，然猶賴有朱子之疑，故《蔡傳》能分別今古文之有無。其後吳澄、歸有光、梅鷟（zhuó）（約 1483—1553），字致齋，明代旌德（今屬安徽）人。專辨古文之偽，著《尚書考異》《尚書譜》等，愈推愈密。嘗謂偽孔古文上於東晉之梅頤，而攻古文漸有實據者，出於晚明之梅鷟。同一梅氏，而關偽古文之興廢，倘亦天道之循環歟？至閻若璩、惠棟，考證更精。至丁晏《尚書餘論》，據《家語後序》定爲王肅偽作。《隋書·經籍志》、孔氏《正義》，皆有微辭。唐初人已疑之，不始於吳才老即吳棫，朱子可謂搜得真贓實證矣。毛奇齡好與朱子立異，乃作《古文尚書冤詞》，其所執爲左證以鳴冤者左證：佐證，證據，《隋書·經籍志》也。《隋志》作於唐初，其時方尊偽孔，作《義贊》，頒學官《新唐書·孔穎達傳》云：“初，穎達與顏師古、司馬才章、王恭、王琰受詔撰《五經義訓》，凡百餘篇，號《義贊》，詔改爲《正義》。”其中即包括《尚書義贊》。作《志》者即稍有微辭，何敢顯然直斥其偽？《志》所云雖歷歷可據，要皆傳偽書者臆造不經之説不合常法，不合常理之説。孔書經傳，一手所作，偽則俱偽，閻若璩已明言之。毛乃巧爲飾辭，以爲東晉所上之書是經非傳，專以《隋志》爲證。使斯言出《漢·藝文志》，乃爲可信，若《後漢·

儒林傳》，則已不可信矣。以范蔚宗作書之時范蔚宗：《後漢書》作者范曄，字蔚宗，順陽（今河南南陽淅川）人，僞書已出，不免爲所惑也。況《隋志》修於唐初，在古文立學之後哉。《冤詞》一書，相傳爲駁閻若璩《尚書古文疏證》而作。案閻、毛二家互有得失，閻證古文之僞甚確，特當明末宋學方盛，未免沾染其說。夫據古義以斥《孔傳》可也，據宋人以斥《孔傳》則不可。閻引金履祥說，以《高宗肜日》"典祀無豐于昵一本作"昵"，父廟。意謂祭祀時，在自己的父廟中，祭品不要過于豐盛"，爲祖庚繹于高宗之廟祖庚：商朝國王，武丁次子。繹：正祭之次日又祭爲繹，其誤一也。引邵子書，以定"或十年"等年數，其誤二也。引程子說，謂武王無觀兵事，其誤三也。駁《武成篇》，并以文王受命改元爲妄，其誤四也。駁《孔傳》，以"居東"爲避居，不爲東征，其誤五也。信金履祥，以爲武王封康叔，其誤六也。信金履祥，以《多方》爲在《多士》前，其誤七也。知九江在尋陽古縣名，漢時治所在今湖北黃梅西南，晉時移至今江西九江西，又引《水經》云"九江在長沙下雋西北下雋：古縣名，今湖北通城西北，漢時屬長沙"，未免騎牆之見，其誤八也。解"三江"亦以爲有二，與"九江"同，其誤九也。信蔡氏說，以《康誥》屬武王，其誤十也。移易《康誥》《大誥》《洛誥》以就其說，其誤十一也。謂伏生時未得《小序》，其誤十二也。以金履祥更定《洪範》爲文從字順、章妥句適，其誤十三也。閻氏此等處，皆據宋人以駁古義，有僞孔本不誤而閻誤者。蓋孔書雖僞，而去漢未遠，臆說未興，信宋人不如信僞孔。毛不信宋人，篤守孔書之義，以爲《尚書》可焚，《尚書》之事實不可焚。今溥天之下，老老大大皆有一武王戡黎、封康叔老老大大：古時口語，謂年事已高，周公留後治洛典故在其胸中，此千古大冤大枉事。是則毛是而閻非者，學者當分別觀之，勿專主一家之說。但以今文之說爲斷，則兩家之得失明矣。

52. 論焦循稱《孔傳》之善，亦當分別觀之

國朝諸儒自毛奇齡外，鮮有祖《孔傳》者，惟焦循頗右之祖護，贊成。其《尚書補疏序》曰："'曰若稽古帝堯'，'曰若稽古皋陶(gāo yáo)亦作"皋繇"，傳說虞舜時的司法官'，《傳》皆以'順考古道'解之孔穎達《尚書正義》云："言順考古道者，古人之道，非無得失，施之當時，又有可否，考其事之是非，知其宜於今世，乃順而行之。"。鄭以'稽古'爲'同天'謂堯同於天，'同天'二字可加諸帝堯，不可施於皋陶。若亦以皋陶爲'同天'，則是人臣可僭天子之稱頌。若以帝堯之'稽古'爲'同天'，以皋陶之'稽古'爲'順考古道'，則文同義異，歧出無理。此《傳》之善一也。'四罪而天下咸服'，《傳》以舜徵用之初即誅四凶相傳爲堯舜時代四個惡名昭彰的部族首領，據《舜典》，分別指共工、驩兜、三苗、鯀，是先殛鯀而後舉禹。鄭以禹治水畢，乃流四凶，故王肅斥之云：'是舜用人子之功而流放其父，則爲禹之勤勞，適足使父致殛。舜失"五典克從"之義，禹陷"三千莫大"之罪。'此《傳》之善二也。堯舍丹朱，以天位授舜，朱雖不肖(xiào)不成材，不正派，不宜自舜歷數其不善。《史記》以'無若丹朱傲'上加'帝曰'無若丹朱傲：不要像丹朱那樣傲慢，而《傳》則以爲禹之言。自禹言之則可，自舜言之則不可。此《傳》之善三也。《盤庚》三篇，鄭以上篇乃盤庚爲臣時所作，然則陽甲在上，公然以臣假君命，因而即真。此莽、操、師、昭之事指西漢末王莽、三國魏曹操、晉時司馬師、司馬昭，四人皆亂世篡臣，而乃以之誣盤庚，大可怪矣，《傳》皆以盤庚爲王時所作。此《傳》之善四也。微子問父師、少師，父師答之，不云少師，鄭以爲少師'志在必死'，蓋以少師指比干。顧大臣徒志於死，遂不謀國以出一言，非可爲忠。《傳》雖亦以少師指比

干,而於此則云:‘比干不見,明心同,省文。’此《傳》之善五
也。《金縢》‘我之不辟’,鄭讀爲‘避’,謂周公避居於東。又
以‘罪人斯得’爲成王收周公之屬官,殊屬謬悠,説者多不以
爲然。《傳》則訓‘辟’爲‘法’,‘居東’即東征,‘罪人’即指禄
父即商紂之子武庚、管、蔡。此《傳》之善六也。《明堂位》以周公
爲天子,漢儒用以説《大誥》,遂啓王莽之禍。鄭氏不能辨正,
且用以爲《尚書注》,而以周公稱王。自時厥後,歷曹、馬以及
陳、隋、唐、宋曹、馬:指魏晉二代,魏爲曹氏,晉爲司馬氏,故稱,無不沿莽
之故事王莽之先例,而《傳》特卓然以周公不自稱王,而稱成王
之命以誥,勝鄭氏遠甚。此《傳》之善七也。爲此《傳》者,蓋
見當時曹、馬所爲,爲之説者,有如杜預之解《春秋》、束晳等
之僞造《竹書》束晳(xī):字廣微,陽平元城(今河北大名)人。西晉史學
家,撰《補亡詩》,曾整編束周史書《竹書紀年》。舜可囚堯,啓可殺益,
太甲可殺伊尹,上下倒置,君臣易位,邪説亂經,故不憚改《益
稷》,造《伊訓》《太甲》諸篇,陰與《竹書》相齮齕(yǐ hé)咬嚙,引
申指毁傷。又託《孔氏傳》以黜鄭氏,明君臣上下之義,屏僭越
抗害之譚通“談”,以觸當時之忌,故自隱其姓名。”語出焦循《雕菰
集》卷十六《尚書孔氏傳》。

　　錫瑞案:近儒江、段、孫、王分別指清代學者江聲、段玉裁、孫星衍、
王引之,皆尊鄭而黜孔,焦氏獨稱《孔傳》之善,可謂特見。惟
未知《孔傳》實王肅僞作,故所説有得有失。肅之學得之父
朗,朗師楊賜,楊氏世傳《歐陽尚書》。洪亮吉《傳經表》以肅
爲伏生十七傳弟子洪亮吉(1746—1809):字君直,一字稚存,號北江,陽湖
(今江蘇常州)人。清代學者,精於史地、音韻訓詁之學,有《北江詩話》《春秋
左傳詁》等,是肅亦今文家之支流。肅又好賈、馬之學,則兼通
古文者。雜糅今古與鄭君同,而立意與鄭君爲難。鄭注《書》
從今文,則以古文駁之;鄭從古文,則又以今文駁之。肅以今

文駁古文，實有勝《鄭注》者。焦氏所舉以‘稽古’爲‘考古’，以‘四罪’爲禹治水之前，以‘居東’爲東征，以‘罪人’爲禄父、管、蔡，是其明證。至信僞孔，疑《史記》《明堂位》，則其説非是。《史記》引《書》最古，明有“帝曰”，豈可妄去？舜、禹同爲堯臣，禹可直斥丹朱，何以舜獨不可？周公稱王，非獨見於《明堂位》，荀子親見百篇《尚書》，其書中屢言之。《伏傳》《史記》皆云“周公居攝”，豈可改易古事，强爲回護？焦氏乃以作《傳》者以觸時忌，自隱姓名，則尤求之過深。蕭與司馬氏昏姻，助晉篡魏，豈能明君臣、屏僭越者？若僞作《竹書》者，言啓殺益，太甲殺伊尹，反似改古事以倣亂臣，又何必作僞古文，以與《竹書》相齟齬乎？焦循之子廷琥作《尚書申孔篇》，與其父所見同，中有數條即《補疏序》所説。餘瑣細不足辨，茲不具論。

53. 論宋儒體會語氣勝於前人，而變亂事實不可爲訓

《孔傳》立學始於唐初太宗頒行《五經正義》時，行數百年，至宋而漸見疑；《蔡傳》立學始於元仁宗皇慶、延祐科舉，行數百年，至今又漸見廢。陳澧曰：“近儒説《尚書》，考索古籍，罕有道及蔡仲默《集傳》者矣。然僞孔《傳》不通處，《蔡傳》易之，甚有精當者，江艮庭《集注》多與之同指清人江聲之《尚書集注音疏》。《大誥》‘若兄考若兄長武王死去，乃有友伐厥子友：指群弟。厥子：其子，指成王，民養其勸弗救諸侯國君能不勸止并救助他嗎’，僞孔《傳》云：‘以子惡故。’《孔疏》云：‘民皆養其勸伐之心不救之。’此甚不通。《蔡傳》云：‘蘇氏曰：養，廝養也，謂人之臣僕，言若父兄有友攻伐其子，爲之臣僕者，其可勸其攻伐而不救乎？’江氏注云：‘長民者其相勸止不救乎？’《召誥》‘王敬作所王謹慎

地做自己該做的事，不可不敬德’，《僞孔》云：‘敬爲所不可不敬之德。’蔡云：‘所，處所也，猶所其無逸之所。王能以敬爲所，則無往而不居敬矣。’江云：‘王其敬爲之所哉？言①處置之得所也。’《召誥》‘我不敢知曰’，《僞孔》云：‘我不敢獨知，亦王所知。’蔡云：‘夏、商歷年長短，所不敢知，我所知者，惟不敬厥德，即墜其命也。’江云：‘夏、殷歷年長短，我皆不敢知，惟知其皆以不敬德，故早墜其命。’《君奭》‘襄我二人襄：除去’，《僞孔》云：‘當因我文武之道而行之。’蔡云：‘王業之成，在我與汝而已。’江云：‘二人，已與②召公也。’《多方》‘我惟時其戰要囚之我要用戰爭來征服你們，囚禁你們’，《僞孔》云：‘謂討其倡亂，執其朋黨。’蔡云：‘我惟是戒懼而要囚之。’江云：‘戰，懼也。’《康王之誥》‘惟新陟王陟：升，喻帝王之死’，《僞孔》云：‘惟周家新升王位。’蔡云：‘陟，升遐也。成王初崩，未葬未諡，故曰新陟王。’江云：‘陟，登假也，謂崩也。成王初崩，未有諡，故稱新陟王。’《秦誓》‘昧昧我思之’，《僞孔》云：‘惟察察便巧善爲辨佞之言，使君子回心易辭。我前多有之，以我昧昧思之不明故也。’蔡云：‘昧昧而思者，深潛而静思也。’以‘昧昧我思之’屬下文。’江云：‘昧昧我思者，是穆公自道，思此一介臣，非謂前日之昧昧于思也，此文當爲下文緣起。’此皆《蔡傳》精當，而江氏與之同者。如爲暗合，則於《蔡傳》竟不寓目過目，觀看，輕蔑太甚矣。如覽其書，取其説而没其名，則尤不可也。”語出陳澧《東塾讀書記》卷五《尚書》。

　　錫瑞案：陳氏取《蔡傳》，與焦氏取《孔傳》同一特見。宋儒解經，善於體會語氣，有勝於前人處，而其失在變易事實，以

---

①　“言”，原作“而”，誤，據陳澧《東塾讀書記》卷五改。
②　“與”上原脱“已”字，據陳澧《東塾讀書記》卷五補。

就其説。《尚書》載唐、虞、三代之事，漢初諸儒去古未遠，其説必有所受。宋儒乃以一己所見之義理，懸斷千載以前之故事懸斷：憑空臆斷，甚至憑恃臆見，將古事做過一番。雖其意在維持名教，未爲不善，然維持名教亦只可借古事發論，不得翻前人之成案。《孔傳》謂周公不稱王，伊尹將告歸，已與古説不符，而《蔡傳》引宋人之説，又加甚焉。"西伯戡黎"，《伏傳》《史記》皆云文王伐耆，"黎"即耆，"西伯"即文王。《蔡傳》獨爲文王回護，以"西伯"爲武王，其失一也。《大誥》"王若曰"，《鄭注》："王，謂攝也，周公居攝，命大事，則權代王也。"《伏傳》《史記》皆云周公居位踐阼，則鄭説有據。《蔡傳》從《孔傳》，以爲周公稱成王命以誥，其失二也。《康誥》"王若曰：孟侯諸侯之長，周公封弟康叔曰孟侯，朕其弟，小子封康叔名字曰封"，《漢書·王莽傳》引《書》解之曰："此周公居攝稱王之文也。"《蔡傳》不信周公稱王之事，從蘇氏説，移篇首四十八字於《洛誥》上。又無以解"朕其弟"之語，遂以爲武王封康叔，不知《史記》明言"康叔封、冉季載武王之弟，文王第十子，皆少，未得封"，是武王無封康叔事。《左氏傳》祝鮀言："周公尹天下尹：治理，主管，封康叔。"鮀以衛人言衛事，豈猶有誤？而橫造事實，擅移經文，其失三也。《洛誥》："王命周公後指成王命周公繼續留下治理洛邑，作册逸誥讓史官逸（一説，即史官佚）將這一誥命記於典册，在十有二月。惟周公誕保文武受命誕：句中助詞，無實義。謂周公承受文王武王所賜大命，惟七年這一年是周公執政第七年。"言周公七年致政，當歸國，成王留公，命伯禽就國爲公後伯禽：周公長子。《蔡傳》乃以爲王命周公留後治洛，不知唐置節度使乃有留後，周無此官。周公老於豐，薨於豐，并無治洛之事，其失四也。宋儒習見莽、操妄託古人，故極力回護，欲使後世不得藉口。不知古人行事光明磊落，何待後儒回護？王莽託周公，無傷於周公；曹操託文王，無傷於文王。天位無常，惟有德者居之，聖人無闇干非分之心闇干（àn jiān）："干"通"奸"。陰謀篡奪，而天與人歸，則亦不得不受。禪讓易而傳子，又復易爲征誅，事雖不同，其義則一。稷、契稷：周之始祖后稷。契（xiè）：傳說中商之始祖，帝嚳之子，同受封於舜、禹，周之先本非商之臣。不窋失官不窋（zhú）：夏朝孔甲時期周部族首領，一說爲后稷之子，一說爲后稷後代子孫，公劉、太王遷豳、岐公劉：周部族首領，遷邰於豳，初步定居并發展農業。太王：又名古公亶父，遷豳於岐山之下。豳（bīn）：古國名，今陝西彬縣以東旬邑縣境。岐：地名，今陝西岐山縣境，商王未嘗過問。文王始率諸侯事紂，後入朝而被囚，釋歸而諸侯皆從之，受命稱王，何損至德？《詩》《書》皆言文王受命，《伏傳》言受命六年稱王，《史記》言："詩人道西伯，蓋受命之年稱王。"此漢初古說可信者。必以文王稱王爲非，則湯之伐桀亦非，舜、禹之受禪亦非，必若巢、許而後可也巢父、許由，皆堯時賢人，隱居不仕，堯欲傳帝位於二子，二子避而不受。至周公居攝，尤是常事。古有攝主代理君職，代理主事，見《禮記·曾子問》。君薨而世子未生，則有上卿攝國事上卿：周制天子及諸侯皆有卿，分上中下三等，最尊貴者謂"上卿"，稱攝主。此上卿蓋同姓子弟，世子生則避位，或生非世子，則攝主即真。觀《左氏傳》："季孫有疾季孫：指魯國權臣季桓子，命正常曰正常：季孫之寵臣：'南孺子之子南孺子爲季孫之妻，男也，則以告而立之；女也，則肥也可肥爲季孫之子季康子。'語出《左傳·哀公三年》。賈誼上疏有"植遺腹，朝委裘"之文引文句意義：只留下遺腹子，帝位虛設，唯置故君遺衣於座而受朝，是其明證。或世子生而幼，國有大事，亦必有人攝行。《鄭注》"命大事，權代王"，并無語弊。武王薨而東諸侯皆叛，周之勢且岌岌。成王幼，不能親出，公不權代王以鎮服天下，大局將不可問。事定而稽首歸政稽首：古時跪拜禮，叩頭至地，乃九拜中之最恭敬者。歸政：謂交還政權，不再攝政，可告無罪於天下萬世矣。後世古義不明,即有親賢處周公之位者,亦多畏首畏尾。如蕭齊竟陵王子良以此自誤_{蕭子良:字云英,梁武帝第二子},并以誤國。蓋自馬、鄭訓"我之弗辟"爲避位,已非古義。宋儒以力辨公不稱王之故,臆撰武王封康叔、周朝設留後之事以爲左證,使後世親賢當國者誤信其説,避嫌而不肯犯難,必誤國事,是尤不可不辨(古人事實不可改易,如編小説、演雜劇者借引古事,做過一番,以就其説。此在彈詞、演劇可不拘耳,若以此解經,則斷乎不可)。

54. 論偽孔書相承不廢,以其言多近理, 然亦有大不近理者,學者不可不知

偽孔《古文尚書》自宋至今,已灼知其偽矣,而猶相承不廢,是亦有故。宋之不廢者,"人心惟危^①"四句,宋儒以爲道統相傳_{《大禹謨》所載"人心惟危,道心惟微,惟精惟一,允執厥中"四句,宋儒謂之"十六字心傳"}。其《進尚書注表》,首以三聖傳心爲説_{三聖:指堯、舜、禹。傳心:即道統傳授},而四語出偽《大禹謨》。故宋儒雖於偽傳獻疑,而於偽經疑信參半。王鳴盛《蛾術編》戲以虞廷十六字爲《風俗通》所言"鮑君神"之類,此在今日漢學家吐棄宋學乃敢爲此語,而在當日,固無不尸祝俎豆者也_{尸祝:古代祭祀時對神主掌祝之人,亦指主祭人。俎豆:古代祭祀、宴饗時盛食物用的兩種禮器。尸祝俎豆:指受到推崇,受到崇拜}。此其遠因一。且古文雖偽,而言多近理,非止"人心惟危"四句。真德秀曰_{真德秀(1178—1235):字景元,更字希元,號西山,福建浦城人。宋代理學家,學宗朱子,有《大學衍義》《西山文集》等}:"開萬世性學之源,自成湯始。敬、仁、誠并言,始

---

① "危",思賢書局本作"微"。

見於此。三者，堯、舜、禹之正傳也。"語出真氏《大學衍義》卷五。此皆出偽古文，爲宋儒言道學所本，故宋儒不敢直斥之而且尊信之。此其遠因二。

近儒不尊宋學，斥偽經亦甚於宋儒，而至今仍不廢者。阮元曰："古文《尚書》孔《傳》出東晉，漸爲世所誦習，其中名言法語合乎禮法的言語，以爲出自古聖賢，則聞者尊之。故宇文周主視太學宇文周：指北周，因皇帝姓宇文，故稱。主視：負責管理，太傅于謹爲三老古代掌教化之官，鄉、縣、郡均曾先後設置。《禮記·禮運》載："故宗祝在廟，三公在朝，三老在學"。帝北面訪道詢問治理國家之策，謹曰：'木從繩則正木料用墨線拉過就能正直，后從諫則聖后：君王。君王採納勸諫就是聖明。'語出《商書·說命上》。帝再拜受言。唐太宗見太子息于木下，誨之曰：'木受繩則正，后從諫則聖。'唐太宗自謂兼將相之事，給事中張行成上書，以爲禹不矜伐恃才夸耀，而天下莫與之爭，上甚善之。唐總章元年總章爲唐高宗年號，即668年，太子上表曰：'《書》曰："與其殺不辜，寧失不經。"語出《虞夏書·大禹謨》，意謂對待疑難案件，寧可偏寬不合常規，也不誤殺無罪之人。伏願逃亡之家免其配役。'從之。凡此君臣父子之間，皆得陳善納言之益。"語出阮元《揅經室集》一集卷四《引書說》。是知其偽，而欲留爲納言之益。此近因一。龔自珍述莊存與之言曰莊存與(1719—1788)：字方耕，號養恬，江蘇武進人。清代經學家，常州學派創始人，撰《春秋正辭》等："帝胄天孫謂皇族皇孫，不能旁覽雜氏。惟賴幼習《五經》之簡，長以通於治天下。昔者《大禹謨》廢，'人心道心'之旨、'殺不辜寧失不經'之誡亡矣；《太甲》廢，'儉德永圖'之訓墜矣儉德：以勤儉爲美德。永圖：圖謀長久之計；《仲虺之誥》廢，'謂人莫己若'之誡亡矣謂人莫己若：認爲別人都不如自己；《說命》廢，股肱良臣啓沃之誼喪矣股肱(gǔ gōng)：比喻左右輔佐之臣。啓沃：竭誠開導，輔佐君王；《旅獒》廢，'不寶異物賤用物'

之誠亡矣不寶異物賤用物：不看重奇巧之物，不輕賤實用之物；《冏命》廢，左右前後皆正人之美失矣。公乃計其委曲曲折，周折，退直上書房又稱"尚書房"，滿清皇族子弟讀書之所，曰著書，曰《尚書既見》如干卷，數數稱《禹謨》《㐸誥》《伊訓》皆《尚書》篇名。是《書》頗爲承學者詬病，而古文竟獲仍學官不廢。"語出龔自珍《定盦全集》文集卷上《資政大夫禮部侍郎武進莊公神道碑銘》。是知其僞，而恐廢之無以垂誡。此其近因二。

有此四故，故得相承不廢。然而過書舉燭，國賴以治，非郢人之意也此用"郢書燕說"之典，《韓非子・外儲說左上》載："郢人有遺燕相國書者，夜書，火不明，因謂持燭者曰：'舉燭'，云而過書'舉燭'。舉燭，非書意也。燕相受書而說之，曰：'舉燭者，尚明也；尚明也者，舉賢而任之。'燕相白王，王大悅，國以治。治則治矣，非書意也。"後因以比喻曲解原意，以訛傳訛；齊求岑鼎，魯應以贋，非柳下所許也此用"岑鼎"之典，《呂氏春秋・審己》載，齊攻魯，求魯國寶物岑鼎，魯交以贋鼎。齊侯不信，將鼎送返，且曰若魯誠信之人柳下惠承認此爲真鼎方罷。魯君要柳下惠說謊，柳以背誠信不允，魯只得獻以真鼎。古文雖多格言，而僞託帝王則可惡。且其言多近理，亦多不近理者，如《大禹謨》"舞干羽于兩階揮舞干盾和翳羽在宮廷台階上跳舞，七旬過了七十天，有苗格三苗部族前來歸順"，爲宋人重文輕武、口不言兵所藉口。《胤征》"威克厥愛如果威罰戰勝姑息，允濟事情確較信能夠成功"，爲楊素等用兵好殺之作俑楊素：字處道，弘農華陰人，隋初大將。《仲㐸之誥》"若苗之有莠，若粟之有秕。小大戰戰，罔不懼于非辜"，則湯之伐桀爲自全計，非爲吊民。《咸有一德》"伊尹既復政厥辟將政權還返其君太甲，將告歸"，則伊尹不曾相太甲，與《君奭》所言及《左氏傳》"伊尹放太甲而相之"義違。《泰誓》三篇數殷紂罪，有"刳剔孕婦刳剔(kū tī)：剖殺，割剝""斮朝涉之脛斮(zhuó)：砍。砍斷早上涉水者的小腿，剖賢人之心"等語，宋人遂疑湯數桀之罪簡、武數紂之罪太甚。而"罪人以族"非三代以前所有,"時哉不可失"亦非吊民伐罪之言。《旅獒》太保訓王云"功虧一簣",宋人遂疑湯伐桀後猶有慚德因言行缺失而慚愧於心,武伐紂後一事不做。《君陳》以"爾有嘉謀嘉猷"爲康王語,宋人遂謂康王失言。此皆僞古文之大不近理者。而割裂古書,綴輯成文,詞意亦多牽強,不相貫串。如《孟子》引"王曰:'無畏,寧爾也我是來安定你們的,非敵百姓也不是與百姓爲敵。'若崩厥角稽首民衆如同山崩似地叩頭"語出《盡心下》,夾議夾敍,詞意極明。《僞孔》乃更之曰:"勖哉夫子,罔或無畏,寧執非敵,百姓懍懍,若崩厥角。"無論如何解說,必不可通,似全不識文義者所爲。此等書豈可以教國胄! 毛奇齡以祖僞古文之故,至謂"《論語》引《書》有四,無不改其詞、篡其句、易其讀者"語出毛奇齡《古文尚書冤詞》卷七。《僞孔》擅改古經,顯違孔訓,僭妄已極。奇齡不罪《僞孔》,反歸罪於孔子改經,可謂悍然無忌憚矣。

55. 論僞古文多重複且敷衍不切

　　《尚書》與《春秋》,皆記事之書,所記之事必有義在。孔子之作《春秋》,非有關繫足以明義者不載,事見於前者不複見於後,所以省繁複也。故孔子之刪《書》,亦非有關繫足以明義者不載,事見於前者不復見於後,亦所以省繁複也。古書詳略互見,變化不拘,非同後世印板文字,有一定之例。《堯典》兼言二帝,合爲一篇,聖德則堯詳於舜,政事則舜詳於堯,是詳略互見之法。而作僞者不達此義,別出《舜典》一篇,以爲不應略於舜之聖德,乃於《舜典》篇首僞撰二十八字以配《堯典》《舜典》開篇"曰若稽古,帝舜曰重華,協於帝。濬哲文明,温恭允塞,玄德升聞,乃命以位"二十八字,以配《堯典》開篇"曰若稽古,帝堯曰放勳,欽明文思安安,允恭克讓,光被四表,格于上下"。不顧文義,首尾橫決,由不曉古書之法也。《盤庚》三篇旨意不同,上篇告親近在位者,中篇告民之弗率不遵從,下篇既遷之後申告有衆告諭民衆,未嘗有重複之義。《康誥》《酒誥》《梓材》皆言封康叔,《召誥》《洛誥》皆言營洛都,旨意不同,亦未嘗有重複之義。而僞孔書《太甲》三篇、《説命》三篇,皆上中下文義略同,且辭多膚泛。非但上中下篇可移易,而伊尹之辭可移爲傅説,傅説之辭可移爲伊尹,伊尹、傅説之辭又可移爲《大禹謨》之禹、皐,以皆臣勉其君而無甚區別也。《泰誓》三篇,皆數紂罪而無甚區別。使真如此文繁義複,古人何必分作三篇?今文《尚書》二十九篇,篇篇有義,初不犯複,其辭亦無複見。若僞古文,不但旨意略同,其辭亦多雷同,《太甲下》與《蔡仲之命》雷同尤甚。《太甲下》云:"惟天無親,克敬惟親。民罔常懷,懷于有仁。德惟治,否德亂。與治同道罔不興,與亂同事罔不亡。"《蔡仲之命》云:"皇天無親,惟德是輔。民心無常,惟惠之懷。爲善不同,同歸于治。爲惡不同,同歸于亂。"其文義不謂之雷同,得乎?《太甲下》云:"慎終于始。"《蔡仲之命》云:"慎厥初,惟厥終。"亦雷同語。蓋其書本憑空結撰,其胸中義理又有限,止此敷衍不切之語,説來説去,層見疊出。又文多駢偶,似平正而實淺近,以比《尚書》之渾渾灝灝(hào hào)者廣大無際貌,迥乎不同。而雜湊成篇,尤多文不合題之失。姚鼐謂古文《尚書》多不切,文之切者皆不中於理,可謂知言。漢古文學創通於劉歆,僞古文書撰成於王肅,亂經之人,遞相祖述。古天子、諸侯皆五廟即父、祖、曾祖、高祖、始祖之廟。《禮記·祭法》云:"諸侯立五廟、一壇、一墠。曰考廟,曰王考廟,曰皇考廟,皆月祭也。顯考廟、祖考廟享嘗乃止。",至周始有七廟一般指四親廟(父、祖、曾祖、高祖)、二祧(遠祖)和始祖廟。《禮記·王制》云:"天子七廟,三昭三穆,與太祖之廟而七。",

劉歆以爲周以上皆七廟。《呂覽》:"五世之廟,可以觀怪。"語出《呂氏春秋·諭大》。僞古文《咸有一德》改云:"七世之廟,可以觀德。"後世遂引爲商時七廟之證。此肅本之於歆者也。《異義》東漢許慎之《五經異義》:"天子六卿,周制;三公九卿,商以前制。"周三公在六卿中,見《顧命》而無三孤指少師、少傅、少保。僞古文《周官》有三公三孤,本《漢書·百官公卿表》,《表》又出於莽歆之制,又肅本之於歆者也。古云"相某君"是虛字,不以爲官名,僞古文《説命》"爰立作相於是推舉傅説做了宰相",又誤沿漢制而不覺者(《左氏傳》,仲虺爲湯左相,亦可疑)。

56. 論《孔傳》盡釋經文之可疑及馬、鄭古文與今文駁異之可疑

《朱子語録》云:"某嘗疑孔安國書是假書,比毛公《詩》如此高簡,大段省事。漢儒訓釋文字多是如此,有疑則闕,今此卻盡釋之。豈有千百年前人説底話,收拾於灰燼屋壁中與口傳之餘,更無一字訛舛? 理會不得,如此可疑也。"語出《朱子語類》卷七十八。

錫瑞案:朱子之説,具有特見。漢初説《易》者舉大誼大義,如丁將軍者是;説《詩》者無傳(zhuàn)疑《漢書·儒林傳》云:"申公獨以《詩經》爲訓故以教,亡傳,疑者則闕,弗傳。",如魯申公者是。毛公之《傳》,未知真出漢初與否,而其文亦簡略,未嘗字字解經。惟《僞孔》於經盡釋之,此僞孔《傳》所以可疑。蔡沈曰:"今文多艱澀,而古文反平易。伏生倍文暗誦倍文:倍,通"背"。背誦經文,乃偏得其所難,而安國考定於科斗古書錯亂摩滅之餘,反專得其所易,則又有不可曉者。"一説以此語歸朱子,參《晦庵集》卷六十五《尚書》。吴澄曰:"伏生《書》雖難盡通,然詞義古

奧,其爲上古之書無疑。梅賾所增,體製如出一手,采輯補綴,雖無一字無所本,而平緩卑弱,殊不類先漢以前之文。夫千年古書,最晚乃出,而字畫略無脫誤,文勢略無齟齬(jǔ yǔ)牙齒上下不相對應。比喻文辭不相協合,不亦大可疑乎?"語出《吳文正集》卷一《四經敘錄》。蔡氏、吳氏之説,亦有特見。伏、孔之《書》難易不同,伏生不應獨記其難,安國不應專得其易,此僞孔經所以可疑。而由二家之説推之,《尚書》之可疑者非直此也。僞孔《書》無論矣,二十九篇今古文同,而夏侯、歐陽之今文,與馬、鄭、王之古文,其字句又不同。今以熹平石經及兩漢人引用《尚書》之文考之,其異於馬、鄭古文者,亦多今文艱澀而古文平易。試舉數條以證:《盤庚》"器非求舊",石經"求"作"救","求""救"音近得通,"求"字易而"救"字難也。《洪範》"鯀堙洪水",石經"堙"作"伊","堙""伊"音近假借,"堙"字易而"伊"字難也。"保后胥戚",石經"戚"作"高","戚""高"音近假借,"戚"字易而"高"字難也。"無弱孤有幼",石經"弱"作"流","弱""流"音近假借,"弱"字易而"流"字難也。《無逸》"乃諺",石經作"乃憲";"既誕",石經作"既延","諺、憲""誕、延"音近得通,"諺""誕"易而"憲""延"難也。"無皇",石經作"毋兄","皇""兄"音近得通,"皇"字易而"兄"字難也。"此厥不聽",石經"聽"作"聖","聽""聖"音近得通,"聽"字易而"聖"字難也。《立政》"相時憸民",石經"憸"作"散","憸""散"音近假借,"憸"字易而"散"字難也。以此推之,不但世所傳今文多艱澀,而僞孔古文反平易,即漢所傳今文亦多艱澀,而馬、鄭古文反平易。不但僞孔古文可疑,即馬、鄭古文亦不盡可信矣。惜《經典釋文》不列三家《尚書》之異同,使學者無由見今文真本。所賴以略可考見者,惟石經殘字十數處及《孔疏》引"優賢揚歷"

"臏、宫、劓割、頭庶剠"數處而已優賢揚歷：禮遇賢者，顯揚其所經歷。
臏：削去膝蓋骨。宫：宫刑。劓割：殘害。頭庶剠(qíng)：即涿鹿黥，用刀刺刻
額，再塗以墨，豈不惜哉！竊意東漢諸儒之傳古文，蓋亦多以訓
故改經，與太史公《史記》相似：有字異而義相同者，如《般庚》
"器非求舊"之類是也；有字異而義違失者，如《般庚》"優賢揚
歷"之類是也。然則今之《僞孔》增多古文，固皆撰造而非安
國之真，即《僞孔》同於馬、鄭二十九篇之古文，亦有改竄而非
伏生之舊者。《僞孔》所造古文固當删棄，即《僞孔》同於馬、
鄭之古文，後人以爲真是伏生之所親傳、孔子之所手定，亦豈
可盡信哉！孟子曰："盡信《書》，則不如無《書》。"語出《盡心
下》。觀於世所傳之《尚書》，益歎孟子之言爲不妄也。

57. 論《尚書》有不能解者當闕疑，不必强爲傅會，漢儒疑辭不必引爲確據

　　子曰："多聞闕疑。"語出《論語·爲政》，朱子云："多聞見者學之博，
闕疑殆者擇之精。"又曰："君子於其所不知，蓋闕如也存疑不言。"語
出《論語·子路》。然則聖人生於今日，其解經必不嚮壁虚造而自
欺欺人也明矣。《尚書》最古，文義艱深，伏生易爲今文。而
史公著書，多以訓故改經。馬、鄭名傳古文，而與今文駁異者，
亦疑多以訓故改經。其必改艱深爲平易者，欲以便學者誦習
也。而二十九篇傳於今者，猶未能盡索解人。"周《誥》、殷
《盤》周《誥》：指《尚書·周書》中的《大誥》《康誥》《酒誥》《召誥》《洛誥》等
篇。殷《盤》：指《尚書·盤庚》，詰屈聱牙形容文句艱澀，不通順暢達"，韓
文公已言之參韓愈《進學解》。《尚書》之難解，以諸篇爲尤甚：如
《大誥》之"今蠢指武庚等正蠢蠢欲動，欲發動叛亂，今翼日翼：鳥飛貌。
日：或爲"曰"字之誤"，"乃有友伐厥子，民養其勸勿救"意謂武王死

去,就有群弟來攻伐其子成王,各諸侯國君皆會勸阻并救助之;《盤庚》之"吊由靈吊:古"淑"字,善也,指遷都之事。靈:指上帝意旨""用宏茲賁"等語賁:殷周時大寶龜名,用於重大事件的占卜。此句意謂爲了遵循光大大寶神龜的卜兆,或由方言之莫識,或由簡策之傳訛,無論如何曲說,終難據爲確解。而《孔傳》强爲解之,近儒江、王、孫又强爲解之,此皆未敢信爲必然,當從不知蓋闕者也。北魏徐遵明解經徐遵明(475—529):字子判,華陰(今陝西渭南)人。通群經,傳鄭玄注《周易》、《尚書》、三《禮》,有《春秋義章》等,史稱其穿鑿,所據本"八寸策"誤作"八十宗",遂强以"八十宗"解之。然則强不知以爲知,非皆"八十宗"之類乎?漢儒解經,其有明文而能自信者,即用決辭語氣確定之辭,與"疑辭"相對;其無明文而不能自信者,即爲疑辭。如《堯典》之"羲和",《疏》引鄭云:"高辛氏之世,命重爲南正司天,黎爲火正司地。堯育重、黎之後羲氏、和氏之子賢者,使掌舊職天地之官,亦紀於近,命以民事。其時官名,蓋曰稷、司徒。"語出《周禮注疏·周禮正義序》。

錫瑞案:鄭以四子分屬四時,羲、和實司天地。地官司徒猶可强附,天官爲稷,并無明文。《國語》云"稷爲大官",有誤作"天官"者。《緯》云:"稷爲司馬。"又云:"司馬主天。"故鄭君以此傅會之,云:"初,堯天官爲稷。禹登用之年,舉棄爲之棄:即周始祖后稷,因初生時母以爲不祥曾屢棄之,故名,參《詩·大雅·生民》。時天下賴后稷之功,故以官名通稱。"參《毛詩正義》卷二十四所引鄭玄《堯典注》。箋《詩》又云:"堯登用之,使居稷官,民賴其勞。後雖作司馬,天下猶以后稷稱焉。"語出《毛詩正義》卷二十九。鄭之彌縫,亦云至矣。然如其説,則棄於堯時已爲天官,其位最尊,若周之冢宰矣,何以堯、舜禪讓,皆不及棄?且稷爲天官,司馬爲夏官,天官尊於夏官,后稷有功於民,何以反由天官降爲司馬?舜命九官,并無司馬之名。鄭知其無明文,不能自信,故云"蓋曰稷司徒"。凡言"蓋"者,皆疑辭也。《周禮疏序》又引鄭云:堯既分陰陽爲四時,命羲仲、和仲、羲叔、和叔等爲之官。又主方岳之事,是爲四岳。掌四時者曰仲、叔,則掌天地者,其曰伯乎?案鄭以四子即四岳,又別有掌天地之官,與兩漢今文説不同。鄭知其無明文,不能自信,故云"其曰伯乎"。凡言"乎"者,皆疑辭也。其不敢爲決辭,猶見先儒矜慎之意。後之主鄭義者,必強傅會以爲確據,非但不知聖人闕疑之旨,并先儒矜慎之意亦失之矣。

58. 論僞古文言仁言性言誠乃僞孔襲孔學, 非孔學出僞書

王應麟曰:"《仲虺之誥》,言仁之始也;《湯誥》,言性之始也;《太甲》,言誠之始也;《説命》,言學之始也,皆見於《商書》。‘自古在昔,先民有作_{指安排好祭禮}。温恭朝夕,執事有恪_{執事:管理祭祀的人員。有恪:恪恪,虔誠恭敬貌}’,亦見於《商頌》_{見《那》篇}。孔子之傳,有自來矣。"_{語出《困學紀聞》卷二。}

錫瑞案:《商書》四篇,皆出僞孔古文,惟《禮記·文王世子》引《兑命》曰:"念終始典于學_{學習在於自始至終念念不忘}。"《鄭注》:"‘兑’當爲‘説’。《説命》,《書》篇名,殷高宗之臣傅説之所作。"是王氏所舉《商書》四篇之語,惟"學"之一字實出《説命》,其餘皆未可據。宋儒講性理,故於古文雖知其僞,而不能不引以爲證。其最尊信者,"危微精一"十六字之傳。考"人心之危,道心之微"二語,出《荀子》引《道經》_{參《荀子·解蔽篇》}。荀子親見全書,若出《尚書》,不當引爲《道經》。既稱《道經》,不出《尚書》可知。《僞孔》以屬入《大禹謨》,宋儒乃以四語爲傳心秘訣。四語惟"允執厥中"出《論語·堯曰篇》"允執其中",實有可據。二帝相傳,即此已足。《中庸》稱"舜

執其兩端,用其中於民",正是推闡"允執其中"之義。《論語》云"舜亦以命禹"語出《堯曰》,足見二帝相傳無異。《朱注》云:"今見於《虞書·大禹謨》,比此加詳。"如其説,則堯命舜爲寥寥短章,舜命禹爲洋洋大篇,由誤信僞古文,與《論語》"亦"字不合。大凡理愈推而愈密,辭愈衍而愈詳,性理自堯舜至孔孟而後,推衍精詳。前此或有其義而無其文,要其義亦足以盾之,如《堯典》云"欽明文思安安"等語引文意謂:嚴謹節用,謀慮明達,儀態溫雅,《史記·堯本紀》譯其文,而代以"其仁如天,其知如神"等語,是當時已有"仁"之義也。《孟子》曰:"堯、舜,性之也。"語出《盡心下》。是當時已有"性"之義也。今文《尚書》"文思"作"文塞","塞"有誠實之義,是當時已有"誠"之義也。古文字簡略,而義已包括於其中,何必謂《匝誥》言仁,《湯誥》言性,《太甲》言誠,至《商書》始發其義乎?典以"欽"始,謨以"欽"終,二帝相傳心法,"欽"之一字足以括之,何必十六字乎?僞孔古文出於魏晉孔孟之學大明之時,掇拾闕里緒言闕里:孔子故里,今山東曲阜闕里街,撰成僞書文字,此乃僞孔《書》襲孔學,非孔學本於僞孔《書》。王氏不知,乃以此等書爲聖學所自出,豈非顛倒之甚哉!惟《商頌》作於正考父,乃孔子六世祖。以爲孔子之傳有自來,其説尚不誤耳。然亦本於近祖正考父,而非本於遠祖商王也。

59. 論王柏《書疑》疑古文有見解,特不應并疑今文

王柏《書疑》與《詩疑》,皆爲人詬病。王氏失在并今文而疑之耳,疑古文不得謂其失也。其疑僞孔《尚書序》曰:"其一曰,《三墳》之書言大道《三墳》:與下文《五典》《八索》《九丘》,皆指傳説中我國最古之書籍,均已亡佚,《五典》之書言常道。所謂《三墳》

《五典》《八索》《九丘》者,古人固有此書,歷代相傳,至夫子時已删而去之,則其不足取以爲後世法可知矣。序者欲誇人以所不知,遂敢放言以斷之曰:此言大道,此言常道也。使其果有聖人經世治民之道,登載於簡籍之中,正夫子之所願幸,必爲之發揮紀述,傳之方來_{未來,將來},必不芟夷退黜_{芟夷(shān yí):裁減,刪削},使埋没於後世。夫天下之論,至孔子而定;帝王之書,至《堯典》而始。上古風氣質樸,隨時致治_{使國家政治安定清平},史官未必得纂紀之要_{纂紀:纂集記載}。故夫子定《書》所以斷自唐虞者,以其立政有綱,制事有法,可以爲萬世帝王之軌範也。唐虞之下,且有存有亡,有脱有誤;唐虞之上,千百年之書①,孰得其全而傳之,孰得其要而繹②之？予嘗爲之説曰:凡帝王之事,不出於聖人之經者,皆妄也。學者不當信其説③,反引以證聖人之經也。其二曰,孔壁之書,皆科斗文字。予嘗求科斗之書體,茫昧恍惚,不知其法。後世所傳夏商鬴、鬲、盤、匜之類_{鬴(fǔ):鍋。鬲(lì):古代煮器,三足。匜(yí):古代盛水洗手器具},舉無所謂科斗之形。或謂科斗者,顓頊之時書也_{顓頊(zhuān xū):古代五帝之一,相傳爲黄帝之子}。序者之言,不過欲耀孔壁所藏之古耳。謂科斗始於顓帝者,亦不過因序者之言,實以世代之遠而傅會之。且曰科斗書廢已久,時人無能知者。又不知何以參伍點畫_{參伍:分割},考驗偏傍,而更爲隸古哉？於是遂遁其詞曰_{遁詞:指理屈詞窮時支吾搪塞的話}:以所聞伏生之書,考論文義,定其可知者。則是古文之書,初無補於今文,反賴今文而成書,本欲尊古文,而不知實陋古文也。"語出王柏《書疑》卷一《書大

---

① "書",原作"前",誤,據《通志堂經解》本王柏《書疑》卷一改。
② "繹",原作"詳",誤,據《通志堂經解》本王柏《書疑》卷一改。
③ "信其説",《通志堂經解》本王柏《書疑》卷一作"信而惑之"。

序》。

錫瑞案:王氏辨《孔序》二條,皆有見解。知《尚書》以孔子所定爲斷,則鄭樵信《三墳》、王應麟輯三皇五帝書,愛奇炫博,皆可不必。知古書科斗之無據,則非惟僞孔《序》不足信,即鄭君《書贊》曰"《書》初出屋壁,皆周時象形,今所謂科斗書。以形言之爲科斗,指體即周之古文",亦未可信。晉王隱謂科斗文者王隱:字處叔,陳郡陳人,其字頭粗尾細,似科斗之蟲,故俗名之焉(段玉裁據此,以科斗文乃晉人里語,孔敘《尚書》乃有科斗文字之稱,其僞顯然。考鄭君《書贊》已云科斗書,則段説未確)。案鐘鼎文無頭粗尾細之形,王氏已明言之。《説文》所列古文,亦不似科斗。然則古文科斗之説,乃東漢古文家自相矜炫。鄭君信其説而著之《書贊》,僞孔又信鄭説而著之《書序》也。王氏知古文之僞,不知今文之真。其并疑今文,在誤以宋儒之義理,準古人之義理;以後世之文字,繩古人之文字。蘇軾疑《顧命》不當陳設吉禮古五禮之一,指祭祀之禮,趙汝談疑《洪範》非箕子作趙汝談:字履常,宋太祖八世孫,經學家,晁以道疑《堯典》《禹貢》《洪範》《吕刑》《甘誓》《盤庚》《酒誥》《費誓》諸篇(見《容齋三筆》)。《書疑》多本前人,亦非王氏獨創,特王氏於《尚書》篇篇獻疑,金履祥等從而和之,故其書在當時盛行,而受後世之掊擊最甚。平心而論,疑經改經,宋儒通弊,非止王氏,皆由不信經爲聖人手定(王氏《詩疑》删鄭、衛《詩》,竄改《雅》《頌》,僭妄太甚,《書疑》猶可節取)。

60. 論劉逢禄、魏源之解《尚書》多臆説,不可據

今古文之興廢,皆由《公羊》《左氏》爲之轉關轉折的關鍵。前漢通行今文,劉歆議立《左氏春秋》,於是牽引《古文尚書》

《毛詩》《逸禮》諸書，以爲之佐。後漢雖不立學，而古文由此興，今文由此廢。以後直至國朝諸儒國朝：本朝，此指清朝，昌明漢學，亦止許、鄭古文。及孔廣森專主《公羊》，始有今文之學。陽湖莊氏乃推今《春秋公羊》義并及諸經陽湖莊氏：指清人莊存與、劉逢禄、宋翔鳳、龔自珍、魏源繼之，而三家《尚書》、三家《詩》皆能紹承絕學。凌曙、陳立師弟凌曙（1775—1829）：字曉樓，一字子昇，江蘇江都人。問學於阮元、劉逢禄，精研《公羊》之學及三《禮》學，撰有《春秋公羊禮疏》《春秋公羊禮説》《春秋公羊問答》《春秋繁露注》《儀禮禮服通釋》《禮論略鈔》等。陳立（1809—1869）：揚州人，少從凌曙、劉文淇受公羊學、鄭玄禮學，繼凌曙之志而成《公羊義疏》七十六卷，爲清代公羊學名家。師弟：師徒，陳壽祺、喬樅父子，各以心得，著爲專書。二千餘年之墜緒得以復明，十四博士之師傳不至中絕。其有功於聖經甚大，實亦由治《公羊春秋》，漸通《詩》《書》《易》《禮》之今文義也。常州學派蔚爲大宗，龔自珍詩所謂"秘緯戶戶知何休"者秘緯：原詩作"毖緯"，猶讖緯，蓋《公羊》之學爲最精，而其説《尚書》則有不可據者。劉逢禄《書序述聞》多述莊先生説，不補《舜典》，不信《逸書》，所見甚卓，在江、孫、王諸家之上；而引《論語》《國語》《墨子》以補《湯誓》，以《多士》《多方》爲有錯簡而互易之，自謂非敢蹈宋人改經故轍，而明明蹈其故轍矣。《盤庚》以"咸造勿"爲句，謂"勿"爲古文"旄"。《微子》以"刻子"讀爲"亥子"。《洪範序》以"立武庚目"爲句，謂"已"當作"祀"。《洛誥》以"王賓殺禋"爲句王賓：指助祭諸侯。禋（yīn）：祭名，升煙祭天以求福。此指殺牲祭祖，"咸格王"爲句，"入太室祼"爲句祼（guàn）：祭名，以香酒灌地而求神，謂"殺"當爲"秉"，"秉禋"即奉璋也。《顧命》"太保命仲桓、南宮毛俾爰"爲句，"爰"者扶掖之名。《畢命序》以"康王命作册"爲句，"畢分居里成周郊"爲句，謂"畢，終也，周公、成王未竟之業，至康王始畢之"，皆求新而近鑿。《太誓序》"惟十有一年"爲武王即位之十一年,不蒙文王受命之年數之,與今文、古文皆不合。至於不信周公居攝之説,以孫卿爲誣聖亂經孫卿:即荀卿、荀況,避漢宣帝劉詢諱而改稱"孫卿";不取太子孟侯之文,以《伏傳》爲街談巷議;不用孟津觀兵之義,以馬遷爲齊東野人《孟子·萬章上》載孟子弟子咸丘蒙(齊人)問及舜爲天子、堯率諸侯北面稱臣之説是否屬實,孟子答曰:"此非君子之言,齊東野人之語也。"後以"齊東野人"比喻見識淺陋、道聽途説之人,橫暴先儒,任意武斷,乃云"漢儒誣之於前,宋儒亂之於後"。其實莊氏所自矜創獲,皆陰襲宋儒之餘唾,而顯背漢儒之古訓者也。孫卿在焚書之前,伏生爲傳經之祖,太史公去古未遠,其説必有所受。乃以理斷之,謂皆不可信,宋儒之説獨可信乎? 宋儒已不可信,莊氏之説又可信乎? 劉逢禄雖尊信之,宋翔鳳、龔自珍皆不守其説。魏源尊信劉逢禄,其作《書古微》痛斥馬、鄭,以扶今文,實本莊、劉,更參臆説。補《湯誓》,本莊氏;補《舜典》《湯誥》《牧誓》《武成》,則莊氏所無。《周誥分年集證》將《大誥》至《洛誥》之文盡竄易其次序《周誥分年集證》計五篇,收録於魏源《書古微》卷十,與王柏《書疑》無以異。以管叔爲嗜酒亡國,則雖宋儒亦未敢爲此無據之言,而於《金縢》"未敢訓公"之下,既知必有缺文,又云:"後半篇不如從馬、鄭説,西漢今文,千得豈無一失? 東漢古文,千失豈無一得?"語出《書古微》卷十《金縢發微下》。則其解經并無把握,何怪其是末師而非往古乎? 解經但宜依經爲訓,莊、劉、魏皆議論太暢,此宋儒説經之文,非漢儒説經之文;解經於經無明文者,必當闕疑,莊、劉、魏皆立論太果,此宋儒武斷之習,非漢儒矜慎之意也。

61. 論孔子序《尚書》略無年月,《皇極經世》 《竹書紀年》所載共和以前之年皆不足據

太史公《三代世表》曰:"孔子因史文次《春秋》_{史文:歷史文}獻,紀元年,正時日月,蓋其詳哉。至於序《尚書》,則略無年月,或頗有,然多闕,不可録。故疑則傳疑,蓋其慎也。余讀諜記_{記載帝王世系及諡號之書},黄帝以來,皆有年數。稽其歷譜諜終始五德之傳,古文咸不同,乖異。夫子之弗論次其年月,豈虚哉? 於是以《五帝繫諜》《尚書》,集世紀黄帝以來訖共和_{西周}_{從屬王失政至宣王執政,中間 14 年,號共和。共和元年即前 841 年,是中國歷}_{史有確切紀年的開始},爲《世表》。"《十二諸侯年表》曰:"於是譜十二諸侯,自共和訖孔子。"

錫瑞案:太史公於共和以前,但表其世,自黄帝始,至共和二伯行政止;共和以後,始表其年,自庚申共和元年,以宣王少,大臣共和行政始,至甲子周敬王四十三年崩止。蓋史公所據載籍,於共和以前之年歲已不可考。故史公作五帝、夏、商、周《本紀》,但書某帝王崩、某帝王立,周宣王後始紀崩年,正所謂"疑則傳疑,蓋其慎也"。鄭君《詩譜》曰:"夷、厲以上,歲數不明,太史《年表》自共和始,歷宣、幽、平王而得春秋次第,以立斯譜。"是鄭君亦不能知共和以前也。《漢書・律曆志》據劉歆三統術曰_{西漢末,劉歆在漢武帝時《太初曆》的基礎上,融合董仲舒}_{之"三統説",編定而成《三統曆》,於漢武帝綏和二年(前 7 年)開始實施,對後}_{世影響很大。}"夏后氏繼世十七王,四百三十二歲。自伐桀至武王伐紂,六百二十九歲,故《傳》曰'殷載祀六百'_{語出《左傳・宣}_{公三年》},載、祀:皆指年。《爾雅》曰:"商曰祀,唐虞曰載,周曰年,夏曰歲。"。

《殷曆》曰：當成湯方即世用事十三年，十一月甲子朔旦冬至，終①六府首即蔀首。古曆法七十六年爲一蔀，蔀首即一蔀之起算點。當周公五年，則爲距伐桀四百五十八②歲，少百七十一歲，不盈六百二十九。又以夏時乙丑爲甲子，計其年，乃孟統後五章，癸亥朔旦冬至也。以爲甲子府首，皆非是。凡殷世繼嗣三十一王，六百二十九歲。《春秋》《殷曆》皆以殷。魯自周昭王以下亡年數，故據周公、伯禽以下爲紀。"案劉歆所推，據殷、魯曆，於周僅能舉文、武、成、康之年，昭王以下則不能知。魯則自伯禽至惠公崩，年皆具。蓋據曆推之不能備，而亦不盡可信者也。今即《尚書》而論，堯"在位七十載"雖有明文，然不知從何年數起。"舜生三十徵庸，三十在位，五十載陟方乃死"，亦有明文，不知從何年數起。鄭本作"徵庸二十"，其年又異。殷中宗"七十有五年"，高宗"五十有九年"，祖甲"三十有三年"，有明文，而今文"祖甲"作"太甲"，不同。高宗"饗國百年"，其年又異。文王"享國五十年"，穆王"享國百年"，有明文，亦不知從何年數起。故孔子序《書》略無年月，疑在孔子時，已不盡可考矣。皇甫謐《帝王世紀》載帝王在位之年，不知從何得之。《竹書紀年》據束皙所引，云夏年多殷，與《左氏傳》《漢志》不同。今《紀年》云：自禹至桀十七世，用歲四百七十一年；自成湯滅夏以至於受二十九王，用歲四百九十六年，仍殷年多夏，而與《左氏傳》《漢志》亦異。疑皆以意爲說，當從不知蓋闕者也。劉恕作《通鑒外紀》劉恕：字道原，筠州（今江西宜春）人，曾協助司馬光編撰《資治通鑑》，起三皇五帝，止用共和，載其世次而已。起共和至威烈王二十二年丁丑，四百三十八年爲

---

① "終"，原作"於"，誤，據《漢書·律曆志》改。
② "十"下原脫"八"字，據《漢書·律曆志》補。

一編。又作《疑年譜》《年略譜》,謂先儒敘包羲、女媧,下逮三代,享國之歲,衆説不同。懼後人以疑事爲信書,穿鑿滋甚,故周厲王以前三千五百一十九年爲《疑年譜》,而共和以下至元祐壬申一千九百一十八年爲《年略譜》元祐壬申:北宋哲宗元祐七年,即 1092 年。劉氏原本《史記》,猶不失爲矜慎。自邵子作《皇極經世書》,上稽唐堯受命甲辰之元,爲《編年譜》。胡宏《皇王大紀》、張栻《經世紀年》胡宏:字仁仲,號五峰,福建崇安人,理學家胡安國之子。張栻(1133—1180):字敬夫,號南軒,漢州綿竹(今四川綿竹)人。南宋理學家,師胡宏,有《論語解》《孟子説》等,皆本其説。張氏云:"外丙、仲壬之紀,康節以數知之,乃合於《尚書》'成湯既没,太甲元年'之説。成湯之後,蓋實傳孫。《孟子》所説,特以太丁未立而卒太丁:商王武乙之子,帝乙之父。方是時,外丙生二年,仲壬生四年耳,又正武王伐商之年。蓋武王嗣位十一年矣,故《書序》稱'十有一年',而復稱'十有三①年'者,字之誤也。是類皆自史遷以來傳習之謬,一旦使學者曉然得其真,萬世不可改者也。"參清人朱彝尊《經義考》卷二百七十一所引。

錫瑞案:宋儒好武斷而自相標榜,至此而極。二帝三代相傳之年,孔子所未言,漢儒所不曉。邵子生於數千載之後,全無依據,而以數推知之,豈可信乎?《孟子》云"外丙二年""仲壬四年",必是在位之年。若以年爲年歲,古者植遺腹、朝委裘而天下不亂,豈有二歲四歲之人不可立者?古文《書序》云:"成湯既没,太甲元年。"遺卻外丙、仲壬兩朝,正可以見古文《書序》之僞。邵子不能辨,而據以就其所推之數,誤矣。武王伐殷,十一年、十三年有二説。今文説文王受命七年而崩,武王再期觀兵爲九年,又二年伐紂爲十一年;古文説以文

---

①　"十"下原脱"有"字,據《經義考》《文獻通考》所引張栻序文補。

王受命九年而崩，武王再期觀兵爲十一年，又二年伐紂爲十三年，皆蒙文王受命之年而言，邵子不能辨。又不蒙文王受命之年，以爲武王十一年，而"十三年"字誤，其實并非誤也。張氏所引二事，已皆非是，其餘可知。金履祥《通鑑前編》、許謙《讀書叢說‧紀年圖》，皆用邵子之說。元、明以來，尊崇宋學，臆推之年遂成鐵案，編年之史率沿僞說。世所傳《綱鑑易知錄》《歷代帝王年表》諸書，篇首載帝王之年，歷歷可數。唐堯以上，或出於皇甫謐，要皆俗語不實，流爲丹青，而不知其爲嚮壁虛造也。世傳《竹書紀年》，如以外丙、仲壬列入紀年及所推帝王年代，又與《皇極經世》所推多異，而與僞孔《古文尚書》全符，皆由後人依託爲之，并非汲冢之舊晉太康二年，汲郡（今河南北部）人不準盜發魏襄王墓（或言安釐王冢），得數十車竹書，內有《紀年》《易經》《易繇陰陽卦》《卦下易經》《公孫段》《國語》及雜書《周食田法》《周書》《論楚事》等，計七十五篇。竹書皆先秦科斗文字，晉武帝命荀勖撰次，以爲《中經》，原簡早已不傳，尤不可據（閻若璩云："邵子出而數明，上下千萬載，罔或抵牾。"此閻氏過信宋學之故，不知皆憑臆撰造也）。

62. 論《尚書》是經非史，史家擬《尚書》之非

劉知幾《史通》論史有六體劉知幾（661—721）：字子玄，彭城（今江蘇徐州）人。唐代史學家，歷任著作郎、左史、秘書少監、左散騎常侍等職，兼修國史，曾與李嶠、吳兢等編修《唐書》。後辭去史職，撰修《史通》二十卷，爲中國第一部史評專著，一曰"《尚書》家"。劉氏是史才，是說作史者摹仿《尚書》有此一家，非說《尚書》也，以此說《尚書》則大誤。其說曰："《書》之所主，本於號令，所以宣王道之正義，發話言於臣下。故其所載，皆典、謨、訓、誥、誓、命之文。至於堯、舜二《典》直序人事，《禹貢》一篇唯言地理，《洪範》總述

災祥,《顧命》都陳喪禮,茲亦爲例不純者也。"語出《史通・內篇・六家第一》。

錫瑞案:聖人作經,非可拘以史例。《漢書・藝文志》曰:"左史記言,言爲《尚書》;右史記事,事爲《春秋》。"荀悅《申鑒》説同。鄭君《六藝論》曰:"左史所記爲《春秋》,右史所記爲《尚書》。"是以《玉藻》云:"動則左史書之,言則右史書之。"其分左右、言動互異,不知當以何説爲正。即如諸家之説,亦不過借《尚書》《春秋》作指點語。劉氏所見過泥,遂以《尚書》專主記言,不當記事,敢議聖經爲例不純。此與《惑經》《申左》諸篇詆斥《春秋》同一謬妄,由史家未通經學也。其論孔衍《漢魏尚書》、王邵《隋書》義例準《尚書》之非孔衍(268—320):字舒元,孔子第二十二代孫,西晉學者。王邵:隋代并州晉陽(今山西太原南)人,曾負責編修《隋書》《北齊書》,則甚明確,曰:"原夫《尚書》之所記也,若君臣相對,詞旨可稱,則一時之言,累篇咸載。如言無足紀,語無可述,若此故事,雖有脱略,而觀者不以爲非(案此足證《尚書》非史,不必疑其略而不備)。爰逮中葉及至中世,文籍大備,必翦截今文,摸擬古法,事非改轍,理涉守株,故舒元(孔衍字)所撰《漢魏》等書,不行於代也。若乃帝王無《紀》,公卿缺《傳》,則年月失序,爵里難詳,斯并昔之所忽而今之所要。如君懋(王邵字)《隋書》,雖欲祖述商周,憲章虞夏,觀其所述,乃似《孔子家語》、臨川《世説》臨川:指劉義慶(403—444),彭城(今江蘇徐州)人,南朝宋文學家。曾襲封臨川王,故稱。《世説》,指劉氏所撰筆記體小説《世説新語》,可謂畫虎不成反類犬也。"語出《史通・內篇・六家第一》。案史家不知《尚書》是經非史,其書不名一體,非後人所敢妄議;其書自成一經,亦非後人所能摸仿同"模仿"。作史者惟宜撰次當代文章,別定義例,以備觀覽,必不可以憲章虞夏、祖述商周自命,蹈《春秋》吳楚僭王之失。王通作《四範七業》以擬《尚書》王通（584—617）：字仲淹，絳州龍門（今山西河津）人。隋末大儒，撰有《中說》。又以"王孔子"自詡，曾模仿孔子作《續六經》，或云偽作。朱子謂："高、文、武、宣之制，豈有精一執中之傳？"語出《晦庵集》卷六十七《王氏續經說》。漢帝固不能比古帝王，彼擬《尚書》者，亦何敢自比孔子乎？《尚書・璿璣鈐》曰："孔子求書，得黃帝玄孫帝魁之書，迄于秦穆公，凡三千二百四十篇。斷遠取近，定可以為世法者百二十篇，以百二篇為《尚書》、十八篇為《中候》（案《中候・敕省圖》《握河紀》《運衡》《考河命》《題期》《立象》《儀明》《禮閱郵》《苗興》《契握》《雒予命》《稷起》《我應》《雒師謀》《合符后》《摘雒戒》《霸免》《準讖哲》，凡十八篇）中候，一作"中侯"。"緯書雖難盡信，然古時書必不少，孔子但取其可為法者，餘皆刪之；猶作《春秋》，但取其可明義者，餘皆削之。聖人刪定《六經》，務在簡明，便學者誦習。後人不知此旨，嫌其簡而欲求多，於是張霸《書》、偽孔《書》，抵隙而出，史家復從而妄續之。不知史可續，經不可續。孔衍、王邵之擬《尚書》，正與沈既濟、孫甫之擬《春秋》沈既濟（約750—800）：德清（今屬浙江）人。唐代小說家，史學家，有《建中實錄》《枕中記》等。受《春秋》史觀影響，曾撰《論則天不宜稱本紀議》，主張依《春秋》體例修武則天史事。孫甫（998—1057）：字之翰，許州陽翟人。北宋史學家，曾仿《春秋》之編年法，撰《唐史記》七十五卷，同一謬見也。

63. 論治《尚書》當先看孫星衍《尚書今古文注疏》、陳喬樅《今文尚書經說考》

《孔傳》至今日，人知偽作而不足信矣，《蔡傳》又為人輕蔑而不屑稱矣。然則治《尚書》者，當以何書為主？陳澧曰："江、王、段、孫四家之書善矣，既有四家之書，則可刪合為一

書,取《尚書大傳》及馬、鄭、王《注》,僞孔《傳》,與《史記》之
采《尚書》者,《爾雅》《說文》《釋名》《廣雅》之釋《尚書》文字
名物者,漢人書之引《尚書》而説其義者,采擇會聚而爲'集
解'。《孔疏》《蔡傳》以下,至江、王、段、孫及諸家説《尚書》
之語,采擇融貫而爲'義疏'。其爲疏之體,先訓釋經意於前,
而詳説文字、名物、禮制於後,如是則盡善矣。"語出陳澧《東塾讀
書記》卷五《尚書》。

　　錫瑞案:陳氏説近是而未盡也。江聲《尚書集注音疏》疏
解全經,在國朝爲最先,有蓽路藍縷之功。惟今文搜輯未全,
立説亦有未定(如解"曰若稽古"兩歧,孫星衍已辨之)。又承東吳惠
氏之學,好以古字改經,頗信宋人所傳之古《尚書》,此其未盡
善者。王鳴盛《尚書後案》主鄭氏一家之學,是爲專門之書。
專主鄭,故不甚采今文,且間駁伏生(如解司徒、司馬、司空之類),亦
未盡善。段玉裁《古文尚書撰異》,於今古文分別具晰,惟多
説文字,鮮解經義,且意在祖古文而不信伏生之今文(如《金縢》
詆今文説之類),亦未盡善。孫星衍《尚書今古文注疏》,於今古
説搜羅略備,分析亦明,但誤執《史記》皆古文,致今古文家法
大亂(如《論衡》明引《金縢》古文説,孫以其與《史記》不合,乃曰"王氏充以爲
古者,今文亦古説也",豈非遁詞?),亦有未盡善者,然大致完善,優於
江、王,故王懿榮請以立學王懿榮(1845—1900):字正儒,一字廉生,山
東福山人。中國近代金石學家,甲骨文的發現者,《清史稿》有傳。其後又
有劉逢禄《尚書今古文集解》、魏源《書古微》、陳喬樅《今文尚
書經説考》三家之書,皆主今文,不取古文。蓋自常州學派以
西漢今文爲宗主,《尚書》一經亦主今文。劉氏、魏氏不取馬、
鄭,并不信馬、鄭所傳逸十六篇,其識優於前人。惟既不取馬、
鄭古文,則當專宗伏生今文。而劉氏、魏氏一切武斷,改經增
經(如魏氏改《梓材》爲《魯誥》,且臆增數篇,攙入《尚書》),從宋儒臆説

而變亂事實,與伏生之説大背(如劉氏駁周公稱王之類)。魏氏尤多新解(如以管叔爲嗜酒亡國之類),皆不盡善。陳氏博采古説,有功今文,惟其書頗似長編,搜羅多而斷制少。又必引鄭君爲將伯,誤執古説爲今文,以致反疑伏生,違棄初祖(如文王受命、周公避居二事,皆詆伏生老耄,記憶不全),亦有未盡善者。但以捃拾宏富捃(jùn)拾:拾取,收集,今文家説多存。治《尚書》者,先取是書與孫氏《今古文注疏》悉心研究,明通大義,篤守其説,可不惑於歧趨趨向不同。今即近人所著書中酌取兩家之説,指明初學所入門徑,以免歧誤,猶《易》取焦、張兩家之説也。若如陳澧所言,撰爲"集解""義疏",當先具列《伏傳》《史記》之説,字字遵信,加以發明,不可誤據後起之詞,輕疑妄駁;次則取《白虎通》及《兩漢書》所引經説,加以漢碑所引之經,此皆當日通行之今文,足備考證;又次則取馬、鄭、僞孔,擇其善者,以今文爲折衷,合於今文者録之,不合於今文者去之,或於疏引而加駁正。至《蔡傳》與近儒所著,則於義疏擇取其長,兩説相同,則取先出(如取蔡不取江是)。不合於今文者,概置不取,以免轇轕(jiāo gé)交錯雜亂,糾纏不清。惟其説尤足惑人及人所誤信者,乃加辨駁,使勿迷眩。後人以此體例勒成一書,斯爲盡善。否則俱收并蓄,未能別黑白定一尊,古今雜淆,漢宋兼采,覽者如入五都之市五方都會,泛指繁盛都市,瞀惑不知所歸瞀(mào)惑:迷惑,困惑,只是一部類書,無關一經閎旨,豈得爲善本乎?(今人王先謙《尚書孔傳參正》,兼疏今古文,詳明精確,最爲善本。)

三、詩經

64. 論《詩》比他經尤難明，其難明者有八

《詩》爲人人童而習之之經自幼時即常習學之經，而《詩》比他經尤難明。其所以難明者，《詩》本諷諭用委婉的言辭進行勸說，非同質言直言，明言。前人既不質言，後人何從推測？就《詩》而論，有作詩之意，有賦詩之意。鄭君云："賦者，或造篇創制新作，或述古一作"誦古"，引述舊文。"語出《毛詩正義》卷十六《常棣》孔穎達所引鄭玄答趙商之語。故《詩》有正義蓋指詩之本義，有旁義引申之旁義，有斷章取義多指春秋時代之賦詩斷章。以旁義爲正義則誤，以斷章取義爲本義尤誤。是其義雖并出於古，亦宜審擇，難盡遵從，此《詩》之難明者一也。漢初傳經，皆止一家，《易》出田何，《書》出伏生。惟《詩》在漢初已不名一家，申公、轅固生、韓嬰申公：申培（約前219—前135），魯人，曾從浮丘伯學《詩》，西漢今文詩學"魯詩學"開創者。轅固生：齊人，漢景帝時爲博士，創西漢"齊詩學"。韓嬰：西漢燕人，文帝時爲博士，景帝時至常山王太傅。治《詩》兼治《易》，西漢"韓詩學"創始人，魯、齊、韓《詩》，并號初祖。故漢十四博士東漢光武帝建武年間，在漢宣帝黃龍十二博士的基礎上設置十四博士，標誌著漢代今文經學的進一步發展，其先止分五經，《書》惟歐陽、《禮》后、《易》楊、《春秋》公羊分別指歐陽生、后蒼、楊何、公羊高，其制最善。後又分出家數指傳經家法，《易》有施、孟、梁丘、京氏分別指施讎、孟喜、

梁丘賀、京房，《書》有歐陽、大小夏侯分別指歐陽高、夏侯勝、夏侯建，《禮》大小戴戴德、戴聖，《春秋》嚴、顏分別指嚴彭祖、顏安樂，其實皆不必分。惟《詩》三家同爲今文，所出各異，當時必應分立，後人不可并爲一談。而專家久亡，大義茫昧，此《詩》之難明者二也。三家亡而《毛傳》孤行《毛傳》：西漢毛亨所撰《毛詩故訓傳》，義亦簡略，猶申公傳《詩》，疑者則闕，弗傳，未嘗字字解釋。後儒作疏，必欲求詳，毛所不言，多以意測，或毛義與三家不異，而強執以爲異。軌途既別，溝合無由，此《詩》之難明者三也。鄭君作《箋》，以毛爲主，若有不同，便下己意。此爲箋體之特色，鄭氏《六藝論》云："注《詩》宗毛爲主，毛義若隱略，則更表明。如有不同，即下己意，使可識別也。"鄭改經字，多因魯、韓。所謂"下己意"者，或本三家，或創新解。鄭學雜糅今古，難盡剖析源流，此《詩》之難明者四也。他經之疏，專主一家，惟《詩》毛、鄭并行，南北同尚，唐作《正義》，兼主《傳》《箋》。毛無明文，而《孔疏》云"毛以爲"者，大率本於王肅，名爲申毛，實則申王。王好與鄭立異王肅《孔子家語序》云："鄭氏學行五十載矣，自肅成童，始志于學，而學鄭氏學矣。然尋文責實，考其上下，義理不安，違錯者多，是以奪而易之。"，或毛意與鄭不異，又強執以爲異。既分門戶，未易折衷，此《詩》之難明者五也。歐陽修《詩本義》，始不專主毛、鄭。歐陽修《詩統解序》云："余欲志鄭學之妄，益毛氏之疏略而不至者，合于經。"宋人競立新說，至朱子集其成，元、明一概尊崇，近人一概抹撥。案朱子《集傳》間本三家，實亦有勝於毛、鄭者，而漢宋強爭，今古莫辨，此《詩》之難明者六也。宋人疑經，至王柏而猖狂已極王柏（1197—1274）：字會之，一字仲會，號魯齋，婺州金華（今浙江金華）人，朱熹三傳弟子，著有《讀易記》《讀書記》《書疑》《詩疑》等，妄删《國風》王柏以爲《詩》文本中有諸多詩篇不純，主張删掉《野有死麕》《靜女》《桑中》《氓》等 32 首"淫詩"，進退孔子褒貶孔子。國初崇尚古學謂清代考據學的興起，陳啓源等仍主《毛詩》陳啓源：字長發，江蘇吳江人，康熙時諸生，博通經學，有《毛詩稽古編》，後有戴震、段玉裁、胡承珙、馬瑞辰諸人胡承珙（1776—1832）：字景孟，號墨莊，安徽涇縣人，撰《毛詩後箋》。馬瑞辰（1782—1853）：字元伯，又字獻生，安徽桐城人，撰《毛詩傳箋通釋》，陳奐《毛氏傳疏》尤備陳奐（1786—1863）：字碩甫，號師竹，晚自號南園老人，江蘇長州（今蘇州）人。曾問學於段玉裁、高郵王氏父子，著有《詩毛氏傳疏》《毛詩説》《毛詩九穀考》《毛詩傳義類》等。然毛所不言者，仍不能不補以《箋》《疏》，或且强韓同毛。乾嘉崇尚今文，《齊詩》久亡，孤學復振，采輯三家《詩》者甚夥。陳喬樅《魯齊韓詩遺説考》尤備陳喬樅（1809—1869）：字樸園，福建侯官（今福州）人，經學家陳壽祺（1771—1834）之子。此書又名《三家詩遺説考》，先由壽祺輯録，後由喬樅補輯，歷二十餘年而成，然止能搜求斷簡，未能解釋全經。毛既簡略不詳，三家尤叢殘難拾，故於毛、鄭通其故訓，於三家莫證其微言，此《詩》之難明者七也。三家《序》亡，獨存《毛序》，然《序》亦不盡出毛公。沈重云沈重：南朝梁吳興人，有《詩音義》等：“案鄭《詩譜》意，《大序》是子夏作，《小序》是子夏、毛公合作。”《大序》、《小序》：唐人孔穎達《毛詩正義》引舊説云，自“《關雎》，后妃之德也”，“起此至‘周之邦國焉’，名《關雎序》，謂之《小序》。自‘風，風也’訖末，名爲《大序》”。子夏：孔子弟子卜商，春秋時期晉國人。毛公：西漢毛亨。鄭於《絲衣》又云《絲衣》：《周頌》篇名：“高子之言子夏授詩於高行子，非毛公後人著之。”《後漢·儒林傳》：“衛宏作《毛詩序》。”後人遂謂《序》首句毛公作《序》之首句，如“后妃之志也”“后妃之本也”，又稱“首序”或“古序”，以下衛宏續作“首序”下之文字，又稱“續序”。或止用首句而棄其餘，或并首句不用。宋王質、鄭樵、朱子王質（1135—1189）：字景文，號雪山，其先鄆州（今山東東平）人，後徙興國軍（今湖北陽新）。南宋經學家，撰《詩總聞》等，皆不信《毛序》。近人申毛者以《序》《傳》爲一人所作，然《序》實有不可盡信者，與馬、鄭古文《書序》同。究竟源自西河，抑或出於東海？此《詩》之難明者八也。

65. 論《詩》有正義有旁義，即古義亦未盡可信

說經必宗古義，義愈近古，愈可信據。故唐宋以後之說，不如漢人之說；東漢以後之說，又不如漢初之人說。至於說出春秋以前，以經證經_{其時尚未出現後世注疏}，尤爲顛撲不破。惟說《詩》則不盡然，《漢書·藝文志》曰："漢興，魯申公爲《詩》訓故，齊轅固、燕韓生皆爲之傳。或取《春秋》，采雜說，咸非其本義。與不得已，魯最爲近之。"清人王念孫《讀書雜誌》云："與者，如也；不得已者，必欲求其本義也。言三家說《詩》，皆非其本義，如必求其本義，則魯最爲近之也。"案《漢書·敘傳》："班伯少受《詩》於師丹_{班伯：班固之伯祖。師丹：字仲公，琅邪東武人，漢元帝時爲博士。}"《師丹傳》："治《詩》事匡衡。"_{匡衡：字稚圭，東海承縣（今山東棗莊嶧城區）人。西漢經學家，善說《詩》，時人云："無說《詩》，匡鼎來。匡說《詩》，解人頤。"}是班伯習《齊詩》，固傳家學，亦當是習《齊詩》者。而以齊、韓或采雜說，非本義，魯最爲近。是三家雖所傳近古，而孰爲正義，孰爲旁義，已莫能定；以爲詩人之意如是，亦莫能明。若《左傳》《國語》《禮記》《孟子》《荀子》諸書所引，又在漢初以前，更近古而可信據矣。而《左氏·襄二十八年傳》明載盧蒲癸之言曰"賦詩斷章"_{《左傳》原文曰："……慶舍之士謂盧蒲癸曰：'男女辨姓，子不辟宗，何也？'曰：'宗不余辟，余獨焉辟之？賦詩斷章，余取所求焉，惡識宗？'"}，則《傳》載當時君臣之賦詩，皆是斷章取義，故《杜注》皆云"取某句"_{《杜注》：晉人杜預所撰《春秋左傳集解》。}。《左傳》與《毛詩》同出河間博士_{漢景帝之子劉德（？—前129），封河間王，謚曰獻。修學好古，曾於民間廣羅圖書，并設儒生博士，趙人毛萇即曾爲河間博士，故二書每互相援引。}《左傳》如"衛人所爲賦《碩人》""許穆夫人

賦《載馳》",既有牽引之疑,而《毛傳》解《詩》,亦多誤執引《詩》之説:如《卷耳》,執《左傳》"周行官人"一語《左傳·襄公十五年》云:"君子謂:楚於是乎能官人。官人,國之急也。能官人,則民無覦心。《詩》云:'嗟我懷人。寘彼周行。'能官人也。",以爲后妃求賢審官考察提拔官吏,《四牡》"懷和周諏"《國語·魯語下》云:"《皇皇者華》,君教使臣曰'每懷靡及',諏、謀、度、詢,必咨於周。敢不拜教?臣聞之曰:'懷和爲每懷,咨才爲諏,咨事爲謀,咨義爲度,咨親爲詢,忠信爲周。'君既使臣以大禮,重之以六德,敢不重拜。",誤執《國語》爲説,皆未免於高叟之固《孟子·告子下》云:"公孫丑問曰:'高子曰:《小弁》,小人之詩也。'孟子曰:'何以言之?'曰:'怨。'曰:'固哉,高叟之爲《詩》也!有人於此,越人關弓而射之,則己談笑而道之,無他,疏之也。其兄關弓而射之,則己垂涕泣而道之,無他,戚之也。《小弁》之怨,親親也。親親,仁也。固矣夫,高叟之爲《詩》也!'"。是以經證經雖最古,而其孰爲作詩之義,孰爲引詩之義,已莫能定;以爲詩人之意如是,亦莫能明。

朱子曰:"古人之詩如今之歌曲,雖閭里童稚,皆習聞之而知其説。"語出《論語集注》卷四《泰伯第八》朱子所引程子之語。蓋古以《詩》《書》《禮》《樂》造士,人人皆能誦習。《詩》與《樂》相比附,人人皆能弦歌。賓客燕享,賦詩明志,不自陳説,但取諷諭,此爲春秋最文明之事。亦惟其在詩義大明之日,詩人本旨無不瞭然於心,故賦詩斷章,無不暗解其意。而引詩以證義者,無不如自己出,其爲正義,爲旁義,無有淆混而歧誤也。《詩》三百五篇遭秦而全者,以其諷誦,不獨在竹帛,而《詩》義經燔書之後,未必盡傳。《史記》載三家,以申培、轅固、韓嬰爲初祖,而三家傳自何人,授受已不能詳;三家所以各成一家,異同亦無可考。況今《魯故》《齊故》《韓故》無存於世,存於世者,惟《韓詩外傳》。而《外傳》亦引詩之體,而非作詩之義。《毛傳》晚出,漢人不信,後世以其與《左氏傳》合,信爲古義,豈知毛據《左氏》以斷章爲本義,其可疑者正坐此乎正因爲此。

古義既亡,其僅存於今者,又未必皆《詩》之本義。説《詩》者雖以意逆志用自己的心思揣度詩人的意圖,《孟子·萬章上》:"故説《詩》者不以文害辭,不以辭害志。以意逆志,是爲得之。",亦苦無徵不信,安能起詩人於千載之上而自言其義乎?此《詩》所以比他經尤難分明,即好學深思,亦止能通其所可通,而不能通其所不可通者。申公傳《詩》最早,疑者則闕不傳,況在後儒,可不知闕疑之意乎?

66. 論《關雎》爲刺康王詩,魯、齊、韓三家同

《詩》開卷有一大疑焉,以《關雎》爲周康王時詩是也周康王:姬釗,成王之子,在位 26 年。《史記·十二諸侯年表序》曰:"周道缺,《詩》人本之袵席(rèn xí)床席,臥席,指房中,《關雎》作。"又《儒林傳序》曰:"周室衰而《關雎》作。"《淮南·氾論訓》曰:"王道缺而《詩》作,周室廢、禮義壞而《春秋》作。《詩》《春秋》,學之美者也,皆衰世之造也。"又《詮言訓》曰:"《詩》之失,僻。"高誘注:"《詩》者,衰世之風也。"高誘又云:"故邪而以之正,小人失其正則入於僻。"《漢書·杜欽傳》上疏曰:"是以佩玉晏鳴晏:晚,遲也,《關雎》歎之。"宋王應麟《詩考》引李奇曰:"后夫人雞鳴佩玉去君所,周康王后不然,故詩人歎而傷之。"劉向《列女傳》曰:"周之康王夫人晏出朝,《關雎》豫見,思得淑女以配君子。夫雎鳩之鳥,猶未嘗見乘居而匹處也乘(shèng)居:猶雙居,謂雌雄同處。匹處:猶乘居。"揚雄《法言·孝至篇》曰:"周康之時,頌聲作乎下,《關雎》作乎上,習治也宋人宋咸曰:"言由成王來積習爲治。"宋人吳秘曰:"習治,習見治世之道。",故習治則傷始亂也。"王充《論衡·謝短篇》:"《詩》家曰,周衰而《詩》作,蓋康王時也。康王德缺於房謂康王耽於聲色,不精於朝政,大臣刺晏謂刺晚朝,故《詩》作。"

袁宏《後漢紀》："楊賜上書曰，昔周康王承文王之盛，一朝晏起，夫人不鳴璜作禮器或裝飾用的半璧形玉器，宮門不擊柝（tuò）敲梆巡夜，《關雎》之人，見幾而作幾：微也，萌也。"《後漢書·皇后紀論》曰："康王晚朝，《關雎》作諷。"《楊賜傳》曰："康王一朝晏起，《關雎》見幾而作。"應劭《風俗通義》曰："昔周康王一旦晏起，詩人以爲深刺，天子當夜寢蚤作蚤：通"早"。作：興起，身省萬機。"張超《誚青衣賦》曰張超：字子并，東漢河間鄚人，張良後裔："周漸將衰，康王晏起。畢公喟然畢公：周文王第十五子，名高。武王滅商後，封于畢地（今陝西咸陽東北，一説西安西南），曾與召公共同輔佐康王繼位，深思古道。感彼《關雎》，德不雙侶。願得周公，配以窈窕。防微消漸，諷諭君父。孔氏大之，列冠篇首。"凡此諸説，後人皆以爲《魯詩》。其解《關雎》，皆以爲衰世之詩，康王時作。張超以爲畢公所撰，説尤詳明。

且非獨《魯詩》然也，齊、韓二家亦同。《後漢書·明帝紀》曰："應門失守應門：古代王宮的正門，指代天子聽政之所，《關雎》刺世。"注引《薛君韓詩章句》薛漢撰，漢字公子，東漢淮陽（今屬河南）人，世習《韓詩》："詩人言雎鳩貞潔慎匹謂不亂其偶，以聲相求，必於河之洲隱蔽無人之處。故人君退朝，入於私宮，后妃御見，去留有度，應門擊柝，鼓人上堂，退反宴處，體安志明。今時大人内傾於色，賢人見其萌，故詠《關雎》，説淑女説：通"悦"，正容儀，以刺時。"《韓詩》之説同於《魯》而更詳。《齊詩》未見明文，説者疑《齊詩》與魯、韓異。匡衡，習《齊詩》者也，其上疏戒妃匹曰："孔子論《詩》，以《關雎》爲始，言太上者民之父母，后夫人之行不侔乎天地侔（móu）：齊等，相當，則無以奉神靈之統而理萬物之宜。故《詩》曰：'窈窕淑女，君子好仇。'傳世本《關雎》作"君子好逑"，"逑""仇"爲異文，皆指配偶，言能致其貞淑，不貳其操，情欲之感無介乎容儀唐顏師古注曰："介，繫也。言不以情欲繫心，而著容儀者。"，宴私之意不形乎動靜_{宴私之意：謂公餘閒居之時}，夫然後可以配至尊而爲宗廟主。"語出《漢書‧匡衡傳》。則衡所習《齊詩》，亦與魯、韓義同。"致其貞淑，不貳其操"云云，即張超所云"德不雙侶"，劉向所云"未見乘居匹處"，薛君所云"貞潔慎匹"也。"后夫人之行，不侔乎天地"云云，即劉向所云"夫人晏起"，楊賜所云"夫人不鳴璜"也。且《齊詩》多同緯説，五際、六情_{五際：漢代《齊詩》學者翼奉説詩，附會陰陽五行之説，以推論政治變化，認爲每當卯、酉、午、戌、亥是陰陽終始際會之年，政治上必發生重大變動。鄭玄《六藝論》引《詩緯汎歷樞》云："亥爲革命，一際也。辰爲天門出入候聽，二際也。卯爲陰陽交際，三際也。午爲陽謝陰興，四際也。酉爲陰盛陽微，五際也。"六情：指《詩》之六義，《毛詩序》云："詩有六義焉：一曰風，二曰賦，三曰比，四曰興，五曰雅，六曰頌。"一説，指喜、怒、哀、樂、好、惡}，皆出於緯。《春秋緯‧説題辭》曰："人主不正，應門失守，故歌《關雎》以感人。"宋均曰_{宋均：字叔庠，東漢南陽安衆人。受業於博士，通《詩》《禮》，善論難}："應門，聽政之處也，言不以政事爲務，則有宣淫之心_{公然淫亂，毫無避忌之心}。《關雎》樂而不淫_{朱子《論語集注》曰："淫者，樂之過而失其正者也。……《關雎》之詩，言后妃之德宜配君子。求之未得，則不能無寤寐反側之憂；求而得之，則宜其有琴瑟鐘鼓之樂。蓋其憂雖深而不害於和，其樂雖盛而不失其正。故夫子稱之如此，欲學者玩其辭審其音，而有以識其性情之正也。"}，思得賢人與之共化，修應門之政者也。"以緯證經，正與魯、韓説合。《齊詩》既多同緯説，其不得有異義可知。歐陽修曰："《關雎》，齊、魯、韓三家，皆以爲康王政衰之詩。"晁説之《詩説》_{晁説之（1059—1129）：字以道，一字伯以，濟州鉅野（今山東巨野）人。北宋經學家，有《晁氏詩傳》《詩論》《晁氏書傳》《論語講義》等}，謂齊、魯、韓三家以《關雎》皆爲康王詩，其説不誤。

67. 論《關雎》刺康王晏朝,詩人作詩之義;《關雎》爲正風之首,孔子定詩之義,漢人已明言之

《齊詩》魏代已亡,《魯詩》不過江東指西晉时《魯詩》亡佚,《韓詩》雖在,無傳之者,後卒亡於北宋,僅存《外傳》,亦非完帙,於是三家古義盡失。言《詩》者率以《關雎》刺詩爲三家詬病,謂誤以正詩爲刺詩,違詩人之本旨。(呂祖謙曰:"《關雎》正風之首,三家者乃以爲刺。")其意蓋以《關雎》爲正風之首《毛詩序》首次提出《詩》有"風雅正變"之说,云:"至於王道衰,禮儀廢,政教失,國異政,家殊俗,而變風變雅作矣。"唐孔穎達《疏》云:"王道衰,諸侯有變風;王道盛,諸侯有正風。"所謂正風正雅,指這些作品作於政治清明之時;所謂變風變雅,指這些作品作於政治衰亂之時。《毛詩》系统中,將《周南》《召南》計25篇列爲"正風",將《小雅》中自《鹿鳴》至《菁菁者莪》16篇、《大雅》中自《文王》至《卷阿》18篇列爲"正雅",將《邶風》以下十三國風計135篇列爲"變風",將《小雅》中《六月》以下58篇、《大雅》中《民勞》以下13篇列爲"變雅",不得以刺詩當之也。

錫瑞案:以漢人之説考之,三家并非不知《關雎》爲正風之首者。太史公,習《魯詩》者也,《外戚世家》曰:"自古受命帝王,及繼體守文之君繼體:嫡子繼承帝位。守文:本指遵循文王法度,泛指遵循先王法度,非獨内德茂也,蓋亦有外戚之助焉。唐司馬貞《史記索隱》云:"非獨君德於内茂盛,亦有賢后妃外戚之親,以助教化。"夏之興也以塗山古國名,相傳夏禹曾娶塗山女,而桀之亡也以妹喜夏桀之妻;殷之興也以有娀(sōng)古國名,故址在今山西永濟縣。殷契母簡狄,即有娀氏女,紂之殺也嬖妲己嬖:寵愛。妲己:商紂寵妃,蘇氏諸侯之女;周之興也以姜原及大任姜原:亦作"姜嫄",周代始祖后稷之母。大任:亦作"太任",季歷之妻,文王之母,而幽王之禽也淫於褒姒禽:通"擒",被擒獲。褒姒(sì):周幽王寵妃,古褒國人,美而寡笑。幽王爲博其一笑,烽火

戲諸侯而致周亡。故《詩》始《關雎》，夫婦之際，人道之大倫也。"劉向，習《魯詩》者也，《列女傳》曰："自古聖王必正妃匹，妃匹正則興，不正則亂。夏之興也以塗山，亡也以妹喜；殷之興也以有㜪當指商湯妃子有莘氏，而非指契母簡狄，亡也以妲己；周之興也以太姒文王之后妃，亡也以褒姒。周之康王夫人晏出朝，《關雎》豫見，思得淑女以配君子。夫雎鳩之鳥，猶未嘗見乘居而匹處也。夫男女之盛，合之以禮，則父子生焉，君臣成焉，故爲萬物始。"語出《列女傳》卷三《仁智傳·魏曲沃負》。據此二説，則《關雎》爲正風之始，習《魯詩》者非不知也。匡衡，習《齊詩》者也，其上疏云："臣又聞之師曰：'匹配之際，生民之始，萬福之原。'婚姻之禮正，然後品物遂而天命全品物：萬物。遂：成也，孔子論《詩》以《關雎》爲始。"語出《漢書·匡衡傳》。荀爽，習《齊詩》者也，其對策曰："夫婦，人倫之始，王化之端。陽尊陰卑，蓋乃天性，且《詩》初篇，實首《關雎》，禮始冠婚冠禮、婚禮，先正夫婦。"語出《後漢書·荀爽傳》。據此二説，則《關雎》爲正風之始，習《齊詩》者亦非不知也。《韓詩外傳》："子夏問曰：'《關雎》何以爲《國風》始也？'孔子曰：'《關雎》至矣乎！夫《關雎》之人，仰則天，俯則地，幽幽冥冥，德之所藏，紛紛沸沸，道之所行，如神龍變化，斐斐文章。大哉，《關雎》之道也！萬物之所繫①，群生之所懸命也。河洛出《圖》《書》，麟鳳翔乎郊，不由《關雎》之道，則《關雎》之事將奚由至矣哉？夫《六經》之策，皆歸論汲汲急切貌，急促貌，蓋取之乎《關雎》，《關雎》之事大矣哉！馮馮翊翊（píng píng yì yì）茂盛衆多的樣子，自東自西，自南自北，無思不服謂四方百姓無不服於武王。子其勉强之，思服之。天地之間，生民之屬，王道之原，不外乎此矣。'子夏喟然歎

---

① "繫"，原作"繁"，誤，據《韓詩外傳》卷五改。

曰:'大哉《關雎》! 乃天地之基也。《詩》曰:鼓鐘樂之。'"語出《韓詩外傳》卷五。案《韓詩》論《關雎》,義尤闊大,何以又有《關雎》刺時之説,豈自言之而自背之乎? 必以三家爲誤,豈一家誤而兩家亦從而誤乎?《漢志》言"取《春秋》、采雜説,非其本義,魯最近之",然則齊、韓有誤,魯不應誤,何以《魯詩》明言《關雎》爲衰世之詩、康王時作乎?《詩》有本義,有旁義,如《漢志》説,三家容有采雜説,以旁義爲正義者,而開宗明義必不致誤。然則以爲正風之始,又以爲刺康王晏朝,二者必皆是正義而非旁義。刺康王晏朝,詩人作詩之義也;爲正風之始,孔子定詩之義也。安見既爲刺詩,遂不可以爲正風而冠全詩乎? 張超曰"防微消漸,諷諭君父",此作詩之義;"孔氏大之,取冠篇首",此定詩之義。據漢人之遺説,不難一以貫之。後人疑其所不當疑,開章第一義已不能通,又何足與言《詩》?

68. 論四始是孔子所定,《儀禮》亦孔子所定, 解此乃無疑於合樂《關雎》、工歌《鹿鳴》

　　孔子删定《六經》,則定《詩》之"四始",亦必出於孔子。自漢以後,經義湮廢,讀孔子之書者,必不許孔子有定《六經》之事許:推許,贊同,而以删定《六經》之功歸之周公,於是《六經》之旨大亂而不能理。《詩》之"四始",以《關雎》爲《風》始,《鹿鳴》爲《小雅》始,《文王》爲《大雅》始,《清廟》爲《頌》始,自是定論,必不可不遵者也。《關雎》《鹿鳴》《文王》《清廟》,皆歌文王之德,爲後世法,亦是定論,必不可不遵者也。然考漢以前古義,惟《文王》《清廟》是言文王《文王》詩序云"文王受命作周也"、《清廟》詩序云"祀文王也。文王既成洛邑,朝諸侯,率以祀文王焉",且是周公稱美文王,有明文可據,而《關雎》《鹿鳴》無明文。《呂氏春秋》曰："周公作詩云'文王在上，於昭于天。周雖舊邦，其命維新'《大雅·文王》句，以繩文王之德繩：讚譽，稱譽。"《漢書·翼奉傳》曰："周公作詩，深戒成王，以恐失天下，曰：'殷之未喪師指殷商未失民心時，克配上帝謂合於天命。'《大雅·文王》句"《世說新語》："荀慈明曰即東漢荀爽：'公旦《文王》之詩，不論堯、舜之德而頌文、武者，親親之義也。'"是《文王》詩爲周公作，古有明文。《尚書大傳》曰："周公升歌《清廟》而弦文、武升歌：祭祀、宴會登堂時演奏樂歌。弦文、武：彈以琴瑟播揚文、武之德。"王褒《四子講德論》曰王褒：字子淵，蜀資中人，西漢辭賦家："周公詠文王之德而作《清廟》，建爲《頌》首。"《劉向傳》曰："文王既没，周公思慕，歌詠文王之德，其詩云：'肅雍顯相助祭的公侯高貴顯赫，濟濟多士參與祭祀之人衆多而美好，秉文之德秉持文王之德。'"是《清廟》詩爲周公作，古有明文。而遍考古書，未有言周公作《關雎》與《鹿鳴》者（惟謝太傅劉夫人以《關雎》爲周公詩，見於《世説》。魯、齊《詩》晉已亡，此非雅言，亦非古義，不可據）。

太史公曰："周道缺，詩人本之衽席，《關雎》作。仁義陵遲敗壞，衰敗，《鹿鳴》刺焉。"語出《史記·十二諸侯年表》。是《關雎》《鹿鳴》皆出於衰周，非周公作，亦非周公之所及見。四始之義，至孔子始定。孔子以爲《關雎》"貞潔慎匹"，如匡衡所謂"情欲之感，無介乎容儀"者，惟文王、太姒足以當之。《鹿鳴》《四牡》《皇華》，亦惟文王率殷之叛國足以當之。故推《關雎》《鹿鳴》爲《風》與《小雅》之始，以配《文王》《清廟》而爲四。"四始"之義，是孔子所定，非周初所有也。張超曰："孔氏大之，取冠篇首。"此以《關雎》冠篇首出孔氏之明證。張超又曰："願得周公，配以窈窕。"此尤《關雎》不出周公之明證。若出周公，周公豈得自言？若《關雎》明指文王、太姒，更豈得爲此言？"窈窕淑女"屬太姒，乃周公之母，而願得周公配之，非病狂喪心之人，必無此荒謬不通之語。張子并作《誚青衣賦》，以誚蔡伯喈作《青衣賦》爲志蕩辭淫誚(qiào)：譏誚，諷刺。蔡伯喈：東漢文學家蔡邕(133—192)，字伯喈，史稱"蔡中郎"，蔡文姬之父，若先自居於荒謬不通，不反爲伯喈所誚乎？據張超所言，則《關雎》必不作於周公以前，而四始必由於孔子所定矣。或難之曰："《儀禮》，周公之書，而《鄉飲酒》合樂《關雎》之三合樂：謂諸樂合奏。《關雎》之三：謂《關雎》《葛覃》《卷耳》三詩，《燕禮》工歌《鹿鳴》之三工歌：樂工歌唱。《鹿鳴》之三：謂《鹿鳴》《四牡》《皇皇者華》三詩，非周公時已有《關雎》《鹿鳴》之明證乎？"曰："以《儀禮》爲周公書，亦是後儒之説，古無明文。'恤由之喪，哀公使孺悲學士喪禮於孔子因爲魯國士人恤由的喪事，魯哀公派孺悲到孔子那裏學習士喪禮，士喪禮於是乎書'語出《禮記·雜記下》，則《儀禮》十七篇，亦孔子所定也。"（《列女·太姒傳》引《詩》曰："大邦有子。"又曰："太姒嗣徽音。"不引《關雎》，是《魯詩》不以《關雎》詩屬太姒之證。）

69. 論班固云《關雎》"哀周道而不傷"爲"哀而不傷"之確解

子曰："《關雎》樂而不淫，哀而不傷。"語出《論語·八佾》。稱《關雎》以哀、樂并言，自來莫得其解。《毛序》衍其説曰："是以《關雎》樂得淑女以配君子，憂在進賢，不淫其色不縱恣其色以求專寵。哀窈窕，思賢才，而無傷善之心焉。"其解"樂""哀"二字，殊非孔子之旨。自宋程大昌以後多疑之，謂與夫子之語全不相似，當爲衛宏所續，不出毛公。《鄭箋》知其不可通也，乃云"哀"當爲"衷"字之誤也。鄭玄云："'哀'蓋字之誤也，當爲'衷'。'衷'謂中心恕之，無傷善之心，謂好逑也。"然"衷窈窕"仍不可通，且孔子明言"哀"而改爲"衷"，與孔子言"哀"不合。朱注《論語》：“求之未得，則不能無①寤寐反側之憂；求而得之，則宜其有琴瑟鐘鼓之樂。”語出《論語集注》卷二。孔子言“哀”不言“憂”，朱以“哀”字太重而改爲“憂”，亦與孔子言“哀”不合。近儒劉台拱《論語駢枝》謂兼《關雎》之三而言之劉台拱（1751—1805）：字端臨，一字江嶺，江蘇寶應人。清代經學家，又有《經傳小記》《荀子補注》等，《關雎》《葛覃》“樂而不淫”，《卷耳》“哀而不傷”，引《卷耳》詩“維以不永傷”爲據。魏源駁之曰：“夫反側憂勞，豈得謂專樂無哀？既哀矣，可不紬其所哀何事乎紬（chōu）：抽出，理出？文王化行二南之日二南：周南、召南二地，以今河南陝縣爲界劃分。明人梁寅《詩演義》云：“文王分命周公、召公爲二伯，自陝以東，周公主之；自陝以西，召公主之。”，太姒歸周已數十年，而猶求之不得，寤寐綢繆（chóu móu）謂情意殷切，何爲乎？若謂后妃求賢，則以文王之聖，又得太姒之助，即未更得賢嬪，豈遂反側堪哀，且哀而恐至於傷乎？岐周國盡於渭岐周：岐山下的周代舊邑，地在今陝西岐山縣境，周建國於此，故稱。渭：渭水，源出甘肅鳥鼠山，橫貫陝西中部，至潼關入黃河，地不至河指黃河，而云‘在河之洲’，明爲陝以東之風，非周國所采。而謂作於宮人女史古代女官名，以知書婦女充任，掌管有關王后禮儀等事。或爲世婦下屬，掌管書寫文件等事，其可通乎？《關雎》房中之樂，后夫人侍御於君，女史歌之以節義序使夫婦有義，妻妾有序，豈惟有頌美無諷諭乎？”語出魏源《詩古微》上編之二。

錫瑞案：魏氏駁劉，知《關雎》爲諷諭，又以河洲非屬岐周，正可爲《關雎》非指文王、太姒之證。而猶必以文王、太姒爲説，故仍不得其解。竊嘗以意解之，《關雎》一詩，實爲陳古刺今。“樂而不淫”屬陳古言，《韓詩外傳》云：“人君退朝，入於私宮，后妃御見，去留有度。”未見於《韓詩外傳》，當出於《薛君韓詩

---

① “不能無”，原作“宜其有”，誤，據朱子《論語集注》卷二改。

章句》,參清范家相《三家詩拾遺》卷三。此之謂"樂而不淫"。"哀而不傷"屬刺今言,班固《離騷序》:"《關雎》哀周道而不傷。"馮衍《顯志賦》馮衍:字敬通,京兆杜陵(今陝西西安東南)人,東漢辭賦家:"美《關雎》之識微兮,愍王道①之將崩愍(mǐn):憂患,憐憫。""哀"即哀周道②、愍王道③之義;"不傷"謂婉而多諷,不傷激切,此之謂"哀而不傷"。班氏於"哀而不傷"中加"周道"④二字,義極明晰。"樂而不淫",《關雎》詩之義也,可見人君遠色之正;"哀而不傷",作《關雎》詩之義也,可見大臣託諷之深。二義本不相蒙原本不相符合,後人并爲一談,又必專屬文王、太姒而言,以致處處窒礙。謂君子求淑女,則必以爲文王求太姒。夫國君十五而生子,文王生武王年止十四,有何汲汲至寤寐反側以求夫人?且"娶妻如之何?必告父母"語出《詩·齊風·南山》,文王亦非可結婚自由而自求夫人者,此說之必不可通者也。毛云"后妃之德",并未明指太姒,《序》言"憂在進賢",則已有后妃求賢女之意。《鄭箋》遂以爲后妃寤寐求賢女,其義亦本於三家《詩》。《列女·湯妃有㜪傳》引《詩》云:"'窈窕淑女,君子好逑',言賢女能爲君子和好衆妾。"《詩·推度災》曰:"《關雎》有原,冀得賢妃正八嬪帝王姬妾。本句意謂希望得到一位賢良妃子來端正其他嬪妾。"是魯、齊《詩》已與《鄭箋》意同,乃鄭君之所本。然此亦是旁義,而非正義。蓋不妒忌雖爲后妃盛德,要不得爲王化之原,未足以冠全詩。且古諸侯一娶九女,適夫人一姪一娣適:通"嫡"。古代諸侯貴族之女出嫁,以侄女

---

① "王道",思賢書局本作"周道"。
② "周道",思賢書局本作"王道"。
③ "王道",思賢書局本作"周道"。
④ "周道",思賢書局本作"王道"。

和妹妹從嫁爲媵妾者，稱"姪娣"，左右媵各一姪一娣媵(yìng)：古諸侯嫁女，以姪娣從嫁稱"媵"，是爲九女。貴妾之數早定貴妾：妻的隨嫁姪娣和有子的妾均稱"貴妾"，以其身世地位尊貴，故稱，不待后妃求之，故止可爲旁義而不得爲正義也。論其正義，是詩人求淑女以配君子；論其旁義，是后妃求淑女以配君子，皆不指定文王、太姒。朱子知其不可通也，以爲"宮中之人，於其始至，見其有幽閒貞靜之德，爲作是詩"。如其説，不知宮人爲何人。以爲文王之宮人，不應適夫人未至而已先有宮妾；以爲王季之宮人，尤不應知世子寤寐反側之隱。且適夫人之得不得，尤非宮人之所能求。是皆求其説而不得，從而爲之辭者。

70. 論畢公追詠文王、太姒之事以爲規諫，范處義 説得之，非本有是詩而陳古以諷

范處義《逸齋詩補傳》曰范處義：浙江金華人，宋代經學家，長於《詩經》，又撰有《詩學》《解頤新語》等："《關雎》詠太姒之德，爲文王風化之始。而韓、齊、魯三家，皆以爲康王政衰之詩，故司馬遷、劉向、揚雄、范蔚宗并祖其説。近世説《詩》者，以《關雎》爲畢公作，謂得之張超，或謂得之蔡邕。畢公爲康王大臣，册命尊爲父師册命：帝王册封之命。父師：太師，上古三公之一，盡規固其職也規固：劃定區域，加以封禁。而張超、蔡邕皆漢儒，多見古書，必有所據。然則《關雎》雖作於康王之時，乃畢公追詠文王、太姒之事以爲規諫，故孔子定爲一經之首。"語出范處義《詩補傳·篇目》。

錫瑞案：宋以後説《關雎》者，惟范氏此説極通，可謂千古特識。蓋作詩以陳古刺今者畢公，删《詩》而定爲經首者孔子。在畢公視之爲刺詩，在孔子視之爲正詩。如此解，乃無疑

於刺詩之不可爲正詩矣。惟范氏於張、蔡二說尚未能定，王應麟《困學紀聞》亦以爲未詳所出。張超《誚青衣賦》，見《藝文類聚》三十五卷。《古文苑》云："蔡伯喈作《青衣賦》，志蕩詞淫，故張子并作此以規之規正之，匡正之。"《青衣賦》見《蔡集》中，無畢公作《關雎》語。是以《關雎》爲畢公作，當屬張而不屬蔡矣。又《詩篇目論》曰："司馬遷曰：'仁義陵遲，《鹿鳴》刺焉。'蔡邕亦曰：'《鹿鳴》者，周大臣之所作也。王道衰，大臣知賢者幽隱，故彈弦諷諫。'且《鹿鳴》，文、武治內之政，先聖孔子自衛反魯，《雅》《頌》各得其所，不應以刺詩冠《小雅》篇首。就如二人之說，其殆《關雎》之類，雖作於文王之後，實則文王之事也。孔子讀《鹿鳴》，見君臣之有禮，則非刺明矣。"語出范處義《詩補傳》。

　　案《關雎》《鹿鳴》，同一刺詩，并見《史記》，皆作於文王之後，而追詠文王之事。故雖是刺詩，而可列於四始。孔子讀《鹿鳴》，見君臣之有禮；孔子讀《關雎》，何嘗不以爲生民之屬、王道之原乎？《關雎》刺詩，可冠經首；《鹿鳴》刺詩，何獨不可冠《小雅》篇首乎？范氏明於《關雎》而昧於《鹿鳴》，所見未諦確鑿，確實。蓋《逸齋補傳》專宗毛、鄭，故雖稱引古義，而仍不能釋然於《傳》《箋》也釋然：意謂領悟，理解。薛士龍《答何商霖書》曰薛士龍：即南宋薛季宣（1134—1173），開永嘉事功學派，注重實務，反對空談義理，著有《浪語集》《書古文訓》等："來教謂《詩》之作起於教化之衰，所引康王晏朝，將以爲據。《魯詩》所道，可盡信哉？求《詩》名於《禮經》當指《儀禮》，非後世之作也，又安知《關雎》作刺之說，非賦其詩者乎？"語出《浪語集》卷二十四《答何商霖書二》。《困學紀聞》曰："《鹿鳴》在《宵雅》之首即《小雅》之首，馬、蔡以爲風刺，蓋齊、魯、韓三家之説，猶《關雎》刺時①作諷也。原注：呂元鈞謂陳古以諷，非謂二詩作於衰周。"案此皆調停之説也，不欲違背古義，又不能屏除俗説，乃謂周初本有《關雎》《鹿鳴》之詩，後人陳古以爲諷刺。據鄭君云："賦者，或造篇，或述古。"則以《關雎》爲畢公作，謂是述古而非造篇，似亦有可通者；而揆之漢人所引三家《詩》義，則實不然。《史記》兩言"《關雎》作"，《法言》云"《關雎》作乎上"，《論衡》云"周衰而《詩》作"，楊賜云"《關雎》見幾而作"，既皆云"作"，必是"造篇"。且《關雎》若本有是詩，女史歌之房中，康王必已飫（yù）聞飽聞，所聞已多。畢公雖欲託諷，何能使王感悟？未可以召公之《常棣》比畢公之《關雎》也。薛以《禮經》爲疑，不知《禮經》非必出於周公，但知《六經》皆孔子所定，則於諸經皆豁然無疑矣。歐陽修曰："《關雎》，周衰之作也。太史公曰周道缺而《關雎》作，蓋思古以刺今之詩也。謂此淑女配於君子，不淫其色，而能與其左右勤其職事，則可以琴瑟鐘鼓友樂之爾，皆所以刺時之不然。先勤其職而後樂，故曰《關雎》'樂而不淫'；其思古以刺今，而言不迫切，故曰'哀而不傷'。"語出歐陽修《詩本義》卷一。朱子以《儀禮》已有《周南》疑之，由不知《禮經》亦孔子所定。

71. 論魏源以《關雎》《鹿鳴》爲刺紂王，臆説不可信，三家初無此義

魏源《詩古微·四始義例篇》曰："二《南》及《小雅》，皆當殷之末季末世，衰世，文王與紂之時，謂誼兼諷刺則可，謂刺康

王則不可,并誣三家以正《風》《雅》爲康王時詩,尤大不可。蓋吟詠性情以諷其上者,詩人之本誼也本誼:同"本義";以文王時諷諭王室之詩施之後王者,國史之旁誼同"旁義",非詩人之本誼也。考《關雎》之爲刺時①,《魯詩》則見於《史記》、《漢書》、劉向、揚雄、張超之著述,《韓詩》則見於《後漢書》明帝之詔、楊賜之傳、馮衍之賦。《鹿鳴》之爲刺詩,則亦見於《史記》、王符《潛夫論》、蔡邕《琴操》之稱引。其間有本義,有旁義,在善學者分別觀之。三家既以《關雎》《鹿鳴》與《文王》《清廟》同爲正始正王道之始。《毛詩大序》稱:"《周南》《召南》,正始之道,王化之基。",必非衰周之詩。《韓序》只云'《關雎》,刺時也',未嘗言刺康王,則是思賢妃以佐君子,即爲諷時之誼。但在文王國中爲'正風正雅'者,在商紂國中視之則爲'變風變雅',此《關雎》《鹿鳴》刺時之本誼也;在盛世歌之爲'正風正雅'者,在衰世歌之即爲'變風變雅',此畢公刺康王之旁誼也。"語出魏源《四始義例篇三》。

又曰:"太史公讀《春秋·曆譜牒》,廢書而歎曰:'師摯見之矣!鄭玄曰:"師摯,太師之名。周道衰微,鄭、衛之音作,正樂廢而失節。魯太師摯識《關雎》之聲,首理其亂也。"紂爲象箸而箕子唏箕子:名胥餘,商紂王之叔父,官太師,封於箕。見紂王無道而諫,佯狂爲奴,被紂王囚禁。周朝建立後,箕子避居朝鮮,創立箕子王朝。《論語·微子》云:"微子去之,箕子爲之奴,比干諫而死。孔子曰:'殷有三仁焉。'"唏(xī):哀嘆。《韓非子·喻老》云:"昔者紂爲象箸而箕子怖。",周道缺(自注:"周"當爲"商",蒙上文師摯、紂、箕子而言之),詩人本之袵席,《關雎》作。仁義陵遲,《鹿鳴》刺焉。'西漢今古文説,皆謂師摯以商紂樂官而歸周。《韓詩外傳》曰'有瞽有瞽,在周之庭',言殷紂之餘民也。故師摯

① "時",原作"詩",誤,據魏源《詩古微》上編之二《四始義例篇三》改。

作樂之始,甫聞《關雎》之亂樂曲最後一章通常稱"亂"。蓋以《關雎》樂章作於師摯,洋洋盈耳之日洋洋盈耳:形容聲音宏亮優美,充盈雙耳。《论语·泰伯》云:"师挚之始,《关雎》之乱,洋洋乎,盈耳哉!",正靡靡溺音之時靡靡溺音:形容聲音柔弱頹廢。《大雅》首《文王》,而往復於殷命之靡常《文王》有句云"侯服于周,天命靡常";《周頌》首《清廟》,而肇禋於多士之駿奔肇禋(zhào yīn):開始祭祀。駿奔:快速奔走。《清廟》有句云"濟濟多士,秉文之德。對越在天,駿奔走在廟"。四始皆致意於殷周之際,豈獨《關雎》《鹿鳴》而已乎?故曰:'《詩》三百篇,皆仁聖賢人發憤之所爲作也。''摯而有別'《毛傳》解《關雎》首句云:"雎鳩,王雎也,鳥摯而有別。"唐孔穎達《毛詩正義》云:"夫雎鳩之鳥,雖雌雄情至,猶能自別。",即'樂而不淫';'寤寐反側',即'哀而不傷'。語出魏源《四始義例篇四》。

　　錫瑞案:以"摯而有別"爲"樂而不淫","寤寐反側"爲"哀而不傷",前人解《關雎》詩皆如此説。而"樂"與"哀"屬何人説,則無以質言之。三家《詩》并無以《關雎》屬文王、太姒之明文。《焦氏易林》云又名《易林》,西漢焦延壽撰:"關雎淑女,賢聖配偶。"未嘗云是文王、太姒。即《毛詩》亦止云"后妃之德也",未嘗言后妃爲何人。則以屬文王、太姒者,自是推論之辭。若質言之,動多窒礙。范處義云:"作於文王之後,追詠文王之事。"語出《詩補傳·篇目》。斯爲得之。魏源作《詩古微》,意在發明三家,而不知"四始"定自孔子,非自周公。《關雎》雖屬刺詩,孔子不妨以爲正風,取冠篇首。《六經》皆孔子手定,并非依傍前人。魏氏惟不知此義,故雖明引三家之説,而與三家相反對。三家明云周衰時作,魏云必非衰周之詩;三家明云是刺康王,魏云未嘗言刺康王,且改其説,以爲是刺紂王而美文王。試問魏所引魯、韓《詩》,有言及紂王一字者乎?魏謂前人誣三家以正《風》《雅》爲康王詩,前人實未嘗誣,而

魏臆造三家以《關雎》爲刺紂王之説,則誣甚矣。太史公明言
"周道缺",魏臆改"周"爲"商",牽引師摯、紂、箕子而并言
之。案三家皆以《關雎》爲"識微"、爲"豫見","康王晏起",
"大臣見幾",正與師摯審音、箕子歎象箸相似,非以三事并合
爲一。至孔子云"師摯之始",此師摯又非紂時之師摯,必是
孔子同時之人,故聞其歌《關雎》而有"洋洋盈耳"之歎。若是
商、周時人,孔子安得聞之而歎之乎? 必不可并合爲一也。
《史記·儒林傳序》"周室衰而《關雎》作",正與"周道缺,《關
雎》作"一轍。如魏氏説,將并改"周室"之"周"字爲"商"以
就其説乎? 劉向、揚雄、王充、楊賜、應劭、張超,皆明云"刺康
王",如魏氏説,亦將一概抹搬之乎? 魏以畢公爲"賦詩"非
"作詩",即宋薛士龍、吕元鈞之意 吕陶(1028—1104),字元鈞,號静
德,眉州樸山人。曾任中書舍人,有《吕陶集》六十卷。又强牽合師摯與
紂,造爲刺紂、美文之説 美文:稱美文王,則又宋儒之所未言。不
知解經是樸學,不得用巧思;解經須確憑,不得任臆説。魏誣
三家而創新解,解《關雎》一詩即大誤。恐其惑世,不得不辨。

72. 論四始之説當從《史記》所引《魯詩》,《詩緯》引 《齊詩》異義,亦有可推得者

《毛序》:"關雎,后妃之德也,風之始也。風,風也,教也。
風以動之,教以化之。……雅者,正也,言王政之所由廢興也。
政有小大,故有小雅焉,有大雅焉。頌者,美盛德之形容,以其
成功告於神明者也。是謂四始,詩之至也《詩》之義理盡於此。"
《正義》曰:"四始者,鄭答張逸云 張逸爲鄭玄弟子,亦爲北海人:
'《風》也,《小雅》也,《大雅》也,《頌》也。'此四者,人君行之
則爲興,廢之則爲衰。又《箋》云:'始者,王道興衰之所由。'

然則此四者,是人君興廢之始,故謂之"四始"也。案《詩緯·汎歷樞》云:'《大明》在亥,水始也;《四牡》在寅,木始也;《嘉魚》在巳,火始也;《鴻雁》在申,金始也。'與此不同者,《緯》文因金、木、水、火有四始之義,以《詩》文託之。又鄭作《六藝論》,引《春秋緯·演孔圖》云'《詩》含五際、六情'者,鄭以《汎歷樞》云:'午亥之際爲革命,卯酉之際爲改正。辰在天門,出入候聽。卯,《天保》也;酉,《祈父》也;午,《采芑》也;亥,《大明》也。然則亥爲革命,一際也;亥又爲天門出入候聽,二際也;卯爲陰陽交際,三際也;午爲陽謝陰興,四際也;酉爲陰盛陽微,五際也。其六情者,則《春秋》云喜、怒、哀、樂、好、惡是也。'《詩》既含此五際、六情,故鄭於《六藝論》言之。"語出《毛詩正義》卷一。

案《孔疏》以"四始"爲人君興廢之始,義殊不瞭。陳啓源謂《風》《雅》《頌》四者即是始《雅》分《大雅》《小雅》,合《國風》《頌》,而爲四,非更有爲《風》《雅》《頌》之始者,則何必言"四始"?《毛序》又何以《關雎》爲《風》之始乎?考《史記》曰"《關雎》之亂以爲《風》始,《鹿鳴》爲《小雅》始,《文王》爲《大雅》始,《清廟》爲《頌》始",義始瞭然。太史公據《魯詩》,毛以《關雎》爲《風》之始,則亦與《魯詩》不異矣。《詩緯》言四始,乃《齊詩》異義。近儒孔廣森推得其說曰:"始、際之義,蓋生於律樂律,聲律。《大明》在亥者,應鐘爲均也應鐘:古樂律名,十二律之一。十二律爲古樂之十二調,分陽律六:黃鐘、太簇、姑洗、蕤(ruí)賓、夷則、亡射;陰律六:大呂、夾鐘、中呂、林鐘、南呂、應鐘。均:調和,協調,《四牡》則太簇爲均,《天保》夾鐘爲均,《嘉魚》仲呂爲均仲呂:即"中呂",《采芑》蕤賓爲均,《鴻雁》夷則爲均,《祈父》南呂爲均。漢初古樂未湮者如此,故翼奉曰翼奉:字少君,東海下邳人。西漢經學家,從后蒼學《詩》,創齊詩翼氏學:'《詩》之爲學,情性而已,五性不相害,六情更興廢。觀性以曆《漢書》注引張晏曰：“性謂五行也，曆謂日也。”，觀情以律《漢書》注引張晏曰：“情謂廉貞寬大、公正姦邪、陰賊貪狼也。律，十二律也。”。’律曆迭相治，與①天地稽，三期之變，亦於是可驗。古之作樂，每三詩爲一終，經傳可考者，有升歌《文王》之三指《大雅》中《文王》《大明》《綿》三首詩，升歌《鹿鳴》之三指《小雅》中《鹿鳴》《四牡》《皇皇者華》三首詩，間歌《魚麗》之三堂上升歌與堂下笙奏，相間而作，稱“間歌”。指《小雅》中《魚麗》《南有嘉魚》《南山有臺》三首詩。然《采薇》《出車》《杕杜》，皆所以勞將士；《常棣》《伐木》《天保》，皆所以燕朋友兄弟燕：宴飲，宴請；《蓼蕭》《湛露》《彤弓》，皆所以燕諸侯，亦三篇同奏，確然可信者也。説“始”“際”者，則以與三期相配，如《文王》爲亥孟，《大明》爲亥仲，《緜》爲亥季。其水始獨言《大明》，猶三期之先仲、次季而後孟也。故《鹿鳴》《四牡》《皇華》同爲寅宮古代曆法以周天三百六十度的十二分之一即三十度爲一宮，古代劃分星空的區域亦稱宮，舉《四牡》以表之；《魚麗》《嘉魚》《南山有臺》同爲巳宮，舉《嘉魚》以表之。卯不言《伐木》而言《天保》，容三家詩次不盡與毛同耳容：或許。以次推之，《采薇》之三正合辰位。唯《采芑》爲午，似《蓼蕭》之三，彼倒在《六月》《采芑》《車攻》之後而爲未也。《吉日》《鴻雁》《庭燎》乃申也，《祈父》非酉之中，又篇次之異。且其戌、子、丑爲何等篇，不可推測矣。”語出孔廣森《經學巵言》卷三。

　　錫瑞案：《詩緯》在漢後爲絶學，孔氏所推甚精。惟《采薇》《杕杜》《出車》，依三家當爲宣王詩，孔仍《毛詩》，次序稍誤。魏源更正之，以《蓼蕭》《湛露》《彤弓》列《魚麗》之前，爲辰；《采薇》《杕杜》《出車》列《采芑》之後、《車攻》之前，爲午

----

①　“與”，原作“夫”，誤，據孔廣森《經學巵言》卷三改。

季、未孟、未仲,次序更合。《齊詩》與緯説合,略見翼奉、郎顗二《傳》郎顗(yǐ):字雅光,北海安丘人。東漢經學家、占候家,《後漢書》有傳。郎顗曰"四始之缺",李賢《注》不引《汎歷樞》,而引《關雎》爲《國風》之始,《鹿鳴》爲《小雅》之始,《文王》爲《大雅》之始,《清廟》爲《頌》之始以解之。應劭注《漢書》,以君臣、父子、兄弟、夫婦、朋友爲五際。宋均注《演孔圖》,以風、賦、比、興、雅、頌爲六情,皆甚誤。而據《匡衡傳》曰:"孔子論《詩》,以《關雎》爲始。"則《齊詩》雖傳異義,亦未嘗不以《關雎》爲始也。翼奉曰:"《易》有陰陽,《詩》有五際,《春秋》有災異。"是《詩》之五際,亦陰陽災異之類。《易》之陰陽,《春秋》之災異,皆是別傳而非正傳,則《詩》之五際、四始,亦別傳而非正傳矣。《翼奉傳》孟康注引《詩內傳》曰:"五際,卯、酉、午、戌、亥也。陰陽終始際會之歲,於此則有變改之政也。"《齊詩內傳》五際數戌,而《詩疏》不及戌。據《郎顗傳》注宋均云:"天門,戌、亥之間。"則"亥"爲革命,當一際,出入候聽,應以"戌"當一際也。迮鶴壽《齊詩翼奉學》、陳喬樅《詩緯集證》迮(zé)鶴壽:字蘭宮,江蘇長洲人。清道光間進士,今文經學家,發明《齊詩》尤詳,以非正傳,故不備舉。

73. 論三家亡而《毛傳》孤行,人多信毛疑三家,
魏源駁辨明快,可爲定論

魏源《齊魯韓毛異同論》:"程大昌曰程大昌(1123—1195),字泰之,徽州休寧人。南宋學者,撰《詩論》《演繁露》《考古編》等:'三家不見《古序》,故無以總測篇意。毛惟有《古序》以該括章旨該括:包羅,概括,故訓詁所及,會全詩以歸一貫。'然考《新唐書·藝文志》,《韓詩》二卷,卜商序、韓嬰注。而《水經注》引《韓詩·

周南敘》曰：'其地在南郡、南陽之間。'至諸家所引《韓詩》，如：'《關雎》，刺時也。''《漢廣》，説人也。''《汝墳》，辭家也。''《茉苢》(fú yǐ)，傷夫有惡疾也。''《黍離》，伯封作也。''《蝃蝀》(dì dōng)，刺奔女也。''《溱與洧》今詩名作《溱洧》(zhēn wěi)，説人也。''《雞鳴》，讒人也。''《夫栘》(yí)，燕兄弟也。''《伐木》，文王敬故也。''《鼓鐘》，刺昭王也。''《賓之初筵》，衛武公飲酒悔過也。''《抑》，衛武公刺王室以自戒也。''《假樂》，美宣王之德也。''《雲漢》，宣王遭亂仰天也。''《雨無極正》今詩名作《雨無正》，大夫刺幽王也。''《四月》，歎征役也。''《閟宮有侐》今詩名作《閟宮》，公子奚斯作也。''《那》，美襄公也。'皆與《毛詩》首語一例，則《韓詩》有《序》明矣。《齊詩》最殘缺，而張揖魏人張揖：字稚讓，三國魏河北清河人，明帝太和中官博士，又有《廣雅》《字詁》等，習《齊詩》，其《上林賦注》曰：'《伐檀》，刺賢者不遇明王也。'其爲《齊詩》之《序》明矣。劉向，楚元王孫，世傳《魯詩》，其《列女傳》以《茉苢》爲蔡人妻作，《汝墳》爲周南大夫妻作，《行露》爲召南申女作，《邶·柏舟》爲衛夫人作，《碩人》爲莊姜傅母作傅母：古時負責輔導、保育貴族子女的老年婦人，《燕燕》爲定姜送婦作，《式微》爲黎莊夫人及傅母作，《載馳》爲許穆夫人作。視《毛序》之空衍者，尤鑿鑿不誣。且其《息夫人傳》曰：'君子故序之於《詩》。'《黎莊夫人傳》曰：'君子故序之以編《詩》。'而向所自著書亦曰《新序》，是《魯詩》有《序》明矣。且三家遺説，凡《魯詩》如此者，韓必同之；《韓詩》如此者，魯必同之；《齊詩》存什一於千百，而魯、韓必同之。苟非同出一原，安能重規疊矩？三人占則從二人之言，謂毛不見三家《古序》則有之，三家烏用見《毛序》爲哉？程氏其何説之詞！

"鄭樵曰：'毛公時，《左傳》《孟子》《國語》《儀禮》未盛行,而先與之合。世人未知《毛詩》之密,故俱從三家。及諸書出而證之,諸儒得以考其異同得失,長者出而短者自廢,故皆舍三家而宗毛。'應之曰:《齊詩》先《采蘋》而後《草蟲》,與《儀禮》合。《小雅》四始、五際次第,與樂章合。魯、韓《詩》說《碩人》《二子乘舟》《載馳》《黃鳥》與《左氏》合,說《抑》及《昊天有成命》與《國語》合,說《騶虞》樂官備與《射義》合,說《凱風》《小弁》與《孟子》合,說《出車》《采薇》非文王伐玁狁與《尚書大傳》合玁狁(xiǎn yǔn):亦作"獫狁""葷允""葷粥""獯(熏)鬻""薰育""嚴允"等,中國古代西北少數民族。即北狄,秦、漢時稱"匈奴",活動於今陝、甘一帶,獫、岐之間,《大武》六章次第與樂章合,其不合諸書者安在?而《毛詩》則動與抵牾,其合諸書者又安在?顧謂西漢諸儒未見諸書,故舍毛而從三家,則太史公本《左氏》《國語》以作《史記》,何以宗《魯詩》而不宗毛?賈誼、劉向博極群書,何以《新書》《說苑》《列女傳》宗魯而不宗毛?謂東漢諸儒得諸書證合,乃知宗毛而舍三家,則班固評論四家《詩》,何以獨許魯近?《左傳》由賈逵得立,服虔作解服虔:字子慎,初名重,又名祇,後更名虔,河南滎陽人。信守古文經學,撰《春秋左氏傳解誼》。東晉元帝時,服氏《左傳》曾立博士,而逵撰《齊魯韓毛異同》,服虔注《左氏》,鄭君注《禮》,皆顯用《韓詩》。即鄭箋《毛》,亦多陰用《韓》義。許君《說文敘》自言《詩》稱毛氏,皆古文家言,而《說文》引《詩》,什九皆三家什九:十分之九。三家:魯、齊、韓三家《詩》。《五經異義》論罍制《五經異義》:十卷,東漢許慎撰,分述今古文經學之異同,原書已佚。鄭玄《駁五經異義》云:"《異義》:《韓詩》說,金罍,大夫器也。天子以玉,諸侯大夫以金,士以梓。古《毛詩》說,金罍,酒器也,諸臣之所酢人君。",論《鄭風》,論《生民》,亦并從三家說。豈非鄭、許之用毛者,特欲專立古文門戶,而意實以魯、韓爲勝乎?若云長者出而短者自廢,則鄭、荀、王、韓之《易》賢於施、孟、梁丘,梅賾(當作頤,下同)之《書》賢於伏生、夏侯、歐陽,《韓詩外傳》賢於《韓詩内傳》,《左氏》之杜預賢於賈、服,而《逸書》十六篇、《逸禮》七十篇,皆亡所當亡耶? 至錢氏大昕據《孟子》'勞於王事,不得養父母',爲孟子之用《小序》;《孟子·萬章上》載:咸丘蒙曰:"舜之不臣堯,則吾既得聞命矣。《詩》云:'普天之下,莫非王土;率土之濱,莫非王臣。'而舜既爲天子矣,敢問瞽瞍之非臣,如何?"曰:"是詩也,非是之謂也,勞於王事而不得養父母也。"《緇衣篇》'長民者衣服不貳爲民之長者,衣服有一定之制,從容有常言行舉止,從容有度'語出《禮記》,爲公孫尼子之用《小序》公孫尼子:字子石,魯人,一說楚人,孔子弟子,傳其作《樂記》《緇衣》等篇,則不如據《論語》'《關雎》樂而不淫,哀而不傷',爲夫子用《小序》之爲愈也。梅賾之僞古文《書》,其亦三代經傳襲用梅氏耶? 鄭氏其何説之詞!

　　"姜氏炳璋曰姜炳璋(1736—1813):字石貞,號白巖,象山丹城人。清代經學家,有《詩序廣義》《讀左補義》《周易通旨》等:'漢四家《詩》,惟毛公出自子夏,淵源最古。且《魯頌傳》引孟仲子之言,《絲衣序》引高子之言,《北山序》同《孟子》之語,則又出於《孟子》。而大毛公親爲荀卿弟子大毛公:指西漢毛亨,曾隨荀子習學《詩經》及《虞氏春秋》等,故《毛傳》多用《荀子》之言,非三家所及。'應之曰:《漢書·楚元王傳》言浮丘伯傳《魯詩》於荀卿浮丘伯:齊國人,精於《詩》,曾授楚元王劉交、魯人申培等,則亦出荀子矣。《唐書》載《韓詩卜商序》,則亦出子夏矣。《韓詩外傳》高子問《載馳》之詩於孟子,孟子曰:'有衛女之志則可,無衛女之志則怠。'語出《韓詩外傳》卷二。又載《荀卿·非十二子篇》,獨去子思、孟子,且《外傳》屢引《七篇》之文《七篇》:指《孟子》。《孟子》今存七篇:《梁惠王》《公孫丑》《滕文公》《離婁》《萬章》《告子》《盡心》,各分上下,故稱,則亦出《孟子》矣。故《漢書》曰:'又有毛公之學,自言子夏所傳。'語出《漢書·藝文志·六藝略》。'自言'云者,人不取信之詞也。至《釋文》引徐整云（三國吳人）又，徐整曾爲三國東吳太常卿，撰有《毛詩譜》等：'子夏授高行子，高行子授薛倉子，薛倉子授帛妙子，帛妙子授河間人大毛公，毛公爲《詩故訓傳》，以授趙人小毛公，小毛公爲河間獻王博士河間獻王：即西漢景帝之子劉德，封爲河間王，謚曰獻王，故稱。好儒學，相傳曾得《周官》《尚書》等先秦古文舊書，并立《毛詩》《左氏春秋》爲博士。'語出唐陸德明《經典釋文》卷一。一云：'子夏授曾申，申傳魏人李克，克傳魯人孟仲子，孟仲子傳根牟子，根牟子傳趙人孫卿子，孫卿子傳魯人大毛公。'夫同一《毛詩》傳授源流，而姓名無一同。且一以爲出荀卿，一以爲不出荀卿；一以爲河間人，一以爲魯人，展轉傅會，安所據依？豈非《漢書》'自言子夏所傳'一語，已發其覆乎？以視三家源流，孰傳信，孰傳疑，姜氏其何説之詞！"語出魏源《詩古微》上編之一。

　　錫瑞案：三家亡，《毛傳》孤行，多信毛而疑三家。魏氏辨駁分明，一掃俗儒之陋。

74. 論《毛傳》不可信而明見《漢志》，非馬融所作

　　《史記·儒林傳》述漢初經師，《易》止田生一人，《書》止伏生一人，《禮》止高堂生一人，《春秋》有胡毋生、董仲舒二人，而二人皆傳《公羊》，故漢初立《公羊》博士，不分胡、董。惟《詩》有三人，於魯則申培公，於齊則轅固生，於燕則韓太傅。此三人者，生非一處，學非一師，同爲今文而實不同，故漢初分立三博士，蓋有不得不分別者。

　　《史記》不及毛公，若毛公爲六國時人六國：指戰國時期，所著有《毛詩故訓傳》，史公無緣不知。此《毛傳》不可信者一。《漢書·藝文志》雖列《毛詩》與《毛詩故訓傳》，而云："與不

得已，魯最爲近之。三家皆列於學官。又有毛公之學"自謂子夏所傳"，而河間獻王好之，未得立。""自謂"者，人不謂然也。《毛詩》始發見於劉歆，《漢志》多本劉歆《七略》，乃以魯最爲近，而於毛有微詞，則班氏初不信毛，《漢志》亦非全用《七略》清人姚振宗《漢書藝文志條理》云："平帝時立《毛詩》博士，以迄王莽之末，此云'未得立'者，本《七略》舊文，哀帝時之言也。"則以爲班氏乃襲用劉歆《七略》舊文，亦未必表明"班氏初不信毛"，抑或班氏未及改正歆文也。此《毛傳》不可信者二。徐整、陸璣説《毛詩》授受源流陸璣：三國吳人，所撰《毛詩草木鳥獸蟲魚疏》開啟《詩經》的名物學研究，或以爲出荀卿，或以爲不出荀卿（魏源辨之已詳），兩漢以前皆無此説。此《毛傳》不可信者三。荀卿非十二子，有"子夏之賤儒"，是荀卿之學非出子夏，判然爲二。毛公之學"自謂子夏所傳"，祖子夏不應祖荀卿，祖荀卿不應祖子夏。此《毛傳》不可信者四。申公受《詩》於浮丘伯，浮丘伯又受之荀卿，則《魯詩》實出荀卿矣。若《毛詩》亦荀卿所傳，何以與《魯詩》不同？此《毛傳》不可信者五。《漢志》但云毛公之學，不載毛公之名，亦無大、小毛公之分。鄭君《詩譜》曰："魯人大毛公爲《訓詁傳》於其家，河間獻王得而獻之，以小毛公爲博士。"陸璣曰："荀卿授魯國毛亨，毛亨作《詁訓傳》以授趙國毛萇。時人謂亨爲大毛公，萇爲小毛公。"蓋鄭君始言大、小毛公有二，陸璣始著大、小毛公之名。如其説，則作《傳》者毛亨非毛萇，故《孔疏》云："大毛公爲其《傳》，由小毛公而題'毛'也。"語出《毛詩正義·原目》。鄭，漢末人，不應所聞詳於劉、班；陸璣，吳人，不應所聞又詳於鄭。此《毛傳》不可信者六。

《後漢書·章帝紀》，建元六年①，詔"令群儒選高才生，受

---

① "六年"，據《後漢書》原文，當爲"建初八年"，即公元83年。

學《左氏》《穀梁春秋》《古文尚書》《毛詩》,以扶微學,廣異義焉"。袁宏《後漢紀》遂言:"於是《古文尚書》《毛詩》《周官》,皆置弟子。"案古文在漢時無置博士弟子者,惟《左氏》立而旋罷不久被罷,故顧炎武斷《後漢·儒林傳》"《詩》,齊、魯、韓、毛","毛"字爲衍文語出《日知錄》卷二十六《史文衍字》。《儒林傳》云:"三家皆立博士,趙人毛萇傳《詩》,是爲《毛詩》,未得立。"顧氏之説是也。《儒林傳》:"馬融作《毛詩傳》。"何焯曰何焯:字潤千,改字屺瞻,江蘇長洲(今蘇州)人,曾校訂《漢書》《三國志》,著有《道古錄》《義門讀書記》等:"後人據此《傳》,云《詩序》之出於宏,不悟《毛傳》之出於融,何也? 或疑融別有《詩傳》,亦非,范氏明與《鄭箋》連類言之矣。康成親受經於季長康成:鄭玄之字。季長:馬融之字,以《箋》爲致敬亦得。"語出《義門讀書記》卷四。案何氏説雖有據,而《漢志》已列《毛詩詁訓傳》,仍當以融別有《詩傳》爲是。

75. 論以世俗之見解《詩》最謬,《毛詩》亦有不可信者

凡經學愈古愈可信,而愈古人愈不見信。所以愈可信者,以師承有自,去七十子之傳不遠也;所以愈不信者,去古日遠,俗説沉溺,疑古説不近人情也。後世説經有二弊:一以世俗之見測古聖賢,一以民間之事律古天子諸侯。各經皆有然,而《詩》爲尤甚。姑舉一二言之:

如《關雎》,三家以爲詩人求淑女以配君子,毛以爲后妃求賢以輔君子,皆不以"寤寐反側"屬文王。俗説以爲文王求太姒至於寤寐反側,淺人信之,以爲其説近人情矣,不知獨居求偶,非古聖王所爲。且如其説,則《關雎》與《月出》《株林》相去無幾二詩皆屬《陳風》,《月出》三章:"月出皎兮,佼人僚兮,舒窈糾兮,

勞心悄兮！//月出皓兮，佼人懰兮，舒憂受兮，勞心慅兮！//月出照兮，佼人燎兮，舒夭紹兮，勞心慘兮！"《毛詩序》云："刺好色也。在位不好德，而説美色焉。"《株林》二章："胡爲乎株林，從夏南？匪適株林，從夏南！駕我乘馬，説於株野。乘我乘駒，朝食於株。"《毛詩序》云："刺靈公也。淫乎夏姬，驅馳而往，朝夕不休息焉。"，正是樂而淫、哀而傷，孔子何以稱其"不淫""不傷"，取之以冠篇首？試深思之，則知俗説不可信矣。《卷耳》，三家無明文，荀子以爲"卷耳易采卷耳：植物名。朱子《詩集傳》云："枲耳，葉或鼠耳，叢生如盤。"，頃筐易盈也，然而不可以貳周行貳：違背。周行(háng)：至善之道，一説指大路"，毛以爲后妃佐君子求賢審官《毛詩序》云："《卷耳》，后妃之志也，又當輔佐君子，求賢審官，知臣下之勤勞。内有進賢之志，而無險詖私謁之心，朝夕思念，至於憂勤也。"，皆不以采卷耳爲實事。俗説以爲提筐采卷耳，因懷人而置之大道《卷耳》首章云："采采卷耳，不盈頃筐。嗟我懷人，寘彼周行。"，引唐人詩"提籠忘采葉，昨夜夢漁陽"爲比例詩句出唐張仲素《春閨詩》。比例：比照。又以二、三章爲登山望夫，酌酒銷愁《卷耳》二、三章云："陟彼崔嵬，我馬虺隤。我姑酌彼金罍，維以不永懷。//陟彼高岡，我馬玄黃。我姑酌彼兕觥，維以不永傷。"，淺人信之，以爲其説近人情矣。不知提筐采卷耳，非后妃身分；登山望夫，酌酒銷愁，亦非后妃身分，且不似幽閒淑女行爲。試深思之，則知俗説不可用矣。其他如疑詩人不應多諷刺，是不知古者"師箴、瞍賦、矇誦、百工諫"之義也語出《國語·周語上》。師：太師，樂師。箴：規諫，告戒。瞍：與下文"矇"皆指盲人，此亦指樂官。賦：賦詩。矇誦：弦歌諷誦。百工諫：百官諷諫。疑淫詩不當入國史，是不知古者"男女歌詠，各言其傷"《漢書·食貨志》載："男女有不得其所者，因相與歌詠，各言其傷。"，行人獻之太師之義也行人：周代掌管朝覲聘問之官。疑陳古刺今不可信，是不知"主文譎諫意謂講究文辭技巧，做到委婉托諷。鄭玄注云："主文，主與樂之宫商相應也。譎諫，詠歌依違，不直諫也。"，言之者無罪，聞之者足戒"之義也語出《毛詩大序》。疑作詩不當始衰世，是不知

"王道缺而《詩》作,周室壞而《春秋》作"語出《淮南子·氾論訓》,皆衰世所造之義也。疑康王不應有刺詩,是不知"頌聲作乎下,《關雎》作乎上,習治則傷始亂"之義也語出揚雄《法言·孝至篇》。習治:習見治世之道。後儒不知詩人作詩之意、聖人編詩之旨,每以世俗委巷之見推測古事委巷:僻陋曲折的小巷,借指民間,妄議古人。故於近人情而實非者,誤信所不當信;不近人情而實是者,誤疑所不當疑。

見毛、鄭之説,已覺齟齬不安;見三家之説,尤爲枘鑿(ruì zá0)不入意同方枘圓鑿。方榫頭,圓榫眼,二者不合,比喻互不相容,曲彌高而和彌寡矣。或謂大毛公六國時人,安見不比三家更古?曰:毛公六國時人,并無明文可徵。且《毛傳》實有不可信者,"丕顯"二字屢見《詩》《書》,《毛傳》於《文王》"有周不顯",曰:"不顯,顯也。"又於"不顯亦世",曰:"不世顯德乎?"是其意以"不"字爲語詞指"不"爲虛詞,無實義,爲反言表反問語氣。不知"不顯"即"丕顯"也,"不顯亦世"即"丕顯弈世"也,"不顯不時"即"丕顯丕承"。《清廟》之"不顯不承",正"丕顯丕承"之證也。《卷阿》"伴奐爾游矣","伴奐"疊韻,連文爲義,與下"優游"一例。即《皇矣》之"畔援",顏注《漢書》引《詩》正作"畔换",亦即《閔予小子》之"判换",所謂美惡不嫌同辭也意謂同一語詞可以表達正反、美惡兩種意義。《毛傳》乃云:"廣大有文章貌。"是其意分"伴奐"爲兩義,"伴"訓廣大,"奐"訓有文章。不知下句"優游"何以解之,毛何不分"優游"爲兩義乎?《正義》據孔晁引孔子曰孔晁:晉人,五經博士,有《逸周書注》:"奐乎其有文章,伴乎其無涯際。"孔晁,王肅之徒,其所引即《孔叢》《家語》之類,王肅僞作,必非聖言。《蕩》"曾是彊禦","彊禦"亦二字連文爲義。《左氏》昭元年《傳》曰:"彊禦已甚。"十二年《傳》曰:"吾軍帥彊禦。"皆二字連文。《繁露·必仁且智篇》曰:"其强足以覆過,其禦足以犯難。"《史記集解》引《牧誓》鄭注曰:"彊禦,猶彊暴也。""彊禦"即《爾雅·釋天》之"彊圉"。漢《石門頌》倒其文曰"綏億衙彊",惟其義同,故可倒用。《毛傳》乃云:"彊梁,禦善也。"不知二字連文而望文生義,豈六國時人之書乎?

76. 論毛義不及三家,略舉典禮數端可證

《毛傳》孤行久矣,謂毛不及三家,人必不信。如《關雎》刺晏朝,《芣苢》傷惡疾之類《芣苢》,《毛詩序》云:"后妃之美也。和平則婦人樂有子矣。"魯詩説、韓詩説皆以此詩乃"傷其君子有惡疾",人必以爲傳聞各異,事實無徵。今以典禮之實有可徵者,略舉二《南》數事證之:

如《韓詩外傳》五引詩"鼓鐘樂之",與《毛詩》"鐘鼓樂之"不同。《外傳》一引詩作"鐘鼓",蓋後人依《毛詩》誤改《外傳》。言古者天子左五鐘、右五鐘,指青鐘、赤鐘、黃鐘、景鐘、黑鐘五種樂器。《尚書大傳》卷一曰:"天子左五鐘,右五鐘。天子將出,則撞黃鐘,右五鐘皆應。……入則撞蕤賓,左五鐘皆應。"而不及鼓。侯包《韓詩翼要》曰侯包:漢人,一作侯苞:"后妃房中樂有鐘、磬。"亦不及鼓,是《韓詩》不作"鐘鼓"甚明。《周禮·磬師》"教縵樂、燕樂之鐘磬"縵樂:雜樂。燕樂:祭祀宴享之樂,《鄭注》:"燕樂,房中之樂,所謂陰聲也。二樂皆教其鐘磬。"《疏》:"云'燕樂,房中之樂'者,此即《關雎》、二《南》也。謂之'房中'者,房中謂婦人,后妃以風喻君子之詩,故謂之房中之樂。"據此,則古《周禮》説與《韓詩》合,皆謂房中樂有鐘磬而無鼓。鐘磬清揚,於房中宜;鼓音重濁,於房中不宜。或據《薛君章句》"鼓人上堂",謂《韓詩》亦當兼言鼓,不知鼓人上堂,不入房中,不與鐘

磬并列，仍不當兼言鼓。"鼓鐘"之"鼓"訓"擊"，是虛字，是一物；"鐘鼓"之"鼓"是實字，是二物。毛作"鐘鼓"，與古禮不合。此毛不及《韓詩》者一。

《説文》引詩"以晏父母"晏(yàn)：安也，與《毛詩》"歸寧父母"不同已嫁女子回娘家探望父母曰"歸寧"，蓋三家之異文。《春秋·莊二十七年》"杞伯姬來"，何休《公羊解詁》曰何休(129—182)：字邵公，任城樊(今山東曲阜)人。東漢經學家，歷時十七年撰成《春秋公羊傳解詁》十二卷，總結了《公羊傳》的許多條例、義旨，爲後世《公羊》學者奉爲經典。又撰有《公羊墨守》《左氏膏肓》《穀梁廢疾》等，已佚："諸侯夫人尊重指地位尊貴，既嫁，非有大故不得反除非有奔喪等重大變故，不得返歸娘家。惟自大夫妻，雖無事，歲一歸宗歲一：每年一次。歸宗：出嫁婦女，父母雖亡也得回家省問，以示不絕於宗族。"《疏》云："其大故者，奔喪之謂。文九年'夫人姜氏如齊'，彼注云'奔父母之喪'是也。自，從也，言從大夫妻以下，即《詩》云'歸寧父母'是也。案《詩》是后妃之事，而云大夫妻者，何氏不信《毛敘》故也(案"歸寧父母"是《毛詩》，三家不作"歸寧"，亦未必以《葛覃》爲大夫妻，《疏》引《詩》誤)。"《左氏傳》曰："凡諸侯之女，歸寧曰來，出曰來歸，夫人歸寧曰如某，出曰歸于某。"據此，則今《春秋公羊》説夫人不得歸寧，古《春秋左氏》説夫人亦得歸寧。案《詩·竹竿》云："女子有行，遠父母兄弟。"故《泉水》《載馳》《竹竿》，皆思歸而不得。《戰國策·左師説趙太后》："甚愛燕后趙太后之女，飲食必祝曰祝：禱告，必勿使反。"是諸侯女既嫁不得復反，反即大歸婦人被夫家遺棄，永歸母家，戰國時猶知此義。當從今文説，不得歸寧爲正。《毛詩》與《左傳》同出河間博士，故此傳曰："寧，安也。父母在，則有時歸寧耳。"毛以父母在得歸寧，父母終不得歸寧，爲調停之説。鄭箋《泉水》云："國君夫人，父母在歸寧。"正本《毛傳》。惠周惕《詩説》謂古無歸寧之禮惠周惕：字元龍，號研溪，江蘇吳縣人。清代經學家，著有《易傳》《春秋三禮問》等，其子惠士奇、其孫惠棟皆以經學聞名，爲清代吳派學術之代表。《毛傳》因《左氏》而誤，其說近是，蓋《鄭箋》又因《毛傳》而誤也。段玉裁亦疑《毛傳》，謂方嫁不得遽圖歸寧，此“歸”字作“以”字爲善，是欲改毛以從三家，不知今古文說不同。陳奐謂“父母在”九字爲《鄭箋》竄入參陳氏《詩毛氏傳疏》卷一，是欲删毛以歸之鄭，亦不知今古文說不同，皆明見毛義之不安而不敢駁。即如陳氏強釋毛義，謂“歸，以安父母”，“歸寧”不訓歸家，而截“歸”字爲一句，殊近不辭。不如三家作“以晏父母”，文義甚明，不與“歸寧”相混。此毛不及三家者二。

《困學紀聞》引曹粹中《詩說》曹粹中：字純老，號放齋，定海人，宋代經學家，《齊詩》先《采蘋》而後《草蟲》。據《儀禮》，合樂歌《周南》，則《關雎》《葛覃》《卷耳》三篇同奏；歌《召南》，則《鵲巢》《采蘩》《采蘋》三篇同奏。古詩篇次，以《采蘋》列《草蟲》之前，三家次第，當與毛異。《齊詩》傳自轅固，夏侯始昌爲轅固弟子。后蒼事始昌，通《詩》《禮》，爲博士。二戴皆后蒼弟子，則《儀禮》及二戴《禮記》中所引《詩》當爲《齊詩》。曹氏所言，不爲無據。毛失其次，與《儀禮》歌詩不合。此毛不及《齊詩》者三。

《五經異義》：“今《詩》韓、魯說：騶虞（zōu yú），天子掌鳥獸官。古《毛詩》說：騶虞，義獸，白虎黑文。”案賈誼《新書·禮篇》：“騶者，天子之囿也古代帝王畜養禽獸以供觀賞的園林。虞者，囿之司獸者也。”《儀禮·鄉射禮》注：“其詩有‘一發五豝、五豵一：當作“壹”，表數量；一說爲句首發語詞，無實義。發：發箭射中，一說指生產。豝（bā）：母豬。豵（zōng）：《大司馬職注》云：“一歲爲豵，二歲爲豝。”，于嗟騶虞’之言，樂得賢者衆多，歎思至仁之人以充其官。”《禮記·射義》“騶虞者，樂官備也表達官職完備的歡樂。”

《注》：“樂官備者，謂騶虞，曰‘壹發五犯’，喻得賢者多也。‘于嗟乎騶虞’，歎仁人也。”皆與韓、魯《詩》合。《文選·魏都賦》注引《魯詩傳》曰：“古有梁騶。梁騶，天子獵之田① 也。”韓義蓋與魯同。若《山海經》《逸周書》《尚書大傳》，雖言“騶虞”，而未嘗明言即《詩》之“騶虞”。漢初大儒，如申公、韓太傅、賈太傅，必無不見《山海經》《逸周書》而不引以解《詩》之“騶虞”者，知彼所言“騶虞”，非《詩》之所言“騶虞”也。《毛詩》晚出，見“騶虞”二字偶合，遂據以易三家舊説，撰出“義獸”二字，以配麟之“仁獸”。《異義》引《毛詩》説：“《周南》終《麟趾》，《召南》終《騶虞》，俱稱嗟歎之，皆獸名。”後人多惑其説，不知《麟趾》爲《關雎》之應，《騶虞》爲《鵲巢》之應。此是毛義，非三家義。且即以毛義論，騶虞與麟亦不相對。《麟之趾序》箋云：“有似麟應之時。”《疏》引張逸問云：“致信厚，未致麟。”《麟之趾序》云：“《關雎》之化行，則天下無犯非禮，雖衰世之公子，皆信厚如麟趾之時也。”孔氏引申之曰：“由此言之，不致明矣。”是文王無致麟之事。若騶虞，據《尚書大傳》，散宜生取以獻紂散宜生：西周開國功臣，與南宮括、閎夭、太顛并稱“文王四友”。曾獻寶物於商紂，救文王於羑里，後又助武王滅商，封於陝西大散關，是文王實致騶虞矣。一實致，一未致；一本事原事，舊事，一喻言比喻之言，安得以爲相對？至於“于嗟”，歎辭，屢見於《詩》，如“于嗟闊兮”“于嗟洵兮”“于嗟鳩兮”“于嗟女兮”，皆詩人常言，豈可以兩處歎辭偶同，强爲牽合？《焦氏易林》云：“陳力就列在所任職位上恪盡職守，騶虞悦喜。”亦以“騶虞”爲官名。陳喬樅以《易林》爲《齊詩》，是三家之説同。《爾雅》多同《魯詩》，故《釋獸》無“騶虞”。以“騶虞”爲獸名，《毛詩》一家之言，與古

---

① 《文選》注，一本“田”下有“曲”字。

義不合。此毛不及三家者四。

略舉四證,皆二《南》之關於典禮者,學者可以隅反。

77. 論三家《詩》大同小異,《史記·儒林列傳》可證

王應麟《詩考後序》曰:"劉向《列女傳》謂蔡人妻作《芣苢》,周南大夫妻作《汝墳》,申人女作《行露》,衛宣夫人作《邶·柏舟》,定姜送婦作《燕燕》,黎莊夫人及其傅母作《式微》,莊姜傅母作《碩人》,息夫人作《大車》。《新序》謂伋之傅母作《二子乘舟》伋:衛宣公之子,壽閔其兄作憂思之詩壽:伋之弟,與伋爲異母兄弟,《黍離》是也。楚元王受《詩》於浮丘伯,向乃元王之孫,所述蓋《魯詩》也。"王引之《經義述聞》曰:"《列女傳·貞順傳》蔡人妻傷夫有惡疾而作《芣苢》,與《文選·辨命論》注所引《韓詩》合。《賢明傳》周南大夫妻言仕於亂世者,爲父母在故也,乃作詩曰'魴魚赬尾'云云《周南·汝墳》有句云"魴魚赬尾,王室如燬",與《後漢書·周磬傳》注所引《韓詩章句》合。《貞順傳》召南申女以夫家一物不具,一禮不備,守節持義,必死不往,而作詩曰'雖速我獄'云云《召南·行露》有句云"誰謂雀無角,何以穿我屋?誰謂女無家,何以速我獄?雖速我獄,室家不足"。速:招致。獄:訟獄案件,官司;一説,監獄,與《韓詩外傳》合。《母儀傳》衛姑定姜賦《燕燕》之詩,與《坊記》鄭注合。鄭爲《記》注時,多取《韓詩》也。又《上災異封事》引詩'密勿從事',與《文選·爲宋公求加贈劉前軍表》注所引《韓詩》'密勿同心',皆以'密勿'爲'黽勉(mǐn miǎn)勉力,盡力'。然則向所述者,乃《韓詩》也。"語出《經義述聞》第八《劉向述韓詩》。

錫瑞案:二説皆有據,蓋魯、韓義本同。《史記·儒林列傳》曰:"韓生推《詩》之意,而爲内、外《傳》數萬言,其語頗與

齊、魯間殊,然其歸一也。"以《史記》之説推之,可見魯、齊、韓三家《詩》大同小異。惟其小異,故須分立三家,若全無異,則立一家已足,而不必分立矣;惟其大同,故可并立三家,若全不同,則如《毛詩》大異而不可并立矣。三家《詩》多不傳,今試取其傳者論之:如《黍離》一篇,《新序·節士篇》云:"衛宣公子壽閔其兄伋之且見害_{將要被害},作憂思之詩。"此劉子政所引《魯詩》義也。而《韓詩》曰:"黍離,伯封作也。"陳思王植《令禽惡鳥論》云_{陳思王植:即三國魏曹植(192—232),字子建,生前曾爲陳王,歿後謚號爲"思",故又稱"陳思王"}:"昔尹吉甫信後妻之讒_{尹吉甫:即兮伯吉父,周宣王時大臣,尹爲官名。曾率軍反攻玁狁,大勝而歸。有詩才,相傳《大雅》之《崧高》《烝民》爲其所作,是《詩經》的主要採集者},而殺孝子伯奇,弟伯封求而不得,作《黍離》之詩。"後漢郅惲理《韓詩》_{郅惲:字君章,汝南西平人。理:治理,研習},光武令惲授皇太子《韓詩》_{光武:指東漢光武帝劉秀},惲説太子曰:"吉甫賢臣,放逐孝子。"薛君《韓詩注》曰:"詩人求己兄不得。"是《韓詩》以《黍離》爲伯封作,與《魯詩》以爲公子壽作者異。《韓詩外傳》載趙蒼唐爲魏文侯子擊使於文侯_{趙蒼唐:魏文侯之子魏擊之輔臣。魏文侯:戰國時魏國國君,名斯,一名都,曾任用李悝、吳起等人變法。其時魏擊被封於中山國,與文侯三年無往來},曰:"好《黍離》與《晨風》。"文侯曰:"怨乎?"曰:"非敢怨也,時思也。"《説苑·奉使篇》略同。子政據《魯詩》而與《韓詩》同者,蓋論此詩之事,則異國、異人并異時;而論此詩之義,則同一孝子之見害,同一悌弟之思兄。此所以小異而大同,《外傳》與《説苑》皆可引爲思親之意也。若其篇次,則《魯詩》當入《衛風》,與《毛詩》異;《韓詩》當入《王風》,與《毛詩》同。而其説解,則魯、韓可合,而與《毛詩》全不合。三家大同小異,可以此詩推之。魏源不知此義,乃欲强合魯、韓爲一,謂伯封乃衛壽之字,反以曹植徵引爲誤,則《御覽》明引《韓詩》伯封作,豈亦誤乎?伯封爲衛壽字,又何據乎?憑臆武斷,詎可爲訓?蓋誤於魯、韓《詩》從無不同之見,而未考《史記·儒林傳》也。

78. 論《詩序》與《書序》同有可信有不可信,今文可信,古文不可盡信

《毛序》有可信不可信,爲説《詩》者一大疑案。《關雎序》,自"《關雎》后妃之德也"至"《關雎》之義也",《經典釋文》卷第五:"舊説云:起此①至'用之邦國焉'名《關雎序》,謂之《小序》;自'風,風也'訖末,名爲《大序》。沈重云:'案鄭《詩譜》意,《大序》是子夏作,《小序》是子夏、毛公合作。卜商意有不盡,毛更足成之。'"朱子作《詩序辨説》,以"詩者,志之所之"至"詩之至也"爲《大序》,其餘首尾爲《關雎》之《小序》。《詩正義》自《關雎》以後,每詩一篇即有一《序》,皆謂之《小序》。此《大序》《小序》之分也。作《序》之人,自《詩譜》外,王肅以爲子夏所序《詩》即今《毛詩序》,范蔚宗以爲衛宏受學謝曼卿作《詩序》謝曼卿:漢人,善《毛詩》,曾爲之訓,魏徵等以爲子夏所創,毛公及衛宏又加潤益。韓愈議子夏不序《詩》有三焉:"知不及知(zhì):通"智",一也;暴揚中冓之私暴(pù)揚:暴露傳揚。中冓(gòu)之私:指閨門穢亂,《春秋》所不道,二也;諸侯猶世諸侯猶在世,不敢以云,三也。宋人范處義《詩補傳》云:"至謂諸侯猶世,不敢以云,此正爲史官懼天禍人刑者之見也。"學者欲顯其傳,因藉之子夏。"語出韓愈《議詩序》,參明人楊慎《升庵集》卷四十二所引。成伯璵以爲子夏惟裁初句成伯璵:唐代學者,爵里無考,有《毛詩指説》,其

---

① "起"下原脱"此"字,據《經典釋文》卷五補。

下皆是大毛自以詩中之意而繫其辭。王安石以爲《序》乃詩人所自製。程子以爲《小序》國史之舊文,《大序》孔子所作。蘇轍以爲衛宏所作,非孔氏之舊,止存其首一言,餘皆刪去。王得臣以爲首句孔子所題王得臣(1036—1116):字彦輔,自號鳳臺子,安陸(今屬湖北)人,有《麈史》等。曹粹中以爲《毛傳》初行,尚未有《序》,門人互相傳授,各記師說。鄭樵、王質以爲村野妄人所作。作《序》之人,説者不一。

自唐定《正義》以後,惟宋歐陽修撰《毛詩本義》爲論以辨毛、鄭之失,猶未甚立異同。迨鄭樵專指毛、鄭之妄,謂《小序》非子夏所作,盡削去之,而以己意爲説。其《詩序辨》曰:"《序》有鄭注而無鄭箋,其不作於子夏明矣。毛公於《詩》,第爲之《傳》僅僅爲其作《傳》,其不作《序》又明矣。《小序》出於衛宏,有專取諸書之文至數句者,有雜取諸家之説而辭不堅決者,有委曲婉轉附經以成其義者。'情動於中而形於言,言之不足,故嗟歎之',其文全出於《樂記》。'成王未知周公之志,公乃爲詩以遺王',其文全出於《金縢》。'自微子至於戴公,其間禮樂廢壞',其文全出於《國語》。'古者長民,衣服不貳,從容有常,以齊其民',其文全出於《公孫尼子》。則《詩序》之作,實在於數書既傳之後明矣,此所謂取諸書之文有至數句者,此也(案人多以爲《毛序》與古書合,此則以爲《衛序》取古書)。《關雎》之序既曰'風之始也,所以風天下而正夫婦也',意亦足矣。又曰:'風,風也,風以動之,上以風化下,下以風刺上。'又曰:'一國之事係一人之本,謂之風。'《載馳》之詩,既曰'許穆夫人閔其宗國顛覆而作',又曰'衛懿公爲狄所滅'。《絲衣》之詩,既曰'繹賓尸'矣指祭祀次日再祭。鄭玄云:"繹,又祭也。天子諸侯曰繹,以祭之明日;卿大夫曰賓尸,與祭同日。",又曰'靈星之尸也’。此蓋衆説并傳，衛氏得其①美辭美意，并録而不忍棄之，此所謂雜諸家之説而辭不堅決者也。《騶虞》之詩，先言‘人倫既正，朝廷既治，天下純被文王之化’，而後繼之‘蒐田以時蒐田：春日田獵，亦泛指田獵，仁如騶虞，則王道成’。《行葦》之詩，先言‘國家忠厚，仁及草木’，然繼之以‘内睦九族，外尊事黄耇(gǒu)年老之人，養老乞②言’古代帝王及其嫡長子贍養德高望重老人，以便向他们求教，稱乞言。此所謂委曲宛轉附經以成其義者，此也。惟宏《序》作於東漢，故漢世文字未有引《詩序》者(案近人引《漢廣序》“德廣所及”等語，漢時古書多未見，必是引《序》)。惟黄初四年即223年，黄初爲魏文帝曹丕年號，有‘曹共公遠君子近小人’之語曹共公：春秋時曹國第十七世國君，蓋魏後於漢，而宏之《序》至是而始行也。使其果知《詩序》出於衛宏，則風雅正變之説，二南分係之説周公、召公分陝(今河南陝縣)而治，周公統治區域稱周南，召公統治區域稱召南，《羔羊》《蟋蟀》之説，或鬱而不暢，或巧而不合。如《蕩》以‘蕩蕩上帝’發語，而曰‘天下蕩蕩，無綱紀文章’；《召旻》以‘旻天疾威’發語旻天：泛指天或特指秋天。疾威：暴虐，威虐，而曰‘閔天下無如召公之爲臣’；《雨無正》乃大夫刺幽王也，而曰‘衆多如雨，非所以爲正’，牽合爲文而取譏於世，此不可不辨也。”(《文獻通考》載石林葉氏説略同)程大昌《考古編》曰：“范《傳》：‘衛宏作《毛詩序》，今傳於世。’所序者，《毛傳》耳，《詩》之《古序》非宏也。《古序》之與宏《序》，今混并無別，然有可考者。凡《詩》發序兩語，如‘《關雎》后妃之德也’，世人之謂《小序》者，《古序》也；兩語以外，續而申之，世謂《大序》者，宏語也。”

---

① “其”，原作“有”，誤，據《六經奧論·詩序辨》改。
② “乞”，原作“之”，誤，據《毛詩序》原文改。

　　錫瑞案:程氏之分《大序》《小序》,與《釋文》舊説、朱子《辨説》并異。以發序兩語爲《小序》,兩語以外續而申之者爲《大序》。《小序》出於國史,爲《古序》;《大序》綴於衛宏綴:編綴,編次,非子夏所作。其説本於蘇轍,實淵源於成伯璵。成氏《毛詩指説》云:"今學者以爲《大序》皆是子夏所作,未能無惑。……子夏唯裁初句耳……其下皆是大毛自以詩中之意而繫其辭也。"近人魏源謂《續序》不得《毛序》之意,正本程説。魏晉以後,《毛傳》孤行,人多遵信《序》説,以爲真出子夏。至宋則疑信參半,朱子作《詩集傳》,始亦從《序》,後與吕祖謙争辨吕祖謙(1137—1181):字伯恭,世稱"東萊先生"。婺州(今浙江金華)人,南宋理學家。創立"婺學",開浙東學派先聲。與朱熹、張栻齊名,并稱"東南三賢"。與朱熹合編《近思録》,又有《東萊集》《歷代制度詳説》《東萊博議》等,乃改鄭樵説。有《辨説》攻《小序》,而《集傳》未及追改,如《緇衣》《豐年》等篇者。元延祐科舉法延祐:元仁宗年號(1314—1320),仁宗於皇慶年間恢復科舉,延祐元年正式開科取士,《詩》用朱子《集傳》,而《毛傳》幾廢。國朝人治漢學,始尊毛而攻朱。近人治西漢今文學,又尊三家而攻毛。平心論之,《詩》之《序》猶《書》之《序》也,《詩序》有今古文之分,猶《書序》有今古文之分也。伏生今文《書序》見於《史記》所引者可信,馬、鄭古文《書序》不可盡信。三家今文《詩序》見於諸書所引者可信,古《毛詩序》不可盡信。鄭君論緯説云:"不信亦非,悉信亦非。"語出三國魏鄭小同《鄭志》卷上,原文作"悉信亦非,不信亦非"。竊謂古文《詩》《書》之《序》,當如鄭君之説。若鄭樵攻《毛序》而以己意爲《序》,則近於妄。魏源《詩古微》主三家,而三家所無者,皆以己意補之爲《序》,是鄭樵之類也。

79. 論朱子不信《毛序》有特見, 魏源多本其説

朱子曰:"《詩序》之作, 説者不同。或以爲孔子, 或以爲子夏, 或以爲國史國之史官, 皆無明文可考。惟《後漢·儒林傳》以爲衛宏作《毛詩序》, 今傳於世, 則《序》乃宏作明矣。然鄭氏又以爲諸序本自合爲一編, 毛公始分, 以置諸篇之首, 則是毛公之前其傳已久, 宏特增廣而潤色之耳。故近世諸儒, 多以《序》之首句爲毛公所分, 而其下推説云云者爲後人所益如《桃夭》一篇詩序, 首句爲:"《桃夭》, 后妃之所致也。"而"其下推説云云", 則指後文所謂"不妒忌, 則男女以正, 婚姻以時, 國無鰥民也"。理或有之, 但今考其首句, 則已有不得詩人之本意, 而肆爲妄説者矣, 況沿襲云云之誤哉! 今人馬銀琴《兩周詩史》認爲,《毛詩》首句"産生於詩歌被采輯、記録之時, 它是周代樂官記録儀式樂歌、諷諫之辭以及那些爲觀風俗、正得失的政治目的采集於王朝的各地風詩時, 對詩歌功能、目的及性質的簡要説明"。然計其初, 猶必自謂出於臆度之私, 非經本文, 故且自爲一編, 列附經後。又以尚有齊、魯、韓氏之説并傳於世, 故讀者亦有以知其出於後人之手, 不盡信也。及至毛公引以入經, 乃不綴篇後而超冠篇端, 不爲注文①而直作經字, 不爲疑辭而遂爲決辭確定之辭, 與"疑辭"相對。其後三家之傳又絶, 而毛説孤行, 則其抵牾之迹, 無復可見。故此序者遂若詩人先所命題, 而詩文反爲因《序》而作。於是讀者轉相尊信, 無敢擬議不敢揣度議論。至於有所不通, 則必爲之委曲遷就, 穿鑿而附合之, 寧使經之本文繚戾破碎繚戾(liáo lì): 回旋曲折, 不成文理, 而終不忍明以《小序》爲出於漢儒也。愚之病此久矣, 然猶以其所從

---

① "注"下原脱"文"字, 據朱子《詩序辨説》卷上補。

來也遠,其間容或真有傳授證驗而不可廢者。故既頗采以附《傳》中,而復并爲一編以還其舊,因以論其得失云。"語出朱子《詩序辨説》卷上。

又論《邶·柏舟序》曰:"《詩》之文意事類引用古事以類比事理,可以思而得,其時世名氏^①時代及世系姓氏,則不可以强而推。凡《小序》唯詩文明白,直指其事,如《甘棠》《定中》《南山》《株林》之屬;若證驗的切確當、確切,見於書史,如《載馳》《碩人》《清人》《黄鳥》之類,決爲可無疑者。其次則詞旨大概可知必爲某事,而不可知其的爲某時某人者,尚多有之。若爲《小序》者,姑以其意推尋探索,依約而言大概而言、大約而言,則雖有所不知,亦不害其爲不自欺;雖有未當,人亦當恕其所不及。今乃不然,不知其時者,必强以爲某王某公之時;不知其人者,必强以爲某甲某乙之事。於是傅會書史,依託名謚人死後據其生前業蹟給予的含有褒貶意義的稱號,鑿空妄語,以誑後人。其所以然者,特以恥其所不知,而惟恐人之不見信而已。且如《柏舟》指《邶風·柏舟》一篇,不知其出於婦人而以爲男子,不知其不得於夫而以爲不遇於君《毛詩序》云:"《柏舟》,言仁而不遇也。衛頃公之時,仁人不遇,小人在側。",此則失矣(馬端臨引劉向《封事》以駁朱子。案《孟子》已引此詩屬孔子矣,或斷章取義,不必泥看)。然有所不及而不自欺,則亦未至於大害理也。今乃斷然以爲衛頃公之時,則其故爲欺罔以誤後人之罪不可掩矣。蓋其偶見此詩冠於三衛變風之首邶、鄘、衛三國皆屬衛地,稱"三衛",春秋時人亦將三地之詩視爲一組詩,《邶風·柏舟》則爲變風之首,是以求之春秋之前。而《史記》所書莊、桓以上衛之諸君事,皆無可考者。謚亦無甚惡者,獨頃公有賂王請命之事,其謚又爲甄心動懼之名甄心動

---

① "氏"上原脱"名"字,據朱子《詩序辨説》卷上補。

懼:敬慎而保持警惕，如漢諸侯①王必其嘗以罪謫，然後加以此諡，以是意其必有棄賢用佞之失，而遂以此詩予之。若將以衒其多知而必於取信，不知將有明者從旁觀之，則適所以暴其真不知而啓其深不信也。凡《小序》之失，以此推之，什得八九矣。"語亦出朱子《詩序辨説》卷上。

　　錫瑞案:朱子駁《毛序》有特見。古書《序》皆附末，《毛詩》獨冠篇端，誠有如先有此題而後作此詩者。朱子并爲一編以還其舊，是也（偽孔《古文尚書》以《序》冠篇首，亦非古法，即此可證其偽）。《序》所云刺某君，多無明文可據。朱子云頃公諡惡，故以《柏舟》爲刺頃公。今以朱子之説推之，則《序》所云"刺某某"者，多有可疑。雖未見朱説之必然，亦無以見其必不然也。魏源之駁《毛序》，有朱子已言者。毛有《序》，三家亦有《序》，其《序》説多不同。三家亡而毛義孤行，安見三家《序》皆不是而《毛序》獨是？故朱子深惜三家之傳絶，無以考其抵牾之迹也。

80. 論馬端臨駁朱申毛，可與朱説參看，且能發明風人之旨

　　馬端臨曰:"《書序》可廢，而《詩序》不可廢。就《詩》而論，《雅》《頌》之《序》可廢，而十五國《風》之《序》不可廢。蓋風之爲體，比興之辭多於敘述，風諭之意浮於指斥浮於:多於，超過。蓋有反覆詠歎，聯章累句，而無一言敘作之之意者。而序者乃一言以蔽之，曰爲某事也。苟非其傳授之有源，探索之無舛（chuǎn）錯誤，過失，則孰能臆料當時指意之所歸，以示千載乎？而文公深詆之文公:指朱子，且於《桑中》《溱洧》諸篇辨析尤至

---

① "諸"下原脱"侯"字，據朱子《詩序辨説》卷上補。

《桑中》之詩序云：“《桑中》，刺奔也。衛之公室淫亂，男女相奔，至於世族在位，相竊妻妾，期於幽遠，政散民流而不可止。”《溱洧》之詩序云：“《溱洧》，刺亂也。兵革不息，男女相棄，淫風大行，莫之能救焉。”，以爲安有刺人之惡而自爲彼人之辭，以陷於所刺之地？朱子《詩序辨説》卷上原文作：“豈有將欲刺人之惡乃反自爲彼人之言，以陷其身於所刺之中而不自知也哉？”其意蓋謂詩之辭如彼，而《序》之説如此，則以詩求詩可也，烏有舍明白可見之詩辭，而必欲曲從臆度難信之《序》説乎？然愚以爲必若此，則《詩》之難讀者多矣，豈直《鄭》、《衛》諸篇哉？夫《芣苢》之《序》，以“婦人樂有子”爲“后妃之美也”，而其詩語不過形容采掇芣苢之情狀而已；《黍離》之《序》，以爲“閔周室宮廟之顛覆也”，而其詩語不過慨歎禾黍之苗穗而已。此詩之不言所作，而賴《序》以明者也。若舍《序》以求之，則其所以采掇者爲何事，而慨歎爲何説乎？《叔于田》之二詩指鄭風之《叔于田》《大叔于田》二詩，《序》以爲刺鄭莊公《叔于田》之詩序云：“《叔于田》，刺莊公也。叔處于京，繕甲治兵，以出于田，國人悦而歸之。”《大叔于田》之詩序云：“《大叔于田》，刺莊公也。叔多才而好勇，不義而得衆也。”，而其詩語則鄭人愛叔段之辭耳叔段：鄭莊公之弟太叔段；《揚之水》《椒聊》二詩，《序》以爲刺晉昭公《揚之水》之詩序云：“《揚之水》，刺晉昭公也。昭公分國以封沃，沃盛彊，昭公微弱，國人將叛而歸沃焉。”《椒聊》之詩序云：“《椒聊》，刺晉昭公也。君子見沃之盛彊，能修其政，知其蕃衍盛大，子孫將有晉國焉。”，而其詩語則晉人愛桓叔之辭耳桓叔：晉昭公之叔父。此詩之序其事以諷，初不言刺之之意，而賴《序》以明者也。若舍《序》以求之，則知①四詩也，非子雲《美新》之賦揚雄曾作《美新賦》，爲王莽之新朝唱讚歌，則袁宏《九錫》之文耳晉袁宏曾作《求九錫文》。九錫，古代天子賜給諸侯、大臣的九種器物，亦借指權臣篡位之先聲。時權臣桓溫欲向朝廷討九錫，命袁宏作

---

① “知”，原作“如”，誤，據馬端臨《文獻通考》原文改。

文。《鴇羽》《陟岵》之詩，見於變風，《序》以爲征役者不堪命而作也；《鴇羽》之詩序云："《鴇羽》，刺時也。昭公之後，大亂五世，君子下從征役，不得養其父母，而作是詩也。"《陟岵》之詩序云："《陟岵》，孝子行役，思念父母也。國迫而數侵削，役乎大國，父母兄弟離散，而作是詩也。"《四牡》《采薇》之詩，見於正雅，《序》以爲"勞使臣""遣戍役"而作也。戍役：戍邊軍士。《四牡》之詩序云："《四牡》，勞使臣之來也。有功而見知則説矣。"《采薇》之詩序云："《采薇》，遣戍役也。文王之時，西有昆夷之患，北有玁狁之難。以天子之命，命將率遣戍役，以守衛中國。"而深味四詩之旨，則歎行役之勞苦，敘飢渴之情狀，憂孝養之不遂，悼歸休之無期，其辭語一耳。此詩之辭同意異，而賴《序》以明者也。若舍《序》以求之，則文王之臣民亦怨其上，而《四牡》《采薇》不得爲正雅矣（《采薇》，三家本不以爲文王詩，馬氏專據《毛詩》）。即是數端而觀之，則知《序》之不可廢。

"《序》不可廢，則《桑中》《溱洧》，何嫌其爲刺奔乎？且夫子嘗刪《詩》矣，所取於《關雎》，謂其"樂而不淫"，則《詩》之可刪，孰有大於淫者？今以文公《詩傳》考之，其指以爲男女淫泆奔誘而自作詩以序其事者，凡二十有四：如《桑中》《東門之墠》《溱洧》《東方之日》《東門之池》《東門之楊》《月出》，則《序》以爲刺淫，而文公以爲淫者所自作也；如《静女》《木瓜》《采葛》《丘中有麻》《將仲子》《遵大路》《有女同車》《山有扶蘇》《蘀兮》《狡童》《褰裳》《丰》《風雨》《子衿》《揚之水》《出其東門》《野有蔓草》，則《序》本別指他事，而文公亦以爲淫者所自作也。夫以淫昏不檢之人，發而爲放蕩無恥之辭，其多如此。夫子猶存之，不知所刪何等之篇也？夫子曰"思無邪"，如序者之説，則雖詩辭之邪，亦必以正視之。如《桑中》"刺奔"、《溱洧》"刺亂"之類是也。如文公之説，則雖詩辭之正者，亦必以邪視之，如不以《木瓜》爲"美齊桓公"，不以《采葛》爲“懼讒”,不以《遵大路》《風雨》爲“思君子”,不以《褰裳》爲“思見正”,不以《子衿》爲“刺學校廢”,不以《揚之水》爲“閔無臣”,而俱指爲淫奔謔浪、要約贈答之辭是也。且此諸篇者,雖其辭之欠莊重,然首尾無一字及婦人,而謂之淫邪,可乎?《左傳》載列國聘享賦詩,固多斷章取義,然其大不倫者亦以來譏誚,如鄭伯有賦《鶉之奔奔》、楚令尹子圍賦《大明》,及穆叔不拜《肆夏》、甯武子不拜《彤弓》之類是也。然鄭伯如晉,子展賦《將仲子》;鄭伯享趙孟即晉臣趙武,又稱趙文子,子太叔賦《野有蔓草》;鄭六卿餞韓宣子餞:設酒食送行,子齹賦《野有蔓草》,子太叔賦《褰裳》,子游賦《風雨》,子旗賦《有女同車》,子柳賦《蘀兮》。此六詩,皆文公所斥以爲淫奔之人所作也。然所賦者見善於叔向、趙武、韓起見善:示好也,不聞被譏,乃知《鄭》《衛》之詩,未嘗不施於燕享。而此六詩之旨意訓詁,當如序者之說,不當如文公之說也。”語出《文獻通考》卷一七八《經籍考五》,引文與原文略有出入。

錫瑞案:《毛序》不盡可信,《毛詩》與《左氏春秋》出河間博士,其與《左氏》合者,亦不盡可信。惟三家既亡,《毛詩》猶爲近古,與其信後人之臆說,又不如信《毛詩》。朱子以《鄭》《衛》爲淫詩,且爲淫者自作,不可爲訓。馬駁朱以申毛,能發明風人之旨風人:古代采集民歌風俗以觀民風的官員。

81. 論《樂記》疏引《異義》説《鄭詩》非必出於三家,魏源據以爲三家《詩》,未可執爲確證

解經必遵最初之說,而後起之說不可從;尤必據最古之明文,而疑似之文不可用。《禮記·樂記》疏引《異義》云:“今

《論》説①：鄭國之爲俗，有溱、洧之水溱、洧(zhēn wěi)：鄭國二河名，在今河南省境内，男女聚會，謳歌相感，故云‘鄭聲淫’鄭地之音樂嘈雜過度，少有節制。《左傳》説：‘煩手淫聲’謂之鄭聲者煩手：古代指民間音樂(俗樂)的一種複雜的彈奏手法，言煩手躑躅之聲使淫過矣躑躅(zhí zhú)：一進一止，徘徊不前。許君謹案：《鄭詩》二十一篇，説婦人者十九矣，故‘鄭聲淫’也。今案《鄭詩》説婦人者唯九篇，《異義》云‘十九’者，誤也，無‘十’字矣。”語出《禮記正義》卷三十七。

　　錫瑞案：許君《異義》引《詩》之例，必云“今韓、魯《詩》説”“古《毛詩》説”，以爲分别。此謹案下無引“今《詩》”“古《詩》”字樣，則此説必非出於《詩》家，當是許君自爲之説，亦或别有所本。劉寶楠《論語正義》曰劉寶楠(1791—1855)：字楚楨，號念樓，江蘇寶應人，清代揚州學派代表人物，又有《釋穀》《漢石例》《念樓集》《寶應圖經》等：“《魯論》舉《溱洧》一詩，以爲鄭俗多淫之證，非謂《鄭詩》皆是如此。許錯會此旨錯會：錯誤領會，舉《鄭詩》而悉被以淫名被：背負，承受。自後遂以《鄭詩》混入‘鄭聲’，而謂夫子不當取淫詩。又以《序》所云‘刺時’‘刺亂’者改爲‘刺淫’，則皆許君之一言誤之矣。”劉氏之説，是以許君爲自爲之説也。《白帖》引《通義》云《白帖》：唐白居易所撰類書《白氏六帖》：“鄭國有溱、洧之水，會聚謳歌相感。今《鄭詩》二十一篇，説婦人者十九，故鄭聲淫也。”此《通義》未知是劉向《通義》全稱爲《五經通義》，或即《白虎通義》又名《白虎通德論》，東漢班固撰，爲東漢章帝時白虎觀會議討論五經同異之記録，該書一定程度上統一了漢代今古文經學之異説，當爲許君之所本也，然其説有可疑者。《異義》《通

---

① 今人李學勤主編《十三經注疏·禮記注疏》卷三十七“論”下補“語”字，校記云：“‘語’字原無，按孫校：‘“語”，依陳壽祺校輯本補。’據補。”

義》皆云"《鄭詩》二十一篇,説婦人者十九",而《鄭詩》實無十九篇説婦人者。《孔疏》以爲今《鄭詩》説婦人者唯九篇,則其數已不能合矣。以今考之,《鄭詩》説婦人者:《女曰雞鳴》《有女同車》《丰》《東門之墠》《出其東門》《野有蔓草》《溱洧》,實止七篇。《女曰雞鳴》,古賢夫婦警戒之詞首章曰"女曰雞鳴。士曰昧旦。子興視夜,明星有爛。將翱將翔,弋鳧與雁",《毛詩序》曰:"《女曰雞鳴》,刺不説德也。陳古義以刺今,不説德而好色也。",雖説婦人,不得謂之淫詩。《野有蔓草》,《韓詩外傳》與《説苑》皆載孔子遭齊程本子春秋時之賢士,傾蓋而語傾蓋:二人所乘之車上的傘蓋靠在一起,形容關係親密,孔子引《野有蔓草》之詩首章曰"野有蔓草,零露漙兮。有美一人,清揚婉兮。邂逅相遇,適我願兮"。韓、魯義同,以爲邂逅賢士,與毛、朱男女不期而會異《毛詩序》曰:"《野有蔓草》,思遇時也。君之澤不下流,民窮於兵革,男女失時,思不期而會焉。",是三家亦不以爲淫詩。除去二篇,止有五篇,其數更不能合矣。疑似之文,既不可解,學者姑置之可也。魏源《詩古微》好創新説,引《白虎通》與《漢書·地理志》"鄭國山居谷浴,男女錯雜,爲鄭聲以相説懌(yuè yì)喜悦,快樂",爲班固《魯詩》説。又引《異義》許君"謹案"之説,爲三家《詩》。不知許君未明引今韓、魯《詩》,何以知爲三家?《白虎通》與《漢志》皆未明引《詩》説,又何以知爲三家?《後漢書》注引《韓詩章句》:"鄭國之俗,三月上巳之辰農曆三月上旬巳日,於溱、洧二水之上,執蘭招魂蘭:香草名,菊科,非指蘭花,祓除不祥祓除:除災去邪之祭,故詩人願與所説者俱往也。"《韓詩》惟以《溱洧》爲淫詩有明文,與毛義同;不以《野有蔓草》爲淫詩,則與毛義異。韋昭《毛詩答問》云韋昭(204—273):字弘嗣,吳郡雲陽人。三國吳人,有《國語注》《論語注》等:"草始生而云蔓者,女情急欲以促時。"江淹《麗色賦》云"感蔓草於《鄭詩》",自是毛義。而江淹《雜詩》云"既傷蔓草別,方知杕杜情”,則同三家“遇賢”之義。詩人非經學專家,隨手掇拾,<u>不爲典要</u>不可作爲可靠根據。魏乃強爲調停之説,謂遇賢而託諸男女,猶《離騷》比君子於美人。舍《韓詩》明文可據者,而強同於毛義,又於三家無明文可據者,而執《異義》疑似之文以解之,皆非實事求是之義(以申侯爲“狡童”,以子瑕説《揚之水》,皆無據)。

82. 論《毛序》或以爲本之子夏,或以爲續於衛宏,皆無明文可據,即以爲衛宏續作,亦在鄭君之前

陳澧曰:“《釋文》引沈重云:‘案鄭《詩譜》意,《大序》是子夏作,《小序》是子夏、毛公合作。卜商意有不盡,毛更足成之(自注:《孔疏》所載《詩譜》,不言《序》爲誰作。沈重之説,不知所據)。’澧案:《儀禮·鄉飲酒禮》賈《疏》以‘《南陔》《詩經》中有目無辭的六首“笙詩”之一,孝子相戒以養也’之類是子夏《序》文,其下云‘有其義而亡其辭’是毛公續《序》,與沈重‘足成’之説同。今讀《小序》,顯有續作之迹,如《載馳序》云:‘許穆夫人作也,閔其宗國顛覆宗國:祖國,此指許穆夫人之娘家衛國,自傷不能救也。’此已説其事矣。又云:‘衛懿公爲狄人所滅狄人:古代中國北方少數民族,國人分散,露於漕邑衛國邑名,今河南滑縣境内。許穆夫人閔衛之亡,傷許之小,力不能救,思歸唁其兄,又義不得,故賦是詩。’此以上文三句簡略,故複説其事,顯然是續也。《有女同車序》云:‘刺忽也。鄭人刺忽之不昏於齊意謂鄭國公子忽不娶齊女。’此已説其事矣。又云:‘太子忽嘗有功於齊,齊侯請妻之以女嫁給太子忽。齊女賢而不取,卒以無大國之助,至於見逐,故國人刺之。’此以上文二句簡略,故亦複説其事,顯然是續也。鄭君雖無説,讀之自明耳。鄭君非以《小序》皆子

夏、毛公合作也。《常棣序》云：‘燕兄弟也。閔管蔡之失道，故作《常棣》焉。’《孔疏》引《鄭志》答張逸云：‘此《序》子夏所爲，親受聖人。’是鄭以此《序》三句皆子夏所爲，非獨‘燕兄弟也’一句矣。《十月之交》《雨無正》《小旻》《小宛》四篇《序》，皆云‘刺幽王’，《詩譜》則云刺厲王，‘漢興之初，師移其第耳謂太師改移其篇章次序’。《孔疏》云：‘《十月之交》，《箋》云《詁訓傳》時移其篇第，因改之耳。則所云師者，即毛公也。’據此，則鄭君以《序》皆毛公所定，雖首句亦有非子夏之舊者也。……或謂《序》之首句傳自毛公以前，次句以下毛公後人續作，尤不然也。如《終風序》云：‘衛莊姜傷己也。遭州吁之暴州吁(yù)：衛莊公之子，後弑兄篡位，見侮慢而不能正也。’若毛公時《序》但有首句，而無‘遭州吁之暴’云云，則次章“莫往莫來”，《傳》云‘人無子道以來事己，己亦不得以母道往加之’，所謂‘子’者誰乎？以‘母道’加誰乎？又如《考槃序》云：‘刺莊公也。不能繼先公之業，使賢者退而窮處。’《毛傳》云：‘考，成。槃，樂也。山夾水曰澗。曲陵曰阿。薖(kē)，寬大貌。軸，進也。’若毛公時《序》但有首句，則此《傳》但釋“考、槃、澗、阿、薖、軸”六字，不知《序》何以云“刺莊公”矣。且“永矢弗告”，《傳》云‘無所告語’，尤不知所謂矣。《鄭風·羔裘序》云：‘刺朝也。言古之君子以風其朝焉。’《毛傳》亦但釋字義，不知《序》何以云‘刺朝’矣。”語出《東塾讀書記》卷六《詩》。

　　錫瑞案：陳氏引《序》文以證鄭義，可謂明切。但如其說，鄭既以爲子夏、毛公合作，又以《序》爲皆出子夏，又以《序》爲皆出毛公，是鄭君一人之說，已前後歧異。蓋本無明據，故游移無定，安見鄭說可盡信乎？陳引《載馳》《有女同車》，以爲《序》有續作。陳信《毛詩》者，故以爲毛公續子夏；其不信《毛詩》者,不亦可以爲衞宏續《毛序》乎? 陳引《終風》《考槃》《羔裘》,以爲作《傳》時不但有首句,足駁衞宏續序之説,不知蘇轍、程大昌何以解之。而丘光庭《兼明書》舉《鄭風·出其東門》篇丘光庭(907—960):唐代烏程(今浙江吳興)人,官太學博士,著有《兼明書》《唐教論》等,謂《毛傳》與《序》不符。曹粹中《放齋詩説》亦舉《召南·羔羊》《曹風·鳲鳩》《衞風·君子偕老》三篇,謂《傳》意、《序》意不相應。《序》若出於毛,安得自相違戾? 又不知陳澧何以解之。平心論之,《毛序》本不知出自何人,尊之者推之毛公之前而屬之子夏,疑之者抑之毛公之後而屬之衞宏,其實皆無明文。三家既亡,無有更古於《毛詩》者,即謂《序》出衞宏,亦在鄭君之前,非後人臆説可比。學者當尊崇爲古義,不必争論爲何人也。《四庫提要》"定《序》首二語,爲毛萇以前經師所傳,以下續申之詞,萇以下弟子所附"語出《四庫全書總目》卷十五《詩序》提要,斯爲定論。

83. 論十五國風之次當從《鄭譜》, 世次篇次,三家亦不盡同於毛

　　毛義孤行,而《詩》之國次諸侯國風之先後次序、世次世系相承之先後次序、篇次每國風詩之篇目次序,皆從毛爲定本,其實有不然者。十五國風之次,古説已不同。《孔疏》於《毛詩·國風》云:"《鄭譜》,《王》在《豳》後者,退就《雅》《頌》,并言王世故耳王世:或指周代天子之世次。諸國之次,當是大師所第大師所編次、編排,孔子删定,或亦改張。襄二十九年《左傳》,魯爲季札遍歌周樂季札(前576—484):吳國公子,春秋時吳王壽夢第四子。襄公二十九年(前544),季札曾赴魯觀周樂,得聞《詩》之《風》《雅》《頌》諸樂,《齊》之下即歌《豳》歌《秦》,然後歌《魏》。杜預云:'於《詩》,《豳》

第十五,《秦》第十一,後仲尼删定,故不同。'杜以爲今所第皆孔子之制,孔子之前則如《左傳》之次。鄭意或亦然也。"又於《王城譜》云指《王風》之譜:"《王》詩次在《鄭》上,《譜》退《豳》下者,欲近《雅》《頌》,與王世相次故也。"又於《鄭譜》云:"既譜《檜》事,然後譜《鄭》。"又於《檜譜》云:"鄭滅虢、檜而處之虢(guó):古國名,周文王弟虢仲的封地,地在今河南鄭州市西北,故譜先《檜》而後《鄭》。"歐陽修曰:"《周南》《召南》《邶》《鄘》《衛》《王》《鄭》《齊》《豳》《秦》《魏》《唐》《陳》《檜》《曹》,此孔子未删之前,周太師樂歌之次第也。《周》《召》《邶》《鄘》《衛》《王》《鄭》《齊》《魏》《唐》《秦》①《陳》《檜》《曹》《豳》,此今《詩》次第也。《周》《召》《邶》《鄘》《衛》《檜》《鄭》《齊》《魏》《唐》《秦》《陳》《曹》《豳》《王》,此鄭氏《詩譜》次第也。"參歐陽修《詩本義·鄭氏詩譜》,引文與歐陽原文有出入。魏源曰:"大師舊第,不過以邶、鄘、衛、王東都之地爲一類東都:指西周東都洛邑,豳、秦西都之地爲一類西都:指西周西都鎬京,鄭、齊一類,唐、魏一類,陳、檜、曹小國一類,取其民風相近,初非有大義其間,所謂'其文則史'者也其文則史:語出《孟子·離婁下》:"其事則齊桓、晉文,其文則史。"今人楊伯峻先生以爲乃指筆法,譯爲"所用的筆法不過一般史書的筆法"。夫子挈《豳》於後,先《唐》於《秦》,既裁以大義,不事沿襲,則王畿民風王畿:古指王城周圍千里的地域,泛指帝京,烏有仍廁侯國之理廁:雜置?檜爲鄭并,何獨不援魏、唐畫一之例,乃有夫子舊第,大即乎人心所同然,日在人耳目而不覺者?其説曰:'《王》在《豳》後,《檜》處《鄭》先。'是説也,鄭《詩譜》著之,《孔疏》凡四述之。若非夫子舊第、三家同傳,鄭安敢冒不韙以更毛次?此必因《毛詩》進《王》退《檜》,徒欲復大師原

---

① "秦"字原脱,據今《詩》實際篇目名稱及次第補。

第而大乖夫子古義,故鄭援魯、韓次第以正之。"語出魏源《詩古微》上編卷之三《王風義例篇上》。

　　錫瑞案:三説當從《鄭譜》爲正,魏氏之説近是。以爲夫子舊第、三家同傳,雖無明文可證,然其説必有所授。《孔疏》臆斷,以爲鄭意亦如杜説,今所第皆孔子之制,則鄭君作《譜》,何敢擅更《毛詩》之次第乎? 魏源又謂:"《毛詩》篇次,如後《采蘋》於《草蟲》二者皆《召南》篇名,後《賚》於《桓》二者皆《周頌》篇名,與樂章不符。增笙詩佚篇於《小雅》,廁宣王《采薇》《出車》之詩於正雅,與三家《詩》不符。"語出《詩古微》上編卷之三《王風義例篇上》。案《困學紀聞》:"《詩正義》曰:'《儀禮》歌《召南》三篇指《鵲巢》《采蘩》《采蘋》,越《草蟲》而取《采蘋》今詩之次序爲《鵲巢》《采蘩》《草蟲》《采蘋》,蓋《采蘋》舊在《草蟲》之前。'曹氏《詩説》謂《齊詩》先《采蘋》而後《草蟲》。"語出《困學紀聞》卷三。今考《齊詩》魏代已亡,曹粹中不知何據,而《儀禮》以《鵲巢》《采蘩》《采蘋》三篇連奏。《左氏傳》云"風有《采蘩》《采蘋》",則《毛詩》以《草蟲》列《采蘩》《采蘋》之間,實紊其次。《左氏傳》以《賚》爲《大武》之三章《大武》:周代樂舞之一,或指武王樂也,《桓》爲《大武》之六章。《杜注》曰:"不合於今《頌》次第,蓋楚樂歌之次第。"《孔疏》曰:"今《頌》次第,《桓》八,《賚》九。"則《毛詩》與《左傳》不同。六笙詩本不列於《詩》,故《史記》《漢書》皆云三百五篇。王式云王式:西漢東平新桃(今山東泰安東平)人,爲《詩經》博士,習《魯詩》,"以三百五篇當諫書",《樂緯·動聲儀》《詩緯·含神霧》《尚書·璿璣鈐》,皆云三百五篇。若加六篇,則三百十一篇,與古説皆不合。蓋笙詩本有聲無辭,如金奏、下管金奏:敲擊鐘鎛以奏樂,常用以指廟堂音樂。下管:古代舉行大祭等儀式,奏管樂者在堂下,故稱管樂器爲"下管",皆樂歌而非詩(以金奏《肆夏》《樊遏》《渠》爲《時邁》《執競》《思文》,下管《新宫》爲《斯干》,象爲《維清》,皆非是。《豳雅》《豳頌》,亦不敢强爲之説)。毛以六笙詩入《詩》非,鄭欲改什尤非什:篇什,《詩經》中《雅》《頌》部分多以十篇爲一組,稱爲"什"。《采薇》《出車》《杕杜》爲宣王詩,見於《漢書·匈奴傳》《後漢書·馬融傳》《鹽鐵論》《潛夫論》。《古今人表》文王時無南仲周宣王時大夫,傳爲商王盤庚後代,宣王時有南仲,然則《出車》之南仲,即《常武》之南仲也。《出車》云"王命南仲",即《常武》云"王命卿士,南仲大祖"也。毛以宣王詩列於文王時,尤篇次之誤者。若《鄭箋》以《十月之交》以下四篇爲"刺厲王",《疏》以爲出《魯詩》。《魯詩》以《黍離》爲衛公子壽所作,當入《衛風》,不入《王風》。足見漢人所傳之《詩》,次序不盡與《毛詩》同。惜三家已亡,末由考見。

至於世次,則《孔疏》於《衛風》已云"後人不能盡得其次第",於《鄭風》引鄭答趙商云:"《詩》本無文字,後人不能盡錄其第,錄者直錄其義而已。"如《志》之言,則作《序》乃始雜亂。是《毛詩》次第之不可據,鄭、孔皆明言之。鄭君時三家俱存,惜不引以正《毛詩》之誤也。《鄭譜》:"《大雅·生民》下及《卷阿》,《小雅·南有嘉魚》下及《菁菁者莪》,周公、成王之詩。"《左氏》襄二十九年《傳》爲季札歌《小雅》,服虔注云:"自《鹿鳴》至《菁菁者莪》,道文武,修小政,定大亂,致太平。"是服氏以《小雅》無成王之詩。《傳》又云"爲之歌《大雅》",服虔注云:"陳文王之德、武王之功,自《文王》以下至《鳧鷖》,是爲正大雅。"是服氏以《生民》《行葦》《既醉》《鳧鷖》爲武王之詩,與《鄭譜》不同,略可考見三家《詩》之世次。

84. 論迹熄《詩》亡説者各異，據三家《詩》，變風亦不終於陳靈

《孟子》曰："王者之迹熄而《詩》亡，《詩》亡然後《春秋》作。"語出《孟子·離婁下》。《趙注》以"頌聲不作"爲"亡"趙岐《孟子章句》原文作："王者，謂聖王也。太平道衰，王跡止熄，頌聲不作，故《詩》亡。《春秋》撥亂，作於衰世也。"，《朱注》以"《黍離》降爲國風而《雅》亡"爲"亡"朱子《孟子集注》原文作："王者之迹熄，謂平王東遷，而政教號令不及於天下也。《詩》亡，謂《黍離》降爲國風而《雅》亡也。《春秋》，魯史記之名，孔子因而筆削之。"《黍離》，爲《王風》之第一篇。鄭《詩譜》曰："於是王室之尊與諸侯無異，其詩不能復雅雅者，正也，故貶之，謂之王國之變風。"《譜》疏引服虔云："《風》不稱'周'而稱'王'者，猶尊之，猶《春秋》王人列於諸侯之上王人：君人，天子，在《風》則已卑矣。"范甯《穀梁集解序》曰范甯：東晉經學家，《後漢書》撰者范曄之祖父，所撰《春秋穀梁傳集解》爲現在最早《穀梁傳》注解，後收入《十三經注疏》："就大師而正《雅》《頌》就：憑借，因魯史而作《春秋》因：依托，列《黍離》於《國風》，齊王德於邦君齊：齊同。邦君：諸侯國君，所以明其不能復《雅》，政化不足以被群后也政治教化不足以澤及各諸侯國君。"陸德明謂："平王東遷，政遂微弱，《詩》不能復雅，下列稱風下列：降格，降等。"語出《經典釋文》卷五。孔穎達謂："王爵雖在，政教才行於畿内，化之所及，與諸侯相似也。《風》《雅》繫政廣狹，王爵雖尊，猶以政狹入《風》。"語出《毛詩正義·毛詩譜》。據此數説，降《王》於《國風》而《雅》亡，其説不始於朱子也。而宋人説《詩》亡，多兼《風》《雅》言之，蘇轍曰："《詩》止於陳靈春秋陳國國君，前613至前599年在位。有學者以《陳風·株林》爲《詩經》中最晚之詩，《詩序》即解爲"刺靈公也"，而後孔子作

《春秋》。"語出蘇轍《詩集傳》卷七。呂祖謙曰:"《雅》亡而《風》未亡,清議猶懍懍焉清議:議論時政。懍懍:嚴正貌,變風終於陳靈而《詩》遂亡。"參清陸隴其《松陽講義》卷十二所引。王應麟曰:"《詩》《春秋》相表裏,《詩》之所刺,《春秋》之所貶也。《小雅》盡廢,有宣王焉,《春秋》可以無作也。《王風》不復雅,君子絕望於平王矣。然《雅》亡而《風》未亡,清議蓋懍懍焉。《擊鼓》之詩,以從孫子仲爲怨從:跟從。孫子仲:王先謙以爲指公孫文仲,爲衛國世卿,時任衛國南征將領。《邶風·擊鼓》二章云:"從孫子仲,平陳與宋。不我以歸,憂心有忡。"《毛詩序》云:"《擊鼓》,怨州吁也。衛州吁用兵暴亂,使公孫文仲將而平陳與宋。",則亂賊之黨猶未盛也。《無衣》之詩,待天子之命然後安,則篡奪之惡猶有懼也。《秦風》有二《無衣》,第一篇二章,第二篇三章,此指前者。詩云:"豈曰無衣七兮? 不如子之衣,安且吉兮! //豈曰無衣六兮? 不如子之衣,安且燠兮!"《毛詩序》曰:"美晉武公也。武公始并晉國,其大夫爲之請命乎天子之使,而作是詩也。"更齊、宋、晉、秦之霸更:經歷,經過,未嘗無詩,禮義之維持人心如此。魯有《頌》而周益衰,變風終於陳靈而《詩》遂亡。夏南之亂夏南爲陳國大夫夏御叔之子,其母夏姬與陳靈公及二大夫孔寧、儀行父私通。夏南長大後,襲其父司馬之職,因羞於陳國君臣與其母私事,遂射死陳靈公。孔寧、儀行父逃往楚國,引發楚陳交戰,陳國滅亡,夏南被擒,被處以車裂。《詩·陳風·株林》,即諷刺陳靈公與夏姬私通之事,諸侯不討而楚討之,中國爲無人矣,《春秋》所以作與?"語出《困學紀聞》卷六。據此數說,是《詩》亡兼變風言之,而變風終於陳靈,去《春秋》託始於隱已遠隱:指魯隱公,年代殊不相合。

魏源曰:"王朝《變雅》與王國民風,并亡於平王之末、桓王之初也。何以知之? 以《春秋》始平王四十九年知之也平王四十九年:即魯隱公元年,公元前 722 年。如謂東遷而《雅》降爲《風》,則《春秋》胡不始於平王之初年而始於末年? 觀《抑》詩作於平王三十餘年之後,《彼都人士》《王風》皆作於東遷後春秋前,故知①《變雅》《王風》一日不亡,則《春秋》一日不作。
蓋東遷之初,衛武公與晉文侯爲王卿士,'修爾車馬,弓矢戎
兵,用戒戎作防備戰事發生,用遏蠻方遏(tì):翦除,治服。蠻方:南方異
族'《大雅·抑》句,王綱尚未解紐綱紀尚未廢弛。列國陳詩、慶讓之
典尚存陳詩:採集并進獻民間詩歌。慶:慶賀,祝賀。讓:設酒食款待。及
衛武、晉文俱歿,平王晚政益衰,僅以守府虛名於上守府:保持前
代成法,王迹蕩然不存。故以《春秋》作之年,知《詩》亡之年
也。若夫此外列國變風下逮陳靈,是霸者之迹,非王者之迹
矣。觀《齊風》終於襄公,《唐風》終於獻公,而桓、文創伯反無
一詩桓、文:齊桓公、晉文公。創伯:成爲諸侯霸主,則知桓、文陳其先世
之風於王朝,而《衛》終於《木瓜》美齊桓者,亦齊伯所陳,以著
其存衛之功。秦之《渭陽》,曹之《候人》,皆與晉文相涉。而
《曹》之《下泉》有思伯之詞思伯:思明王賢伯。《毛詩序》云:"《下泉》,
思治也。曹人疾共公侵刻下民,不得其所,憂而思明王賢伯也。",《秦》之
《駟鐵》《無衣》又有勤王之烈。勤王:盡力於王事。《毛詩序》云:
"《駟驖》,美襄公也。始命,有田狩之事,園圃之樂焉。"又云:"《無衣》,刺用兵
也。秦人刺其君好攻戰,亟用兵,而不與民同欲焉。"陳靈《株林》,則楚莊
存陳之盛舉陳:陳詩。此句謂楚莊王尚保留周王室陳詩的傳統。而鄭則
二伯所必爭,蓋亦伯者所代陳矣伯者:"伯"通"霸",伯者即霸者。雖
有伯者陳詩之事,而無王朝巡守、述職、慶讓、黜陟之典巡守:亦
作"巡狩",謂天子出行,視察邦國州郡。述職:諸侯向天子陳述職守。黜陟:罷
黜與擢升,陳詩與不陳何異? 豈能以伯者虛文當王者之實政
乎? 故以《王風》居列國之終(《鄭譜》以《王風》居終),示《風》終
於平王,與《雅》亡同也。故《春秋》始於《王風》、二《雅》所終
之年,明王迹已熄,不復以列國之變風爲存亡也。"語出《詩古微》

---

① "故"下原脫"知"字,據魏源《詩古微》上編《王風義例篇下》補。

上編之三《王風義例篇下》。

錫瑞案：魏説近通，但《孟子》云“王迹”，當即“車轍馬迹”之迹。天子不巡守，太師不陳詩，則雖有詩而若亡矣。魏以“霸者之迹”與“王者之迹”對舉，似猶未合。以《變風》爲伯者所陳，説亦近理。但齊、晉之伯乃天子所命，楚莊之伯非天子所命。楚與周聲教隔絕_{聲教：聲威教化}，陳靈《株林》之詩未必爲楚所陳。且三家以《燕燕》爲衛定姜送婦之詩，又在陳靈之後。（《坊記》注：“《釋文》曰，此是《魯詩》。”）《燕燕》爲今詩《邶風》之第三首，詩文云：“燕燕于飛，差池其羽。之子于歸，遠送于野。瞻望弗及，泣涕如雨。//燕燕于飛，頡之頏之。之子于歸，遠于將之。瞻望弗及，佇立以泣。//燕燕于飛，下上其音。之子于歸，遠送于南。瞻望弗及，實勞我心。//仲氏任只，其心塞淵。終溫且惠，淑慎其身。先君之思，以勗寡人。”《毛詩序》云：“《燕燕》，衛莊姜送歸妾也。”據《毛詩》，則《變風》終於陳靈；據三家，則當云《變風》終於衛獻_{衛獻公，前 576 年至前 559 年、前 546 年至前 544 年在位，定姜爲獻公之嫡母}。而三家之説多不傳，或更有後於衛獻者，尤未可執《變風》終於陳靈以斷之也。

85. 論《詩》齊、魯、韓説聖人皆無父感天而生，太史公、褚先生、鄭君以爲有父又感天，乃調停之説

今古文多駁異_{駁雜奇異}，謂説法不一，三家《詩》與《毛詩》尤多駁異，姑舉一二大者言之。《生民》《玄鳥》《長發》《閟宮》四詩_{《生民》屬《大雅》，《玄鳥》與《長發》皆屬《商頌》，《閟宮》屬《魯頌》}，三家皆主感生之説_{感生：感天而生，反映出古人一種天命王權觀}。《生民》疏引《異義》：“《詩》齊魯韓、《春秋》公羊説：聖人皆無父感天而生。”《列女傳》曰：“棄母姜嫄者，邰侯之女也_{邰（tái）：古國名，今陝西武功西南，后稷至公劉定居於此}。當堯之時，見巨人迹_{巨人之脚}

印,好而履之,歸而有娠指有身孕。浸以益大,心怪惡之,卜筮裡祀以求無子裡祀:古代祭天的一種禮儀,先燔柴升煙再加牲體或玉帛於柴上焚燒,天神聞到煙氣便算享用之。終生子以爲不祥,而棄之隘巷,牛羊避而不踐;乃送之平林之中平林:指樹林,後伐平林者咸薦覆之托墊覆蓋之;乃取置寒冰之上,飛鳥偏翼之以鳥翼托覆之。姜嫄以爲異,乃收以歸,因命曰'棄'。《詩》云:'赫赫姜嫄,其德不回邪僻,上帝是依。'《魯頌‧閟宮》句。此之謂也。"又曰:"契母簡狄者契(xiè):商之先祖,有娀氏之長女也。當堯之時,與其妹娣浴於玄丘之水娣:猶妹也。玄丘:傳説中的地名,有玄鳥銜卵玄鳥:燕子,色黑,故名玄鳥。一説指鳳凰,過而墜之,五色甚好謂其身有五色紋。簡狄與其妹娣競往取之,簡狄得而含之,誤而吞之,遂生契焉。《詩》云:'有娀方將將:大也。謂有娀正值壯年,立子生商。'《商頌‧長發》句。又曰:'天命玄鳥,降而生商。'《商頌‧玄鳥》句。此之謂也。"語出劉向《列女傳》卷一《母儀傳‧棄母姜嫄》。劉向所引蓋《魯詩》,褚少孫補《史記》引《詩傳》曰褚少孫:潁川(今河南禹州)人,西漢末史學家,曾補修《史記》:"湯之先爲契,無父而生,契母與姊妹浴於玄丘水,有燕銜卵,墮之,契母得,故含之,誤吞之,即生契。契生而賢,堯立爲司徒,姓之曰子氏。子者,茲。茲,益大也。詩人美而頌之曰:'殷社芒芒謂殷之土地廣袤遠大,天命玄鳥,降而生商。'此爲《魯詩》詩句,今毛詩《商頌‧玄鳥》作:"天命玄鳥,降而生商,宅殷土茫茫。"商質,殷號也《史記‧三代世表》原文作"商者質,殷號也",謂商代在文化禮制上屬於質統,是殷人建立政權的名號。文王之先爲后稷,后①稷亦無父而生。后稷母爲姜嫄,出見大人跡而履踐之,知於身感知於身體,即生后稷。姜嫄以爲無父,賤而棄之道中,牛羊避不踐也,抱之山中,山者養之,又捐之大澤拋棄

———

① "后"字原脱,據《史記‧三代世表第一》補。

於大澤,鳥覆席食之。姜嫄怪之,於是知其天子,乃取。長之長
大成人,堯知其賢才,立以爲大農大司農,負責教民稼穡,姓之曰姬
氏。姬者,本也。詩人美而頌之曰'厥初生民'《大雅·生民》句,
深修益成一出生就加以磨練,逐漸有所成就,而道后稷之始也。"語出
《史記》卷十三《三代世表第一》。褚少孫事博士王式,由是《魯詩》有
褚氏之學,所引《詩傳》乃《魯詩傳》,與《列女傳》正同。

　《索隱》以史所引出《詩緯》《索隱》:唐人司馬貞所撰《史記索
隱》。《詩疏》引《河圖》云:"姜嫄履大人迹,生后稷。"《中候·
稷起》云《中候》:即《尚書中候》,漢代讖緯之書的一種。漢儒認爲是與《尚
書》同時代產生的書,均爲孔子刪定,影響較大,與"七緯"并稱"緯候"。全本
十八篇在唐已佚,明清以來有多家輯本,下文《苗興》《契握》皆爲《中候》篇名:
"蒼耀稷生感迹昌蒼:上蒼,上天。耀:光耀,昭示。稷:后稷。"《苗興》
云:"稷之迹乳。"《契握》云:"玄鳥翔水遺卵流,娀簡吞之,生
契封商。"《春秋·元命苞》:"姜嫄遊閟宮,其地扶桑神話中的樹
名,傳說日出於扶桑之下,因指日出處,亦指代太陽,履大人迹而生稷大
人:指神人。"《齊詩》與《緯候》多合,則亦與《魯詩》合。董子
《繁露·三代改制質文篇》曰:"天將授湯,主天法質而王法:效
法,崇尚;質:樸素,本性。此處"商質"乃相對於下文"周文"而言,周主文,商
主質,祖錫姓爲子氏,謂契母吞玄鳥卵生契。天將授文王,主
地法文而王,祖錫姓姬氏,謂后稷母姜嫄履天之迹而生后
稷。"語出《春秋繁露》卷七。董子述《公羊春秋》義,故《異義》以
爲《詩》齊魯韓、《春秋公羊》說"聖人皆無父感天而生"也。
《異義》又引《左氏》說:"聖人皆有父。"謹案:《堯典》"以親九
族",即堯母慶都感赤龍而生堯,堯安得九族而親之?《禮讖》
云:"唐五廟唐:陶唐,指堯之時代。五廟:指父、祖、曾祖、高祖、始祖之廟,
知不感天而生。"鄭君駁曰:"諸言感生得無父古代認爲王者之先
祖皆感太微五帝之精以生,因稱其祖所感生之帝爲"感生帝",亦省作"感生",

有父則不感生,此皆偏見之説也。《商頌》‘天命玄鳥,降而生商’,謂娀簡吞鳦子生契,是聖人感生,見於經之明文。劉媪是漢太上皇之妻漢太上皇:指漢高祖劉邦之父,感赤龍而生高祖《漢書·哀帝紀》:"待詔夏賀良等言赤精子之讖。"唐人顏師古注引應劭曰:"高祖感赤龍而生,自謂赤帝之精。",是非有父感神而生者也? 且夫蒲盧之氣蒲盧:即果蠃,一種細腰的蜂,嫗煦桑蟲嫗煦(yǔ xù):生養覆育。桑蟲:螟蛉的別名。古人認爲蜾蠃養育螟蛉幼蟲,并能改變其狀貌成爲自己的孩子。《小雅·小宛》有"螟蛉有子,蜾蠃負之"句,成爲己子,況乎天氣,因人之精,就而神①之,反不使子賢聖乎? 是則然矣,又何多怪!"語出《毛詩正義》卷十七《生民》孔穎達所引鄭玄《駁五經異義》。

錫瑞案:今文三家《詩》、《公羊春秋》,聖人皆無父感天而生爲一義;古文《毛詩》、《左氏》,聖人皆有父不感天而生爲一義。鄭君兼取二義,爲調停之説,此其説亦有所自來。張夫子問褚先生曰張夫子:名長安,字幼君。漢元帝、成帝時人,儒學經師。褚先生:即褚少孫:"《詩》言契、后稷皆無父而生,今案諸傳記,咸言有父,父皆黄帝子也,得無與《詩》繆乎得無:莫非,豈不?"褚先生曰:"不然。《詩》言契生於卵,后稷人迹,欲見其天命精誠之意耳。鬼神不能自成,須人而生須:依靠,奈何無父而生乎? 一言有父,一言無父,信以傳信,疑以傳疑,故兩言之。"語出《史記》卷十三《三代世表第一》。褚少孫兩言之,已與鄭意相似。當時《毛詩》未出,所謂"《詩》言",即三家《詩》;所謂"傳記",即《五帝德》《帝繫姓》之類二者均爲《大戴禮記》篇名,記黄帝以來世系。太史公據之作《三代世表》,自云"不離古文者近是",是以稷、契有父,父皆黄帝子,乃古文説。故與《毛詩》《左氏》合,與三家《詩》、《公羊春秋》不合。太史公作殷、周《本紀》,用三家

---

① "神",原作"成",誤,據孔穎達《毛詩正義》卷十七改。

今文説，以爲簡狄吞玄鳥卵，姜嫄踐巨人迹；而兼用古文説，云
殷契母曰簡狄，有娀氏之女，爲帝嚳次妃帝嚳(kù)：黃帝曾孫，上古
五帝之一，華夏民族的共同人文始祖。次妃：第二個妃子，后稷母有邰氏
女，曰姜嫄①，爲帝嚳元妃帝王之嫡妻，是亦合今古文義而兩言
之，又在褚少孫之先。若三家《詩》義，實不如是。據褚先生
所引《詩傳》及劉向《列女傳》，皆不云簡狄、姜嫄有夫，亦不云
爲帝嚳妃。且《列女傳》言稷、契之生皆當堯之時，則簡狄、姜
嫄不得爲帝嚳妃甚明。此等處當分別觀之，不得以《史記》雜
采古今，見其與《毛傳》不同，遂執以爲三家今文義如是也。

86. 論《生民》《玄鳥》《長發》《閟宮》 四詩，當從三家不當從毛

《毛詩》與《左氏》相表裏，故《左氏》説聖人皆有父，《毛
詩》亦以爲有父。《毛傳》云："后稷之母配高辛氏帝帝嚳初受封
于辛，後即帝位，號高辛氏。'履帝武敏'武：足跡，腳印。敏：通"拇"，大拇
指。帝，高辛氏之帝也。"此毛以爲有父不感天之義。《鄭箋》
云："姜嫄當堯之時，爲高辛氏之世妃鄭玄以爲帝嚳傳十世，認爲姜
嫄是帝嚳十世以後子孫之妃。'履帝武敏'，帝，上帝也。"此鄭以爲
有父又感天之義。

錫瑞案：以詩義推之，《毛傳》必不可通。帝既弗無子弗：
通"祓"，除去不祥，生子何又棄之？且一棄再棄三棄，必欲置之死
地。作此詩者乃周人，尊祖以配天，若非實有神奇，必不自誣
其祖。有夫生子，人道之常，何以鋪張生育之奇，乃至連篇累
牘？孫毓謂孫毓：字休朗，魏晉時人，王肅學派代表人物，撰有《毛詩異同

---

① "姜嫄"，原作"姜源"，誤，據思賢書局本改。

評》十卷等："自履其夫帝嚳之迹,何足異而神之?"其説甚通。
馬融知毛義不可通,强爲遺腹避嫌之説以解之孔穎達《毛詩正義》
載王肅引馬融之説曰:"上妃姜嫄未有子,故禋祀求子,上帝大安其祭祀而與之
子。任身之月,帝嚳崩。摯即位而崩,帝堯即位。帝嚳崩後十月而后稷生,蓋
遺腹子也。雖爲天所受,然寡居而生子,爲衆所疑,不可申説。姜嫄知后稷之
神奇,必不可害,故欲棄之,以著其神,因以自明。堯亦知其然,故聽姜嫄棄
之。",王基、馬昭已駁之矣王基:字伯輿,三國魏東萊曲城(今山東萊州東
北)人,與馬昭皆崇鄭玄之學。近人又各創爲新説,有謂帝爲帝摯帝
嚳長子,堯帝之兄,諸侯廢摯立堯,姜嫄避亂,生子而棄之者;有謂
"先生如達"先生:頭生,頭胎。達:初生的小羊。一説:滑利,順暢。孔穎達
《毛詩正義》云:"以羊子初生之易,故以比后稷生之易也。",稷形似羊,如
包義牛首,以其怪異而棄之者;有謂"不坼(chì)不副(pì)指出生
時產門未破裂,居然生子居然:安然。一説,徒然",稷初生如卵,古人
未知翦胞之法而棄之者;有謂"后稷呱矣",可見初生不哭,以
其不哭而棄之者。紛紛異説,無一可通。

　　即解《生民》詩可强通,而解《玄鳥》《長發》《閟宮》三詩
皆不可通。《玄鳥》詩云:"天命玄鳥,降而生商。"則契生於卵
卵甚明。若但以爲玄鳥至而祀禖生契禖(méi):古人求子之祭,何
言天命?又何言"天命玄鳥"?作此詩者近不辭矣指文辭不通。
《長發》詩云:"有娀方將,立子生商。"《列女傳》、高誘《吕覽
注》引皆無"帝"字《毛詩》"立子"上有"帝"字,《詩》稱有娀,不及其
夫,自不以爲帝嚳,則契非帝嚳所生甚明。鄭解"帝"爲"黑
帝"五天帝之一,亦爲感生帝之一,古指北方之神。《史記·天官書》載:"黑帝
行德,天關爲之動。《周禮·天官·大宰》"祀五帝"唐賈公彦《疏》云:"五帝
者,東方青帝靈威仰,南方赤帝赤熛怒,中央黃帝含樞紐,西方白帝白招拒,北
方黑帝汁光紀。",不如三家本無"帝"字爲更明也。若《閟宮》詩
義尤昭著,云:"赫赫姜嫄,其德不回。上帝是依,無災無害。
彌月不遲謂姜嫄十月懷胎生子,不遲晚,是生后稷。""上帝"必是天

帝，人帝未有稱"上帝"者。《生民》之"帝"，可以高辛帝强解之；《閟宫》之"上帝"，不可以高辛帝强解。故《毛傳》云："上帝是依，依其子孫。"此不得已而爲之辭，與詩上下文不相承。《箋》云："依，依其身也，天用是憑依。"其解經甚合。後人乃疑不當儕姜嫄爲房后儕(chái)：齊同，并列。房后：《國語·周語》云："昔(周)昭王娶於房，曰房后。"，擬上帝於丹朱帝堯之長子，號陶朱，因居丹水，故名丹朱。不知周、魯之人作詩以祀祖宗，敘述神奇，并無隱諱，何以後人少見多怪，必欲曲爲掩飾？依古緯説，自華胥生皇羲華胥：相傳爲伏羲之母。皇羲，即伏羲，以至簡狄、姜嫄，皆有感生之事。許君《異義》早成，《説文》晚定。《異義》從古文説，《説文》仍從今文，云："古之神聖母感天而生子，故稱天子。"蓋帝王之生皆有神異，豈可偏執一理，以爲必無其事？且據《詩》而論，無論事之有無，而詩人所言明以爲有，如必斷爲理之所無，則當起周、魯與宋(《商頌》宋人作，見後)。作詩之人，責以誣祖之罪，不當謂三家説《詩》爲誤，責以誣古之罪也。古文説聖人皆有父，以姜嫄、簡狄皆帝嚳之妃。如其説，則殷、周追尊，自當妣祖并重妣祖：妣謂祖母或祖母以上的女性祖先。此指先妣和先祖，何以周立先妣姜嫄之廟，不祀帝嚳，《生民》等詩專頌姜嫄、有娀之德，不及帝嚳？《儀禮》曰："禽獸知母而不知父。"語出《喪服第十一》。如古文説，稷、契皆有父，而作詩者但知頌稷、契之母而不及其父，得毋皆禽獸乎？(戴震曰："《帝繫》曰，帝嚳上妃姜嫄，本失實之詞，徒以傅會周人禘嚳爲其祖之所自出。使嚳爲周家祖之所自出，何《雅》《頌》中言姜嫄，言后稷，竟無一語上溯及嚳？且姜嫄有廟，而嚳無廟，若曰履迹感生不得屬之嚳，則嚳明明非其祖所自出。")

古文似正而非，今文似奇而是。學者試取《詩》文，平心而熟玩之，知此四詩斷然當從三家，而不當從《毛傳》。《鄭箋》以毛爲主，而解四詩從三家不從毛。朱子曰："履巨迹之事有此理,且如契之生,《詩》中亦云:'天命玄鳥,降而生商。'蓋以爲稷、契皆天生之爾,非有人道之感,不可以常理論也。漢高祖之生亦類此。"語出《朱子語類》卷八十一。故其解《生民》,亦從鄭不從毛。鄭君、朱子皆大儒,其讀書精審,知不如此解詩不能通也。《論衡·奇怪篇》云:"儒者稱聖人之生不因人氣,更稟精於天。禹母吞薏苡而生禹薏苡:一年生或多年生草本植物,莖直立,子粒可供食用并入藥,故夏姓曰姒;㕤母吞燕卵而生㕤㕤:"契"之古字,即指商代先祖,故殷姓曰子;后稷母履大人迹而生后稷,故周姓曰姬。夫薏苡,草也;燕卵,鳥也;大人迹,土也。三者皆形,非氣也。燕之身不過五寸,薏苡之莖不過數尺,二女吞其卵、實,安能成七尺之形乎?今謂大人天神,故其迹巨,使大人施氣於姜嫄,姜嫄之身小,安能盡得其精?不能得其精,則后稷不能成人。蒼頡作書蒼頡:一作倉頡,爲黄帝時期史官,相傳爲漢字的發明創造者,與事相連。姜嫄履大人迹,迹者,基也,姓當爲'其'下'土'。乃爲'女'旁'臣',非'基'迹之字,不合本事,疑非實也。以周'姬'況夏殷況:比況,推測,亦知'子'之與'姒',非燕子、薏苡也。或時禹、㕤、后稷之母適欲懷姙,遭吞薏苡、燕卵、履大人迹也。"語出《論衡》卷第三。案仲任引儒者之言,乃漢時通行今文説。仲任不信奇怪,故加駁詰。其駁詰之語,正所謂癡人前説不得夢。錫瑞嘗謂後世説經之弊,在以世俗之見律古聖賢,以民間之事擬古天子。仲任生於東漢,已有此等習見。即如其説,亦當以爲詩人之誤,不當以爲儒者説《詩》之誤也。

87. 論《魯頌》爲奚斯作,《商頌》爲正考父作, 當從三家不當從毛

　　三家與毛,又有大駁異處。如以《魯頌》爲公子奚斯作公
子奚斯:又名公子魚,魯國大夫,與魯僖公同時,以《商頌》爲正考父作是
也正考父:一作正考甫,春秋時宋國大夫,孔子之遠祖。揚子《法言》曰:
"正考甫嘗睎尹吉甫矣睎:懷想,仰望,公子奚斯睎正考甫矣。"
《後漢書·曹褒傳》曰:"昔奚斯讚魯,考父詠殷。"班固《兩都
賦序》曰:"故皋陶歌虞,奚斯頌魯。"王延壽《魯靈光賦》曰:
"故奚斯頌僖,歌其路寢亦作"露寢",古代天子、諸侯的正寢之一,爲君
王處理政務及與后妃居住之地。《魯頌·閟宮》有"松桷有舄,路寢孔碩"句。"
曹植《承露盤銘序》曰:"奚斯魯頌。"《蕩陰令張君表頌》曰:
"奚斯讚魯,考父頌殷。"《梁相費汎碑》曰:"感奚斯之德。"
《太尉楊震碑》曰:"故感慕奚斯之追述。"《沛相楊統碑》曰:
"庶考斯之頌儀。"《郃陽令曹全碑》曰:"嘉慕奚斯、考父之
美。"《巴郡①太守張納碑》曰:"庶慕奚斯(缺二字)之義。"《荊
州刺史度尚碑》曰:"於是故吏感《清廟》之頌,歎斯父之詩。"
《綏民校尉熊君碑》曰:"昔周文公作頌,宋成考父、公子奚斯
追羨遺蹟成考父:即正考父,紀述前勳。"宋洪适②《隸釋》及近人
武億《群經義證》、王昶《金石萃編》洪适(1117—1184):字景伯,號盤
洲老人,江西鄱陽人,宋金石學家,著有《隸釋》《隸續》《隸韻》等。武億
(1744—1799):字虛穀,一字小石,號半石山人,河南偃師人。清代經學家,又
有《經讀考異》《偃師金石記》等。王昶(1725—1806):字德甫、號述庵,又號蘭

---

　　① "郡",原作"納",誤,據洪适《隸釋》卷五改。
　　② 洪适(kuò):原作"洪邁",誤,據文意改。

泉,江蘇青浦(今屬上海)人,清代金石學家,皆以漢碑爲誤。

錫瑞案:《曹褒傳》注引薛君《韓詩章句》曰:"奚斯,魯公子也,言其新廟奕奕然盛,是詩公子奚斯所作也。正考父,孔子之先也,作《商頌》十二篇。"語出《後漢書》卷三十五《曹褒傳》,引文略有出入。是奚斯作《魯頌》,考父作《商頌》,義出《韓詩》。而《史記》用《魯詩》,班固用《齊詩》,三家義同,烏得偏據《毛詩》以駁之乎?孔廣森曰:"三家謂詩爲奚斯作者,是也。此與'吉甫作頌,其詩孔碩'文義正同詩句出《大雅·嵩高》。曼,長也。詩之章句未有長如此篇者,故以'曼'言之。《毛傳》謂'奚斯作廟',則'孔碩且碩',意窨複矣。"語出孔廣森《經學卮言》卷三"奚斯所作,孔曼且碩"條,引文與原文有較大出入。孔氏以三家爲是,是矣,而未盡也。《駉·毛序》曰:"季孫行父請命於周季孫行父:即季文子,春秋時魯國正卿,而史克作是頌史克:魯宣公時太史克。"鄭《詩譜》曰:"僖復魯舊制,未遍而薨。國人美其功,季孫行父請命於周而作其頌。"語出《毛詩正義》卷二十一《魯頌譜》。尋毛、鄭之意,蓋謂《魯頌》皆史克作,作於僖公薨後,故解"奚斯所作"爲作廟,不爲作《頌》。今案《閟宮》詩多祝壽之語,且云"令妻壽母",意必僖公在位,其母成風、其妻聲姜皆在,乃宜爲此頌禱之辭。若在僖公薨後,世無其人已死猶爲之追祝壽且并頌其母與妻者。如毛、鄭之説,可謂一大笑話。史克,見《左氏》文十八年《傳》,宣公時尚存,見《國語》,其年輩在後;奚斯,見《左氏》閔二年《傳》,其年輩在前。則奚斯作《頌》於僖公之時,時代正合,故當從三家以爲奚斯所作。漢人引《詩》各處相合,以爲誤,必無各處皆誤之理。若毛、鄭之説則誠誤,不必爲之曲諱。段玉裁訂《毛詩故訓傳》,乃强改"作是廟也"之"廟"字爲"詩"字,以傅合漢人所引三家《詩》義參段玉裁《毛詩故訓傳定本》卷二十九《毛詩·魯頌·閟宮》。陳奐疏《毛氏傳》

亦從段説，豈非童牛角馬、不今不古者乎？ 童牛角馬：無角之牛，長
角之馬。比喻事物不倫不類或違反常理。

88. 論正考父與宋襄公年代可以相及，鄭君《六藝論》 從三家《詩》，箋《毛》亦兼采三家

《史記·宋世家》曰：“宋襄公之時，修仁行義，欲爲盟主。
其大夫正考父美之，故追道契、湯、高宗，殷所以興追道：追述，作
《商頌》。”史公用《魯詩》説，裴駰《集解》曰：“《韓詩·商頌》
章句①亦美襄公。”蓋三家説同。後人不信三家，以考父頌殷
爲誤，謂考父與宋襄年代遠不相及。

錫瑞案：史公去古未遠，從孔安國問故問故之結果，一説，史遷
所得皆古文經學；一説，今古文兼得，何至於孔子先世之事懵然不知？
《孔子世家》既載孟釐子言正考父佐戴、武、宣矣孟釐子：春秋時
魯國大夫。戴、武、宣：宋戴公、宋武公、宋宣公三代君主。《十二諸侯年
表》戴、襄相距百有一十六年，則史公非不知考父之年必百三
四十歲而後能相及也。百齡以上之壽，古多有之。竇公、張蒼
竇公：漢初樂師，壽一百八十歲。張蒼（前256—前152）：陽武人，封北平侯，西
漢算學家，曾學於荀子，壽亦過百，即其明證。或又疑其子見殺，其父
不應尚存，則春秋時明有其人，亦即宋國之人。《左氏》文十
六年《傳》曰：“初，公子蕩卒，公孫壽辭司城公孫壽爲公子蕩之子。
司城：官名，即司空，請使意諸爲之意諸：蕩意諸，公孫壽之子。”意諸死
昭公之難，歷文十七十八兩年、宣十八年、成八年，凡二十八
年。宋公使公孫壽來納幣古代婚禮六禮之一。納吉之後，擇日具書，送
聘禮至女家，女家受物複書，婚姻乃定。亦稱文定，俗稱過定，明見於經。

① “商頌”下原脱“章句”二字，據《史記集解》卷三十八補。

蕩意諸見殺，其父公孫壽可來納幣，何獨孔父見殺_{孔父：孔父嘉，}_{宋國大臣，孔子六世祖，官至大司馬，}其父正考父不可作《頌》乎？今古文多駁異，《異義》以齊魯韓《詩》《公羊春秋》爲一説，《毛詩》《左氏》爲一説。《公羊》稱宋襄爲文王不過此，故三家以《商頌》爲美宋襄，《左氏》於宋襄多貶辭。河間博士治《毛詩》者，以爲宋襄無足頌美，故別創一説，此其蹤迹之可尋者。後人乃據《左氏》殤公即位_{宋殤公，名與夷，宋宣公之子，春秋時期宋國}_{第十五任國君，前719年至前710年在位，}君子引《商頌》，以駁三家。無論古文説不足難今文，即如《左氏》之言，左氏作《傳》在春秋末，距春秋初二百餘年，所引"君子曰"或事後追論，豈必殤公同時之人哉？宋襄與魯僖同時，故《商頌》與《魯頌》文體相似。若是商時人作，商質而周文_{從文質論上講，有"夏忠、商質、周文"}之説，夏代尚忠誠，商代尚質樸，周代尚文華，不應《周頌》簡《商頌》反繁，且鋪張有太過之處。王夫之嘗摘昆吾、夏桀爲失辭矣_{參王}_{夫之《詩廣傳》卷五《商頌》。昆吾：夏商之間部落名，後爲商湯所滅。}魏源《詩古微》列十三證，證《商頌》爲宋詩_{參《詩古微》上編之六《商頌魯}_{韓發微》}，可謂深切著明。

考《詩序》疏引鄭君《六藝論》曰："文王創基，至於魯僖，則《商頌》不在數矣。"羅泌《路史·後紀》注曰_{羅泌：字長源，號歸}_{愚，吉州廬陵（今江西吉安）人。南宋史學家，又有《易説》《六宗論》等：}"《商頌》，宋頌也，宋襄公之詩耳。敘詩者以爲正考父所得商詩，中言湯孫_{商湯之子孫}，而毛、鄭遂以爲太甲、中宗之詩[①]，妄也。夫言'奮伐荆楚'_{《殷武》句。討伐楚國真奮勇，襄公事也；}'萬舞有奕'_{《那》句。洋洋萬舞場面盛，非商樂也。}蓋宋有商王之廟，而詩

---

① "詩"，原作"時"，誤，據《路史》卷十九改。

爲宋祀之詩①，此常理爾，故韓嬰、馬遷亦以爲美襄公。然遷以爲考父作，則繆矣。考父佐戴、武、宣，非襄公時，蓋因而誤之。此宋也，而謂之商，不忘本也。《六藝論》云②：文王創基，至魯僖間，《商頌》不在數矣。孔子删詩時，錄此五章，豈無意哉？'商邑翼翼，四方之極'《殷武》句。商都繁華又齊整，好給四方作標準，'我有嘉客，亦不夷懌'《那》句。助祭賓客都光臨，無不歡樂喜盈盈，豈能忘哉？景山，商墳墓之所在也。商邑之大，豈無賢才哉？'松柏丸丸'，《殷武》有句云："陟彼景山，松柏丸丸。"在于斲而遷之斲(zhuó)：砍削，方斲而敬承之，以用之爾。松柏小材，有梴(chān)而整布木長而整齊貌；衆楹大材楹爲廳堂前柱，有閑而静别。既各得施，則寢成而孔安矣。寢成：寢廟建成。孔安：神靈安寧。《殷武》有句云："是斷是遷，方斫是虔。松桷有梴，旅楹有閑，寢成孔安。"拱成群材，而任以成國，則人君高拱仰成矣，是'綢繆牖戶'之義也綢繆牖戶：緊密纏縛好門窗。比喻事前做好準備。"語出《路史》卷十九。

　　案羅氏以《商頌》爲宋頌，是也，引《六藝論》甚詳，可以推見鄭君之意。子曰"詩三百"，自《周南》至《魯頌》，適得三百之數。鄭君以爲《商頌》不在數，孔子删《詩》，錄此五篇，以寓懷舊之感，其説必有所受。以"景山"爲商之墳墓，"松柏"喻商之賢材，且以"松柏"喻小材，"衆楹"喻大材，"寢成孔安"喻任群材成國，皆爲喻言，不爲實事，與箋《詩》以陟景山、掄材木爲實事不同，是鄭君作《論》時從三家之明證。《鄭箋·殷武詩》云："時楚僭號王位。"《商頌》首章有句云"撻彼殷武，奮伐荊楚"，五章有句云"不僭不濫，不敢怠遑"，鄭玄《箋》文乃據此而發，蓋以其時有楚國僭越之事。一説，商代并無楚國或楚族，則《商頌》非屬商代之詩。亦兼

---

① "祀"，原作"禮"，誤，據《路史》卷十九改。
② "六藝論"上原衍"引"字，據《路史》卷十九删。

用三家義,以爲宋詩。若商世,不聞楚有僭王之事。《孔疏》駁馬昭曰:"名曰《商頌》,是商世之頌,非宋人之詩,安得曰'宋郊,配契'也?"語出《毛詩正義》卷三十《長發》。"配契",原文作"契配"。馬昭雖出鄭門,其言非鄭意也。孔穎達但知《鄭箋》從毛,不知兼采三家。馬昭既出鄭門,其言當得鄭意。羅氏"荆楚""萬舞"二證,足明三家之義,而以考父非襄公時爲疑,則猶未知其年代可以相及也。

89. 論《鄭譜》《鄭箋》之義,知聲音之道與政通

鄭《詩譜序》曰:"勤民恤功盡心民事,憂慮民功,昭事上帝勤勉地服事上帝,則受頌聲,弘福如彼。若違而弗用,則被劫殺,大禍如此。吉凶之所由,憂娛之萌漸,昭昭在斯,足作後王之鑒,於是止矣。"《正義》曰:"此言孔子録《詩》唯取三百之意。'宏福如彼',謂如文、武、成王世修其德,致太平也;'大禍如此'謂如厲、幽、陳靈惡加於民,被放弒也。'違而不用',謂不用《詩》義,則'勤民恤功,昭事上帝'是用《詩》義也語出《大雅·大明》,互言之也。用《詩》則吉,不用則凶,'吉凶之所由',謂由《詩》也。《詩》之規諫,皆防萌杜漸,用《詩》則樂,不用則憂,是爲'憂娛之萌漸'也。"陳澧案:"《大序》云'國史明乎得失之迹',《小序》每篇言美某王某公,刺某王某公。鄭君本此意以作《譜》,而於《譜序》大放厥辭。此乃《三百篇》之大義也,此《詩》學所以大有功於世也。《鄭箋》有感傷時事之語,《桑扈》'不戢不難戢(jí):收斂,克制。難(nuó):守禮,受福不那(nuó)多也',《箋》云:'王者位至尊,天所子也,然而不自歛以先王之法,不自難以亡國之戒,則其受福禄亦不多也。'此蓋歎息痛恨於桓、靈也。《小宛》'螟蛉有子螟蛉:螟蛾的幼蟲,蜾蠃負之蜾

蠃(guǒ luǒ):細腰蜂。負之:指捕食螟蛉',《箋》云:'喻有萬民不能治,則能治者將得之。'此蓋痛漢室將亡而曹氏將得之也。又'戰戰兢兢,如履薄冰',《箋》云:'衰亂之世,賢人君子雖無罪,猶恐懼。'此蓋傷黨錮之禍也。《雨無正》'維曰于仕,孔棘且殆',《箋》云:'居今衰亂之世,云往仕乎?甚急迮且危迮(zé):逼迫,擠壓。句意謂逼迫且危殆。'此鄭君所以屢被徵而不仕乎?鄭君居衰亂之世,其感傷之語有自然流露者,但箋注之體謹嚴,不溢出於經文之外耳。"語出《東塾讀書記》卷六《詩》。

錫瑞案:鄭君作《譜序》,深知孔子錄《詩》之意;陳氏引《鄭箋》,深知鄭君箋《詩》之意。在心爲志,發言爲詩,言爲心聲,非可勉強,聲音之道,與政相通,故曰:"治世之音安以樂安順歡樂,其政和平和通暢;亂世之音怨以怒怨恨憤怒,其政乖乖戾殘暴;亡國之音哀以思悲哀愁思,其民困困頓貧窮。"《毛詩大序》之文,本自《禮記·樂記》。《詩》之世次難以盡知,何楷《世本古義》臆斷某詩爲某人某事作何楷(1594—1645):字元子,泉州晉江人。清代經學家,有《詩經世本古義》《古周易訂詁》等,《提要》以爲"大惑不解"參《四庫全書總目》卷十六《詩經世本古義》提要。即《毛序》某詩刺某君,朱子亦不深信。然今即以詩辭而論,有不待箋釋而知其時之爲盛爲衰,不必主名而見其政之爲治爲亂者。如《魚麗》美萬物衆多《詩》云"物其多矣,維其嘉矣",而《苕華》云"人可以食,鮮可以飽"今詩作《苕之華》,則其民之貧富可知。《天保》云"群黎百姓,遍爲爾德普遍感化您的恩德",而《兔爰》云"尚寐無吪但願長睡,不願開口",《苕華》云"不如無生不如不降生於世",則其民之憂樂可知。是即不明言爲何王之詩,而盛衰治亂之象宛然在目,其君之應受弘福與受大禍,亦瞭然於前矣。朱子曰:"周之初興時,'周原膴膴(wǔ wǔ)周城原野,膏腴肥美,堇荼如飴堇葵苦菜,甘如飴糖',苦底物亦甜;及其衰也,'牂羊墳首牂(zāng)羊:母羊。墳首:頭大貌,因饑餓所致,三星在罶(liǔ)朱子《詩集傳》云:"罶中無魚而水靜,但見三星之光而已。言飢饉之餘,百物彫耗如此"。人可以食,鮮可以飽',直恁地蕭索恁(rèn)地:如此,這樣。"語出《朱子語類》卷八十一。正得此意。

90. 論先魯後殷、新周故宋見《樂緯》,三《頌》有《春秋》存三統之義

孔子所定《六經》,皆有微言大義。自東漢專講章句訓詁,而微言大義置不論。今文十四博士師傳中絶,聖經宗旨闇忽不章昏暗不明,猶有遺文散見於古書者。《文選・潘安仁〈笙賦〉》注引《樂緯・動聲儀》曰:"先魯後殷謂《魯頌》置於《商頌》之先,詳參下文正文所釋,新周故宋。"漢人何休《文謚例》曾言:"新周、故宋,以《春秋》當新王,此一科三旨也。"新周,一說指成周,屬新朝;一說當爲"親周",表親近之義。《春秋經・宣公十六年》載:"夏,成周宣謝災。"《公羊傳》曰:"成周宣謝災何以書? 記災也。外災不書。此何以書? 新周也。"何休注云:"新周,故分別有災,不與宋同也。孔子以《春秋》當新王,上黜杞,下新周而故宋。因天災中興之樂器,示周不復興,故繫宣謝於成周,使若國,文黜而新之,從爲王者後記災也。"故宋,一說,宋爲孔子之先國;一說,宋爲王者之後。《春秋經・襄公九年》:"九年,春,宋災。"《穀梁傳》曰:"外災不志,此其志,何也? 故宋也。"范甯注云:"故,猶先也。孔子之先宋人。"此《詩》三《頌》有通三統之義三統:指夏、商、周三代之正朔,亦謂之"三正"。夏正建寅爲人統,商正建丑爲地統,周正建子爲天統。《漢書・劉向傳》云:"王者必通三統,明天命所授者博,非獨一姓也。",與《春秋》存三統大義相通,三家《詩》之遺説不傳而散見於緯書者也。"先魯後殷",謂《魯頌》在先,《商頌》在後,所以録《商頌》於後者,即《春秋》"新周故宋"之義。三家《詩》以《商頌》爲正考父美宋襄公,當云"宋頌",而謂爲"商頌"者,宋本商後,《春秋》時稱宋爲商。

《左氏傳》司馬子魚曰："天之棄商久矣。"語出《僖公二十二年》。史龜曰："利以伐姜姜姓,指齊國,不利子商子姓,指宋國。因宋爲商之遺民,故云子商。"語出《哀公九年》。宗人釁夏曰宗人:官名,掌管宗廟、譜牒、祭祀等。釁(xìn)夏爲魯人:"孝、惠娶於商魯孝公、魯惠公娶宋國女子爲妻。"皆稱宋爲商之明證。或云魯定公諱宋,當時改宋爲商,似未盡然。《樂記》師乙曰:"肆直而慈愛者宜歌《商》,溫良而能斷者宜歌《齊》。"《大戴禮記》"七篇《商》《齊》,可歌也"語出《投壺篇》,《商》《齊》即師乙所謂《商》《齊》,"商"與"齊"對舉,非謂商一代,謂宋一國也。《毛詩》與《國語》皆古文,故據《國語》云"正考父校商之名《頌》十二篇於周太師"語出《魯語下》,以《商頌》爲正考父所校,不以《宋頌》爲正考父所作,與三家《詩》以《商頌》爲美宋襄者判然不合。《毛詩》既據《國語》,又據《左傳》,於宋襄多詆斥之詞故也。自《毛詩》《左傳》單行,人不信三家《詩》,更不知《詩》有"先魯後殷、新周故宋"之微言,與《春秋》三統之義相通。而孔子刪《詩》,如徐陵之選《玉臺新詠》徐陵(507—583):字孝穆,東海郯(今山東郯城)人,南朝梁陳間詩人。所編《玉臺新詠》收錄東周至南梁詩歌769篇,爲著名詩歌選本,王安石之選《唐百家詩》,不過編輯成書,并無義例之可言矣。

三家《詩》所傳微言必多,惜皆不傳於世,僅存《樂緯》八字猶略可考。其餘與《春秋》相通者,《春秋》"元年春王正月","王"謂文王,《詩》之四始皆稱文王。其相通者一。《春秋》尊王,褒美桓、文齊桓公、晉文公,《詩·風》終于《豳》,稱周公《豳風》有詩七篇,《詩序》皆稱周公,云:"《七月》,陳王業也。周公遭變故,陳后稷先公風化之所由,致王業之艱難也。"又云"《鴟鴞》,周公救亂也""《東山》,周公東征也",後四篇《破斧》《伐柯》《九罭》《狼跋》,皆云"美周公也",《雅》終于《召旻》,言召公《大雅》末篇《召旻》之詩序曰:"《召旻》,凡伯刺幽王大壞也。旻,閔也,閔天下無如召公之臣也。",《匪風》思王《檜風》末篇《匪風》之詩序曰:"《匪風》,思周道也。國小政亂,憂及禍難,而思周道焉。",《下泉》思伯《曹風》末篇《下泉》之詩序曰:"《下泉》,思治也。曹人疾共公侵刻,下民不得其所,憂而思明王賢伯也。"。其相通者二。《孟子》云"《詩》亡然後《春秋》作",必更有微言大義相合者。惜今文説亡佚,多不可考耳。顧炎武曰:"《詩》之次序,猶《春秋》之年月,夫子因其舊文,述而不作也。頌者,美盛德之形容以告宗廟。魯之《頌》,頌其君而已,而列之《周頌》之後者,魯人謂之《頌》也。世儒謂夫子尊魯而進之爲《頌》,是不然。魯人謂之《頌》,夫子安得不謂之《頌》乎? 爲下不倍也倍:通"背",背逆。《春秋》書公、書郊禘古帝王以祖先配祭昊天上帝,亦同此義。《孟子》曰'其文則史',不獨《春秋》也,雖《六經》皆然。今人以爲聖人作書,必有驚世絶俗之見,此是以私心待聖人。"語出《日知録》卷三《魯頌商頌》。

錫瑞案:顧氏此説,非獨不知《詩》,并不知《春秋》。《孟子》曰'其文則史',不嘗引孔子曰'其義,則某竊取之'乎? 義不獨《春秋》,《六經》皆有之。孟子稱孔子作《春秋》,功繼群聖,安得無驚世絶俗之見,而謂以私心待聖人乎? 信顧氏説,必不信孟子而後可。"世儒謂夫子尊魯而進之爲《頌》",正是"先魯後殷"之義;《宋頌》亦謂之《頌》,正是"新周故宋"之義。《詩》之次序,《春秋》之年月,皆夫子手定,必有微言大義,而非專襲舊文。述而不作,是夫子謙辭。若必信以爲真,則夫子手定《六經》并無大義微言,《詩》《書》止編輯一過,《春秋》止鈔録一過,所謂"萬世師表"者安在? 成伯璵《毛詩指説》以《魯頌》爲變頌,陳鵬飛《詩解》不解殷、魯二《頌》陳鵬飛(1078—1153):字少南,號鳴翔,祖籍磐安甘溪,遷浙江永嘉。宋代經學家,有《詩解》二十卷、《書解》三十卷等,以爲《商頌》當闕,而《魯頌》可

廢,皆不知三《頌》有通三統之義也。(阮元曰:頌,本"容貌"之
"容",容、養、漾,一聲之轉。"周頌""魯頌""商頌",猶云周之樣子、魯之樣子、
商之樣子耳。風、雅,惟歌而已,惟頌有舞,以象成功,如今之演劇,據孔子與賓
牟賈論樂可見。)

91. 論《左氏傳》所歌《詩》皆傳家據已定録之, 非孔子之前已有此義

　　子曰:"吾自衛反魯,然後樂正,《雅》《頌》各得其所。"語
出《論語·子罕》。然則夫子未正樂之前,《雅》《頌》必多失次可
知。而《左氏傳》載季札觀樂在夫子未正樂之前,十五國《風》
《雅》《頌》,皆秩然不紊。學者多以爲疑,此在漢人已明解之。
《周禮·春官·大師》疏引鄭衆《左氏春秋注》云:"孔子自衛
反魯,在哀公十一年。當此時《雅》《頌》未定,而云爲歌大小
《雅》《頌》者,傳家據已定録之。言季札之於樂,與聖人同。"
又《詩譜序》疏引襄二十九年《左傳》服虔注云:"哀公十一年,
孔子自衛反魯,然後樂正,《雅》《頌》各得其所,距此六十二
歲。當時《雅》《頌》未定,而云爲之歌《小雅》《大雅》《頌》者,
傳家據已定録之。"(李貽德曰:"是時孔子尚幼,未得正樂,歌者未必秩然
如是。傳者從後序其事,則據孔子定之次追録之,故得同正樂後之次第也。")
案,李貽德(1783—1832):字天彝,號次白,浙江嘉興人。清代學者,著有《周禮
剩義》《詩考異》《詩經名物考》《十七史考異》等。《詩》孔《疏》以服説爲
非,引鄭司農《春官注》鄭司農:指東漢經學家鄭衆,因其曾官大司農,故
稱。衆字仲師,河南開封人,傳其父鄭興《左傳》之學,兼通《易》《詩》,精於三
統曆,"與鄭同以爲《風》《雅》先定,非孔子爲之"。不知《春
官》賈《疏》引鄭司農《左氏》《周官》兩處之注,明有兩解。服
虔以爲"傳家據已定録之",正本司農《左氏》之注。是司農雖
據《周官》而解《左氏》,知其説不可通,故注《周官》用《周官》

義,注《左氏》用《左氏》義。《周官》《左氏》皆古文,注者皆鄭司農,而不能專持一義解之,以孔子反魯正樂有明文,不敢背其説也。凡古人注經前後不合者,皆於經義有疑,未能決定,意在矜慎,并非矛盾。疏家不明此旨,但主一説而盡棄其餘,即一人之説前後不符,亦專取其一。舉先儒之疑而未定者,臆定以爲決辭,而反相駁難。或且去取乖繆,舍其是者而取其不是者。於是先儒矜慎之意全失,雖有異義,無從考見。其或於他處散見一二,皆學者所宜標出以備參考者也。(康成《注》多歧異,其答第子,明見《鄭志》,《孔疏》駁《鄭志》,專取一書之注,非康成之意。)鄭司農在東漢之初,服子慎在東漢之末,二人之説遞相祖述,皆以傳家據孔子所定《雅》《頌》,“言季札之於樂與聖人同”。蓋當時古文雖盛行,猶未敢以《左氏》《周官》顯違《論語》之義。不若唐以後人之悍,專主一經而盡廢群經也。《左傳疏》曰:“此爲季札歌《詩》,風有十五國,其名皆與《詩》同,唯其次第異耳。則仲尼以前,篇目先具,其所删削,蓋亦無多。記傳引①《詩》,亡逸甚少,知本先不多也。《史記·孔子世家》云:‘古者《詩》三千餘篇,孔子去其重,取三百五篇。’蓋馬遷之謬耳。”語出《春秋左傳正義》卷三十九《襄公二十九年》。

　案《孔疏》據季札所歌以駁删《詩》之説,猶之可也;若據季札所歌,而疑孔子以前《詩》與今同,并無定《詩》正樂之事,則斷乎不可。據鄭、服兩説,足見《左氏》一書多以闕里之緒論,爲當時之實事。季札歌《詩》既從後定,其餘諸大夫之斷章取義,其義或亦出於孔子之後,而非出於孔子之前,未可盡以春秋之斷章,爲詩人之本旨也。(《左氏》引《易》《禮》《論語》,皆當作如是觀。《國語》楚子引《曹詩》“不遂其媾”,乃當時刺曹共公詩。或謂《候

---

① “引”,原作“與”,誤,據《春秋左傳正義》卷三十九改。

人》即爲晉公子作，何以遽傳至楚而楚子引之？殊不可信。俞正燮强護《國語》，謂晉公子從者挾其詩以示人，尤爲臆説無據。)

92. 論賦、比、興、豳雅、豳頌皆出《周禮》，古文異説不必深究

《詩》有風、雅、頌，人人所知也，而《周禮》："大師教六詩，曰風，曰賦，曰比，曰興，曰雅，曰頌。"《毛序》據其説，謂《詩》有六義，於是風、雅、頌之外，有賦、比、興。而《傳》專言興，不言比、賦。《孔疏》曰："《毛傳》特言興也，爲其理隱故也。"又曰："風、雅、頌者，《詩》篇之異體；賦、比、興者，《詩》文之異辭耳。大小不同，而得并爲六義者，賦、比、興是《詩》之所用，風、雅、頌是《詩》之成形。用彼三事，成此三事，是故同稱爲義，非別有篇卷也。《鄭志》，張逸問：'何詩近於比、賦、興？'答曰：'比、賦、興，吴札觀《詩》已不歌也。孔子録《詩》，已合《風》《雅》《頌》中，難復摘別，篇中義多興。'"二處引文皆出《毛詩正義》卷一。據此，則比、賦、興難以摘別，與風、雅、頌大小不同。鄭、孔亦明知之，特以毛義不敢駁。毛又本於《周禮》，是古文異説，今文三家《詩》無是説也。

十五國風有《豳風》，人人所知也，而《周禮·籥章》"掌土鼓、豳籥(yuè)古管樂器、龡豳詩龡：同"吹"，鄭玄注曰"吹之者，以籥爲之聲"，龡豳雅，龡豳頌"，《鄭注》："豳詩，《豳風·七月》也。豳雅，亦《七月》也。《七月》又有"于耜(sì)謂修理農具。耜爲犁的一種""舉趾舉足下田，開始農耕""饁彼南畝送飯至農田"之事，是亦歌其類。謂之雅者，以其言男女之正。豳頌，亦《七月》也，《七月》又有"穫稻""作酒""躋彼公堂—説指太學，一説指豳公之堂，皆爲鄉民聚集之所，稱彼兕觥舉起酒杯。兕觥(sì gōng)：犀牛角酒杯，或指狀

如犀牛的青銅酒器，萬壽無疆”之事，是亦歌其類也。謂之頌者，以其言歲終人功之成。”語出《周禮注疏》卷二十四。鄭箋《詩》，則以“殆及公子同歸”以上是謂豳風，“以介眉壽”以上是謂豳雅，“萬壽無疆”以上是謂豳頌。《孔疏》云：“《籥章》之注，與此小殊。彼又觀《籥章》之文而爲説也。以其歌豳詩以迎寒迎暑，故取寒暑之事以當之；吹豳雅以樂田畯田官，嗇夫，故取耕田之事以當之；吹豳頌以息老物使萬物休息，故取養老之事以當之。就彼爲説，故作兩解也。諸詩未有一篇之内備有風、雅、頌，而此篇獨有三體。”語出《毛詩正義》卷十五。據此，則分《七月》詩爲風、雅、頌本無定説，一篇不應分三體，鄭、孔亦明知之，特欲引據《周禮》，不得不强傅會。是古文異説，今文三家《詩》亦無是説也。

　　至宋以後，異説尤多。朱子《詩傳》以興、比、賦分而爲三，摘《毛傳》不合於興者四十九條，且曰：“《關雎》，興詩也，而兼於比。《緑衣》，比詩也，而兼於興。《頍弁》，一詩興、比、賦兼之。”愈求精，愈游移無定，究不知比興如何分别。胡致堂引李仲蒙説胡致堂：即胡寅（1098—1156），字明仲，北宋建甯崇安人，胡安國之侄，著有《論語詳説》《讀史管見》。李仲蒙，北宋河南人，長於《毛詩》等：“敘物以言情謂之賦，索物以託情謂之比，觸物以起情謂之興。”語出《斐然集》卷十八《致李叔易》。亦屬空言。王質駁《鄭箋》，謂：“一詩如何分爲三？《籥章》所謂豳詩，以鼓、鐘、瑟、琴四器之聲合籥也。禮，笙師歙竽、笙、壎、籥、簫、篪（chí）、篴（dí）、管以上八者皆管樂器，舂牘、應、雅以上三者皆打擊樂器，凡十二器，以雅器之聲合籥也。禮，眡瞭播鞀眡瞭（shì liáo）；亦寫作“視瞭”，古官名，扶持瞽師，兼掌作樂。播鞀（táo）：敲擊搖鼓，擊頌磬、笙磬磬懸於東方稱笙磬，懸於西方稱頌磬，凡四器，以頌器之聲合籥也。”語出王質《詩總聞》卷八，引文與原文略有出入。朱子有三説：一説豳詩吹之,其調可風、可雅、可頌;一説《楚茨》諸詩是幽之雅,《噫嘻》諸詩是幽之頌;一説王介甫謂幽自有雅、頌,今皆亡矣。黃震謂:"《楚茨》諸詩,於今爲刺幽王之詩;《噫嘻》諸詩,於今爲成周郊社之詩<small>成周:西周東都洛邑,亦指周公輔佐成王的興盛時代。郊社:祭祀天地。周代冬至祭天稱郊,夏至祭地稱社</small>,未易遽指以爲幽。若如介甫謂幽詩別自有雅、頌,則幽乃先公方自奮於戎狄之地,此時①安得有天子之雅、頌耶? 惟前一説得之,以王質考訂爲精詳。"<small>語出黃震《黃氏日鈔》卷四。</small>

錫瑞案:王質之説尤謬。"舂牘",先鄭以爲一器<small>先鄭指鄭衆,後鄭指鄭玄</small>,後鄭以爲牘、應、雅教其舂,則笙師所教,止十一器而無十二。"頌磬、笙磬",《鄭注》:"在東方曰笙。笙,生也。在西方曰頌。頌,或作庸。庸,功也。"引《大射禮》爲據甚確,則頌磬非頌器之聲。王質引《周禮》,又不用《周禮》之義,改亂古注,以就其説。宋人習氣,固無足怪,而《周禮》亦不可爲據。漢人古説自《周禮》外,無言幽雅、幽頌者;自《周禮》《毛傳》外,無言賦、比、興者。《鄭注》《孔疏》强爲傅會,而心不能無疑。宋人又不信注疏而各自爲説,實則皆如孔廣森之論《尚書》"孔、蔡謬悠,議瓜驪山,良無一是"者也。《周禮》一書與諸經本不相通,後人信之,反亂經義。如孔子所定之《易》,《周易》是也,《周禮·太卜》有《連山》《歸藏》《周易》,爲三《易》。後人不求明《易》,而爭論《連山》《歸藏》,於是有僞《連山》《歸藏》。孔子所定之《書》,《尚書》是也,《周禮②·外史》有三皇五帝之書,後人不求明《書》,而爭論三皇五帝之書,於是有僞《三墳》書。孔子所定之《詩》,風、雅、頌

---

① "時",原作"詩",誤,據《黃氏日鈔》卷四改。

② "周禮",原作"周易",誤,據文意改,"外史"乃屬《周禮》之《春官》。

是也,《周禮》有賦、比、興、幽雅、頌,後人不求明《詩》,而爭論賦、比、興、幽雅、頌。此等皆無裨經義,其真其偽,其是其非,可以不論。治經者先掃除一切單文孤證疑似之文,則心力不分而經義易晰矣。

93. 論《南陔》六詩與金奏三《夏》不在三百五篇之内

洪邁《容齋續筆》曰:"《南陔》《白華》《華黍》《由庚》《崇丘》《由儀》六詩,毛公爲《詩詁訓傳》,各置其名,述其義,而亡其辭。《鄉飲酒》、《燕禮》云:'笙入堂下,磬南,北面立。樂奏《南陔》《白華》《華黍》,乃間歌《魚麗》,笙《由庚》;歌《南有嘉魚》,笙《崇丘》;歌《南山有臺》,笙《由儀》。乃合樂《周南·關雎》《葛覃》《卷耳》、《召南·鵲巢》《采蘩》《采蘋》。'切詳文意切:通"竊",私下,表示個人意見的謙詞,所謂歌者,有其辭所以可歌,如《魚麗》《嘉魚》《關雎》以下是也;亡其辭者不可歌,故以笙吹之,《南陔》至于《由儀》是也。有其義者,謂'孝子相戒以養'《毛詩序》解《南陔》語,'萬物得由其道'之義《毛詩序》解《由庚》語;亡其辭者,元未嘗有辭也元:原來,原本。鄭康成始以爲及秦之世而亡之,又引《燕禮》'升歌《鹿鳴》[①],下管《新宫》'爲比下管:下堂用管演奏。《新宫》:鄭玄以爲屬《小雅》逸詩篇名,謂《新宫》之詩亦亡。按《左傳》宋公享叔孫昭子叔孫諾,魯國大夫叔孫豹之子,賦《新宫》事見《左傳·昭公二十五年》。杜注爲"逸詩"杜:晉人杜預,有《春秋左傳集解》,則亦有辭,非諸篇比也。陸德明《音義》云:'此六篇蓋武王之詩,周公制禮,用爲樂章,吹笙以播其曲播:配樂以廣流傳。孔子删定,在三百一十一篇内,及秦而亡。'蓋

祖鄭説耳。且古詩經删及逸不存者多矣，何獨列此六名於
《大序》中乎？束晳《補亡》六篇，不可作也。《左傳》叔孫豹
如晉，晉侯享之，金奏《肆夏》《韶夏》《納夏》，工歌《文王》《大
明》《緜》《鹿鳴》《四牡》《皇皇者華》事見《左傳·襄公四年》。三
《夏》者，樂曲名，擊鐘而奏，亦以樂曲無辭，故以金奏之。若
六詩，則工歌之矣，尤可證也。"語出《容齋續筆》卷十五《南陔六詩》。

　　錫瑞案：洪説是也，漢初史遷、王式諸人皆云《詩》三百五
篇，無有云三百十一篇者，是不數六笙詩甚明。《毛詩故訓
傳》不以六笙詩列什數，則《序》云"有其義而亡其辭"，"亡"
字當讀"有無"之"無"。鄭君以爲"亡逸"之"亡"，《箋》云：
"孔子論《詩》，《雅》《頌》各得其所，時俱在耳，篇第當在於
此。遭戰國及秦而亡之，其義則與衆篇之義合編，故存。至毛
公爲《詁訓傳》，乃分衆篇之義，各置於其篇端。云又闕其亡
者，以見在爲數以尚存者爲數，故推改什首篇什之首，遂通耳，而下
非孔子之舊。"語出《毛詩正義》卷十六。自鄭君爲此説，陸德明、孔
穎達、成伯璵皆以爲《詩》三百十一篇，與漢初人云三百五篇
不合矣。杜子春《周禮·鍾師》注引《春秋傳》"金奏《肆夏》
之三"，云："《肆夏》與《文王》《鹿鳴》俱稱三，謂其三章也，以
此知《肆夏》，詩也。《國語》曰：'金奏《肆夏》《繁遏》《渠》，
天子所以享元侯諸侯之長。'《肆夏》《繁遏》《渠》，所謂三《夏》
矣。呂叔玉云呂叔玉：漢代學者，曾注《周禮》：《肆夏》《繁遏》《渠》，
皆《周頌》也。《肆夏》，《時邁》也；《繁遏》，《執競》也今詩作《執
競》；《渠》，《思文》也。肆，遂也；夏，大也，言遂於大位，謂王
位也，故《時邁》曰：'肆于時夏，允王保之。'繁，多也，遏，止
也，言福禄止於周之多也，故《執競》曰：'降福穰穰'衆多貌，
'降福簡簡'盛大貌，'福禄來反'同"返"，還報。渠，大也，言以后
稷配天，王道之大也，故《思文》曰：'思文后稷，克配彼天。'"

鄭謂:"以《文王》《鹿鳴》言之,則'九夏'皆詩篇名,《頌》之族類也。此歌之大者,載在樂章,樂崩亦從而亡,是以《頌》不能具。"上二段引語,皆出《周禮注疏》卷二十四。案吕説蓋以《時邁》《思文》皆有《時夏》之文,而《執競》一篇在其間,故據以當三《夏》。其説近傅會,鄭君不從,是也。特以爲《頌》之族類,樂崩亦從而亡,則猶未知金奏與工歌不同,本不在三百五篇中,非《頌》不能具也。

94. 論《詩》無不入樂,《史》《漢》與《左氏傳》可證

《史記》曰:"三百五篇,孔子皆弦歌之,以求合《韶》《武》《雅》《頌》之音。"語出《孔子世家》。《韶》《武》:分别爲虞舜時音樂和武王時音樂。則孔子之時,《詩》無不入樂矣。《漢書》曰:"行人振木鐸徇於路以采詩木鐸(duó):以木爲舌的銅質大鈴。古代宣佈政教法令時,巡行振鳴以引起衆人注意。徇:巡視,巡行,獻之大師,比其音律比:合,配。"語出《漢書·食貨志》。則孔子之前,《詩》無不入樂矣。《墨子》曰:"誦《詩》三百,弦《詩》三百,歌《詩》三百,舞《詩》三百。"語出《公孟篇》。則孔子之後,《詩》無不入樂矣。《詩》之入樂,有一定者,有無定者。如《鄉飲酒禮》:"間歌《魚麗》,笙《由庚》;歌《南有嘉魚》,笙《崇丘》;歌《南山有臺》,笙《由儀》;合樂《周南·關雎》《葛覃》《卷耳》、《召南·鵲巢》《采蘩》《采蘋》。"《鄉射禮》合樂同。《燕禮》間歌歌鄉樂鄉土之樂,即《風》,與《鄉飲酒禮》同。《大射》歌《鹿鳴》三終奏畢三章之樂。《左氏傳》云:"《湛露》,王所以宴樂諸侯也;《彤弓》,王所以燕獻功諸侯也;《文王》,兩君相見之樂也(亦升歌《清廟》)。《鹿鳴》《四牡》《皇華》,嘉鄰國君、勞使臣也。"參見《左傳·文公四年》《襄公四年》,引文與原文略有出入。此《詩》之入樂有一定者也(三

《夏》依鄭説,不取吕叔玉説爲《肆夏》《執競》《思文》)。《鄉飲酒禮》正歌備後有無算樂_{正歌:古代典禮中規定使用的樂歌。備:演唱完畢。無算}

_{樂:亦作"無筭樂",指古代典禮中演奏的無定數的樂歌,直到盡歡而止,}《注》引《春秋·襄二十九年》吴公子札來聘,請觀于周樂,此國君之無算。然則《左氏傳》載列國君卿賦《詩》言志,變風變雅皆當在無算樂之中。此《詩》之入樂無一定者也。若惟正風正雅入樂,而變風變雅不入樂,吴札焉得而觀之,列國君卿焉得而歌之乎?至宋儒,乃有《詩》不入樂之説。程大昌曰:"南、雅、頌,樂名也,若今樂曲之在某宫者也①。邶、鄘、衛十三國者,詩皆可采,而聲不入樂,則直以徒詩著之本土。"_{語出《考古編·詩論》。}朱子曰:"二《南》,正風,房中之樂也,鄉樂也;二《雅》之正雅,朝廷之樂也;商、周之《頌》,宗廟之樂也。至變雅,則衰周卿士之作,以言時政之得失。而《邶》《鄘》以下,則大師所陳以觀民風者耳,非宗廟燕享之所用也。"_{語出《晦庵集》}

_{卷七十《讀吕氏詩託桑中篇》。}顧炎武用其説曰:"夫二《南》也,《豳》之《七月》也,《小雅》正十六篇_{指正《小雅》十六篇},《大雅》正十八篇_{指正《大雅》十六篇},《頌》也,《詩》之入樂者也。《邶》以下十二國之附於二《南》之後,而謂之'風';《鴟鴞》以下六篇之附於《豳》,而亦謂之'豳';《六月》以下五十八篇之附於《小雅》,《民勞》以下十三篇之附於《大雅》,而謂之'變雅',《詩》之不入樂者也。"_{語出《日知録》卷三《詩有入樂不入樂之分》。}

　　錫瑞案:謂《詩》不入樂,與《史》《漢》皆不合,亦無解於《左氏》之文。古者詩教通行,必無徒詩不入樂者_{徒詩:與"歌詩"}

_{相對,指不入於樂之詩。下文"徒詞""徒曲"意同。}唐人重詩,伶人所歌皆當時絶句;宋人重詞,伶人所歌皆當時之詞;元人重曲,伶人

---

① "某宫",原作"其官",誤,據程大昌《考古編》卷一改。

所歌亦皆當時之曲,有朝脱稿而夕被管弦者。宋歌詞不歌詩,於是宋之詩爲徒詩;元歌曲不歌詞,於是元之詞爲徒詞;明以後歌南曲不歌北曲南曲:宋元時南方戲曲、散曲所用各種曲調的統稱,與“北曲”相對,於是北曲亦爲徒曲。今并南曲亦失其傳,雖按譜而填,鮮有能按節而歌者。如古樂府辭皆入樂,後人擬樂府,則名焉而已意謂僅有其名而無其實。周時《詩》方通行,必不如是。宋人與顧氏之説,竊未敢謂然也。(笙入金奏,本非三百五篇之詩,而説者必强以爲《詩》;三百五篇本無不入樂之詩,而説者又謂有徒詩,皆不可據。)

95.論《詩》至晉後而盡亡,開元遺聲不可信

《困學紀聞》曰:“《大戴禮・投壺》云:‘凡《雅》二十六篇,其八篇可歌,歌《鹿鳴》《貍首》《鵲巢》《采蘩》《采蘋》《伐檀》《白駒》《騶虞》。八篇廢,不可歌。七篇《商》《齊》清人范家相《三家詩拾遺》卷二云:“鄭氏謂商即《商頌》,非也。《樂記》:‘商者,五帝之遺聲;齊者,三代之遺聲也。’今逸之矣。”,可歌也。三篇,間歌古時吹笙與歌唱相交替的一種禮制。《上林賦》‘掩群雅’西漢辭賦家司馬相如文,張揖注云:‘《詩》《小雅》之材七十四人,《大雅》之材三十一人。’愚謂八篇可歌者,唯《鹿鳴》《白駒》在《小雅》。《貍首》今亡,鄭氏以爲《射義》所引曾孫侯氏之詩。餘皆《風》也,而亦謂之《雅》,豈《風》亦有《雅》歟?’劉氏《小傳》宋人劉敞所著《七經小傳》:‘或曰:《貍首》,《鵲巢》也,篆文似之。’此有《貍首》,又有《鵲巢》,則或説非矣。張揖言二雅之材①,未知所出。”語出《困學紀聞》卷三。閻若璩按:“《小雅》除笙詩,自《鹿

---

① “二”,原作“大”,誤,據《困學紀聞》卷三改。

鳴》至《何草不黃》凡七十四篇,《大雅》自《文王》至《召旻》凡三十一篇,故曰《小雅》之材七十四人,《大雅》之材三十一人,以篇數言也。"屠繼序按屠為清代學者,曾箋釋《困學紀聞》:"文當云:八篇廢,不可歌,史辟、史義、史見、史童、史謗、史賓①、拾聲、叡挾清范家相《三家詩拾遺》卷二云:"史辟、史義等名,不知所解。其曰間歌,自是歌詩篇名。曰十聲,則合兩篇為一聲,故合《商》《齊》七篇為十也。《商》《齊》為五帝三代遺聲,商、齊之人識之,故列於《雅》。";七篇《商》《齊》,可歌也;三篇,間歌也,合二十六篇之數。"又按:"《伐檀》即《小雅·伐木》也,意三家必有作'伐檀丁丁'者。杜夔傳《琴操》仍其異文耳《琴操》為東漢蔡邕所撰。"《困學紀聞》又曰:"漢大樂食舉十三曲大樂:又稱太樂,官名,國家祭祀時掌其奏樂及大饗之樂舞。食舉:古代帝王進餐或舉行宴會時所奏的樂典,一曰《鹿鳴》。杜夔傳舊雅樂四曲,一曰《鹿鳴》,二曰《騶虞》,三曰《伐檀》,四曰《文王》,皆古聲辭。《琴操》曰:'古琴有詩歌五曲,曰《鹿鳴》《伐檀》《騶虞》《鵲巢》《白駒》。'"朱子《儀禮經傳通解》十四《詩樂》:《十二詩譜》全名《開元十二詩譜》,詳參下文朱子之語,雅詩六,《鹿鳴》《四牡》《皇華》《魚麗》《嘉魚》《南山有臺》,黃鐘清宮黃鐘:與下"無射"皆古十二律之一。清宮:清越的宮調聲,俗呼"正宮";風詩六,《關雎》《葛覃》《卷耳》《鵲巢》《采蘩》《采蘋》,無射清商商聲,古代五音之一。古謂其調淒清悲涼,故稱,俗呼"越調"。朱子曰:"今按《大戴禮》頗有闕誤,其篇目都數篇目之總數,皆不可考。至漢末年止存三篇,而加《文王》,又不知其何自來也。其後改作新辭,舊典遂廢。至唐開元鄉飲酒禮,其所奏樂乃有此十二篇之目,而其聲今亦莫得聞矣。此譜乃趙彥肅所傳趙彥肅:字子欽,學者稱複齋先生,宋嚴州建德(今浙江建德)人,有

《易説》《廣學雜辨》等，曰即開元遺聲也。古聲亡滅已久，不知當時工師何所考而爲此也。竊疑古樂有唱有歎，唱者發歌句也，和者繼其聲也。詩詞之外，應更有疊字散聲以歎發其趣。故漢晉之間，舊曲既失其傳，則其辭雖存而世莫能補，爲此故也。若但如此譜，直以一聲叶一字叶：音“協”，指叶韻，音韻學術語。今韻與古韻因古今音變不同，故以今韻讀古韻文，多不和諧。南北朝學者讀《詩經》時，爲押韻計，便對《詩經》中某些字以當時今音改讀之，稱爲叶韻。此風至宋代而大盛，朱子撰《詩集傳》《楚辭集注》便常用此法。明人陳第倡導“時有古今，地有南北，字有更革，音有轉移”之歷史語言觀，主張不應用叶韻之法隨意改讀古音。至清代，叶韻之法逐漸廢除，則古詩篇篇可歌，無復樂崩之歎矣。夫豈然哉？又其以清聲爲調清聲：指疾促之聲，似亦非古法。然古聲既不可考，則姑存此，以見聲歌之仿佛，俟知樂①者考其得失云。”語見《儀禮經傳通解》卷十四。

　　錫瑞案：漢食舉奏《鹿鳴》，則《鹿鳴》猶通行。明帝二年幸辟雍亦作“辟雝”，辟通“璧”。本爲西周天子所設大學，校址圓形，圍以水池，前門外有便橋。東漢以後，歷代皆有辟雍，除北宋末年爲太學之預備學校（亦稱“外學”）外，均爲行鄉飲、大射或祭祀之禮之所，詔曰：“升歌《鹿鳴》，下管《新宮》。”《新宮》乃逸詩，不知何從得之。杜夔傳四曲有《文王》，亦不知何從得之。《伐檀》變風，誠非倫次。屠氏以爲《伐木》，則非是。《上林賦》云：“悲《伐檀》，樂《樂胥》。”《伐檀》云悲，當同《毛序》“賢者不遇明王”之義。若是《伐木》，何悲之有？夔傳四曲，皆古聲辭，及太和中三國魏明帝曹叡年號，左延年改夔《騶虞》《伐檀》《文王》左延年：魏宮廷樂官，以新聲被寵，曾官協律都尉，更自作聲節。其名雖存，而聲實異。唯因夔《鹿鳴》全不改易，每正旦大會每年正月初一，朝廷及百姓舉行慶

_____

① “樂”，原作“音”，誤，據《儀禮經傳通解》卷十四改。

賀禮儀,東廂雅樂常作者是也。至泰始五年公元269年,泰始爲晉武帝司馬炎年號,荀勖乃除《鹿鳴》舊歌荀勖:字公曾,晉潁川潁陰(今河南許昌)人。目録學家,撰《中經新簿》,曾掌管宮廷樂事,更作行禮詩,於是《鹿鳴》亦亡。若開元所奏趙彦肅所傳十二篇,皆不知所自來。朱子疑之,以一聲叶一字爲非,可謂至論。而《通解》仍載《十二詩譜》,不得已而存餼羊之義耳餼(xì)羊:古代用爲祭品的羊。《論語·八佾》載:"子貢欲去告朔之餼羊。子曰:'賜也,爾愛其羊,我愛其禮。'"比喻徒具之形式。(今學宮歌詩,正以聲叶一字者。)

96. 論《詩》教温柔敦厚在婉曲不直言,《楚辭》及唐詩、宋詞猶得其旨

《論語》言《六經》,惟《詩》最詳,可見聖人删《詩》之旨。而不得其解,則反致轇轕。如言"《關雎》樂而不淫,哀而不傷"語出《八佾》,《毛序》已糾纏不清,《鄭箋》改"哀"爲"衷",朱注《論語》又以"憂"易"哀"參本書第69條,後人更各爲臆説矣。言"《詩》三百,一言以蔽之,曰思無邪"語出《爲政》,《詩》本託諷,聖人恐人誤會,故以"無邪"正之。毛、鄭解《詩》,於此義已不盡合,朱子以《鄭》《衛》詩爲淫人自言,王柏乃議删《鄭》《衛》矣。惟言"小子何莫學夫《詩》"一章語出《陽貨》,興觀群怨,事父事君,多識鳥獸草木之名,本末兼該,鉅細畢舉,得《詩》教之全,而人亦易解。其大者尤在温柔敦厚孔穎達《禮記正義》卷五十三云:"温謂顏色温潤,柔謂情性和柔。《詩》依違諷諫,不指切事情,故云温柔敦厚,是詩教也。",長於風諭以委婉言辭進行勸導。《困學紀聞》曰:"子擊好《晨風》子擊爲魏文侯長子、《黍離》而慈父感悟(見《韓詩外傳》。《韓詩》以《黍離》爲伯奇之弟伯封作,言孝子之事,故能感悟慈父,與《毛詩》以爲閔周者不同),周磐誦《汝墳》卒章而爲親從仕周

磬：字堅伯，東漢汝南安成人，精於《詩》《書》。《汝墳》卒章云："魴魚赬尾，王室如毀。雖則如毀，父母孔邇。" 從仕：爲官，做官，王裒誦《蓼莪》而三復流涕王裒：字偉元，西晉城陽營陵（今山東昌樂）人。《蓼莪》首章云："蓼蓼者莪，匪莪伊蒿。哀哀父母，生我劬勞。"，裴安祖講《鹿鳴》而兄弟同食裴安祖：後魏人，《魏書》有傳，可謂興於《詩》矣。" 語出《困學紀聞》卷三。

焦循《毛詩補疏序》曰："夫《詩》，溫柔敦厚者也，不質直言之而比興言之，不言理而言情，不務勝人而務感人。自理道之説起，人各挾其是非，以逞其血氣。激濁揚清，本非謬戾，而言不本於性情，則聽者厭倦，至於傾軋之不已，而忿毒之相尋。以同爲黨，即以比爲争比：勾結，甚而假宮闈、廟祀、儲貳之名宮闈：帝王後宮。廟祀：立廟奉祀。儲貳：儲副，太子，動輒千百人哭於朝門，自鳴忠孝，以激其君之怒，害及其身，禍於其國，全戾乎所以事君父之道。余讀《明史》，每歎《詩》教之亡，莫此爲甚蓋指明末黨争激烈（東林黨、閹黨等），因此禍國。夫聖人以一言蔽三百曰'思無邪'，聖人以《詩》設教，其去邪歸正奚待言？所教在思，思者容也，思則情得，情得則兩相感而不疑。故示之於民則民從，施之於僚友則僚友協，誦之於君父則君父怡然釋。不以理勝，不以氣矜，而上下相安於正。無邪以思致，思則以嗟歎永歌、手舞足蹈而致。《管子》曰：'止怒莫如《詩》。'語出《内業篇》，"如"，本作"若"。劉向曰：'夫《詩》，思然後積，積然後滿，滿①然後發。'《詩》發於思，思以勝怒，以思相感，則情深而氣平矣，此《詩》之所以爲教歟？" 語出焦循《雕菰集》卷十六。

又《補疏》曰："循按：《兼葭》《考槃》，皆遁世高隱之辭。而《序》則云，《考槃》刺莊公，《兼葭》刺襄公，此説者所以疑《序》也。嘗觀《序》之言刺，如《氓》《静女》刺時，《簡兮》刺不

---

① 二"滿"字，原作"流"，誤，據《説苑》卷五改。

用賢,《芄蘭》刺惠公,《匏有苦葉》《雄雉》刺衛宣公,《君子于役》刺平王,《叔于田》《大叔于田》刺莊公,《羔裘》刺時,《還》刺荒,《著》刺時不親迎,《葛屨》刺褊,《汾沮洳》刺儉,《十畝之間》刺時,《伐檀》刺貪,《蟋蟀》刺晉僖公,《山有樞》《椒聊》刺晉昭公,《有杕之杜》刺晉武公,《葛生》《采苓》刺晉獻公,《宛丘》刺陳幽公,《蜉蝣》刺奢,《鳲鳩》刺不壹,《祈父》《白駒》《黃鳥》刺宣王,《賓之初筵》衛武公刺時,《魚藻》《采菽》《黍苗》《隰桑》《匏葉》刺幽王,《抑》衛武公刺厲王。求之詩文,不見刺意,惟其爲刺詩,而詩中不見有刺意,此《三百篇》所由溫柔敦厚,可以興,可以觀,可以群,可以怨也魏人何晏、宋人邢昺釋"興、觀、群、怨"分別爲:引譬連類、觀風俗之盛衰、群居相切磋、怨刺上政。朱子《詩集傳》則解爲感發志意、考見得失、和而不流、怨而不怒。後世之刺人,一本於私,雖君父不難於指斥,以自鳴其直。學《詩》三百,於《序》既知其爲刺某某之詩矣,而諷味其詩文,則婉曲而不直言,寄託而多隱語,故其言足以感人,而不以自禍。即如《節南山》《雨無正》《小弁》等作,亦惻怛纏綿,不傷於直,所以爲千古事父事君之法也。若使所刺在此詩中即明白言之,不待讀《序》即知其爲刺某人之作,則何以爲'主文譎諫而不訐主文:主於文辭,即在詩中運用賦比興等手法。譎(jué)諫:委婉而諫,不直言切諫。不訐(jié):不揭發攻擊別人隱私短處,溫柔敦厚而不愚'?(二語,李行修説)'人之多辟(pì)邪僻,無自立辟(bì)立法'《大雅·板》句,洩冶所以見非於聖人也洩冶:陳國大夫,因諫陳靈公荒淫而被殺。宋、明之人不知《詩》教,士大夫以理自持,以倖直抵觸其君倖(xìng)直:形容態度粗直,相習成風,性情全失,而疑《小序》者遂相率而起。余謂《小序》之有裨于《詩》,至切至要,特詳論於此。"語出焦循《毛詩補疏》卷三。

錫瑞案:《詩》婉曲不直言,故能感人,焦氏所言甚得其旨。《三百篇》後得《風》《雅》之旨者，惟屈子《楚辭》。太史公云："《國風》好色而不淫，《小雅》怨誹而不亂怨誹：怨恨，非議，若《離騷》者，可謂兼之。"語出《史記·屈原賈生列傳》。而《楚辭》未嘗引經，亦未道及孔子。宋玉始引《詩》"素餐"之語，或據以爲當時孔教未行於楚之證。宋玉《九辨》有句云："竊慕詩人之遺風兮，願託志乎素餐。"案楚莊王、左史倚相、觀射父、白公子張諸人左史倚相爲楚國史官，觀射父、白公子張，皆爲楚國大夫，在春秋時已引經，不應六國時猶未聞孔教。《楚辭》蓋偶未道及，而實兼有《國風》《小雅》之遺。其後唐之詩人猶通比興，至宋乃漸失其旨。然失之於詩而得之於詞，猶《詩》教之遺也。

97. 論三百篇爲全經，不可增删改竄

《漢書·藝文志》曰："《詩》三百篇，遭秦而全者，以其諷誦，不獨在竹帛故也。"班氏據漢博士之説，《詩》遭秦爲全經，漢時所傳之三百篇，即聖人所謂《詩》三百，非有不完不備、待後人補綴者。漢時今《尚書》家以二十九篇爲備，古《尚書》家以爲有百篇，二説不同。而《詩》則三家與毛，今古文皆以爲全經，無不同也。王柏乃疑"今日之三百五篇，豈果爲聖人之三百五篇？秦法嚴密，《詩》無獨全之理。竊意夫子已删去之詩，容有存於閭巷浮薄者之口，蓋雅奧難識，淫俚易傳。漢儒病其亡逸，妄取而攙雜，以足三百篇之數"語出王柏《詩疑》卷一。柏此説與《漢志》相反，柏以前無爲此説者，果何所據而云然乎？吳師道引劉歆言"《詩》始出時，一人不能獨盡其經，或爲《雅》或爲《頌》，相合而成"，以證王氏之説。吳師道（1283—1344）：字正傳，婺州蘭溪人。元代理學家，著有《易雜説》《書雜説》《詩雜説》《春秋胡氏傳附辨》《禮部集》等。案劉歆但云《雅》《頌》相合，未云

攙雜足數。且班固既著此語於歆《傳》，而《藝文志》以《詩》
爲全經，是班氏未嘗以歆所云疑《詩》爲不全也。王氏因朱子
以《鄭》《衛》爲淫詩，毅然刪去三十二篇，且於二《南》刪去
《野有死麕》一篇，而退《何彼穠矣》《甘棠》於《王風》。聖人
手定之經，敢加刪改。後人以其淵源於朱子，而莫敢議。金履
祥、許謙從而和之，不知朱子之説，證以《左氏》，已難據信。
朱子曰："今若以桑中濮上爲雅樂桑中濮上：通常作"桑間濮上"，鄭玄
《禮記·樂記》注云："濮水之上，地有桑間者，亡國之音於此之水出也。昔殷紂
使師延作靡靡之樂，已而自沈於濮水，後師涓過焉，夜聞而寫之，爲晉平公鼓
之。"后因以"桑間濮上"指代淫靡之音，當以薦何等鬼神，接何等賓
客？"參王柏《詩疑》卷一所引，似未見於朱子《文集》。案《桑中》詩雖未
見古人施用，而鄭、衛《風》三十二篇，朱子所指爲淫詩，王氏
所毅然刪去者，如《將仲子》《褰裳》《風雨》《有女同車》《蘀
兮》《野有蔓草》六詩，明見於《左氏傳》，用以宴享賓客（《左氏
傳》雖難盡信，然必非出於漢以後）。朱子之説已未可信，王氏所疑豈
可信乎？自漢以後，學者不知聖人作經，非後人所敢擬議揣度
議論。王通《續詩》有"四名五志"王通《中説》卷三云："薛收問《續
詩》，子曰：有四名焉，有五志焉。何謂四名？一曰化天子所以風天下也，二曰
政蕃臣所以移其俗也，三曰頌以成功告於神明也，四曰歎以陳誨立誠于家也。
凡此四者，或美焉，或勉焉，或傷焉，或惡焉，或誡焉，是謂五志。"，或云僞
作。朱子曰："王通欲取曹、劉、沈、謝之詩爲《續詩》曹、劉、沈、
謝：指曹植、劉楨、沈約、謝靈運，曹、劉、沈、謝又那得一篇如《鹿鳴》
《四牡》《大明》《文王》《關雎》《鵲巢》？"參《朱子語類》卷一三七。
劉迅取《房中歌》至《後庭鬭百草》《臨春樂》《少年子》之類凡
一百四十二篇劉迅：字捷卿，唐史學家劉知幾之子，著《五説》，以擬
《雅》章。又取《巴渝歌》《白頭吟》《折楊柳》至《談容娘》，以
比《國風》之流參宋王應麟《困學紀聞》卷三，亦屬僭。丘光庭《兼明

書》曰："大中年中大中:唐宣宗李忱年號(847—859),《毛詩》博士沈朗《進新添毛詩四篇表》云:'《關雎》后妃之德,不可爲《三百篇》之首,蓋先儒編次不當耳。今別撰二篇爲堯舜詩,取虞人之箴爲禹詩,取《大雅·文王》之篇爲文王詩。請以四詩置《關雎》之前,所以先帝王而後后妃,尊卑之義也。'朝廷嘉之。明曰:沈朗論《詩》,一何狂謬!不知沈朗自謂新添四篇,爲《風》乎?爲《雅》乎?爲《風》也,不宜歌帝王之道;爲《雅》也,則不可置《關雎》之前。非唯首尾乖張,實謂自相矛盾,其爲妄作,無乃甚乎!"語出《兼明書》卷三《沈朗新添》。案沈朗妄添《詩》,罪在劉迅之上;王柏妄删《詩》,罪亦不在沈朗之下。《四庫提要》斥之曰:"柏何人斯,敢奮筆以進退孔子哉!"程敏政、茅坤信王柏程敏政(1445—1499):字克勤,明代休寧篁墩(今安徽屯溪)人,著有《晴洲集》《容軒稿》《南征録》等。茅坤(1512—1601):字順甫,號鹿門,歸安(今浙江吳興)人,明代散文家,二人非經師,毛奇齡已辨之。閻若璩深於《書》而淺於《詩》,亦誤信王柏,皆不足據。

98. 論風人多託意男女,不可以文害辭

《漢書·食貨志》曰:"男女有不得其所者,因相與歌詠,各言其傷(師古曰:怨刺之詩也)。孟春之月①,群居者將散,行人振木鐸徇于路,以采詩獻之大師,比其音律,以聞于天子。"何休《公羊解詁》曰:"男女有所怨恨,相從而歌。饑者歌其食,勞者歌其事。男年六十、女年五十無子者,官衣食之,使之民間求詩。鄉移於邑,邑移於國,國以聞於天子。"據此二說,則風詩實有民間男女之作。然作者爲民間男女,而其怨刺者,不

---

① "孟春",原作"春秋",誤,據《漢書·食貨志》改。

必皆男女淫邪之事。朱子乃以詞意不莊、近於褻狎者皆爲淫詩褻狎(xiè xiá)：輕慢，不莊重，且爲淫人所自作。陳傅良謂以彤管爲淫奔之具陳傅良(1137—1203)：字君舉，號止齋，浙江瑞安人。宋代經學家，"永嘉學派"代表人物，有《止齋詩抄》等，城闕爲偷期之所《邶風·靜女》有句云："靜女其姝，俟我於城隅。愛而不見，搔首踟躕。//靜女其孌，貽我彤管。彤管有煒，說懌汝美。"，竊所未安①，藏其說不與朱子辨。朱子謂："陳君舉兩年在家中解《詩》，未曾得見。近有人來說，君舉解《詩》，凡《詩》中所說男女事，不是說男女，皆是說君臣。未可如此一律，今人解經，先執偏見，類如此。"參宋人朱鑑編《詩傳遺說》卷一。

　　錫瑞案：陳止齋《詩說》，今不可得見。據朱子謂其以說男女者爲說君臣，則風人之義，實當有作如是解者。朱子《楚詞集注》曰："楚人之詞，其寓情草木，託意男女，以極遊觀之適者，變風之流也。其敘事陳情，感今懷古，以不忘乎君臣之義者，變雅之類也。其語祀神歌舞之盛，則幾乎《頌》，而其變也，又有甚焉。其爲賦則如《騷經》首章之云也指《離騷》首章，比則香草惡物之類也，興則託物②興詞，初不取義，如《九歌》沅芷澧蘭以興思公子而未敢言之屬也《湘夫人》云"沅有芷兮澧有蘭"，本指生於沅澧兩岸的芳草，後用以比喻高潔之人或物。"語出《楚辭集注》卷一。朱子以《詩》之六義說《楚詞》，以託意男女爲變風之流，沅芷澧蘭思公子而未敢言爲興。其於《楚詞》之託男女、近於褻狎而不莊者，未嘗以男女淫邪解之，何獨於風詩之託男女、近於褻狎而不莊者，必盡以男女淫邪解之乎？後世詩人得風人之遺者，非止《楚詞》。漢唐諸家近於比興者，陳沆《詩比興

箋》已發明之陳沆（1785—1826）：原名學濂，字太初，號秋舫。湖北蘄水（今浠水）人，清代詩人；初唐四子託於男女者即指"初唐四傑"：王勃、楊炯、盧照鄰、駱賓王，何景明《明月篇序》已顯白之何景明（1483—1521）：字仲默，號白坡，河南信陽人。明代文學家，"前七子"之一。古詩如傅毅《孤竹》、張衡《同聲》、繁欽《定情》、曹植《美女》，雖未知其於君臣朋友何所寄託，要之必非實言男女。唐詩如張籍"君知妾有夫"一篇，乃在幕中卻李師道聘作，託於節婦而非節婦；張籍《節婦吟》曰："君知妾有夫，贈妾雙明珠。感君纏綿意，繫在紅羅襦。妾家高樓連苑起，良人執戟明光裏。知君用心如日月，事夫誓擬同生死。還君明珠雙淚垂，何不相逢未嫁時。"朱慶餘"洞房昨夜停紅燭"一篇，乃登第後謝薦舉作，託於新嫁娘而非新嫁娘，皆不待箋釋而明者。朱慶餘《近試上張水部》（又名《閨意》）曰："洞房昨夜停紅燭，待曉堂前拜舅姑。妝罷低聲問夫婿，畫眉深淺入時無？"即如李商隱之《無題》李商隱《無題》之一："相見時難別亦難，東風無力百花殘。春蠶到死絲方盡，蠟炬成灰淚始乾。曉鏡但愁雲鬢改，夜吟應覺月光寒。蓬山此去無多路，青鳥殷勤爲探看。"、韓偓之《香奩》韓偓有詩集《香奩集》，多賦詠男女之情，如《生查子》曰："侍女動妝奩，故故驚人睡。那知本未眠，背面偷垂淚。懶卸鳳凰釵，羞入鴛鴦被。時復見殘燈，和煙墜金穗。"，解者亦以爲感慨身世，非言閨房。以及唐宋詩餘"詞"之別名，溫飛卿之《菩薩蠻》感士不遇溫庭筠《菩薩蠻》曰："小山重疊金明滅，鬢雲欲度香腮雪。懶起畫蛾眉，弄粧梳洗遲。照花前後鏡，花面交相映。新帖繡羅襦，雙雙金鷓鴣。"，韋莊之《菩薩蠻》留蜀思唐韋莊《菩薩蠻》曰："紅樓別夜堪惆悵，香燈半捲流蘇帳。殘月出門時，美人和淚辭。琵琶金翠羽，絃上黃鸎語。勸我早歸家，綠窗人似花。"，馮延巳之《蝶戀花》忠愛纏綿馮延巳《蝶戀花》（又名《鵲踏枝》）之一："誰道閒情拋棄久，每到春來，惆悵還依舊。日日花前常病酒，不辭鏡裏朱顏瘦。河畔青蕪堤上柳，爲問新愁，何事年年有。獨立小橋風滿袖，平林新月人歸後。"，歐陽修之《蝶戀花》爲韓、范作歐陽修《蝶戀花》之一："庭院深深深幾許，楊柳堆煙，簾幕無重數。玉勒雕鞍遊冶處，樓高不見章臺路。

雨橫風狂三月暮,門掩黃昏,無計留春住。淚眼問花花不語,亂紅飛過鞦韆去。"韓、范:乃指北宋抵禦西夏名將韓琦、范仲淹。張惠言《詞選》評析云:"庭院深深,閨中即以邃遠也;樓高不見,哲王又不悟也。章臺遊冶,小人之徑。雨橫風狂,政令暴急也。亂紅飛去,斥之逐者非一人而已。殆爲韓、范作乎?",張惠言《詞選》已明釋之。此皆詞近閨房,實非男女,言在此而意在彼,可謂之接迹風人者接迹:謂精神一致,前後相續。不疑此而反疑風人,豈非不知類乎?《孟子》曰:"故説《詩》者不以文害辭,不以辭害志,以意逆志,是爲得之。"語出《萬章上》。以託意男女而據爲實言,正以文害辭、以辭害志而不知以意逆志者也。

99. 論鳥獸草木之名,當考《毛傳》《爾雅》《陸疏》而參以圖説、目驗

鳥獸草木之名,雖屬《詩》之緒餘事物主體之外所剩餘者,亦足以資多識。三家既亡,詳見《毛傳》。毛公之學,自謂子夏所傳。張揖《進廣雅表》云:"周公著《爾雅》一篇,今俗所傳三篇,或言仲尼所增,或言子夏所益,或言叔孫通所補叔孫通:又名叔孫何,薛縣(今山東滕州)人。初爲秦博士,後依附項梁,西漢建立後又協助高祖劉邦制訂漢朝宮廷禮儀,官至太常、太子太傅。《資治通鑑》稱其器小,譏諷其"夫大儒者,惡肯毁其規矩準繩以趨一時之功哉",或言沛郡梁文所考。"據此,則《毛傳》與《爾雅》同淵源於子夏,故《爾雅》之《釋草》《釋木》《釋鳥》《釋獸》與《毛傳》略同。曹粹中《放齋詩説》以爲《爾雅》成書在毛公以後。戴震曰:"傳注莫先《毛詩》,其爲書又出《爾雅》後。《爾雅》:'杜,甘棠。''梨,山樆。''榆,白枌。'立文少變。杜濇棠甘,而名類可互見。'杜,赤棠。白者棠',以棠見杜。'杜,甘棠',以杜見棠。《毛詩》

'甘棠,杜也'誤,'枌,白榆也'不誤。杜,甘曰棠。梨,山生曰檰。榆,白曰枌。朱子《詩集傳》於《陳・東門之枌》云'枌,白榆也',本《毛詩》。於《唐・山有藟》云'榆,白枌也'山有藟:今本作"山有樞",殆稽《爾雅》而失其讀。其他《毛詩》誤用《爾雅》者甚多。先儒言《爾雅》往往取諸《毛詩》,非也。"語出《戴東原集》卷三《答江慎修先生論小學書》。錢大昕曰:"毛公所見《爾雅》勝於今本,如草木蟲魚增加偏旁,多出於漢以後經師,而毛猶多存古。夫不、秸鞠、脊令、卑居之屬夫不:布穀鳥。秸鞠(jiē jū):鳲鳩,即布穀鳥。脊令:亦作脊鴒、鶺鴒,鳥名。卑居:鳥名,鴉類,皆當依毛本改正者也。"語出《潛研堂集》文集卷十《爾雅》。陳奐曰:"大毛公生於六國,其作《詩故訓傳》,傳義有具於《爾雅》,有不具於《爾雅》。用依《爾雅》,編作義類。"參清戴望《謫麔堂遺集》文一《清故孝廉方正陳先生行狀》。案諸家說,皆以《爾雅》先於《毛詩》,與曹氏說不同。考鳥獸草木者,二書之外,陸璣《草木鳥獸蟲魚疏》爲最近古。成伯璵《毛詩指說》曰:"陸璣作《草木疏》二卷,亦論蟲魚鳥獸,然土物所生,耳目不及,相承迷悞,明體乖殊,十得六七而已。"據此,則唐人於《陸疏》已不盡信,然十得六七,猶勝後人臆說。宋蔡卞《毛詩名物解》、許謙《集傳名物鈔》、陸佃《爾雅新義》、羅願《爾雅翼》,自矜創獲,求異先儒。而蔡卞、陸佃皆王安石新學蔡卞(1048—1117):蔡京之弟、王安石之婿,官至宰相。陸佃(1042—1102):字農師,號陶山,越州山陰(今浙江紹興)人,陸遊之祖父。著有《陶山集》《埤雅》《禮象》《春秋後傳》等,安石《詩經新義》"八月剝棗"《豳風・七月》句,不用《毛詩》"剝(pū),扑"之訓,以爲剝其皮以養老。後罷政居鍾山,聞田家"扑棗"之言,乃悟杜詩"東家撲棗任西鄰"及"棗熟從人打"杜甫《又呈吳郎》詩云:"堂前撲棗任西鄰,無食無兒一婦人。"又《秋野五首》之一云:"棗熟從人打,葵荒欲自鋤。",知《毛傳》"剝,扑"之訓不誤,奏請刪去《詩義》。

宋人新説之不可信如此,所説名物,安可據乎?古今名物不同,未易折衷壹是。然不知雎鳩爲何鳥,則不能辨"摯而有別"言"摯至"與言"鷙猛"之孰優;《毛傳》解《關雎》云:"雎鳩,王雎也,鳥摯而有別。"不知苤苢爲何草,則不能定毛與三家"樂有子"與"傷惡疾"之孰是。多識草木鳥獸,乃足以證《詩》義。動植物學,今方講明,宜考《毛傳》《爾雅》《陸疏》,證以圖説,參以目驗,審定古之何物爲今之何物。非但取明經義,亦深有裨實用,未可以其瑣而忽之也。

100. 論《鄭箋》《朱傳》間用三家,其書皆未盡善

自漢以後,經學宗鄭,説《詩》者莫不主《鄭箋》;自宋以後,經學宗朱,説《詩》者莫不從《朱傳》。《鄭箋》,宗毛者也,而間用三家説;《朱傳》,不宗毛者也,亦間用三家説。惠棟《九經古義》曰:"王伯厚謂鄭康成先通《韓詩》南宋王應麟,字伯厚,故注三《禮》與箋《詩》異。案《鄭志》答炅模云:'爲《記》注時就盧君《記》:指《儀禮》,漢時稱《禮記》,先師亦然。後乃得毛公傳記,古書義又且然,《記》注已行,不復改之。'盧君謂盧子幹也盧植,字子幹,東漢經學家,曾與鄭玄同問學於馬融,先師謂張恭祖也張恭祖:東漢經學家,鄭玄曾從其受《周官》《左傳》《尚書》之學。《續漢書》盧植與鄭玄俱事馬融,同門相友。玄本傳云'又從東郡張恭祖受《韓詩》',故《記》注多依韓説。《六藝論》云:'注《詩》宗毛爲主,毛義若隱略,則更表明;如有不同,即下己意。'案《鄭箋》宗毛,然亦間有從韓、魯説者,如《唐風》'素衣朱襮(bó)'《揚之水》句,以'繡黼(xiù fǔ)'爲'綃黼',《十月之交》爲厲

王時①,《皇矣》'侵阮、徂、共'爲三國名,皆從《魯詩》。《衡門》'可以樂飢',以'樂'爲'㦎';《十月之交》'抑此皇父','抑'讀爲'意';《思齊》'古之人無斁(yì)','斁'作'擇';《泮水》'狄彼東南','狄'作'鬄',皆《韓詩》説也。"語出《九經古義》卷六。詳見《毛詩稽古編》《經義雜記》。此《鄭箋》間用三家之證也。王應麟《詩考序》曰:"賈逵撰《齊魯韓與毛詩異同》,崔靈恩采三家本爲《集注》崔靈恩:清河東武城人,南北朝經學家,尤精三《禮》、三《傳》,今唯《毛傳》《鄭箋》孤行。獨朱文公閎意眇指眇(miào):通"妙"。宏大之意,精妙之旨,卓然千載之上。言《關雎》則取康衡(宋人諱"匡"字,改爲"康"),《柏舟》婦人之詩則取劉向,笙詩有聲無辭則取《儀禮》,'上天甚神'則取《戰國策》《小雅·菀柳》作"上天甚蹈",'何以恤我'則取《左氏傳》《周頌·維天之命》作"假以溢我",《抑》'戒自儆'、《昊天有成命》'道成王之德'則取《國語》,'陟降庭止'則取《漢書注》《周頌·閔予小子》句,《賓之初筵》'飲酒悔過'則取《韓詩序》,'不可休思'《周南·漢廣》句、'是用不就'《小雅·小旻》作"是用不集"、'彼岨者岐'《周頌·天作》作"彼徂矣岐"皆從《韓詩》,'禹敷下土方'又證諸《楚辭》《商頌·長發》句,一洗末師專己守殘之陋。"此《朱傳》間用三家之證也。

錫瑞案:《鄭箋》所以間用三家者,當時三家通行,毛不通行,故鄭君注《禮》時,尚未得見《毛傳》。蓋鄭見《毛傳》後,以爲孤學恐致亡佚,故作《箋》以表明。有不愜於心者,間采三家裨補其義。不明稱三家説者,正以三家通行,人人皆知之故。(鄭樵曰:當鄭氏箋《詩》,三家俱存。故鄭氏雖解釋經文,不明言改字之由,亦以學者既習《詩》,則三家之《詩》不容不知也。後世三家既亡,學者惟見

---

① "時",原作"詩",誤,據《九經古義》卷六改。

其改字，而不見《詩》學之所由異。此鄭氏之所以獲譏也。）其後《鄭箋》既行，而齊、魯、韓三家遂廢（《經典釋文》之說），此鄭君所不及料者。鄭精三《禮》，以禮解《詩》，頗多紆曲，不得詩人之旨。魏源嘗摘其失，如"亦既覯止"《召南·草蟲》句，引男女之構精兩性交合；"言從之邁"《小雅·都人士》句，殉古人於泉壤。《菀柳》相戒，言王者不可朝事；《四月》怨役，斥先祖爲非人。除《牆茨》之淫昏，反違禮而害國；頌《椒聊》之桓叔，能均平不偏黨。"瞻烏爰止"《小雅·正月》句，則教民以貳上；昊天爲政《小雅·節南山》云："不弔昊天，亂靡有定。……不自爲政，卒勞百姓。"，望更姓而改物。成王省耕巡視農耕。蓋指《小雅·大田》一詩，王后與世子偕行；閻妻屬妃《小雅·十月之交》"艷妻煽方處"，《漢書·谷永傳》引作"閻妻"。屬妃：蓋指周幽王之妃褒姒，童角乃皇后之斥童角：一種兒童髮式。指兒童。取子毀室《豳風·鴟鴞》云："既取我子，無毀我室。"，誅周公之黨與同黨之人；屨五綏雙《齊風·南山》云："葛屨五兩，冠綏雙止。"意謂葛鞋兩只雙雙放，帽帶一對垂頸下，數姜襄之姆傅數：數落，責備。姜襄：齊文姜與其胞兄齊襄公私通。姆傅：意同"傅姆"。此《鄭箋》之未盡善也。

《朱傳》所以間用三家者，亦以毛、鄭不愜於心，間采三家裨補其義。據王應麟《詩考》云："扶微學，廣異義，亦文公之意。"則其采輯三家，實由朱子《集傳》啓之。後來范家相、馬國翰更加摭拾，至陳喬樅益詳范、馬、陳三者皆爲清代輯佚名家，范有《三家詩拾遺》十卷；馬著有《玉函山房輯佚書》，內有《魯詩故》三卷、《齊詩傳》二卷、《韓詩故》二卷、《韓詩內傳》一卷、《韓詩說》一卷多種；陳壽祺、陳喬樅父子則撰有《三家詩遺說》《三家詩遺說考》等，未始非朱子先路之導。攻朱者不顧朱義有本，并其本於三家者亦攻駁之，過矣。朱子作《白鹿洞賦》，用"青衿傷學校"語《鄭風·子衿》首章云："青青子衿，悠悠我心。縱我不往，子寧不嗣音？"《毛詩序》云："《子衿》，刺學校廢也，亂世則學校不修焉。"，門人問之，曰："古《序》亦不可廢。"是朱子作

《集傳》,不過自成一家之説。後人尊朱,遂廢注疏,亦朱子所不及料者。《鄭箋》之失,在以"禮"解《詩》;《朱傳》之失,則在以"理"解《詩》。其失不同,皆不得詩人之旨。黄震謂晦庵先生盡去美刺,探求古始,雖東萊先生不能無疑東萊先生:指宋人吕祖謙,撰有《吕氏家塾讀詩記》,陳傅良謂竊所未安,是《朱傳》在當時人已疑之。元延祐科舉條制,《詩》用《朱傳》,明胡廣等竊劉瑾之書劉瑾之書爲《詩傳通釋》二十卷,作《詩經大全》,著爲令典成爲國家之法令制度,指用於科舉,於是專宗《朱傳》,漢學遂亡(本《提要》)。近陳啓源等乃駁朱申毛,疏證詳明,一一有本(本《提要》)。此《朱傳》之未盡善也。

然則學者治《詩》,以何書爲主乎?曰三家既亡,毛又簡略,治《詩》者不得不以唐人《正義》爲本。其書以劉焯《毛詩義疏》、劉炫《毛詩述義》爲稿本,故能融貫群言,包羅古義(本《提要》)。雖或過於護鄭,且有强毛合鄭之處,而名物訓詁,極其該洽,遠勝《周易》《尚書疏》之空疏。朱子《集傳》,名物訓詁亦多本於《孔疏》。學者能通其説,不僅爲治《毛詩》之用,且可以通群經。至於近人之書,則以陳奐《詩毛氏傳疏》能專爲毛氏一家之學,在陳啓源、馬瑞辰、胡承珙之上(《陳疏》惟合明堂、路寢爲一,非是,鍾文烝嘗詆爲新奇繆戾。)陳啓源撰有《毛詩稽古編》,馬瑞辰撰有《毛詩傳箋通釋》,胡承珙撰有《毛詩後箋》。陳喬樅《魯詩遺説考》《齊詩遺説考》《韓詩遺説考》,能兼考魯、齊、韓三家之遺,比王應麟、范家相、馬國翰爲詳。學者先觀二書,可以得古《詩》之大義矣。(陳氏於三家少發明,魏源發明三家,未能篤守古義,且多武斷。)

101. 論孔子删《詩》是去其重,三百五篇已難盡通, 不必更求三百五篇之外

　　《史記·孔子世家》曰:"古者《詩》三千餘篇,及至孔子,去其重,取可施於禮義,上采契、后稷,中述殷、周之盛,至幽、厲之缺,始於衽席,故曰《關雎》之亂以爲《風》始,《鹿鳴》爲《小雅》始,《文王》爲《大雅》始,《清廟》爲《頌》始。三百五篇,孔子皆弦歌之,以求合《韶》《武》《雅》《頌》之音。"案史公説本《魯詩》,爲西漢最初之義。云"始於衽席",正與讀《春秋·曆譜牒》曰"周道缺,詩人本之衽席,《關雎》作"相合。可知《關雎》實是刺詩,而無妨於列正風,冠篇首矣。云"《關雎》之亂以爲《風》始",可知"四始"實孔子所定,而非周公所定,且并非周初所有矣。云"三百五篇",可知孔子所定之詩止有此數,不得如毛、鄭增入笙詩六篇,而陸、孔遂以爲三百十一篇矣。云"皆弦歌之,以求合《韶》《武》《雅》《頌》",可知三百五篇無淫邪之詩在内,不得如朱子以爲淫人自作,而王柏妄删《鄭》《衛》矣。孔子删《詩》之説,孔穎達已疑之,謂:"案書傳所引之《詩》,見在者多,亡逸者少,則夫子所録者不容十分去九,馬遷之言未可信。"語出《毛詩正義·詩譜序》。惟歐陽修以遷説爲然:"以圖推之,有更十君而取其一篇者,又有二十餘君而取其一篇者。由是言之,何啻乎三千?"語出《詩本義·詩圖總序》。

　　近人朱彝尊、趙翼、崔述、李惇皆力辯删《詩》之非,惟趙坦用史公之説趙坦:字寬夫,清代浙江仁和人,著有《周易鄭注引義》《春秋異文箋》等,曰:"删《詩》之旨可述乎?曰去其重複焉爾。今試舉群經諸子所引《詩》不見於三百篇者一證之:如《大戴禮·

用兵篇》引《詩》云'魚在在藻,厥志在餌','鮮民之生矣,不如死之久矣','校德不塞,嗣武丁孫子'①,今《小雅》之《魚藻》《蓼莪》、《商頌》之《玄鳥》等篇辭句有相似者_{今詩《魚藻》三章之首句,皆爲"魚在在藻"。《蓼莪》詩中即有"鮮民之生,不如死之久矣"句。《玄鳥》有句云:"商之先後,受命不殆,在武丁孫子。"}。《左傳·襄八年》引《詩》云:'兆云詢多,職競作羅。'今《小雅》之《小旻》篇句有相似者。_{《小旻》三章有句云:"我龜既厭,不我告猶。謀夫孔多,是用不集。"}《荀子·臣道篇》引《詩》云:'國有大命,不可以告人,妨其躬身。'與今《唐風·揚之水篇》亦相似。_{末句云:"我聞有命,不敢以告人。"}凡若此類,複見疊出,疑皆爲孔子所删也。若夫《河水》即《沔水》,《新宫》即《斯干》,昔人論説有足取者。然則史遷所云'去其重,取可施於禮義者',直千古不易之論。"

王崧亦爲之説曰_{王崧(1752—1837):字伯高,又字西山、石仙,號樂山,雲南浪穹(今大理洱源)人。清代經學家,著《説緯》等}:"《史記》之書繆誤固多,皆有因而然,從無鑿空妄説者。考《漢書·食貨志》'孟春之月,行人振木鐸徇於路以采詩,獻之太師,比其音律,以聞於天子'云云。《史記》所謂'古《詩》三千餘篇'者,蓋太師所采之數,迨比其音律聞於天子,不過三百餘篇。何以知之?采詩非徒存其辭,乃用以爲樂章也。音律之不協者棄之,即協者尚多,而此三百餘篇於用已足。其餘但存之太史_{官名,周代太史掌記載史事、編寫史書、起草文書,兼管國家典籍和天文曆法等},以備所用之或闕。'《詩》三百','誦《詩》三百',皆孔子之言,前此未有綜計其數者。蓋古《詩》不止三百五篇,東遷以後,禮壞樂崩,《詩》或有句而不成章、有章而不成篇者,無與於弦歌之用。孔子自衛反魯而正樂,釐訂汰黜,定爲此數,以

---

① 《大戴禮記》卷十一《用兵》作"嗣武于孫子"。

教門人，於是授受不絕。設無孔子，則此三百五篇亦胥歸泯滅矣。故世所傳之逸詩，有太師比音律時所棄者，有孔子正樂時所削者。所采既多，其原作流傳誦習，後人得以引之，是則'古《詩》三千餘篇，去其重，取其可施於禮義'，乃太師所爲。司馬遷傳聞孔子正樂時於《詩》嘗有所刪除，而遂以歸之孔子，此其屬辭之未密，或文字有脫誤耳。然謂'孔子皆弦歌之，以求合《韶》《武》《雅》《頌》之音'，可知非獨取其辭意已。"

魏源又引三家異文證之曰："今所奉爲正經章句者，《毛詩》耳，而《孔疏》謂《毛詩》經文與三家異者動以百數。故崔靈恩載《般》頌末今詩《般》列於《周頌》之末，三家有'於繹思'一語，而毛無之。後漢陳忠《疏》引《詩》云《疏》:指陳忠上給朝廷的奏疏，參《後漢書·陳忠傳》:'以《雅》以《南》，靺任朱離'唐李賢《後漢書》注曰:"鄭玄注云:'東方曰靺（mèi），南方曰任，西方曰朱離，北方曰禁。'《毛詩》無靺任朱離之文，蓋見齊、魯之《詩》也。"，《注》謂出齊、魯《詩》，而毛無之。《韓詩》北宋尚存，見於《御覽》，乃劉安世述《雨無正》劉安世（1048—1125）:字器之，號讀易老人。北宋魏（今河北大名西北）人，有《元城集》等，篇首有'雨無其極，傷我稼穡'二語，而毛無之。《文選注①》引《韓詩》經文，有'萬人顒顒（yóng yóng）莊重恭敬貌，仰天告愬（sù）仰天訴説'二語，鄭司農《周禮注》述三家《詩》云:'敕爾瞽，率爾衆，工奏爾悲誦。'則今并不得其何篇。使不知爲三家經文，必謂夫子筆削之遺無疑矣。至若《緇衣》，《左傳》引《都人士》首章，而鄭君、服虔之《注》并以爲逸詩。《孔疏》謂《韓詩》見存，實無首章。然賈誼《新書·等齊篇》引《詩》曰'狐裘黃裳，萬民之望'，是《魯詩》有《都人士》

---

① "文選"，原作"至選"，誤，據《詩古微》卷之上《三家發凡下》改。

首章,而韓逸之也。《左傳》引《詩》'何以恤我,我其收之',明是《周頌》之異文《維天之命》云:"假以溢我,我其收之。",而《杜注》以爲逸詩,是皆但據《毛詩》之蔽也。夫毛以三家所有爲逸,猶韓以毛所有爲逸,果孰爲夫子所删之本耶? 是逸詩之不盡爲逸,有如斯者。推之《韓詩》《常棣》作《夫杕》,《齊詩》《還》作《營》,韋昭謂《鳩飛》即《小宛》,《河水》即《沔水》,是逸篇不盡逸,有如斯者。再推之,則《左傳》澶淵之會引《詩》云'淑慎爾止,無載爾僞',乃《抑篇》之歧句《大雅·抑》云:"淑慎爾止,不愆於儀。";《荀子·臣道篇》引《詩》云'國有大命,不可以告人,妨其躬身';《坊記》引《詩》云'相彼盍旦,尚猶患之';《緇衣》引《詩》云'誰能秉國成,不自爲政,卒勞百姓';《漢書》引《詩》云'四牡翼翼,以征不服',烏知匪《揚之水》《鄭風·揚之水》二章云:"揚之水,不流束薪。終鮮兄弟,維予二人。無信人之言,人實不信。"《小弁》六章云:"相彼投兔,尚或先之。行有死人,尚或墐之。君子秉心,維其忍之。心之憂矣,涕既隕之。"《節南山》六章云:"不吊昊天,亂靡有定。式月斯生,俾民不寧。憂心如酲,誰秉國成? 不自爲政,卒勞百姓。"《六月》之文首章云:"六月棲棲,戎車既飭。四牡騤騤,載是常服。玁狁孔熾,我是用急。王于出征,以匡王國。",而謂皆删章删句删字之餘耶?"語出《詩古微》卷之上《三家發凡下》。魏説主不删《詩》,而可證《史記》"去其重"之義,故節取之。

　　案《詩》三百五篇已不能盡通其義,更何暇求三百五篇之外? 删《詩》之説,逸詩之名,學者宜姑置之,但求通其所能通者可也。

四、三禮

102. 論漢初無"三禮"之名,《儀禮》在漢時但稱《禮經》, 今注疏本《儀禮》大題非鄭君自名其學

"三禮"之名,起於漢末,在漢初但曰"禮"而已。漢所謂《禮》,即今十七篇之《儀禮》。而漢不名《儀禮》,專主經言,則曰"禮經";合記而言,則曰"禮記"。許慎、盧植所稱"禮記",皆即《儀禮》與篇中之《記》,非今四十九篇之《禮記》也此指戴聖《小戴禮記》,始於《曲禮上》,終於《喪服四制》,計四十九篇。其後"禮記"之名,爲四十九篇之《記》所奪,乃以十七篇之《禮經》別稱《儀禮》,又以《周官經》爲《周禮》,合稱三《禮》。蓋以鄭君并注三書,後世盛行《鄭注》,於是三書有"三禮"之名,非漢初之所有也。

《史記·儒林傳》曰:"諸學者多言《禮》,而魯高堂生最本[1]高堂生:字伯,魯人(山東新泰龍廷人),漢初今文《禮》學的最早傳播者。《禮》固自孔子時,而其經不具。及至秦焚書,書散亡益多,於今獨有《士禮》,高堂生能言之。"據《史記》,高堂生所傳《士禮》,即今十七篇之《儀禮》。是史公所云《禮》,止數《儀禮》,不及《周禮》與《禮記》也。《漢書·藝文志》:"《禮》古經五十

---

[1] "本"字原脱,據《史記》卷一二一《儒林列傳第六十一》補。

六卷，《經》七十篇（原注：后氏、戴氏。劉敞曰："七十"當作"十七"），《記》百三十一篇，《明堂陰陽》三十三篇，《王史氏》二十一篇，《曲臺后倉》九篇，《中庸説》二篇，《明堂陰陽説》五篇①，《周官經》六篇。"據《漢書》，《經》十七篇，即今十七篇之《儀禮》。《古經》五十六篇，則合《逸禮》言之。《記》百三十一篇，今四十九篇之《禮記》在內；《明堂陰陽》，今《明堂位》《月令》在內；《中庸説》，即今《禮記》之《中庸》，而《志》皆不稱"經"。《周官經》別附於後，是班氏所云"經"，止數《儀禮》，不及《周禮》與《禮記》也。《志》曰："帝王質文，世有損益。至周，曲爲之防，事爲之制制，禮制。顏師古注云："委曲閑防，每事爲制也。"，故曰'禮經三百，威儀三千'《中庸》云："禮儀三百，威儀三千。"今人張舜徽《漢書藝文志通釋》云："禮經，謂禮之大綱也；威儀，謂儀之細節也。"。及周之衰，諸侯將逾法度，惡其害己謂擔心妨害自己的利益，皆滅去其籍。自孔子時而不具，至秦大壞。漢興，魯高堂生傳《士禮》十七篇。訖孝宣世，后倉最明一作后蒼，字近君，郯人，治《詩》治《禮》，説《禮》數萬言，稱《后氏曲臺記》。戴德、戴聖、慶普戴德：字延君，梁人，戴聖叔父，編《大戴禮記》八十五篇，世稱"大戴"。戴聖：字次君，編《小戴禮記》四十九篇，世稱"小戴"。慶普：字孝公，沛人，皆其弟子，三家立於學官。《禮》古經者，出於魯淹中及孔氏淹中：春秋魯國里名，在今山東曲阜。張舜徽《漢書藝文志通釋》云："此言《禮》古經之來原有二：一出於魯淹中里，爲河間獻王所得；一出於孔氏，魯恭王壞孔壁所得。"，學七十篇文相似，多三十九篇。及《明堂陰陽》《王史氏記》，多天子、諸侯、卿、大夫之制，雖不能備，猶瘉倉等推《士禮》而致於天子之説瘉：通"愈"，超過，勝於。致於天子之説：指后倉等推説《士禮》是天子禮制之説。"劉敞曰劉敞（1019—1068）：字原父（一作原甫），世稱公

---

① "五"，原作"二"，誤，據《漢書·藝文志·六藝略》改。

是先生,臨江新喻(今江西新餘)人。北宋經學家,有《春秋權衡》《七經小傳》等:"讀當云'《禮》古經者,出於魯淹中及孔氏',孔氏則安國所得壁中書也。'學七十篇',當作'與十七篇文相似',五十六卷除十七,正多三十九也。"《禮記·奔喪》正義曰:"鄭云《逸禮》者,《漢書·藝文志》云:漢興,始於魯淹中得《古禮》五十七篇,其十七篇與今《儀禮》正同。其餘四十篇藏在秘府,謂之《逸禮》。其《投壺禮》,亦此類也。又《六藝論》云:'漢興,高堂生得《禮》十七篇,後孔子壁中得古文《禮》五十七篇,其十七篇與前同,而字多異。'"《孔疏》引《漢志》云十七篇,可證今本之誤,與劉氏說正合。而云古文《禮》五十七篇,其餘四十篇,則又誤多一篇,與《漢志》云五十六卷、多三十九篇之數不合。古云篇、卷,有同有異,此則五十六卷即五十六篇,蓋篇、卷相同者。《禮記正義序》引《六藝論》,作"古文《禮》凡五十六篇",不誤。下云"其十七篇與高堂生所傳同,而字多異,其十七篇外,則《逸禮》是也",說尤詳明。下又云"《周禮》爲本,則聖人體之;《儀禮》爲末,賢人履之",蓋孔穎達推論之辭,諸家輯本皆不以爲鄭君之論。丁晏《儀禮釋注敘》據此,以爲《儀禮》大題清人黃以周《禮書通故》卷一稱:"鄭氏師弟子并無'儀禮'之名也。《禮》注大題'儀禮',當是東晋人所加。",疑鄭君自名其學,非也。

103. 論鄭君分別今之《儀禮》及《大戴禮》《小戴禮記》甚明,無小戴刪大戴之說

《禮記正義序》又引《六藝論》云:"案《漢書·藝文志》《儒林傳》云:'傳《禮》者十三家,唯高堂生及五傳弟子戴德、戴聖名在也。'五傳弟子者,熊氏云:則高堂生、蕭奮、孟卿、后

倉及戴德、戴聖爲五也。"蕭奮：瑕丘蕭奮，以《禮》至淮陽太守。孟卿：西漢東海（今屬山東）人，《易》學名家孟喜之父。精於《禮》《春秋》，曾授徒后倉、疏廣、閭丘卿等。又引《六藝論》云："今《禮》行於世者，戴德、戴聖之學也。又云：戴德傳《記》八十五篇，則《大戴禮》是也；戴聖傳《記》四十九篇，則此《禮記》是也。"鄭君分別今之《儀禮》及《大戴禮》《小戴禮記》甚明。

　　近人推闡鄭義者，陳壽祺《左海經辨》爲最晰，其說曰："壽祺案，二戴所傳《記》，《漢志》不別出，以其具於百三十一篇《記》中也。《樂記正義》引《別録》有《禮記》四十九篇，此即小戴所傳，則大戴之八十五篇亦必存其目。蓋《別録》兼載諸家之本，視《漢志》爲詳矣。《經典釋文·序録》引陳邵（晉司空長史）《周禮論序》云：'戴德删《古禮》二百四篇爲八十五篇，謂之《大戴禮》；聖删《大戴禮》爲四十九篇，是爲《小戴禮》。後漢馬融、盧植考諸家同異，附戴聖篇章，去其繁重及所敘略而行於世，即今之《禮記》是也。'邵言微誤，《隋書·經籍志》因傅會，謂戴聖删大戴之書爲四十六篇，馬融足《月令》《明堂位》《樂記》爲四十九篇。休寧戴東原辨之曰：'孔穎達《義疏》於《樂記》云，按《別録》，《禮記》四十九篇，《後漢書·橋玄傳》：'七世祖仁，著《禮記章句》四十九篇，號曰橋君學。'仁，即班固所說小戴授梁人橋仁季卿者也。劉、橋所見篇數，已爲四十有九，不待融足三篇甚明。康成受學於融，其《六藝論》亦但曰'戴聖傳《記》四十九篇'。作《隋書》者，徒謂大戴闕篇即小戴所録而尚多三篇，遂聊歸之融耳。'壽祺案，橋仁師小戴，《後漢書》謂'從同郡戴德學'，亦誤。又《曹褒傳》：'父充持《慶氏禮》，褒又傳《禮記》四十九篇，教授諸生千餘人，慶氏學遂行於世。'然則褒所受於慶普之《禮記》，亦四十九篇也。二戴、慶氏皆后倉弟子，惡得謂小戴删大戴之書耶？

《釋文·序録》云：'劉向《別録》有四十九篇，其篇次與今《禮記》同。'然則謂馬融足三篇者，妄矣。"語出《左海經辨》卷上《大戴禮八十五篇小戴禮四十九篇》)。

又曰："錢詹事大昕《漢書考異》云：'《小戴記》四十九篇，《曲禮》《檀弓》《雜記》皆以簡策重多，分爲上下，實止四十六篇。合《大戴》之八十五篇，正協百三十一篇之數。'壽祺案，今二戴《記》有《投壺》《哀公問》兩篇，篇名同。大戴之《曾子大孝篇》見小戴《祭義》，《諸侯釁廟篇》見小戴《雜記》，《朝事篇》自'聘禮'至'諸侯務焉'見小戴《聘義》，《本命①篇》自'有恩有義'至'聖人因殺以制節'見小戴《喪服四制》，其它篇目尚多同者。《漢書·王式傳》稱《驪駒》之歌在《曲禮》《驪駒》之歌: 古代常用作告別時所賦之歌，服虔注云'在《大戴禮》'。《五經異義》引大戴《禮器》，《毛詩·豳譜》正義引《大戴禮·文王世子》，唐皮日休有《補大戴禮祭法》，又《漢書·韋玄成傳》引《祭義》，《白虎通·畊桑篇》引《祭義》《曾子問》，《情性篇》引《間傳》，《崩薨篇》引《檀弓》《王制》，蔡邕《明堂月令論》引《檀弓》，其文往往爲《小戴記》所無，安知非出《大戴》亡篇中，如《投壺》《釁廟》之互存而各有詳略乎？《大戴禮》亡篇四十七，唐人所見已然。《白虎通》引《禮·謚法》《王度記》《三正記》《別名記》《親屬記》《五帝記》，《少牢饋食禮》注引《禘於太廟禮》(《疏》云:《大戴禮》文)，《周禮注》引《王霸記》，《明堂月令論》引《佚穆篇》，《風俗通》引《號謚記》，《論衡》引《瑞命篇》，皆《大戴》逸篇。其他與《小戴》出入者略可舉數，豈能彼此相足？竊謂二戴於百三十一篇之《記》，各以意斷取，異同參差，不必此之所棄，即彼之所録

---

① "命"，原作"事"，誤，據《大戴禮記》卷十三改。

也。"語出《左海經辨》卷上《大小戴記并在記百三十一篇中》。

104. 論三《禮》之分自鄭君始，鄭於《儀禮》十七篇自序皆依劉向《別録》，《禮記》四十九篇皆引《別録》，已有《月令》《明堂位》《樂記》三篇，非馬融所增甚明

《後漢書·儒林傳》："中興，鄭衆傳《周官經》，後馬融作《周官傳》，授鄭玄，玄作《周官注》。玄本習《小戴禮》(謂今《儀禮》)，後以古經校之，取其義長者①，故爲鄭氏學。玄又注小戴所傳《禮記》四十九篇，通爲三《禮》焉。"案據此，則《禮》分爲三，實自鄭君始。《周官》古別爲一書，故《藝文志》附列於後。《賈疏》謂其書"既出於山巖屋壁，復入秘府，五家之儒莫得見焉"語出唐人賈公彥《周禮注疏·序周禮廢興》。五家即高堂、蕭、孟、后、二戴，是西漢《禮》家無傳《周官》者。二戴所傳《禮記》亦附經，不別行。自鄭兼注三書，通爲三《禮》，於是《周官》之分經別出者，與《禮》合爲一途；《禮記》之附經不別出者，與經歧爲二軌。鄭君三《禮》之學，其閎通在此，其雜糅亦在此。自此以後，阮諶之《三禮圖》、王肅之《三禮音》、崔靈恩之《三禮義宗》，莫不以"三禮"爲定名矣。鄭注諸經，惟三《禮》有《目録》。《周禮》六篇，依六官次序無異六官：天官、地官、春官、夏官、秋官、冬官。《儀禮》十七篇，則皆依《別録》。《儀禮疏》曰："其劉向《別録》，即此十七篇之次是也，皆尊卑吉凶次第倫敘，故鄭用之。至於《大戴》，即以《士喪》爲第四，《既夕》爲第五，《士虞》爲第六，《特牲》爲第七，《少牢》爲第八，《有司徹》爲第九，《鄉飲酒》第十，《鄉射》第十一，《燕禮》第十二，《大射》第十三，《聘禮》第十四，《公食》第十五，《覲禮》第十六，《喪服》

① "者"下原衍"順"字，據《后漢書》原文刪。

第十七。《小戴》於《鄉飲》《鄉射》《燕禮》《大射》四篇,亦依此《別錄》次第,而以《士虞》爲第八,《喪服》爲第九,《特牲》爲第十,《少牢》爲第十一,《有司徹》爲第十二,《士喪》爲第十三,《既夕》爲第十四,《聘禮》爲第十五,《公食》爲第十六,《覲禮》爲第十七,皆尊卑吉凶雜亂,故鄭玄皆不從之矣。"語出唐賈公彥《儀禮注疏‧原目》。《禮記》四十九篇,鄭《目錄》皆引《別錄》,曰"此於《別錄》屬某門"。《月令目錄》曰:"此於《別錄》屬《明堂陰陽記》。"《明堂位目錄》曰:"此於《別錄》屬《明堂陰陽記》。"《樂記目錄》曰:"此於《別錄》屬《樂記》。蓋十一篇,合①爲一篇。"據鄭所引劉向《別錄》,已有《月令》《明堂位》《樂記》三篇。劉與戴聖年輩相近,遠在馬融之前,四十九篇必是小戴原書,而非馬融增入可知。且《六藝論》明云:"戴聖傳《記》四十九篇。"鄭受學於馬融,使三篇爲融所增,鄭必不得統同言之,而盡以屬之戴聖矣。鄭《奔喪目錄》曰:"實逸《曲禮》之正篇也。"《投壺目錄》曰:"實逸《曲禮》之正篇也。"鄭云《曲禮》,即今《儀禮》。鄭以此二篇當爲《逸禮》之正經,而不當入之《禮記》。當時尚無《儀禮》之稱,故云《曲禮》。《儀禮》本"經禮"禮之大節,而謂之"曲禮"禮之細目,鄭説稍誤。

105. 論鄭注《禮器》以《周禮》爲"經禮"、《儀禮》爲"曲禮"有誤,臣瓚注《漢志》不誤

自鄭君以《周禮》爲"經禮",《儀禮》爲"曲禮",於是漢代所尊爲《禮經》者反列於後,而《周官》附於《禮經》者反居於前。《禮記正義序》曰:"其《周禮》見於經籍,其名異者,見有

---

① "合",原作"今",誤,據《禮記注疏‧原目》改。

七處:案《孝經説》云‘禮經三百’,一也;《禮器》云‘經禮三百’,二也;《中庸》云‘禮儀三百’,三也;《春秋説》云‘禮經三百’,四也;《禮説》云有‘正經三百’,五也;《周官》外題謂爲《周禮》,六也;《漢書·藝文志》云‘《周官經》六篇’,七也。七者皆云‘三百’,故知俱是《周官》。《周官》三百六十,舉其大數而云三百也。其《儀禮》之別,亦有七處,而有五名:一則《孝經説》《春秋》及《中庸》并云‘威儀三千’,二則《禮器》云‘曲禮三千’,三則《禮説》云‘動儀三千’,四則謂爲《儀禮》,五則《漢書·藝文志》謂《儀禮》爲《古禮經》。凡此七處五名,稱謂并承‘三百’之下,故知即《儀禮》也。所以‘三千’者,其履行《周官》五禮之別,其事委曲,條數繁廣,故有三千也。非謂篇有三千,但事之殊別有三千條耳。或一篇一卷,則有數條之事。今行於世者,唯十七篇而已。”

錫瑞案:《禮器》《中庸》諸書所言“三百”“三千”,當時必能實指其數,後世則無以實指之。鄭君以《周官》三百六十與三百之數偶合,遂斷以《周官》爲“經禮”,而强坐《儀禮》爲“曲禮”坐:放置,處置。此由鄭君尊崇《周官》太過,而後人尊崇鄭義又太過。一軒一輊車子前高後低曰軒,前低後高曰輊。一軒一輊,謂事物之高低、輕重、優劣,竟成鐵案。如《孔疏》所列《周官》七名、《儀禮》五名,除所引《漢·藝文志》外,皆不可據。以《周官》爲“經禮三百”,不過仍以其數偶合;以《儀禮》爲“曲禮三千”,則以所引在“經禮三百”下,而强坐爲曲禮。據其説,三千條止存十七篇,即篇有數條,亦比十七篇幾增加百倍。十七篇計五萬餘言,加百倍當有數百萬言,當時如何通行? 學者如何誦習? 且古書用簡策,必不能如此繁多,此不待辨而知其不然者。《漢志》明以今之《儀禮》爲經,而《周官經》附後,乃强奪經名歸之《周官》,而十七篇不爲“經”而爲“曲”,與《漢志》

尤不合。《漢志》引"禮經三百,威儀三千",韋昭曰:"《周禮》三百六十官也,三百,舉成數也。"臣瓚曰:"禮經三百,謂冠、婚、吉、凶。周禮三百,是官名也。"師古曰:"禮經三百,韋説是也。威儀三千,乃謂冠、婚、吉、凶,蓋《儀禮》是也。"韋以《周官》爲"禮經",顏以《儀禮》爲"威儀",是主鄭説。臣瓚以"禮經"爲《儀禮》,非《周官》,是不主鄭説。"經禮"乃禮之綱,"曲禮"乃禮之目。《周官》言官制,不專言禮,不得爲《儀禮》之綱;《儀禮》專言禮,古稱《禮經》,不當爲《周官》之目。自鄭注《禮器》有誤,六朝、唐人皆沿其誤。瓚説獨不主鄭而師古反是韋説,以當時皆從鄭義也。今若改正三《禮》之名,當正名《儀禮》爲《禮經》,以《大戴禮記》《小戴禮記》附之,而別出《周官》自爲一書,庶經學易分明,而《禮》家少聚訟矣。

106. 論鄭注三《禮》有功於聖經甚大,
注極簡妙并不失之於繁

《史記·儒林傳》"言《禮》,自魯高堂生",《索隱》:"謝承云'秦世季代有魯人高堂伯'謝承:字偉平,會稽山陰(今浙江紹興)人。三國吳史學家,著有《後漢書》143 卷,則'伯'是其字。云'生'者,自漢以來儒者皆號生,亦'先生'者省字呼之耳。"語出唐司馬貞《史記索隱》卷二十七。《後漢書》注:"高堂生,名隆",不知何據,疑涉魏高堂隆而誤。《史記正義》引阮孝緒《七録》,謂"博士侍其生得十七篇",侍其生不知何時人,或在高堂之後。漢初立博士,《禮》主后倉,見《漢·藝文志》論。《志》云:"訖孝宣世,后倉最明,戴德、戴聖、慶普皆其弟子,三家立於學官。"蓋三家分立,而后氏不立,猶《書》分立歐陽、夏侯而伏氏不立也。《志》列《曲臺后倉》九篇,如淳曰如淳:三國曹魏人,曾爲《漢

書》作注,而成《漢書音義》,今佚:"行禮射於曲臺,后倉爲記,故名曰《曲臺記》。"今九篇皆不傳。《志》又列《議奏》三十八篇,原注云:"石渠。"漢代有石渠閣,爲西漢皇家藏書之所,址在長安未央宫北。漢宣帝甘露三年(前51),爲進一步統一儒家學説,加强思想統治,宣帝於石渠閣召集劉向、蕭望之、施讎等著名儒生,講論《五經》異同,由宣帝親自裁斷。石渠講論的奏疏彙編整理所成,即爲《石渠議奏》,又名《石渠論》。《隋書·經籍志》:"《石渠禮論》四卷,戴聖撰。"即《漢志》之《議奏》,中列蕭望之、韋玄成、聞人通漢、尹更始、劉更生諸人,而題戴聖撰者,蓋小戴所撰集也。今略見於《詩》《禮》疏、杜佑《通典》杜佑(735—812):字君卿,京兆萬年(今西安附近)人。唐史學家,所撰《通典》200卷,是我國歷史上第一部體例完備的政書,共得二十餘條。大戴《喪服變除》一卷,見《唐書·藝文志》,今略見於《禮記》鄭注及疏、杜佑《通典》,共得十餘條。《玉函山房》皆有輯本《玉函山房輯佚書》,清代山東濟南人馬國翰撰,輯佚舊籍594種,乃清代輯佚學名著,二戴之學猶可考見。漢《禮經》通行,有師授而無注釋。馬融但注《喪服》經傳,鄭君始全注十七篇。鄭於《禮》學最精,而有功於《禮經》最大。向微鄭君之《注》向微:假若没有,則高堂傳《禮》十七篇,將若存若亡而索解不得矣。《周官》晚出,有杜子春之《注》,鄭興、鄭衆、賈逵之《解詁》,馬融之《傳》。鄭注《周禮》,多引杜子春、鄭大夫、鄭司農,前有所承,尚易爲力。而十七篇前無所承,比注《周禮》六篇爲更難矣。大、小《戴記》亦無注釋,鄭注《小戴禮記》四十九篇,前無所承,亦獨爲其難者。向微鄭君之《注》,則《小戴傳記》四十九篇,亦若存若亡而索解不得矣。鄭君著書百餘萬言,精力實不可及,《傳》云:"質於辭訓謂注重文辭訓釋,通人頗譏其繁。"語出《後漢書·鄭玄傳》。

　　錫瑞案:鄭注《書》箋《詩》,間有過繁之處,而注《禮》文簡義明，實不見其過繁。即如《少牢饋食禮》，經二千九百七十九字，注二千七百八十七字；《有司徹》，經四千七百九十字，注三千四百五十六字；《學記》《樂記》二篇，經六千四百九十五字，注五千五百三十二字；《祭法》《祭義》《祭統》三篇，經七千四百六十字，注五千五百二十三字，皆注少於經。又《檀弓》"司寇惠子之喪惠子：字叔蘭，衞靈公之孫，子游爲之麻衰子游：春秋吳人，孔子弟子。麻衰（cuī）：用細麻布裁制的喪服。麻布爲吉布，非喪事所用，牡麻絰牡麻：大麻之雄株，不結子。絰（dié）：古代喪服所用麻帶。服輕而絰生，不合於禮"，《注》云："惠子廢適立庶適：通"嫡"。庶：與"嫡"相對，非正妻所生之子，爲之重服以譏之重服：服喪過度。""文子辭曰文子：公孫彌牟，春秋衞國公子郢之子、衞靈公之孫，謚號曰文：'子辱與彌牟之弟游辱：屈尊，又辱爲之服，敢辭。'子游曰：'禮也子游此處乃用反語。'文子退，反哭返回原位而哭。"《注》云："子游名習禮，文子亦以爲當然，未覺其所譏。""子游趨而就諸臣之位快步走到惠子家臣的位置上"，《注》云："深譏之，大夫之家臣位在賓後。""文子退，扶適子南面而立曰：'子辱與彌牟之弟游，又辱爲之服，又辱臨其喪，虎也敢不復位'"，《注》："覺所譏也。虎，適子名，文子親扶而辭，敬子游也。""子游趨而就客位"，《注》云："所譏行。"此一節記文，若無鄭君之《注》，讀者必不解所謂。《鄭注》止數十字，而連用五"譏"字，使當時情事歷歷如繪，其文法如此簡妙，豈後人所能及哉？《月令》《明堂位》《雜記》疏皆云："《禮》是鄭學。"《兩漢書·儒林傳》以《易》《書》《詩》《春秋》名家者多，而《禮》家獨少。惟馬融注《周官禮》《喪服》經傳，隋、唐《志》皆著録，而無《禮記》。《東漢會要》載有融《禮記注》《東漢會要》：宋代徐天麟所撰政書，四十卷。記載東漢典章制度，共分帝系等十五門、三百八十四事，與其所撰另一政書《西漢會要》合稱《兩漢會要》，《玉函山房》輯本得十六條。盧植注《禮

記》二十卷,隋、唐《志》皆著録,《東漢會要》作《禮記解詁》,
《玉函山房》輯本一卷。《孔疏》云:"鄭附盧、馬①之本而爲之
《注》。"鄭《禮記注》或亦有本於盧、馬者,而《注》中未嘗質言
之。如《周禮》稱引杜、鄭,則亦未見其必有所本也。

107. 論漢立二戴博士是《儀禮》非《禮記》, 後世説者多誤,毛奇齡始辨正之

漢立十四博士,《禮》大小戴。此所謂《禮》,是大小戴所
受於后倉之《禮》十七篇,非謂《大戴禮記》八十五篇與《小戴
禮記》四十九篇。後世誤以大小戴《禮》爲大小戴《禮記》,并
誤以《后倉曲臺記》爲即今之《禮記》。近儒辨之,已家喻戶曉
矣。

而在國初,毛奇齡《經問》早辨其誤曰:"戴聖受《儀禮》,
立戴氏一學,且立一戴氏博士,而於《禮記》似無與焉。今世
但知《禮記》爲《曲臺禮》,《容臺禮》爲《戴記》,而并不知《曲
臺》《容臺》與《戴記》之爲《儀禮》。間嘗考《曲臺》《容臺》所
由名,漢初,魯高堂生傳《士禮》十七篇,即《儀禮》也。是時東
海孟卿傳《儀禮》之學以授后倉,而后倉受《禮》,居於未央宮
前之曲臺殿未央宮:西漢皇宮正殿,位於今西安西北,高祖七年(前200)由
劉邦重臣蕭何監造,校書著記,約數萬言,因名其書爲《后氏曲臺
記》。至孝文時,魯有徐生,善爲頌。頌者,容也宋人王觀國《學林
·容頌》云:"字書'頌'字亦音'容',而'頌'亦作'額',有形容之義。故《詩
序》曰:'頌者,美盛德之形容。'《史記》用'容'字,《漢書》用'頌'字,其義一
也。",不能通經,只以容儀行禮,爲禮官大夫,因又名習禮之處

---

① "馬",原作"植",誤,據《禮記注疏·原目》改。

爲‘容臺’。此皆以《儀禮》爲名字者。若其學，則后倉授之梁人戴德及德從兄子聖與沛人慶普三人。至孝宣時，立大小戴、慶氏《禮》，故舊稱《儀禮》爲慶氏《禮》，爲大小戴《禮》，以是也。宋鄭樵爲《三禮辨》有云：‘魯高堂生所傳《士禮》一十七篇，今之《儀禮》是也；《后倉曲臺記》數萬言，今之《禮記》是也。’按前、後《漢志》及《儒林傳》，皆以高堂所傳十七篇，瑕丘蕭奮即以授后倉，作《曲臺記》。是時兩漢俱并無《禮記》一書，故孝宣立二戴及慶氏學，皆《儀禮》之學，源流不同。鄭樵著《通志》，而《六經》源流尚未能晰，況其他乎？若《禮記》，則《前志》只云‘《記》百三十一篇’_{《前志》，指《漢書·藝文志》}，當是《禮記》未成書時底本。然并不名《禮記》，亦并無二戴傳《禮記》之説。惟《後漢·儒林》有鄭玄所注四十九篇之目，則與今《禮記》篇數相合，故鄭玄作《六藝論》云：‘今《禮》行於世者，戴德、戴聖之學也。’此《儀禮》也。又云：‘戴德傳《記》八十五篇，則今《大戴禮》是也；戴聖傳《禮》四十九篇，則《禮記》是也。’然其説究無所考。及觀《隋·經籍志》，則明云：‘漢初，河間獻王得仲尼弟子所記一百三十一篇。至劉向校經籍，檢得一百三十篇，因第而敍之。又得《明堂陰陽記》凡五種，共二百十四篇。戴德刪其繁重，合而記之，爲八十五篇，謂之《大戴禮》；戴聖又刪大戴之書爲四十六篇，謂之《小戴記》。’則二戴爲武、宣時人，豈能刪哀、平間向、歆所校之書？荒唐甚矣！且二戴何人？以向、歆所校定二百十四篇，驟刪去一百三十五篇，世無是理。況《前漢·儒林》并不載刪《禮》之文，而《東漢·儒林》又無其事_{《東漢·儒林》，指《後漢書·儒林傳》}，則哀、平無幾，陡值莽變_{謂王莽篡位建立新朝}，安從刪之？又且《大戴》見在，并非與今《禮記》爲一書者。且戴聖所刪止四十六篇，相傳三篇爲馬融增入，則與《後漢·儒林》所稱四十九

篇之目又復不合。凡此皆當闕疑,以俟後此之論定者。"語出毛
奇齡《經問》卷三。

錫瑞案:毛氏云《士禮》稱《儀禮》不知始於何時,然在漢
時即有《容禮》之稱,《容禮》即《儀禮》也。其説頗涉傅會,而
分別《儀禮》、《禮記》,辨鄭樵之誤及《隋志》之誤,則極精確。
《鄭注》四十九篇,即今《禮記》。戴聖傳《禮》四十九篇,不待
馬融增入。至今説已大著,毛氏猶爲疑辭。蓋在當時,經義榛
蕪,未能一旦廓清,而據其所辨明,已可謂卓識矣。

108. 論段玉裁謂漢稱《禮》不稱《儀禮》甚確,
而回護《鄭注》未免强辭

段玉裁《禮十七篇標題漢無儀字説》曰:"鄭注《儀禮》十
七卷,賈公彥爲《疏》者,每卷標題首云'《士冠禮》第一',次
云'《儀禮》',次云'鄭氏《注》'。陸德明《經典釋文·敍録》
亦云:'鄭某注《儀禮》十七卷。'《儀禮》之名古矣。今按,鄭
君本書但云'禮',無'儀'字,可考而知也。《禮器》曰:'經禮
三百,曲禮三千。'《注》云:'經禮謂《周禮》,其官有三百六
十;曲猶事也,事禮,謂今《禮》也。《禮》篇多亡,本數未聞,其
中事儀三千。'按,云'今禮'者,謂當漢時所存《禮》十七篇也。
不云'禮'云'今禮'者,恐讀者不了,故加'今'字,便易了也。
云'本數未聞'者,對上《周禮》六篇、其官三百六十言。漢時
《經》十七篇及《記》百三十一篇,乃殘逸之所餘耳,其未殘逸
時,具載事儀有三千也。(原注:《賈疏》、師古《漢書注》皆云"威儀
三千",即今《儀禮》,其説未是。)《中庸》曰:'禮儀三百,威儀三千。'易

‘經禮’爲‘禮儀’,易‘曲禮’爲‘威儀’者,凡禮皆儀①,故總其綱曰經禮,亦曰禮儀;詳其目曰曲禮,亦曰威儀。《藝文志》亦曰‘禮經三百,威儀三千’是也。《禮器》注‘今禮’二字,可證鄭本不稱《儀禮》。凡鄭《詩箋》《三禮注》引用十七篇,多云《士冠禮》《鄉飲酒禮》《聘禮》《燕禮》,每舉篇名,未嘗偁《儀禮》。考《藝文志》曰:‘《禮》古經五十六卷,《經》十七篇。’《禮》古經者,出於魯淹中及孔氏,與十七篇文相似。《景十三王傳》:‘《周官》②《尚書》《禮》《禮記》《孟子》《老子》之屬。’師古注云:‘《禮》者,《禮經》也;《禮記》者,諸儒記《禮》之説也。’《説文序》曰:‘其稱《禮》《周官》。’按《禮》謂十七篇及《記》百三十一篇也,《周官》即《周禮》也。《説文》全書,如‘觶’下引《鄉飲酒禮》,‘苄’下引《公食大夫禮》,‘晢’下引《士冠禮》,‘坍’下引《士喪禮》,‘鉉’下‘《禮》謂之鼏’,皆曰‘禮’,無‘儀’字。《景十三王傳》,《周官》《禮》《禮記》并言,則爲三。《説文序》但言《禮》《周官》,則‘禮’字實包《禮》《禮記》。劉子玄《孝經老子注易傳議③》據鄭《自序》云劉子玄:即唐代史學家劉知幾,其字爲子玄:‘遭黨錮之事,逃難注《禮》。’此‘禮’字實包三《禮》。《後漢書·儒林傳》曰:‘馬融作《周官傳》,授鄭某,某作《周官注》。某本習《小戴禮》,後以古經校之,取其義長者順故爲鄭氏學(原注:順故,猶訓詁也)④。’按此《小戴禮》,謂小戴之十七篇,鄭《目錄》云‘大戴第幾,小戴第幾’是也。鄭以古經校之,謂以古經五十六篇校十七篇也。下文

云'某又注小戴所傳《禮記》四十九篇爲三《禮》焉',則'某本習《小戴禮》'之爲十七篇無疑。凡漢人於十七篇稱《禮》,不稱《儀禮》,甚著。"語出段玉裁《經韻樓集》卷二。

錫瑞案:段氏謂漢稱《禮》,不稱《儀禮》極確,而回護鄭君,以《賈疏》《顏注》爲未是,不思《賈疏》《顏注》正本鄭君之説。段解"事儀三千",明有《經》十七篇在內,與《賈疏》《顏注》豈有異乎? 段又明以"經禮"爲綱、"曲禮"爲目,《周禮》豈得爲《儀禮》之綱乎? 後世之稱《儀禮》,正以鄭君誤解"威儀""曲禮"爲即十七篇之《禮》也。晉元帝時,荀崧請置鄭《儀禮》博士荀崧(262—328):字景猷,潁川臨潁(今河南臨潁西北)人,官至右祿大夫,是《儀禮》之名已著於晉時。段以爲梁、陳以後乃爲此稱,説亦未諦確鑿,確實。

109. 論禮所以復性節情,經十七篇於人心世道大有關繫

《漢書·禮樂志》曰:"《六經》之道同歸,而禮樂之用爲急。治身者斯須忘禮斯須:須臾,片刻,則暴嫚入之矣暴嫚:同"暴慢",凶暴傲慢;爲國者一朝失禮,則荒亂及之矣。人函天地陰陽之氣,有喜怒哀樂之情。天稟其性而不能節也,聖人能爲之節而不能絕也。故象天地而制禮樂象:效法,倣效,所以通神明,立人倫,正情性,節萬事者也。人性有男女之情,妒忌之別,爲制婚姻之禮;有交接長幼之序,爲制鄉飲之禮;有哀死思遠之情,爲制喪祭之禮;有尊尊敬上之心,爲制朝覲之禮。哀有哭踊之節指喪禮儀節,邊哭邊頓足,樂有歌舞之容,正人足以副其誠正人:端正之人,與"邪人"相對。副:相稱,符合,邪人足以防其失。"凌廷堪本之作《復禮篇》曰凌廷堪(1757—1809):字次仲、仲子,安徽歙縣人。清代

經學家,尤精禮學,有《禮經釋例》等。今人張壽安以爲禮學思想乃清中葉之新思潮,亦爲儒學在清代之新面貌新發展形態,凌廷堪則是"以禮代理"思想轉向之代表:"夫人之所受於天者性也,性之所固有者善也,所以復其善者學也,所以貫其學者禮也。是故聖人之道,一禮而已矣。《孟子》曰:'契爲司徒,教以人倫,父子有親,君臣有義,夫婦有別,長幼有序,朋友有信。'語出《滕文公上》。此五者,皆吾性之所固有者也。聖人知其然也,因父子之道,而制爲士冠之禮;以君臣之道,而制爲聘覲之禮;因夫婦之道,而制爲士昏之禮;因長幼之道,而制爲鄉飲酒之禮;因朋友之道,而制爲士相見之禮。自元士以至於庶人周代稱天子之士爲"元士",少而習焉,長而安焉,禮之外別無所謂學也。夫性具於生初人之初生,而情則緣性而有者也。性本至中,而情則不能無過不及之偏。非禮以節之,則何以復其性焉?父子當親也,君臣當義也,夫婦當別也,長幼當序也,朋友當信也,五者根於性者,所謂人倫也。而其所以親之、義之、別之、序之、信之,則必由於情以達焉者也。非禮以節之,則過者或溢於情,不及者或漠焉遇之。是故知父子之當親也,則爲醴醮祝字之文以達焉醴:甜酒,行禮畢,主人用醴待賓之禮。醮(jiào):尊者對卑者行簡單之禮,酌而無酬酢。祝:掌喪禮、祭禮者以言告神。字:賓爲冠者取字,其禮非《士冠》可賅也,而於《士冠》焉始之。知君臣之當義也,則爲堂廉拜稽之文以達焉堂廉:殿堂側邊。拜稽(qǐ):叩頭至地,九拜中最恭敬者,其禮非《聘》《覲》可賅也,而於《聘》《覲》焉始之。知夫婦之當別也,則爲笄次帨鞶之文以達焉笄(jī):古代女子十五歲以簪固髮之禮,示成年。次:婦女首飾,編假髮爲之。帨(shuì):古代女子出嫁時母親所授佩巾。鞶(pán):盛帨巾的佩囊,其禮非《士昏》可賅也,而於《士昏》焉始之。知長幼之當序也,則爲盥洗酬酢之文以達焉酬酢(chóu zuò):賓主互相敬酒,其禮非《鄉飲酒》可賅也,而於《鄉飲酒》焉始之。知朋友之當信也,則爲雉腒奠授之文以達焉雉腒:幹雉肉。奠:置酒食而祭,屬祭之較簡者。授:將食時,由贊者授食物以祭,其禮非《士相見》可賅也,而於《士相見》焉始之。《記》曰:‘禮儀三百,威儀三千。’其事蓋不僅父子、君臣、夫婦、長幼、朋友也,即其大者而推之,而百行舉不外乎是矣;其篇亦不僅《士冠》《聘》《覲》《士昏》《鄉飲酒》《士相見》也,即其存者而推之,而五禮舉不外乎是矣。”語出凌廷堪《校禮堂文集》卷四《復禮上》。

　　錫瑞案:凌氏作《禮經釋例》,於十七篇用功至深,故能知十七篇足以賅括一切禮文,即有不備,可以推致,與邵懿辰之説相近邵懿辰(1810—1861):字位西,仁和(今屬浙江杭州)人。清代經學家,有《禮經通論》《尚書傳授同異考》《四庫簡明目錄標注》等。凌氏年輩在前,當爲邵所自出,而其實皆本於《漢書》。其論禮所以節情復性,於人心世道尤有關繫。據此可見古之聖人制爲禮儀,先以灑埽、應對、進退之節,非故以此爲束縛天下之具,蓋使人循循於規矩,習慣而成自然,囂陵放肆之氣,潛消於不覺潛消:暗中消除。凡所以涵養其德、範圍其才者,皆在乎此。後世不明此旨,以爲細微末節可以不拘,其賢者失所遵循,或啓妨貴淩長之漸妨害侵淩尊貴長上之發端;不肖者無所檢束,遂成犯上作亂之風。其先由小節之不修,其後乃至大閑之逾越大閑:基本行爲準則,爲人心世道之大害。試觀兩漢取士必由經明行修古代選拔人才的科目之一,所選皆爲通曉經學、德行美善之人,所用皆謹守禮法之人,風俗純厚,最爲近古。晉人高語《莊》《老》,謂禮豈爲我輩設? 酣放嫚易縱恣狂放,輕慢輕侮,以子字父謂當人之子稱其父之字,爲不敬之舉。《三國志·魏志·常林傳》載:“常林,字伯槐,河内溫人也。年七歲,有父黨造門,問林:‘伯先在否? 汝何不拜!’林曰:‘雖當下客,臨子字父,何拜之有?’於是咸共嘉之。”,遂有五胡亂華之禍又稱“永嘉之亂”,西晉八王之亂期間,國力衰微,匈奴、鮮卑、羯、氐、羌等西北少數民族入侵中原,建立政權。晉懷帝永嘉五年(311)，匈奴攻陷洛陽，擄走懷帝。五胡亂後，北方士族爲避戰亂大量南遷，經學分佈亦呈現南北對峙、各具特色的面貌。史學家多以"五胡亂華"爲漢民族之大災難，幾近亡種滅族，故又稱之爲"中原陸沉""神州陸沉"。足見細微末節，所關甚鉅。女叔侯謂禮所以保國女叔侯:春秋時晉國司馬。晏平仲謂禮可以已亂晏平仲:春秋時齊相晏嬰,字仲,謚平,習稱平仲。已亂:止亂，洵非迂論。漢晉之往事，萬世之明鑒也。漢以十七篇立學，灼見本原，後人以《周禮》爲本，《儀禮》爲末，本末倒亂。朱子已駁正其失矣，又引陳振叔《說儀禮》云:"此乃儀，更有禮書。《儀禮》只載行禮之威儀，所謂'威儀三千'是也。禮書如'天子七廟'之類，説大經處大經:常道,常規。這是禮，須更有個文字。"語出《朱子語類》卷八十五，引文與原文出入較大。則猶未知禮經關繫之重，更在制度之上也。(《儀禮經傳通解①》有"王朝禮"，即是説大經之文字，制度雖不可略，然不如冠、昏、喪、祭之禮可以通行。)

110. 論《禮》十七篇爲孔子所定，邵懿辰之説最通，訂正《禮運》"射御"之誤當作"射鄉"，尤爲精確

《周禮》《儀禮》，説者以爲并出周公。案以《周禮》爲周公作固非，以《儀禮》爲周公作，亦未是也。《禮》十七篇，蓋孔子所定。《檀弓》云:"恤由之喪恤由:人名,或为鲁哀公之族属,曾为士，哀公使孺悲學士喪禮於孔子孺悲:鲁國人,生平不詳，《士喪禮》於是乎書。"語當出《禮記·雜記下》，而非《檀弓》。據此，則《士喪》出於孔子，其餘篇亦出於孔子可知。漢以十七篇立學，尊爲經，以其爲孔子所定也。

---

① "儀禮經傳通解"，原作"禮儀"，今據思賢書局本改。

　　近人邵懿辰《禮經通論》曰:"漢初魯高堂生傳《禮經》十七篇,五傳至戴德、戴聖,分爲大戴、小戴之學,皆不言其有闕也。言僅存十七篇者,後人據《漢·藝文志》及劉歆《七略》,因多《逸禮》三十九而言耳。夫高堂、后蒼、二戴、慶普,不以十七篇爲不全者,非專己而守殘也。彼有所取證,證之所附之《記》焉耳。《冠義》《昏義》諸記,本以釋經,爲《儀禮》之傳,先儒無異説。觀《昏義》曰:'夫禮,始於冠,本於昏,重於喪、祭,尊於朝、聘,和於鄉、射。'故有《冠義》以釋《士冠》,有《昏義》以釋《昏禮》,有《問喪》以釋《士喪》,有《祭義》《祭統》以釋《特牲》《少牢》《有司徹》,有《鄉飲酒義》以釋《鄉飲》,有《射義》以釋《鄉射》《大射》,有《燕義》以釋《燕》《食》,有《聘義》以釋《聘禮》,有《朝事》以釋《覲禮》,有《四制》以釋《喪服》,而無一篇之義出於十七篇之外者。是冠、昏、喪、祭、朝、聘、鄉、射八者,約十七篇而言之也。更證之《禮運》,《禮運》嘗兩舉八者以語子游,皆孔子之言也,特'射鄉'訛爲'射御'耳。一則曰:'達於喪、祭、射、鄉(今本作"御")、冠、昏、朝、聘。'再則曰:'其行之以貨、力、辭、讓、飲、食、冠、昏、喪、祭、射、鄉(今本作"御")、朝、聘。'貨、力、辭、讓、飲、食六者,禮之緯也,非貨財強力不能舉其事,非文辭揖讓不能達其情,非酒醴牢羞不能隆其養牢羞:豐盛精美的食品。冠、昏、喪、祭、射、鄉、朝、聘八者,禮之經也,冠以明成人,昏以合男女,喪以仁父子,祭以嚴鬼神,鄉飲以合鄉里,燕射以成賓主,聘食以睦邦交,朝覲以辨上下。天下之人盡於此矣,天下之事亦盡於此矣。而其證之尤爲明確而可指者,適合於《大戴》十七篇之次序。《大戴》:《士冠禮》一,《昏禮》二,《士相見禮》三,《士喪禮》四,《既夕》五,《士虞禮》六,《特牲饋食禮》七,《少牢饋食禮》八,《有司徹》九,《鄉飲酒》十,《鄉射禮》十一,《燕禮》十二,《大射儀》

十三,《聘禮》十四,《公食大夫禮》十五,《覲禮》十六,《喪服》十七。是一、二、三篇,冠、昏也;四、五、六、七、八、九篇,喪、祭也;十、十一、十二、十三篇,射、鄉也;十四、十五、十六篇,朝、聘也,而《喪服》之通乎上下者附焉。《小戴》次序最爲雜亂,《冠》《昏》《相見》而後,繼以《鄉》《射》四篇,忽繼以《士虞》與《喪服》,又繼以《特牲》《少牢》《有司徹》,復繼以《士喪》《既夕》,而後以《聘禮》《公食》《覲禮》終焉。今鄭、賈《注疏》所用劉向《別録》次序,則以喪、祭六篇居末,而《喪服》一篇移在《士喪》之前,似依吉凶人神爲次。蓋向見《記》云:'吉凶異道,不得相干。'《荀子》云:'吉事尚尊,喪事尚親。'遂以昏、冠、射、鄉、朝、聘十篇爲吉禮,居先,而喪、祭七篇爲凶禮,居後焉,較《小戴》稍有條理,而要不若《大戴》之次合乎《禮運》。疑自高堂生、后蒼以來,而聖門相傳篇序,固已如此也。夫'經禮三百,曲禮三千',《儀禮》所謂'經禮'也。周公所制本有三百之多,至孔子時即禮文廢闕,必不止此十七篇,亦必不止如《漢志》所云五十六篇而已也。而孔子所爲定禮樂者,獨取此十七篇以爲教,配六藝而垂萬世,則正以冠、昏、喪、祭、射、鄉、朝、聘八者,爲天下之達禮耳達禮:通行禮儀。"參清人黃以周《禮書通故》第一所引。

錫瑞案:邵氏此說,犂然有當於人心,以十七篇爲孔子所定,足正後世疑《儀禮》爲闕略不全之誤;以《儀禮》爲"經禮",足正後世以《周禮》爲"經禮"、《儀禮》爲"曲禮"之誤。訂正《禮運》兩處"射御"當爲"射鄉",尤爲一字千金,真乃二千年儒先未發之覆。學者治《禮》,當知此義,先於冠、昏、喪、祭、射、鄉、朝、聘八者求之。

111. 論邵懿辰以《逸禮》爲僞，與僞古文《書》同，十七篇 并非殘闕不完，能發前人之所未發

　　劉歆《移太常博士》云："魯共王壞孔子宅，得古文《逸禮》有三十九篇。"《漢·藝文志》"《禮》古經五十六卷"，合十七篇與三十九篇言之。三十九篇無師説，遂致亡佚。朱子曰："《古禮》五十六篇，班固時其書尚在，鄭康成亦及見之，注疏中多援引，不知何時失之，甚可惜也。"王應麟曰："《逸禮》三十九，其篇名頗見於他書。若《天子巡狩禮》見《周官·内宰》注，《朝貢禮》見《聘禮》注，《烝嘗禮》見《射人》疏，《中霤禮》見《月令》注及《詩·泉水》疏，《王居明堂禮》見《月令》《禮器》注，《古大明堂禮》見蔡邕《論》蔡邕《明堂月令論》。又《奔喪》疏引《逸禮》，《王制》疏引《逸禮》云：'皆升合於太祖合：合食，合祭。'《文選》注引《逸禮》云：'三皇禪云云，五帝禪亭亭。'清人秦蕙田《五禮通考》卷四十六云："三皇禪于繹繹之山，五帝禪于亭亭之山，三王禪于梁甫之山。繹繹，無窮之意，禪于有德者而居之無窮已。亭亭者，制度審諦，道德著明。梁甫者，梁信也。甫，輔也。信輔天地之道。"《論衡》：'宣帝時，河内女子壞老屋，又得《佚禮》一篇，合五十七。'斷珪碎璧，皆可寶也。"吴澄曰："三十九篇唐初猶存，諸儒曾不以爲意，遂至於亡，惜哉！"語出《吴文正集》卷一《三禮敘録》。邵懿辰曰："先儒以三百、三千之語，惜古禮散亡，而因惜三十九篇《逸禮》之亡。因三十九篇之亡，遂視十七篇爲殘闕不完之書，而失聖人定《禮》之本意。宋明以來，直廢此經，不以設科取士，則皆劉歆之姦且妄，有以淆其耳目而塞其聰明也。夫即後人所引《禘於太廟禮》《王居明堂禮》《烝嘗禮》《中霤禮》《天子巡狩禮》《朝貢禮》，及吴氏所輯《奔喪》《投壺》《遷廟》

《靈廟》《公冠》之類，廁於十七篇之間，不相比附而連合也。何也？皆非當世通行之禮，常與變不相入，偏與正不相襲也。況其逸文之存，如《太平御覽》引《巡狩禮》，文辭不古，及'三皇禪云云，五帝禪亭亭'，既誕而不足信矣。而《月令》注及《皇覽》引《王居明堂禮》數條，皆在《尚書大傳》第三卷《洪範五行傳》之中。吳氏不知其有全文，而僅引《禮注》合爲一篇。然觀其文意，實與伏生《五行傳》前後相協，必非古《王居明堂禮》。而伏生全引入於《大傳》也，則爲劉歆剽取《大傳》以爲《王居明堂禮》明矣。即此一端，而其他可知。亦猶十六篇《逸書》，即僞《武成》之剽《世俘解》，見其他皆作僞也。就令非僞，亦孔子定十七篇時刪棄之餘。康成不爲之注，與十六篇僞古文《書》同，大抵禿屑叢殘瑣屑零亂，無關理要。"丁晏曰："位西此論位西爲邵懿辰之字，謂《逸禮》不足信，過矣。當依草廬吳氏，別存逸經爲允。至斥《逸禮》爲劉歆誣僞，頗嫌臆斷。且《逸禮》古經，漢初魯共王得於孔壁，河間獻王得於淹中，《朝事儀》見於《大戴禮》，《學禮》見于賈誼書參《新書》卷五《保傅》，皆遠在劉歆以前，未可指爲歆贗作也。"語出《禮經通論》。

　　錫瑞案：《逸禮》即非歆贗作，亦不得與十七篇并列。邵氏云"就令非僞，亦孔子定十七篇時刪棄之餘"，"大抵禿屑叢殘，無關理要"，其說最爲確當。《逸禮》三十九篇，猶《逸書》十六篇也，皆傳授不明，又無師說，其真其贗，可以勿論。學者於二十九篇《書》、十七篇《禮》未能發明，而偏好於《逸書》《逸禮》，拾其殘膡，豈可謂知所先務乎？邵氏據諸書所引而斥其不足信，又謂《王居明堂禮》出於《伏傳》，比於《武成》出於《世俘》，可謂卓識。丁氏能證《古文尚書》之僞，而必信《逸禮》爲真，何也？

112. 論古禮情義兼盡，即不能復而禮不可廢

聖人制禮，情義兼盡。專主情則親而不尊，必將流於褻慢；專主義則尊而不親，必至失於疏闊，惟古禮能兼盡而不偏重。論君臣之義，《覲禮》："侯氏入門右侯氏：指來朝的諸侯，坐，奠圭放圭於地，再拜稽首再拜：拜了又拜，以示恭敬。"《注》云："入門右，執臣道不敢由賓客位也，卑者見尊，奠贄①而不授奠贄：手執禮品。"又曰："侯氏再拜稽首，以馬出，授人，九馬隨之。乃右肉袒於廟門之東右肉袒：裸露右肩臂，乃入門右進入廟門向右折，北面立。"《注》云："王不使人受馬者，至于享進獻，貢獻，王之尊益君，侯氏之卑益臣。右肉袒者，刑宜施於右也。入更從右者，臣益純也。"蓋古天子、諸侯分土而治周時實行封建制，天子為共主，居于王畿，諸侯分封土地而治，故必嚴君臣之分嚴明君臣之別。侯氏稽首，天子不答，而天子負斧依立斧依：亦作"斧扆"，古代帝王朝堂所用的狀如屏風的器具，以絳為質，高八尺，東西當戶牖之間。其上有斧形圖案，故名，亦不坐受其拜。臣盡臣之敬，君不恃君之尊，且燕饗仍迎送獻酬，待以賓客之禮。諸侯與大夫燕禮，使宰夫為獻主宰夫：周代天官冢宰的屬官。獻主：酒席主人，臣莫敢與君抗禮也抗禮：以平等禮節相待，其他皆如賓客（《詩·鹿鳴》《彤弓》，皆曰"我有嘉賓"）。臣有疾，君問之；臣死，君親臨其喪。情義兼盡者，此其一。論父子之義，《曲禮》："凡為人子者，冬溫而夏凊（qìng）清涼，昏定而晨省（xǐng）傍晚為父母鋪好枕席，清晨要向父母請安。"《內則》"子事父母"之禮尤詳，子之孝敬父母如此。《冠禮》："見于母，母拜之，以成人而與為禮。"《特牲饋食禮》："嗣舉奠主人嗣子舉起盛

---

① "奠贄"，思賢書局本作"贄奠"。

酒的奠觶，主人西面，再拜。"以先祖有功德，子孫當嗣之，父母之重其子如此。情義兼盡者，又其一。論夫婦之義，《昏義》："是以昏禮，納采、問名、納吉、納徵、請期古代婚禮親迎之前的五個程序，加上"親迎"，合稱"六禮"。納采，男家向女家提親，贈送彩禮；問名，男方訊問女子之名以卜吉凶；納吉，問句吉利，向女家報告；納徵，男方遣媒人向女家贈送厚重聘禮，正式確立婚姻關係；請期，男家向女家請示婚期；親迎，夫婿親自迎接新娘入室，行交拜合卺之禮，皆主人筵几於廟主人：指女方之父。筵几：布席設几，所以敬慎重、正昏禮也。父親醮子而命之迎指婿親迎之前父爲婿酌酒，男先於女也。婿執雁入雁：婿初見女的見面禮，揖讓升堂，再拜奠雁置雁於地，蓋親受之於父母也。婦至，婿揖婦以入，共牢而食共牢爲祭祀用的犧牲。古婚禮時，夫婦共食一牲，合卺而酳卺(jǐn)：古代婚禮所用禮器。其制破瓠爲瓢，名"卺"，夫婦各執一瓢飲，稱"合卺"。酳(yìn)：食畢以酒漱口，古代宴會或祭祀時的一種禮節，所以合體同尊卑以親之也。"敬慎重正而後親之，禮之大體，所以成男女之別，而立夫婦之義也。情義兼盡者，又其一。論長幼之義，"鄉飲酒之禮此謂臘祭時黨正屬民飲酒，以正齒位之鄉飲酒禮，六十者坐，五十者立侍，以聽政役以聽差遣，所以明尊長也；六十者三豆用以盛菹、醬類食物的器皿，形似高足盤，大多有蓋，七十者四豆，八十者五豆，九十事六豆，所以明養老也。民知尊長養老，而後乃能入孝弟。民入孝弟，出尊長養老，而後成教，成教而後國可安也。"語出《禮記·鄉飲酒義》。其餘事先生長者之禮，見於《曲禮》《少儀》甚詳。情義兼盡者，又其一。論朋友之義，《士相見禮》，奉摯曰奉：捧持。摯：亦作"贄"，士相見時所持禮物："某子以命，命某見有某子傳達您的命令，命某來見您。此處賓主對話皆非當面而言，而是通過主人之擯者傳言。"主人對曰："請吾子之就家也，某將走見請您先回家，某將急速前往見您。"賓請終賜見請尊長接見，主人對"某將走見"。賓固請堅決請求，主人辭摯，賓對"不以摯，不敢見"。主人固辭堅決辭卻,賓又固請。主人出迎于門外,再拜,賓答再拜。主人揖,入門右,賓奉摯,入門左。主人再拜受,賓再拜,送摯,出。一見,如此其敬讓也参《儀禮·士相見禮》。其餘凡與客入,及坐席、飲食,見於《曲禮》《少儀》亦詳。情義兼盡者,又其一。

夫父子、夫婦、長幼、朋友,皆情重於義,必有禮以節情。惟君臣則義重於情,當有禮以達情。自秦尊君卑臣,漢雖未能復古,其君於將相大臣,猶有在坐爲起、在輿爲下之禮,後世此禮漸廢。至宋并廢坐論之禮唐五代之制,宰相上殿議事,賜茶命坐,謂之坐論。至宋初,此制廢,故蘇軾有"禮節繁多,君臣義薄"之言語出《東坡全集》卷四十六《策略五》。後世拜跪之禮過繁,誠與古制不合,而矯其弊者,欲盡去拜跪而滅等威,則無以辨上下、定民志矣。父子、夫婦、長幼、朋友之禮,雖不及君臣之嚴,亦非可以不修而聽其廢墜者。

113. 論禮雖繁而不可省,即昏、喪二禮可證

《禮器》:"君子曰:'甘受和甜味可以接受而調和各種味道,白受采白色可以接受而調和各種色彩,忠信之人,可以學禮。苟無忠信之人,則禮不虛道禮不會虛假地附從他,是以得其人之爲貴也。'"而《老子》則曰:"禮者,忠信之薄謂禮是忠信不足之產物,而亂之首也。"語出《老子》第三十八章。與禮家之言正相反。《曾子問》孔子引老聃之說有四《禮記·曾子問》曰:"吾聞諸老聃曰:'天子崩,國君薨,則祝取群廟之主而藏諸祖廟,禮也。卒哭成事,而后主各反其廟。君去其國,大宰取群廟之主以從,禮也。祫祭於祖,則祝迎四廟之主。主出廟入廟,必蹕。'老聃云。",守禮如此謹嚴,其自著書則詆毀禮甚至至極,達到頂點。故或以爲老子是老萊子(約前599—約前479),春秋晚期思想

家,道家學派創始人。生於楚康王時期,卒於楚惠王時期,著書立説,傳授門徒,宣揚道家思想,隱居楚國荆門,非孔子問禮之老聃;或又以爲老子講禮厭煩,而遁入於空虛,正與六朝人講《喪服》厭煩,乃變而談《莊》《老》,同一相激相反之意。二説未知孰是。老子,高言上古者也_{高言:大言,倡言,上古純樸,本無禮文指禮樂儀制},即以昏、喪二事證之。

古者配偶無定,人知有母而不知有父。古者不葬其親,其親死,則舉而委之於壑_{委:抛棄}。伏羲以後,始漸制禮,至周而後大備,郁郁文盛,儀節繁多。如一獻之禮_{進酒之禮},賓主百拜_{多次行禮};一見之禮,賓主五請。執摯必先固讓,執玉必先固辭。入門必每曲揖_{每當拐彎時,賓主都要行揖禮},洗爵必下堂階。自常情視之,似乎繁而可省。見則竟見之矣,何必三讓_{古相見禮。主人三揖,賓客三讓}? 受則竟受之矣,何必三辭_{義猶"三讓"}? 故老子以爲近作僞而非忠信之道,不知《禮》已明言之矣。《聘義》曰:"上公七介_{上公:最高之爵位。王之三公中有德者及夏殷之後爲上公。七介:古代傳遞賓主之言者爲介},介紹而傳命_{相繼傳達聘君的話},君子於其所尊弗敢質_{不敢簡便從事},敬之至也。"《禮器》曰:"是故七介以相見也,不然則已慤(què)_{甚慤,過於簡質,無文飾};三辭三讓而至,不然則已蹙(cù)_{甚蹙,過於窘迫,不從容}。"夫兩君相見,即須介紹_{衆介并列,相繼傳話},何必七介? 而禮以爲不然則已慤,其他三辭三讓之禮,可以類推。《檀弓》曰:"夫禮,爲可傳也_{謂禮需可以傳後,可以傳授},爲可繼也_{謂禮需可以繼續,可以持續},故哭、踊有節_{哭、踊之禮都需有節制}。"又曰:"辟踊_{捶胸頓足,形容哀痛至極},哀之至也,有算爲之節文也_{算:數目}。"又:"有子曰_{有子:名若,字子有,春秋魯國人,孔子弟子}:'予壹不知夫喪之踊也_{壹:唯獨,單單},予欲去之久矣。'子游曰_{子游:姓言,名偃,字子游,春秋末吳國人,孔門十哲之一}:'禮有微情者_{謂使人的哀情得以節制減輕},有以故興物者_{謂故意設制}

衰絰等服物使人睹物哀思，有直情而徑行者謂聽任哀情直接宣泄出來，戎狄之道也。禮道則不然。’”夫親死，哀痛迫切，似不必言節文，而禮哭踊有節，以無節爲戎狄之道。其他不若喪禮之迫切者，更可以類推。故常情所見爲可省者，皆先王制禮不敢不至者也。

今使直情徑行，而欲盡廢繁文縟節，即以昏、喪二禮證之。昏禮盡去六禮之文，納采、問名、納吉、納徵、請期、親迎一切不用，則將“不待父母之命，媒妁之言，鑽穴隙相窺，逾牆相從”矣語出《孟子·滕文公上》。可乎？不可乎？喪禮盡去附身附棺、小斂大斂之文附身:指殮時所用衣衾。附棺:指隨葬之明器。小斂:指給死者沐浴、穿衣、覆衾等。大斂:指將已裝裹的屍體放入棺材，卜兆封壙一切不用卜兆:占卜時甲骨上預示吉凶的信息。封壙(kuàng):下葬後封堵墓穴，則將舉而委之於壑，狐狸食之，蠅蚋姑嘬之矣蠅蚋:蒼蠅蚊子。姑嘬(zuō):用嘴吸吮。參《孟子·滕文公上》。可乎？不可乎？古無束帛儷皮之儀束帛:捆爲一束的五匹帛，古代用爲聘問、饋贈的禮物。儷皮:成對的鹿皮，古代用爲聘問、酬謝或訂婚的禮物，有持弓毆禽之吊《説文解字》卷八解“吊”字云:“問終也。古之葬者，厚衣之以薪，從人持弓，會毆禽。”吊:祭奠死者，配偶無定，不葬其親，皇初榛狉皇初:最初的帝王。榛狉(zhēn pī):形容尚未開化，蓋非得已。由今觀之，非直近於野蠻，亦且比於禽獸。《禮》曰“戎狄之道”語出《禮記·檀弓下》，戎狄即今所謂野蠻。《曲禮》曰:“是故聖人作，爲禮以教人，使人以有禮，知自別於禽獸。”夫知有母不知有父，親死委之狐狸蠅蚋，非禽獸而何？在古人特限於不知，後世聖人已作爲禮，而別於禽獸矣。伏羲漸近文明，及周爲文明之極。至文明已極，禮節不得不繁。若厭其太繁而矯枉過正，違文明之正軌，從野蠻之陋風，非惟於勢有所不行，亦必於心有所不忍，乃知古禮有繁而不可省者。文明之異於野蠻者在此，人之異於禽獸者亦在此也。古禮在今日,不過略存餼羊之遺,而昏姻之六禮、喪葬之大事,猶多合於古者,蓋天理人情之至,皆知其不可廢。若欲舉此而盡廢之,不將爲野蠻爲禽獸乎?

114. 論古冠、昏、喪、祭之禮,士以上有同有異

有王朝之禮,有民間通行之禮。論定禮之制,則民間通行之禮小,而王朝之禮大;論行禮之處,則民間通行之禮廣,而王朝之禮狹。十七篇古稱《士禮》,其實不皆士禮。純乎士禮者,惟《冠》《昏》《喪》《相見》。若祭禮,則《少牢饋食》《有司徹》爲大夫禮;《鄉飲》《射》,士、大夫所通行;《燕禮》《大射》《聘禮》《公食大夫》爲諸侯禮;《覲禮》爲諸侯見天子禮,并非專爲士設。其通稱"士禮"者,蓋以《士冠》列首,遂并其下通稱爲士,而不復分別耳。若士以上冠、昏、喪、祭之禮,與士或同或異,不見於十七篇而見於《記》與他書者,亦略可以考見。

《士冠禮》,《記》曰:"無大夫冠禮,而有其昏禮。古者五十而後爵五十而後,受爵而爲大夫,何大夫冠禮之有?公侯之有冠禮也,夏之末造也夏之末世。天子之元子猶士,天下無生而貴者也。"據此,則天子之子冠亦用士禮,其後乃別有諸侯之冠禮。《左氏傳》云:"君冠,必以祼享之禮行之祼(guàn)享:亦作"祼饗",以配合香料煮成之酒倒之於地,使受祭者或賓客嗅到香氣,是行隆重禮節前之序幕,以金石之樂節之。"語出《襄公九年》。正後起之禮。冠禮,三加爲度古代男子行加冠禮,初加緇布冠,次加皮弁,次加爵弁,謂之三加,天子、諸侯冠用四加,亦後起之禮也。昏禮,大夫與士異,蓋五十以後或有續娶。其可考者,士當夕成昏,大夫以上三月廟祭而後禮成。士不外娶,無留車反馬;清人朱鶴齡《讀左日抄》卷四曰:"大夫以上,其嫁皆有留車反馬之禮。留車,妻之道也;反馬,婿之

義也。禮,送女適于夫氏,留其所送之馬,謙不敢自安于夫,若被出棄,示將乘之以歸,故留之也。至三月廟見,夫婦之情既固,則夫家遣使反其所留之馬,示與偕老,不復歸也。"大夫或外娶,有留車反馬。士必親迎至婦家,天子諸侯親迎於館。士納徵儷皮束帛,天子諸侯加以玉。此禮之稍異者。

　　喪禮,《中庸》曰:"三年之喪,達乎天子。父母之喪,無貴賤一也。"曾子曰:"哭泣之哀,齊斬之情齊(zī)斬:指五服中的"齊衰"與"斬衰"。齊衰,服用粗麻布制成,緝邊縫齊;斬衰,服用粗麻布制成,左右和下邊不縫。服制三年,乃喪服中最重,饘粥之食饘(zhān)粥:稠粥,自天子達。"《孟子》曰:"三年之喪,齊疏之服猶"齊衰之服",饘粥之食,自天子達於庶人。"語出《滕文公上》。"高宗諒陰高宗:殷高宗武丁。諒陰:居喪時所住房屋語出《論語·憲問》,鄭君讀爲"梁闇",是天子亦居倚廬古人爲父母守喪時居住的簡陋棚屋。而春秋後禮已不行,故子張疑而問,滕人謂魯先君莫之行。又其後,則大夫與士亦有異。《雜記》曰:"端衰、喪車皆無等端衰:喪服的上衣。喪車:送葬之車。無等:不分貴賤等級。"是上下本同。又曰:"大夫爲其父母兄弟之未爲大夫者之喪①未爲大夫者:未做大夫者,服如士服以士的身份服喪。"是大夫、士有異。《鄭注》:"今大夫喪服禮逸,與士異者,未得而備聞也。《春秋傳》曰:'齊晏桓子卒晏桓子爲齊相晏嬰之父,晏嬰粗衰斬粗麻布喪服,苴絰(jū zhì)麻布制的無頂冠與腰帶,帶,杖,菅屨草鞋,食粥,居倚廬,寢苫(shān)睡草墊,枕草。其老曰其家臣曰:"非大夫之禮也。"曰:"惟卿爲大夫。"此平仲之謙也。'"語出《襄公十七年》。王肅曰:"春秋之時,尊者尚輕簡,喪服禮制遂壞。"參宋人衛湜《禮記集說》卷一〇一。張融曰張融(447—497):字思光,南朝齊吳郡(今江蘇蘇州)人,《南齊書》有傳:"士與大

---

①　"喪"字原脱,據《禮記·雜記》補。

夫異者,皆是亂世尚輕涼,非王者之達禮。"《孔疏》曰:"如融之説,是周公制禮之時則上下同,當喪制無等。至後世以來,士與大夫有異。"據此,則大夫以上喪禮之異於士者,皆後起之禮也。祭禮,則廟、祧、壇、墠之數四者皆屬爲先人所設祭祀場所,廟所祭先人最近最親,其次爲祧(tiāo)、壇、墠(shàn),禘祫、時祭之名禘祫:古代帝王祭祀始祖的隆重儀禮。時祭:四時祭祀,尊彝、酒齊之分尊彝:古代酒器,祭祀、朝聘、宴享之禮多用之。酒齊:酒曲,冠服、牲牢之異牲:供祭祀用的家畜。牢:祭祀用的牛、羊、豕,有見於三《禮》明文者,有注疏家所推得者,難於備舉。蓋天子、諸侯之祭禮,與《特牲》《少牢》本不同,非若喪禮之異,爲後來之變也。

115. 論后倉等推《士禮》以致於天子,乃禮家之通例,《鄭注》《孔疏》是其明證

《史記·儒林傳》曰:"禮固自孔子時,而其經不具。"《孟子》曰:"諸侯之禮,吾未之學也。"語出《滕文公上》。然則天子、諸侯之禮,在孔孟時已不能備。孔子既不得位指孔子未居于帝位,又生當禮壞樂崩之後,雖適周而問老聃、萇弘老聃:老子。萇弘,字叔,春秋蜀人。周敬王二年(前518),孔子曾入周向其請教《韶》《武》之樂異同,入太廟而每事問,委曲詳細,必不盡知。所謂"吾學周禮,今用之"者語出《中庸》第二十八章,蓋即冠、昏、喪、祭、射、鄉,當時民間通用之禮。觀孔子射於矍相之圃矍相:古地名,今山東曲阜闕里西,有"觀於鄉,而知王道易易"之言語出《禮記·鄉飲酒義》,意謂參觀鄉飲酒禮,知王道教化容易推行。漢初魯儒猶鄉飲射於孔子冢,則當時民間猶行古禮可知。孔子周流四方,參互考證,晚而定《禮》,約之爲十七篇,以爲學者守此,已足以明君臣、父子、兄弟、夫婦、朋友之倫,雖不能備,亦略具矣。禮由義起,在

好學深思、心知其意者，即無明文可據，皆可以意推補。古者"五刑之屬三千"，見於《尚書·呂刑》。"威儀三千，曲禮三千"，見於《中庸》《禮器》。其數皆"三千"者，出乎禮者入於刑，故取其數相準。數至三千，不爲不多，然而事理之變無窮，法制之文有限，必欲事事而爲之制，雖三千有所不能盡。如今之《大清律》，遠本漢唐，繁簡得中，纖悉備具，而律不能盡者，必求之例，甚至例亦不能盡，更須臨時酌議。《大清通禮》《禮部則例》雖極明備，而承襲之異、服制之殊，亦有不能全載，上煩部議_{中央各部內的決定}，取決臨時者。以今準古，何獨不然？是即周時三千之禮具在，其不能盡具者，亦須臨時推補，況在諸侯去籍、始皇焚書之後哉？后倉等推《士禮》以致於天子，乃不得不然之勢，其實是禮家之通例，莫不皆然者也。

《漢志》尊崇《逸禮》，謂"雖不能備，猶瘉倉等推士禮以致於天子"之説，其意以爲博考《逸禮》，則天子禮略備，可以無煩推致。鄭君固親見三十九篇之《禮》者也，其注三《禮》，於《逸禮》中之《天子巡狩禮》《朝貢禮》《烝嘗禮》《禘于太廟禮》《王居明堂禮》，引用甚鮮。且於古大典禮後儒所聚訟者，未嘗引《逸禮》以爲斷，仍不能不用倉等推致之意。如《周禮·內司服》"緣衣"_{見《天官·冢宰》}，注曰："此緣衣者，實作褖衣也。_{王后燕居或進御時所穿之服。褖，音 tuàn。}男子之褖衣黑，則是亦黑也。以下推次其色，則闕狄赤_{闕狄爲古代王后六服之一}，賈公彥《疏》云：'闕狄者，其色赤，刻爲雉形，不畫之爲彩色，故名闕狄也。'，揄狄青_{揄狄爲采畫雉形爲飾之服}，褘衣玄_{褘（huī）衣爲繪有野雞圖紋的王后祭服。玄：黑色。}。"此鄭君自云"推次"者。《司尊彝》注曰_{見《春官·宗伯》}："王酳尸用玉爵_{玉製酒杯}，而再獻者用璧角、璧散可知也_{角、散：皆飲酒器。}。"《賈疏》云："以《明堂位》云'爵用玉琖（zhǎn）_{同"盞"，小杯}，加用璧角、璧散'差之，推次可知也。"《弁師》注曰_{見《夏官·}

司馬》:"庶人吊者素委貌古冠名,以皁絹爲之。鄭玄注云:"委,猶安也,言所以安正容貌。",一命之大夫冕而無旒(liú)古代禮帽前後懸垂的玉串,士變冕爲爵弁。鄭玄云:"爵弁者,冕之次,其色赤而微黑,如爵頭然。或謂之緅,其布三十升。"《賈疏》云:"鄭云此者,以有大夫已上,因言庶人,且欲從下向上,因推出士變冕爲爵弁之意也。"《掌客》見《秋官·司寇》,上公"鉶四十有二鉶(xíng):盛菜羹的器皿,常用於祭祀",侯、伯"鉶二十有八",子、男"鉶十有八",注曰:"非衰差也衰差(cuī chà):依照一定標準遞減的差別。二十八,書或爲二十四,亦非也。其於衰,公又當三十,於言又爲無施。禮之大數,鉶少於豆,推其衰,公鉶四十二宜爲三十八,蓋近之矣。"鄭以推差訂正經文,尤爲精密。而《魯禮禘祫義》曰:"儒家之說禘祫也,通俗不同。或云歲祫終禘,或云三年一祫,五年再禘。學者競傳其聞,是用訩訩爭論,從數百年來矣。竊念《春秋》者,書天子諸侯中失之事中(zhòng)失:得失,得禮則善,違禮則譏,可以發起是非,故據而述焉。從其禘祫之先後,考其疏數之所由疏數:稀疏與密集,而粗記注焉。魯禮,三年之喪畢,則祫於太祖,明年春,禘於群廟。僖也,宣也,八年皆有禘。祫祭,則《公羊傳》所云'五年而再殷祭',祫在六年明矣。《明堂位》曰'魯,王禮也',以相準況,可知也。"參孔穎達《毛詩正義》卷三十所引。夫禘祫乃古大典禮、後儒所聚訟者,鄭君明言訩訩爭論,而於《逸禮·禘於太廟》之類,何不引以爲據,反據《春秋》以相準況?於此足見古文《逸禮》大都單辭碎義,實無關於宏旨,故鄭不爲之注,亦不多引用。鄭之所謂"準況",即倉等所謂"推致"也。其後孔、賈之疏經注,亦用推致之法,孔引皇、熊兩家之疏皇:皇侃(488—545),吳郡(今江蘇蘇州)人。南朝梁經學家,撰《論語義疏》《禮記義疏》《孝經義疏》等。熊:熊安生,字植之,長樂阜城人(今河北阜城)。北朝經學家,精於三《禮》,如《玉藻》疏云:"熊氏更說卿大夫以下日食及朔食牲牢及敦數多少上下差別日食：每日飲食。
朔食：帝王及貴族每月初一所備較平日豐盛的膳食。敦（duì）：古代食器。用
以盛黍、稷、稻、粱等。一般爲三短足，圓腹，二環耳，有蓋，并無明據。"《郊
特牲》疏引皇氏説圜丘之祭燔柴、牲、玉之類圜丘：古代帝王冬至祭
天的地方，後亦用以祭天地，與宗廟祫同；其祭感生之帝，則當與宗
廟禘祭同；其五時迎氣，與宗廟時祭同。《孔疏》云："皇氏於
此經之首，廣解天地百神用樂委曲及諸雜禮制，繁而不要，非
此經所須。又隨事曲解，無所憑據。"此則推致太過而有得有
失者，要皆禮家之通例也。

116. 論《儀禮》爲經、《禮記》爲傳，當從朱子采用臣瓚之説，《儀禮經傳通解》分節尤明

　　自《逸禮》之書出，而十七篇有不全不備之疑；自三《禮》
之名出，而十七篇有非經非傳之疑。以《周禮》爲"經禮"，《儀
禮》爲"曲禮"，是《周禮》爲經而《儀禮》爲傳矣；謂《儀禮》爲
"經禮"，《禮記》爲"曲禮"，是《儀禮》爲經而《禮記》爲傳矣。
朱子曰："今按'禮經威儀'，劉向作'禮經曲禮'，而《中庸》以
'禮經'爲'儀禮'①。鄭玄等皆曰'經禮'即《周禮》，'曲禮'
即今《儀禮》。臣瓚曰：'《周禮》三百，特官名耳，'經禮'，謂
冠、昏、吉、凶。'蓋以《儀禮》爲'經禮'也。而近世括蒼葉夢得
曰葉夢得（1077—1148）：字少蘊，蘇州吳縣人。紹聖四年（1097）進士，歷任翰
林學士、戶部尚書等職，晚年隱居括蒼（今浙江麗水）石林，人稱"石林居士"。
有《石林燕語》《石林詩話》等，又著有《葉氏春秋傳》：'經禮，制之凡也凡：

---

　　①　各書引用此段文字不一，清人秦蕙田《五禮通考》卷首第一引作："經
禮威儀，《禮器》作'經禮曲禮'，而《中庸》以'經禮'爲'禮儀'。"

大綱,大節;曲禮,文之目也目:細目,细节。先王之世,二者蓋皆有書藏於有司,祭祀、朝覲、會同,則太史執之以蒞事,小史讀之以喻衆。而鄉大夫受之以教萬民,保氏掌之以教國子者保氏:古代職掌以禮義匡正君王、教育貴族子弟的官員,亦此書也。'愚意"禮"篇三名,《禮器》爲勝;諸儒之説,瓚、葉爲長。蓋《周禮》乃制治立法、設官分職之書,而非專爲禮設也。至於《儀禮》,則其中冠、昏、喪、祭、燕、射、朝、聘,自爲'經禮'大目,亦不容專以'曲禮'名之也。又嘗考之,'經禮'固今之《儀禮》,其存者十七篇,而其逸見於他書者,猶有《投壺》《奔喪》《遷廟》等篇。其不可見者,又有古經增多三十九篇,而《明堂陰陽》《王史氏記》數十篇,及河間獻王所輯禮樂古事,多至五百餘篇。倘或猶有逸在其間者,大率且以春官所領五禮之目約之,則其初固當有三百餘篇亡疑矣。所謂'曲禮',則皆禮之微文小節。如今《曲禮》《少儀》《內則》《玉藻》《弟子職》篇,所記事親、事長、起居、飲食、容貌、辭氣之法,制器、備物、宗廟、宮室、衣冠、車旂之等。凡所以行乎經禮之中者,其篇之全數雖不可知,然條而析之,亦應不下三千有餘矣。"語出朱子《儀禮經傳通解·目録》。

錫瑞案:分別經、傳,當從朱子之説。朱子既有此分別,遂欲合經、傳爲一書。《答李季章書》云:"累年欲修《儀禮》一書,釐析章句而附以傳説。"《答潘恭叔書》云:"《禮記》須與《儀禮》參,通修作一書,乃可觀。"《乞修三禮劄子》云:"以《儀禮》爲經,而取《禮記》及諸經史雜書所載有及於禮者,皆以附於本經之下,具別注疏、諸儒之説。"劄子竟不果上,晚年乃本此意修《儀禮經傳通解》。其書釐析章句,朱子已明言之。其失在釐析《儀禮》諸篇多非舊次,如《士冠禮》"三屨"本在辭後,乃移入前"陳器服章";戒宿、加冠等辭,本總記在後,乃分入前各章之下之類,未免宋儒割裂經文之習。其功在章句分明,每一節截斷,後一行題云"右某事",比《賈疏》分節尤簡明。《答應仁仲書》云:"前賢常患《儀禮》難讀,以今觀之,只是經不分章,記不隨經,而注、疏各爲一書,故使讀者不能遽曉。今定此本,盡去此諸弊,恨不得令韓文公見之也_{韓文公,指唐人韓愈}。"近馬驌《繹史》載《儀禮》_{馬驌(1621—1673):字宛斯,一字驄御,山東鄒平人,明末清初史學家}、張爾岐《儀禮鄭注句讀》_{張爾岐(1612—1678):字稷若,號蒿庵,山東濟陽人,明清之際經學家}、吳廷華《儀禮章句》_{吳廷華:字中林,號東壁,浙江仁和人,清代經學家}、江永《禮書綱目》_{江永(1681—1762):字慎修,又字慎齋,江西婺源人。清代皖派經學家,著《古韻標準》《四聲切韻表》《周禮疑義舉要》等}、徐乾學《讀禮通考》_{徐乾學(1631—1694):字原一,號建庵,江蘇昆山人,清代經學家}、秦蕙田《五禮通考》_{秦蕙田(1702—1764):字樹峰,號味經,江南金匱人,清代禮學家},分節皆用朱子之法。

117. 論言理不如言禮之可據,朱子以此推服鄭君,而鄭君之説亦由推致而得

漢儒多言禮,宋儒多言理。《仲尼燕居》:"子曰:'禮也者,理也。'"《樂記》:"禮者,理之不可易者也。"禮與理本一貫,然禮必證諸實,合於禮者是,不合於禮者非。是非有定,人人共信者也。理常憑於虛,彼亦一是非,此亦一是非,是非無定,不能人人共信者也。今舉一事明之:《宋史》朱熹《乞討論喪服劄子》曰:"臣聞三年之喪,齊疏之服,飦粥之食,自天子達於庶人,無貴賤之殊。而禮經敕令子爲父、適孫承重爲祖父_{適孫:嫡孫。承重:承受宗廟與喪祭的重任。喪服禮制中,其人及父俱系嫡長,而父先死,則祖父母喪亡時,其人稱承重孫。如祖父及父均先死,于曾祖父母}

喪亡時,稱承重曾孫。遇有此類喪事,皆稱"承重",皆斬衰三年,蓋適子當爲父後,以承大宗之重大宗:宗法社會以嫡系長房爲"大宗",餘子爲"小宗",而不能襲位以執喪襲位:子孫承襲先代的爵位,則適孫繼統而代之執喪,義當然也。間者遺誥初頒,太上皇帝偶違康豫指恰逢身體有恙,不能躬就喪次不能親自到停靈治喪之處。陛下實以世適之重,仰承大統,則所謂承重之服,著在禮律。所宜一遵壽皇已行之法壽皇:指宋孝宗,其尊號爲"至尊壽皇聖帝",易月之外古父母之喪,服喪三年,自漢文帝始以日易月,縮短喪期,謂之"易月",且以布衣布冠視朝聽政,以代太上皇帝躬執三年之喪。"語出《晦庵集》卷十四,又參《宋史·朱熹傳》。《建炎以來朝野雜記》曰是書爲宋人李心傳撰,凡四十卷,記南宋高宗建炎以來諸制度,屬政書:"方文公上議時,門人有疑者,文公未有以折之折服之。後讀《禮記正義·喪服小記》'爲祖後者'條,因自識於本議之末,其略云:準五服年月格,斬衰三年,適孫爲祖,法意甚明。而《禮經》無文,但《傳》云父沒而爲祖後者服斬,然而不見本經,未詳何據。但《小記》云'祖父沒而爲祖母後者三年',可以旁照。至'爲祖後者'條下,《疏》中所引《鄭志》,乃有'諸侯父有廢疾有殘疾而不能做事,不任國政,不任喪事'之問,而鄭答以'天子諸侯之服皆斬'之文,方見父在而承國於祖之服。向來上此文字時,無文字可檢,又無朋友可問,故大約且以禮律言之。亦有疑父在不當承重者,時無明白證驗,但以禮律、人情大意答之。心常不安,歸來稽考,始見此説,方得無疑。乃知學之不講,其害如此。而禮經之文,誠有闕略,不無待於後人。向使無鄭康成,則此事終未有斷決,不可直謂古經定制,一字不可增損也。"語出朱熹《晦庵集》卷十四《書奏稿後》。

錫瑞案:朱子以此推服鄭君,而鄭君此條,實由推致而得。可見禮爲人倫之至,而以推致言禮,爲一定之法,必惜逸經之不具而疑推致爲無憑,非知禮者也。後儒空言理而不講禮,謂'禮,吾知敬而已;喪,吾知哀而已'參清人顧炎武《日知録》卷六《檀弓》,一遇國家有大疑議,則幽冥而莫知其原。宋濮議宋仁宗無嗣,死後以濮安懿王允讓之子趙曙繼位,是爲宋英宗。即位次年(治平二年,1065年),詔議崇奉生父濮王典禮。侍御史吕誨、范純仁、吕大防及司馬光等力主稱仁宗爲皇考,濮王爲皇伯,而中書韓琦、歐陽修等則主張稱濮王爲皇考。英宗因立濮王園陵,貶吕誨、吕大防、范純仁三人出外。史稱"濮議"。後亦借指朝中爭議,明大禮議明世宗朱厚熜以地方藩王入主皇位後,統治階級内部在皇統問題上出現的政治論争。鬥争的焦點是如何確定世宗生父朱祐杬的尊號,實質是世宗通過議禮之争,打擊楊廷和等先朝閣臣和言官,確立鞏固自身的統治,推行新政。大禮議從正德十六年(1521)四月開始,至嘉靖十七年(1538)結束,世宗的君權高壓取得了勝利。明大禮議促成了明世宗剛愎自用的政治作風,明代皇權專制得到了加强,舉朝争論,皆無一是,激成朋黨,貽誤國家,尤非知禮者也。即如宋之寧宗,以祖父没而父病不能執喪,代父而立,自應承重,無可疑者。而或疑父在不應承重,亦未嘗不有一偏之理,所謂'彼亦一是非,此亦一是非'也。徒以律法人情爲説,即以朱子之賢,猶不能折服群疑,必得《鄭志》明文,然後可以自信。此朱子所以服鄭而并欲修禮,晚年所以有《通解》之作,而直以《鄭注》補經也。

118. 論鄭樵辨《儀禮》皆誤,毛奇齡駁鄭樵,而攻《儀禮》之説多本鄭樵

鄭樵《儀禮辨》曰:"古人造士,以《禮》《樂》《詩》《書》并言之者,《儀禮》是也。古人《六經》,以《禮》《樂》《詩》《書》《春秋》與《易》并言者,《儀禮》是也。《儀禮》一書,當成王太平之日,周公損益三代之制,作爲冠、婚、喪、祭之儀,朝、聘、

射、饗①之禮,行於朝廷鄉黨之間鄉黨:周制一萬二千五百家爲一鄉,五百家爲一黨。亦用以泛指鄉間,名曰《儀禮》,而《樂》寓焉,正如後世禮樂、輿服《志》之類。漢興,傳《儀禮》者,出於高堂生《士禮》十七篇。而魯徐生善爲容,文帝時以容爲禮大夫。後《禮》之古經出於魯淹中②,河間獻王得之,凡五十六篇,并威儀之事。其十七篇與高堂生所傳《士禮》同,而字尤多略,今三十九篇乃《逸禮》。案班固九流、劉歆《七略》并不注《儀禮》九流:先秦時期九個學術流派,班固《漢書・藝文志》載録有儒、道、陰陽、法、名、墨、縱橫、雜、農九家。《漢書・敘傳下》云:"劉向司籍,九流以別。",往往漢儒見高堂生所傳十七篇,遂摸倣《禮經》而作之。而范氏作《後漢書》云《禮古經》與《周官經》,前世傳其書,未有名家者。中興以後,鄭衆、馬融等爲《周官》作《傳》,并不及《儀禮》,則《儀禮》一書,蓋晚出無疑者。故《聘禮》一篇,所記賓介饔餼之物賓介:賓,賢賓;介,賢賓之次。多偏指賢賓。《儀禮・鄉飲酒禮》:"主人就先生而謀賓介。"饔餼(yōng xì):古代諸侯行聘禮時接待賓客的大禮,饋贈隆盛。禾米薪芻之數,籩豆簠簋之實籩豆:古代食器,竹制爲籩,木制爲豆。簠簋(fǔ guǐ):古代兩種盛黍稷稻粱的禮器,鉶壺鼎甕之列,考於《周官・掌客》之禮,皆不相合。《喪服》一篇,凡發'傳曰'以釋其義者十有三,又有'問者曰''何以''何也'之辭,蓋出於講師講道傳經的儒師,設爲問難,以相解釋。此皆後儒之所增益明矣。《儀禮》之書作於周公,春秋以來,禮典之書不存,禮經之意已失。三家僭魯指春秋時魯國大夫孟孫氏、叔孫氏、季孫氏掌握魯國實權,架空魯定公,使成爲傀儡,六卿擅晉指春秋時晉之范、中行、知、趙、韓、魏六氏專擅晉國政權,禮之大者已不存矣,士大夫略於

---

① 思賢書局本"饗"下有"射"字。
② "禮",思賢書局本作"世"。

禮而詳於儀謂略於禮義而詳於儀節。故殽烝之宴殽烝（yáo zhēng）：亦作"殽脀"。指將煮熟牲體節解，連肉帶骨放在俎上，以享賓客，武子不能識武子：指晉國大夫士會，又稱范武子、隨武子、范會、隨會。事參《左傳·宣公十六年》；彝器之薦，籍談不能對籍談爲晉國大夫，因不識祭祀宴飲時所用彝器而被罵"數典忘祖"。事參《左傳·昭公十五年》；郊勞贈賄郊勞：到郊外迎接并慰勞。贈賄：贈送財物。古禮講"入有郊勞，出有贈賄"，魯昭公非不知禮《左傳·昭公五年》載："公如晉，自郊勞至於贈賄，無失禮。"，而女叔齊以爲'儀也，非禮也'女叔齊爲晉臣，又稱女叔侯、女齊；揖遜周旋之問揖遜：揖讓，賓主相見禮儀。周旋：古代行禮時進退揖讓的動作，趙簡子非不知禮趙簡子：晉國六卿之一，又稱趙鞅、趙孟，晉之權臣，而子太叔以爲'儀也，非禮也'子太叔：姓游名吉，春秋時鄭國執政。《左傳·昭公二十五年》載："子大叔見趙簡子，簡子問揖讓、周旋之禮焉。對曰：'是儀也，非禮也。'"。而古人禮意未有能名者，傳至後世，《漢舊儀》有二郎爲此容貌、威儀事。徐氏、張氏不知經徐氏：魯國徐生，但能盤辟爲禮容盤辟：盤旋進退。古代行禮時的動作儀態。天下郡國有容吏，皆詣魯①學之，則天下所學《儀禮》者，僅容貌、威儀之末爾。今《儀禮》十七篇，鄭康成、王肅等爲之注。唐貞觀中②，孔穎達撰《五經正義》，疑《周禮》《儀禮》非周公書，其後賈公彦始爲《儀禮疏》。"語出鄭樵《六經奧論》卷五。

　　錫瑞案：樂史論《儀禮》有可疑者五樂史（930—1007）：字子正，號月池，北宋宜黄人，文學家、地理學家，鄭氏所説多同樂史之論。其所以誤疑《儀禮》者，一則不知《儀禮》之名始於何時，以爲周公時已名"儀禮"，而漢人未嘗稱道《儀禮》，則今之《儀禮》必晚出，當是漢儒摸傚而作。不知《禮》十七篇原於周公，定於

①　"魯"，原作"學"，誤，據《漢書·儒林傳》注文改。
②　"貞觀"，原作"正觀"，誤，據《六經奧論》卷五《儀禮辨》改。

孔子。周公、孔子時但名《禮》,漢以立學,名爲《禮經》。《班志》本於劉歆《七略》,其云"《經》十七篇" 訛爲"七十篇"者(劉敞已訂正矣,鄭氏或未見),即今《儀禮》。劉、班時無"儀禮"之名,非別有《儀禮》而《志》不及也。鄭君以前雖無注《儀禮》者,而馬融已注《喪服》,其非後儒增益明矣。一則誤執《左氏》之說,分儀與禮爲二,且重禮而輕儀,不知《左氏》極重威儀。北宮文子見令尹圍之儀(古本無"威"字,見《經義述聞》)。北宮文子爲衛國大夫,令尹圍指楚國令尹子圍。事參《左傳·襄公三十一年》,謂其不可以終。於其時,君大夫視下言徐眼睛朝下看,說話慢吞吞、其容俯仰之類《儀禮經傳通解》卷十七云:"四體,謂動作威儀之間,如執玉高卑、其容俯仰之類。",皆斷其將死亡,何嘗以威儀爲末節?若女叔齊謂魯侯習儀,焉知禮,蓋以借諷晉君;子太叔謂是儀非禮,蓋以此進簡子。言非一端,不必過泥。武子不識殽烝,魯人不辨羔雁小羊和雁,古代用爲卿、大夫的贄禮。《周禮·春官·大宗伯》:"卿執羔,大夫執雁。",此孔子時經不具之明證。若周公成書具在,列國無緣不知。《聘禮》與《掌客》不同,又《儀禮》、《周禮》不出周公之明證。若二書一手所作,何至彼此歧異?漢雖重徐氏之禮容,當時習《禮經》者,并非專習容禮。十七篇後稱《儀禮》,蓋以其中或稱"儀"(《大射》,一名《大射儀》)、或稱"禮"而名之,非取容禮爲名。《禮》十七篇,亦非僅容貌、威儀之末也。云孔穎達疑《周禮》《儀禮》非周公書,《孔疏》中無明文,蓋因不疏二書,遂以爲疑之耳。毛奇齡攻《儀禮》多本其說,故具論之。

119. 論熊朋來於三《禮》獨推重《儀禮》,其說甚通

熊朋來曰熊朋來(1246—1323):字與可,號天慵子。豫章(今江西南

昌）人,元代經學家、音樂家學,有《經說》七卷等:"《儀禮》是經,《禮記》是傳,儒者恒言之,以《冠義》《昏義》《鄉飲酒義》《射義》《燕義》《聘義》與《儀禮·士冠》《士昏》《鄉飲酒》《射》《燕》《聘》之禮相爲經傳也。劉氏又補《士相見》《公食大夫》二義 _{劉氏乃指北宋經學家劉敞,以爲二經之傳。} 及讀《儀禮》,則《士冠禮》自'《記》,冠義'以後,即《冠禮》之《記》矣;《士昏禮》自'《記》,士昏禮。凡行事'以後,即《昏禮》之《記》矣;《鄉飲酒》自'《記》,鄉朝服謀賓介'以後 _{鄉朝服謀賓介:指鄉大夫穿著朝服商議選拔賓介,} 即《鄉飲》之《記》矣;《鄉射禮》自'《記》,大夫與公士爲賓'以後,即《鄉射》之《記》矣;《燕禮》自'《記》,燕,朝服於寢'以後 _{寢:路寢,古代帝王處理政事的宮室,} 即《燕禮》之《記》矣;《聘禮》自'《記》,久無事則聘'以後 _{無事:謂無盟會之類事,} 即《聘禮》之《記》矣;《公食大夫禮》自'《記》,不宿戒'以後 _{古代舉行祭祀等禮儀前十日,與祭者齋戒兩次,第二次齋戒在事前第三日進行,稱"宿戒",} 即《公食大夫》之《記》矣;《覲禮》自'《記》,几俟於東廂'以後 _{几:古人坐時憑依或擱置物件的小桌。俟於東廂:指將几放置於東廂以待用,} 即《覲禮》之《記》矣;《士虞禮》自'《記》,虞祭祀名。既葬而祭叫虞,有安神之意,沐浴,不櫛'以後 _{櫛(zhì):梳頭,} 即《士虞禮》之《記》矣;《特牲饋食禮》自'《記》,特牲'以後 _{祭禮或賓禮只用一種牲畜謂"特牲",} 即《特牲》之《記》矣;《士喪禮》則'士處適寢'以後附在《既夕》者,即《士喪禮》之《記》矣;《既夕禮》則'啓之昕'以後 _{啓:啓殯。昕:黎明時分,} 即《既夕》之《記》矣。漢儒稱《既夕禮》即《士喪禮》下篇,故二《記》合爲一也。《喪服》一篇,每章有子夏作《傳》,而'《記》:公子爲其母'以後,又別爲《喪服》之《記》。其《記》文亦有傳,是子夏以前有此《記》矣。十七篇惟《士相見》《大射》《少牢饋食》《有司徹》四篇不言《記》,其有《記》者,十有三篇。然《冠禮》之《記》有'孔子曰'，其文與《郊特牲》所記冠義正同。其餘諸篇，惟《既夕》之《記》略見於《喪大記》之首章，《喪服》之傳與《大傳》中數與(疑"處"字誤)相似，餘《記》自與小戴冠、昏等六義不同，何二戴不以《禮經》所有之《記》而傳之也？十三篇之後各有《記》，必出於孔子之後、子夏之前，蓋孔子定《禮》而門人記之。故子夏爲作《喪服傳》，而并其《記》亦作《傳》焉。三《禮》之中，如《周禮》大綱雖正，其間職掌繁密，恐傳之者不皆周公之舊。《左傳》所引'周公制《周禮》曰'，殊與今《周禮》不相似。大小戴所記固多格言，而訛僞亦不免。惟《儀禮》爲《禮經》之稍完者，先儒謂其文物彬彬_{文物：指禮樂制度。古代用文物明貴賤，制等級，故云。彬彬：美盛貌}，乃周公制作之僅存者_{周公制作：周公之制禮作樂}。後之君子有志於禮樂，勿以其難讀而不加意也_{不加意：不加注重，不加重視}。"語出熊朋來《經說》卷五《儀禮禮記》。

　　錫瑞案：熊氏於三《禮》中推重《儀禮》，以爲孔子所定、周公制作之僅存，自是確論。十七篇爲周公之遺，孔子所定，或本成周之遺制，或參闕里之緒言，久遠難明。而漢稱爲《禮經》，則已定爲孔子之書矣。韓文公苦《儀禮》難讀，又云於今無所用之，蓋慨當時《儀禮》不行，非謂《儀禮》真無所用。南北朝《儒林傳》兼通三《禮》猶不乏人，賈公彥《疏》實本齊黃慶、隋李孟悊(zhé)。至唐，而習此經者殆絕(見李元瓘上奏)，舉行冠禮，人皆快鄭尹而笑孫子(見柳宗元書)。按：唐人柳宗元《答韋中立論師道書》云："抑又聞之，古者重冠禮，將以責成人之道，是聖人所尤用心者也。數百年來，人不復行。近有孫昌胤者，獨發憤行之。既成禮，明日造朝，至外廷，薦笏，言於卿士曰：'某子冠畢。'應之者咸憮然。京兆尹鄭叔則怫然曳笏却立曰：'何預我耶？'廷中皆大笑。天下不以非鄭尹而快孫子，何哉？獨爲所不爲也。今之命師者大類此。"唐加母喪三年，并加外親服，褚無量歎曰_{褚無量(646—720)：字弘度，唐鹽官臨平(今浙江餘杭臨平)人。精通三}

《禮》、《史記》:"俗情膚淺,一紊其制,誰能正之?"故韓公有慨於此。至宋,有張淳《儀禮辨誤》,李如圭《儀禮集釋》并《釋宫》(世傳《釋宫》爲朱子作,朱子嘗與如圭訂《禮》,或取其書入集中),朱子《儀禮經傳通解》,黄榦、楊復補《喪》、《祭》二禮,復又作《儀禮圖》。元吴澄纂次八經十傳,敖繼公《儀禮集説》疏解頗暢,惟詆《鄭注》,疵多醇少,近儒褚寅亮、錢大昕、俞正燮已駁正之。熊氏於《儀禮》雖非專家,而所論甚確,由朱子極尊《儀禮》,故宋元諸儒猶知留意此經也。

120. 論《聘禮》與《鄉黨》文合,可證《禮經》爲孔子作

熊朋來曰:"《聘禮》篇末'執圭如重(zhòng)執圭授賓時非常謹慎,如同拿著重物''入門鞠躬''私覿愉愉[1]'等語私覿(dí):私以禮物拜會出使國之國君。愉愉:容貌和敬貌,未知《鄉黨》用《聘禮》語,抑《聘禮》用《鄉黨》語? 大抵《禮經》多出於七十子之徒所傳。按朱子《鄉黨集注》引晁氏曰晁氏乃指北宋理學家晁説之:'定公九年,孔子仕魯,至十三年適齊,其間無朝聘之事。疑"使擯""執圭"二條,但孔子嘗言其禮如此。'又引蘇氏曰蘇氏乃指北宋蘇軾:'孔子遺書,雜記曲禮,非特[2]孔子事也。'見得古有《儀禮》之書,聖門因記其語。"語出熊朋來《經説》卷五《聘禮篇末有鄉黨語》。

錫瑞案:此正可徵《儀禮》爲孔子作。《鄉黨》之文與《儀禮》多合,蓋有孔子所嘗行者,有孔子未嘗行而嘗言之者。熊氏謂"未知《鄉黨》用《聘禮》語,抑《聘禮》用《鄉黨》語",蓋未

---

① "愉愉",原作"愉如",誤,據熊朋來《經説》卷五改。
② "特",原作"必",誤,據《四書集注》朱子原文改。

知《鄉黨》《聘禮》皆孔子之書。而謂"《禮經》多出於七十子之徒所傳",則已明知《禮經》出自孔子,而非出自周公矣。晁氏云"孔子嘗言其禮",則亦略見及之。蘇氏云"古有《儀禮》之書,聖門因記其語"①,則但知有《儀禮》作於周公之說,而不知爲孔子所作。夫《鄉黨》所言禮,既非孔子之事,又非孔子所言,聖門何必記其禮乎?《左氏》襄三十八年《傳》:"仲尼使舉是禮也,以爲多文辭。"引文當出《左傳·襄公二十七年》,而非"三十八年"。《孔疏》曰:"服虔云:'以其多文辭,故特舉而用之。後世謂之孔氏聘辭,以孔氏有其辭,故《傳》不復載也。'所言孔氏聘辭,不知事何所出。實享禮而謂之爲聘享禮:使臣向朝聘國君主進獻禮物的儀式,舉舊辭而目以孔氏,事亦不必然也。"案孔氏聘辭今無可考,服子慎在東漢末,説必有據。《鄉黨》文與《聘禮》合者,當即孔氏聘辭之文。服以爲"孔氏有其辭,故《傳》不復載",則孔氏聘辭文必繁,不止如《鄉黨》篇中所載之略,此亦可爲《聘禮》傳自孔氏之證。後世必以《儀禮》爲周公所作,於是此等文皆失其解。《孔疏》正以《儀禮》爲周公作者,故於服氏之説既不知何所出,遂謂事不必然,而古義盡湮矣。季札觀樂,與今《風》《雅》《頌》次序合。服氏以爲"傳者據已定錄之",則《左氏》所載當時諸侯大夫行禮與《禮經》合者,或亦據孔子所定之《禮》錄之。顧棟高《左氏引經不及周官儀禮論》顧棟高(1679—1759):字復初,一字震滄,又自號左畬。江蘇無錫人。清代經學家、史學家,著有《春秋大事表》《尚書質疑》《毛詩類釋》等,謂《周禮》爲漢儒傅會,即《儀禮》亦未敢信爲周公之本文。俞正燮《儀禮行於春秋時義》駁顧氏説,謂"時行其儀,故不復引其

---

① 《四書集注》所引蘇氏語,至"非特孔子事也"止,"見得"十四字當爲熊氏語,皮氏乃以爲蘇氏語矣。

文"。據臧孫爲季孫立悼子臧孫乃指魯國大夫臧紇，爲《儀禮》賓爲苟敬及嗣舉奠法苟敬：小敬。舉奠：指嗣子飲用尸席前奠觶中的酒；齊侯飲昭公酒，使宰爲主人而請安宰：古代掌管君王膳食的官員，爲《儀禮》請安法；邾莊公與夷射姑飲酒邾莊公：春秋時邾國國君。夷射姑：邾國大夫，私出，閽乞肉焉閽(hūn)：周官名，掌晨昏啓閉宫門，爲《儀禮》取薦脯法薦脯：進獻乾肉。雖其禮相吻合，未可據之以《儀禮》爲周公作，真出孔子之前也。

121.論讀《儀禮》重在釋例，尤重在繪圖，合以分節，三者備則不苦其難

《春秋》有凡例，《禮經》亦有凡例。讀《春秋》而不明凡例則亂，讀《禮經》而不明凡例則苦其紛繁。陳澧曰："《儀禮》有凡例，作《記》者已發之矣。《鄉飲酒禮》"記"云：'以爵拜者不徒作謂接受獻酒之人因飲乾爵中酒而向主人行拜禮，起身後一定要酢主人，坐卒爵者拜既爵謂坐著飲乾爵中酒之人，飲畢要向獻酒者行拜禮，立卒爵者不拜既爵。凡奠者於左凡受酬酒不飲，皆將觶置於席前脯醢左邊，將舉於右凡舉觶向賓介酬酒者，皆將觶置於席前脯醢右邊。'此《記》文之發凡者也。《鄭注》發凡者數十條，《士冠禮》注云：'凡奠爵放置酒爵，將舉者於右，不舉者於左。''凡禮事①，質者用糟未漉清的帶滓的酒，文者用清清潔的酒'。'凡薦，出自東房'。'凡牲，皆用左胖(pàn)古代祭祀用的半邊牲肉。'其餘諸篇，《注》皆有之。若鈔出之，即可爲《儀禮凡例》矣。有《鄭注》發凡而《賈疏》辨其同異者，有《鄭注》不發凡而《賈疏》發凡者，有經是變例《鄭注》發凡而《疏》申明之者，又有經是變例《注》不發凡而《疏》發凡者，有《賈疏》不云凡而無異發凡者(文多，不

---

① "事"，原作"士"，誤，據陳澧《東塾讀書記》卷八《儀禮》改。

載,見《東塾讀書記》)。綜而論之,鄭、賈熟於《禮經》之例,乃能作《注》作《疏》,《注》精而簡,《疏》則詳而密。分析常例變例,究其因由,且經有不具者,亦可以例補之。朱子云:'《儀禮》雖難讀,然卻多是重複。倫類若通,則其先後彼此展轉參照,足以互相發明。'語出朱子《晦庵集》卷五十九《答陳才卿》。此所謂倫類,即凡例也。近時則凌氏《禮經釋例》,善承鄭、賈之學,大有助於讀此經者矣。"語出陳澧《東塾讀書記》卷八《儀禮》。案陳氏引《注》《疏》甚明,初學猶苦其分散難考,先觀《禮經釋例》,則一目瞭然矣。

陳澧又曰:"鄭、賈作《注》作《疏》時,皆必先繪圖。今讀《注》《疏》,觸處皆見其蹤迹。如《士冠禮》:'筮人許諾,右還(xuán),即席坐謂從主人右邊轉到門中的席上坐下,面朝西。'《注》云:'東面受命,右還北行就席。'《疏》云:'鄭知東面受命者,以其上文有司在西方東面,主人在門東西面,今從門西東面主人之宰命之,故東面受命可知也。知右還北行就席者,以其主人在門外之東南,席在門中,故知右還北行,乃得西面就席坐也。'如此之類,乃顯而易見者。又如《燕禮》:'主人盥洗手,洗象觚飾有象骨的觚。'《注》云:'取象觚者東面。'《疏》云:'以膳篚南有臣之篚膳篚:盛膳食的竹器,不得北面取,又不得南面背君取。從西階來,不得篚東西面取,以是知取象觚者東面也。'此必鄭有圖,故知東面取;賈有圖,故知不得北面、南面、西面而必東面也(以下文多,不載)。楊信齋作《儀禮圖》楊復(1852—1921),字茂才,號信齋,福安甘棠人,朱子弟子,厥功甚偉,惜朱子不及見也。《通志堂經解》刻此圖《通志堂經解》:清儒徐乾學所輯大型經學叢書,曾署名納蘭性德輯,通志堂即爲納蘭性德室名。又名《九經解》,搜集宋元明諸儒解經著作146種,然其書巨帙不易得,故信齋此圖罕有稱述者。張皋文所繪圖更加詳密清儒張惠言,字皋文,盛行於世,然信齋創

始之功不可没也。阮文達公爲《張臯文儀禮圖序》云清儒阮元，

謚文達：'昔漢儒習《儀禮》者必爲容，故高堂生傳《禮》十七篇。

而徐生善爲頌，禮家爲頌皆宗之。頌即容也，予嘗以爲讀

《禮》者當先爲頌。昔叔孫通爲緜蕝以習儀緜蕝（mián jué）:《史

記·劉敬叔孫通列傳》載，叔孫通欲爲漢高祖創立朝儀，使徵魯諸生三十餘人，

叔孫通"遂與所徵三十人西，及上左右爲學者與其弟子百餘人爲緜蕝野外"，習

肄月餘始成。按，引繩爲"緜"，束茅以表位爲"蕝"，後因謂制訂整頓朝儀典章

爲"緜蕝"或"緜蕝"，他日亦欲使家塾子弟畫地以肄禮，庶于治經

之道，事半而功倍也。然則編修之書，非即徐生之頌乎?' 澧

案：畫地之法，澧嘗試爲之，真事半而功倍，恨未得卒業耳。若

夫宮室器服之圖，則當合三《禮》爲之。此自古有之，今存於

世者，惟聶崇義之圖聶崇義：洛陽人，宋初學者，撰有《三禮圖》，《宋史》有

傳。至國朝諸儒，所繪益精，若取《皇清經解》内諸圖與聶氏

圖，考定其是非，而別爲《三禮圖》，則善矣。"語出陳澧《東塾讀書

記》卷八《儀禮》。

　　錫瑞案：聶氏《三禮圖》，朱子譏其醜怪不經，非古制。今

觀其冠制多怪誕，必非三代法物古代帝王用於儀仗、祭祀的器物。

而據竇儼《序》稱其"博采舊圖，凡得六本"竇儼（918—960）：字望

之，薊州漁陽（今天津薊縣）人，竇燕山次子。舉後晉天福六年（941）進士，歷仕

後晉、後漢、後周各朝，曾任北宋禮部侍郎，撰有《周正樂》120卷等，則實原

於鄭君及阮諶、梁正、夏侯伏明、張鎰諸家阮諶：字士信，東漢陳留

人，與鄭玄同時，精於《禮》，有《三禮圖》。梁正：有《三禮圖》。夏侯伏明：當作

夏侯伏朗，隋人，有《三禮圖》。張鎰：字季權，一字公度，吳郡昆山人，唐經學

家，有《三禮圖》，特非盡出鄭君。而鄭注《儀禮》、賈疏《儀禮》有

圖，則自陳氏始發之。楊復圖，世罕傳。惟張惠言《儀禮圖》

通行，比楊氏更精密。韓文公苦《儀禮》難讀，讀《儀禮》有三

法：一曰分節，二曰釋例，三曰繪圖。得此三法，則不復苦其

難。分節，可先觀張爾岐、吳廷華之書。釋例，凌廷堪最詳。

繪圖,張惠言最密。若胡培翬《儀禮正義》雖詳而太繁 胡培翬 (1782—1849):安徽績溪人。清代經學家,幼承家學,精於三《禮》,有《儀禮正義》《燕寢考》《研六室文鈔》等,楊大堉所補多違古義 楊大堉:字雅輪,江寧人。清代經學家,精於《禮》,曾補《儀禮正義》,與原書不合,不便學者誦習,姑置之。

122. 論宋儒掊擊鄭學實本王肅,而襲爲己説,以別異於注疏

三《禮》繁難,一人精力難於通貫。漢以十七篇立學,后倉《曲臺記》後,并無解義。杜、賈、二鄭止解《周官》,馬融解《周官》與《禮記》,而十七篇止注《喪服》。惟鄭君遍注三《禮》,至今奉爲圭臬,誠可謂宏覽博物、精力絕人者矣。其後禮書之宏富者,有宋何承天删并《禮論》八百卷爲三百卷 何承天(370—447):東海郯(今山東郯城)人,南朝宋天文學家、無神論思想家,梁孔子祛又續何承天《禮論》一百五十卷 孔子祛(496—546):會稽山陰人。南朝梁代經學家,有《尚書義》等,隋《江都集禮》一百二十卷,牛弘撰《儀禮》百卷 牛弘(544—610):字里仁,安定鶉觚人,隋代禮學家,今皆不傳。惟崔靈恩《三禮義宗》四十七卷,猶存其略。宋陳祥道《禮書》一百五十卷 陳祥道(1053—1093):字用之,一作祐之,福州人。曾官太常博士,《宋史》有傳,晁公武、陳振孫并稱其精博,《四庫提要》曰:"其中多掊擊鄭學,如論廟制,引《周官》《家語》《荀子》《穀梁傳》,謂天子皆七廟,與康成天子五廟之説異;論禘袷,謂圜丘自圜丘,禘自禘,力破康成禘即圜丘之説;論禘大於袷并祭及親廟,攻康成禘小袷大、祭不及親廟之説;辨上帝及五帝,引《掌次》文,闢康成上帝即五帝之説 闢:駁斥,批駁。蓋祥道與陸佃亦皆王安石客,安石説經既創造新義,務異先儒,故祥道與陸佃亦皆排斥舊説。"語出《四庫全書總目》卷二十二《禮書》提

要。

　　錫瑞案：祥道之書，博則有之，精則未也。其自矜爲新義，實多原本王肅。漢時禮家聚訟，古今文説不同，鄭君擇善而從，立説皆有所據。如説廟制，以爲天子五廟，周合文、武二祧爲七祧：遠祖廟，本《喪服小記》“王者立四廟”。《禮緯·稽命徵》：“唐、虞五廟，夏四廟，至子孫五；殷五廟，至子孫六。周尊后稷、文、武則七。”王肅乃數高祖之父、高祖之祖，與文、武而九，不知古無天子九廟之説。而肅説二祧，亦與《祭法》不合也。鄭説圜丘是禘嚳配天，圜丘本《周官》，周人禘嚳本《國語》《祭法》。王肅乃謂郊、丘是一，引董仲舒、劉向爲據。不知董、劉皆未見《周官》，不知有圜丘，但言郊而不言禘，不足以難鄭也。鄭説三年祫，五年禘，祫大禘小，本於《春秋公羊經》書“有事”爲禘，各於其廟，“大事”爲祫，群廟主悉升於太祖。而肅引《禘於太廟》逸禮“昭尸、穆尸，皆升合於太祖”，《孔疏》已駁之曰：“鄭以《公羊傳》爲正，《逸禮》不可用也。”（《逸禮》不足信，即此可見，故鄭不用，亦不爲之注。）鄭説五帝爲五天帝，本《周官·司服》“祀昊天上帝，則服大裘而冕。祀五帝，亦如之”。五帝配南郊，祭用夏正月，故服大裘。若五人帝，則迎夏迎秋，不得服裘。又先鄭注《掌次》云：“五帝，五色之帝（陳祥道據《掌次》駁鄭，即此可證其誤）。”是鄭義本先鄭。王肅以爲五人帝分主五行，然則大皞、炎、黄之先無司五行者乎大皞（tài hào）：即伏羲氏？此與肅駁鄭義，以爲社稷專祀句龍、后稷，不祀土穀之神者，同一謬妄也。王肅所據之書，鄭君無緣不知，其所以不用者，當時去取必自有説。肅乃取鄭所不用者，轉以難鄭。鄭據今文，則以古文駁之，如據《逸禮》以駁《公羊》是也；鄭據古文，則以今文駁之，如據董、劉以駁《周官》是也。其時馬昭、張融，下至孔穎達《疏》，已爲細加分別。宋人寡學，不盡知二家之説所自出。取王説之淺近,疑鄭義之博深。又以其時好立新説,《鄭注》立學已久,人多知之,王説時所不行,乃襲取之以爲己説。陳氏《禮書》大率如是,皆上誣前賢,下誤後學。後人不當承其誤,凡此等書可屏勿觀。(朱子曰:"王肅議禮,必反鄭玄。"朱子於禮用功深,故能知鄭康成考禮名數大有功。)

123. 論王肅有意難鄭,近儒辨正已詳, 《五禮通考》舍鄭從王,俞正燮譏之甚是

合今古文説《禮》,使不分明,始於鄭君而成於王肅。鄭君以前,界限甚嚴。何休解《公羊傳》,據《逸禮》而不據《周官》,以《逸禮》雖屬古文,不若《周官》之顯然立異也。杜、賈、二鄭解《周官》,皆不引博士説。鄭司農注《大司徒》五等封地《周禮·地官·大司徒》曰:"凡建邦國,以土圭土其地而制其域。諸公之地,封疆方五百里,其食者半。諸侯之地,封疆方四百里,其食者參之一。諸伯之地,封疆方三百里,其食者參之一。諸子之地,封疆方二百里,其食者四之一。諸男之地,封疆方百里,其食者四之一。",皆即本經立説,不牽涉《王制》。惟注"諸男方百里"一條云:"諸男食者四之一,適方五十里,獨此與五經家説合耳。"五經家説,即《王制》"子、男五十里"之説也。鄭君疏通三《禮》,極具苦心,於其分明者,則分之爲周禮,爲夏、殷禮;不分明者,未免含混説之,或且改易文字,展轉求通。專門家法,至此一變。王肅有意攻鄭,正當返求家法,分別今古,方可制勝。乃肅不惟不知分別,反將今古文説別異不同之處任意牽合。如《王制》廟制今説,《祭法》廟制古説,此萬不能合者。而肅僞撰《家語》《孔叢子》所言廟制,合二書爲一説。鄭君以爲《祭法》周禮、《王制》夏殷禮,尚有蹤迹可尋。至肅,乃盡抉其藩籬,蕩然無復門戶,使學者愈

以迷亂,不復能知古禮之異。尤可笑者,《家語》《孔叢》舉禮家聚訟莫決者,盡託於孔子之言以爲折衷,不知禮家所以聚訟,正以去聖久遠,無明文可據。是以石渠、虎觀指石渠閣會議和白虎觀會議,參前注,至煩天子稱制臨決謂由皇帝親自出面裁決。若孔子之言如此彰灼,群言淆亂折諸聖,尚何庸誾誾争辨乎誾誾(yín yín):争辯貌? 古人作注,發明大義而已。肅注《家語》如五帝、七廟、郊丘之類,處處牽引攻鄭之語,殊乖注書之體,而自發其作僞之覆。肅又作《聖證論》以譏短鄭,據唐《元行沖傳》云六十八條,今約存三十條。禮之大者,即五帝、七廟、郊丘、禘祫、社稷之屬,其餘或文句小異,不關大義。肅之所謂“聖證”,即取證於《家語》《孔叢》,以爲鄭君名高,非託於聖言,不足以奪其席。而鄭學之徒馬昭,已灼知《家語》爲王肅僞作,斯可謂心勞日拙矣。晉武帝,王肅外孫,郊廟典禮皆從肅説。其時鄭、王之徒争辨不已,久而論定。六朝南北學,三《禮》皆遵鄭氏,至唐而孔疏《禮記》,賈疏《周禮》《儀禮》,發明鄭義尤詳。宋以後乃舍鄭從王,排斥注疏。國朝昌明鄭學,於王肅之僞撰《家語》、僞撰《古文尚書經傳》,攻之不遺餘力。肅之私竄《毛詩》以難鄭者,亦深窺其癥結。《聖證論》中所説郊廟大典,惠棟、孫星衍辨正尤詳。惟秦蕙田《五禮通考》多蹈陳祥道《禮書》舍鄭從王之失,似即以《禮書》爲藍本。《四庫提要》曰:“較陳祥道等所作,有過之無不及。”語出《四庫全書總目》卷二十二《五禮通考》提要。僅以爲過祥道,似亦有微辭焉。俞正燮《癸巳存稿》云:“《五禮通考》所采漢以後事皆是,惟周時書籍,廣搜魏晉以後議論附於後,本康莊也,而荆棘榛芒之,可謂宋元人平話經義與帖括經義平話:中國古代民間流行的口頭文學形式,有説有唱,宋代盛行,由韻體散體相間發展爲單純散體。帖括:唐制,明經科以帖經試士,把經文貼去若干字,令應試者對答。後考生因帖經難記,乃總括經文編成

歌訣,便於記誦應時,稱"帖括",日課陋稿,令人憎惡,不可謂之禮書
也。據魏晉以後禮制,多本王肅、皇甫謐,其説不可不采,然宜
附所引史志後,不宜附經後。引經止存漢傳注本義,魏晉以後
野文皆削之野文:民間流傳的文字。宋元人平話、帖括兩體文,尤
不當載。而制度則案年次之,"通考"之體應如此,此書體例
非也。"語出《癸巳存稿》卷十二《書五禮通考後》。

　　錫瑞案:《五禮通考》網羅浩博,自屬一大著作。而其大
書旁注,低格附載,體例誠多未善,有如俞氏所譏。舍鄭從王,
是宋非漢,尤爲顛倒之見,恐誤後學,不得不辨。秦氏之作
《通考》,以徐乾學《讀禮通考》惟詳喪葬,而推廣爲五禮。徐
氏專講喪禮,條理不繁,故詳審無可議。秦氏兼及五禮,過於
繁博,故體例有未善,足見三《禮》非一人之力所能及。自鄭
君并注三《禮》後,孔氏止疏《禮記》,且原本於皇、熊;賈氏疏
《儀禮》,本黃慶、李孟悊,《周禮》不著所出,亦必前有所承。
朱子《儀禮經傳通解》,至歿尚未卒業。若陳氏《禮書》、秦氏
《通考》,未免舉鼎絕臏之弊舉鼎絕臏:雙手舉鼎,折斷脛骨。比喻能力
小,難以負擔重任。近人林昌彝《三禮通釋》林昌彝:字惠常,號茶叟、五
虎山人。清代福建侯官(今福州)人,有《射鷹樓詩話》等,有編次而少折
衷;林喬蔭《三禮陳數求義》林喬蔭:福建侯官人,清初文學家,有折
衷而欠精確。惟江永《禮書綱目》本於朱子,足以補正朱子之
書。治三《禮》者,可由此入門,而《五禮通考》姑置之可也。
(毛鴻賓序《三禮通釋》云:"《五禮通考》所據者,皆宋、元、明以下之説,多鄉壁
虛造,而漢、魏、六朝經師之遺言大義鮮及之。"可謂知言。)

124. 論古人行禮有一定之例,九拜分別,不厭其繁

　　古人行禮有一定之例,如主人敬賓,取爵,降洗。賓降,辭

洗。主人卒洗,揖讓,升,賓拜洗。主人拜,降盥,賓降。主人卒盥,揖讓,升。主人實爵,獻賓。賓拜,受爵。主人拜送,賓啐酒孔穎達《疏》云:"啐,謂飲主人酒而入口,成主人之禮。",拜,告旨介賓行拜禮以感謝主人飲己以美酒,主人答拜。賓卒爵,拜,主人答拜。賓酢主人略同,不告旨參《儀禮·鄉飲酒禮》,《注》云:"酒,己物也。"主人酬賓略同,酬酒不舉酬酒:以酒酳祭,《注》云:"君子不盡人之歡。"獻、酢、酬共爲一獻,所謂一獻之禮。賓主百拜,在今人視之,必以爲繁文縟節,而古人鄉飲、鄉射、燕禮、大射皆行之。惟燕禮、大射使宰夫爲獻主,臣莫敢與君抗禮也。古人之拜與今異,皆一人先拜,拜畢而後,一人答拜。《曲禮》曰:"主人敬客則先拜客,客敬主人則先拜主人。凡非吊喪、非見國君,無不答拜者。"解此,可無疑於《士冠禮》之"母答拜"、《昏禮》之"舅姑答拜"矣。古無二人并拜之禮,故昏禮夫婦不交拜,以婿雖爲主人,婦不自居於客。夫婦敵體謂夫婦彼此地位相等,無上下尊卑之分,不便一人先拜,一人答拜,故不拜,此古禮之與今異者。古臣朝,君不拜,以行禮必在堂,而朝在路門外,無堂,不便行禮(朝禮止打一照面,與今屬員站上司出班相似)。且古無無事而拜者,及有事而拜,必拜於堂下。君辭之,乃升,成拜,故曰:"拜,下禮也。"《周禮》九拜古代祭祀時的九種禮拜形式,詳參下文"稽首、頓首、空首、振動、吉拜、凶拜、奇拜、褒拜、肅拜"之解,杜子春、鄭興、鄭衆、鄭康成、賈公彥、孔穎達、陳祥道、顧炎武、閻若璩、毛奇齡、惠棟、江永、方苞、秦蕙田、段玉裁,言人人殊;淩廷堪與陳壽祺、喬樅父子後出,爲最覈最爲恰當,最爲確實。壽祺云:"九拜皆主祭祀而言。稽首、頓首、空首三者,皆吉禮祭祀之拜也;振動、吉拜、凶拜三者,皆喪禮祭祀之拜也;奇拜、褒拜、肅拜,禮之殺也禮之減省。殺,音shài。一曰稽首,《鄭注》:'頭至地也。'《賈疏》云:'稽留之字,頭至地多時,則爲稽首也。稽首,臣拜君法。'二曰頓首,《檀弓》疏引鄭曰:'頭叩地,不停留也,此平敵以下拜也。'三曰空首,《鄭注》:'空首,拜頭至手,所謂拜手也。'《賈疏》云:'空首拜者,君答臣下拜。'四曰振動,杜子春云:'動,讀爲哀慟之慟。'壽祺按,此即拜稽顙(sǎng)古代一種跪拜禮,屈膝下拜,以額觸地,表示極度的虔誠。《儀禮·士喪禮》:"弔者致命,主人哭拜,稽顙成踊。",成踊也喪禮之一,哭者捶胸頓足表示極度悲哀。五曰吉拜,六曰凶拜,惠氏云:'皆喪拜也,喪有吉凶,拜亦如之。'有兩說,一小功以下爲吉小功:舊時喪服名,五服之第四等。其服以熟麻布製成,視大功爲細,較緦麻爲粗。服期五月。凡本宗爲曾祖父母、伯叔祖父母、堂伯叔祖父母,未嫁祖姑、堂姑,已嫁堂姊妹,兄弟之妻,從堂兄弟及未嫁從堂姊妹;外親爲外祖父母、母舅、母姨等,均服之,大功以上爲凶大功:喪服五服之一,服期九月。其服用熟麻布做成,較齊衰稍細,較小功爲粗,故稱大功。舊時堂兄弟、未婚的堂姊妹、已婚的姑、姊妹、姪女及衆孫、衆子婦、姪婦等之喪,都服大功。已婚女爲伯父、叔父、兄弟、姪、未婚姑、姊妹、姪女等服喪,亦服大功,其拜也,以吉凶分左右;一齊衰、不杖以下爲吉,齊衰以上爲凶,其拜也,皆稽顙,以吉凶分先後。七曰奇拜,鄭大夫云:'奇拜,謂一拜也。'八曰襃拜,鄭大夫云:'襃讀爲報,報拜謂再拜也。'九曰肅拜,先鄭司農云:'肅拜,但俯下手,今時擅是也"擅"同"揖",拱手肅拜。'"

錫瑞案:古人一拜之禮,而分別如此其繁,非故爲是瑣瑣也。凡人之情,簡則易,易則慢心生,反是則嚴,嚴則畏心生。禮制之行,以文治亦以已亂止亂也,以誘賢亦以範不肖。故曰出於禮者入於刑,納諸軌物軌範,準則,然後禮明而刑措亦作"刑錯",置刑法而不用。若謂委曲繁重之數,皆戕賊桎梏之具,率天下而趨於苟且便利,將上下無等而大亂。昔漢高帝去秦苛儀,群臣飲酒爭功,拔劍妄呼。高帝患之,用叔孫通爲縣蕝起朝儀而後定。禮樂不可斯須去身,豈不信乎?

125. 論古禮多不近人情，後儒以俗情疑古禮，所見皆謬

《禮器》："禮之近人情者，非其至者也。"意謂禮與人情相近似的，不是最完善的禮。古人制禮坊民防禦百姓，規範人民，不以諧俗爲務諧俗：與時俗相諧和，故禮文之精意，自俗情視之多不相近。又古今異制，年代愈邈，則隔閡愈甚。漢人去古未遠，疑經尚少。唐宋以後去古漸遠，而疑經更多矣。今舉數事證之：

如《士冠禮》："北面坐，取脯，降自西階，適東壁到廟的東院牆那邊去，北面見于母。母拜受，子拜送，母又拜。"《鄭注》："婦人於丈夫，雖其子猶俠拜古代婦女與男子爲禮，女先拜，男子答拜，女又拜，謂之俠（jiā）拜。"《冠義》："見于母，母拜之，成人而與爲禮也。"是母之拜子，一爲受脯，一爲成人而與爲禮，猶嗣舉奠，以父拜子，所以重宗嗣。凡此等，皆有深義存焉。杜佑《通典》乃以爲瀆亂人倫，以古禮不近人情也。《昏禮》女家告廟祭告祖廟，婿家無告廟之文，《白虎通》明解之曰："娶妻不告廟者，示不必安也。"語出《白虎通》卷下《嫁娶篇》。蓋古有出妻之事出妻：即休妻，故恐其不安，不先告廟。後人乃引《曲禮》"齋戒以告鬼神"，《文王世子》"五廟之孫，祖廟未毀，雖爲庶人，冠、娶妻必告"，《左氏傳》"先配而後祖"及"圍布几筵，告於莊、共之廟而來"等語引文分別出《隱公八年》和《昭公元年》，前句謂先行婚配，再祭告祖廟；後句謂楚公子圍布列祭品，在莊王、共王的廟中祭告後前來，以證告廟。不知齊戒告鬼神齊戒：同"齋戒"，不云告祖禰，當即卜日、卜吉之類。冠、娶妻必告，《鄭注》明云"告於君也"。五廟乃天子諸侯之制，豈有疏族士庶得自告天子諸侯廟者？疏族：遠族，遠親。楚公子圍因聘而娶，大夫出聘本應告廟，并非專爲娶妻。先配後祖，當從賈、服以祖爲廟見，大夫以上三月廟見，

乃始成昏，譏先配也。昏禮是士禮，當夕成昏，鄭謂大夫以上皆然，不如賈、服之合古禮。夫婦不告廟，又大夫以上三月廟見乃成昏，皆不近人情之甚者。《喪服》父在為母期 "期(jī)" 為 "期服" 之簡稱。所謂期服，指齊衰為期一年的喪服。舊制，凡服喪為長輩如祖父母、伯叔父母、未嫁的姑母等，平輩如兄弟、姐妹、妻，小輩如侄、嫡孫等，均服期服。又如子之喪，其父反服，已嫁女子為祖父母、父母服喪，亦服期服，以父喪妻，止於期也。嫂、叔之無服也 五服之外沒有服喪關係稱 "無服"，蓋推而遠之也。婦為舅姑期，《傳》曰："何以期也？從服也。"女子子適人者 女子子：即女子，猶今言閨女、姑娘。適人：謂女子出嫁，為其父母期，《傳》曰："何以期也？婦人不貳斬也。" 不貳斬：指不服兩個斬衰之禮。《儀禮·喪服》云："婦人不貳斬者何也？婦人有三從之義，無專用之道，故未嫁從父，既嫁從夫，夫死從子。故父者子之天也，夫者妻之天也。婦人不貳斬者，猶曰不貳天也，婦人不能二尊也。"然則婦為舅姑期，亦 "不貳斬" 之義。自唐以後，母與舅姑服加至三年，嫂、叔亦有服，正褚無量所謂 "俗情膚淺" 者，蓋疑古禮制服不近情也。

古祭禮必有尸 古代祭祀時代死者受祭的人稱 "尸"，自天子至於士，皆有筮尸、宿尸之禮。杜佑《理道要訣》謂："周、隋《蠻夷傳》，巴、梁間為尸以祭。今郴道州人祭祀，迎同姓伴神以享，則立尸之遺法，乃本夷狄風俗，至周未改耳。"杜不知外裔猶存古法，反以古法未離夷狄，是疑立尸不近情也。古士、大夫無主，以不禘祫，無須分別。《少牢饋食》"束帛依神"，《特牲饋食》"結茅為菆(cuán) 指把木材堆聚在靈柩周圍，借指靈柩"，即以代主。許君、鄭君同義，《孔疏》《賈疏》謂："大夫、士無木主 木制神位，以幣主其神 用以饋贈之皮、馬、玉、帛通謂之幣。"徐邈、元懌乃引《公羊》"大夫聞君之喪，攝主而往" 語出《公羊傳·昭公十五年》，不知何休《解詁》明云 "宗人攝行主事而往"，不謂木主。又引《逸禮》"饋食設主"，不知《逸禮》不可據，故鄭不用，亦不為注。舍許、鄭之明説，從疑似之誤文，是疑無主不近情也。古不祭墓，惟奔喪、去國哭於墓。祭是吉禮，必行於廟，故辛有見被髮野祭辛有爲周平王時大臣，歎其將爲戎泛指西部少數民族。後人乃引《周官·冢人》"祭墓爲尸"，曾子曰"椎牛祭墓"，孟子曰"卒之東郭墦間之祭者"語出《離婁下》，及魯諸儒歲時上孔子冢，以爲古已祭墓。不知冢人"爲尸"，後鄭以爲"或禱祈焉"，先鄭以爲始竁時祭以告后土竁(cuì)：挖墓穴。后土：對大地之尊稱，與墓祭無涉。趙岐注《孟子》，以"卒之東郭墦間"爲句，亦非墓祭。關於墓祭，《後漢書·明帝紀》"永平元年春正月，帝率公卿已下朝於原陵，如元會儀"，唐人李賢注引《漢官儀》曰："古不墓祭。秦始皇起寢於墓側，漢因而不改。"宋趙彦衛《雲麓漫鈔》卷六云："自漢世祖令諸將出征拜墓以榮其鄉，至唐開元詔許寒食上墓同拜埽禮，沿襲至今，遂有墓祭。"清人趙翼《陔餘叢考·墓祭》云："蓋三代以上本無墓祭，故辛有見被髮祭野者而以爲異。"曾子語見《韓詩外傳》，漢初之書。魯人上孔子冢，亦在秦漢之間。疑當其時世卿宗法既亡，大夫不皆有廟，乃漸移廟祭爲墓祭，不得爲古祭墓之證。而毛奇齡、閻若璩皆曲徇俗説，是以不祭墓爲不近情也。古今異情若此甚夥，今欲反古，勢所難行。然古有明文，非可誣罔。若沈溺俗説，是今人而非古人，不可也；或更傅會誤文，强古人以從今人，更不可也。

126. 論古禮最重喪服，六朝人尤精此學，爲後世所莫逮

古禮最重喪服。《禮經》十七篇，有子夏《喪服傳》一篇在內。《小戴禮記》四十九篇，有《曾子問》、《喪服小記》、《雜記》上下、《喪大記》、《喪服大記》、《奔喪》、《問喪》、《服問》、《間傳》、《三年問》、《喪服四制》十一篇，《別録》皆屬喪服。《檀弓》亦多言喪禮："大功廢業遭遇大功之喪就該廢棄學業了。大

功：五服之一，輕於斬衰、齊衰，而重於小功、緦麻，或曰大功誦可也有人説遭遇大功之喪口頭誦習還是可以的。"《疏》云："録記之人，必當明禮應事無疑，使後世作法。今檢《禮記》，多有不定之辭。仲尼門徒親承聖旨，子游裼裘而吊古行禮時，袒外衣而露裼衣，且不盡覆其裘，謂之裼(xī)裘，曾子襲裘而吊古代盛禮時，掩上裼衣而不使羔裘見於外，謂之襲裘。又小斂之奠，或云東方，或云西方。同母異父昆弟，魯人或云爲之齊衰，或云大功。其作記之人，多云'蓋'，多云'或曰'，皆無指的，并設疑辭者，以周公制禮，永世作法，時經幽、厲之亂，又遇齊、晉之强，國異家殊，樂崩禮壞，諸侯奢僭奢侈逾禮，不合法度，典法訛舛，是以普天率土，不閑禮①教不閑：不嫻熟，不精通。故子思，聖人之胤，不喪出母謂子思不允許其子子上爲被休棄的生母服喪，詳參《檀弓上》"子上之母死而不喪"節；隨武子，晉之賢相，不識殽烝。作記之人隨後撰録，善惡兼載，得失備書。但初制禮之時，文已不具，略其細事，舉其大綱。況乃時經離亂，日月縣遠，數百年後，何能曉達？記人所以不定，止爲失禮者多，推此而論，未爲怪也。"語出《禮記正義》卷七《檀弓上》。

錫瑞案：《孔疏》所言極其通達，《記》文所以不定者，一則制禮之初，細數不能備具；一則亂離之後，故籍復不盡存。喪服更糾紛難明，故後儒尤多聚訟。漢人禮書最早而略傳於今者，有《大戴・喪服變除》。十七篇《禮經》，馬融獨於《喪服》有注，鄭君亦有《喪服變除》，其後則有王肅《喪服經傳注》《喪服要記》、射慈《喪服變除圖》、杜預《喪服要集》、袁準《喪服經傳注》、孔倫《集注喪服經傳》、陳銓《喪服經傳注》、劉智《喪服釋疑》、蔡謨《喪服譜》、賀循《喪服要記》、謝徽《喪服要記注》、葛洪《喪服變除》、裴松之《集注喪服經傳》、雷次宗

---

① "禮"，原作"異"，誤，據《禮記正義》卷七改。

《略注喪服經傳》、崔凱《喪服難問》、周續之《喪服注》、王儉《喪服古今集記》、王逡之《喪服世行要記》，見《玉函山房》輯本。《釋文‧敘錄》有蔡超、田僑之、劉道拔，皆不傳。自漢魏至六朝，諸儒多講禮服，《通典》所載，辨析同異，窮極深微。朱子謂六朝人多精於禮，當時專門名家有此學，朝廷有禮事，用此等人議之。顧炎武《日知錄》云："唐《開元四部書目》，《喪服傳》義疏有二十三部。昔之大儒，有專以喪服名家者，故蕭望之爲太傅，以《禮服》《論語》授皇太子。宋元嘉末，徵隱士雷次宗詣京邑，築室於鍾山西巖下，爲皇太子、諸王講《喪服經》。齊初，何佟之爲國子助教，爲諸王講《喪服》。陳後主在東宮，引王元規爲學士，親授《禮記》《左傳》《喪服》等義。魏孝文帝親爲群臣講《喪服》於清徽堂。而《梁書》言始興王憺薨，昭明太子命諸臣共議，從明山賓、朱異之言，以慕悼之辭宜終服月。夫以至尊在御，不廢講求喪禮，異於李義府之言不豫凶事而去國恤一篇者矣。"語出《日知錄》卷六《檀弓》。案六朝尚清言、習浮華之世，講論服制如此謹嚴，所以其時期功去官期功：古代喪服名稱。期，服喪一年。功，按關係親疏分大功和小功。亦用以指五服之內的宗親，猶遵古禮；除服宴客除服：脫去喪服，謂不再守孝，致罣彈章罣(guà)：懸掛。彈章：彈劾官吏的奏章。句意謂削職去官。足見江左立國，猶知明倫理、重本原，故能以東南一隅，抗衡中原百餘年也。

127. 論王朝之禮與古異者可以變通，民間通行之禮宜定畫一之制

冠、昏、喪、祭之禮，古時民間通行，後世已不盡通行矣。若夫王朝之禮，古今異制，後世尤不能行。即如禘郊祖宗禘郊：

天子祭祀始祖和天神的大典，據鄭君《祭法》注，祖文宗武於明堂謂祭祀文王、武王於明堂，周之受命祖也。郊稷於南郊謂祭祀周始祖后稷於南郊，周之始封祖，有功烈於民者也。禘嚳於圜丘謂祭祀帝嚳於圜丘，周之遠祖，有聖德，帝天下者也。惟皆有功德，故可配天而無慚；惟誠爲其祖，故應崇祀而非妄。後世有天下者，與古大異。秦雖無道，其先猶爲諸侯，有始封祖。若漢高崛起，其先并無功德，亦無始封。在漢，惟當以高祖受命，配天南郊，而圜丘、明堂無人可配。自漢以後，猶夫漢也，若欲仿古典禮，必至如漢之祖堯、魏之祖舜、唐之祖李耳祖：祖法，效法。李耳：即春秋時道家學派創始人老聃，唐時被封爲太上老君，援引不可考之遙遙華胄華夏後代謂“華胄”，將有“神不歆非類”之誚歆：歆享，用食品祭祀神鬼。故宋神宗罷禘天之祭，誠以無其人也。此則禘郊祖宗，古禮雖有明文，而難以仿效者也。廟制本於服制，服止五，廟亦止五。天子有其人，則增至七。《禮緯》：“夏四廟，至子孫五；殷五廟，至子孫六；周六廟，至子孫七。”語出《禮緯‧稽命徵》。是古時已稍有通變。諸侯五廟，魯有周公大廟、魯公世室，與四親廟而六（《明堂位》有武公世室，則僭天子七廟之制），正與周制相仿，雖稍增而不過七也，過七則應祧遷把隔了幾代的祖宗的神主遷入遠祖之廟。如每帝一廟而不祧古代帝王宗廟分家廟和遠祖廟，遠祖廟稱祧。家廟中的神主，除始祖外，凡輩分遠的要依次遷入祧廟中合祭，永不遷移的稱“不祧”，商、周數百年，廟將無地以容。漢翼奉、貢禹、韋玄成始建祧遷之議，而議久不決，劉歆復以“宗無數”之妄言亂之。廟所以敬祖先，非所以報功德，有功德即稱宗，不祧。爲天子者，誰肯謂其祖無功德？如此，則無可祧之祖，故東漢遂變爲同堂異室之制。夫廟不二主，若一廟數人，正是祧廟之制。是同堂異室，名爲不祧，而早已祧。王者欲尊其祖，必一代之祖各爲一廟，而親盡即祧。誠以尊祖之義，古今一也。此則七廟祧遷,古禮本有明文,而可以仿效者也。古人祭天,一歲凡九:圜丘、南郊、明堂、大雩、五時迎氣。大雩(yú):古代求雨之祭。五時:謂春、夏、季夏、秋、冬五個時令,泛指一年四季。迎氣:上古于立春日祭青帝,立夏日祭赤帝,立秋日祭白帝,立冬日祭黑帝;後漢除祭四帝外,又于立秋前十八日祭黃帝。用以迎接四季,祈求豐年,謂之"迎氣"。祭祖,一歲凡四:禴、禘、嘗、烝。又有三年祫,五年禘。後世車駕難以數動,經費又恐過繁,於是天地合祭,禘祫不行。明知非古,不免徇時,甚或傅會古制,以爲當然,其實古制不如是,而典禮不可廢。惟圜丘、明堂,既無配天之祖,不必強立。此又古禮有明文,而可以斟酌變通者也。其他一切典禮以及度數儀文之末,皆可因時制宜。

　　後世於王朝之禮考訂頗詳,民間通行之禮頒行反略。國異政,家殊俗,聽其自爲風氣,多有鄙俚悖謬之處。官吏既不之禁即"不禁之",士大夫亦相習成風。宜命儒臣定爲畫一之制,原本《儀禮》,參以司馬《書儀》、朱子《家禮》。冠禮、鄉飲,古制宜復,并非難行。昏禮、喪禮,今亦有與古合者。惟祭禮全異,立尸、交爵之類立尸:祭時,尸無事則站立。此爲夏禮,殷禮則坐尸。交爵:相互敬酒,後世誠不可行,其他亦有可仿效者。古禮多行於廟,今士大夫不皆有廟,有廟亦與所居隔越,故宜變而通之,期不失夫禮意而已。朱軾《儀禮節略》朱軾(1665—1737):字若瞻,號可亭,江西高安人。清代經學家,官至吏部尚書,又有《周易注解》《周禮注解》等,撫浙時嘗試行之,未能通行,爲可惜也。

128. 論明堂、辟雍、封禪,當從阮元之言爲定論

　　古禮有聚訟千年至今日而始明者,明堂、辟雍、封禪是也。阮元曰:"辟雍與封禪,是洪荒以前之大典禮,最古不可廢者。

竊以上古未有衣冠,惟用物遮膝前,後有衣冠之制,不肯廢古制,仍留此以爲韍(fú)古代大夫以上祭祀或朝覲時遮蔽在衣裳前的服飾,用熟皮製成,形制、圖案、顏色按等級有所區別,與冕并重。此即明堂、辟雍之例也。上古未有宮室,聖人制爲棟宇以蔽風雨。帝王有之,民間未必即有。故其制如今之蒙古包帳房,而又周以外水謂四周環水,如今邨居之必有溝繞宅也。古人無多宮室,故祭天、祭祖、軍禮、學禮、布月令、行政、朝諸侯、望星象,皆在乎是。故明堂、太廟、太學、靈臺、靈沼靈臺:古時帝王觀察天文星象、妖祥災異的建築。靈沼:靈道行於沼也,後喻指帝王的恩澤所及之處,皆同一地,就事殊名因事由不同而名稱各異。三代後制度大備,王居在城內,有前朝後市、左祖右社之分。又有大學等,皆在城內,而別建明堂於郊外,以存古制,如衣冠之有韍也。鄭康成解爲太學、太廟等各異處,而不知城外原有明堂,泰山下亦有之。蔡伯喈知明堂、太廟等同處,而不知此不過城外別建之處,其實祭祀等事仍在城中。此雖憑虛臆斷,然博綜群書,究其實之如此也。此明堂之說也。封禪者,亦最古之禮,自漢、唐、宋以來,皆爲腐儒說壞。元以爲,封者,即南郊祭天也;禪者,即北郊祭地也。泰山者,古中國之中也,主此事者,天子也。刻石紀號者,如今之修史也。何以言之? 古帝王七十二代,荒遠無文,其間如蚩尤、共工等,亦皆創霸,大約其威力功德能服諸侯者,即爲天子。正天子之號,必至泰山下。諸侯皆來朝,同祭天地,後定天位。然後刻石於泰巔,以紀其號,如夏、商、周之類。其必須刻石者,古結繩而治,非如後世有漆書竹册,可以藏之柱下也周秦曾置柱下史,後因以"柱下"爲御史的代稱,故必須刻石始可知,此管夷吾之所由記憶者管夷吾:春秋齊相管仲,名夷吾,曾輔佐齊桓公成就霸業。其必在泰山何? 古中國地小,以今之齊國爲天下之中,故《爾雅》曰:'齊,中也。'又曰:'中有岱岳,與其五穀魚鹽生焉。'《列子》曰：'不知斯（離也）齊（中也）國幾千萬里。'皆其證也。夏、商、周以來，禮文大修，諸侯有朝聘之儀，天地有郊澤之祀，太史有國事之書，無須祭泰山刻石矣。故《六經》不言封禪，《堯典》'舜巡四岳'，即封禪之禮，禹會諸侯如之。"參清人孫星衍《問字堂集》卷首。

　　錫瑞案：《六經》不言封禪，惟《禮器》言"因名山升中于天_{指燔柴祭天，煙氣上達中天}。此指天子登泰山舉行封禪大典，向天告治理之功"，即封禪也。阮以"舜巡四岳"爲封禪之禮，説甚通達。潁容、盧植、蔡邕以明堂與太廟、大學、辟雍、靈臺爲一，而漢立明堂、辟雍不在一處。《後漢紀》注引《漢官儀》曰："辟雍去明堂三百步。"鄭君習於時王之制，以爲古制亦然。袁準以鄭義駁蔡邕，其實古制當如蔡説，特蔡未能別白其時代，故不免啓後儒之疑。阮云："自漢以來，儒者惟蔡邕、盧植實知異名同地之制，尚昧上古、中古之分。"辨析極精。特以爲太學在城內，與《王制》不合耳。劉歆譏漢儒"若立辟雍、封禪、巡狩之儀，則幽冥而莫知其原"，今得阮氏之通識，可以破前儒之幽冥矣（阮元説，見《閬①問字堂集贈言》）。

129. 論古制不明由於説者多誤，小學、大學皆不知在何處

　　古制存於三《禮》，而説禮者多誤，古制遂以不明。即以學校一事言之，《王制》云："小學在公宮南之左_{公宮：指君王之宮殿}，大學在郊。"此自古以來天子諸侯之通制也。自鄭君以後，説者皆誤，由於不知古人立學竟在何處。

　　錫瑞案：古學皆在門堂之塾_{古時門內東西兩側之屋謂"塾"}，《學

---

　　①　"閬"字原脱，據清孫星衍《問字堂集》卷首補。

記》曰："古之學者，家有塾。"《尚書大傳》曰："大夫、士七十
而致仕指官員退休，老於鄉里，大夫爲父師，士爲少師。"《鄭
注》："古者仕焉而已者，歸教於閭里。"又曰："上老平明坐於
右塾，庶老坐於左塾。"《鄭注》："上老，父師也；庶老，少師
也。"《漢書·食貨志》《白虎通》《公羊解詁》，皆與《大傳》文
略相合，此鄉學在塾之證也。而小學、大學亦在塾，知小學在
塾者，"小學在公宮南之左"。古者左宗廟，右社稷，公宮南之
左乃宗廟之地，安得於此立學?《周禮·師氏》："以三德教國
子三德：指至德、敏德、孝德，居虎門之左虎門：路寢之門，上畫有虎，故名，
掌國中失之事合於禮與不合於禮之事，以教國之子弟，凡國之貴游
子弟學焉貴游子弟：泛指未仕的貴族子弟。"《保氏》："養國子以道用
道藝來養國子，教以六藝、六儀據《周禮·保氏》，"六藝"乃指：一曰五
禮，二曰六樂，三曰五射，四曰五馭，五曰六書，六曰九數。"六儀"乃指：一曰祭
祀之容，二曰賓客之容，三曰朝廷之容，四曰喪紀之容，五曰軍旅之容，六曰車
馬之容。"據此，則公宮南之左即是虎門之左，乃路門之左塾也。
保氏當居右塾，不言者，省文。師氏尊於保氏，《記》以師氏統
保氏，故言左不言右，實則左右塾皆有學，當如《大傳》云"上
老坐右塾，庶老坐左塾"也(《大傳》言出學，就出言，故尊右；此《記》言
入學，就入言，故尊左)。國子小學，與鄉人小學制度相同。蔡邕
《明堂月令論》曰："《周官》有門闈之學，師氏教以三德，守王
門；保氏教以六藝，守王闈。然則師氏居東門、南門，保氏居西
門、北門也。"此師氏居左塾，保氏居右塾之證。蔡氏以此證
明堂大學則誤，以證路門左右小學，則正合矣。小學必在路門
左右塾者，王太子、王子八歲入小學，必離宮中不遠，當是古之
通制。若如《鄭注》"王者相變，小學或在郊"，八歲太子遠入
郊學，殊非人情，必不然矣。知大學亦在塾者，蔡邕《明堂月
令論》曰："取其四門之學，則曰大學。"引《易傳太初篇》曰《易

傳太初篇》,今佚,清人喬松年曾有輯本。朱彝尊《經義考》以爲:"當亦是緯書。":"太子旦入東學,晝入南學,莫入西學(當作"晡入西學、莫入北學"二句)莫:同"暮"。在中央曰太學①,天子之所自學也。"《禮記·保傅篇》曰:"帝入東學,上親而貴仁;入西學,上賢而貴德;入南學,上齒而貴信;入北學,上貴而尊爵;入太學,承師而問道。"與《易傳》同。魏文侯《孝經傳》曰:"太學者,中學明堂之位也。"上所引,參《蔡中郎集》卷三。據蔡説,則東、西、南、北四學,即在明堂東、西、南、北四門。四學各有異名,《玉海》引《禮象》曰:"辟雍居中,其南爲成均,北爲上庠,東爲東序,西爲瞽宗。"語出宋人王應麟《玉海》卷一一一。據此,則太學、中學即辟雍,在明堂中。明堂爲五經之文所藏處,故宜承師問道,爲天子所自學。古稱四學,亦曰五學,其實皆在一處,故《記》文以上下、東西、左右相對言之。若謂一在國,一在郊,相去甚遠,豈得遙遙相對?兩漢諸儒孔牢、馬宮、盧植、潁容,皆謂明堂、辟雍、太學同處,與蔡邕同。《異義》引《韓詩》説:"辟雍者,天子之學,圓如璧,雍之以水,示圓,所以教天下。春射,秋饗,尊事三老五更。古代設三老五更之位,天子以父兄之禮養之。《禮記·文王世子》云:"適東序,釋奠於先老,遂設三老、五更、群老之席位焉。"鄭玄注云:"三老五更各一人也,皆年老更事致仕者也,天子以父兄養之,示天下之孝悌也。名以三者,取象三辰五星,天所因以照明天下者。"在南方七里之內,立明堂於中,五經之文所藏處。"此説與《孝經·援神契》言"明堂在國之陽七里之內"正合,乃明堂、大學同處之確證。四學在四門,即四門之塾,與各鄉小學、虎門小學不異,此亦當是通制。若如《鄭注》"王者相變,大學或在國",古者國中地狹,大學人衆,必不能容。《記》曰:"王太子、王子、群后

---

① "在中央曰太學",蔡邕《蔡中郎集》卷三原文作"太學在中央"。

之太子,卿、大夫、元士之適子,國之俊秀,皆造焉。"是王子、國子由虎門小學,凡民俊秀由各鄉小學,學成之後,皆入大學,非國中所能容,故必在郊,郊即南方七里之內也。人知鄉學在塾,不知小學大學皆在塾。《考工記》"門堂三之一"《周禮注疏》鄭玄云:"門堂,門側之堂,取數於正堂。令堂如上制,則門堂南北九步二尺,東西十一步四尺。《爾雅》曰:'門側之堂謂之塾。'",則塾之地不狹。明堂四門,門有兩塾,學者雖眾,足以容之。學制所以不明者,由於不信大學在明堂;所以不信大學在明堂者,由於不知四學在明堂四門之塾。袁準駁蔡,正由昧此。孫志祖、段玉裁、顧廣圻、朱大韶互相爭辨,其說卒不能定,亦由昧此故耳。

130. 論三《禮》皆周時之禮,不必聚訟,當觀其通

孔子謂殷因夏禮,周因殷禮,皆有損益。《論語·爲政》:"子張問:'十世可知也?'子曰:'殷因於夏禮,所損益,可知也。周因於殷禮,所損益,可知也。其或繼周者,雖百世,可知也。'"《樂記》云:"三王異世,不相襲禮。"是一代之制度,必不盡襲前代。改制度,易服色易:改換。服色:車馬和祭牲的顏色,歷代各有所尚,殊徽號殊:區別。徽號:旗幟的名號,常作爲新興朝代或某一帝王新政的標誌,禮有明徵,而非特後代之興必變易前代也。即一代之制度,亦歷久而必變。周享國最久,必無歷八百年而制度全無變易者。

三《禮》所載,皆周禮也。《禮經》十七篇爲孔子所定,其餘蓋出孔子之後。學者各記所聞,而亦必當時實有此制度,非能憑空撰造。《儀禮》《周禮》言聘覲之禮不盡合,《禮記·檀弓》言東方西方之奠、齊衰大功之喪,亦不盡合。《王制》《祭法》言廟制、祭禮,尤不相符。說者推而上之,則以爲兼有夏、殷,鄭君云"《王制》,夏、殷雜"是也;抑而下之,則以爲雜出

秦、漢，鄭君以《月令》爲秦制，盧植以《王制》爲漢法是也。考其實，皆不然。三《禮》皆周人之書，所記皆周時之禮（《禮記》所載，或有夏、殷禮，而既經周因與損益，則亦即周禮矣。秦、漢之禮，又多本之於周）。其所以參差抵牾者，由於歷代久遠，漸次變易，傳聞各異，紀載不同，非必上兼夏、殷而下雜秦、漢也。請以漢、唐之禮證之。漢初用叔孫通所定之禮，後漢又使曹褒撰次新禮。既加更定，必與前不盡同。今使因其不同，而謂叔孫所定者爲漢禮，曹褒所定者非漢禮，可乎？唐初用貞觀、顯慶《禮》貞觀：唐太宗年號。顯慶：唐高宗年號，玄宗又作《開元禮》，而五禮始備。既經改作，必與前不盡同。今使因其不同，而謂貞觀、顯慶作者爲唐禮，開元所作者非唐禮，可乎？疑三《禮》之參差抵牾，而謂一是周禮，一非周禮，何以異於是乎？若謂周時變禮無明文可徵，請以官制一事證之。制度以設官爲最重，執政又爲官之最尊。周初成、康之時，周公、召公以冢宰執政冢宰：周官名，爲六卿之首，亦稱太宰，故《周官》首《天官·冢宰》。《左氏傳》曰鄭武公、莊公爲平王卿士，又曰鄭伯爲王左卿士，又曰虢公忌父始作卿士於周，則東遷以後，執政者稱卿士。《詩·十月之交》曰："皇甫卿士，番維司徒。"以卿士列司徒之前，是幽王時已稱執政者爲卿士，又不自東遷始。以此推之，官制可改，安見其餘不可改乎？西周之末，必稍變於成、康以前；東遷之後，又漸變於西周之末。當時既有改易，後世何能折衷？學者惟宜分別異同，以待人之審擇。若必堅持一説，據爲一定之制，則《禮》自孔子時而其經不具，又安得有一書可爲定制乎？周公制作，《洛誥》《立政》所載不詳，《周官》僞古文，不可據。鄭衆未見僞古文，以爲《周官》六篇即《尚書·周官篇》，卷帙太多，文法不類，其説亦不可信。

　　周一代典禮，無成書可稽，試舉大者論之。《禮緯》云：

"周六廟,至子孫七。"蓋周初以后稷爲始封祖、文王爲受命祖,合四親廟爲六。其後武王親盡,以爲受命祖不可祧,增武世室爲七世室:指宗廟。此當在共、懿之世周恭王、周懿王之世,《禮》無明文。東都有明堂,無宗廟,"王入太室祼",即明堂太室。西周亡,宗廟爲禾黍,東遷當更立廟,《禮》無明文。敬王居成周,別立廟與否亦無明文。孝王以叔父繼兄子,桓王以孫繼祖,定王、顯王以弟繼兄,如何序昭穆古代宗法制度,宗廟或宗廟中神主的排列次序,始祖居中,以下父子(祖父)遞爲昭穆,左爲昭,右爲穆,亦無明文。大典如此,其他可知。更以魯事證之。郊則既耕而卜,禘則未應吉禘而禘,廟則立武宮紀念武功的建築,見《春秋·成公六年》、立煬宮煬公之廟。煬公爲伯禽子、考公弟。魯建煬宮,爲申兄終弟及之義,蓋定公爲昭公之弟,見《春秋·定公元年》,桓、僖不毀謂魯桓公、魯僖公不毀之。甚至公廟立於私家,三家《雍》徹《論語·八佾》載:"三家者以《雍》徹。子曰:'相維辟公,天子穆穆。奚取於三家之堂?'"三家,指當時魯國執掌政權的叔孫、孟孫、季孫三家貴族。《雍》,天子在宗廟祭祀時用以撤除祭品的樂歌。徹,撤除,季氏八佾《論語·八佾》載:"孔子謂季氏,八佾舞於庭,是可忍,孰不可忍也?"季氏:指春秋時魯國權臣季孫氏。八佾:八八行列的舞隊,計六十四人,按照禮制規定,只有天子才有資格使用這種樂隊。季孫氏爲諸侯國大夫,只能使用四四行列的舞隊,朝服以縞細白生絹,婦人髽而吊髽(zhuā),古代婦人的喪髻,用麻或布束髮,不用髮簪和髮韜,也叫"露髻",皆變禮之大者。《明堂位》謂禮樂政俗未嘗相變,且以武公廟比武世室。凡此等,以爲禮,則實非禮;以爲非禮,則當時實有是事。魯事詳而周事略,以魯推周,則其禮之是非淆亂,記載參差,亦必當時實有是事,而非兼存前朝、誤入後代可知。理本易明,特讀者忽而不察耳。

131. 論《周官》改稱《周禮》始於劉歆，武帝盡罷諸儒即其不信《周官》之證

"儀禮"非古名，"周禮"亦非古名。漢初名爲"周官"，始見於《史記》，《封禪書》曰："群儒采封禪《尚書》《周官》《王制》之望祀射牛事_{古代帝王諸侯祭祀天地宗廟，必親自射牛以示隆重}。"賈公彥《疏序》謂："《周官》，孝武之時始出，秘而不傳。《周禮》後出者，以其始皇獨惡之故也。是以《馬融傳》云：'秦自孝公以下用商君之法，其政酷烈，與《周官》相反。故始皇禁挾書_{私藏書籍}，特疾惡，欲絶滅之，搜求焚燒之獨悉，是以隱藏百年。孝武帝始除挾書之律，開獻書之路，既出於山巖屋壁，復入于秘府，五家之儒莫得見焉。至孝成皇帝，達才通人劉向、子歆校理秘書，始得列序，著於《録》《略》_{指《別録》《七略》二書}。然亡其《冬官》一篇，以《考工記》足之。時衆儒并出共排_{排斥，排擠}，以爲非是。唯歆獨識，其年尚幼，務在廣覽博觀，又多鋭精于《春秋》，末年乃知其周公致太平之迹，迹具在斯。奈遭天下倉卒_{非常之變故}，兵革并起，疾疫喪荒，弟子死喪。徒有里人河南緱氏杜子春尚在，永平之初_{東漢明帝永平初年}，年且九十，家于南山，能通其讀，頗識其説，鄭衆、賈逵往受業焉。衆、逵洪雅博聞，又以經書記傳①相證明爲《解》。逵《解》行於世，衆《解》不行。兼攬二家，爲備多所遺闕，目瞑意倦，自力補之，謂之《周官傳》也。'鄭玄《序》云：'世祖以來，通人達士大中大夫鄭少贛名興、及子大司農仲師名衆、故議郎衛次

---

① "傳"，原作"轉"，清人阮元校刻《周禮注疏·卷首》校勘記云："轉，當作傳。"據改。

仲、侍中賈君景伯、南郡太守馬季長,皆作《周禮解詁》。二鄭者,同宗之大儒,明理於典籍,粗識皇祖大經《周官》之義。存古字,發疑正讀,亦信多善,徒寡且約,用不顯傳于世。今讚而辨之,庶成此家世所訓也。'"賈公彥曰:"然則《周禮》起於成帝劉歆而成於鄭玄,附離之者大半,故林孝存以爲武帝知《周官》末世瀆亂不驗之書林孝存:即下文林碩,東漢經學家,與鄭玄多有辯難,故作《十論》《七難》以排棄之,何休亦以爲六國陰謀之書。唯有鄭玄遍覽群經,知《周禮》者乃周公致太平之迹,故能答林碩之論難,使《周禮》義得條通。故《鄭氏傳》曰,玄以'括囊大典,網羅衆家',是以《周禮》大行。"上述二段引文,皆出《周禮注疏·序周禮廢興》。

錫瑞案:《周禮》源流,賈氏敍述頗詳,以爲始皇焚書特惡《周禮》,説本馬融,融説亦不知何據。惠帝已除挾書之律,非始武帝,融蓋以《周官》武帝時出而爲此説。劉歆典秘書在哀帝時,亦非成帝,賈公彥已辨之。當時衆儒共排,以爲非是,其説惜不可考。《周官》改稱《周禮》,蓋即始於劉歆。荀悅《漢紀》曰:"劉歆奏請《周官》六篇列之於經,爲《周禮》。"陸德明《序錄》曰:"劉歆始建立《周官經》,以爲《周禮》。"是其明證。武億曰:"班氏於王莽一《傳》之中,凡莽及臣下施於詔議章奏,自號曰《周禮》,必大書之,而自爲史文,乃更端見例更端:書寫時另行換頭,復仍其本名曰《周官》。《食貨志》:'莽乃下詔曰:夫《周禮》有賒貸。'及後云:'又以《周官》税民。'是亦一《志》而兩見,由其意觀之,固未有著明於此也。《郊祀志》,莽改南北郊祭祀猶稱《周官》,時未居攝,不敢紊易。《莽傳》徵天下通藝及張純等奏之,稱《周官》,亦皆在未居攝之時。是則《周官》之易名《周禮》,其在居攝之後可知矣。荀悅之言,洵不誣也。"參清人黃以周《禮説》六雜著之一《周禮儀禮非古名》。案

《周禮》名始歆、莽，武氏説尤分明。自是之後，《周官》《周禮》互見錯出，《後漢·儒林傳》言馬融作《周官傳》，鄭玄作《周官注》，蓋以馬、鄭《自序》原稱《周官》。或據以爲其時尚無《周禮》之名，又謂《周禮》名始鄭君，皆考之未審。鄭《自序》已稱《周禮》，其注《儀禮》《禮記》，引《周禮》甚多，《後漢·盧植傳》亦有《周禮》之稱。是其名非起於漢末，特在漢初本名爲《周官》耳。《班志》正名《周官》，不從歆、莽之制。或謂《班志》皆本劉歆《七略》，據其稱《周官》，不稱《周禮》，與"又有毛公之學，自謂子夏所傳"等語，皆與劉歆尊信《毛詩》《周禮》不同，似《志》非盡本於《七略》。林孝存謂武帝知《周官》瀆亂不驗，或據《封禪書》駁之，謂"武帝知不驗，群儒何敢采用"。不知《封禪書》下文，明言"群儒拘牽古文，上盡罷諸儒不用"，此正武帝知《周官》不驗之證。孝存之説，必有據也。

132. 論《周官》當從何休之説出於六國時人，非必出於周公，亦非劉歆僞作

《周官》與《左氏》皆晚出，在漢時已疑信參半。後人尊《周官》者，以爲周公手訂，似書出太早；抑之者以爲劉歆僞作，似書出太遲。何休以爲出於六國時人，當得其實。毛奇齡《周禮問》曰："《周禮》自非聖經，不特非周公所作，且并非孔孟以前之書。此與《儀禮》《禮記》皆同時雜出於周秦之間，此在稍有識者皆能言之。若實指某作，則自坐誣妄，又何足以論此書矣？"又曰："歆能僞作《周禮》，不能造爲《周禮》出處蹤蹟，以欺當世。假使河間獻王不獻《周禮》，成帝不詔向校理《周禮》（此馬融之説，《賈疏》已辨之），歆可造此諸事，以欺同朝諸

儒臣乎？且《景十三王傳》云：'獻王所獻皆古文先秦舊書，《周官》《尚書》《禮記》《孟子》《老子》之屬，皆經傳說記。'言有經，即有傳與說記也，此必非歆可預造其語者。乃考之《藝文》所志，在當時所有之書，則實有《周官經》六篇、《周官傳》四篇。此班氏所目睹也，此必非襲劉歆語也。使歆既爲經，又復爲傳，此萬無之事，藉曰有之藉：假使，即使，則偉哉劉歆！東西二漢，亦安有兩？將所謂博而篤者，必不止論廟一篇書矣①。且讀書當有究竟，《藝文志》於《樂經》云：'六國之君，魏文侯最爲好古。孝文時，得其樂人寶公，上獻其書，乃《周官·大宗伯》之《大司樂章》也。'則在六國魏文侯時已有此書，其爲春秋、戰國間人所作無疑，而謂是歆作可乎？且武帝好樂，亦嘗以《周官經》定樂章矣。《藝文志》於寶公獻樂章後，即云'武帝時，河間獻王好儒，與毛生等共采《周官》及諸子言樂事者，以作《樂記》。內史丞王定傳之，以授常山王禹。禹，成帝時爲謁者，獻其書，有二十四卷。劉向校書，得《樂記》二十三篇，與禹不同。'則在武帝朝，且有采《周官經》而爲《樂記》者。此不止寶公獻一篇，且必非歆行僞，於《周官經》六篇外，又作此二十四卷，斷可知也。且《周官》之出，在東漢人即有訴其非《周禮》者，林孝存也。孝存以爲武帝知《周官》爲末世瀆亂不驗之書，擯斥不行，因作《十論》《七難》以排棄之。是闢此書者亦且明明云漢武時早有此書，而效尤而興者反昧所從來，是攻膏肓而不解墨守曳兵之卒也。若夫《周禮》一書出自戰國，斷斷非周公所作，予豈不曉？然周制全亡，所賴以略見大意，只此《周禮》《儀禮》《禮記》三經，以其所見者雖不無參臆，而其爲周制則尚居十七。此在有心古學，方護衛

---

① "止"，原作"在"，據清《西河合集》本毛奇齡《周禮問》卷一改。

不暇,而欲迸絶之,則餼羊盡亡矣。"二段引文皆出毛奇齡《周禮問》卷一。

　　錫瑞案:毛氏以《周官》爲戰國時書,不信爲周公所作,又力辨非劉歆之僞,而謂周制全亡,賴有《周禮》《儀禮》《禮記》三經,有心古學,宜加護衛,最爲持平之論。

133. 論毛奇齡謂《周官》不出周公,并謂《儀禮》不出周公,而不知《儀禮》十七篇乃孔子所定,不可詆毁

　　《經問》又曰《經問》:當指毛奇齡《周禮問》一書:"《詩》《書》①《易》三經,則《禮記》多引之;《周禮》《儀禮》《禮記》三經,則《詩》《書》《易》三經并未道及。即孔、孟二書,其論經多矣,然未有論及三《禮》隻字者,何②也? 曰:此予之所以疑此書爲戰國人書也。然此書爲戰國人書,而其禮則多是周禮。嘗讀《大戴記·朝事篇》③,其中所載大宗伯、典命、典瑞、大行人、職方、射人諸職,全是《周禮》原文,所差不過一二字。考是時三《禮》未出,大小二戴於《儀禮》則直受后倉《曲臺記》,立二戴之學;於《禮記》,則尚未有定,當時見於西漢書府者,猶有二百餘篇;而《周官》一經,則未之見也。乃大戴所録,則儼然有《朝事》諸文。在周人言周禮者,與今《周禮》相同,此豈大戴見《周禮》而附會之? 抑豈李氏上《周官經》時,竊取此《朝事》諸文而增入之也? 然則《周禮》果周制,其爲周末言禮者所通見,當不止《朝事篇》矣。是以《内則》一篇,亦有'凡食

---

①　"《詩》《書》",思賢書局本作"《書》《詩》"。
②　"何"字原脱,據思賢書局本補。
③　思賢書局本"篇"上有"一"字。

齊①,視春時凡調制飯食,應像春天一樣以温爲宜''凡和調和食物滋味,春多酸'及'牛宜稌,羊宜黍'一十四句牛宜稌(tú):牛肉宜於配合稻飯。羊宜黍:羊肉宜於配合黍飯,又有'春宜羔豚春季適宜吃羊肉和豬肉,膳膏臊(xiāng)應當用有香味的牛膏脂煎食'及'牛夜鳴則庮'十句庮(yǒu):惡臭。句意爲:牛如果夜鳴,它的肉就惡臭,與《周禮》文全同,所差不過古今文一二字。此必當時言禮家所習言習用,故彼此并出,全文不易,斷非一人一意可撰造者。"語出毛奇齡《周禮問》卷二。

錫瑞案:汪中《周官徵文》共得六事,於毛氏引樂人賓公、《大戴·朝事》《禮記·內則》之外,增入《逸周書·職方》《禮記·燕義》《詩·生民》傳三事。陳澧又考得《雜記》鄭注、《郊特牲》孔疏、《考工記》賈疏、《大司馬》注疏四條。然此諸説,亦但可以證《周官》非劉歆作僞,而無以見其必爲周公所定。後人必以爲周公作,又以《儀禮》亦周公作。然則二書何以不符?又何以不見於孔、孟書及春秋時人所稱引,使人反疑不信?惟從毛氏之説,以爲戰國人作,方足以解兩家之紛。毛氏云:"鄉遂之官迥異朝廟鄉遂:周制,王畿郊內置六鄉,郊外置六遂。諸侯各國亦有鄉、遂,其數因國之大小而有不同。後亦泛指都城之外的地區,其所設諸屬,往往有不必計祿食者。《周官》一書總以'官不必備'四字統概全經,雖設多名,而備實無幾。"其説可以解官多而祿不給之疑。又云:"三等分國,固有常制,然不無特設,以待非常之典。假若有新封者必需賜國,有大功者必需益地,則不能限以百里,而就其特設約爲之限,大約公不過五,侯不逾四,伯與子、男以漸而殺減省,減少。"又云:"五等分國,本造爲設法之例,以統校地數,故曰可以周知天下,非謂一州之中,

---

① "齊"字原脱,據《禮記·內則》原文補。

必四公、六侯、十一伯、二十五子、百男也。"其説可以解國多而地不足之疑。上述三段引文,皆出毛奇齡《周禮問》卷二。毛氏説經多武斷,惟解《周官》心極細,論亦極平。而知《儀禮》不出周公,不知實出孔子,謂《儀禮》亦戰國人作,因朱子《家禮》尊信《儀禮》,乃作《昏禮辨正》《喪禮吾説篇》《祭禮通俗譜》,詆斥《儀禮》,而自作禮文,致閻若璩有"毛大可私造典禮"之誚,則由不曉《禮經》傳於孔氏,非《周禮》《禮記》之比也。

134. 論《周禮》爲古説,《戴禮》有古有今, 當分别觀之,不可合并爲一

漢今文立學,古文不立學,沿習日久,遂以早出立學者爲今文,晚出不立學者爲古文。許慎《五經異義》有古《周禮》説、今《禮》戴説,或云今《大戴禮》説,或云《戴禮》、戴説,其中亦有大小戴所傳十七篇《禮經》之説,非盡《大戴禮記》《小戴禮記》也。十七篇《禮》之説,不盡今文。近人分别十七篇《經》是古文説,經中之《記》是今文説。而十七篇《經》,又有今古文之分。《鄭君傳》云:"玄本習《小戴禮》,後以古經校之。"語出《後漢書・鄭玄傳》。是小戴所傳十七篇《禮》,當時通行,字皆今文。鄭以古經之字校之,取其義長者從之。故鄭注十七篇,或經從今,則《注》云古文某爲某;或經從古,則《注》云今文某爲某,詳見胡承珙《儀禮古今文疏義》。此特即其古今文字傳本不同者言之,非必義説之全異也。許君以《戴禮》爲今説,則對《周禮》爲古説言之耳。至若《小戴禮記》,本非一手所成,或同今文,或同古文。《王制》多同《公羊》《穀梁》,爲今文説;《祭法》出於《國語》,爲古文説。其言祭禮、廟制不同,此顯有可證者。近人又分别二戴《記》,以《王制》爲

今學之祖,取《祭統》《千乘》《虞戴德》《冠義》《昏義》《射義》《聘義》《鄉飲酒義》《燕義》等篇注之。取《祭法》爲古《國語》說,又取《玉藻》《盛德》《朝事》等篇,爲古《周禮》說。又以《曲禮》《檀弓》《雜記》,爲古《春秋左氏》說。雖未必盡可據,而《王制》爲今文大宗,《周禮》爲古文大宗,則顯有可證者。

即以官制言之,《異義》:"今《尚書》夏侯、歐陽說,天子三公,一曰司徒、二曰司馬、三曰司空,九卿,二十七大夫,八十一元士,凡百二十。古《周禮》說,天子立三公,曰太師、太傅、太保,無官屬,與王同職。故曰'坐而論道,謂之三公'。又立三少以爲之副,曰少師、少傅、少保,是爲三孤。冢宰、司徒、宗伯、司馬、司寇、司空,是爲六卿之屬。大夫、士、庶人在官者,凡萬二千。謹案:周公爲傅,召公爲保,太公爲師,無爲司徒、司空文。知師、保、傅三公,官名也,五帝、三王不同物,此周之制也。"參清人陳壽祺《五經異義疏證》卷下。鄭駁無考,而據鄭注《王制》"天子三公、九卿、二十七大夫、八十一元士",曰:"此夏制也。《明堂位》曰'夏后氏之官百',舉成數也。"參《禮記正義》卷十一。鄭以《王制》今文說爲夏制,必以《周禮》說爲周制,其於許君無駁可知。三公九卿,蓋夏、殷至周初皆同,據《牧誓》《立政》止有司徒、司馬、司空三公可證。六卿,則周成王以後之制(《甘誓》六卿,六軍之將),據《顧命》乃同召太保奭、芮伯、彤伯、畢公、衛侯、毛公,六卿兼三公可證。漢主今文,故三公、九卿。宇文周行《周禮》,故分設六部。其後沿宇文之制,既設六部,又立九卿,官制複重,議者多云可以裁幷。不知《周官》《王制》古今文說必不相合,乃兼用兩說,多設冗官,皆由經義不明,故官制不善也。

135. 論鄭君和同古今文,於《周官》古文、《王制》今文力求疏通,有得有失

鄭君兼注三《禮》,調和古今文兩家説,即萬不能合者,亦必勉强求通。論家法固不相宜,而苦心要不可没也。《周官》"公五百里、侯四百里",《王制》"公、侯田方百里",言封國大小迥異,此萬不能合者。惟鄭君能疏通證明之,其注《王制》曰:"周武王初定天下,猶因殷之地,以九州之界尚狹也九州:古代分中國爲九州,所指不一,《尚書·禹貢》作冀州、兗州、青州、徐州、揚州、荆州、豫州、梁州、雍州。周公攝政,致太平,斥大九州之界戰國陰陽家鄒衍之説,他認爲《禹貢》中所言"九州"只是整個世界的一部分,在中國九州之外,還有另外八個與九州相同的州,謂之"大九州",制禮成武王之意,封王者之後爲公及有功之諸侯,大者地方五百里,其次侯四百里,其次伯三百里,其次子二百里,其次男百里。所因殷之諸侯,亦以功黜陟之。其不合者,皆益之地爲百里焉。"語出《禮記正義》卷十一。

錫瑞案:鄭注《王制》而引《周官》,能和同古今文,皆不背其説。或以鄭爲牽合無據,亦非盡無據也。即以齊、魯二國言之,二國始封,在武王時,《史記·周本紀》曰:"武王封功臣謀士,而師尚父爲首尚父:即西周開國元勛吕望(姜尚),武王尊之爲師尚父。封尚父於營丘古邑名,今山東臨淄北,曰齊。封弟周公旦於曲阜,曰魯。"其時封地,蓋仍殷制,《孟子》所謂"爲方百里"是也。魯至成王時益封增加封邑,《明堂位》曰:"地方七百里。"《魯頌譜》疏引《明堂位》以證,曰:"大啓爾宇《魯頌·閟宫》句,謂大大開拓疆域,魯之封疆,於是始定。"或疑七百里太大,然必不止百里,如仍百里舊封,何云"大啓爾宇"?《史記·漢興以來

諸侯王表》曰："封伯禽、康叔於魯、衛伯禽爲周公旦長子,魯國首任國君。康叔爲周武王幼弟,爲衛國首任國君,地各四百里。"與《周官》"侯四百里"合,蓋得其實。七百里,或兼山川、附庸言之。齊之益封,與魯同時。《史記》又曰:"太公於齊,兼五侯地。"鄭《詩譜》曰:"周武王伐紂,封太師呂望於齊,地方百里,都營丘今山東淄博東北,一説今山東昌樂東南。周公致太平,敷定九畿敷定:區分,劃定。九畿:相傳古時王城以外五千里之內,自內而外,每五百里爲一畿,共有侯、甸、男、采、衛、蠻、夷、鎮、藩等九畿,爲各級諸侯之領地及外族所居之地,復夏禹之舊制。成王用周公之法,制廣大邦國之境,而齊受上公之地,更方五百里。"《王制》"公侯皆方百里","五百里"正與"兼五侯地"合,是齊、魯實有益地之事。如鄭説,《周官》《王制》皆可通矣。

而鄭亦有偶不照者,注《王制》"三年一大聘,五年一朝",曰:"此大聘與朝,晉文霸時所制也。虞、夏之制,諸侯歲朝;周之制,侯、甸、男、采、衛、要服六者六服:《周禮·大行人》云:"邦畿方千里。其外方五百里謂之侯服,歲壹見,其貢祀物。又其外方五百里謂之甸服,二歲壹見,其貢嬪物。又其外方五百里謂之男服,三歲壹見,其貢器物。又其外方五百里謂之采服,四歲壹見,其貢服物。又其外方五百里謂之衛服,五歲壹見,其貢材物。又其外方五百里謂之要服,六歲壹見,其貢貨物。",各以其服數來朝。"語出《禮記正義》卷十一。《疏》引鄭《駁異義》云:"《公羊》説比年一小聘比年:每年,連年,三年一大聘,五年一朝,以爲文、襄之制。録《王制》者,記文、襄之制耳,非虞、夏及殷法也。又引《異義》云:"《公羊》説,諸侯比年一小聘,三年一大聘,五年一朝天子。《左氏》説,十二年之間,八聘、四朝、再會、一盟。許慎謹案:《公羊》説,虞、夏制。《左氏》説,周禮。《傳》曰'三代不同物',明古今異説。鄭駁之云:三年聘,五年朝,文、襄之霸制。《周禮·大行人》諸侯各以服數來朝,其諸侯歲聘、間朝之屬，説無所出。歲聘：古代諸侯每年派使者朝見天子。
間朝：指春秋時三年朝見天子一次。《左傳·昭公十三年》：“是故明王之制，使
諸侯歲聘以志業，間朝以講禮，再朝而會以示威，再會而盟以顯昭明。”杜預注：
“三年而一朝，正班爵之義，率長幼之序。”晉文公，强盛諸侯耳，非所謂
三代異物也。”語出《禮記正義》卷十一。案《鄭注》據《周官》而疑
《王制》，以爲文、襄霸制，蓋據《左氏·昭三年傳》鄭子太叔之
言，然《公羊》必不用《左氏傳》文。《左傳·昭公三年》載：“三年春，
王正月，鄭游吉如晉，送少姜之葬。梁丙與張趯見之，梁丙曰：‘甚矣哉！子之
爲此來也。’子大叔曰：‘將得已乎？昔文襄之霸也，其務不煩諸侯，令諸侯三歲
而聘，五歲而朝，有事而會，不協而盟。君薨，大夫弔，卿共葬事。夫人，士弔，
大夫送葬。足以昭禮命事謀闕而已，無加命矣。今嬖寵之喪，不敢擇位，而數
於守適，唯懼獲戾，豈敢憚煩？少姜有寵而死，齊必繼室。今兹吾又將來賀，不
唯此行也。’”《王制》之作，鄭以爲在赧王之後周赧（nǎn）王，前314
年至前256年在位，其時《左氏》未出，非必引以爲證。《左氏》又
有“歲聘、間朝”之説，與昭三年《傳》文不合。鄭以爲不知何
代之禮，故不從。許案以《左氏》爲周禮，遂并不從，許案以
《公羊》爲虞、夏制也。《王制》與《公羊》合，當是古禮有之。
即文、襄創霸，亦必託於古禮。其後晉法變而益密，故又有歲
聘、間朝之屬。然則《王制》與《周官》不合，當從許君以爲前
代之制，鄭以爲晉霸之制，似未必然。惟歲聘、間朝之屬，鄭以
爲説無所出，可斷以爲晉霸之制耳。

136. 論鄭君以《周禮》爲經、《禮記》爲記，其別異處皆以《周禮》爲正，而《周禮》自相矛盾者仍不能彌縫

鄭《駁異義》曰：“《周禮》是周公之制，《王制》是孔子之
後大賢所記先王之事。”是鄭君雖不以《王制》爲漢博士作，而
視《周禮》則顯分軒輊。故或據《周官》以疑《王制》，未嘗引

《王制》以駁《周官》。所云"先王之事",即指夏、殷之禮,而於朝聘直以爲晉文霸制,并不以爲夏、殷之禮矣。《鄭志》:"趙商問:《膳夫》云'王日一舉,鼎十有二,物皆有俎(zǔ)古代祭祀時放祭品的禮器',有三牲備。商案《玉藻》天子之食,'日少牢,朔月太牢舊時祭禮的犧牲,牛、羊、豕俱用稱太牢,只用羊、豕二牲稱少牢',禮數不同,請問其説。答云:《禮記》後人所集,據時而言,或諸侯同天子,或天子與諸侯等,所施不同,故難據。《王制》之法,與周異者多,當以經爲正。"又曰:"《爾雅》之文雜,非一家之注,不可盡據以難《周禮》。"又:"趙商問:周朝而遂葬,則是殯於宮,葬乃朝廟。按《春秋》晉文公卒,殯於曲沃今山西曲沃,是爲去絳就祖殯絳:古地名。春秋晉國舊都,在今山西翼城東南。晉穆侯自曲沃遷都於此,與《禮記》義異,未通其説。答曰:葬乃朝廟,當周之正禮也。其末世諸侯國,何能同也? 傳合不合,當解傳耳,不得難經。"又:"趙商問:《祭法》云:'大夫立三廟,曰考廟,曰王考廟①,曰皇考廟'參《禮記‧祭法》,注'非別子'古代宗法制度稱諸侯嫡長子以外之子爲"別子",故知祖考無廟。商按《王制》:'大夫三廟,一昭一穆,與大祖之廟而三。'注云:'大祖,別子始爵者,雖非別子,始爵者亦然。'二者不知所定。答云:《祭法》,周禮。《王制》之云,或以夏、殷雜,不合周制。"

錫瑞案:鄭君答問,可以見其進退諸經之大旨,折衷三《禮》之苦心。鄭以《周禮》對《禮記》言之,則《周禮》爲經,《禮記》爲記;以《禮記》對《左傳》言之,則《禮記》爲經,《左傳》爲傳。經可以正傳、記,傳、記不得難經。而以《禮記‧祭法》對《王制》言之,則《祭法》爲周禮,《王制》爲夏、殷禮。禮家之糾紛難明者,據鄭所分析,已略有明據矣。惟鄭以《周

---

① "曰王考廟"四字原脱,據《鄭志》原本補。

禮》是周公之制,似未必然。《周官》一書,亦自有矛盾之處。鄭君雖極力彌縫之,學者不能無疑。趙商問:"《巾車職》曰:'建大麾以田建:樹立。麾:古代用以指揮軍隊的旗幟。'注云:'田,四時田獵。'商按《大司馬職》曰'四時皆建大常即太常,古代旌旗名'《周禮·春官·巾車》:"建大常,十有二斿。"鄭玄注:"大常,九旗之畫日月者,正幅爲縿,斿則屬焉。",今又云'建大麾以田'何?"答曰:"麾,夏之正色。雖習戰,春夏尚生,其時宜入兵。夏本不以兵得天下,故建其正色,以春夏田。至秋冬出兵之時,乃建大常。"案,《巾車》"建大麾",《大司馬》"建大常",兩處之文矛盾,萬無可通之理。鄭既以《周官》爲周公所作,不能加以駁難,故不得不爲之彌縫。其答趙商,皆强詞也。秋冬田建大常,明與《巾車》注"四時田"不合,以麾爲夏之正色,建之以春夏田,亦未有據。《王制》:"天子殺則下大綏,諸侯殺則下小綏。"注云:"綏,當爲'緌(ruí)'。緌,有虞氏之旌旗也。"《明堂位》:"有虞氏之旂,夏后氏之綏。"注云:"有虞氏當言緌。緌,謂注旄牛尾於杠首旗桿頂端,所謂大麾。《周禮》'建大麾以田'也。"鄭於此數處之文,互相證明,自圓其説,以《禮記》之"綏"即《周官》之"麾"。鄭云《王制》多雜夏、殷,故於解《周官》亦謂大麾是用夏制。如此,則《周官》《王制》古今文兩不相背,而《周官》兩處之矛盾,仍未能泯其迹也。惠士奇、金榜又不從鄭,而各別爲説,尤傅會不可信。

137. 論《周禮》在周時初未舉行,亦難行於後世

漢今文家張禹、包咸、周生烈、何休、林碩,不信《周禮》者也(《賈疏》云,張、包、周、何、林,不信《周禮》爲周公所作)。古文家劉歆、杜子春、鄭興、鄭衆、衛宏、賈逵、許慎、馬融、鄭玄,尊信《周

禮》者也。自漢至今，於《周禮》一書，疑信各半。《周禮》體大物博，即非周公手筆，而能作此書者自是大才，亦必掇拾成周典禮之遺，非盡憑空撰造。其中即或有劉歆增竄，亦非歆所能獨辦也。惟其書是一家之學，似是戰國時有志之士據周舊典，參以己意，定爲一代之制，以俟後王舉行之者，蓋即《春秋》素王改制之旨素王：謂具有帝王之德而未居帝王之位者，此指孔子。故其封國之大，設官之多，與各經不相通，所以張、包、周、何、林皆不信。古文家即尊信《周禮》，亦但可以《周禮》解《周禮》，不可以《周禮》解各經。而馬、鄭注《尚書》官制服制，皆引《周禮》爲證。即如其説，以《周禮》爲周公手定，亦不得強虞、夏以從周。況《周禮》未必出於周公，豈可據之以易舊説乎？《禮記》，七十子之後所作，未知與作《周禮》者孰先孰後。其説禮與《周禮》或異，當各從其説以解之。鄭以《周禮》爲經，《禮記》爲記，一切據《周禮》爲正，未免有武斷之失。《周禮》晚出，本無師授，文字奇古，人多不識。《鄭注》所引故書，乃其原本。杜、鄭諸儒，始爲正音讀，明通假。鄭君所云“二三君子所變易，灼然如晦之見明”見唐人賈公彥《序周禮廢興》，使山巖屋壁之書得以昭見於世，其有功於《周禮》甚大。而因尊信《周禮》太過，一經明而各經皆亂，則諸儒亦不能無過矣。

《周禮》鄭注、賈疏之外，王安石、王昭禹、王與之、易祓之説，皆有可采。近人沈彤《周官禄田考》、王鳴盛《周禮軍賦説》沈彤（1688—1752）：字冠雲，號果堂，江蘇吳江人。經學家，尤精三《禮》，又有《儀禮小疏》等，皆能自成一家之説，但未能疏全書，治此經者仍以注疏爲主。《考工記》據“胡無弓車”之類，亦屬戰國人作，文字奧美，在《周官》上，可考古人制器尚象之遺。宋林希逸《鬳齋考工記解》，於古器制度未詳核。近人戴震《考工記圖》、程瑤田《考工創物小記》、阮元《車制圖考》、鄭珍《輪輿私箋》,皆有發明,惟詳於車,而他物尚略。(陳澧云:"《記》以輪爲首,有旨哉! 古人以輪行地,今外國竟以輪行水,且西洋人《奇器圖説》所載諸器,多以輪爲用。算法之割圜,亦輪之象也。"予謂《易》既濟、未濟皆水火,而爻辭皆云"曳其輪",亦有微旨。)今當振興工藝之日,學者能遠求《考工》之法,必當大著成效。《周禮》自王莽、蘇綽、王安石試行不驗,後人引以爲戒。王莽篡弑之賊,本非能行《官禮》之人,其所致亡,亦非因行《周禮》。蘇綽於宇文泰時行《周禮》頗有效,隋唐法制,多本宇文。王安石創新法,非必原本《周禮》,賒貸市易宋神宗任用王安石變法,於熙寧五年(1072)頒行市易法,《宋史·食貨志》載:"市易之設,本漢平準,將以制物之低昂而均通之。",特其一端,實因宋人恥言富强,不得不上引周公,以箝服異議箝(qián)服:箝制,壓服。後人謂安石以《周禮》亂天下,是爲安石所欺。安石嘗云:"法先王之政者,法其意而已。"語出《宋史》卷三二七《王安石傳》。此言極其通達。故知其所行法,非事事摹周也。《周禮》在周時,初未舉行(如王畿居中、封公五百里之類),何能行於後世? 古之治天下,至纖至悉,後世尚簡而戒煩苛,無論賒貸市易必不可行,即飲射、讀法亦將大擾飲射:飲酒射箭,爲古代典禮內容,如鄉飲酒、鄉射、大射等。讀法:謂宣讀法令。《周禮·地官·州長》賈公彥《疏》云;"而讀法者,謂對衆讀一年政令及十二教之法。"。然則法《周禮》者,亦但可如安石所云"法其意而已"矣。

138. 論《周官》之法不可行於後世,
馬端臨《文獻通考》言之最晰

馬端臨曰:"按《周禮》一書,先儒信者半,疑者半。其所

以疑之者,特不過病其官冗事多,瑣碎而煩①擾耳。然愚嘗論之,經制至周而詳,文物至周而備,有一事必有一官,無足怪者。有如閹閽卜祝閹閽(yān hūn):被閹割過的奴僕,各設命官;衣膳泉貨錢幣,貨幣,俱有司屬。自漢以來,其規模之瑣碎,經制之煩密,亦復如此。特官名不襲六典之舊耳六典:指古代六方面的治國之法。《周禮·天官·大宰》云:"大宰之職,掌建邦之六典,以佐王治邦國:一曰治典,以經邦國,以治官府,以紀萬民;二曰教典,以安邦國,以教官府,以擾萬民;三曰禮典,以和邦國,以統百官,以諧萬民;四曰政典,以平邦國,以正百官,以均萬民;五曰刑典,以詰邦國,以刑百官,以糾萬民;六曰事典,以富邦國,以任百官,以生萬民。",固未見其爲行《周禮》,而亦未見其異於《周禮》也。獨與百姓交涉之事,則後世惟以簡易闊略爲便,而以《周禮》之法行之,必至於厲民而階亂,王莽之王田市易、介甫之青苗均輸是也。王田市易:指漢末王莽建立新朝,仿照《周禮》推行新政。王田制是指,將天下之田悉改爲王田,禁止私人買賣,試圖恢復井田制以解決土地兼併問題。市易方面,則實行酒、鹽、鐵器政府專賣,禁止私人販售,又推行賒貸制,由政府辦理貸款,并收取一定利息。青苗均輸:北宋王安石變法的重要內容,青苗法是指在每年二月、五月青黃不接時,由官府給農民貸款、貸糧,每半年取利息二分或三分,分別隨夏、秋兩稅歸還。均輸法是指設立發運使,掌握東南六路生産情況和政府與宮廷的需要情況,按照"徙貴就賤,用近易遠"的原則,統一收購和運輸。後之儒者見其效驗如此,於是疑其爲歆、莽之僞書而不可行,或以爲無《關雎》《麟趾》之意則不能行,愚俱以爲未然。蓋《周禮》者三代之法也,三代之時,則非直周公之聖可行,雖一凡夫亦能行;三代而後,則非直王莽之矯詐、介甫之執愎不可行,而雖賢哲亦不能行。其故何也? 蓋三代之時,寰宇悉以封建封邦建國。古代帝王把爵位、土地分賜親戚或功臣,使之在各該區域內建立邦國。相傳黃帝爲封建之始,至周制度

---

① "煩",原作"繁",誤,據馬端臨《文獻通考》卷一八〇改。

始備,天子所治不過千里,公侯則自百里以至五十里,而卿大夫又各有世食禄邑,分土而治,家傳世守。民之服食日用,悉仰給於公上,而上之人所以治其民者,不啻如祖父之於其子孫,家主之於其臧獲_{古代對奴婢的賤稱}。田土則少而授,老而收,於是乎有鄉遂之官。又從而視其田業之肥瘠、食指之衆寡_{食指:指家庭或家族人口},而爲之斟酌區畫,俾之均平。貨財則盈而斂,乏而散,於是乎有泉府之官_{泉府:官名,在《周禮》爲司徒之屬官,掌管國家稅收、收購市上滯銷物資等},又從而補其不足①,助其不給,或賒或貸,而俾之足用,所以養之者如此。司徒之任,則自鄉大夫、州長以至閭胥、比長_{閭胥:周代鄉官名,掌管一閭政事的小吏。比長:古代鄉官名。周代五戶居民爲一比,由比長管理},自遂大夫、縣正以至里宰、鄰長_{里宰:一里之長,五十家爲一里。鄰長:掌理一鄰中互相糾舉及收容安置之事,五家爲一鄰},歲終正歲,四時孟月,皆徵召其民,考其德藝,糾其過惡,而加以勸懲。司馬之任,則軍有將,師有帥,卒有長,四時仲月,則有振旅治兵、茇舍大閱之法_{振旅:整頓部隊,操練士兵。茇(bá)舍:言軍隊茇除草莽,即於野地宿息。大閱:大規模地檢閱軍隊},以旗致民,行其禁令而加以誅賞。所以教之者如此,上下蓋弊弊焉察察焉_{弊弊:辛苦疲憊貌。察察:苛察煩細},幾無寧日矣。然其事雖似煩擾,而不見其爲法之弊者,蓋以私土子人,痛癢常相關,脈絡常相屬。雖其時所謂諸侯卿大夫者未必皆賢,然既世守其地,世撫其民,則自不容不視爲一體。既視爲一體②,則姦弊無由生,而良法可以世守矣。自封建變而爲郡縣_{郡縣之名,初見于周。秦始皇統一中國,分國内爲三十六郡,爲郡縣政治之始,漢初封建制與郡縣制并行,其後郡縣遂成常制},爲人君者宰制六合,穹

---

① “又”,原作“而”,誤,據馬端臨《文獻通考》卷一八〇改。

② “視”字原脱,據馬端臨《文獻通考》卷一八〇補。

然於其上,而所以治其民者,則諉之百官有司、郡守縣令。爲守令者率三歲而終更執政三年而最終更換,雖有龔、黃之慈良龔、黃:漢代循吏龔遂與黃霸的并稱,王、趙之明敏王、趙:北周亦有循吏王伽、趙軌,其始至也,茫然如入異境,積日累月,方能諳其土俗而施以政令,往往期月之後—整年之後。宋人邢昺云:"期月,周月也,謂周一年之十二月也。",其善政方可紀,才再期而已及瓜矣再期:兩周年。及瓜:《左傳·莊公八年》:"齊侯使連稱管至父戌葵丘,瓜時而往,曰:'及瓜而代'。"言任期一年,今年瓜時往,來年瓜時代之。後因以"及瓜"指任職期滿。其有疲懦貪鄙之人,則視其官如逆旅傳舍逆旅:客舍,旅館,視其民如飛鴻土梗。發政施令,不過授成於吏手,既授成於吏手,而欲以《周官》行之,則事煩而政必擾,政擾而民必病,教養之恩未孚未能信服,而追呼之苛嬈已亟矣追呼:謂吏胥到門號叫催租,逼服徭役。苛嬈:猶苛擾。是以後之言善政者,必曰事簡。夫以《周禮》一書觀之,成周之制未嘗簡也,自土不分胙(zuò)祭祀完畢分享祭神之肉,官不世守世代沿襲,爲吏者不過年除歲遷,多爲便文自營之計便文:完全依照法令條文而不加更動。於是國家之法度率以簡易爲梗,慎無擾獄市之説獄市:指獄訟以及市集交易,治道去大甚之説,遂爲經國庇民之遠猷(yóu)長遠的打算,遠大的謀略。所以臨乎其民者,未嘗有以養之也,苟使之自無失其養,斯可矣;未嘗有以教之也,苟使之自無失其教,斯可矣。蓋壤地既廣,則志慮有所不能周;長吏數易,則設施有所不及竟。於是法立而姦生,令下而詐起,處以簡靖猶或庶幾,稍涉繁夥則不勝其瀆亂矣。《周禮》所載,凡法制之瑣碎煩密者,可行之於封建之時,而不可行之於郡縣之後。必知時適變者,而後可以語通經學古之説也。"語出《文獻通考》卷一八〇《經籍考七》。

錫瑞案:馬氏謂《周禮》可行於封建,不可行於郡縣,以壤地既廣、長吏數易之故,最爲通論。今壤地之廣過於南宋,長

吏數易亦甚於南宋。彼時守吏猶必三歲而更,今且一歲而數
易矣。使與百姓交涉,能至纖至悉乎? 外國之法所以纖悉備
舉者,以去封建未遠(日本與德意志,皆初合侯國爲一者),壤地不大,
官制不同之故。今人作《泰西采風記》清末宋育仁撰、《周禮政
要》清末孫詒讓撰,謂西法與《周禮》暗合。

139. 論鄭樵解釋《周禮》疑義,未可信爲確據

　　鄭樵曰:"《周禮》所以難通者有五:一曰《職方》之説萬
里,與《禹貢》五千里之制不同。二曰封國公五百里,與《孟
子》《王制》公百里之制不同。三曰《載師》田税用十二税率十
分之二,與三代什一之制不同什一:十分取一。四曰《遂人》溝洫
之數《周禮·考工記·匠人》:"匠人爲溝洫……九夫爲井,井間廣四尺,深四
尺,謂之溝。方十里爲成,成間廣八尺,深八尺,謂之洫。",與《匠人》多寡
之制不同。五曰比閭族黨之讀法比閭:比、閭爲古代戶籍編制基本單
位,五家爲比,五比爲閭。泛指鄉里。讀法:宣讀法令,無乃重擾吾民乎?
今案經文分析,合而一之,以釋五者之疑。

　　"《禹貢》有五服,各五百里,是禹之時地方五千里。《職
方》有九服,亦各五百里,并王畿千里,則周之時地方萬里矣。
禹之五服各五百里,自其一面而數之。《職方》①九服各五百
里,自其兩面而數之也。周畿千里,不在九服之內,王畿即禹
之甸服,侯、甸即禹之侯服,男、采即禹之綏服,衛、蠻即禹之要
服,鎮、夷即禹之荒服,大率二畿當一服。而周人鎮服之外鎮
服:夷服與藩服之間,屬九服中的第八等,又有五百里藩服,去王城二
千五百里,乃九州之外,地增於《禹貢》五百里而已。諸侯之

---

① "職方"上原衍"周"字,據鄭樵《六經奥論》卷六删。

地,當如《孟子》所言;至開方之,則如《王制》所説。薛常州開方法薛常州:宋人薛季宣,學者稱常州先生,撰有《開方作法本源圖》:百里之國,開方得百里之國四,是謂侯四百里。七十里之國,開方得七十里之國四,是謂伯三百里。四七二十八,二百八十里,舉成數曰三百里。五十里之國,開方得五十里之國四,是謂子二百里。什一,天下之中,正《孟子》所謂‘多則桀指夏桀,寡則貊(mò)古代稱東北方的民族爲貊。’《孟子・告子下》云:“欲輕之於堯舜之道者,大貊小貊也;欲重之於堯舜之道者,大桀小桀也。”《周禮・載師之職》曰:‘凡任地用地,國宅無征官員居宅不徵收,園廛二十而一園廛(chán):園圃與古代城市平民房地,近郊十一,遠郊二十而三,甸、稍、縣、都皆無過十二甸去國二百里,稍三百里,縣四百里,都去國五百里,惟其漆林之征二十而五漆林:漆樹之林,因其經濟利益豐厚,故征税重。’康成注《匠人》,亦引此謂田税輕近重遠之失。周公制法,不當於十一之外,又有二十而税三、二十而税五者。今案,《載師》文曰‘凡任地’,謂之地,則非田矣。又曰‘園廛’,謂之園廛,則亦非田矣。又曰‘漆林’,則漆林又非田之所植矣,豈得謂之田税?蓋園者不種五穀,其種雜物,所出不貲(zī)不可計量,謂數量極多。廛者工商雜處,百貨所聚,其得必厚。聖人抑末之意,以爲在國之園廛,可輕之而爲二十而一。如自郊以往,每增之不過十二,若以其地植漆林,則非二十而五不可也。《遂人》云:‘十夫有溝,百夫有洫,千夫有澮,萬夫有川。’若案文讀,則一同之地有九萬夫,當得九川,而川、澮、溝、洫,不幾太多歟?《匠人》云:‘井間有溝,成間有洫,同間有澮。’若案文讀,則一同之地惟有一澮,不幾太少歟?鄭氏求其説而不得,注《遂人》則曰:‘此鄉、遂法,以千夫萬夫爲制。’注《匠人》則曰:‘此畿内之采地制,井田異於鄉、遂及公邑。’考尋鄭意,以二處不同,故謂鄉、遂制田不用井畫,惟以夫地爲溝洫法。采地制田,則以田畫而爲井田法,是以《遂人》《匠人》制田之法,分而爲二矣。《匠人》之制,舉大概而言;《遂人》之制,舉一端而言。一成之地九百夫,一孔一井,井中有一溝(直),一列凡九井,計九個溝(橫),通一洫(直)。是十夫之地有一溝,百夫之地有一洫,九百夫之地有九洫,而爲一成之地。若一同之地,有百成、九萬夫,一孔爲一成,中有九洫(直),橫一列凡有十成,計九十洫(直),通一大澮(橫)。九澮而兩川周其外,是謂九萬夫之地。合而言之,成間有洫,是一成有九洫;同間有澮,是一同有九澮。《匠人》《遂人》之制,無不相合。周家井田之法,通行於天下,未嘗有鄉、遂、采地之異,但《遂人》以一直言之,故曰'以達於畿';《匠人》以四方言之,故止一同耳。《周禮》五家爲比,五比爲閭,四閭爲族,五族爲黨,五黨爲州,五州爲鄉。州長每歲屬民讀法者四,黨正讀法者七,族師讀法者十四,閭胥讀法者無數。或者以爲是日讀法,即於州長,又於黨正,又於閭胥、族師,且將奔命而不暇。予謂此法亦易曉,如正月之吉讀法正月之吉:正月初一,州長、黨正、族師咸預焉預:參與。至四孟吉日讀法四孟:農曆四季中每季頭一個月的合稱,即孟春(正月)、孟夏(四月)、孟秋(七月)、孟冬(十月),則族師、黨正預焉,州長不預。至每月讀法,惟族師職焉。此注所謂'彌親民者,其教亦彌數',正如今之勸農,守倅、令佐皆預焉守倅(cuì):州郡長官。令佐:縣級長官,其職各帶'勸農'二字,不必謂之更來迭往也。"語出鄭樵《六經奧論》卷六。

　　錫瑞案:鄭氏彌縫牽合,具見苦心。惟《周官》一書,與諸經多不相通,如九服、公五百里之類是;《考工記》亦與《周官》不相通,如《匠人》《遂人》之類是。欲強合之爲一,雖其說近理,未可信爲確據。

140. 論《周官》并非周公未行之書，
宋元人强補《周官》更不足辨

《尚書大傳》曰："周公攝政，六年制禮作樂，七年致政成王。"又曰："周公將作禮樂，優游之_{有所猶豫，不果斷}，三年不能作。君子恥其言而不見從，恥其行而不見隨。將大作，恐天下莫我知也；將小作，恐不能揚父祖功業德澤，然後營洛以觀天下之心。於是四方諸侯率其群黨，各攻位於其庭。周公曰：'示之以力役且猶至，況導之以禮樂乎？'然後敢作禮樂。"《白虎通·禮樂篇》曰："太平乃制禮作樂何？ 夫禮樂，所以防奢淫。天下人民飢寒，何樂之乎？ 功成作樂，治定制禮，王者始起，何用正民？ 以爲且用先代之禮樂，天下太平乃更制作焉。《書》曰：'肇修稱①殷禮<sub>肇：開始。修：興。稱：舉。殷禮：殷見諸侯之大禮。一說，指祭天改元的大禮，祀新邑_{在新都洛邑舉行祭祀}。'語出《尚書·洛誥》。此言太平去殷禮，必復更制者，示不相襲也。"《書·洛誥》疏引《鄭注》云："王者未制禮樂，恒用先王之禮樂。伐紂以來，皆用殷之禮樂，非始成王用之也。周公制禮樂既成，不使成王即用周禮仍令用殷禮者，欲待明年即政告神受職，然後班行周禮_{班行：猶頒行}。班訖始得用周禮，故告神且用殷禮也。"語出《尚書正義》卷十四。

錫瑞案：據此，則周公制禮極其慎重。既已優游三年，乃敢制作；又待營洛之後，乃始班行。所以不能不慎重者，觀後世如漢賈誼、董仲舒、王吉、劉向，皆請制禮而未能定，曹褒定

---

① "肇修稱殷禮"，通行本無"修"字，疑衍。明人鄭紀《東園文集》卷十等引《書》作"肇修殷禮"，無"稱"字。

禮而未能行。唐顯慶、開元《禮》，宋《政和禮》，其書具在，迄未行用。周公蓋慮及此，故必慎之於始。其始既如此慎重，其後必實見施行。今之《周官》，與周時制度多不符，則是當時并未實行，其非周公之書可知。孔子所謂"吾學周禮"，亦非《周官》之書。北宫錡問周室班爵禄北宫錡：衛人。班爵禄：排定爵位奉禄之等級。參《孟子·萬章下》，《周官》言班爵禄極詳，《孟子》乃云"其詳不可得聞"，而所謂"嘗聞其略"者，又不同《周官》而同《王制》。若《周官》爲周公手定，必無孔孟皆未見之理，其書蓋出孔孟後也。後人知《周官》與周時制度不合，乃以爲未成之書，又以爲未行之書。《困學紀聞》引九峰蔡氏云九峰蔡氏指南宋蔡沈："周公方條治事之官，而未及師保之職。《冬官》亦闕，首尾未備，周公未成之書也。"見《困學紀聞》卷四《黄氏日鈔》引孫處之説曰："《周禮》之作，周公居攝之後，書成歸豐，而實未嘗行。惟其未行，故建都之制不與《召誥》《洛誥》合，封國之制不與《武成》《孟子》合，設官之制不與《周官》合（《武成》《周官》皆僞書，可不引），九畿之制不與《禹貢》合。凡此皆豫爲之也，而未嘗行也。"見《黄氏日鈔》卷三十許宗彦本其説許宗彦（1768—1818）：原名慶宗，字積卿，號周生，浙江德清人，有《鑒止水齋集》等，謂："武王既有天下，其命官或由商舊，或仍周初侯國之制。其時未有《周禮》，而官名、職掌固已皆定。及夫《周禮》之成，周公蓋將舉其不合者徐徐更之，以爲有周一代之定制。然而周公則已老矣，傳《尚書》者謂'周公居攝，六年制禮，七年致政成王'，其間才一年耳。《周禮》之不能遂行，時則然也。故謂《周禮》爲周代未行之書可矣，必以一二事疑之，謂非周公所作，不亦過乎？"語出許宗彦《鑒止水齋集》卷十四《讀周禮記》。案此欲以《周官》强歸周公，乃以後世苟簡之法例周公苟簡：草率簡略。《伏傳》云："制禮方致政。"正是制禮必行之證，何得反據

《伏傳》以爲不能遂行？顯慶、開元作禮書，飾太平，而不能實
行。後世苟簡之法則然，豈有周公制禮亦如是者？（孫處引顯
慶、開元爲比，見鄭樵《周禮辨》引，故駁之。）雖欲强爲傅會，要無解於
孔孟未見也。若《考工記》，本別爲一書，河間獻王以《周官》
闕《冬官》一篇，購以千金不得，取《考工記》合成六篇奏之。
宋俞廷椿作《復古篇》，謂司空之屬分寄於五官。王與之又作
《周官補遺》，丘葵本俞、王之説，取五官所屬歸於《冬官》，六
屬各得六十，著爲《周禮定本》。吳澄《周禮敘録》：“以《尚書
·周官》考之，冬官司空掌邦土，而雜於地官司徒掌邦教之
中。今取其掌邦土之官，列於司空之後，庶乎《冬官》不亡，而
《考工記》別爲一卷，附之經後。”語出《吳文正集》卷一。又與俞、
王稍異。要皆宋元人竄易經文之陋習，不足辨。吳氏不信僞
古文，此又執僞《周官》爲説，更不可解。

141. 論《禮記》始撰於叔孫通

　　《周禮》出於山巖屋壁，五家之儒莫見，其授受不明，故爲
衆儒所排。《儀禮》傳自高堂生，有五傳弟子，其授受最明，故
得立於學官。《禮記》删定，由於二戴，其前授受，亦莫能詳。
魏張揖以爲叔孫通撰輯，揖去漢不遠，其説當有所受。陳壽祺
曰：“《漢書·藝文志·禮家》‘《記》百三十一篇’，班固本注：
‘七十子後學者所記。’《景十三王傳》曰：‘河間獻王所得書，
皆古文先秦舊書，《周官》《尚書》《禮》①《禮記》《孟子》《老
子》之屬，皆經傳説記，七十子之徒所論。’又曰：‘魯恭王壞孔
子宅，而得古文《尚書》及《禮記》《論語》《孝經》，凡數十篇，

---

① “禮”字原脱，據《漢書·景十三王傳》補。

皆古字也。'《經典釋文·序録》引鄭君《六藝論》云:'後得孔氏壁中、河間獻王古文《禮》五十六篇,《記》百三十一篇,《周禮》六篇。'又引劉向《别録》云:'古文《記》二百四篇。'壽祺案,孔壁所得書,《魯恭王傳》僅言數十篇,知非全書。《藝文志》依《七略》著録《記》百三十一篇,蓋河間獻王所得者,故《六藝論》兼舉之。百三十一篇之《記》,合《明堂陰陽》三十三篇、《王史氏》二十一篇、《樂記》二十三篇、《孔子三朝記》七篇,凡二百十五篇,并見《藝文志》。而《别録》言二百四篇,未知所除何篇。疑《樂記》二十三篇,其十一篇已具百三十一篇《記》中,除之,故爲二百四篇。《孔子三朝記》亦重出,不除者,篇名不同故也(《大戴禮記》所載七篇,爲《千乘》《四代》《虞戴德》《誥志》《小辨》《用兵》《少間》,不著《孔子三朝記》之名)。《隋志》言劉向考校經籍,檢得一百三十篇,向因第而敘之。又得《明堂陰陽記》《孔子三朝記》《王氏》《史氏記》《樂記》五種,合二百十四篇,減少一篇,與《别録》《藝文志》不符,失之。然百三十一篇之《記》,第之者劉向第:編次,編排,得之者獻王,而輯之者蓋叔孫通也。魏張揖《上廣雅表》曰:'周公著《爾雅》一篇,爰暨帝劉爰:句首語辭,無實義。暨:至、到。帝劉:指漢朝,魯人叔孫通撰置《禮記》,文不違古。'通撰輯《禮記》,此其顯證。稚讓之言張揖,字稚讓,必有所據。《爾雅》爲通所採,當在《大戴禮》中。(武進臧庸曰:"《白虎通·三綱六紀篇》引《禮·親屬記》,見《爾雅·釋親》。《孟子》"帝館甥於貳室",趙岐注引《禮記》,亦《釋親》文。《風俗通·聲音》引《禮·樂記》,乃《釋樂》文。《公羊·宣十二年》注引《禮》,乃《釋水》文,則《禮記》中有《爾雅》之文矣。")通本秦博士,親見古籍,嘗作《漢儀》十二篇及《漢禮器制度》。而《禮記》乃先秦舊書,聖人及七十子微言大義,賴通以不墜,功亞河間。《漢志·禮家》闕其書,且没其名,何也?"語出陳壽祺《左海經辨》卷上《大小戴禮記考》。

　　錫瑞案：《禮記》爲叔孫通所撰，説始見於張揖，揖以前無此説。近始發明於陳壽祺，壽祺以前亦無此説。壽祺引臧庸説以證《禮記》中有《爾雅》，尤爲精確。鄭以孔氏壁中、河間獻王兩事并舉者，孔壁所得書無《周禮》。許氏《説文序》曰："壁中書者，魯恭王壞孔子宅，而得《禮》《記》《尚書》《春秋》《論語》《孝經》。"不云有《周禮》。獻王得《周官》，見《漢書》本傳，鄭君不析言之_{析言：分開説，區別地説}，故并舉之。

142. 論《王制》《月令》《樂記》非秦漢之書

　　陳壽祺曰："儒者每言《王制》漢博士作，《月令》吕不韋作，或又疑《樂記》出河間獻王，皆非事實也。《禮記·王制》正義引盧植云：'漢孝文皇帝令博士諸生作此書。'（《經典釋文》引同。）考盧氏説出《史記·封禪書》，《封禪書》曰：'文帝召魯人公孫臣，拜爲博士，與諸生草改歷服色事。明年，使博士諸生刺《六經》，作《王制》，謀議巡守封禪事。'然今《王制》無一語及封禪，言巡守者，特一端耳。司馬貞《史記索隱》引劉向《别録》云：'文帝所造書，有《本制》《兵制》《服制》篇。'以今《王制》參檢，絕不相合。（鄭君《三禮目録》云："名曰'王制'者，以其記先王班爵、授禄、祭祀、養老之法度。"）此則博士所作《王制》，或在《藝文志》禮家《古封禪群祀》二十二篇中，非《禮記》之《王制》也。

　　"《月令》正義引鄭《目録》云：'《月令》者，本《吕氏春秋·十二月紀》之首章，以禮家好事鈔合之，後人因題之，名曰《禮記》，言周公所作。'壽祺案，《正義》云：'賈逵、馬融之徒，皆云《月令》周公所作，故王肅用焉。'《後漢書·魯恭傳》：'恭議曰：《月令》，周世所作，而所據皆夏之時也。'蔡邕《明堂月令論》曰：'《周書》七十一篇一本作"七十二"，而《月令》第五十三。'秦相呂不韋著書，取《月令》爲紀號。淮南王安亦取以爲第四篇，改名曰《時則》。故偏見之徒，或云《月令》呂不韋作，或云淮南，皆非也。《隋書·牛弘傳》：'今《明堂月令》者，蔡邕、王肅云周公所作，《周書》内有《月令第五十三》即此。'《魏鄭公諫録》唐王方慶撰，魏鄭公即唐太宗宰相魏徵：'《月令》起於上古，呂不韋止是修古《月令》，未必始起秦代也。'此則《禮記·月令》非呂不韋著審矣。《唐書》大衍曆議云：'七十二侯，原於周公《時訓》。《月令》雖頗有增益，然先後之次則同。'僧一行親見《周書·月令》有七十二候，則與《禮記·月令》無異，益信蔡邕之言不妄也。鄭君以爲禮家抄合，殆失之。又鄭君謂三王官無太尉，秦官則有，以此斷《月令》爲呂氏書。案《月令》'命太尉'，《呂覽》'尉'作'封'，然則《禮記》亦當作'命大封'，即《易·通卦驗》所謂'夏至景風至，拜大將，封有功'之義(見《太平御覽》引)。其作'太尉'者，《淮南·時則》依漢制改，而禮家從之，非其舊也。

　　"《樂記》者，《藝文志》云：'河間獻王與毛生等共采《周官》及諸子言樂事，以作《樂記》，其内史丞王定傳之，以授常山王禹。禹，成帝時爲謁者，獻二十四卷《記》。劉向校書，得《樂記》二十三篇，與禹不同。'而《班志》兩載其書，曰《樂記》二十三篇、《王禹記》二十四篇。案《漢書·食貨志》王莽下詔曰'《樂語》①有五均'五均：本指古代管理市場物價的官員。王莽新朝時，曾下詔曰："夫《周禮》有賒貸，《樂語》有五均，傳記各有幹焉。今開賒貸，張五均，設諸幹者，所以齊衆庶、抑并兼也。"，鄧展注曰：'《樂語》，《樂元語》，河間獻王所傳，道五均事。'臣瓚曰：'其文云：天子取

---

①　"樂語"，原作"樂記"，誤，據《漢書》顏師古注改。

諸侯之土以立五均,則市無二價,四民常均。強者不得困弱,富者不得要貧,則公家有餘,恩及小民矣。'《白虎通‧禮樂篇》亦屢引《樂元語》,此即獻王所傳《樂記》二十四篇之一篇也。《三禮目錄》於《禮記‧樂記》云'此於《別錄》屬《樂記》',謂屬二十三篇之《樂記》也。《禮記正義》云:'蓋十一篇合爲一篇,謂有《樂本》,有《樂論》,有《樂施》,有《樂言》,有《樂禮》,有《樂情》,有《樂化》,有《樂象》,有《賓牟賈》,有《師乙》,有《魏文侯》。劉向所校二十三篇,著於《別錄》。今《樂記》斷取十一篇,餘有十二篇,其名猶在。案《別錄》十一篇,餘次《奏樂》第十二、《樂器》第十三、《樂作》第十四、《意始》第十五、《樂穆》第十六、《説律》第十七、《季札》第十八、《樂道》第十九、《樂義》第二十、《昭本》第二十一、《昭頌》第二十二、《竇公》第二十三是也。按《別錄》,《禮記》四十九篇,《樂記》第十九,則《樂記》十一篇入《禮記》,在劉向前矣。'《正義》言如此,則今《禮記》中之《樂記》,非王禹《樂記》甚審。《史記正義》云:'《樂記》者,公孫尼子次撰也。'此言必本之《別錄》《七略》。《樂記》出公孫尼子,而有《竇公篇》者,竇公本魏文侯樂人,年百八十歲,至漢文帝時猶存,此篇或載其在文侯時論樂事也。《別錄》於二百四篇稱爲古文《記》,《漢書‧河間獻王傳》《魯恭王傳》,兩稱《禮記》,皆統以古文。《魯恭王傳》又特明之曰:'皆古字也。'《河間獻王傳》且明言'七十子徒所論',是惡得有秦漢作者之文廁其間邪?後儒動訾《禮記》雜出漢儒訾(zǐ):詆毀,指責,不考甚矣。"語出陳壽祺《左海經辨》卷上《王制月令樂記非秦漢之書》。

143. 論《王制》爲今文大宗，即《春秋》素王之制

　　《禮記》非雜出漢儒，陳氏之辨晰矣。而《王制》爲今文大宗，與《周禮》爲古文大宗，兩相對峙（朱子曰《周禮》《王制》是制度之書，已以兩書對舉）。一是周時舊法，一是孔子《春秋》所立新法。後人於《周禮》尊之太過，以爲周公手定；於《王制》抑之太過，以爲漢博士作，於是兩漢今古文家法大亂。此在東漢已不甚晰，至近日而始明者也。鄭君《駁異義》曰：“《王制》是孔子之後大賢所記先王之事。”又答臨碩曰臨碩：與前文所提林碩、林孝存當爲同一人：“孟子在赧王之際，《王制》之作，復在其後。”推鄭君意，似以《王制》爲孟子之徒所作，以開卷説班爵禄，略同《孟子》文也。《王制》非特合於《孟子》，亦多合於《公羊》，姑舉數事明之。

　　《公羊》桓十一年《傳》：“鄭忽出奔衛。忽何以名何以稱公子忽之名？春秋伯、子、男一也，辭無所貶在用詞上沒有什麼貶抑。”《解詁》云：“《春秋》改周之文，從殷之質，合伯、子、男爲一。”《王制》曰：“公、侯田方百里，伯七十里，子、男五十里。”《鄭注》云：“此地，殷所因夏爵三等之制也。《春秋》變周之文，從殷之質，合伯、子、男以爲一，則殷爵三等者，公、侯、伯也。”《正義》曰：“何休之意，合伯、子、男爲一，皆稱從子；鄭意，合伯、子、男爲一，皆稱伯也。”鄭、何説雖稍異，而《春秋》三等，《王制》亦三等，其相合者一。《公羊》桓四年《傳》：“春，公狩於郎。狩者何？田狩也。春曰苗，秋曰蒐，冬曰狩。”《穀梁傳》則“春曰田，夏曰苗，秋曰蒐，冬曰狩”。何休《廢疾》引《運斗樞》曰：“夏不田。《穀梁》有夏田，於義爲短。”鄭釋之云：“孔子雖有聖德，不敢顯然改先王之法，以教授於世。若

其所欲改,其陰書於緯,藏之以傳後王。《穀梁》四時田者,近孔子故也。《公羊》正當六國之亡,讖緯見,讀而傳爲三時田。"據鄭説,則三時田乃孔子《春秋》制。《王制》曰:"天子諸侯無事,則歲三田。"其相合者二。其他建國之制曰:"凡四海之内九州,州方千里。"又曰:"二百一十國以爲州,州有伯。"立學之制曰:"小學在公宫南之左,大學在郊。"取民之制曰:"古者公田藉而不税。"《鄭注》皆以殷制改之,正與《春秋》變周之文、從殷之質相合。特鄭君未知即素王之制,故見其與《周禮》不合,而疑爲夏、殷禮。《孔疏》申鄭雖極詳晰,亦未能釋此疑。同異紛紜,莫衷一是。其《王制第五》篇題下疏曰:"案鄭《目録》云:'名曰"王制"者,以其記先王班爵、授禄、祭祀、養老之法度,此於《別録》屬制度。'《王制》之作,蓋在秦漢之際。知者,案下文云:'有正聽之有正:掌政大臣。'鄭云:'漢有正平丞①,秦所置。'又有'古者以周尺'之言、'今以周尺'之語,則知是周亡之後也。秦昭王亡周,故鄭答臨碩云:'孟子當赧王之際,《王制》之作,復在其後。'盧植云:'漢孝文皇帝令博士諸生,作此《王制》之書。'"語出《禮記正義》卷十三。

錫瑞案:盧氏説,近人已駁正,孔與鄭説并引而不能辨,以"正"爲秦漢官制,亦未必然。"正""長"義同,《尚書·囧命序》已有"周太僕正",《周禮》有"宫正",《左氏傳》有"隧正""鄉正""校正""工正"。又云"師不陵正",《注》云:"正,軍將命卿。"安知古刑官無正?"周尺"之語,或出周秦之間耳。治經者當先看《禮記》注疏,《禮記》中先看《王制》注疏。注疏中糾纏《周禮》者,可姑置之。但以今文家説解經,則經義

_____

① "丞",原作"承",誤,據孔穎達《禮記正義》卷十三改。

瞭然矣。《王制》一書，體大物博，非漢博士所能作，必出孔門無疑。近人俞樾説俞樾（1821—1907）：字蔭甫，自號曲園居士，清末浙江德清人。治學以經學爲主，旁及諸子學、史學、訓詁學乃至戲曲、書法等，著有《群經平議》《諸子平議》《古書疑義舉例》等："《王制》者，孔氏之遺書，七十子後學者所記也。王者孰謂？謂素王也。孔子將作《春秋》，先脩王法，斟酌損益，具有規條，門弟子與聞緒論，私相纂輯而成此篇。後儒見其與周制不合而疑之，不知此固素王之法也。"俞氏以《王制》爲素王之制，發前人所未發。雖無漢儒明文可據，證以《公羊》《穀梁》二傳，及《尚書大傳》《春秋繁露》《説苑》《白虎通》諸書所説，制度多相符合。似是聖門學者原本聖人之説，定爲一代之制。其制損益殷周，而不盡同殷周，故與《春秋》説頗相同，而於《周禮》反不相合。必知此爲素王改制，《禮》與《春秋》二經始有可通之機，《王制》與《周官》二書亦無糾紛之患。治經者能得此要訣，可事半功倍也。《王制》，據鄭君説，出在赧王之後；《周官》，據何劭公説，亦出戰國之時。是其出書先後略同，而爲説不同，皆由聖門各據所聞，著爲成書，以待後世之施行者。《王制》簡便易行，不比《周官》繁重難舉，學者誠能考定其法，仿用其意，以治今之天下，不必井田、封建，已可以甄殷陶周矣甄陶：化育，造就。（《孔疏》解"制，三公一命卷"云："制，謂王者制度。"又云："此篇之作，皆是王者之制。"則孔穎達已知《王制》名篇之義，特未知爲素王之制，故仍説爲夏殷。）

144. 論《禮記》所説之義，古今可以通行

朱子曰："《儀禮》是經，《禮記》是解《儀禮》。且如《儀禮》有《冠禮》，《禮記》便有《冠義》；《儀禮》有《昏禮》，《禮記》便有《昏義》，以至燕、射之禮，莫不皆然。"語出《朱子語類》卷

八十五。此朱子所以分別《儀禮》爲經、《禮記》爲傳，而有《儀禮經傳通解》之作也。《郊特牲》"冠義"一節，《孔疏》云："以《儀禮》有《士冠禮》正篇，此説其義。下篇有《燕義》《昏義》，與此同。"《鄉飲酒義》孔疏云："《儀禮》有其事，此《記》釋其義。"《聘義①》孔疏云："此篇總明聘義，各顯《聘禮》之經於上，以義釋之於下。"據此，則孔穎達已明言諸"義"是解《儀禮》，非始於朱子矣。《冠義》自爲一篇，《郊特牲》復有"冠義"一節，蓋由解此義者不止一家。"天地合而後萬物生焉"一節，又是"昏義"。此二節之間有一節云："禮之所尊，尊其義也。失其義不問禮的意義，陳其數只知陳述禮的儀節，祝史之事也祝史：祝官，負責宣讀祝告詞及相贊禮儀。故其數可陳也，其義難知也。知其義而敬守之，天子之所以治天下者也。"語出《禮記正義》卷二十六。此記者明言禮以義爲重，乃冠、昏、飲、射、燕、聘、祭義之發凡。治《禮經》者，雖重禮之節文，而義理亦不可少。聖人所定之禮，非有記者發明其義，則精意閎旨，未必人人能解。且節文時有變通，而義理古今不易。十七篇雖聖人所定，後世不盡可行，得其義而通之，酌古準今，期不失乎禮意，則古禮猶可以稍復。後世用《禮記》取士，而不用《儀禮》，誠不免棄經任傳之失。而《禮記》網羅浩博，與十七篇亦當并行。

　　焦循《禮記鄭注補疏序》曰："《周官》《儀禮》，一代之書也。《禮記》曰'禮，時爲大'語出《禮器篇》。"禮，時爲大"，謂禮合天時。孔穎達《禮記正義》云："揖讓干戈之時，於禮中最大，故云時爲大也。"，此一言也，以蔽萬世制禮之法可矣。夫《周官》《儀禮》固作於聖人，乃亦惟周之時用之。設令周公生宇文周指北周一朝，斷不爲蘇綽、盧辨之建官設置官職；設令周公生趙宋指宋朝，必不爲王安

---

① "義"，原作"禮"，據孔穎達《禮記正義》卷六十三改。

石之理財。何也？時爲大也。且夫所謂時者，豈一代爲一時哉？開國之君，審其時之所宜而損之益之，以成一代之典章度數。而所以維持此典章度數者，猶必時時變化之，以挾民之偏而息民之詐。夫上古之世，民苦於不知，其害在愚；中古以來，民不患不知，而其害轉在智。伏羲之時，道在折民之愚，故通其神明，使知夫婦、父子、君臣之倫；開其謀慮，使知樹藝、貿易之事。生羲、農之後者，知識既啓，詐僞百出，其黠者往往窺長上之好惡以行其奸，假軍國之禁令以濟其賊，惟聰明睿智有以鼓舞而消息之盛衰增減，謂之"消息"。故黄帝、堯、舜氏作，通其變，使民不倦，神而化之，使民宜之。吾於《禮運》《禮器》《中庸》《大學》等篇，得其微焉。"語出焦循《雕菰集》卷十六《禮記鄭注補疏序》，引文與原文有出入。

　　錫瑞案：焦氏於三《禮》軒輊太過，謂民患在智，近於老氏之旨，與世界進化之理不符。惟發明'禮，時爲大'之義甚通，言禮者必知此，乃不至於拘礙難行。《抱朴子·省煩篇》云："冠、昏、飲、射，何煩碎之甚耶？好古官長，時或脩之，至乃講試累月，猶有過誤。而欲以此爲生民之常事，至難行也。余以爲可命精學洽聞之士，使删定三《禮》，割棄不要，次其源流，總合其事，類集以相從，務令約儉，無令小碎，條牒各别，令易案用。"引文與原文有出入。《朱子語録》云："古禮於今，實是難行。後世有大聖人者作，與他整理一過，令人蘇醒，必不一一如古人之繁，但放古人大意放（fǎng）：仿照，依據，簡而易行耳。"語出《朱子語類》卷九十。此正得其義而通之，期不失乎禮意之説也。（毛奇齡謂"《禮記》，舊謂孔子詔七十子共撰所聞以爲記，《儀禮》則顯然戰國人所爲，《儀禮》遜《禮記》遠矣"，務反朱子之説，亦軒輊太過。）

145. 論《禮記①》記文多不次，若以類從
尤便學者，惜孫炎、魏徵之書不傳

《禮記》四十九篇，衆手撰集，本非出自一人；一篇之中，雜采成書，亦非專言一事。即如《曲禮》曰："若夫坐如尸用活人扮作父祖的形象以代父祖之神受祭爲尸。尸居神位，坐必矜莊，立如齊通"齋"，齋戒。齋戒必恭敬。"《鄭注》云："若夫，言欲爲丈夫也，《春秋傳》：'是謂我非夫。'"其說似近迂曲。劉敞《七經小傳》曰："案曾子曰：'孝子唯巧變，故父母安之。若夫坐如尸，立如齊，弗訊不言不問詢，不説話，言必齊色。此成人之善者也，未得爲人子之道也。'此兩'若夫'之文同，疑《曲禮》本取曾子之言，而誤留'若夫'。不然，則全脱一簡，失'弗訊'以下十五字。"朱子《答潘恭叔》曰："《曲禮》雜取諸書精要之語，集以成編，雖大意相似，而文不連屬。如首章四句，乃《曲禮》古經之言。'敖不可長'以下四句，不知是何書語，又自爲一節，皆禁戒之辭也；'賢者'以下六句，又當別是一書；'臨財毋苟得'以下六句又是一書，亦禁戒之辭。'若夫坐如尸，立如齊'，劉原父以爲此乃《大戴記‧曾子事父母篇》之辭。'若夫'二句失於删去，鄭氏謂此二句爲丈夫之事，其説誤矣。此説得之。'禮從宜禮儀要順從時宜，使從俗出使要順從別國風俗'，當又是一書。"語出《晦庵集》卷五十。

錫瑞案：劉氏與朱子之説是也，《禮記》他篇，亦多類此。故鄭君門人孫炎已有《類鈔》，而書不傳；魏徵因之以作《類禮》，而書亦不傳。王應麟《困學紀聞》云："《魏徵傳》曰：'以《小戴禮》綜彙不倫，更作《類禮》二十篇，數年而成。太宗美

① "記"上原脱"禮"字，據本書《目錄》補。

其書,録置内府。'《藝文志》云'《次禮記》二十卷',舊史謂'採先儒訓注,擇善從之'。《諫録》載詔曰:'以類相從,別爲篇第,并更注解,文義粲然。'《魏鄭公諫録》,唐王方慶撰。《會要》云:'爲五十篇,合二十卷。'《元行沖傳》:'開元中,魏光乘請用《類禮》列於經,命行沖與諸儒集義作疏,將立之學,乃采獲刊綴爲五十篇。'元行沖:名澹,洛陽人,開元中任國子祭酒,著有《魏典》《群書四録》等。張説言張説(667—730):字道濟,一字説之。原籍范陽,世居河東,徙家洛陽。前後三次爲相,爲開元前期一代文宗。與蘇頲齊名,稱"燕許大手筆":'戴聖所録,向已千載,與經并立,不可罷。魏孫炎始因舊書摘類相比摘(zhāi):選取,摘取,有如鈔掇,諸儒共非之。至徵更加整次,乃爲訓注,恐不可用。'帝然之,書留中不出指留在宮中。行沖著《釋疑》曰:'鄭學有孫炎,雖扶鄭義,乃易前編。條例支分,箋石間起。馬伷增革馬伷(zhòu):即江蘇丹徒人馬懷素,時任昭文館學士。增革:增益,向逾百篇;葉遵删修,僅全十二。魏氏采衆説之精簡,刊正芟礱(shān lóng)刊正删磨。'朱文公惜徵書之不復見,此張説文人不通經之過也。行沖謂:'章句之士,疑於知新,果於仍故。比及百年,當有明哲君子,恨不與吾同世者。'觀文公之書,則行沖之論信矣。"語出《困學紀聞》卷五《儀禮》。

　錫瑞案:《戴記》不廢,張説有存古之功;《類禮》不傳,説亦有泥古之失。當時若新舊并行,未爲不可。朱子惜《類禮》不復見,是以有《儀禮經傳通解》之作。吳澄作《禮記纂言》,更易次序,各以類從。近人懲於宋儒之割裂聖經,痛詆吳澄,并疑《通解》之雜合經傳。平心而論,《禮記》非聖人手定,與《易》《書》《詩》《春秋》不同。且《禮經》十七篇已有附記,《禮記》文多不次指編次不當,初學苦其難通,《曲禮》一篇即其明證。若加分別部居,自可事半功倍。據《隋志》"《禮記》三十卷,魏孫炎注",則其書唐初尚存。炎學出鄭門,必有依據。

魏徵因之，更加整比。若書尚在，當遠勝於《經傳通解》《禮記纂言》，而大有益於初學矣。（陳澧云：《孔疏》每篇引鄭《目錄》，云此於《別錄》屬某某，《禮記》之分類，不始於孫炎、魏徵矣。今讀《禮記》，當略仿《別錄》之法，分類讀之，則用志不紛，易得其門徑。）

146. 論《鄭注》引漢事、引讖緯皆不得不然，習《禮記》者當熟玩注疏，其餘可緩

馬端臨《文獻通考》曰："三代之禮亡於秦，繼秦者漢。漢之禮書，則前有叔孫通，後有曹褒。然通之禮雜秦儀，褒之禮雜讖緯，先儒所以議其不純也。然自古禮既亡，今傳於世者，惟《周官》《儀禮》《戴記》，而其説未備。鄭康成於三書皆有注，後世之欲明《禮》者，每稽之《鄭注》以求經之意。而《鄭注》亦多雜讖緯及秦漢之禮以爲説，則亦必本於通、褒之書矣。此二書者，漢、隋、唐三史《藝文志》俱無其卷帙，則其書久亡，故後世無述焉。然魏晉而後所用之禮，必祖述此者也。"語出《文獻通考》卷一八七《經籍考十四》。

錫瑞案：馬氏之説甚通。《禮》自孔子時而經不具，後世所謂三《禮》，由孔子及七十子後學者撰集，雖未必與古禮盡合，而欲考古禮者，舍三書無徵焉。通爲秦博士，習秦儀。秦之與古異者，惟尊君卑臣爲太過，其他去古未遠，必有所受。觀秦二世時議廟制，引古七廟之文可見。通所定禮，不見於《漢·藝文志》，蓋猶蕭何之律、韓信之軍法，其書各有主者，不在向、歆所校中秘書内。許氏《異義》間引通説，則鄭君注《禮》亦必采用之矣。褒本習《慶氏禮》，乃高堂生、后倉所授。其引讖緯，東漢風氣實然。緯書多先儒説經之文，觀《禮緯·含文嘉》可見。鄭注《禮》間引讖緯，如"耀魄寶""靈威仰"之

類，或亦本之於褒。耀魄寶：星名，即天帝星，北極五星之最尊者。《星經·天皇》云："天皇大帝一星，在鉤陳中央也，不記數，皆是一星，在五帝前座，萬神輔録圖也。其神曰耀魄寶，主禦群靈也。"靈威仰：即青帝，五帝之一。東方之神，春神。《禮記·大傳》云："禮，不王不禘。王者禘其祖之所自出。以其祖配之。"鄭玄注云："王者之先祖皆感大微五帝之精以生。蒼則靈威仰，赤則赤熛怒，黃則含樞紐，白則白招拒，黑則汁光紀。"古禮失亡，通定禮采秦儀，鄭注《禮》用漢事，褒與鄭又引及讖緯，皆不得不然者。後人習用鄭説，而於通雜秦儀、褒雜讖緯則議之，是知二五而不知十也。或且并詆鄭君，如陳傅良謂鄭注《周禮》之誤有三，漢官制皆襲秦，今以比《周官》。王應麟引徐筠《微言》，亦同此説。歐陽修請删《注疏》中所引讖緯，張璁且以引讖緯爲鄭君罪案而罷其從祀。如其説，則漢以後之説《禮》者，不亡於秦火，而亡於宋明諸人矣。朱子曰："《禮記》有説宗廟朝廷説得遠，復雜亂不切於日用。若欲觀禮，須將《禮記》節出切於日用常行者，如《玉藻》《内則》《曲禮》《少儀》看。"又曰："鄭康成考《禮》名數大有功。"又或問："《禮記》古注外，無以加否？"曰："《鄭注》自好①，看注看疏自可了。"如上三則朱子語，皆出《朱子語類》卷八十七。朱子推重《禮記注疏》，此至當之論也。孔穎達於三《禮》惟疏《禮記》，實貫串三《禮》及諸經。有因《記》一二語而作疏至數千言者，如《王制》"制，三公一命卷"云云，疏四千餘字；"比年一小聘"云云，疏二千餘字；《月令》《郊特牲》篇題，疏皆三千餘字，其餘一千餘字者尤多。元元本本，殫見洽聞，又非好爲繁博也。既於此一經下詳説此事，以後此事再見則不復説，亦猶《鄭注》似繁而不繁也。學者熟玩《禮記注疏》，非止能通《禮記》，且可兼通群經。若衛湜《禮

---

① "好"下原衍"看"字，據《朱子語類》卷八十七删。

記集説》一百六十卷,空衍義理者多。杭世駿《續禮記集説》一百卷,亦未免於炫博。陸元輔《陳氏集説補正》,足匡陳澔之失。陳澔(1260—1341):字可大,號雲住,人稱經歸先生。南康路都昌縣(今江西都昌)人。宋末元初理學家,精於《易》《禮》,有《禮記集説》十卷。王夫之《禮記章句》、朱彬《禮記訓纂》、孫希旦《禮記集解》,雖有可采,皆不及《孔疏》之詳博,亦不盡合古義,此等書皆可緩。鄭注《禮記》,因盧、馬之本而加校正,其所改字必有精意。宋陸佃、方愨、馬晞孟等,以鄭改讀爲非,而强如本字讀之一字有兩個或兩個以上讀音,依本音讀叫"如字",解多迂曲。又或以後世之見疑古禮之不近人情,不但疑注疏,而并至疑經,足以迷誤後學。陳澔《集説》尤陋,學者仍求之注疏可也。

147. 論宋、明人疑經之失,明人又甚於宋人

宋、明人疑注疏而并疑經,今略引其説辨之。宋鄭樵曰:"三《禮》之學,其所以訛異者,大端有四:有出於前人之所行而後人更之者,如墨始於晉墨:指喪儀穿黑色喪服,髽始於魯髽:古代婦女喪髻,以麻線束髮,廟有二主始於齊桓,朝服以縞始於季康指季孫肥,春秋時魯國正卿。以至古者麻冕,今也純儉①;古者冠縮縫冠:此指冠梁。古代冠制,有一冠圈套在髮際,叫武;武上從前至後有一冠梁覆於頭頂。縮縫:冠梁上有褶皺,褶皺皆縱向排列,稱縮縫,今也衡縫即橫縫,褶皺橫向排列。同爲一代,而異制如此。幸而遺説尚存,得以推考因革之故,設其不存,則或同或異,無乃滋後人疑乎?有出於聖人之門而傳之各異者,如曾子襲裘而吊,子游裼裘而

---

① "純"下原脱"儉"字,據鄭樵《六經奧論》卷五《三禮同異辨》補。

弔。小斂之奠，曾子曰於西方，子游曰於東方①；異父之服，子游曰爲之大功，子夏曰爲之齊衰。同師而異説如此，況復傳之群弟子之門人，則其失又遠也。從而信之，則矛盾可疑；從而疑之，則其説有師承，此文義不能無乖異也。有後世諸儒損益前代而自爲一代之典者，如吕不韋作《月令》，蓋欲爲秦典，故祭祀、官名不純於周；漢博士欲爲漢制，故封爵不純於古。(案二説皆非是，前已引陳壽祺説駮之。)後世明知二書出於秦漢，猶且曰《月令》爲周制，《王制》爲商制。況三《禮》之書，所成者非一人，所作者非一時，又烏能使之無乖異也？有專門之學欲自名家而妄以臆見爲先代之訓者，如春秋之末執羔執雁，魯人已不自知，則禮之所存，蓋無幾也(案此孔子時經不具之證)。延乎秦世，灰滅殆盡。漢世不愛高爵以延儒生延請儒生，寧棄黄金以酬斷簡。諸儒各述所聞，雜以臆見，而實未見古人全書，故其説以霍山爲南岳(案此説甚是)霍山：今安徽天柱山之别名，以太尉爲堯官(案此見緯書，《禮》無明文)，以商之諸侯爲千八百國，以周之封域爲千里者四十九(案此見《王制》，乃《春秋》素王之法，非必商周)，以分陝處内爲三公(案此《公羊》説，古制當是如此，乃無一國三公之弊)，以太宰、太宗、太卜、太士等爲六官(案此見《曲禮》，鄭以爲殷制)。當時信其爲古書而無疑，後世以其傳久遠而不敢辨，又焉能使之無乖異乎？禮學之訛以此。後世議明堂，或以爲五室，或以爲九室，或以爲十二室(案焦循、陳澧辨之以明)。議太學，或以爲五學，或以爲當如辟雍，或以爲當如膠庠(jiāo xiáng)，周代學校名，周時膠爲大學，庠爲小學，後世通稱學校爲膠庠，或以爲當如成均、瞽宗(案太學即辟雍，而膠庠、成均、瞽宗，又其異名，五學本同一處)。夫明堂一也，而制有三；太學一也，而名有六，此何以使後世無疑哉？"語

---

① "西方""東方"，原誤倒，據鄭樵《六經奧論》卷五《三禮同異辨》乙正。

出鄭樵《六經奧論》卷五《三禮同異辨》。

明郝敬曰_{郝敬}（1558—1629）：字仲輿，號楚望，湖北京山人。通經學，有《周禮完解》《儀禮節解》《禮記通解》等，《明史》有傳："凡禮不可常行者，非禮之經。用於古不宜於今，而猶著之於篇者，非聖人立經之意。即四十九篇中所載，如俎豆席地、袒衣行禮、書名用方策、人死三日斂之類，古人用之，今未宜（_{案此等古今異宜，可以通變。}）。父在爲母期，出母無服，師喪無服，此等雖古，近薄。父母爲子斬衰，妻與母同服，此等失倫（_{案古聖制服，各有精意，俗情膚淺，豈可妄議古人}）。官士不得廟事祖，支子不祭，此等非人情（_{案廟制、祭禮分尊卑，辨適庶，亦不可妄議}）。杖不杖視尊卑貴賤_{杖：謂居喪持喪棒}，哭死爲位於外，熬穀與魚腊置柩旁（_{案杖不杖非止視尊卑，爲位於外，所以別嫌疑。熬則小節，可變通}）_{熬穀：乾炒的穀物。魚腊：乾魚}，此等近迂闊①。國君饗賓，夫人出交爵，命婦入公宮養子，國君夫人入臣子家吊喪，此等犯嫌疑（_{案古人避嫌，未若後人之甚，交爵則因陽侯事，已廢矣}）。祭祀用子弟爲尸，使父兄羅拜_{環繞下拜}，若祫祭則諸孫濟濟一堂爲鬼，此等近戲謔（_{案立尸是事死如事生，且古人行禮與今不同，非有尸答拜，不能成禮}）。人死含珠玉以誨盜，壙中藏甕、甒、筲、衡等器_{甒（wǔ）：古代盛酒的有蓋瓦器。筲（shāo）：盛飯的竹器。衡：支撐上述器物的木架}，歲久腐敗，陷爲坑谷，此等無益有害（_{案此小事可變通}）。古人每事不忘本，酒尚玄，冠服用皮，食則祭。至於宗族姓氏，則隨便改易，如司徒、司空、韓氏、趙氏，惟官惟地。數世之後，迷其祖姓，又何其無重本之思也（_{案古氏族改，姓不改，男子稱氏，女子稱姓，安有改姓迷姓之事}）。廟制，天子至士庶有定數，皆有堂有寢，有室②有門。大邑巨家，父子世官，兄

---

① "此等近迂闊"五字原脱，據郝敬《禮記通解》卷首《讀禮記》補。
② "有寢""有室"，原誤倒，據郝敬《禮記通解》卷首《讀禮記》乙正。

弟同朝，將廟①不多於民居乎？如云皆設於宗子家嫡長子家，則宗子家無地可容。如父爲大夫，子爲士庶，則廟又當改毀，倏興倏廢，祖考席不暇暖（案古惟宗子有廟，無父子兄弟分立之禮。廟在居室之左，何患無地可居？天子諸侯亦有祧遷，何獨士庶不可興廢）。適子繼體即繼位，分固當尊，至於抑庶之法，亦似太偏；喪服有等，不得不殺，至於三殤之辨，亦覺太瑣；衰麻有數，不得不異，至於麻葛之易，亦覺太煩（案古重宗法，故嚴適庶，重本源，故分別喪服，不嫌煩瑣）。天子選士觀德用射，射中得爲諸侯，不中不得爲諸侯（案此猶後世以文字取士）。如此之類，雖古禮乎，烏可用也？故凡禮非一世一端可盡，古帝王不相沿襲。聖人言禮不及器數，惟曰義以爲質，有以也有原因，有道理。此四十九篇，大都先賢傳聞，後儒補輯，非盡先聖之舊，而鄭康成信以爲仲尼手澤（案鄭無以《禮記》爲孔子所作之語），遇文義難通，則稱竹簡爛脱，顛倒其序；根據無實，則推殷、夏異世，逃遁其説。蓋鄭以《記》爲經，既不敢矯《記》之非，世儒又以鄭爲知禮，不敢議鄭之失，千餘年來所以卒瞀瞀然耳。”語出郝敬《禮記通解・讀禮記》。

錫瑞案：鄭樵、郝敬，皆勇於疑經者。鄭猶以爲訛異，郝乃直攻經傳，足見明人之悍而不學沒有學問，又甚於宋。茲逐條辨之，以釋後儒之疑。

148. 論古宮室、衣冠、飲食不與今同，習禮者宜先考其大略，焦循《習禮格》最善

古之宮室不與今同也，古之衣服飲食不與今同也。惟其不與今同，故俗儒多疑古禮不近人情，即有志於古者，亦苦其

① “將廟”二字原脱，據郝敬《禮記通解》卷首《讀禮記》補。

扞格不相入。考古禮者,宜先於古之宮室、衣服、飲食等類考其大略,乃有從入之處。古宮室皆南向,外爲大門,門側左右皆有堂室,謂之塾。内爲寢門,中爲庭,再上爲階,有東階(即阼階)、西階。升堂爲東西堂,有東西榮(即檐),有東西序(即牆),有兩楹(即柱),有棟,有楣。上爲戶牖間,其後爲室,兩旁爲東西房(古之室即今之房,有壁。古之房,今過路屋,無壁)。東房後有北堂。宮室之左爲廟,有闈門相通,廟制與宮室略同。觀李如圭《儀禮釋宮》、江永《釋宮注》、張惠言《儀禮圖》,得大略矣。古祭服用絲,朝服用布;祭服用冕,朝服用弁或玄冠。古冠小,如今道士之冠,非若後世之帽。冕服、朝服、玄端古代的一種黑色禮服。祭祀時,天子、諸侯、士大夫皆服之,天子晏居時亦服之,皆上衣下裳古代稱上身衣服爲衣,下身衣裙爲裳,惟深衣連上下深衣:古代上衣、下裳相連綴的一種服裝。爲古代諸侯、大夫、士家居常穿的衣服,也是庶人的常禮服,無裳,似今之長衫。惟方領對襟,緣以繢(huì)邊緣飾彩色花紋圖案,或青或素爲異,用細白布爲之。喪服用布則粗,又各以輕重分精粗。觀任大椿《弁服釋例》,得大略矣。古食用黍、稷,加則有稻、粱,黍、稷、稻、粱爲四簋。常食有羹、胾、蔥、洎、醢、醬、脯羞羹:用肉類或菜蔬等制成的帶濃汁的食物。胾(zì):切成大塊的肉。洎(jì):湯汁。醢(xǐ):醋。脯羞:乾制的肉類食品,飲有酒有漿。齊則用糟未漉清的帶滓的酒,醴亦有糟。薦用脯醢佐酒的菜肴,脯以乾牛肉,加薑、桂鍛治者爲脩乾肉,細剉脯加鹽酒爲醢剉(cuò):銼磨,皆生物未經煮熟之物。酒新釀,冷飲。豕、魚、腊爲三鼎,加羊與腸胃爲五鼎(腊,士用兔,大夫用麋。腸胃用牛、羊,不用豕),加牛與膚(豕肉)、鮮魚、鮮腊爲九鼎,加膷(xiāng)、臐(xūn)、膮(xiāo)(牛、羊、豕肉)爲十二鼎。籩盛乾物,豆盛濡物濕物。俎以骨爲主(若今之排骨),骨分前足爲肩、臂、臑共六臑(nào):動物前肢,長脅、代脅、短脅共六,正脊、挺脊、橫脊共三,後足髀(bì)、肫(chún)、胳（gé）共六，二十一體。髀近竅指肛門，賤，不升不進獻。鄉飲、燕、射，則牲用狗。燕食有蜩（即蟬）、范（即蜂）、蚳醢（chí hǎi）（蟻子），今人所不食者。

考飲食無專書，亦可得大略也。得其大略，再取張惠言《儀禮圖》，如阮元說，畫地以習之，不患古禮不明。若用焦循《習禮格》，尤爲事半功倍。焦氏《自序》曰："於《儀禮》十七篇，去《喪服》《士喪禮》《既夕》《士虞禮》四篇，餘十三篇，爲格以習之。紙方尺五寸，如奕枰棋盤，作朝廟圖一，庠圖一，大夫朝廟圖一。若門，若曲，若階，若堂，若室，若房，若夾室，若東西堂，若東西榮，若坫（diàn），古代築在室内的土臺。屋角的坫，爲士舉行冠禮、喪禮儀式的地方，若牆、墉、屏、宁、戶、牖，無不備。宁（zhù）：古代宫室門屏之間。《禮記·曲禮下》："天子當宁而立，諸公東面，諸侯西面，曰朝。"鄭玄注："宁，門屏之間。"削木或石爲棋，若主人，若賓，若介，若僎（zūn）典禮飲宴時輔佐主人行儀節的人，若主婦，若宰夫、司馬、樂工之屬，刻之，或以丹墨書。削木或石爲棋，小於前，於諸器物，若聘之圭、璋、皮、馬、錦、幣，若祭之簠、簋、鼎、俎，燕之爵、洗，食之羹、醬，樂工之瑟、笙，射之弓、矢、楅、乏、旌、中、侯、正、豐、觶楅（bī）：古代插箭的器具。乏：古代行射禮時報靶者用以防箭的護身物，冠昏之冠服，刻之，或以丹墨書。削木或石爲棋，前以圓，此以橢，書若揖，若拜，若再拜，若興，若坐，若立，若飲，若祭之類於上，或用刻。以十三篇爲之譜。習時各任一人，或兼之，按譜而行之。若東、西、左、右、升、降之度，不容紊也；一揖一讓，不容遺也。否則爲負，負者罰。子弟門人或用心於博奕，思有以易之，爲此格。演之者必先讀經，經熟其文，熟其節。可多人演之，可少人演之，可一人演之。格有定，不容爭也，不容詐也。雖戲也而不詭於正，後之學禮者或有好焉。"見焦循《雕菰集》卷十七《習禮格序》。

149. 論《禮記》義之精者本可單行，《王制》與《禮運》亦可分篇別出

《禮記》非一人所撰，義之精者可以單行。《漢·藝文志》於《禮記》百三十篇外，已別出《中庸》二篇。梁武帝作《禮記大義》十卷，又作《中庸講疏》一卷。宋仁宗以《大學》賜及第者。表章《中庸》《大學》，不始朱子。蔡邕作《月令章句》及《問答》，宋太宗令以《儒行篇》刻於版，印賜近臣及新第舉人。司馬光《書儀》云："《學記》《大學》《中庸》《樂記》，為《禮記》之精要。"黃道周作《月令明義》《表記坊記緇衣儒行集傳》，黃宗羲作《深衣考》，江永作《深衣考誤》，邵泰衢作《檀弓疑問》，焦循謂於《禮運》《禮器》《中庸》《大學》得其微。是皆於四十九篇之中，分篇別出者。

錫瑞謂：《王制》為今文大宗，用其說可以治天下，其書應分篇別出；《禮運》說禮極精，應亦分篇別出。《黃氏日鈔》云："《禮運》記五帝三王相變易、陰陽轉移之道，故以'運'名。雖思太古而悲後世，其主意微近於《老子》，而終篇混混為一，極多精語。如論造化，謂'天秉陽，垂日星；地秉陰，竅於山川'。如論治，謂'聖人耐以天下為一家，中國為一人'。如論人，則謂'人者，天地之心'，謂'天地之德，陰陽之交，鬼神之會，五行之秀氣'。如論禮，則謂'禮者固人肌膚之會，筋骸之束'。皆千萬世名言。"语出《黃氏日鈔》卷十八。《困學紀聞》云："《禮運》，致堂胡氏云子游作致堂胡氏：胡寅（1098—1156），字明仲，學者稱致堂先生。建州崇安（今福建武夷山）人，後遷居衡陽。南宋理學家，學於楊時，有《論語詳說》《讀史管見》等，呂成公謂蜡賓之歎呂成公：指南宋東萊呂祖謙。蜡（zhà）賓之歎：《禮運》開篇云："昔者仲尼與於蜡賓，事畢，出遊於

觀之上，喟然而嘆。仲尼之嘆，蓋嘆魯也。言偃在側曰：‘君子何嘆?’孔子曰：
‘大道之行也，與三代之英，丘未之逮也，而有志焉。大道之行也，天下爲公，選
賢與能，講信脩睦。故人不獨親其親，不獨子其子，使老有所終，壯有所用，幼
有所長，矜寡孤獨廢疾者，皆有所養。男有分，女有歸，貨惡其棄於地也，不必
藏於己；力惡其不出於身也，不必爲己。是故謀閉而不興，盜竊亂賊而不作，故
外户而不閉，是謂大同。今大道既隱，天下爲家，各親其親，各子其子，貨力爲
己，大人世及以爲禮，城郭溝池以爲固，禮義以爲紀，以正君臣，以篤父子，以睦
兄弟，以和夫婦，以設制度，以立田里，以賢勇知，以功爲己。故謀用是作，而兵
由此起。禹、湯、文、武、成王、周公，由此其選也。此六君子者，未有不謹於禮
者也，以著其義，以考其信，著有過，刑仁講讓，示民有常。如有不由此者，在執
者去，衆以爲殃，是謂小康。”，前輩疑之，以爲非孔子語。‘不獨親
其親，子其子’，而以堯、舜、禹、湯爲小康，是老聃、墨氏之論。
朱文公謂程子論堯舜事業，非聖人不能，三王之事，大賢可爲，
恐亦微有此意。但《記》中分裂太甚，幾以帝王爲有二道佛教
指無礙道與解脱道，即斷惑、證真兩種智慧，則有病。”語出《困學紀聞》卷
五。邵懿辰曰：“《禮運》一篇，先儒每歎其言之精而不甚表章
者，以不知首章有錯簡，而疑其發端近乎老氏之意也。今以
‘禹、湯、文、武、成王、周公，由此其選也。此六君子者，未有
不謹於禮者也’二十六字，移置‘不必爲己’之下、‘是故謀閉
而不興’之上，則文順而意亦無病矣。就本篇有六證焉：先儒
泥一‘與’字，以‘大道之行’屬大同，‘三代之英’屬小康。不
知‘大道之行’概指治功之盛，‘三代之英’切指其治世之人。
‘與’字止一意，無兩意。而下句‘有志未逮’，正謂徒想望焉，
而莫能躬逢其盛也，否則‘有志未逮’當作何解？證一也。
‘今大道既隱’，以周爲今猶可，以夏、商爲今可乎？既曰未
逮，又曰今，自相矛盾，證二也。禮爲忠信之薄，則子游宜舉大
道爲問，而曰‘如此乎禮之急也’，不承大同而偏重小康，則文
義不屬，證三也。‘講信修睦’，後文三見，皆指聖人先王而非

遠古，果有重五帝薄三王之意，後文何無一言相應乎？證四也。五帝官天下，三王家天下，本戰國時道家之說，而漢人重黃老者述之，實則五帝不皆與賢，堯舜以前皆與子也。‘天下爲公’，即後文所謂‘以天下爲一家，中國爲一人’者。‘不獨親其親，子其子’，謂‘老吾老以及人之老，幼吾幼以及人之幼’。‘老有所終’以下六句，皆人情之所欲，即‘人情以爲田’，而大同即大順也。‘天下爲家’，則指東遷以後，政教號令不行於天下，國異政而家殊俗，并無與子與賢之意。‘選賢與能 與：通“舉”。選拔任用賢能之士’，對‘世及’而言 世及：世襲，世代相傳。世及者，若《春秋》譏世卿，雖有聖人，無自進身，異於周初‘建官惟賢，位事惟能’耳 語出《尚書·武成》。位事：居位理事，證五也。‘我欲觀夏道’，‘我欲觀殷道’，‘我觀周道’，三‘道’字正承‘大道’而言。果大道既隱，又何觀焉？後文‘大柄’‘大端’‘大寶’，即大道也，證六也。”語出邵懿辰《禮經通論》。

錫瑞案：移易經文，動言錯簡，乃宋明人習氣，不可爲訓。而邵氏說極有理，證據亦明。明乎此，可以釋前人之疑，知《禮運》一篇皆無疵，而其精義益著。故備舉其說，以爲《禮運》可以單行之證。

150. 論《六經》之義禮爲尤重，其所關繫爲尤切要

《六經》之文，皆有禮在其中；《六經》之義，亦以禮爲尤重。於何徵之？於《經解》一篇徵之。《經解》首節泛言《六經》，其後乃專歸重於禮。鄭《目錄》云：“名曰‘經解’者，以其記六義政教之得失也。此於《別錄》屬通論。”《孔疏》曰：“《經解》一篇，總是孔子之言，記者錄之以爲《經解》者。皇氏云：‘解者，分析之名，此篇分析《六經》禮教不同，故名曰《經

解》也。《六經》其教雖異,總以禮爲本,故記者録入於《禮》。'"陳澧曰:"《記》文引孔子曰'安上治民,莫善於禮',此篇當録入於《禮》,其義已明矣。"語出《東塾讀書記》卷九。

錫瑞案:陳氏之説未盡,此篇自"禮之於正國也"正國:治理國家,至引"孔子曰安上治民"云云,皆是説禮。《孔疏》曰:"從篇首'孔子曰,入其國,其教可知也'至此'長幼有序',事相連接,皆是孔子之辭,記者録之而爲《記》。其理既盡,記者乃引孔子所作《孝經》之辭以結之,故云'此之謂也'。言孔子所云者,正此經之謂。"據此,則孔子説《六經》畢,已特舉禮之重以教人矣。《孔疏》又曰:"'此之謂也'以後,則是記者廣明'安上治民'之義,非復孔子之言也。"案記者之文亦極精,能發明《禮經》十七篇之義,曰:"故朝覲之禮,所以明君臣之義也;聘問之禮,所以使諸侯相尊敬也;喪祭之禮,所以明臣子之恩也;鄉飲酒之禮,所以明長幼之序也;昏姻之禮,所以明男女之別也。夫禮,禁亂之所由生,猶坊止水之所自來也坊:堤防。故以舊坊爲無所用而壞之者,必有水敗水患;以舊禮爲無所用而去之者,必有亂患。故昏姻之禮廢,則夫婦之道苦,而淫辟之罪多矣淫辟:亦作"淫僻",放蕩淫亂;鄉飲酒之禮廢,則長幼之序失,而爭鬥之獄繁矣;喪祭之禮廢,則臣子之恩薄,而倍死忘生(據《漢書》,作"先")者衆矣;聘覲之禮廢,則君臣之位失,諸侯之行惡,而倍畔侵陵之敗起矣。故禮之教化也微,其止邪也於未形,使人日徙善遠罪而不自知也,是以先王隆之也。""先王隆之",承上孔子所云"隆禮""由禮"言之"隆禮"謂重視禮、"由禮"謂實行禮。朝覲聘問,承上"以入朝廷則貴賤有位"言之;喪祭之禮,承上"以奉宗廟則敬"言之;鄉飲酒之禮,承上"以處鄉里則長幼有序"言之;昏姻之禮,承上"以處室家則父子親兄弟和"言之,而皆不出《禮經》十七篇外。鄉飲以飲該射該:包括,

昏姻以昏統冠,觀此乃知聖人制禮,非故爲是繁文縟節,實所
以禁亂止邪。謂禮猶坊,與《坊記》之義相通,《坊記》曰:"君
子之道,辟則坊與,坊民之所不足者也用來防止人們德行之不足。
大爲之坊嚴加防範,民猶逾之,故君子禮以坊德。禮者,因人之
情而爲之節文,以爲民坊者也。"使民貧而好樂,富而好禮,觴
酒豆肉一觴酒,一豆肉,讓而受惡相互推讓而接受較差的一份,而鬥辨
之獄息矣,則鄉飲酒之禮明也。"夫禮者,章疑別微辨明嫌疑而
區別細微,以爲民坊者也",故貴賤有等,朝廷有位,示民有君臣
之別,而弑獄不作矣,則聘覲之禮明也。教民追孝追行孝道於前
人。指敬重宗廟祭祀,以盡孝道,示民不爭不貳不疑,以有上下,而
不孝之獄罕矣,則喪祭之禮明也。"夫禮,坊民所淫防止人民淫
亂,章民之別彰明男女有別,使民無嫌不生嫌隙,以爲民紀者也",
教民無以色厚於德,而淫亂之獄絕矣,則昏姻之禮明也。《大
戴禮·盛德篇》亦云:"凡不孝生於不仁愛,不仁愛生於喪祭
之禮不明。喪祭之禮,所以教仁愛也,致愛故能致喪祭,死且
思慕饋食獻熟食。古代天子諸侯每月朔朝廟的一種祭禮,況於生而存
乎? 故喪祭之禮明,則民孝矣。故有不孝之獄,則飾喪祭之
飾:整治,整頓。凡弑上生於義不明,義者,所以等貴賤,明尊卑。
貴賤有序,民尊上敬長,而弑者未有也。朝聘之禮,所以明義
也,故有弑獄,則飾朝聘之禮。凡鬥辨生於相侵陵,相侵陵生
於長幼無序,鄉教以敬讓也,故有鬥辨之獄,則飾鄉飲酒之禮。
凡淫亂生於男女無別,夫婦無義,昏禮所以別男女,明夫婦之
義也,故有淫亂之獄則飾昏禮。"其説與《經解》正合。喪祭、
朝聘、鄉飲、昏禮,亦不出十七篇外。觀此諸篇,乃知古禮所
存,大有關繫,較之各經,尤爲切要。若必蕩棄禮法,潰決隄
防,正所謂"壞國、喪家、亡人,必先去其禮"語出《禮記·禮運》,
與《孟子》所謂"上無禮,下無學,賊民興,喪無日矣"語出《離婁

上》,可不做懼乎?

151. 論《大戴禮記》

　　鄭君《六藝論》曰:“戴德傳《記》八十五篇,則《大戴禮》是也。”鄭注《小戴》,不注《大戴》,故《小戴禮》合《周禮》《儀禮》,至今稱爲三《禮》,而《大戴禮》漸至亡佚。八十五篇,《隋志》所録已佚其四十七篇,盧辨《注》亦僅存八卷。《四庫提要》:“司馬貞曰:‘《大戴禮》合八十五篇,其四十七篇亡,存三十八篇。’蓋《夏小正》一篇多別行,隋唐間録《大戴禮》者,或闕其篇,是以司馬貞云然。原書不別出《夏小正》篇,實闕四十六篇,存者宜爲三十九篇。《中興書目》乃言存四十篇,則竄入《明堂》篇題,自宋人始矣。書中《夏小正》篇最古,其《諸侯遷廟》《諸侯釁廟》《投壺》《公冠》,皆《禮古經》遺文。又《藝文志》《曾子》十八篇久逸,是書猶存其十篇,自《立事》至《天圓》篇題中,悉冠以‘曾子’者是也。”語出《四庫全書總目》卷二十一《大戴禮記》提要。阮元《揅經室集·王實齋大戴禮記解詁序》曰:“南城王君實齋聘珍王聘珍:字貞吾,號實齋,江西南城人,清代禮學家,著《大戴禮記解詁》十三卷,《目録》一卷。其言曰:‘大戴與小戴同受業於后倉,各取孔壁古文《記》,非小戴删大戴,馬融足小戴也。《禮察》《保傅》語及秦亡,乃孔襄等所合藏,是賈誼有取於《古記》,非《古記》采及《新書》也。《三朝記》《孔子三朝記》,曾子後學所記、《曾子》,乃劉氏分屬九流,非大戴所衰集也。’其校經文也,專守古本爲家法,有懲於近日諸儒妄據他書徑改經文之失。其爲《解詁》也,義精語潔,恪守漢法,多所發明,爲孔撝約諸家所未及孔撝約:即清人孔廣森。能使二千年孔壁古文無隱滯之義,無虛造之文,用力勤而爲功鉅矣。”語出《揅經室集》一集卷十一。又《孔檢討廣森大戴禮記補注序》曰：
"今學者皆治十三經，至兼舉十四經之目，則《大戴禮記》宜急
治矣。《夏小正》爲夏時書，《禹貢》惟言地理。兹則言天象，
與《堯典》合。《公冠》《諸侯遷廟》《釁廟》《朝事》等篇，足補
《儀禮》十七篇之遺。《盛德》《明堂》之制，爲《考工記》所未
備。《孔子三朝記》，《論語》之外，兹爲極重。《曾子》十篇，
儒言純粹，在《孟子》之上。《投壺》儀節較《小戴》爲詳，《哀
公問》字句較《小戴》爲確，然則此經宜急治審矣。顧自漢至
今，惟北周盧僕射爲之注，且未能精備。自是以來，章句溷淆
(hùn xiáo)同"混淆"，古字更舛，良可慨歎。近時戴東原庶常、盧
紹弓學士，相繼校訂，蹊徑漸闢。戴東原庶常：指戴震，曾任翰林院庶
吉士。盧紹弓學士：指盧文弨(1717—1796)，字召弓，一作紹弓，號磯漁，學者
稱抱經先生，清仁和(今浙江杭州)人，有《抱經堂集》《禮儀注疏詳校》等曲阜
孔編修巽軒乃博稽群書孔編修巽(xùn)軒：即清人孔廣森，參會衆
説，爲《注》十三卷，使二千年古經傳復明於世，用力勤而爲功
鉅矣。"語出《揅經室集》一集卷十一。

　　錫瑞案：《大戴禮記》合十三經爲十四經，見於史繩祖《學
齋佔畢》，是宋時常立學。史繩祖：字慶長，陝西眉山人，生卒年不詳。
南宋學者，嘗師魏了翁，所著又有《孝經解》等。以注者爲北周盧辨，見
王應麟《困學紀聞》。近人注此書者，乃有孔廣森、王聘珍二
家，阮文達皆以"用力勤、爲功鉅"許之。序王聘珍書，以爲孔
撝約所未及，其稱許又在孔書之上。而《皇清經解》有孔書而
無王書，或王書之出差後。《續經解》亦未收，或王書之傳未
廣歟？凡考據之書，後出者勝，王書之勝孔書宜也。《大戴
書》與三《禮》多相出入，不可不知其義，故略言之。

152. 論經學糾纏不明，由專據《左傳》 《周禮》二書輕疑妄駁

　　經學之糾纏不明者，其故有二：一則古之事實不明。《左氏》一書所載事實，與《公羊》《穀梁》《國語》《史記》《新序》《説苑》《列女傳》多不合。《公羊》《穀梁》今文説，與《左氏》古文不同，《國語》與《左氏》皆古文而不盡同。《史記》《新序》《説苑》《列女傳》皆從今文，故亦不同。後人謂左氏親見國史，於其不同者，以爲諸家事實皆誤，惟左氏不誤。案《左氏》不可盡信，如“君氏卒”“暨齊平”“衛宣烝夷姜”之類 “君氏卒”：指桓公之母聲子卒，見《隱公三年》。“暨齊平”：事見《昭公七年》。《穀梁》以爲是魯與齊平，《左傳》以爲北燕與齊平。“衛宣烝夷姜”：以下淫上曰烝。夷姜：衛莊公之妾，衛宣公之庶母。事見《桓公十六年》，皆失實，説已見前。其餘劉敞《春秋權衡》，辨之尤詳。太史公、劉子政博極群書，未必不見《左傳》，而其書多與《左傳》不合，《史記》又多前後不符，非故爲是參差也。古人信則傳信，疑則傳疑。漢初古書尚多，傳聞不同，各據所聞記之，意以扶微廣異。後人不明此義，又不曉今古文之別，專據《左氏》以駁群書，於是事實不備，且多淆亂，此事實不明者一也。

　　二則古之典禮不明。《周官》一書，與《孟子》《王制》全異，與《儀禮》《禮記》《大戴禮》《春秋三傳》及漢人説禮亦多不合。後人謂《周官》爲周公手定，於其不合者，以爲諸家典禮皆誤，惟《周官》不誤。鄭君注三《禮》，於禮與《周官》有異者，或以爲夏、殷禮，或以爲晉文、襄之制，似惟《周官》爲周制可信矣。而鄭注《職方》“其浸波、溠”“其浸盧、維”，亦駁其誤，豈有周公作書而有誤者？是鄭亦未敢深信也。故自漢及

唐宋,多疑非周公作,或謂文王治岐之政,或謂成周理財之書,或謂戰國陰謀之書,或謂漢儒附會之説。鄭樵爲之解曰:"《周禮》一書有闕文(軍司馬、輿司馬之類),有省文(遂人、匠人之類),有兼官(三公、三孤不必備,教官無府史、胥徒,皆兼官),有豫設(凡千里封公四,封侯六,伯十一之類),有不常制(夏采、方相氏之類),有舉其大綱者(四兩爲卒之類),有副相副貳者(自卿至下士同①,各隨才高下,而同治此事。司馬司②上下爵禄事食),有常行者(六官分職,各率其屬,正月之吉,垂法象魏之類是也),有不常行者(二至祀方澤,大裘祀上帝,合民詢國遷,珠盤盟諸侯之類是也。注云,圜丘服大裘,方澤之祀,經無其服。周無遷國事,至平王東遷,盟詛不及三王。以上事皆豫爲之,而未經行也)。今觀諸經,其措置規模,不徒於弼亮天地輔佐天地,和治人神,而盟詛儷伐盟詛:結盟立誓,凡所以待衰世者,無不及也。"語出鄭樵《六經奧論》卷六《周禮辨》。鄭氏所説,前數條猶可通,惟以盟詛儷伐爲待衰世,則其説殊謬。孔子作《春秋》,欲由撥亂、升平,馴致太平馴致:逐漸達到。周公作書,曰"子孫永保",曰"萬邦咸休",惟欲至千萬年爲長治久安之計,豈有聖人作書以待衰世,不期世之盛而期世之衰者?盟詛不及三王,而《周官》有盟諸侯之文。故漢人以爲末世瀆亂不驗之書,又以爲戰國人作,正指此類而言。鄭氏强爲之辭,猶杜預以《春秋》"凡例"爲出周公,而有"滅入圍取"之例,爲柳宗元、陸淳所駁。此皆傅會無理,必不可通者也。漢立十四博士,皆今文説,雖有小異,無害大同。其時經義分明,無所用其彌縫牽合,及古文説出,漸至淆雜。後人又偏執其説,如《莊子》所謂"暖暖姝姝(xuān xuān shū shū)自得貌,自滿貌,守一先王之言";李斯所用"別

---

① "士"下原脱"同"字,據鄭玄《六經奧論》卷六補。
② "司馬"下原脱"司"字,據鄭玄《六經奧論》卷六補。

黑白以定一尊"之法。以左氏爲親見國史,《周官》爲眞出周公,舉一廢百,輕疑妄駁,以致《春秋》事實、周時典禮皆不分明,學者遂以治經爲極難之事。竊謂《春秋》事實,當兼采三《傳》及《國語》《史記》《新序》《說苑》《列女傳》諸書,不必專據《左氏》;周時典禮,當兼采《儀禮》、《禮記》、《大戴禮》、《春秋》三傳及漢人遺說,不必專據《周官》。能折衷者加以折衷,不能折衷者,任其各自爲說,斯可以省枝節而去葛藤矣。

153. 論《禮經》止於十七篇,并及群經當求簡明有用,不當繁雜無用

邵懿辰曰:"人之心量無窮,而記誦限於其氣質。約而易操,則立心尤固。是故《春秋》萬七千言,《易》二萬四千餘言,《書》二萬五千餘言,《詩》三萬九千餘言,十七篇之《禮經》五萬六千餘言,合十六萬餘言,勢不可以再多,多則不能常存而不滅也。故禮在當時,道器尚不相離形而上者謂之道,形而下者謂之器,至於後世,文字存焉耳。然則獨其道存焉耳,有所以爲冠、昏、喪、祭、射、鄉、朝、聘,而道豈有遺焉者乎? 而尚存乎見少乎? 此聖人定十七篇爲禮經之意也。若夫《周官》太宰、宗伯之所掌,太史、小史之所執所讀,小行人之所籍,方策之多,可想而知。雖秉禮之宗國,有不能備。司鐸火司鐸:周代官名,一說宮中官署名。火:失火,子服景伯命出禮書事見《左傳·哀公三年》,而哀公使孺悲學士喪禮於孔子,則魯初無《士喪禮》。執羔、執雁尚不能知,則魯無《士相見禮》。孔子周流列國,就老聃、萇弘識大識小之徒而訪求焉者,但得其大者而已,勢不能傳而致之,盡以教及門之士。與其失之繁多而終歸於廢墜,不如擇其簡要而可垂諸永久也。此《禮經》在孔子時不止十七篇,亦

不止五十六篇,而定爲十七篇,舉要推類而盡其餘者,非至當不易之理歟?"語出《禮經通論》。

錫瑞案:邵氏不尊《周官》,不信《逸禮》,專據十七篇爲孔子手定,故謂繁多不如簡要。此禮經之定論,實亦諸經之通論也。孔子定《六經》以教萬世,必使萬世可以通行。上智少而中材多,古今之所同然。若書過於繁多,則惟上智之人能通,而中材之人不能通,不受教者多,而受教者少矣。古無紙墨刊印,漆書竹簡,尤不能繁。即如邵氏所推合《六經》十六萬餘言,傳誦已苦不易。凡學務精不務博,務實不務名,務簡明有用不務繁雜無用。孔子定《六經》之旨,曰刪正,曰筆削,皆變繁雜爲簡明之意也。漢人治經,能得此旨,其後乃漸失之。《藝文志》曰:"古之學者耕且養耕種稼穡,修養身心,三年而通一藝,存其大體,玩經文而已。今人張舜徽《漢書藝文志通釋》云:"古初學在敦飭躬行……當時學風淳樸,不尚煩瑣。但期通貫大義,有裨淑身立品而已。平日耕養之時多,誦讀之功少,故必三年而後通一藝也。"是故用日少而畜德多,三十而五經立也。後世經傳既已乖離,博學者又不思多聞闕疑之義,而務碎義逃難碎義:支離破碎的文義。逃難:逃避詰難,便辭巧說牽強附會,巧爲立說,破壞形體,說五字之文至於二三萬言顏師古注曰:"言其煩瑣也。桓譚《新論》云,秦近君能說《堯典》篇目兩字之說至十余萬言,但說'曰若稽古'三萬言。",後進彌以馳逐。故幼童而守一藝,白首而後能言。安其所習,毀所不見,終以自蔽,此學者之大患也。"語出《漢書·藝文志·六藝略序》。班氏此言,能括漢一代經學之盛衰,而爲萬世治經之龜鑒。經學莫盛於西漢,如《禹貢》治河、《洪範》察變、《春秋》決獄、《詩》當諫書,皆簡明而有用。皮氏在《經學歷史》之《經學昌明時代》一節亦言:"以《禹貢》治河,以《洪範》察變,以《春秋》決獄,以三百五篇當諫書,治一經得一經之益也。"今人周予同先生作注云:"以《禹貢》治河,蓋指平當。《漢書》卷七十一

《平當傳》：‘當以經明《禹貢》，使行河，爲騎都尉，領河隄。’顏師古注：‘《尚書·禹貢》載禹治水次第，山川高下，當明此經，故使行河也。’”又：“以《洪範》察變，蓋指夏侯勝。《漢書》卷七十一《夏侯勝傳》：‘會昭帝崩，昌邑王嗣立，數出。勝當乘輿前諫曰：“天久陰而不雨，臣下有謀上者，陛下出，欲何之？”……是時光（霍光）與車騎將軍張安世謀，欲廢昌邑王。光讓安世，以爲世語。安世實不言，乃召問勝。勝對言在《洪範傳》，曰：“皇之不極，厥罰常陰，時則下人有伐上者，惡察察言。”故曰臣下有謀。光、安世大驚，以此益重經術士。’”又：“以《春秋》決獄，蓋指董仲舒。《漢書·藝文志·六藝略》‘《春秋》家’著錄《公羊董仲舒治獄》十六篇。王先謙《補注》：‘《後書·應劭傳》故膠西董仲舒老病致仕，朝廷每有政議，數遣廷尉張湯親至陋巷問得失，於是作《春秋決獄》二百三十二事。’按此書今佚。”又：“以三百五篇當諫書，蓋指王式。《漢書·儒林傳》：‘式爲昌邑王師。昭帝崩，昌邑王嗣立，以行淫亂廢。昌邑群臣皆下獄誅。……式繫獄當死，治事使者責問曰：“師何以亡諫書？”式對曰：“臣以《詩》三百五篇朝夕授王，至於忠臣孝子之篇，未嘗不爲王反覆誦之也；至於危亡失道之君，未嘗不流涕爲王深陳之也。臣以三百五篇諫，是以亡諫書。”使者以聞，亦得減死論。’”至西漢末，此風遂變，乃有若秦恭之三萬言説“若稽古”者，章句破碎，繁雜無用，於是古文家起而抵其隙；師説太多，莫知所從，於是鄭君出而集其成。及漢亡而經學遂衰，皆由貪多務博者貽之咎也。今科學尤繁，課程太密，即上智之士，亦不能專力治經。是以大義不明，好新奇者詆毀舊學，至有燒經之説。故作《通論》，粗發大綱，俾學者有從入之途，而無多歧之患。條舉群經之旨，冀存一綫之遺。觀者當諒其苦衷，而恕其僭妄。以教初學，或有裨益。若贍學淵聞之士，固無取乎此也。

五、春秋

154. 論《春秋》大義在誅討亂賊，微言在改立法制，《孟子》之言與《公羊》合，朱子之注深得《孟子》之旨

《春秋》有大義，有微言。所謂大義者，誅討亂賊以戒後世是也；所謂微言者，改立法制以致太平是也。此在《孟子》已明言之，曰："世衰道微，邪說暴行又作，臣弑其君者有之，子弑其父者有之。孔子懼，作《春秋》。《春秋》，天子之事也，是故孔子曰：'知我者其惟《春秋》乎！罪我者其惟《春秋》乎！'"語出《滕文公下》。《趙注》："設素王之法，謂天子之事也。"語出東漢趙岐《孟子章句》，見《孟子注疏》卷六。《朱注》引胡氏曰："罪孔子者，以謂無其位而託二百四十年南面之權面南背北，指居帝王之位。"《朱注》又曰："仲尼作《春秋》以討亂賊，則致治①之法垂於萬世，是亦一治也。"語出朱子《孟子集注》卷六。胡氏：宋人胡安國，有《春秋傳》等。孟子又曰："王者之迹熄而《詩》亡，《詩》亡然後《春秋》作。據今人馮潔菲研究，關於《詩》亡《春秋》作，歷代主要有四說：第一種觀點認爲，孟子所說"王迹"之"王"，是指聖王；"詩亡"之"詩"，是指頌詩；《春秋》是指孔子所筆削者。第二種觀點認爲，王者之迹熄於平王時；"詩亡"之詩指雅詩，謂平王時雅詩亡；《春秋》作"之"《春秋》"係

---

① "致治"，原作"治世"，誤，據朱子《孟子集注》卷六改。

史官原作,非孔子所修者。第三種觀點認爲,王者之迹熄於頃、匡二王之後,詩止於陳靈公,孔子修《春秋》,寓褒貶,垂後世。第四種觀點認爲,"詩亡"是指西周時列國之詩亡,故繼以《春秋》,以存列國之事迹。參《歷代詩經論說述評》(中華書局 2003 年版,第 148－151 頁)。晉之《乘(shèng)》,楚之《檮杌(táo wù)》,魯之《春秋》,一也。其事則齊桓、晉文春秋之時,五霸迭興,而以齊桓公、晉文公爲最盛,其文則史。孔子曰:'其義則丘竊取之矣。'"語出《離婁下》,朱子《孟子集注》卷八引尹氏曰:"言孔子作《春秋》,亦以史之文載當時之事也,而其義則定天下之邪正,爲百王之大法。"《趙注》:"竊取之,以爲素王也。"《朱注》:"此又承上章歷敘群聖,因以孔子之事繼之,而孔子之事莫大於《春秋》,故特言之。"語出《四書集注·孟子集注》卷四。

　　錫瑞案:孟子説《春秋》,義極閎遠。據其説,可見孔子空言垂世,所以爲萬世師表者,首在《春秋》一書。孟子推孔子作《春秋》之功,可謂天下一治,比之禹抑洪水、周公兼夷狄驅猛獸。參《孟子·滕文公下》。又從舜明於庶物,説到孔子作《春秋》,以爲其事可繼舜、禹、湯、文、武、周公。參《孟子·離婁下》。且置孔子删《詩》《書》、訂《禮》《樂》、贊《周易》皆不言,而獨舉其作《春秋》,可見《春秋》有大義微言,足以治萬世之天下,故推尊如此之至。兩引孔子之言,尤可據信。是孔子作《春秋》之旨,孔子已自言之;孔子作《春秋》之功,孟子又明著之。孔子懼弑君弑父而作《春秋》,《春秋》成而亂臣賊子懼,是《春秋》大義;天子之事,知我罪我,其義竊取,是《春秋》微言。大義顯而易見,微言隱而難明。孔子恐人不知,故不得不自明其旨。"其事則齊桓、晉文"一節,亦見於《公羊》昭十二年《傳》,大同小異。足見孟子《春秋》之學,與《公羊》同一師承,故其表章微言,深得《公羊》之旨。趙岐注《孟子》,兩處皆用《公羊》"素王"之説。朱子注引《胡傳》,亦與《公羊》"素王”説合。素,空也,謂空設一王之法也,即《孟子》云“有王者起,必來取法”之意語出《滕文公上》,本非孔子自王,亦非稱魯爲王。後人誤以此疑《公羊》,《公羊》説實不誤。《胡傳》曰:“無其位而託南面之權。”此與素王之説,有以異乎? 無以異乎? 趙岐漢人,其時《公羊》通行,岐引以注《孟子》,固無足怪。若朱子宋人,其時《公羊》久成絶學。朱子非墨守《公羊》者,胡安國《春秋傳》,朱子亦不深信,而於此注不能不引《胡傳》爲説,誠以《孟子》義本如是,不如是則解《孟子》不能通也。後人於《公羊》“素王”之説,群怪聚罵,并趙岐《注》亦多詬病,而《朱注》引《胡傳》則尊信不敢議,豈非知二五而不知十乎? 朱子云“孔子之事莫大乎《春秋》”,深得《孟子》《公羊》之旨。云“致治①之法垂於萬世,是亦一治”,亦與《公羊》撥亂功成、太平瑞應相合,人多忽之而不察耳。

155. 論《春秋》是作不是鈔録,是作經不是作史, 杜預以爲周公作凡例,陸淳駁之甚明

説《春秋》者,須知《春秋》是孔子作,“作”是做成一書,不是鈔録一過。又須知孔子所作者,是爲萬世作經,不是爲一代作史。經、史體例所以異者,史是據事直書,不立褒貶,是非自見;經是必借褒貶是非,以定制立法,爲百王不易之常經。《春秋》是經,《左氏》是史。後人不知經、史之分,以《左氏》之説爲《春秋》,而《春秋》之旨晦;又以杜預之説誣《左氏》,而《春秋》之旨愈晦。杜預曰:“《周禮》有史官,掌邦國四方之事,達四方之志。諸侯亦各有國史,大事書之於策,小事簡牘

---

①　“致治”,原作“治世”,誤,據朱子《孟子集注》卷六改。

而已。《孟子》曰：'楚謂之《檮杌》，晉謂之《乘》，而魯謂之《春秋》，其實一也。'韓宣子適魯韓宣子：指晉卿韓起，見《易·象》與魯《春秋》，曰：'周禮盡在魯矣，吾乃今知周公之德，與周之所以王（wàng）稱王，統治。'韓子所見，蓋周之舊典禮經也。周德既衰，官失其守，上之人不能使《春秋》昭明，赴告策書春秋時各國以崩薨及禍福之事相告，稱"赴告"。策書：古代常用以記錄史實的簡冊，諸所記注，多違舊章。仲尼因魯史策書成文，考其真僞而志其典禮，上以遵周公之遺制，下以明將來之法。其教之所存，文之所害，則刊而正之，以示勸戒，其餘則皆即用舊史。"語出杜預《春秋左傳集解自序》。

　　錫瑞案：杜預引《周禮》《孟子》，皆不足據。《孟子》言魯之《春秋》，止有其事其文而無其義，其義是孔子創立，非魯《春秋》所有，亦非出自周公。若周公時已有義例，孔子豈得不稱周公而攘爲己作乎？杜引《孟子》之文不全，蓋以其引孔子云云不便於己說，故諱而不言也。《周禮》雖有史官，未言史有《凡例》。杜預云："其發凡以言例，皆經國之常制，周公之垂法。"《正義》曰："今案《周禮》，竟無凡例。"是孔穎達已疑其說，特以"疏"不駁"注"，不得不強爲傅會耳。《正義》又曰："先儒之說《春秋》者多矣，皆云丘明以意作《傳》，說仲尼之《經》。凡與不凡，無新舊之例。"據孔說，則杜預以前，如賈逵、服虔諸儒說《左氏》者，亦未嘗以凡例爲周公作。蓋謂丘明既作《傳》，又作凡例，本是一人所作，故無新例、舊例之別也。至杜預，乃專據韓宣疑似之文，蓋翻前人成案，以《左氏傳》發凡五十爲周公舊例。《左傳》文字中，有稱"凡"者五十，比如隱公七年傳曰"凡諸侯同盟，於是稱名，故薨則赴以名，告終稱嗣也，以繼好息民，謂之禮經"等，被視爲凡例，稱"五十凡"，杜預以爲："此言凡例，乃周公所制禮經也。"周衰史亂，多違周公之舊，仲尼稍加刊正，餘皆仍舊不改。

其稱"書""不書""先書""故書""不言""不稱""書曰"之類，乃爲孔子新例。稱"書"者，若襄公二十七年"書先晉，晉有信"；稱"不書"者，若隱公元年春"正月，不書即位，攝也"；稱"先書"者，若桓公二年"君子以督爲有無君之心，故先書弑其君"；稱"故書"者，若成公八年"杞叔姬卒，未歸自杞，故書"；稱"不言"者，若隱公元年"鄭伯克段於鄢。不言出奔，難之也"；稱"不稱"者，若僖公元年"不稱即位，公出故也"；稱"書曰"者，若隱公四年"書曰'衛人立晉'"。此杜預自謂創獲，苟異先儒，而實大謬不然者也。自孟子至兩漢諸儒，皆云孔子作《春秋》，無攙入周公者。及杜預之說出，乃有周公之《春秋》，有孔子之《春秋》；周公之凡例多，孔子之變例少。若此則周公之功大，孔子之功小。以故唐時學校，尊周公爲先聖，抑孔子爲先師，以生民未有之聖人，不得專享太牢之祭，止可降居配享之列。《春秋》之旨晦，而孔子之道不尊，正由此等謬說啟之。據《孟子》說，孔子作《春秋》是一件絕大事業，大有關繫文字。若如杜預經承舊史、史承赴告之說，止是鈔錄一過，并無褒貶義例，則略識文字之鈔胥皆能爲之鈔胥：專事謄寫的胥吏，何必孔子？即曰"據事直書，不虛美不憑空加以讚美，不隱惡不隱蔽其過失"語出《漢書·司馬遷傳》，則古來良史如司馬遷、班固等亦優爲之，何必孔子？孔子何以有"知我罪我""其義竊取"之言？孟子何以推尊孔子作《春秋》之功配古帝王，說得如此驚天動地？與其信杜預之說，奪孔子制作之功以歸之周公，曷若信孟子之言，尊孔子制作之功以上繼周公乎？陸淳《春秋纂例》駁杜預之說曰陸淳：字伯沖，號文通，後避唐憲宗名諱而改名質。唐吳郡人，經學家，有《春秋集傳纂例》《春秋集傳辯疑》《春秋微旨》等："杜預云'凡例'皆周公之舊典禮經，按其傳例云：'弑君，稱君，君無道也；稱臣，臣之罪也。'稱君例，如文公十八年，"莒弑其君庶其"；稱臣例，如隱公四年，"春，衛州吁弑其君"。然則周公先設弑君之義乎？又曰：'大用師曰滅，弗地曰入。'又周公先設相滅之義乎？又云：'諸侯同盟，薨則赴以名.'又是周公令稱先君之名以告鄰國乎？雖夷狄之人，不應至此也。"語出《春秋集傳纂例》卷一。案陸淳所引後一條，即《左氏》所謂"禮經"、杜預所謂"常例"。陸駮詰明快，不知杜預何以解之？祖杜預者又何以解之？柳宗元亦曰："杜預謂例爲周公之常法，曾不知侵、伐、入、滅之例，周之盛時，不應預立其法。"參鄭樵《六經奧論》卷四。與陸氏第二條說同。

156.論董子之學最醇，微言大義存於董子之書，不必驚爲非常異義

孟子之後，董子之學最醇(朱子稱仲舒爲醇儒)。然則《春秋》之學，孟子之後，亦當以董子之學爲最醇矣。《史記·儒林列傳》曰："言《春秋》，於齊、魯自胡毋生，於趙自董仲舒。董仲舒，廣川人也今河北省衡水市景縣西南，以治《春秋》，孝景時爲博士。漢興至于五世之間，惟董仲舒名爲明於《春秋》，其傳公羊氏也。胡毋生，齊人也，孝景時爲博士。齊之言《春秋》者，多受胡毋生，公孫弘亦頗受焉。"公孫弘(前200—前121)：字季，一字次卿，齊地菑川(今山東壽光)人。出身卑微，曾爲獄吏，西漢武帝時徵爲博士，官至御史大夫、丞相。曾建議設五經博士，置弟子員，於經學之發展有重大貢獻。

錫瑞案：太史公未言董子受學何人，而與胡毋同爲孝景博士，則年輩董必相若。胡毋師公羊壽公羊高之玄孫，董子或亦師公羊壽，何休《解詁序》謂"略依胡毋生《條例》"，《疏》云："胡毋生以《公羊》經傳傳授董氏，猶自別作《條例》。"太史公但云公孫弘受胡毋，不云董子亦受胡毋。《漢書·儒林傳》於胡毋生云："與董仲舒同業—同受業，仲舒著書稱其德。"云"同業"，則必非受業。戴宏《序》、鄭君《六藝論》，皆無傳授之說，未可爲

據。何氏云"依胡毋"而不及董,《解詁》與董書義多同,則胡毋、董生之學本屬一家。胡毋書不傳,而董子《春秋繁露》十七卷尚存。國朝儒臣復以《永樂大典》所存樓鑰本詳爲勘訂樓鑰(1137—1213):字大防,號攻媿主人。浙江鄞縣人,南宋詩人,有《攻媿集》等,凡補一千一百二十一字,刪一百二十一字,改定一千八百二十九字。前之訛缺不可讀者,今粗得通,聖人之微言大義,得以復明於世。漢人之解説《春秋》者,無有古於是書,而廣大精微,比伏生《大傳》、《韓詩外傳》尤爲切要,未可疑爲非常異義而不信也。

《太史公自序》:"余聞董生曰董生指董仲舒:周道衰廢,孔子爲魯司寇,諸侯害之,大夫壅之阻礙之,遮蔽之。孔子知言之不用、道之不行也,是非二百四十二年之中是非:指褒貶諸侯之得失。《春秋》記事,自魯隱公元年(前722)至魯哀公十四年(前481),計242年,以爲天下儀表,貶天子,退諸侯,討大夫,以達王事而已矣。子曰:'我欲載之空言,不如見之行事之深切著明也。'唐人司馬貞《史記索隱》云:"孔子言我徒欲立宣言,設褒貶,則不如附見於當時所因之事。人臣有僭侈篡逆,因就此筆削以褒貶,深切著明而書之,以爲將來之誡者也。"夫《春秋》,上明三王之道,下辨人事之紀,別嫌疑,明是非,定猶豫,善善惡惡,賢賢賤不肖,存亡國,繼絕世,補敝起廢,王道之大者也。撥亂世反之正,莫近於《春秋》。《春秋》文成數萬,其指數千。萬物之聚散,皆在《春秋》。《春秋》之中,弑君三十六,亡國五十二,諸侯奔走不得保其社稷者,不可勝數。察其所以,皆失其本已。司馬貞《史記索隱》云:"弑君亡國及奔走者,皆是失仁義之道本耳。"故《易》曰:'失之毫釐,差以千里。'故曰:'臣弑君,子弑父,非一旦一夕之故也,其漸久矣。'故有國者不可以不知《春秋》,前有讒而弗見,後有賊而不知;爲人臣者不可以不知《春秋》,守經事而不知其宜,遭變事而不知其權。

爲人君父而不通於《春秋》之義者①，必蒙首惡之名；爲人臣子
而不通於《春秋》之義者，必陷篡弑之誅②、死罪之名。其實皆
以爲善，爲之不知其義爲之不知其義理，則陷於罪咎，被之空言而不
敢辭如晋卿趙盾不知討賊，而不敢辭其罪也。夫不通禮義之旨，至於
君不君、臣不臣、父不父、子不子。夫君不君則犯爲臣下所干犯，
一説違犯禮義，臣不臣則誅，父不父則無道，子不子則不孝。此
四行者，天下之大過也。以天下之大過予之，則受而弗敢辭。
故《春秋》者，禮義之大宗也。夫禮禁未然之前，法施已然之
後。法之所爲用者易見，而禮之所爲禁者難知。"語出《史記》卷
一三〇。案太史公述所聞於董生者，微言大義兼而有之，以禮
説《春秋》，尤爲人所未發。《春秋》撥亂反正，道在別嫌明微。
學者知《春秋》近於法家，不知《春秋》通於禮家；知《春秋》之
法可以治已然之亂臣賊子，不知《春秋》之禮足以禁未然之亂
臣賊子。自漢以後，有用《春秋》之法，如誅意猶誅心，謂揭露指責
他人用心、如無將存叛逆之心，而引經義以斷獄者矣；未有用《春
秋》之禮，別嫌疑、明是非，而明經義以撥亂者也。若宋孫復
《尊王發微》《春秋尊王發微》十二卷，狹隘酷烈，至謂《春秋》有貶
無褒，是以《春秋》爲司空城旦書司空：主管刑徒之官。城旦書：指刑
書，律令，豈知《春秋》者乎？董子嘗作《春秋決事》，弟子吕步
舒等以《春秋》讞斷於外讞斷：同"專斷"，而其言禮之精如是。是
董子之學，當時見之施行者特其麤觕（cū cū）粗糙，粗略，而其精
者并未嘗見之施行也。然則世但知漢世《公羊》盛行，究之其
盛行者，特酷吏藉以濟其酷，致後人爲《公羊》詬病。董子所
謂"禮義之大宗"，漢時已以爲迂而不之用矣。董子之學不

---

① "春秋"下原脱"之義"二字，據《史記·太史公自序》補。
② "之"，原作"不"，誤，據《史記》原文及思賢書局本改。

行,後人并疑其書而不信。試觀太史公所述,有一奇辭險語否? 何必驚爲非常異義乎?

157. 論"存三統"明見董子書,并不始於何休,據其説足知古時二帝三王本無一定

　　何氏《文謚例》東漢何休所撰《春秋公羊文謚例》:《春秋》有五始、三科九旨、七等、六輔、二類之義。五始:《春秋》紀事,始以元年、春、王、正月、公即位等五事,謂之"五始"。三科九旨:即于三個科段中寓有九種旨意,爲漢代公羊家之基本書法義例,詳見下文所解。七等:特指公羊家所謂孔子作《春秋》寓褒貶的七個等級,即州、國、氏、人、名、字、子。六輔:指天下太平之禮法。二類:指禮法損益之動力。三科九旨,尤爲閎大。《文謚例》:"三科九旨者,新周,故宋,以《春秋》當新王,此一科三旨也;"新周""故宋",參本書第 90 條所注。以《春秋》當新王:唐徐彥《公羊傳疏》云:"《春秋》託王於魯,以隱公以爲受命之王。"所見異辭,所聞異辭,所傳聞異辭,二科六旨也;《公羊傳·隱公元年》記"公子益師卒",曰"何以不日? 遠也。所見異辭,所聞異辭,所傳聞異辭",何休注云:"所見者,謂昭、定、哀,己與父時事也;所聞者,謂文、宣、成、襄,王父時事也;所傳聞者,謂隱、桓、莊、閔、僖,高祖、曾祖時事也。異辭者,見恩有厚薄,義有深淺,時恩衰義缺,將以理人倫,序人類,因制治亂之法。"內其國而外諸夏,內諸夏而外夷狄,是三科九旨也。公羊家以天下有三層,中國爲核心,次爲諸夏,次爲夷狄,三者內外有別。"宋氏之注《春秋説》宋氏:東漢宋衷,一作忠,字仲子,南陽章陵人,有《春秋緯注》《周易注》等:"三科者,一曰張三世指《春秋》公羊家所主張的歷史演變的三個階段,即所見世、所聞世、所傳聞世,二曰存三統指夏爲人統,殷爲地統,周爲天統,三曰異外內與"內其國而外諸夏,內諸夏而外夷狄"近義,是三科也。九旨者,一曰時,二曰月,三曰日時、月、日,指記述之詳略,四曰王,五曰天王,六曰天子王、天王、天子,指稱謂之遠近親疏,七曰譏,八曰貶,九曰絶譏、貶、絶,

指書法之輕重。”何氏九旨在三科之內，宋氏九旨在三科之外，其說亦無大異。而三科之義，已見董子之書，《楚莊王篇》曰：“《春秋》分十二世以爲三等，有見，有聞，有傳聞。有見三世，有聞四世，有傳聞五世。故哀、定、昭，君子之所見也；襄、成、宣、文，君子之所聞也；僖、閔、莊、桓、隱，君子之所傳聞也。所見六十一年，所聞八十五年，所傳聞九十六年。”此“張三世”之義。《王道篇》曰：“內其國而外諸夏，內諸夏而外夷狄，言自近者始也。”此“異外內”之義。《三代改制質文篇》曰：“《春秋》應天作新王之事，時正黑統，王魯，尚黑，絀夏，新周，故宋。”又曰：“《春秋》上絀夏，下存周，以《春秋》當新王。《春秋》當新王者奈何？曰：王者之法必正號，絀王謂之帝，封其後以小國，使奉祀之。下存二王之後以大國，使服其服，行其禮樂，稱客而朝。故同時稱帝者五，稱王者三，所以昭五端端，一作“瑞”。五端：古代諸侯作符信用的五種玉，即珪、璧、琮、璜、璋，通三統也。是故周人之王，尚推神農爲九皇傳說中上古的九個帝王，《鶡冠子·天則》曰：“九皇之制，主不虛王，臣不虛貴階級。”，而改號軒轅，謂之黃帝，因存帝顓頊、帝嚳、帝堯之帝號。絀虞，而號舜曰帝舜，錄五帝以小國，下存禹之後於杞，存湯之後於宋，以方百里，爵號公，皆使服其服，行其禮樂，稱先王客而朝。《春秋》作新王之事，變周之制，當正黑統。而殷、周爲王者之後，絀夏，改號禹，謂之帝禹，錄其後以小國。故曰絀夏，存周，以《春秋》當新王。”此“存三統”之義。

　　錫瑞案：“存三統”尤爲世所駭怪，不知此是古時通禮，并非《春秋》創舉。以董子書推之，古王者興，當封前二代子孫以大國，爲二王後，并當代之王爲三王。又推其前五代爲五帝，封其後以小國，又推其前爲九皇，封其後爲附庸，又其前則爲民，殷、周以上皆然。然則有繼周而王者，當封殷、周爲二王後,改號夏禹爲帝。《春秋》託王於魯,爲繼周者立法,當封夏之後以小國,故曰絀夏;封周之後爲二王後,故曰絀周。此本推遷之次應然。《春秋》存三統,實原於古制,逮漢以後,不更循此推遷之次。人但習見周一代之制,遂以五帝三王爲一定之號,於是《尚書大傳》"舜乃稱王",解者不得其説。《周禮》先、後鄭注引"九皇六十四民"先後鄭:先鄭、後鄭,即鄭衆、鄭玄。民,一本作"氏"。六十四氏,指遠古時期大伏羲氏部落的六十四個氏族首領。《周禮注疏》卷二十七"都宗人掌都宗祀之禮。凡都祭祀,致福于國",鄭玄注云:"都或有山川及因國無主九皇六十四氏(一作'民')之祀,王子弟則立其祖王之廟,其祭祀王皆賜禽焉。主其禮者,警戒之,糾其戒具,其來致福,則帥而以造祭僕。",疏家不能證明,蓋古義之湮晦久矣。晉王接,宋蘇軾、陳振孫,皆疑黜周、王魯《公羊》無明文,以何休爲《公羊》罪人。不知"存三統"明見董子書,并不始於何休。《公羊傳》雖無明文,董子與胡毋生同時,其著書在《公羊》初著竹帛之時,必是先師口傳大義。據其書可知古時五帝三王并無一定,猶親廟之祧遷。後世古制不行,人遂不得其説。學者試取董書《三代改制質文篇》深思而熟讀之,乃知《春秋》損益四代,立一王之法,其制度纖悉具備,誠非空言義理者所能解也。

158. 論"異外内"之義與"張三世"相通,當競争之時,尤當講明《春秋》之旨

三科惟"張三世"之義明見於《公羊傳》。《隱元年》:"公子益師卒公子益師:魯孝公之子,隱公叔父,字衆父。何以不日爲何不寫明日子? 遠也。所見異辭,所聞異辭,所傳聞異辭。"《解詁》曰:"所見者,謂昭、定、哀,己與父時事也;所聞者,謂文、宣、成、襄,王父時事也王父:祖父也;所傳聞者,謂隱、桓、莊、閔、僖,

高祖、曾祖時事也。……所以三世者,禮,爲父母三年,爲祖父母期,爲曾祖父母齊衰三月。立愛自親始,故《春秋》據哀録隱,上治祖禰。"與董子書略同,皆以三世爲孔子之三世,據此足知《春秋》是孔子之書。"張三世"之義,雖比"存三統""異外内"爲易解,然非灼知《春秋》是孔子作,必不信"張三世"之義,而《春秋》書法詳略遠近,皆不得其解矣。"張三世"有二説,顏安樂以爲從襄二十一年之後,孔子生訖,即爲所見之世。《演孔圖》云《演孔圖》爲《春秋》緯書名:"文、宣、成、襄,所聞之世也。"顏氏分張一①公而使兩屬,何劭公以爲任意,二説小異,而以三世爲孔子三世則同。"異外内"之義,與"張三世"相通。隱元年《解詁》曰:"於所傳聞之世,見治起於衰亂之中,用心尚麤觕,故内其國而外諸夏,先詳内而後治外。於所聞之世,見治升平,内諸夏而外夷狄。至所見之世,著治太平,夷狄進至於爵,天下遠近,小大若一。"

　　錫瑞案:《春秋》有攘夷之義抗拒異族入侵,有不攘夷之義。以攘夷爲《春秋》義者,但見《宣十一年》"晉侯會狄于攢函"晉侯:晉景公。攢函:狄國地名,《解詁》有"殊夷狄"之文殊:區別,區分。《成十五年》"叔孫僑如等會吳于鍾離"叔孫僑如:魯國大夫。鍾離:吳國地名,今安徽鳳陽東北,《傳》有"曷爲殊會吳? 外吳也"之文外吳:以吳國爲外,不知宣、成皆所聞世,治近升平,故殊夷狄。若所見世,著治太平,《哀四年》"晉侯執戎曼子赤歸于楚"曼子赤:即《左傳》所云"蠻子赤",《十三年》"公會晉侯及吳子于黃池"吳子:吳王夫差。黃池:原爲衛地,此時屬宋,地在今河南封丘西南,夷狄進至于爵,與諸夏同,無外内之異矣。外内無異,則不必攘;遠近小大若一,且不忍攘。聖人心同天地,以天下爲一家,中國爲一

---

①　"一",原作"二",誤,據《春秋公羊傳注疏》改。

人，必無因其種族不同，而有歧視之意。而升平世不能不外夷
狄者，其時世界程度尚未進於太平，夷狄亦未進化，引而內之，
恐其侵擾。故夫子稱齊桓、管仲之功，有被髮左衽之懼。被髮：
散髮不作髻。左衽：衣襟向左掩。被髮左衽指古代少數民族的裝束，也指淪爲
夷狄。《論語·憲問》云："子貢曰：'管仲非仁者與？桓公殺公子糾，不能死，
又相之。'子曰：'管仲相桓公，霸諸侯，一匡天下，民到于今受其賜。微管仲，吾
其被髮左衽矣！豈若匹夫匹婦之爲諒也，自經於溝瀆而莫之知也。'"以其能
攘夷狄、救中國，而特筆褒予之。然則以《春秋》爲攘夷，聖人
非無此意，特是升平主義，而非太平主義，言豈一端而已，夫各
有所當也。撥亂之世，內其國而外諸夏，諸夏非可攘者，而亦
必異外內。故董子明言"自近者始"，王化自近及遠，由其國
而諸夏而夷狄，以漸進於大同。正如由修身而齊家而治國，以
漸至平天下。進化有先後，書法有詳略，其理本極平常。且春
秋時夷狄非真夷狄也。吳，仲雍之後仲雍：周文王祖父古公亶父次
子，亦作虞仲；越，夏少康之後夏王少康，約公元前 19 世紀執政；楚，文
王師鬻熊之後鬻(yù)熊：姓芈(mǐ)，名熊，祝融氏後代；而姜戎是四岳
裔胄，白狄、鮮虞是姬姓，皆非異種異族。特以其先未與會盟，
中國擯之，比於戎狄，故《春秋》有七等進退之義。《公羊》莊
十三年《傳》曰："州不若國，國不若氏，氏不若人，人不若名，
名不若字，字不若子。"《疏》云："言荊不如言楚，言楚不如言
潞氏、甲氏潞氏：春秋國名，赤狄之別種。公元前六世紀末爲晉所滅，故城在
今山西潞城東北。甲氏：赤狄部落名，地在今河北永年境內，一説在河北雞澤
境內，言潞氏不如言楚人，言楚人不如言介葛盧春秋時東部少數民
族介國，國君名葛盧，言介葛盧不如言邾婁儀父春秋時邾國，國君字儀
父，言邾婁儀父不如言楚子、吳子。"《春秋》設此七等，以進退
當時之諸侯，韓文公曰："諸侯用夷禮則夷之，進於中國則中
國之。"語出韓愈《原道》。是中國、夷狄之稱，初無一定。公羊學中

"七等進退賞罰之科"表明,諸夏、夷狄可相互轉化,夷狄心向王道便可進化爲諸夏,諸夏作惡不仁則可退化爲夷狄。宣十二年《傳》曰:"不與晉而與楚子,爲禮也。"《繁露・竹林篇》曰:"《春秋》之常辭也,不予夷狄而予①中國爲禮。至邲之戰,偏然反之。晉變而爲夷狄,楚變而爲君子,故移其辭以從其事。"語出《春秋繁露》卷三。是進退無常,可見《春秋》立辭之變。定四年《傳》曰:"吳何以稱子?夷狄也,而憂中國。"吳入楚,《傳》曰:"吳何以不稱子?反夷狄。"是進退甚速,可見《春秋》立義之精,皆以今之所謂文明野蠻爲褒貶予奪之義。後人不明此旨,徒嚴種族之辨,於是同異競爭之禍烈矣。蓋託於《春秋》義,而實與《春秋》義不甚合也。

159. 論《春秋》素王不必説是孔子素王,《春秋》爲後王立法,即云爲漢制法亦無不可

《公羊》有《春秋》"素王"之義,董、何皆明言之。而後世疑之者,因誤以"素王"屬孔子。杜預《左傳集解序》曰:"説者以仲尼自衛反魯,修《春秋》,立素王,丘明爲素臣。子路欲使門人爲臣,孔子以爲欺天,而云仲尼素王,丘明素臣,又非通論也。"《正義》曰:"麟是帝王之瑞,故有素王之説,言孔子自以身爲素王,故作《春秋》立素王之法;丘明自以身爲素臣,故爲素王作左氏之《傳》。漢魏諸儒,皆爲此説。董仲舒《封策》云:'孔子作《春秋》,先正王而繫以萬事,見素王之文焉。'賈逵《春秋序》云:'孔子覽史記,就是非之説,立素王之法。'鄭玄《六藝論》云:'孔子既西狩獲麟,自號素王,爲後世受命之

---

① "予",原作"與",誤,據《春秋繁露・竹林篇》改。

君制明王之法。'盧欽《公羊序》云:'孔子自因魯史記而修《春秋》,制素王之道。'是先儒皆言孔子立素王也。《孔子家語》稱齊太史子餘歎美孔子,言'天其素王之乎'。素,空也,言無位而空王之也。彼子餘美孔子之深,原上天之意,故爲此言耳,非是孔子自號爲素王。先儒蓋因此而謬,遂言《春秋》立素王之法,左丘明述仲尼之道,故復以爲素臣。其言丘明爲素臣,未知誰所説也。"語出孔穎達《春秋左傳正義·春秋左傳序》。

　　錫瑞案:據杜、孔之説,則《春秋》素王非獨《公羊》家言之,《左氏》家之賈逵亦言之,至杜預始疑非通論。杜所疑者是仲尼素王,以爲孔子自王,此本説者之誤。若但云《春秋》素王,便無語弊。《孔疏》所引云"素王之文""素王之法""素王之道",皆不得謂非通論。試以《孔疏》解"素"爲"空"解之,何不可通? 杜預《序》云:"會成王義,垂法將來。"其與"素王立法"之説有以異乎? 無以異乎? 惟《六藝論》之"自號素王",頗有可疑。鄭君語質,不加別白,不必以辭害意。孔子作《春秋》以討亂賊,必不自蹈僭妄,此固不待辨者。《釋文》於《左傳序》"素王"字云:"王,于况反。下'王魯''素王'同。"然則"素王"之"王",古讀爲"王天下"之"王"讀去聲,并不解爲"王號"之"王"讀平聲。孔子非自稱"素王",即此可證。若丘明自稱"素臣",尤爲無理。丘明尊孔子,稱弟子可矣,何必稱臣示敬?《孔疏》亦不知其説所自出,蓋《左傳》家竊取《公羊》素王之説,張大丘明以配孔子,乃造爲此言耳。

　　漢人又多言《春秋》爲漢制法,《公羊》疏引《春秋説》云:"伏羲作八卦,丘合而演其文,瀆而出其神,作《春秋》以改亂制。"丘:孔子之名。又云:"丘水精治法,爲赤制功赤:紅色,爲漢代火德之正色,指代漢朝。"又云:"黑龍生爲赤,必告之象,使知命。"又云:"經十有四年春,西狩獲麟哀公在魯國西部打獵捉獲瑞獸麒麟。

晉人杜預注曰:"麟者,仁獸,聖王之嘉瑞也。時無明王出而遇獲,仲尼傷周道之不興,感嘉瑞之無應,故因魯《春秋》而脩中興之敎,絕筆於'獲麟'之一句。所感而作,固所以爲終也。",赤受命,倉失權倉:當作"蒼",爲周代木德之正色。失權:謂没落,周滅火起漢人以周人姬姓爲木德,以漢爲火德,故云,薪采得麟。"以此數文言之,《春秋》爲漢制明矣。據此,則《春秋》爲漢制法,説出緯書。何氏《解詁》於哀十四年云:"木絕火王,制作道備。""血書端門",明引《春秋緯·演孔圖》,《史晨》《韓敕》諸碑亦多引之。東平王蒼曰:"孔子曰'行夏之時節令,曆法,乘殷之輅(心)帝王所乘大車,服周之冕穿戴周朝禮服',爲漢制法。"王充《論衡》曰:"夫五經亦漢家之所立,儒生善政大義皆出其中。董仲舒表《春秋》之義,稽合於律,無乖異者。然則《春秋》,漢之經,孔子制作,垂遺於漢。"語出《論衡》卷十二《程材篇》。"孔子曰:'文王既没,文不在兹乎?'文王之文,傳在孔子;孔子爲漢制文,傳在漢也。"語出《論衡》卷二十《佚文篇》。仲任發明《春秋》義甚暢仲任:王充之字,而史公、董子書未有《春秋》爲漢制法之説,故後人不信。歐陽修譏漢儒爲狹陋,云:"孔子作《春秋》,豈區區爲漢而已哉?"語出《集古録》卷二《後漢魯相晨孔子廟碑》。不知《春秋》爲後王立法,雖不專爲漢,而漢繼周後,即謂爲漢制法,有何不可?且在漢言漢,推崇當代,不得不然。即如歐陽修生於宋,宋尊孔教,即謂《春秋》爲宋制法,亦無不可。今人生於大清,大清尊孔教,即謂《春秋》爲清制法,亦無不可。歐陽所見,何拘閡之甚乎? 漢尊讖緯,稱爲"内學",鄭康成、何劭公生於其時,不能不從時尚。後人議何氏《解詁》不應引《演孔圖》之文,試觀《左氏》文十三年《傳》:"其處者爲劉氏土會爲晉國大夫,秦國任用之,晉國患之,誘其返晉。士會始祖爲堯之后裔劉累,故士會家族留秦者復劉之姓氏。"《孔疏》明云:"《左氏》不顯於世,先儒無以自申。劉氏從秦從魏,其源本出劉累,插注此辭,將以媚世。明帝時,賈逵上疏云:'《五經》皆無證圖讖明劉氏爲堯後者,而《左氏》獨有明文。'竊謂前世藉此以求道通,故後引之以爲證耳。"據《孔疏》,足見漢時風氣,不引讖緯不足以尊經。而《左氏》家擅增傳文,《公羊》家但存其説於注,而未敢增傳。相提并論,何氏之罪不比賈逵等猶可末減乎?

160. 論《春秋》改制猶今人言變法,損益四代,孔子以告顏淵,其作《春秋》亦即此意

《史記·孔子世家》:"子曰:'弗乎! 弗乎! 君子病殁世而名不稱焉君子擔憂的是離開人世而尚未被人稱頌。又參《論語·衛靈公》。吾道不行矣,吾何以自見於後世哉?'乃因史記作《春秋》,上至隱公,下訖哀公十四年,十二公。據魯以魯國爲中心,親周以周王室爲親承的前朝,故殷以殷代爲隔朝的故舊,運之三代,約其辭文而指博。故吳楚之君自稱王,而《春秋》貶之曰'子'。踐土之會實召周天子踐土:古地名,春秋屬鄭,今河南原陽西南。公元前632年,晉文公會盟諸侯於此,確立其霸主地位,周天子亦派代表參加,而《春秋》諱之曰'天王狩於河陽'天王:指周襄王。河陽:今河南孟縣西。冬獵曰狩。此稱"天子狩於河陽",周天子受召的避諱説法。推此類以繩當世,貶損之義,後有王者舉而開之。《春秋》之義行,則天下亂臣賊子懼焉。孔子在位聽訟,文辭有可與人共者,弗獨有也。至於爲《春秋》,筆則筆,削則削,子夏之徒不能贊一辭。弟子受《春秋》,孔子曰:'後世知丘者以《春秋》,而罪丘者亦以《春秋》。'"又《自序》引壺遂曰壺遂:漢臣,官至太中大夫:"孔子之時,上無明君,下不得任用,故作《春秋》,垂空文以斷禮義,當一王之法。"

　　錫瑞案：此二條，史公未明引董生，不知亦董生所傳否，而其言皆明白正大。云“據魯、親周、故殷”，則知《公羊》家“存三統”之義古矣；云“有貶損，有筆削”，則知《左氏》家“經承舊史”之義非矣；云“垂空文，當一王之法”，則知“素王改制”之義不必疑矣。《春秋》有素王之義，本爲改法而設，後人疑孔子不應稱王，不知“素王”本屬《春秋》(《淮南子》以《春秋》當一代)，而不屬孔子；疑孔子不應改制，不知孔子無改制之權，而不妨爲改制之言。所謂改制者，猶今人之言變法耳。法積久而必變，有志之士，世不見用，莫不著書立説，思以其所欲變之法，傳於後世，望其實行。自周秦諸子，以及近之船山、亭林、黎洲、桴亭諸公皆然<small>船山、亭林、黎洲、桴亭：分別指王夫之、顧炎武、黃宗羲、陸世儀。</small>亭林《日知録》明云：“立言不爲一時。”船山《黃書》《噩夢》，讀者未嘗疑其僭妄，何獨於孔子《春秋》反以僭妄疑之？《春秋》變周之文，從殷之質，或疑孔子自言從周，何得變周從殷？不知孔子周人，平日行事，必從時王之制。至於著書立説，不妨損益前代。顔子問爲邦<small>《論語·衛靈公》云：“顔淵問爲邦。子曰：‘行夏之時，乘殷之輅，服周之冕，樂則《韶》舞。’”</small>，子兼取虞、夏、殷、周以答之，此損益四代之明證。鄭君解《王制》與《周禮》不合者，率以殷法解之，證以爵三等、歲三田，皆與《公羊》義合，此《春秋》從殷之明證。正如今人生於大清，衣冠禮節，必遵時制，若著書言法政，則不妨出入，或謂宜從古制，或謂宜采西法。聖人制法，雖非後學所敢妄擬，然自來著書者莫不知是，特讀者習而不察耳。《春秋》所以必改制者，周末文勝，當救之以質。當時老子、墨子、子桑伯子、棘子成<small>子桑伯子：春秋魯人，生平無考。一説即《莊子·大宗師》中提到的“子桑戶”。棘子成：春秋時衛國大夫。</small>皆已見及之。《春秋》從殷之質，亦是此意。《檀弓》一篇三言邾婁，與《公羊》齊學同，而言禮多從殷。《中庸》疏引："趙商問：'孔子稱："吾學周禮，今用之，吾從周。"《檀弓》云："今丘也，殷人也。"兩楹奠殯、哭師之處《禮記·檀弓上》云："夫子曰：'賜，爾來何遲也？夏后氏殯於東階之上，則猶在阼也。殷人殯於兩楹之間，則與賓主夾之也。周人殯於西階之上，則猶賓之也。而丘也，殷人也，予疇昔之夜夢坐奠於兩楹之間。夫明王不興，而天下其孰能宗予？予殆將死也。'蓋寢疾七日而没。"，皆所法於殷禮，未必由周，而云"吾從周"者，何也？'答曰：'今用之者，魯與諸侯皆用周之禮法，非專自施於己。在宋冠章甫之冠指殷商玄冠之名，在魯衣逢掖之衣指衣袖寬大之衣，何必純用之？'"《儒行》疏："案《曲禮》云：'去國三世離開本國已經三代，唯興之日興：指做了卿大夫，從新國之法。'防叔奔魯孔防叔，孔子之曾祖父，爲避宋國内亂而至魯，至孔子五世，應從魯冠，而猶著殷章甫冠者，以丘爲制法之主，故有異於人。所行之事，多用殷禮，不與尋常同也。且《曲禮》"從新國之法"，只謂禮儀法用，未必衣服盡從也。"案鄭、孔所言，足解"從殷"之惑，惟衣冠、禮法是一類。冠章甫本周制，故公西華可以相禮。《論語·先進》云："子路、曾皙、冉有、公西華侍坐。子曰：'以吾一日長乎爾，毋吾以也。居則曰不吾知也！如或知爾，則何以哉？'……'赤（公西華，名赤），爾何如？'對曰：'非曰能之，願學焉。宗廟之事，如會同，端章甫，願爲小相焉。'"兩楹奠殯，哭師於寢，蓋當時亦可通行。惟作《春秋》立法以待後王，可自爲制法之主耳。謂《春秋》皆本魯史舊文，孔子何必作《春秋》？謂《春秋》皆用周時舊法，孔子亦何必作《春秋》？

161. 論《春秋》爲後世立法，惟《公羊》能發明斯義，惟漢人能實行斯義

孔子手定《六經》，以教後世，非徒欲使後世學者誦習其

義以治一身,并欲後世王者實行其義以治天下。《春秋》立一王之法,其義尤爲顯著,而惟《公羊》知《春秋》是素王改制,爲能發明斯義;惟漢人知《春秋》爲漢定道,爲能實行斯義。姑舉數事證之:

《公羊》之義,大一統。路溫舒曰路溫舒:字長君,河北鉅鹿人。西漢廷尉史,主張"尚德緩刑""省法制,寬刑罰":"臣聞《春秋》正即位,大一統而慎始也。"《公羊》之義,立子以貴不以長。《公羊傳·隱公元年》:"故凡隱之立,爲桓立也。隱長又賢,何以不宜立? 立適以長不以賢,立子以貴不以長。桓何以貴? 母貴也。母貴則子何以貴? 子以母貴,母以子貴。"光武詔曰:"《春秋》立子以貴不以長。東海王陽,皇后之子,宜承大統。"《公羊》之義,子以母貴。公孫瓚罪狀袁紹曰公孫瓚:字伯珪,遼西令支(今河北遷安)人。漢末群雄之一,佔據幽州一帶。袁紹:字本初,汝南汝陽(今河南周口西南)人。漢末群雄之一,官至太尉,官渡之戰敗於曹操:"《春秋》之義,子以母貴,紹母親爲傅婢,無虛退之心。"《公羊》之義,大居正。君子尊尚堅守正規,指堅持把君位傳給嫡長子的宗法制度。《公羊傳·隱公三年》載,宋宣公未把君位傳給其子莊公馮,而傳給其弟與夷(即宋殤公),後莊公馮殺掉了與夷。《公羊傳》曰:"故君子大居正。宋之禍,宣公爲之也。"袁盎曰袁盎:字絲,楚人,直言敢諫,景帝時封爲太常:"方今漢家法周,周之道不得立弟,當立子。故《春秋》所以非宋公,死不立子而與弟。弟受國死,復反之與兄之子。弟之子爭之,以爲我當代父,後即刺殺兄子。以故國亂,禍不絕,故《春秋》曰'君子大居正。'"《公羊》之義,天子嘗娶於紀古國名,姜姓,地在今山東壽光東南,春秋時爲齊所滅,故封之百里參《公羊傳·桓公二年》"秋七月,紀侯來朝"注文。《恩澤侯表》:"其餘后父據《春秋》褒紀之義。"應劭曰:"《春秋》天子將納后於紀,紀本子爵也,故先褒爲侯,言王者不娶於小國。"《公羊》之義,子尊不加於父母參《公羊傳·桓公二年》"九年春,紀季姜歸於京師"注文，鄭玄《伏后議》："帝皇后父、屯騎校尉、不其亭侯伏完琅邪東武人，大司徒伏湛七世孫，襲爵不其侯，爲侍中。伏后爲其第三女，公庭古代國君宗廟的廳堂或朝堂，完拜如臣禮；及皇后在離宮太子居住的宮室，拜如子禮。"《公羊》之義，昏禮不稱主人，不稱母，母不通也。《公羊傳·隱公元年》"九月，紀履緰來逆女"稱："然則紀有母乎？曰有。有則何以不稱母？母不通也。"杜鄴曰："禮明三從之義，雖有文母之德文母：文德之母，常用作對后妃的稱頌，必繫於子。《春秋》不書紀侯之母，陰義殺也殺：減省。"《公羊》之義，褒儀父指邾國國君儀父，貶無駭即展無駭，展禽（柳下惠）之父，曾任魯國司空。事參《春秋·隱公元年》。李固曰："《春秋》褒儀父以開義路，貶無駭以閉利門。"《公羊》之義，三公之職號，尊名也。參《公羊傳·僖公九年》"夏，公會宰周公、齊侯、宋子、衛侯、鄭伯、許男、曹伯於葵丘"注文。翟方進曰："《春秋》之義，尊上公謂之宰，海內無不統焉。"《公羊》之義，昭公出奔，國當絶。參《公羊傳·定公元年》"元年春王"注文。匡衡曰："《春秋》之義，諸侯不能守其社稷者絶。"《公羊》之義，"善善及子孫"語出《公羊傳·昭公二十年》。成帝封丙吉孫詔曰："夫善善及子孫，古今之通義也。"《公羊》之義，"臣有大喪，則君三年不呼其門"語出《公羊傳·宣公元年》。陳忠曰："先聖人緣人情以著其節，制服二十五月，是以《春秋》臣有大喪，三年不呼其門。"《公羊》之義，"出竟有可以安社稷利國家者竟：通"境"，邊境，疆界，專之可也"語出《公羊傳·莊公十九年》。御史大夫張湯劾徐偃矯制大害矯制：假託君命行事，法至死，偃以爲《春秋》之義，大夫出疆，有可以安社稷存萬民，顓之可也。《公羊》之義，"譏世卿"譏刺世代承襲爲卿大夫。語出《公羊傳·隱公三年》。樂恢曰："世卿持禄，《春秋》所戒。"《後漢書·樂恢傳》作："世卿持權，《春秋》以戒。"《公羊》之義，原情定罪《公羊傳·隱公元年》"三月，公及邾婁儀父盟於眛"注文作"原心定罪"。霍諝曰："《春秋》之義，原情定過,赦事誅意。故許止雖弑君而不罪,趙盾以縱賊而見書。"
《公羊》之義,人臣無將人臣勿存叛逆篡弑之心。膠西王曰劉端(前
165—前107),漢景帝劉啟之子,周亞夫平定七國之亂後,封"膠西王":"淮
南王安,廢法行邪,《春秋》曰:'臣無將,將而誅。'安罪重於
將?"《公羊》之義,三年一祫,五年一禘。參《公羊傳·文公二年》
"八月丁卯,大事於大廟"注文。張純曰:"《春秋傳》曰:'大祫者何?
合祭也。'毀廟及未毀廟之主皆登,合食太祖,五年而再殷。
漢舊制三年一祫,毀廟主合食高廟,存廟主未嘗合祭。元始五
年,諸王公列侯廟會,始爲禘祭。"《公羊》之義,未逾年,君不
書葬。《公羊傳·莊公三十二年》云:"子般卒,何以不書葬?未逾年之君也。
有子則廟,廟則書葬;無子不廟,不廟則不書葬。"周舉曰:"北鄉立未逾
載,年號未改。孔子作《春秋》,王子猛不稱崩,魯子野不書
葬。"《公羊》之義,譏逆祀違反上下位次的祭祀,與"順祀"相對。參《公
羊傳·文公二年》"八月丁卯,大事於大廟"注文。質帝詔曰:"昔定公追
正順祀,《春秋》善之。其令恭陵次康陵,憲陵次恭陵。"《公
羊》之義,不書閏。參《公羊傳·襄公二十八年》"乙未,楚子昭卒"注文。
班固以閏九月爲後九月。《公羊》之義,懷藏以養微,是月不
殺。章帝詔曰:"《春秋》於春每月書王者,重三正夏、商、周三代
歲首異建,夏正建寅,殷正建丑,周正建子,稱爲"三正",慎三微也三正之
始,萬物皆微,故又稱"三微"。律,十二月立春,不以報囚判決囚犯。"
《後漢書·章帝紀》:"律十二月立春,不以報囚。"李賢注曰:"報,猶論也。立
春陽氣至,可以施生,故不論囚。"《公羊》之義,通三統。參《公羊傳·隱
公三年》"春,王二月"注文。劉向曰:"王者必通三統,明天命所授
者博,非獨一姓。"此皆見於《兩漢書》者。

更以漢碑考之,《巴郡太守張納碑》云"正始順元",用《公
羊》五始之義。《處士嚴發殘碑》云:"蓋孔子作《春秋》,褒儀
甫目(中缺),塞利欲之徯。"《成陽令唐扶頌》云:"通天三統。"

《楊孟文石門頌》云:"《春秋》記異。"《安平相孫根碑》云:"仲伯撥亂,蔡(即祭字)足譎權。"《衛尉卿衡方碑》云:"存亡繼絕。"《樊毅修華嶽碑》云:"世室不修,《春秋》作譏。"《郎中郭君碑》云:"爲人後者爲之子。"皆本《公羊》。足見漢時《公羊》通行,故能知孔子作《春秋》爲後世立法之義,非止用之以決獄也。胡安國曰:"武、宣之世,時君信重其書,學士大夫誦説,用以斷獄決事。雖萬目未張,而大綱克正,過於春秋之時,其效亦可見矣。"語出胡安國《胡氏進春秋傳表》。

162. 論《穀梁》在春秋之後,曾見《公羊》之書,所謂"一傳"即《公羊傳》

鄭君《釋廢疾》曰東漢鄭玄所撰《起廢疾》,乃批判何休《穀梁廢疾》而作:"孔子雖有聖德,不敢顯然改先王之法以教授於世。若其所欲改,其陰書於緯,藏之以傳後王。《穀梁》'四時田'者謂春夏秋冬四時田獵,近孔子故也。《公羊》正當六國之亡,讖緯見,讀而傳爲'三時田'何休據緯書以爲"夏不田",故曰"三時田"。作《傳》有先後,雖異,不足以斷《穀梁》也。"鄭君言《春秋》改制之義極精,故鄭云"《公羊》善於讖",而以《公羊》之出在《穀梁》後,則未知所據。《釋文·序録》云:"公羊高受之於子夏,穀梁赤乃後代傳聞。"陳澧曰:"《釋文·序録》之言是也。莊二年,公子慶父帥師伐於餘丘,《公羊》云:'邾婁之邑也,曷爲不繫乎邾婁? 國之也。曷爲國之? 君存焉爾。'《穀梁》云:'公子貴矣,師重矣,而敵人之邑,公子病矣。其一曰,君在而重之也。'劉原父《權衡》云北宋劉敞所撰《春秋權衡》:'此似晚見《公羊》之説而附益之。'隱二年,無駭帥師入極,八年無駭卒,《穀梁傳》皆兩説。《穀梁傳》於隱公二年云:"不稱氏者,滅同姓,貶也。"

於隱公八年則曰："無侅之名，未有聞焉，或曰隱不爵大夫也，或説曰故貶之也。"劉氏亦以爲穀梁見《公羊》之書，而竊附益之。澧案，更有可證者：文十二年子叔姬卒，《公羊》云：'此未適人女子出嫁謂適，何以卒？許嫁矣。'《穀梁》云：'其曰子叔姬，貴也，公之母姊妹也。其一《傳》曰，許嫁以卒之也。'此所謂'其一《傳》'，明是《公羊傳》矣。宣十五年，初税畝公元前594年，魯國實行按畝征税的田賦制度，這是我國承認私有土地合法化的開端，冬，蝝生未生翅的幼蝗曰"蝝（yuán）"。《穀梁》云：'蝝，非災也。其曰蝝，非税畝之災也。'此《穀梁》駁《公羊》之説也。《公羊》以爲宣公税畝，應是而有天災，《穀梁》以爲不然，故曰'非災也'，駁其以爲天災也。又云'其曰蝝，非税畝之災也'，駁其以爲應税畝而有此災。其在《公羊》之後，更無疑矣。《公羊》《穀梁》二傳同者，隱公不書即位，《公羊》云'成公意'，《穀梁》云'成公志'。鄭伯克段于鄢，皆云'殺之'。如此者不可枚舉矣。僖十七年夏，滅項小國名，故址在今河南項城，《公羊》云：'孰滅之？齊滅之。曷爲不言齊滅之？《春秋》爲賢者諱，此滅人之國，何賢爾？君子惡惡也疾始，善善也樂終。桓公嘗有繼絶存亡之功，故君子爲之諱也。'《穀梁》云：'孰滅之？桓公也。何以不言桓公也？爲賢者諱也。既滅人之國矣，何賢乎？君子惡惡疾其始，善善樂其終，桓公嘗有存亡繼絶之功，故君子爲之諱也。'此更句句相同，蓋《穀梁》以《公羊》之説爲是，而録取之也。《穀梁》在《公羊》之後，研究《公羊》之説，或取之，或不取，或駁之，或與己説兼存之。其傳較《公羊》爲平正者，以此也。"語出《東塾讀書記》卷十《春秋三傳》。

　　錫瑞案：以《穀梁》晚出，曾見《公羊》之書，劉原父已言之，陳氏推衍尤晰。治《穀梁》者必謂《穀梁》早出，觀此可以悟矣。晁説之曰："《穀梁》晚出於漢，因得監省《左氏》《公

羊》之違畔而正之監省：察看，省察。違畔：同"違叛"，背叛。至其精深
遠大者，真得子夏之所傳。范氏又因諸儒而博辯之，申《穀
梁》之志也，其於是非，亦少公矣。非若征南一切申《傳》征南：
指晉人杜預，曾作《春秋左傳集解》《春秋釋例》。有戰功，曾任鎮南大將軍，官
至司隸校尉，卒後追贈"征南大將軍"，汲汲然不敢異同也。"參宋人王應
麟《玉海》卷四十《晉穀梁集解》。晁氏以爲《穀梁》監省《左氏》《公
羊》，與陳氏所見同，不知陳氏見晁説否？晁以范氏是非爲
公，則宋重通學，不守專門之見也。

163. 論《公羊》《穀梁》二傳當爲傳其學者所作，《左氏傳》亦當以此解之

　　子夏傳公羊高，至四世孫壽，乃著竹帛，戴宏所言當得其
實。《穀梁》則有數説，且有四名。桓譚《新論》云："《左氏》
傳世後百餘年，魯人穀梁赤爲《春秋》，殘亡①多所遺失。"應劭
《風俗通》云："穀梁子名赤，子夏弟子。"麋信則以爲秦孝公同
時人麋信：三國魏人，曾作《穀梁傳注》，阮孝緒則以爲名俶，字元始。
《漢書·藝文志》顏注云："名喜。"而《論衡·案書篇》又云
"穀梁寘"。豈一人有四名乎？抑如公羊之祖孫父子相傳，非
一人乎？名赤見《新論》，爲最先，故後人多從之。而據《新
論》，後《左氏》百餘年，年代不能與子夏相接，而與秦孝公同
時頗合。《四庫提要》曰："其傳，則士勛《疏》稱：'穀梁子名
俶，字元始，一名赤。受經於子夏，爲經作傳。'則當爲穀梁子
所自作。徐彥《公羊傳疏》又稱：'公羊高五世相授，至胡毋生
乃著竹帛，題其親師，故曰《公羊傳》。《穀梁》亦是著竹帛者

---

① "殘亡"，一本作"殘略"。

題其親師,故曰《穀梁傳》.’則當爲傳其學者所作。案《公羊傳》‘定公即位’一條,引‘子沈子曰’,何休《解詁》以爲後師。此傳‘定公即位’一條,亦稱‘沈子曰’。公羊、穀梁既同師子夏,不應及見後師。又‘初獻六羽’一條,稱‘穀梁子曰’。《傳》既穀梁自作,不應自引己説。且此條又引‘尸子曰’,尸佼爲商鞅之師,鞅既誅,佼逃於蜀,其人亦在穀梁後,不應預爲引據。疑徐彦之言爲得其實,但誰著於竹帛,則不可考耳。”語出《四庫全書總目》卷二十六《春秋穀梁傳注疏》提要。

　　錫瑞案:《楊疏》云穀梁傳孫卿,孫卿去子夏甚遠。穀梁如受經於子夏,不得親傳孫卿。以《傳》爲傳其學者所作,極是。非獨《公》《穀》二傳,即《左氏傳》亦當以此解之。故其《傳》有後人附益,且及左氏後事。若必以爲左氏自作,反爲後人所疑。趙匡、鄭樵遂以爲左氏非丘明趙匡:字伯循,唐代經學家,師從啖助習《春秋》,是六國時人矣。朱子亦云左氏不必是丘明,公、穀《傳》大概皆同,所以林黄中説只是一人林黄中:南宋林栗,字黄中,福建福清人。官至太常少卿,與朱熹論學不合,只是看他文字,疑若非一手者參《朱子語類》卷八十三。羅璧《識遺》云羅璧:字子蒼,自號默耕,宋末徽州新安人:“公羊、穀梁,自高、赤作《傳》外,更不見有此姓。萬見春謂皆姜字切韻脚,疑爲姜姓假託。”案“邾婁”爲“鄒”、“勃鞮”爲“披”之類,兩音雖可合爲一字,《越絕書》云:“以口爲姓,承之以天。”朱子注《楚詞》自署“鄒訴”,古人著書,亦有自隱其姓名者。而二子爲經作傳,要不應自隱其姓。至謂公羊、穀梁,高、赤外不見有此姓,則尤不然。《禮記·檀弓》明云:“鑿巾以飯鑿巾:在覆蓋屍體的面巾上於嘴的部位開洞,爲古代大夫以上之喪禮。飯:爲死者飯含,公羊賈爲之也。”出處當爲《禮記·雜記下》,非出《檀弓》。何得謂公羊高外不見公羊姓乎?疑“公羊賈”即《論語》之“公明賈”,“公羊高”即《孟子》之"公明高"。高,曾子弟子,亦可從子夏受經。古讀"明"
如"芒",《詩》"以我齊明,與我犧羊"爲韻,"明""羊"音近,或
亦可通。是説雖未見其必然,而據《禮記》,明明有姓公羊者
矣。《漢書·古今人表》有公羊、穀梁,列四等,必實有其人可
知。近人又疑"公羊""穀梁"皆"卜商"轉音,更無所據。

164. 論《穀梁》廢興及三《傳》分別

《史記·儒林傳》曰:"瑕丘江生爲《穀梁春秋》瑕丘江生:亦
稱瑕丘江公,西漢經學家,治《春秋》及《詩》,鄒魯大儒韋賢曾從其受《詩》,自
公孫弘得用,嘗集比其義集比:收集比較,卒用董仲舒。"《漢書·
儒林傳》曰:"瑕丘江公受《穀梁春秋》及《詩》於魯申公,傳子
至孫,爲博士。武帝時,江公與董仲舒并。仲舒通《五經》,能
持論,善屬文。江公訥於口訥(nè):言語遲鈍,上使與仲舒議,不
如仲舒。而丞相公孫弘本爲《公羊》學,比輯其議比輯:义类"集
比",卒用董生。於是上因尊《公羊》家,詔太子受《公羊春
秋》,由是《公羊》大興。太子既通,復私問《穀梁》而善之,其
後浸微。宣帝即位,聞衛太子好《穀梁春秋》,以問丞相韋賢、
長信少府夏侯勝及侍中樂陵侯史高韋賢:字長孺,魯國鄒(今山東鄒
城)人。其先韋孟,爲楚元王傅。賢篤志於學,通《禮》《尚書》,以《詩》教授,號
稱"鄒魯大儒",皆魯人也,言穀梁子本魯學,公羊氏乃齊學也,宜
興《穀梁》,由是《穀梁》之學大盛。"故范甯論之曰:"廢興由
於好惡,盛衰繼於辨訥。"語出范甯《春秋穀梁傳序》。是漢時不獨
《左氏》與《公羊》爭勝,《穀梁》亦嘗與《公羊》爭勝。武帝好
《公羊》,而《公羊》之學大興;宣帝好《穀梁》,而《穀梁》之學
大盛,非奉朝廷之意旨乎?公孫弘齊人,而祖齊學之《公羊》;
韋賢魯人,而祖魯學之《穀梁》,非出鄉曲之私見乎鄉曲:偏僻村

野？據《漢書》，江公傳子至孫爲博士，周慶、丁姓皆爲博士，申章昌亦爲博士申章昌：字曼君，楚人，官至長沙太傅。贊曰"孝宣世復立《穀梁春秋》"，則《穀梁》在前漢嘗立學官，有博士。而後漢十四博士，止有《公羊》嚴、顏二家而無《穀梁》，則《穀梁》雖暫立於宣帝時，至後漢仍不立。猶《左氏》雖暫立於平帝與光武時，至其後仍不立也。《後漢·賈逵傳》云："建初八年東漢章帝年号，公元83年，乃詔諸儒各選高才生，受《左氏》《穀梁春秋》《古文尚書》《毛詩》，由是四經遂行於世。"此四經雖行於世，而不立學。觀《左氏》《毛詩》《古文尚書》終漢世不立學，《穀梁春秋》可知(《熹平石經》止有《公羊》無《穀梁》)。然則《穀梁》雖暫盛於宣帝之時，而漢以前盛行《公羊》，漢以後盛行《左氏》。蓋《穀梁》之義不及《公羊》之大，事不及《左氏》之詳，故雖監省《左氏》《公羊》立説，較二家爲平正，卒不能與二家鼎立。鄭樵曰："《儒林傳》學《公羊》者凡九家，而以《穀梁》名家獨無其人。"語出《六經奧論》卷四《穀梁傳》。此所謂師説久微也。無論瑕丘江公，即尹、胡、申章、房氏之學，今亦無有存者。《漢書·房鳳傳》曰："始江博士授胡常，常授梁蕭秉君房，王莽時爲講學大夫。由是《穀梁春秋》有尹(尹更始)、胡(胡常)、申章(申章昌)、房氏(房鳳)之學。"僅存者惟范氏《集解》，而《集解》所引，亦惟同時江、徐及兄弟子侄諸人。古義淪亡，無可探索。求如《公羊》大師董子猶傳《繁露》一書，胡毋生《條例》猶存於《解詁》者，渺不可得。今其條理略可尋者，時、月、日例而已。

綜而論之，《春秋》有大義，有微言，大義在誅亂臣賊子，微言在爲後王立法。惟《公羊》兼傳大義微言，《穀梁》不傳微言但傳大義，《左氏》并不傳義，特以記事詳贍，有可以證《春秋》之義者。故三《傳》并行不廢，特爲斟酌分別，學者可審所擇從矣。

165. 論《春秋》兼采三《傳》不主一家始於范甯，
而實始於鄭君

何休《解詁》專主《公羊》，杜預《集解》獨宗《左氏》，雖義有拘窒，必曲爲解説，蓋專門之學如是。惟范寧(范字武子，其名當爲"甯武子"之"甯")《穀梁集解》，於三《傳》皆加貶辭，曰："《左氏》以鬻拳兵諫爲愛君鬻(yù)拳：楚國宗室後裔，春秋時楚官。進諫楚文王不聽，乃以兵器威脅。事參《左傳·莊公十九年》，文公納幣爲用禮《左傳·文公二年》載："襄仲如齊納幣，禮也。"；《穀梁》以衛輒拒父爲尊祖衛國太子衛蒯聵出逃外國，後其子衛輒繼位，拒不接納其父回國。事參《穀梁傳·哀公二年》，不納子糾爲内惡公子糾，春秋齊僖公之子。莊公九年《春秋》經曰："夏，公伐齊，納糾。"《穀梁傳》曰："當可納而不納，齊變而後伐，故乾時之戰，不諱敗，惡内也。"；《公羊》以祭仲廢君爲行權祭(zhài)仲：春秋時鄭國大夫，名足，字仲，祭爲氏，曾數度廢君。行權：改變常規，權宜行事。事參《公羊傳·桓公十一年》，妾母稱夫人爲合正《左傳·隱公二年》載："十有二月乙卯，夫人子氏薨。"晉杜預《春秋左傳集解》卷一云："無《傳》。桓未爲君，仲子不應稱夫人。隱讓桓以爲大子，成其母喪以赴諸侯，故經於此稱'夫人'也。"。以兵諫爲愛君，是人主可得而脅也；以納幣爲用禮，是居喪可得而婚也；以拒父爲尊祖，是爲子可得而叛也；以不納子糾爲内惡，是仇讎可得而容也；以廢君爲行權，是神器可得而闚也神器：代表國家政權的實物，如玉璽、寶鼎之類。借指帝位、政權。闚(kuī)：闚伺；以妾母爲夫人，是嫡庶可得而齊也《春秋·文公六年》載："冬，十有一月壬寅，夫人風氏薨。"唐陸淳《春秋集傳纂例》卷八云："諸侯之妾母，雖臣下尊之，然不得稱'夫人'以體先君。自成風之後，乃皆僭矣。"宋人胡安國《春秋胡氏傳》卷十四曰："風氏，僖公之母、莊公妾也。而稱'夫人'，自是嫡妾亂矣。"。若此之類，傷教害義，不可强通者也。"又曰："《左氏》豔而富，其失也巫；《穀梁》清而婉，其失也短;《公羊》辨而裁,其失也俗。"語出范甯《春秋穀梁傳序》。

錫瑞案:范氏兼采三《傳》,不主一家,開唐啖、趙、陸之先聲啖、趙、陸:唐代經學家啖助、趙匡、陸淳,異漢儒專門之學派。蓋經學至此一變,而其變非自范氏始。鄭君從第五元先習《公羊》第五元先:東漢京兆人,經學家,鄭玄曾從之問學。第五,復姓,其解禮多主《公羊》說,而《鍼膏》《起廢》兼主《左氏》《穀梁》,嘗云:"《左氏》善於禮,《公羊》善於讖,《穀梁》善於經。"語出鄭玄《六藝論》。已爲兼采三《傳》之嚆矢(hāo shǐ)響箭。因發射時聲先於箭而到,故常用以比喻事物的開端、先聲。蓋解禮兼采三《禮》,始於鄭君;解《春秋》兼采三《傳》,亦始於鄭君矣。晉荀崧曰荀崧:字景猷,潁川臨潁人,魏太尉荀彧玄孫:"孔子作《春秋》,左丘明、子夏造膝親受(此用劉歆之說)造膝:猶促膝,表示關係親密,無不精究。丘明撰所聞爲《傳》,其書善禮,多膏腴美辭,張本繼末,以發明經意,信多奇偉。儒者稱公羊高親受子夏,立於漢朝,辭義清俊,斷決明審,多可采用,董仲舒之所善也。穀梁赤師徒相傳,暫立於漢(以爲暫立,最是)。時劉向父子猶執一家,莫肯相從。其書文清義約,諸所發明,或《左氏》《公羊》所不載,亦足訂正,是以三《傳》并行。"參《晉書·荀崧傳》。荀崧在東晉初,請立《公羊》《穀梁》博士,觀其持論,三《傳》并重,亦在范氏之前。范氏并詆三《傳》乖違,惟《左氏》兵諫、喪娶二條,何氏《膏肓》已先斥之,誠爲傷教害義,不可強通。若《穀梁》以衛輒拒父爲尊祖,是尊無二上之義;以不納子糾爲内惡,是敵怨不在後嗣之義,皆非不可通者。范解《穀梁》,不以爲是,故《序》先及之。《公羊》以祭仲廢君爲行權,乃《春秋》借事明義之旨。祭仲未必知權,而借以爲行權之義。仲廢君由迫脅,并非謀篡。范以爲闚神器,未免深文義同"深文周納",謂歪曲或苛刻地援引法律條文,陷人以罪。妾母稱夫人爲合正,《春秋》質家指尚實一派,與下文"文家"

相對,本有"母以子貴"之義,董子《繁露·三代改制質文篇》言之甚明。范氏主《穀梁》,妾母不得稱夫人,義雖正大,然是文家義,不合於《春秋》質家。劉逢禄治《公羊》,乃於此條必從《穀梁》,以汨《公羊》之義汨:淹没,湮滅,是猶未曙於質家、文家之别也未曙:不明白,不明曉。

166. 論《春秋》借事明義之旨,止是借當時之事做一樣子,其事之合與不合、備與不備本所不計

借事明義,是一部《春秋》大旨,非止祭仲一事。不明此旨,《春秋》必不能解。董子曰:"孔子知時之不用、道之不行也,是非二百四十二年之中顏師古注曰:"是非,謂本其得失。",以爲天下儀表,貶天子,退諸侯,討大夫,以達王事而已矣。顏師古注曰:"時諸侯僭侈,大夫擅權,故貶討之也。貶,退也。討,治也。"曰我欲載之空言,不如見之行事之深切著明也。"參《漢書·司馬遷傳》。

錫瑞案:董子引孔子之言,與孟子引孔子之言,皆《春秋》之要旨,極可信據。"載之空言,不如見之行事",後人亦多稱述,而未必人人能解。《春秋》一書,亦止是載之空言,如何説是見之行事? 即後世能實行《春秋》之法,見之行事,亦非孔子之所及見,何以見其深切著明? 此二語看似尋常之言,有令人百思而不得其解者,必明於《公羊》借事明義之旨,方能解之。蓋所謂"見之行事",謂託二百四十二年之行事,以明褒貶之義也。孔子知道不行而作《春秋》,斟酌損益,立一王之法以待後世。然不能實指其用法之處,則其意不可見。即專著一書,説明立法之意如何,變法之意如何,仍是託之空言,不如見之行事使人易曉。猶今之《大清律》,必引舊案以爲比例,然後辦案乃有把握。故不得不借當時之事,以明褒貶之

義,即褒貶之義,以爲後來之法。如魯隱非真能讓國也,而
《春秋》借魯隱之事,以明讓國之義;祭仲非真能知權也,而
《春秋》借祭仲之事,以明知權之義;齊襄非真能復讎也,而
《春秋》借齊襄之事,以明復讎之義;宋襄非真能仁義行師也,
而《春秋》借宋襄之事,以明仁義行師之義。所謂"見之行事,
深切著明",孔子之意,蓋是如此。故其所託之義,與其本事
不必盡合,孔子特欲借之以明其作《春秋》之義,使後之讀《春
秋》者,曉然知其大義所存,較之徒託空言而未能徵實者,不
益深切而著明乎? 三《傳》惟《公羊》家能明此旨,昧者乃執
《左氏》之事,以駁《公羊》之義,謂其所稱祭仲、齊襄之類如何
與事不合。不知孔子并非不見國史,其所以特筆褒之者,止是
借當時之事做一樣子。其事之合與不合、備與不備,本所不
計。孔子是爲萬世作經而立法以垂教,非爲一代作史而紀實
以徵信也。董子曰:"《春秋》文成數萬,其旨數千。"張晏曰:
"《春秋》萬八千字。"李仁甫曰:"細數之,尚減一千四百二十
八字。"與王氏《學林》云萬六千五百餘字合王氏:指宋人王觀國。
夫以二百四十二年之事,止一萬六千餘字。計當時列國赴告,
魯史著録,必十倍於《春秋》所書。孔子筆削,不過十取其一,
蓋惟取其事之足以明義者,筆之於書,以爲後世立法,其餘皆
削去不録。或事見於前者,即不録於後;或事見於此者,即不
録於彼。以故一年之中,寥寥數事,或大事而不載,或細事而
詳書。學者多以爲疑,但知"借事明義"之旨,斯可以無疑矣。

167. 論三統三世是借事明義,黜周王魯亦是借事明義

《春秋》借事明義,且非獨祭仲數事而已也,"存三統""張
三世",亦當以借事明義解之,然後可通。隱公非受命王,而

《春秋》於隱公託始,即借之以爲受命王;哀公非太平世,而《春秋》於哀公告終,即借之以爲太平世。故論春秋時世之漸衰,春秋初年王迹猶存,及其中葉,已不逮春秋之初。至於定、哀,駸駸乎流入戰國矣駸駸(qīn qīn):逐漸。而論《春秋》三世之大義漢代《公羊》家又以爲,"所傳聞世"爲"據亂世","所聞世"爲"昇平世","所見世"爲"太平世"。近世康有爲據此提出三世説歷史進化論,影響甚大,《春秋》始於撥亂,即借隱、桓、莊、閔、僖爲撥亂世;中於升平,即借文、宣、成、襄爲升平世;終於太平,即借昭、定、哀爲太平世。世愈亂而《春秋》之文愈治,其義與時事正相反。蓋《春秋》本據亂而作,孔子欲明馴致太平之義,故借十二公之行事,爲進化之程度,以示後人治撥亂之世應如何,治升平之世應如何,治太平之世應如何。義本假借,與事不相比附。《公羊疏》於《注》"至所見之世,著治太平"云:"當爾之時,實非太平,但《春秋》之義,若治之太平於昭、定、哀也,猶如文、宣、成、襄之世實非升平,但《春秋》之義而見治之升平然。"《疏》之解此,亦甚明矣。昧者乃引當時之事,譏其不合,不知孔子生於昭、定、哀世,豈不知其爲治爲亂?《公羊》家明云"世愈亂而《春秋》之文愈治",亦非不知其爲治爲亂也(孟子以《春秋》成爲天下一治)。"黜周""王魯",亦是假借。《公羊疏》引:"問曰:《公羊》以魯隱公爲受命王,黜周爲二王後。案《長義》云:名不正則言不順,言不順則事不成。今隱公人臣而虛稱以王,周天子見在上而黜公侯,是非正名而言順也?答曰:《春秋》藉位於魯,以託王義。隱公之爵不進稱王,周王之號不退爲公,何以爲不正名?何以爲不順言乎?"賈逵所疑,《疏》已解之。《左傳疏》引劉炫難何氏云:"新王受命,正朔必改,是魯得稱元,亦應改其正朔,仍用周正,何也?即託王於魯,則是不事文王,仍奉王正,何也?諸侯改元,自是常法,而云託王改元,是妄説也。"參《春秋左傳正義》卷一引。

　　錫瑞案:劉炫習見後世諸侯改元之事,不知何氏明言"惟王者改元立號",《春秋》王魯,故得改元。託王非真,故雖得改元,不得改正朔。此等疑義,皆甚易解。後之疑《公羊》與董、何者,大率皆如賈逵、劉炫之説,不知義本假託,而誤執爲實事,是以所見拘滯。劉逢禄《釋三科例》曰:"且《春秋》之託王至廣,稱號名義仍繫於周,挫强扶弱常繫于二伯指春秋霸主齊桓公與晉文公,何嘗真黜周哉!郊褅之事,《春秋》可以垂法,而魯之僭則大惡也。就十二公論之,桓、宣之弑君宜誅,昭之出奔宜絶,定之盜國宜絶,隱之獲歸宜絶,莊之通讎外淫宜絶,閔之見弑宜絶,僖之僭王禮、縱季姬、禍鄫子,文之逆祀、喪娶、不奉朔,成、襄之盜天牲,哀之獲諸侯、虚中國以事强吴,雖非誅絶,不免於《春秋》之貶黜者多矣,何嘗真王魯哉!"語出劉逢禄《劉禮部集》卷四。劉氏謂黜周王魯非真,正明其爲假借之義。陳澧乃詆之曰:"言黜周王魯非真,然則《春秋》作僞歟?"語出陳澧《東塾讀書記》卷十《春秋三傳》。不知爲假借,而疑爲作僞。蓋《春秋》是專門之學,陳氏於《春秋》非專門,不足以知聖人微言也。

168.論《春秋》有現世主義有未來主義,
在尊王攘夷而不盡在尊王攘夷

　　董子曰"其旨數千",即《孟子》所引"其義則丘竊取"者。以《春秋》萬六千餘字,而其旨以千數,則必有兩義并行而不相悖、二意兼用而適相成者,自非專門之學,則但其顯而不見其隱,知其淺而不知其深。聖人之書,廣大精微,仁者見仁,知者見知,得其一解,已足立義,亦無背於聖人之旨也。特患習

於所見而蔽所不見，但見其義之顯而淺者。而於其義之隱而深者素所不解，遂誑而不信，或瞋目扼腕以爭之，則所得者少，而所失者多矣。《春秋》之義旨，既如此之多，必非據事直書，而論者以爲止於據事直書；且必非止懲惡勸善，而論者以爲止於懲惡勸善。微言大義，既已闇而不章。宋儒孫復、胡安國之徒，其解《春秋》又專言尊王攘夷孫復所撰，標題即爲《春秋尊王發微》。胡安國在《春秋傳序》中亦批評王安石時代只重荊公新學，"獨於《春秋》，貢舉不以取士，庠序不以設官，經筵不以進讀，斷國論者無所折衷，天下不知所適，人欲日長，天理日消，其效使夷狄亂華，莫之遏也"，不知《春秋》有"尊王"之義，而義不止於尊王；有"攘夷"之義，而義不止於攘夷。既言"尊王"，又有"黜周、王魯"之義，似相反矣；而《春秋》爲後王立法，必不專崇當代之王，似相反，實非相反也。既言"攘夷"矣，又有"夷狄進至於爵"之義，似相反矣；而聖人欲天下大同，必漸推漸廣，遠近若一，似相反，亦非相反也。成元年，"王師敗績於貿戎《左傳》作"茅戎"，戎的一支，分佈於今山西平陸南之茅津渡，一説在河南修武一帶"，《公羊傳》曰："王者無敵，莫敢當也。"《疏》云："《春秋》之義，託魯爲王，而使舊王無敵者，見任爲王，寧可會奪？正可時時內魯見義而已。"陳澧遂據此傳，謂："既以周爲王者無敵，必無黜周王魯之説，此《疏》正可以駁'黜周'之説。"語出陳澧《東塾讀書記》卷十《春秋三傳》。不知《疏》明言《春秋》王魯，不奪舊王，是《春秋》"尊王"之義與"王魯"之義，本可并行不悖也。僖四年，"楚屈完來盟于師，盟于召陵楚國地名，今河南郾城東"，《公羊傳》曰："南夷與北狄交交相爲亂，中國不絕若綫。桓公救中國而攘夷狄，卒帖荊帖：通"貼"，貼伏。使荊楚貼伏，以此爲王者之事。"《解詁》曰："言桓公先治其國以及諸夏，治諸夏以及夷狄，如王者爲之，故云爾。"後人多據此傳，以爲《春秋》"攘夷"之證，不知《解詁》明言

"桓公先治其國以及諸夏,治諸夏以及夷狄",僖公當所傳聞世而漸近於所聞,故有合於《春秋》"內其國而外諸夏、內諸夏而外夷狄"之義。若至所見世,夷無可攘,是《春秋》"攘夷"之義與"夷狄進至於爵"之義,本是兩意相成也。

綜而言之,有現世主義現世:佛教語,指今生,有未來主義。聖人作《春秋》,因王靈不振,夷狄交橫,尊王攘夷,是現世主義,不得不然者也。而王靈不振,不得不爲後王立法;夷狄交橫,不能不思用夏變夷。爲後王立法,非可託之子虛烏有,故託王於魯以見義;思用夏變夷,非可限以種族不同,故進至于爵而後止。此未來主義,亦不得不然者也。《春秋》兼此二義,惟《公羊》、董、何能發明。今爲一語道破,亦實尋常易解,并無非常異義可怪之論。而不治《公羊》,則但知其一,不知其二,即尋常之義,亦駭怪以爲非常矣。

169. 論孔子成《春秋》不能使後世無亂臣賊子,而能使亂臣賊子不能無懼

或曰:"孟子言'孔子成《春秋》而亂臣賊子懼'語出《孟子·滕文公下》,何以《春秋》之後,亂臣賊子不絕於世?然則孔子作《春秋》之功安在?孟子之言殆不足信乎?"曰:孔子成《春秋》,不能使後世無亂賊子,而能使亂臣賊子不能全無所懼。自《春秋》大義昭著,人人有一《春秋》之義在其胸中,皆知亂臣賊子人人得而誅之。雖極凶悖之徒,亦有魂夢不安之隱。雖極巧辭飾說,以爲塗人耳目之計,而耳目仍不能塗。邪說雖橫,不足以蔽《春秋》大義。亂賊既懼當時義士聲罪致討,又懼後世史官據事直書。如王莽者,多方掩飾,窮極詐僞,以蓋其篡弒者也。如曹丕、司馬炎者,妄託禪讓,襃封先代,篡而未

敢弒者也。如蕭衍者，已行篡弒，旋知愧憾，深悔爲人所誤者
也。如朱溫者，公行篡弒，猶畏人言，歸罪於人以自解者也。
他如王敦、桓溫謀篡多年，而至死不敢；曹操、司馬懿及身不
篡，而留待子孫。凡此等，固由人有天良未盡泯滅，亦由《春
秋》之義深入人心，故或遲之久而後發，或遲之又久而卒不敢
發。即或冒然一逞，犯天下之不韙，終不能坦懷而自安。如蕭
衍見吳均作史_{吳均曾上表欲撰《齊書》，不獲允，而私撰《齊春秋》三十卷，}
_{據實記載梁武帝蕭衍事，書其助蕭道成篡逆，遂怒而擯吳均；燕王}
棣使方孝孺草詔_{燕王棣，即明成祖朱棣。方孝孺（1357—1402），字希直，}
_{一字希古，號遜志，浙江台州寧海人。明代著名儒士，曾任翰林院文學博士，有}
_{《遜志齋集》《方正學先生集》等。燕王朱棣發動篡逆之"靖難之役"，命孝孺草}
_{似詔書。孝孺正氣凜然，堅拒而被誅十族。南明福王時，追諡"文正"，}孝孺
大書"燕賊篡位"，遂怒而族滅孝孺。其怒也，即其懼也，蓋雖
不懼國法，而不能不懼公論也。或曰：桓溫嘗言"不能流芳百
世，亦當貽臭萬年"_{語出南朝宋·劉義慶《世說新語·尤悔》，}彼自甘貽
臭者，又豈能懼清議_{猶言"公論"}？曰：桓溫雖有此言，亦止敢行
廢立，而未敢行篡弒，正由懼清議之故。且彼自知貽臭，則已
有清議在其心矣，安能晏然不一動乎？是非曲直，世之公理。

獨臣子於君父，不得計是非曲直，所謂天下無不是的父
母。《春秋》弒君三十六，而弒父者三：文二年"楚世子商臣弒
其君頵（jūn）"_{事當在文公元年}，襄三十年"蔡世子般弒其君固"，
昭十九年"許世子止弒其君買"。被弒三人，皆兼君父。許止
進藥而藥殺，非真弒者，而《春秋》以"弒"書。_{許止爲許悼公之子，}
_{悼公服其所獻之藥而身亡，《春秋·昭公十九年》曰："夏五月戊辰，許世子止弒}
_{其君買。"}蔡侯淫而不父，禍由自取_{事見《左傳·襄公二十八年》，蔡景侯}
_{行爲不檢，通太子班之妻，後爲子所弒}；楚子輕於廢立，機泄致禍_{事見}
_{《左傳·文公元年》，楚成王先立商臣爲太子，後又欲立王子職爲太子而黜商}

臣,後商臣兵變而成王自縊,《春秋》亦以"弑"書。蓋君父雖有過
愆,臣子無可解免。以此推之,臣子之於君父,不當論是非曲
直,亦不當分別有道無道。臣子既犯弑逆之罪,即人倫之大
變,天理所不容。雖其人有恩惠於民,有功勞於國,亦不當稱
道其小善,而縱舍其大惡。春秋時如齊之陳氏,未嘗無恩惠於
民;晉之趙盾,亦未嘗無功勞於國,而《經》一概書"弑",不使
亂臣賊子有所藉口。齊人陳恆弑齊簡公於舒州,《春秋·哀公十四年》
載:"齐人弑其君。"《左傳·宣公二年》載,晉靈公不行君道,正卿趙盾屢諫不
聽,盾乃逃亡,至於國境而靈公為趙盾之族弟趙穿所弑,史家董狐記載云"趙盾
弑其君"。趙盾問其故,董狐言:"子為正卿,亡不越境,反不討賊,非子而誰?"
正如後世曹操、劉裕之類,有功於國,有德於民,而論者不為末
減也。至於但書弑君,而不書弑君為何人,蓋由所據舊史未有
明文。聖人以為既無主名,自難擅入人罪,雖有傳聞,未可據
以增加,不若闕之為愈。此正"罪疑惟輕"與"不知蓋闕"之
義。若"弑君稱君,君無道"之例,與《春秋》大義反對,必非聖
人作經之旨。杜預姦言誣聖,先儒已加駁正,學者不當更揚其
波,使邪説誣民,充塞仁義也。

170. 論《春秋》一字褒貶之義,宅心恕而立法嚴

《春秋》大義,在討亂賊,則《春秋》必褒忠義。《經》曰:
"宋督弑其君與夷宋督:字華父,宋國大宰。與夷:即宋殤公,及其大夫
孔父。"語出《春秋·桓公二年》,"宋萬弑其君捷宋萬:即南宮長萬,宋國
大夫。捷:即宋閔公,及其大夫仇牧。"語出《春秋·莊公十二年》,"晉
里克弑其君卓子①里克:字季,晉國大夫。卓子:晉獻公幼子,及其大夫

---

① "卓"下原脱"子"字,據《春秋》原文補。

荀息。"語出《春秋·僖公十年》。三大夫皆書"及",褒其皆殉君難。《公羊傳》曰:"何賢乎孔父?孔父可謂義形於色矣。""何賢乎仇牧?仇牧可謂不畏強禦矣。""何賢乎荀息?荀息可謂不食其言矣。"《春秋》同一書法,《公羊》同一褒辭,足以發明大義。《左氏》序事之書,本不傳義,故不加褒,亦不加貶。惟荀息引君子曰"斯言之玷",語含譏刺。《左傳·僖公九年》云:"君子曰:'《詩》所謂"白圭之玷,尚可磨也。斯言之玷,不可爲也。"荀息有焉。'"此林黃中所以謂《左傳》"君子曰"是劉歆增入也。杜預乃有"書名罪之"之例,《釋例》曰:"孔父爲國政則取怨於民,治其家則無閨闈之教,身先見殺,禍遂及君,既無所善。仇牧不警而遇賊,又死無忠事。晉之荀息期欲復言,本無大節。先儒皆隨加善例,又爲不安。"《孔疏》曰:"《公羊》《穀梁》及先儒,皆以善孔父而書字。知不然者,案'宋人殺其大夫司馬',《傳》稱握節以死握節:持守符節,不辱君命,故書其官。又'宋人殺其大夫',《傳》以爲無罪,不書名。今孔父之死,《傳》無善事。故杜氏之意,以父爲名,言若齊侯祿父、宋公茲父之等。"語出《春秋左傳正義》卷四。

錫瑞案:大夫"書名罪之"之例,本不可信。且《左氏》明云"孔父嘉爲司馬",是其名嘉甚明。古人名嘉字孔,鄭公子嘉字子孔可證。"父"通"甫",漢碑稱"孔甫""宋甫"可證。甫者,男子之美稱,豈有以"父"與"甫"爲名者乎?祿父、茲父,非單名父,不稱齊侯父、宋公父也。穎達曲徇杜預,而毒詈其遠祖,豈自忘其爲孔氏子孫乎?杜、孔之解《春秋》如此等處,不謂之邪説不可也。陳澧謂:"《孔疏》覼(luó)縷數百言形容語言繁瑣,尤所謂鍛煉深文鍛煉:羅織罪名,陷人於罪,不知孔穎達何以惡其先世孔父,至於如此。"語出陳澧《東塾讀書記》卷十《春秋三傳》。錫瑞案:聖人之作《春秋》,其善善也長,其惡惡也短,有一字之褒貶。三大夫之書“及”,所謂一字之褒;弑君之臣,一概書“弑”,所謂一字之貶。聖人以爲其人甘於殉君即是大忠,雖有小過(如《左氏》所書孔父、荀息之事),可不必究;其人忍於弑君即是大惡,雖有小功(如《左氏》所書趙盾之事),亦不足道。蓋宅心甚恕居心寬恕,用心寬恕,而立法甚嚴也。《春秋》之法,弑君者於經不復見,以爲其人本應伏誅,雖未伏誅,而削其名不再見經,即與已伏誅等。趙盾弑君所以復見者,以其罪在不討賊,與親弑者稍有分別。《春秋》之法,弑君賊不討不書葬,以爲君父之仇未報,不瞑目於地下,雖葬與不葬等。許止弑君未討而君書葬,以其罪在誤用藥,與親弑者稍有分別,是亦立法嚴而宅心恕也。歐陽修謂趙盾弑君,必不止不討賊,許止弑君,必不止不嘗藥,以三《傳》爲皆不足信。不知如三《傳》之説,於趙盾見忠臣之至,於許止見孝子之至,未嘗不情真罪當。“臣弑君,凡在官者殺無赦;子弑父,凡在宮者殺無赦”語出《禮記·檀弓下》,未嘗不詞嚴義正,而歐陽修等必不信《傳》。孫復曰:“稱國以弑者,國之人皆不赦也。”參清人王夫之《讀通鑑論》卷二十六《文宗》所引。然則有王者作,將比一國之人而誅之乎? 雖欲嚴《春秋》誅亂賊之防,而未免過當矣。

171. 論《春秋》書災異不書祥瑞,《左氏》　　《公羊》好言占驗,皆非大義所關

　　胡安國《進春秋傳表》曰:“仲尼制《春秋》之義,見諸行事,垂訓方來將來,未來。雖祖述憲章,上循堯、舜、文、武之道,而改法創制①,不襲虞、夏、商、周之迹。蓋‘洪水滔天,下民昏

---

　　①　“制”,原作“治”,誤,據《春秋胡氏傳》卷首《進表》改。

墊百姓陷溺於水災', 與'《簫韶》九成《簫韶》:虞舜時樂名。九成:演奏了九章, 百獸率舞', 并載於《虞書》。'大木斯拔'與'嘉禾合穎'上句出自《尚書·金縢》, 下句出自《尚書·歸禾》, 謂禾苗一莖生二穗, 古人視爲祥瑞。《歸禾》篇今佚, 《書序》曰:"唐叔得禾, 異畝同穎, 獻諸天子。王命唐叔歸周公於東, 作《歸禾》。", '鄙我周邦'與'六服承德'上句出自《尚書·大誥》, 意謂"鄙薄輕視我周家"。下句出自《尚書·周官》, 原文云:"六服群辟, 罔不承德。"六服:周王畿以外的諸侯邦國曰服, 其等次有六:侯服、甸服、男服、采服、衛服、蠻服。承德:承順周王德教, 同垂乎《周史》指《尚書·周書》。此上世帝王紀事之例。至《春秋》, 則凡慶瑞之符、禮文常事, 皆削而不書, 而災異之變、政事闕失, 則悉書之以示後世, 使鑒觀天人之理, 有恐懼祇肅之意祇(zhī)肅:恭謹嚴肅。乃史外傳心之要典, 於以反身, 日加修省, 及其既久, 積善成德, 上下與天地同流, 自家刑國刑:通"型", 作爲模范, 作爲典型, 措之天下, 則麟鳳在郊, 龜龍游沼, 其道亦可馴致之也。故始於隱公, 終於獲麟, 而以天道終焉。比於《關雎》之應《毛詩序》曰:"《麟之趾》, 《關雎》之應也。《關雎》之化行, 則天下無犯非禮, 雖衰世之公子, 皆信厚如麟趾之時也。"《鄭箋》曰:"《關雎》之時, 以麟爲應。後世雖衰, 猶存《關雎》之化者, 君之宗族猶尚振振然, 有似麟應之時, 無以過也。", 而能事畢矣。"語出胡安國《春秋胡氏傳》卷首《進表》。

錫瑞案:胡氏此論, 深得《春秋》改制馴致太平之義。《春秋》書災異, 不書祥瑞, 聖人蓋有深意存焉。絕筆獲麟, 《公羊》以爲受命制作, 有反袂拭面、稱"吾道窮"之事, 則是災異, 并非祥瑞。《春秋經》記哀公"十有四年春, 西狩獲麟", 《公羊傳》云:"麟者, 仁獸也。有王者則至, 無王者則不至。有以告者曰:'有麕而角者。'孔子曰:'孰爲來哉! 孰爲來哉!'反袂拭面, 涕沾袍。顏淵死, 子曰:'噫! 天喪予。'子路死, 子曰:'噫! 天祝予。'西狩獲麟, 孔子曰:'吾道窮矣!'"若以麟至爲太平瑞應, 比於《麟趾》之應《關雎》, 則又別是一義。胡氏引此以責難於君, 非前後矛盾也。《困學紀聞》曰:"《春秋》

三書孛(文十四年、昭十七年、哀十三年)孛(bèi)：彗星的別稱，而《昭十七年》"有星孛於大辰即心宿，大火"，申須曰申須爲魯國大夫：'彗所以除舊布新也。'《史記・天官書》、劉更生《封事》云《春秋》彗星三見西漢劉向撰有《條災異封事》，則彗、孛一也。《晏子春秋》齊景公睹彗星，使伯常騫禳之禳(ráng)：舉行禳祀，指一種古代除邪消災的祭祀。晏子曰：'孛又將出，彗星之出，庸何懼乎？'則孛之爲變，甚於彗矣。星孛東方(哀十三年冬)，在於越入吳之後(十三年夏)。彗見西方，在衛輒入秦之前，天之示人著矣。齊桓之將興也，恒星不見，星賈如雨賈(yǔn)：通"隕"，降落。事見莊公七年。晉文之將興也，沙鹿崩沙鹿：古山名或古地名，今河北大名縣東。沙鹿崩，謂山體滑坡，城邑陷没。事見僖公十四年，自是諸侯無王矣。晉三大夫之命爲侯也，九鼎震，自是大夫無君矣。故董子曰：'天人相與之際，甚可畏也。'"又曰："'八世之後'(莊二十二年)，其田氏篡齊之後之言乎？'公侯子孫，必復其始'(閔元年)，其三卿分晉之後之言乎？'其處者爲劉氏'(文十三年)，其漢儒欲立《左氏》者所附益乎？皆非《左氏》之舊也。新都之篡指王莽篡位建立新朝，以沙鹿崩爲祥；釋氏之熾，以恒星不見爲證，蓋有俑者矣。"上兩處引文，皆見《困學紀聞》卷六。案此亦得《春秋》書災異、不書祥瑞之旨。書災異，所以示人儆懼；不書祥瑞，所以杜人覬覦。《困學紀聞》前説以爲天人相應，此示人儆懼之意也；後説以爲後人附益，此杜人覬覦之意也杜：杜絶。《左氏》好言祥異占驗，故范甯以爲"其失也巫"。而如懿氏卜妻敬仲、畢萬筮仕于晉之類，又或出於附益，而非《左氏》之舊。《公羊》家與《左氏》異趣，而亦好言祥異占驗。漢儒言占驗者，齊學爲盛。《伏傳》"五行"、《齊詩》"五際"皆齊學，公羊氏亦齊學，故董子書多説陰陽五行，何氏《解詁》説占驗亦詳。要皆《春秋》之別傳，與大義無關，猶《洪範五行傳》與《齊詩》,非《詩》《書》大義所關也。

172. 論"獲麟"《公羊》與《左氏》説不同而皆可通, 鄭君已疏通之

臧琳曰:"杜元凱《春秋左氏傳序》:'《春秋》之作,《左傳》及《穀梁》無明文。'《正義》曰:'據杜云《左傳》及《穀梁》無明文,則指《公羊》有其顯説。今驗何注《公羊》,亦無作《春秋》事。案孔舒元《公羊傳》本云:"十有四年,春,西狩獲麟。何以書?記異也(以上何本同)。今麟,非常之獸,其爲非常之獸奈何(二句何本無)?有王者則至,無王者則不至(二句何本同)。然則孰爲而至,爲孔子之作《春秋》(二句何本無)。"是有成文也。《左傳》及《穀梁》,則無明文。'案孔舒元未詳何時人,《儒林傳》及《六藝論》皆無之,《隋志》有'《公羊春秋傳》十四卷,孔衍《集解》',未知是否。杜氏作《序》既所據用,則爲古本可知矣。"語出清人臧琳《經義雜記》卷五《孔舒元公羊傳》。

錫瑞案:臧氏據《孔疏》以證《公羊》逸文,能發人所未發,疑舒元即孔衍而未能決。不知舒元即孔衍之字,《晉書·儒林傳》:"孔衍字舒元,孔子二十二世孫。中興初,補中書郎,出爲廣陵郡。"亦見劉知幾《史通》(見《書論》)。衍雖晉人,其年輩在杜預後,杜所據用非必衍書,或杜所見《公羊》與衍所據本同。漢時《公羊》有嚴、顏二家,何劭公據顏氏,故少數語;杜預、孔衍蓋據嚴氏,故多數語。鄭君注《禮》箋《詩》,引《公羊》與何本不同,如"昉"作"放"、"登來"作"登戾"、"野留"作"鄙留"、"祠兵"作"治兵"、"大瘠"作"大漬"、"已虒"作"已戚"、"使之將"作"使之將兵"、"群公槀"作"群公慊"、"爲周公主"作"爲周公後"、"仡然從乎趙盾"作"疑然從於趙

盾"。《考工記》注引"子家駒曰天子僭天"，何本無之，皆《嚴氏春秋》也。"獲麟"有數說，《異義》："《公羊》說，哀十四年獲麟，此受命之瑞，周亡失天下之異。《左氏》說，麟是中央軒轅大角獸，孔子備（"備"當爲"作"字之誤）《春秋》，禮修以致其子，故麟來爲孔子瑞。陳欽說，麟，西方毛蟲。孔子作《春秋》，有立言。西方兑，兑爲口，故麟來。許慎謹案云：議郎尹更始、劉更生等議，以爲吉凶不并，瑞災不兼，今麟爲周亡天下之異，則不得爲瑞以應孔子至。""玄之聞也（以下鄭駁），《洪範》五事，二曰言，言作從，從作乂。乂，治也，言於五行屬金。孔子時周道衰亡，己有聖德，無所施用，作《春秋》以見志。其言少從以爲天下法，故應以金獸性仁之瑞。賤者獲之，則知將有庶人受命而行之①。受命之徵已見，則於周將亡，事勢然也。興者爲瑞，亡者爲災，其道則然，何'吉凶不并，瑞災不兼'之有乎？如此修母致子，不若立言之說密也。"語出鄭玄《駁五經異義·獲麟》。案如鄭君之義，則《公羊》《左氏》可通，興者爲瑞，亡者爲災，所見明通，并無拘閡。據孔舒元引《公羊傳》，麟至爲孔子之作《春秋》，與《左氏》家賈逵、服虔、潁容以爲"孔子修《春秋》，文成致麟，麟感而至"（見《左傳正義》引），本無異義。惟杜預苟異先儒，以爲感麟而作，則與《左氏》義違；又不取稱"吾道窮"之文，則與《公羊》又異。杜預以爲孔子《春秋》鈔録舊文，全無關繫，故爲瑞爲災之說，皆彼所不取也。

---

① "行"，原作"得"，誤，據鄭玄《駁五經異義》原文改。

173. 論《春秋》本魯史舊名,《墨子》云"百國《春秋》" 即百二十國寶書

　　孔穎達曰:"'春秋'之名,經無所見,惟傳、記有之。昭二年韓起聘魯,稱見魯《春秋》。《外傳·晉語》司馬侯對晉悼公云《國語》又稱《春秋外傳》:'羊舌肸習《春秋》。'《楚語》申叔時論傅太子之法,云:'教之以《春秋》。'《禮·坊記》云:'魯《春秋》記晉喪曰,殺其君之子奚齊。'又《經解》曰:'屬辭比事,《春秋》教也。'唐孔穎達《禮記正義》云:"屬,合也。比,近也。《春秋》聚合會同之辭,是屬辭。比次褒貶之事,是比事也。"凡此諸文所説,皆在孔子之前。則知未修之時,舊有'春秋'之目,其名起遠,亦難得而詳。"語出《春秋左傳正義·春秋左傳序》。鄭樵曰:"今《汲冢瑣語》亦有魯《春秋》,記魯獻公十七年事。諸如此類,皆夫子未生之前未經筆削之《春秋》也(西東周六百年事)。《孟子》云:'《詩》亡然後《春秋》作。'又曰:'知我者其惟《春秋》乎! 罪我者其惟《春秋》乎!'諸如此類,皆魯史記東遷已後事,已經夫子筆削之《春秋》也(自平王四十九年始)。或謂《春秋》之名,取'賞以春夏,刑以秋冬'語出《左傳·襄公二十六年》;或謂一褒一貶,若春若秋;或謂春獲麟,秋成書(《公羊正義》解"獲麟"云),謂之《春秋》,皆非也。惟杜預所謂'年有四時,故錯舉以爲所記之名'語出《春秋左傳序》,此説得之。《汲冢瑣語》記太丁時事太丁:商王武乙之子,目爲《夏殷春秋》(見《史通》)。《墨子》曰:'吾見百國《春秋》。'以至晏子、虞卿、呂不韋、陸賈著書,皆曰《春秋》。蓋當時述作之流,於正史外各記其書,皆取'春秋'以名之。然觀其篇第,本無年月,與錯舉春秋以爲所記之名則異矣。"語出鄭樵《六經奧論》卷四《春秋總辨》。

錫瑞案：鄭氏之説，多本劉知幾《史通・六家篇》，劉氏云："《春秋》家者，其先出於三代。"語出《史通》卷一。亦引《國語》《左傳》之文，則"春秋"自是舊名，非夫子始創。或謂春獲麟，秋成書，雖出《公羊》家説，而與《傳》引"不脩《春秋》"之文不合。或謂賞刑褒貶，説亦近鑿，當以杜預云錯舉四時爲是。晏、吕之書，非錯舉四時而亦名《春秋》，當時百國《春秋》具存，其體例或亦有所本。百國《春秋》，即百二十國寶書。《公羊疏》："案閔因敘云：'昔孔子受端門之命宮殿之正南門曰端門，制《春秋》之義，使子夏等十四人求周史記，得百二十國寶書，九月經立。《感精符》《考異郵》《説題辭》三者皆《春秋緯》篇名，具有其文。'問曰：'若然，《公羊》之義，據百二十國寶書以作《春秋》，今經止有五十餘國，通戎、夷、宿、潞之屬僅有六十，何言百二十國乎？'答曰：'其初求也，實得百二十國寶書，但有極美可以訓世，有極惡可以戒俗者取之；若不可爲法者，則棄而不録，是故止得六十國也。'"語出《春秋公羊傳注疏・春秋公羊傳原目》。蘇軾《春秋列國圖説》曰："春秋之世①，見於經傳者，總一百二十四國：魯、晉、楚、齊、秦、吳、越、宋、衛、鄭、陳、蔡、邾、曹、許、莒、杞、滕、薛、小邾、息、隨、虞、北燕、紀、巴、鄧、郕、徐、鄫、芮、胡、南燕、州、梁、荀、賈、凡、祭、宿、鄅、原、夔、舒鳩、滑、郯、黃、羅、邢、魏、霍、郜、鄑瞞、向、偪陽、韓、舒庸、焦、楊、夷、申、密、耿、麋、萊、弦、頓、沈、轂、譚、舒、鄧、白狄、賴、肥、鼓、戎、唐、潞、江、郇、權、道、柏、貳、軫、絞、蓼、六、遂、崇、戴、冀、蠻、温、厲、項、英氏、介、巢、盧、根牟、無終、郝、姒、蓐、狄、房、鮮虞、陸渾、桐、郕、於餘丘、須句、顓臾、任、葛、蕭、牟、鄏、極、郭。蠻夷戎狄，不在其間。"參明人胡廣編《春秋大全》卷首蘇

---

①　"世"，原作"國"，誤，據明《春秋大全》卷首蘇軾《列國圖説》改。

軾《列國圖説》。蘇氏云"百二十四國",正合"百二十國寶書"之數。《公羊疏》但據經言,止得其半;蘇氏兼據《左氏傳》,乃得其全(於餘丘、郱之類,《公羊》以爲邑,《左氏》以爲國,故知蘇據《左氏》)。惟蘇氏計數亦有疏失,云百二十四國,今數之止百二十一國。二虢及齊所遷之陽、楚所滅之庸,皆失數。《傳》言毛、聃、雍、邢、應、蔣、茅、胙,亦不列入,沈、姒、蓐、黃在北,沈、胡、江、黃在南,當有二沈二黃,止列其一。云"蠻夷戎狄,不在其間",又有鄭瞞、白狄、肥、鼓、戎、蠻、潞、狄、無終、鮮虞、陸渾諸國,此皆夷蠻戎狄,未必有寶書。當去諸國,而以所漏列者補之,數雖稍贏,計其整數,亦與百二十國合也。

174. 論《漢志》"《春秋》古經"即《左氏經》,《左氏經》長於二傳,亦有當分別觀之者

《漢志》"《春秋》古經,十二篇",班氏無注。錢大昕曰:"謂《左氏經》也。漢儒傳《春秋》者,以《左氏》爲古文,《公羊》《穀梁》爲今文,稱古經,則共知其爲《左氏》矣。《左氏》經、傳本各單行,故別有《左氏傳》。"語出錢大昕《三史拾遺》卷三《律歷志下》。《漢志》"經十一卷",班氏注云:"《公羊》《穀梁》二家。"沈欽韓曰:"二家合閔公於莊公,故十一卷。彼師當緣閔公事短,不足成卷,并合之耳。何休乃云:'繫閔公篇於莊公下者,子未三年,無改於父之道。'"語出沈欽韓《漢書疏證》卷二十四。

錫瑞案:何氏説是也,沈專主《左氏》,故不以何爲然。《漢志》"《左氏傳》三十卷",班氏注云:"左丘明,魯太史。"案《説文敘》曰:"北平侯張蒼獻《春秋左氏傳》。"《論衡》曰:"《左傳》三十篇,出恭王壁中恭王:漢景帝之子魯恭王劉餘。"二説

不同。班氏無明文,似不信此二説。《漢志》"《公羊傳》十一卷",注云:"公羊,齊人。"《漢志》"《穀梁傳》十一卷",注云:"穀梁子,魯人。"不別出公、穀二家之經。馬端臨云:"《公羊》《穀梁傳》,直以其所作傳文攙入正經,不曾別出,而《左氏》則經自經而傳自傳。又杜元凱《經傳集解序文》以爲'分經之年與傳之年相附',則是左氏作傳之時,經文本自爲一書,至元凱始以《左氏傳》附之經文各年之後。是《左氏傳》中之經文,可以言古經矣。"語出馬端臨《文獻通考》卷一八二《經籍考九·春秋經》,本條如下幾則馬氏之語,皆出此。案漢熹平石經《公羊》隱公一段,直載傳文而無經文,是《公羊》經傳亦自別行,不如馬氏之言。《孔疏》云:"丘明作傳,與經別行,《公羊》《穀梁》莫不皆然。"是《公羊》《穀梁》《左氏》之經傳,皆自別行。《左氏》經傳,至杜預始合之;《公》《穀》經傳,不知何人始合之也。《漢志》所列古經,即是《左氏》之經,馬氏不知,乃云:"《春秋》古經,雖《漢·藝文志》有之,然夫子所修之《春秋》,其本文世所不見。而漢以來所編古經,則俱自三《傳》中取出經文,名之曰正經耳。"又云:"《春秋》有三《傳》,亦本與經文爲二,而治三《傳》者合之。先儒務欲存古,於是取其已合者復析之,命之曰古經。"案三《傳》與經皆別行,而後人合之。馬氏乃以爲漢人於三《傳》中取出經文,不知何據。馬氏所云"先儒",似指朱子所刻《春秋經》、李燾所定《春秋古經》而言,然不得謂之"漢以來"。其立説不分明,皆由不知《漢志》之"古經"即是《左氏經》也。《四庫全書提要》曰:"徐彦《公羊傳疏》曰:'《左氏》先著竹帛,故漢儒謂之古學。'則所謂古經十二篇,即《左傳》之經,故謂之'古'。刻《漢書》者,誤連二條爲一耳。今以《左傳》經文與二《傳》校勘,皆《左氏》義長,知手録之本確於口授之經也。"語出《四庫全書總目》卷二十六《春秋左傳正義》提要。謹案,

《左氏經》長於二《傳》，詳見侯康《春秋古經説》。然則《春秋》經文，三《傳》不同，如"蔑、眛""鄑、微"之類，專據《左氏》可也；而"君氏、尹氏"之類，仍當分別觀之。

175. 論左氏不在七十子之列，不得口受傳指，《左傳疏》引《嚴氏春秋》不可信，引劉向《別録》亦不可信

《史記・十二諸侯年表序》曰："是以孔子明王道，干七十餘君干：干謁，謁求，莫能用。故西觀周室，論史記舊聞，興於魯而次《春秋》。上記隱，下至哀之獲麟。約其辭文，去其煩重，以制義法，王道備，人事浹。七十子之徒口受其傳指，爲有所刺譏、褒諱、挹損之文，不可以書見也。魯君子左丘明，懼弟子人人異端，各安其意，失其真，故因孔子史記，具論其語論：通"侖"，編次，編纂，成《左氏春秋》。"《漢書・劉歆傳》曰："初，《左氏傳》多古字古言，學者傳訓故而已。及歆治《左氏》，引傳文以解經，轉相發明，由是章句義理備焉。"

錫瑞案：史公生於劉歆未出之前，其説最爲近古；班氏生於《左氏》盛行之後，其説信而有徵。史公以丘明爲"魯君子"，別出於七十子之外，則左氏不在弟子之列、不傳《春秋》可知。云"七十子之徒口受其傳指"，而左氏特"因孔子史記，具論其語"，則左氏未得口授可知。班氏云漢初學《左氏》者惟傳訓故，則其初不傳微言大義可知。云"歆治《左氏》，引傳文以解經，由是備章句義理"，則劉歆以前未嘗引傳解經，亦無章句義理可知。據馬、班兩家之説，則漢博士謂"左丘明不傳《春秋》"，范升謂"《左氏》不祖孔子而出於丘明，師徒相傳又無其人"，必是實事而非誣妄。《左傳疏》據沈氏云："《嚴氏春秋》引《觀周篇》云：'孔子將修《春秋》，與左丘明乘如周，

觀書於周史,歸而修《春秋》之經,丘明爲之傳,共爲表裏。'"語出《春秋左傳正義·春秋左傳序》。案沈氏謂陳沈文阿。《嚴氏春秋》久成絕學,未必陳時尚存。漢博士治《春秋》者,惟嚴、顏兩家,嚴氏若有明文,博士無緣不知。如《左氏傳》與《春秋經》相表裏,何以有丘明不傳《春秋》之言?劉歆博極群書,又何不引《嚴氏春秋》以駁博士?則沈引《嚴氏春秋》必僞,其不可信者一也。《左傳疏》引劉向《別錄》云:"左丘明授曾申,申授吳起,起授其子期,期授楚人鐸椒,鐸椒作《鈔撮》八卷授虞卿,虞卿作《鈔撮》九卷授荀卿,荀卿授張蒼。"語出《春秋左傳正義·春秋左傳序》。陸德明《經典釋文》略同,蓋皆本於《別錄》。案《左氏》傳授,《史》《漢》皆無明文,《漢書·儒林傳》云:"漢興,北平侯張蒼及梁太傅賈誼、京兆尹張敞、太中大夫劉公子,皆修《春秋左氏傳》。"而張蒼、賈誼、張敞《傳》,皆不云傳《左氏春秋》,故范升以爲師徒相傳無其人。若如《別錄》傳授源流若此彰灼,范升何得以此抵《左氏》?陳元又何不引以轉抵范升?蓋如《釋文》所引《毛詩》源流,同爲後人附會,則陸、孔所引劉向《別錄》必僞,其不可信者二也。趙匡已以《釋文·序例》爲妄,謂:"此乃近世之儒欲尊崇《左氏》,妄爲此記。向若傳授分明如此,《漢書·張蒼》《賈誼》及《儒林傳》何故不書?則其僞可知也。"參唐人陸淳《春秋集傳纂例》卷一《趙氏損益義第五》。是唐人已知之而明辨之矣。

176. 論趙匡、鄭樵辨左氏非丘明,《左氏傳》文實有後人附益

劉歆以爲左丘明好惡與聖人同,親見夫子,始以作《傳》之左氏爲《論語》之丘明。漢博士惟爭左丘明不傳《春秋》,而

作《傳》之"丘明"與《論語》之"丘明"是一是二,未嘗深辨。其後桓譚、班固以至啖助,皆同劉歆説,無異議。趙匡始辨之曰:"啖氏依舊説,以左氏爲丘明,受經於仲尼。今觀左氏解經淺於公、穀,誣謬實繁。若丘明才實過人,豈宜若此? 推類而言,皆孔門後之門人。但公、穀守經,左氏通史,故其體異耳。丘明者,蓋夫子以前賢人,如史佚、遲任之流_{史佚:西周文王時著名史官。遲任:商代賢人,}見稱於當時耳。"_{參陸淳《春秋集傳纂例》卷一《趙氏損益義第五》。}王安石《左氏解》疑左氏爲六國時人者十一事,其書不傳。葉夢得疑《傳》及韓、魏、知伯、趙襄子之事,鄭樵《六經奧論》辨之尤力,曰:"《左氏》終紀韓、魏、知伯之事,又舉趙襄子之諡。若以爲丘明,自獲麟至襄子卒已八十年矣。使丘明與孔子同時,不應孔子既没七十有八年之後,丘明猶能著書。此左氏爲六國人,明驗一也。《左氏》:'戰於麻隧_{秦地,今陝西涇陽,}秦師敗績,獲不更女父_{不更:官名,或云即車右。}'語出《成公十三年》。又云:'秦庶長鮑、庶長武帥師_{庶長:官名,春秋時秦國設置,掌握軍政大權,相當於卿,}及晉師戰于櫟。'_{語出《襄公十一年》。}秦至孝公時立賞級之爵,乃有'不更、庶長'之號,明驗二也。《左氏》云:'虞不臘矣。'_{語出《僖公五年》,意謂虞國等不到年終臘祭就要滅亡了。}秦至惠王十二年初臘,明驗三也。左氏師承鄒衍之説,而稱帝王子孫。案齊威王時,鄒衍推五德終始之運_{五德終始:戰國末期陰陽家鄒衍的學説,指水、木、金、火、土五種物質德性相生相克和終而複始的循環變化,并用以推斷自然的命運和王朝興替的原因,}明驗四也。左氏言分星皆準堪輿_{分星:與地上分野相對應的星次。堪輿:天地之總名,}案韓、魏分晉之後,而堪輿十二次,始於趙分曰大梁之語_{大梁:星次名。在十二支中爲酉,在二十八宿爲胃、昴、畢三星,}明驗五也。《左氏》云:'左師展將以公乘馬而歸。'_{語出《昭公二十五年》,意謂左師展打算乘坐昭公的車子回國。}案三代時有車戰,無騎兵,惟蘇秦合從六國,始有"車千乘、騎萬匹"之語,明驗六也。《左氏》序呂相絕秦春秋時晉大夫魏锜之子魏相,以擅長外交辭令著稱,曾至秦國與之絕交。一説,呂相指呂不韋、聲子説齊(當作楚,此誤)聲子:春秋時宋國公主,爲魯隱公之母,曾説楚王而返歸楚臣伍舉,其爲雄辨狙詐狡滑奸詐,真游説之士,捭闔之辭,明驗七也。《左氏》之書,序晉、楚事最詳,如'楚師熠''猶拾瀋'等語語出《哀公三年》。拾瀋:拾取汁水,比喻事情不可能辦到,則左氏爲楚人,明驗八也。據此八節,可以知左氏非丘明,是爲六國時人,無可疑者。或問伊川曰:'左氏是丘明否?'曰:'《傳》無丘明字,不可考。'真知言歟!"語出《六經奧論》卷四《左氏非丘明辨》。朱子亦謂"《左傳》有縱橫意思"、"不臘是秦時文字"語出《朱子語類》卷八十三,二條蓋本鄭樵。

錫瑞案:《史記》張守節《正義》云:"秦惠文王始效中國爲之。"明古有臘祭,秦至是始用,非至是始創,則以"不臘"爲秦時文字,固未可據。"左師展將以公乘馬而歸",即子家子謂"公以一乘入於魯師"之意。一乘仍是車乘,亦未可據爲乘馬之證。傳及知伯,或後人續增。"不更、庶長"之類,或亦後人改竄。《左氏》一書,實有增竄之處。文十三年《傳》"其處者爲劉氏",劉炫、孔穎達已明言先儒插此媚世。僖十五年《傳》"上天降災"至"唯君裁之"四十一字,服、杜及唐定本皆無。林黃中謂《左傳》"君子曰"是劉歆之辭。王應麟曰:"'八世之後',其田氏簒齊之後之言乎?'公侯子孫,必復其始',其三卿分晉之後之言乎?'其處者爲劉氏',其漢儒欲立《左氏》者所附益乎?皆非《左氏》之舊也。"語出《困學紀聞》卷六《左氏》。近儒姚鼐以"公侯子孫,必復其始",及季札聞歌《魏》,曰"以德輔此,則明主也"語出姚鼐《惜抱軒文集》卷三《左傳補注序》,《傳》中盛稱魏絳、魏舒之類,爲吳起附益以媚魏者。陳澧以《左傳》凡例與所記之事有違反者,可見凡例未必盡是,而《傳》文亦有後人所附益。劉逢禄以《左氏》凡例、書法皆出劉歆。雖未見其必然,而《左氏》有後人附益之辭,唐宋人已有此疑矣。

177. 論賈逵奏《左氏》義長於《公羊》,
以己所附益之義爲《左氏》義,言多誣妄

《後漢書·賈逵傳》:"帝善逵説,使出《左氏傳》大義長於二《傳》者,逵於是具條奏之,曰:'臣謹摘出《左氏》三十事尤著明者^①_{摘:選取,摘取},斯皆君臣之正義,父子之紀綱。其餘同《公羊》者什有八九,或文簡小異,無害大體。至如祭仲、紀季、伍子胥、叔術之屬_{紀季:紀侯之弟。伍子胥:楚大夫伍奢之子,名員,字子胥,後任吳國大夫。叔術:邾國訾父之子、顏公之弟,後任邾國國君},《左氏》義深於君父,《公羊》多任於權變。'"李賢《注》:"《左傳》,宋人執鄭祭仲,曰:'不立突_{鄭國公子突,鄭莊公次子,即鄭厲公,將死}。'祭仲許之,遂出昭公而立厲公_{事參《左傳·桓公十一年》}。杜預注云:'祭仲之如宋,非會非聘,見誘被拘,廢長立少,故書名罪之。'《公羊傳》曰:'祭仲者何? 鄭之相也。何以不名? 賢也。何賢乎祭仲? 以爲知權也。其知權奈何? 宋人執之,謂之曰:爲我出忽而立突。祭仲不從其言,則君必死,國必亡;從其言,則君可以生易死,國可以存易亡。'古之有權者,祭仲之權是也。《左傳》,紀季以酅入於齊_{酅(xī):紀國邑名,今山東臨淄東},紀侯大去其國_{事參《莊公三年》}。賈逵以爲紀季不能兄弟同心以存國,乃背兄歸讎,書以譏之。《公羊傳》曰:'紀季者何? 紀侯之弟也。何以不名? 賢也。何賢乎? 服罪也。其服罪奈

---

① "明"下原脱"者"字,據《後漢書》原文補。

何？請後五①廟，以存姑姊妹。'《左傳》，楚平王將殺伍奢_{春秋}時楚國大夫，伍子胥之父，召伍奢子伍尚、伍員曰：'來，吾免而父_{句意謂只要回來，我就赦免你們父親。}'尚謂員曰：'聞免父之命，不可以莫之奔；親戚爲戮，不可以莫之報。父不可棄，名不可廢。'子胥奔吳，遂以吳師入郢，卒復父讎_{事參《昭公二十年》}。《公羊傳》曰：'父受誅，子復讎，推刃之道也。'何休《公羊解詁》曰："一往一來曰推刃。"謂若父罪當誅而子復讎，則讎家之子亦必報復，一往一來，循環往復。《公羊》不許子胥復讎_{許：稱許，是不深父也指不違背父子相親之道。}。《左傳》曰：'冬，邾黑肱以濫來奔_{黑肱：邾國大夫。濫：邾國邑名，今山東滕縣東南；一說，濫是從邾婁國中分出的一個小國，因國小且非天子所封，故不爲天下所知。奔：投奔。}，賤而書名，重地故也。君子曰：名之不可不慎。以地叛，雖賤，必書地，以名其人，終爲不義，不可滅已。是以君子動則思禮，行則思義。'_{參《左傳·昭公三十一年》}。《公羊傳》：'冬，黑肱以濫來奔。文何以無邾婁？通濫也。_{今人王獻唐《春秋邾分三國考》云："此言通者，以原有濫國，名稱無聞，通其名使天下皆知耳。"}曷爲通濫？賢者子孫宜有地。賢者孰謂？謂叔術也。何賢乎叔術？讓國也。_{叔術之兄顏公即邾武公，因參與政變而爲周宣王忌恨。邾武公去世後，宣王任命叔術爲國君，而未任命武公之子夏父。叔術任國君後勵精圖治，并最終把君位讓給夏父。詳參《公羊傳·昭公三十一年》。}'"

錫瑞案：《春秋》大義在誅亂臣賊子，賈逵以義深君父爲重，自是正論。而所舉數事，則無一合者。《公羊》，釋經者也，《經》書祭仲、紀季，字而不名，故以爲賢；書黑肱不加邾婁，故以爲通濫。《左氏》紀事，不釋經者也，序祭仲事，與《公羊》略同，而未加斷語。杜預乃執大夫書名之例，以祭仲書名爲有罪。《左氏》明云"祭封人仲足"，又屢舉"鄭祭足"，是名

---

① "五"，原作"立"，誤，據《公羊傳·莊公三年》改。

"足"、字"仲"甚明,豈有以伯、仲、叔、季爲名者乎?《左氏》曰:"紀侯不能下齊,以與紀季。"則紀季入齊,是受兄命,亦與《公羊》略同。賈責以"背兄歸讎",《左氏》有此説乎?《左氏》序子胥亦未加斷語,而鬬辛有"君討臣,誰敢讎之"之言鬬(dòu)辛:楚國令尹蔓成然之子。語出《定公四年》,忠孝不能兩全,二人各行其是。若如賈逵之説,正可以《左氏》載鬬辛語爲不深父矣。《公羊》借子胥明復讎之義,謂"父不受誅,子復讎可也;父受誅,子復仇,此推刃之道",是泛言人子應復讎不應復讎之通義。子胥之父,以忠獲罪,正不受誅應復讎者,《公羊》未嘗不許子胥復讎。賈逵乃不引其上句與事合者,而引其下句不與事合者,妄斷爲不深父,不猶胥吏之舞文乎謂玩弄文字,曲解法律?叔術事,《左氏》不載,可不必論。何休《解詁序》謂:"賈逵緣隙奮筆,以爲《公羊》可奪,《左氏》可興。"賈逵《春秋左氏長義》二十卷見於《隋書‧經籍志》者,今佚不存,其所摘三十事,亦不可考。而如所引祭仲、紀季、伍子胥事,皆不足爲《左氏》深君父、《公羊》任權變之證深君父:深於君父之恩,親親尊尊之義。《公羊》於祭仲之外,未嘗言權,逵乃以緣隙奮筆之私心,逞舞文弄法之謬論,欲抑《公羊》而莫能抑,欲伸《左氏》而莫能伸。乃必以爲《左氏》義長,而此三事《左氏》止紀實,而未嘗發義,不知其長者安在? 逵以己所附益之義爲《左氏》義,以難《公羊》,上欺其君,而下欺後世。東漢之治古學貴文章者,大率類此,惜李育、何休未能一一駁之。李育:字元春,扶風漆縣(今陝西永壽)人。東漢經學家,少習《公羊春秋》。

178. 論《左氏傳》不解經，杜、孔已明言之，劉逢禄考證尤詳晰

　　晉王接謂"《左氏》自是一家書，不主爲經發"王接：字祖遊，河東猗氏人。晉代經學家，精於《春秋》、三《禮》，此確論也。祖《左氏》者或不謂然，試以《春秋經》及《左氏傳》證之。莊公二十六年《傳》："秋，虢人侵晉。冬，虢人又侵晉。"杜預《集解》云："此年經、傳各自言其事者，或經是直文，或策書雖存而簡牘散落，不究其本末，故傳不復申解，但言傳事而已。"《孔疏》曰："此年傳不解經，經、傳各自言事。伐戎、日食，體例已舉，或可經是直文，不須傳説。曹殺大夫，宋、齊伐徐，或須説其所以。此去丘明已遠，或是簡牘散落，不復能知故耳。上二十年亦傳不解經，彼經皆是直文，故就此一説，言下以明上。"劉逢禄《左氏春秋考證》曰："左氏後於聖人，未能盡見列國寶書，又未聞口授微言大義，惟取所見載籍，如晉《乘》、楚《檮杌》等，相錯編年爲之，本不必比附夫子之經，故往往比年闕事。劉歆強以爲傳《春秋》，或緣經飾説，或緣《左氏》本文前後事，或兼采他書以實其年。如此年之文，或即用《左氏》文而增春、夏、秋、冬之時，遂不暇比附經文，更綴數語。要之，皆出點竄，文采便陋，不足亂真也。然歆雖略解經文，顛倒《左氏》，二書猶不相合。《漢志》所列《春秋》古經十二篇、經十一卷、《左氏傳》三十卷是也。自賈逵以後，分經附傳，又非劉歆之舊，而附益改竄之迹益明矣。"語出《左氏春秋考證》卷一。

　　錫瑞案：劉氏以爲劉歆改竄傳文，雖未見其必然，而《左氏傳》不解經，則杜、孔極祖左氏者，亦不能爲之辨。杜《序》明言分經之年與傳之年相附，《孔疏》云："丘明作《傳》，不敢

與聖言相亂。經、傳異處,於省覽爲煩,故杜分年相附。"是分年附傳,實始於杜,非始賈逵,劉氏説猶未諦。劉氏《考證》又舉隱二年"紀子帛、莒子盟于密"紀子帛:紀國大夫裂繻,字子帛。密:莒邑名,今山東昌邑東南,證曰:"如此年《左氏》本文全闕,所書皆附益也。"十年"六月,戊申",證曰:"十年《左氏》文闕。"桓公元年,證曰:"是年《左氏》文闕。"七年,"冬,曲沃伯誘晉小子侯曲沃伯:曲沃武公。晉小子侯:晉哀侯子,晉十六世君,殺之",證曰:"即有此事,亦不必在此年,是年《左氏》文闕。"九年,"冬,曹太子來朝",證曰:"是年《左氏》文闕,巴子篇年月無考。"十年,"冬,齊、衛、鄭來戰于郎,我有辭也",證曰:"是年《左氏》文闕,虞叔篇年月無考。"十一年,證曰:"楚屈瑕篇年月無考。"十二年,證曰:"是年《左氏》文闕。楚伐絞篇當與屈瑕篇相接,年月亦無考。"十三年,證曰:"是年亦闕。伐羅篇亦與上相接,不必蒙此年也。"十四年,證曰:"是年文亦闕。"十六年,證曰:"是年亦闕。"十七年,證曰:"是年文蓋闕。"莊元年,證曰:"此以下七年文闕,楚荆尸篇、伐申篇年月亦無考。"十三年、十五年、十七年,證曰:"文闕。"二十七年,證曰:"比年《左氏》文闕,每於年終分析晉事,附益之迹甚明。蓋《左氏》舊文之體,如《春秋》前則云惠之二十四年,獲麟以後則云悼之四年,本不必拘拘比附《春秋》年月。"二十九年,證曰:"文闕。"三十年,證曰:"是年亦闕。"三十一年,證曰:"文闕。"僖元年,證曰:"是年文闕。"

錫瑞案:自幼讀《左氏傳》"書、不書"之類,獨詳於隱公前數年,而其後甚略,疑其不應如此草草。及觀劉氏考證《左氏》釋經之文,闕於隱、桓、莊、閔爲尤甚,多取晉、楚之事敷衍,似皆出晉《乘》、楚《檮杌》。尤可疑者,杜、孔皆謂經、傳各自言事,是雖經劉歆、賈逵諸人極力比附,終不能彌縫其迹。

王接謂傳不主爲經發，確有所見。以劉氏《考證》爲左驗，學者可以恍然無疑。劉逢禄曰："左氏以良史之材，博聞多識，本未嘗求附於《春秋》之義。後人增設條例，推衍事蹟，强以爲傳《春秋》，冀以奪《公羊》博士之師法。名爲尊之，實則誣之，《左氏》不任咎也_{任咎：承擔過錯}。余欲以《春秋》還之《春秋》，《左氏》還之《左氏》，而删其書法、凡例。及論斷之謬於大義、孤章絶句之依附經文者，冀以存《左氏》之本真。"_{語出劉逢禄《劉禮部集》卷三《申左氏膏肓序》}。（近人有駁劉氏者，皆强説，不足據。）

179. 論《左氏傳》止可云載記之傳，劉安世已有 "經自爲經，傳自爲傳，不可合一"之説

張杓曰_{張杓爲清代學者，有《磨甋齋文存》等}："傳有二義，有訓詁之傳，有載記之傳。訓詁之傳，主於釋經；載記之傳，主於紀事。昔之傳《春秋》者五家，鄒氏無師，夾氏無書，今所傳惟左、公、穀。《公》《穀》依經立傳，經所不書，更不發義，故康成謂《穀梁》善於經。王接亦曰：'《公羊》於文爲儉，通經爲長。'此而例之訓詁之傳，猶或可也。若《左氏》之書，據太史公《十二諸侯年表》，則曰《左氏春秋》，而不言傳；據嚴彭祖引《觀周篇》之文，則言爲傳，與《春秋》相表裏，而不言是釋經；據盧氏植、王氏接，則謂囊括古今，成一家之言，不主爲經發；據高氏祐、賀氏循，則并目之爲史。是漢晉諸儒言《左氏》者，莫不以爲紀事之書，所謂載記之傳是也。故漢《左氏傳》與《春秋》分行，至杜元凱作《集傳》，始割傳附經，妄生義例，謂'傳或先經以始①事，或後經以終義，或依經以辨理，或錯經以

---

①　"始"，原作"紀"，誤，據杜預《春秋經傳集解序》改。

合異'。一似《左氏》此書專爲解駁經義者,獨不思經止哀十六年,而傳則終於二十七年。如依杜説,此十有一年之傳,爲先後何經、依錯何經耶? 甚矣,其惑也! 後儒不察,乃反依據杜本妄議《左氏》之書。唐權德輿謂:'《左氏》有無經之傳,失其根本。'宋王哲謂:'《左氏》貪惑異説,於聖人微旨疏略。'明何異孫謂:'《左氏》疏於義理,理不勝文。'凡此狂言,皆杜氏以傳附經,謂《左氏》專爲釋經而作有以啓之也。昔人謂三《傳》作而《春秋》微,余亦謂《杜注》行而《左傳》隱。"語出《磨甎齋文存》。

錫瑞案:《史記》云"《左氏春秋》",《漢志》云"《左氏傳》",近人據博士説"左丘明不傳《春秋》",以《漢志》稱"傳"爲沿劉歆之誤。此獨分別有訓詁之傳,有載記之傳,以《左傳》爲載記之傳,其説亦通。《南齊書·陸澄傳》曰:"泰元取服虔而兼取賈逵經泰元:即太元,東晉孝武帝年号,服①傳無經,雖在注中,而傳又有無經者故也。今留服而去賈,則經有所闕。"據此,則服子慎知經傳有別,故但釋傳而不釋經,賈景伯則經傳并釋。杜從賈,不從服,故《集解序》不及服虔。其後服、杜并行,卒主杜而廢服,蓋以杜解有經、服解無經之故。不知經、傳分行,實古法也。劉安世曰:"《公》《穀》皆解正《春秋》,《春秋》所無者,《公》《穀》未嘗言之。若《左傳》,則《春秋》所有者或不解,《春秋》所無者或自爲傳。故先儒以謂《左氏》'或先經以起事,或後經以終義,或依經以辨理,或錯經以合異',然其説亦有時牽合。要之,讀《左氏》者,當經自爲經,傳自爲傳,不可合而爲一也,然後通矣。"參宋馬永卿編、明王崇慶解《元城語録解》卷中。據此,則《左氏》經傳,當各自爲書,宋人已見

① 一本"服"上有"由"字。

及之,可爲劉逢禄先路之導。

180. 論杜預解《左氏》始別異先儒,盡棄二傳, 不得以杜預之説爲孔子《春秋》之義

　　杜預《春秋序》曰:"古今言《左氏春秋》者多矣,今其遺文可見者十數家,大體轉相祖述,進不成爲錯綜經文以盡其變,退不守丘明之傳。於丘明之傳有所不通,皆没而不説,而更膚引《公羊》《穀梁》膚引:援引淺近,此指引書不當,適足自亂。預今所以爲異,專修丘明之傳以釋經,經之條貫,必出於傳;傳之義例,總歸諸凡歸諸凡例。推變例以正褒貶,簡二《傳》以去異端,蓋丘明之志也。然劉子駿創通大義子駿:劉歆之字,賈景伯父子、許惠卿賈逵,字景伯。其父賈徽,字元伯,皆經學家。許惠卿:名淑,魏郡人,長於《春秋》,皆先儒之美者也。末有潁子嚴者潁子嚴:名容,陳郡人,有《春秋釋例》等,雖淺近亦復名家,故特舉劉、賈、許、潁之違,以見同異。分經之年,與傳之年相附,比其義類,各隨而解之,名曰《經傳集解》。"《疏》曰:"丘明作傳,不敢與聖言相亂,故與經別行。何止丘明?《公羊》《穀梁》,及毛公、韓嬰之爲《詩》作傳,莫不皆爾。經、傳異處,於省覽爲煩,故杜分年相附,別其經傳,聚集而解之。杜言'集解',謂聚集經傳爲之作解。"語出《春秋左傳正義·春秋左傳序》。

　　錫瑞案:據杜、孔之説,杜之《集解》,異於先儒者有數事。古者經自經,傳自傳,漢《熹平石經》,《公羊》有傳無經,是其證。杜乃分經附傳,取便學者省覽,此異於先儒者一也。《左氏》本不解經,先儒多引《公》《穀》二傳以釋經義。漢儒家法,尚無臆説。杜乃盡棄二《傳》,專以己意解傳,并以己意解經(如以周公爲舊例、孔子爲新例是),此異於先儒者二也。鄭注《周

禮》,先引杜、鄭;韋注《國語》,明徵賈、唐,言必稱先,不敢掠美。杜乃空舉劉、賈、許、穎,而《集解》中不著其名,此異於先儒者三也。《杜解》不舉所出,劉與許、穎之説盡亡,賈、服二家尚存崖略。杜舉四家而不及服,《孔疏》遂云服虔之徒劣於此輩,其説非是。南北分立時代,江南《左傳》則杜元凱,河洛則服子慎。當時有"寧道孔孟誤,諱言鄭服非"之語,則《服注》盛行可知。據《世説新語》云:"鄭君作《左氏傳注》未成,以與子慎。"見《世説新語‧文學第四》,原文作:"鄭玄欲注《春秋傳》,尚未成時,行與服子慎遇宿客舍。先未相識,服在外車上與人説,已注傳意。玄聽之良久,多與己同。玄就車與語曰:'吾久欲注尚未了,聽君向言,多與吾同,今當盡以所注與君。'遂爲服氏《注》。"則鄭、服之學,本是一家。北方諸儒徐遵明傳《服注》,傳其業者,有張買奴、馬敬德、邢峙諸人。衛冀隆申服難杜,劉炫作《春秋述義》《攻昧》《規過》,以規杜氏,惟姚文安排斥《服注》。南方則崔靈恩申服難杜,虞僧誕又申杜難服以答靈恩,秦道静亦申杜以答衛冀隆。杜預玄孫坦與弟驥爲青州刺史,故齊地多習杜義。蓋服、杜之爭二百餘年,至唐始專宗杜。杜作《集解》,別異先儒,自成一家之學。唐作《正義》,掃棄異説(如駁劉炫以申杜是),又專用杜氏一家之學。自是之後,治《春秋》者既非孔子之學,亦非左氏之學,又非賈、服諸儒之學,止是杜預一家。正如元、明以來,治《春秋》者止是胡安國一家,當時所謂經義,實安國之傳義。蓋舍經求傳,而《春秋》之義晦;舍傳求注,而《春秋》之義更晦矣。

181. 論孔子作《春秋》以闢邪説,不當信劉歆、 杜預,反以邪説誣《春秋》

《春秋》大義,炳如日星,而討亂臣賊子之明文仍茫昧不明者,邪説蔽之也。據《孟子》所言"邪説暴行又作,孔子懼,作《春秋》"語出《孟子·滕文公下》,是孔子時已有邪説。邪説與暴行相表裏,暴行即謂弑君弑父,邪説謂爲弑君父者多方掩飾,解免其罪,大率以爲君父無道,應遭弑逆之禍,而弑逆者罪可未滅。凡人欲弑君父,不能無所顧忌,有人倡爲邪説,以爲有辭可執,乃横行而全無所畏。更有人張大邪説,設爲淫辭助攻,益肆行而相率效尤。後世史書,於被弑之君皆甚言其惡,如秦苻生苻堅(338—385),字永固,又字文玉,小名堅頭。氏族,略陽臨渭(今甘肅秦安)人,十六國時期前秦君主,史稱"好殺"。劉裕滅後秦,得一老人親見苻秦之事,云苻生并不好殺。苻堅篡國,史書誣之,劉知幾《史通》云"秦人不死,驗苻生之厚誣"是也。金完顏亮金朝第四任皇帝,即金廢帝,亦稱海陵王,史稱"淫惡",幾非人類,由世宗得國後,令人以海陵惡事進呈者有賞。史稱宋、齊之主,亦極醜穢不堪,船山史論力辨其不足信。船山:指明末清初著名思想家王夫之(1619-1692),晚年居湖南衡陽之石船山,學者稱"船山先生"。參其《讀通鑒論》卷二十五。可見亂世無信史,而多助亂之邪説也。此等邪説,春秋時已有之,《左氏》一書是其明據。《傳》載韓厥稱趙盾之忠韓厥:春秋時晉國大夫。趙盾:晉國正卿,趙衰之子,又稱趙孟、趙宣子,士鞅稱樂書之德士鞅:晉國大夫,又稱范鞅、范獻子。樂書:晉國名將,又稱樂武子,弑君之賊,極口贊美。史墨云墨爲春秋時晉國大夫,官爲晉太史,故名:"君臣無常位。"逐君之賊,極力解免,而反罪其君。可見當時邪説誣民。故《春秋》二百四十二年之中,致有弑君三十六之事。孔子於此盡然傷之盡(xì)然:悲傷痛惜貌,以爲欲治亂賊必先闢邪説,欲闢邪説不得不作《春秋》。此孟子所以極推作《春秋》之功也。《左氏》原本國史,據事直書,當時邪説不得不載。正賴《左氏》載之,孟子言《春秋》時有邪説益信,孔子作《春秋》闢邪説之功益彰。此《左氏》所以有功於《春秋》也。至於《左氏》凡例，未審出自何人，杜預以爲周公，陸淳、柳宗元已駁之；或以爲孔子，更無所據。據《孔疏》，云先儒以爲并出丘明，劉逢祿以爲劉歆竄入，例與傳文不合，實有可疑。"凡弑君，稱君，君無道也；稱臣，臣之罪也"一條，尤與《春秋》大義反對。杜預《釋例》曲暢其説，以爲君無道則應弑，而弑君者無罪，不知君實有道，何至被弑？君而被弑，無道可知。惟無道亦有分別，使如桀、紂殘賊，民欲與之偕亡，湯、武伐罪吊民_{討伐有罪，慰問百姓}，自不當罪其弑。若但童昏兒戲，非有桀、紂之暴，如晉靈公、鄭靈公之類，權臣素有無君之心，因小隙而弑之，與湯、武之伐罪吊民全然不同，豈得藉口於君無道而弑者無罪乎？杜預於鄭祝聃"射王中肩"一事_{射中周桓公的肩膀，事參《左傳·桓公五年》}，曲爲鄭伯回護_{鄭伯：指鄭莊公}，謂鄭志在苟免，王討之非。焦循作《左傳補疏序》曰："預爲司馬懿女婿，目見成濟之事_{（射王中肩，即成濟抽戈犯蹕也。）成濟：三國魏人，被司馬昭的心腹賈充指使，用戟刺死魏主曹髦，後司馬昭爲平息衆怒，將成濟全家殺死}，將有以爲昭飾_{爲司馬昭掩飾}，且有以爲懿、師飾_{爲司馬懿、司馬師掩飾}，即用以爲己飾，此《左氏春秋集解》所以作也。"_{語出焦循《雕菰集》卷十六序《左氏春秋傳杜氏集解》}。

錫瑞案：預父恕與司馬懿不合，幽死_{囚禁而死}。預忘父仇而娶懿女，助司馬氏篡魏，正與劉歆父向言劉氏、王氏不并立，而歆助王莽篡漢相似。二人不忠不孝，正《春秋》所討之亂賊。而《左氏》創通於劉歆，昌明於杜預，則《左氏》一書必有爲二人所亂者。故林黃中以"君子曰"爲劉歆之言，劉逢祿以爲歆竄入《凡例》，焦循以爲預作《集解》，將爲司馬氏飾。孔子作《春秋》以闢邪説，後人乃反以邪説誣《春秋》，蓋不特孔子之經爲所誣罔，即左氏之傳亦爲所汩亂，致使學者以《左氏》爲詬病。若歆與預乃《左氏》之罪人，豈得爲《左氏》之功臣哉？讀《左氏》者於此等當分別觀之，一以孔子之《春秋》大義斷之可也。

182. 論《左氏》采各國之史以成書，讀者宜加別白，斷以《春秋》之義

《左氏》采各國之史以成書，作者意在兼收，讀者宜加別白辨別清楚。或古今異事，各有隱衷；或借做其君，自有深意；或阿附權臣，實爲邪說，未可一概論也。

所謂"古今異事，各自隱衷"者，古者諸侯世爵指諸侯有世襲的爵位，大夫世卿大夫世代承襲爲卿大夫，卿命於天子，與諸侯同守社稷，故君臣皆以社稷爲重。如崔子弑齊君指齊國執政崔杼弑齊莊公事，參《左傳·襄公二十五年》，晏子曰："君爲社稷死則死之，爲社稷亡則亡之，若爲己死而爲己亡，非其私暱私下親近，誰敢任之？"語出《晏子春秋》卷五《內篇雜上》。與孟子"社稷爲重，君爲輕"之義若合符節。《孟子·盡心下》云："民爲貴，社稷次之，君爲輕。"（孟子言"諸侯危①社稷"，則君屬諸侯；説《春秋》義"國君死社稷"，國君亦屬諸侯。）或疑孟子之言爲過，又疑晏子不死爲無勇，皆未曉古義也。又如晉范文子、魯叔孫昭子，皆使祝宗祈死而卒祝宗：古代主持祭祀祈禱者。二人之事，分別參《左傳·成公十七年》《昭公二十五年》，杜預以爲因禱自裁。夫二子不惜一死自明，文子何不以死衛君？昭子何不以死討季氏而復君？而二子不爲者，彼自祖宗以來，世有禄位，外雖憂國，內亦顧家，故寧亡其身而不肯亡其家。文子之祈死也，恐與三郤同夷族也；三郤：春秋時晉國大夫郤錡、郤犨、郤至合稱，爲晉國權臣集團。郤，亦作"卻"。《左傳·成公十七年》載："胥童

---

① "危"，原作"違"，誤，據《孟子·盡心下》改。

曰：‘必先三郤。族大多怨，去大族不逼。’”昭子之祈死也，以“無季氏，是無叔孫氏也”。觀於宋公孫壽辭司城公孫壽：宋國之卿，公子蕩之子、宋桓公之孫。司城：官名，即司空，使其子意諸爲之，謂“去官，則族無所庇。雖亡子，猶不亡族”，可知春秋世卿，以族爲重，非如後世大臣起自田間，其位既非受之祖宗，其死亦無關於家族，忠義奮發，可無內顧。此則古今異事，而古人之隱衷，不盡白於後世者也。

所謂“借儆其君，自有深意”者，如衛侯出奔齊，師曠侍於晉侯師曠：晉國樂師子野。晉侯：指晉悼公。晉侯曰：“衛人出其君，不亦甚乎！”對曰：“或者其君實甚。”又曰：“天之愛民甚矣，豈其使一人肆於民上，以縱其淫，而棄天地之性？必不然矣。”語出《左傳·襄公十四年》。危言激論，令人悚然，借儆其君，不嫌過當。孟子有“土芥”“寇讎”之言《孟子·離婁下》云：“君之視臣如土芥，則臣視君如寇讎。”，有“殘賊”“一夫”之戒《孟子·梁惠王下》云：“殘賊之人，謂之一夫。聞誅一夫紂矣，未聞弒君也。”，皆對齊王言之。或疑孟子之言未純，蓋不知爲託諷。師曠之意，猶孟子之意也。

所謂“阿附權臣，實爲邪說”者，如魯昭公薨于乾侯地名，春秋時晉地，今河北磁縣，一說河北成安縣東南，趙簡子問於史墨曰：“季氏出其君而民服焉，諸侯與之。君死於外，而莫之或罪也。”對曰：“魯君世從其失，季氏世修其勤，民忘君矣。雖死於外，其誰矜之？社稷無常奉固定不變的主祭人，君臣無常位，自古以然。故《詩》曰：‘高岸爲谷，深谷爲陵。’《小雅·十月之交》句，喻世事變化巨大。三后之姓指虞、夏、商三代君主之後代，於今爲庶，主所知也。在《易》卦，雷乘《乾》曰大壯《震》在《乾》上，故曰“雷乘《乾》”，天之道也。”語出《左傳·昭公三十二年》。夫簡子，晉之權臣，正猶魯之季氏。爲史墨者，當斥季氏之無君，戒簡子之效尤,乃盛稱季氏而反咎魯君,且以"君臣無常位"爲言,則真助亂之邪説矣。君尊臣卑,比於上天下澤,何得以雷乘《乾》與陵谷之變爲"君臣無常位"之比哉!師曠與史墨兩説相似而實不同,一對君言,則不失爲"納約自牖";一對臣言,則適足以推波助瀾。國史并記之,《左氏》兼存之,讀者當分别觀之,而是非自見。不當不分黑白,而概執爲《春秋》之義也。

183. 論《左氏》所謂禮多當時通行之禮,非古禮,杜預短喪之説,實則《左氏》有以啓之

朱大韶《左氏短喪説》曰 朱大韶:字象元,一作象玄,號文石。華亭(今上海)人。明嘉靖二十六年進士,有《春秋傳禮徵》等:"《晉書・杜預傳》議曰:'周景王有后、世子之喪,既葬,除喪而宴 除喪:由著喪服變著吉服或由著重喪服改著輕喪服。叔向不譏其除喪,而譏其宴樂,則是既葬應除,而違諒闇之節 諒闇:居喪時所住房子,借指居喪。'參《晉書・禮志中》。按杜預'短喪'之説 短喪:縮短服喪期限,如以日易月,改三年之三十六月爲三十六日之類,固爲名教罪人,實則《左氏》有以啓之。諸傳所載,文元年,'晉襄公既祥,朝王於温'。襄十五年,'十二月,晉悼公卒。十六年春,平公即位,改服修官,烝於曲沃,會於溴梁。晉侯與諸侯宴,使諸大夫舞,歌詩必類'杜預云:"歌古詩當使各從義類。"今人楊伯峻《春秋左傳注》云:"必類者,一則須與舞相配,而尤重表達本人思想"。傳載其事,而無貶刺之文。昭十二年,'晉侯享諸侯,子産相鄭伯,請免喪而後聽命,晉人許之,禮也。六月,葬鄭簡公'。未葬而請免喪,則既葬即除喪矣。以此爲禮,此杜預所藉口以誣世者也。襄九年,'五月,穆姜薨。冬十二月,同盟於鹹,晉侯以公宴,問公年,曰:"可以冠矣。"季武子對曰:"君冠,必以祼享之禮行之,以金石

之樂節之,以先君之祧處之。今寡君在行,請及兄弟之國而假備焉。"公還,及衛,冠於成公之廟,假鐘磬焉,禮也。'按《雜記》曰:'以喪冠者,雖三年之喪可也。既冠於次,哭踊者三,乃出。'此謂孤子當冠之年,因喪而冠,故《曾子問》曰:'除喪不改冠乎?'明不備禮。穆姜,襄公適祖母適:同"嫡",承重三年。公年十二,未及冠,又因喪冠而用吉冠,此何禮也? 文元年,'穆伯如齊,始聘焉,禮也。凡君即位,卿出并聘,踐修舊好,要結外援,好事鄰國,以衛社稷,忠信卑讓之道也'。襄元年,'邾子來朝,冬,衛侯使公孫剽來聘'。《左氏》并曰:'禮也。凡君即位,小國朝之,大國聘焉,以繼好結信,謀事補闕,禮之大者也。'二年,'春,王正月,葬簡王'。昭十一年,'五月,齊歸薨,大蒐於比蒲大蒐:古時天子、諸侯五年舉行一次的軍隊大檢閱。比蒲:地名,今址不詳,非禮也。孟僖子會邾莊公,盟於祲祥祲祥與吉祥,禮也'。按《聘禮》於聘君曰:'宰人,告具於君,朝服出門左,南鄉。'於所聘之君曰:'公皮弁,迎賓於大門內。'始即位,必相聘,則兩國之孤并須釋服除去喪服謂"釋服",即吉。《禮經》又曰:'聘遭喪遭逢主國君薨,入境則遂如果已經進入主國國境,那就繼續前進。不郊勞不必到郊外迎接并慰勞,不筵几不設筵几,不禮賓指因喪而禮簡。遭夫人①、世子之喪,君不受,使大夫受於廟。其他如遭君喪。'此已入竟而遭所聘君之喪,非因即位而聘。又曰:'聘(句),君若薨於後,入竟則遂。赴者未至,則哭於巷,衰於館。赴者至,則衰而出。'云'入竟則遂',若未入竟則反奔喪矣,豈有君喪未期而使大夫朝服出聘乎? 喪三年不祭,不以純凶接純吉也。唐人賈公彥《儀禮疏》卷八《聘禮第八》云:"云'不以純凶接純吉也'者,聘禮是純吉禮,為君三升衰裳六升冠,為夫人世子六

---

① "夫人",原作"大夫",誤,據《儀禮》原文改。

升衰裳九升冠是純凶禮。麻経與屨不易，直去衰易冠而已，故云‘不以純凶接純吉’。”烝嘗之禮尚不行，而要結外援，舍其本而末是圖，此何禮也？昭十年，晉平公既葬，諸侯之大夫送葬者，欲因見新君，叔向辭曰：‘大夫之事畢矣，而又命孤，孤斬焉在衰経之中。其以嘉服見，則喪禮未畢；其以喪服見，是重受吊也，大夫將若之何？’皆無辭以對。引彼證此，自相乖剌。而鄭《箴膏肓》曰：‘《周禮》：邦交，世相朝，《左氏》合古禮。’按父子相繼曰世，非謂三年之中必相朝。依禮，三年喪畢，當先朝天子，不得誣《周官》。《喪服·斬衰章》一曰君，天王崩未葬，而諸侯自相朝，此何禮也？君母之喪服斬。盟禮非皮弁即朝服，以大蒐爲非禮，而以盟爲禮，此何禮也？文二年，‘襄仲如齊納幣，禮也。凡君即位，好甥舅，修婚姻，取元妃以奉粢盛(zī chéng)古代盛在祭器内以供祭祀的穀物，孝也。孝，禮之始也’。按《公羊》曰：‘三年之内不圖昏。’語出《公羊傳·文公元年》，意謂三年之内不謀求結婚。董子曰：‘納幣之月在喪分，故謂之喪取在服喪期間婚娶。’語出董仲舒《春秋繁露》卷二《玉杯第二》。而《箴膏肓》曰：‘僖公母成風主昏，得權宜之禮。’按禮，爲長子三年，無論成風不當主昏，即主昏亦須禫後。凡事可以權，三年之重，無所謂權。鄭此説，所謂‘又從而爲之辭’。《左氏》習於衰世之故，以非禮爲禮，不知《春秋》所書，皆直書其事，不待貶絶而其惡自見者也。”語出朱大韶《實事求是齋經義》二《左氏短喪説》。

錫瑞案：鄭君云“《左氏》善於禮”，實則《左氏》之所謂禮，多春秋衰世之禮，不盡與古禮合。故《左氏》亦自有矛盾之處，如以大蒐爲非禮①，載叔向辭諸大夫欲見新君，非不知吉凶不可并行，而於他處又以爲禮，此矛盾之甚者。朱子曰：

---

① “如以”，原作“以如”，誤倒，據思賢書局本乙正。

"《左氏》說禮皆是周末衰亂不經之禮，無足取者。"語出《朱子語類》卷六十三。陳傅良謂："禮也者，蓋魯史舊文，未必皆合於《春秋》。"其說是也。鄭《駁異義》謂"諸侯歲聘間朝之屬，說無所出，或以爲文、襄之制"，則鄭君亦知《左氏》之禮不可盡據。而《箴膏肓》又強爲飾說，至以喪娶爲合權宜，不亦謬乎！朱大韶駁《左氏》，可謂辭嚴義正。三年之喪，在春秋時已不通行，故滕人有"魯先君亦莫之行"等語。《左氏》序事之書，據事直書，不加褒貶，自是史家通例。其所云禮，爲當時通行之禮，亦不必爲《左氏》深咎。惟文元年穆伯如齊始聘，文二年襄仲如齊納幣，襄元年邾子來朝之類，乃《左氏》自發之凡。杜預且以"凡例"皆出周公，是周公已制短喪之禮，且制喪娶之禮矣，此則萬無可解。即祖《左氏》者如沈欽韓等，亦無以申其說。必如劉逢祿以"凡例"爲劉歆增竄，乃可以爲《左氏》解也。（文公喪娶在三年外，惟納采、問名猶在三年之中，故《左氏》不以爲非。公羊受經子夏，子夏作《喪服傳》，講喪禮最嚴，故《公羊》云"三年之內不圖昏"。此《公羊》有師授、《左氏》無師授之一證。杜、孔乃曲爲《左氏》解，以爲文公納采在爲太子之時，此所謂"又從爲之辭"，亦非《左氏》意也。）

184. 論《春秋》是經，《左氏》是史，必欲強合爲一，反致信傳疑經

《左氏》敍事之工，文采之富，即以史論，亦當在司馬遷、班固之上，不必依傍聖經，可以獨有千古。《史記》《漢書》，後世不廢，豈得廢《左氏》乎？且其書比《史》《漢》近古，三代故實，名臣言行，多賴以存。如納鼎有諫事參《桓公二年》，觀社有諫事參《莊公二十三年》，申繻名子之對事參《桓公六年》，御孫別男女之贄事參《莊公二十四年》，管仲辭上卿之饗事參《僖公十二年》，魏絳

之述夏訓虞箴事參《襄公四年》,郯子之言紀官事參《昭公十七年》,子革之誦《祈招》事參《昭公十一年》,且有齊虞人之守官事參《昭公二十年》,魯宗人之守禮事參《哀公二十四年》,劉子所云天地之中事參《成公十三年》,子産所云天地之經事參《昭公二十五年》,胥臣敬德之聚事參《僖公三十三年》,晏子禮之善物事參《昭公二十五年》。王應麟《漢制考序》嘗歷舉之,顧棟高、陳澧皆引之,以爲《左氏》之善矣。然《左氏》記載誠善,而於《春秋》之微言大義實少發明,則陸淳《春秋纂例》嘗言之矣:"或問:'無經之傳,有仁義誠節、知謀功業、政理禮樂、讜言善訓多矣讜言:直言,正直之言,頓皆除之,不亦惜乎?'答曰:'此經,《春秋》也;此傳,《春秋傳》也。非傳《春秋》之言①,理自不得録耳,非謂其不善也。且歷代史籍善言多矣,豈可盡入《春秋》乎?其當示於後代者,自可載於史書爾。今《左氏》之傳見存,必欲耽玩文彩、記事迹者覽之可也。若欲通《春秋》者,即請觀此傳焉。'"語出《春秋集傳纂例》卷一《啖子取舍三傳義例第六》。

　　錫瑞案:陸氏自言其所作《集傳》,不取《左氏》無經之傳之義。治《春秋》者皆當知此義,分別《春秋》是經、《左氏》是傳,離之雙美,合之兩傷。經本不待傳而明,故漢代《春秋》立學者,止有《公羊》,并無《左氏》,而《春秋經》未嘗不明。其後《左氏》盛行,又專用杜預《集解》,學者遂執《左氏》之説爲《春秋》之義,且據杜氏之説爲《左氏》之義,而《春秋》可廢矣。分別《春秋》、《左氏》最明者,惟唐大中時工部尚書陳商《立春秋左傳學議》:"以孔子修經,褒貶善惡,類例分明,法家流也。左丘明爲魯史,載述時政,惜忠賢之泯滅,恐善惡之失墜,以日繫月,修其職官,本非扶助聖言,緣飾經旨,蓋太史氏

---

① "言",原作"旨",誤,據陸淳《春秋集傳纂例》卷一改。

之流也。舉其《春秋》,則明白而有識;合之《左氏》,則叢雜而無徵。杜元凱曾不思夫子所以爲經,當與《詩》《書》《周易》等列。丘明所以爲史,當與司馬遷、班固等列。取二義乖剌不侔之語,參而貫之,故微旨有所不周,宛章有所未一宛章:一作"婉章",一作"婉韋"。婉而成章,意與"微旨"相近。"參孫光憲《北夢瑣言》卷一、王讜《唐語林》卷二。此《議》載令狐澄《大中遺事》、孫光憲《北夢瑣言》。陳商在唐代不以經學名不以經學知名,聞名,乃能分別夫子修經與《詩》《書》《周易》等列,丘明作史與《史記》《漢書》等列,以杜預參貫經傳爲非是,可謂卓識。其謂《左傳》"非扶助聖言",即漢博士云"丘明不傳《春秋》"之説也;非"緣飾經旨",即晉王接云"《左氏》自是一家言,不主爲經發"之説也。經、史體例,判然不同。經所以垂世立教,有一字褒貶之文;史止是據事直書,無特立褒貶之義。杜預、孔穎達不知此意,必欲混合爲一,又無解於經傳參差之故,故不能據經以正傳,反信傳而疑經矣。

185. 論《公羊》《左氏》相攻最甚,
何、鄭二家分左右袒,皆未盡得二傳之旨

《公羊疏》云:"《左氏》先著竹帛,故漢時謂之古學;《公羊》漢世乃興,故謂之今學。是以許慎作《五經異義》云:'古者,《春秋左氏》説;今者,《春秋公羊》説。'是也。"又引戴宏《序》云:"子夏傳與公羊高,高傳與其子平,平傳與其子地,地傳與其子敢,敢傳與其子壽。至漢景帝時,壽乃共弟子齊人胡毋子都著於竹帛。"語出《春秋公羊傳注疏·春秋公羊傳序》。

錫瑞案:戴宏漢人,其言當可信據。《左氏》書先出,而不傳口授之義;《公羊》書後出,而實得口授之傳。此漢所以立

《公羊》而不立《左氏》也。漢今古文家相攻擊，始於《左氏》《公羊》，而今古文家相攻若仇，惟《左氏》《公羊》爲甚。四家《易》之於《費氏易》，三家《尚書》之於古文《尚書》，三家《詩》之於《毛詩》，雖不并行，未聞其相攻擊（漢博士惟以《尚書》爲備，亦未嘗攻古文）。惟劉歆請立《左氏》，則博士以左丘明不傳《春秋》抵之；韓歆請立《左氏》韓歆：字翁君，南陽人，東漢古文經學家，歷任尚書令、沛郡太守、大司徒等，則范升以《左氏》不祖孔子抵之。鄭衆作《長義》十九條十七事，論《公羊》之短、《左氏》之長。賈逵作《長義》四十條，云《公羊》理短、《左氏》理長。李育讀《左氏傳》，雖樂文采，然謂不得聖人深意，作《難左氏義[①]》四十一事。何休與其師羊弼，追述李育意以難二《傳》，作《公羊墨守》《左氏膏肓》《穀梁廢疾》，鄭康成鍼《膏肓》、發《墨守》、起《廢疾》。隗禧謂禧爲三國魏人，字子牙，京兆人，以《春秋》學聞名："《左氏》爲相斫書相斫（zhuó）：相互砍殺。謂《左傳》多記載戰争，不足學。"鍾繇謂鍾繇（151—230）：字元常，潁川長社（今河南長葛）人。三國曹魏著名書法家、政治家，官至太傅："《左氏》爲大官，《公羊》爲賣餅家比喻氣派小。"各經皆有今古文之分，未有相攻若此之甚者。

　　蓋他經雖義説不同，尚未大相反對，惟《左氏》與《公羊》不止義例不合，即事實亦多不符。《左氏》以文、宣爲父子，昭、定爲兄弟；《公羊》以文、宣爲兄弟，昭、定爲父子。魯十二公倫序，已大不同。《左氏經》作"君氏卒"，以爲魯之聲子；《左傳·隱公三年》："夏，君氏卒。聲子也。"《公羊經》作"尹氏卒"，以爲周之世卿。《公羊傳·隱公三年》："夏四月辛卯，尹氏卒。尹氏者何？天子之大夫也。"所傳之經，一字不同，而一以爲婦人，一以爲男子，乖異至此，豈可并立？平心而論，以《左氏》爲"相斫書"則詆

---

① 　"難左氏義"，原脱"義"字，據《後漢書·李育傳》補。

之大過,亦由治《左氏》者專取莫敖采樵、欒枝曳柴之類有以致之。莫敖采樵:《左傳‧桓公十二年》載:"楚伐絞,軍其南門。莫敖屈瑕曰:'絞小而輕,輕則寡謀,請無扞采樵者以誘之。'從之。絞人獲三十人。明日,絞人爭出,驅楚役徒於山中。楚人坐其北門,而覆諸山下,大敗之,爲城下之盟而還。"欒枝曳柴:《僖公二十八年》載,晉楚城濮之戰,晉國大夫欒枝"使輿曳柴而僞遁",大敗楚軍。以《左氏》爲大官、《公羊》爲賣餅家,專以繁簡詳略言之,不關大義。鄭衆、賈逵《長義》不傳,賈所舉《左氏》深於君父,不可據,已見前。李育、羊弼書亦不傳。何休《墨守》僅存一二,《廢疾》得失互見,《膏肓》以《左氏》所載之文爲《左氏》之罪,未知國史據事直書之例,且駁論多瑣細。惟"兵諫、喪娶"數條,於大義有關。鄭《發墨守》亦僅存一二,《起廢疾》亦得失互見,《鍼膏肓》多强說,以文公喪娶爲權制,豈有喪娶可以從權者乎?《後漢書》於鄭康成《鍼膏肓》下云:"自是《左氏》大興。"蓋鄭君雖先習《公羊》,而意重古學,常軒《左氏》而輕《公羊》,重其學者意有偏重,遂至《左氏》孤行。自漢以後,治《公羊》者,如晉之王接、王愆期王接之子,已不多見。《北史‧儒林傳》云何休《公羊傳》"大行於河北",而其《傳》載習《公羊》者,止有梁祚一人。且《傳》又云:"《公羊》《穀梁》多不措意用心,在意。"則以爲河北行《公羊》,似非實錄。《唐志》指《舊唐書》《新唐書》之經籍、藝文《志》,《公羊疏》無撰人名氏,《崇文總目》或云徐彥,《郡齋讀書志》引李獻民說同,董逌《廣川藏書志》亦稱"世傳徐彥,不知時代",意其在貞元、長慶之後。王應麟《小學紺珠》謂:"《公羊疏》,徐彥撰。"《宋志》直云"徐彥《公羊疏》三十卷",嚴可均曰:"不知何據,即徐彥,亦不知何代人。東晉有徐彥,與徐衆同時,見《通典》九十五,又九十九有武昌太守徐彥《與征西桓溫箋》。而《疏》中引及劉宋庾蔚之,則非東晉人。今世皆云唐徐彥,尤無所據,蓋涉徐彦伯而訛耳。《疏》先設問答,與蔡邕《月令章句》相似,唐疏無此體例。所引書百三十許種①,最晚者郭璞、庾蔚之,餘皆先秦、漢、魏。開卷疏'司空掾',云'若今三府掾是也'。齊、梁、陳、隋、唐無此官制,惟北齊有之,則此《疏》北齊人撰也。"語出嚴可均《鐵橋漫稿》卷八。洪頤煊、姚範之説略同。王鳴盛以爲即《北史》徐遵明,考其年代,似亦相近。惟據《北史》所載,遵明傳鄭《易》、《尚書》、三《禮》、服氏《春秋》,未聞傳何氏《公羊》,其弟子亦無治《公羊》學者,則謂彦即遵明,尚在疑似之間。若以"葬桓王"一條,同於楊士勛《穀梁疏》,謂徐襲《楊疏》當在楊後,又安知楊士勛非襲《徐疏》乎?

186. 論《春秋》必有例,劉逢禄、許桂林《釋例》大有功於《公羊》《穀梁》,杜預《釋例》亦有功於《左氏》,特不當以凡例爲周公所作

《禮記·經解》引孔子曰:"屬辭比事,《春秋》教也。"又曰:"《春秋》之失,亂。"《經解》引此爲夫子自道,是猶孟子兩引孔子之語,皆聖人自發其作《春秋》之旨,最可憑信。古無"例"字,"屬辭比事"即"比例"。《漢書·刑法志》師古曰:"比,以例相比況也。"《後漢書·陳寵傳》注:"比,例也。"夫子以《春秋》口授弟子,必有比例之説,故自言"屬辭比事"爲《春秋》教。《春秋》文簡義繁,若無比例以通貫之,必至人各異説,而大亂不能理,故曰"《春秋》之失,亂",亂由於無比例。是後世説經之弊,夫子已預防之矣。何休《公羊解詁序》曰:

---

① "三",原作"二",誤,據嚴可均《鐵橋漫稿》卷八文類六《書公羊疏後》改。

"往者略依胡毋生《條例》,多得其正。"是胡毋生以《公羊傳》著於竹帛,已爲之作《條例》。董仲舒曰:"《春秋》無達例"——

"往者略依胡毋生《條例》,多得其正。"是胡毋生以《公羊傳》著於竹帛,已爲之作《條例》。董仲舒曰:"《春秋》無達例《春秋》没有確定無疑的條例。"《春秋繁露》卷三《精華第五》云:"《春秋》無達辭。"則董子時《公羊春秋》已有例可知。胡毋生《條例》散見《解詁》,未有專書。何休《文諡例》,僅見於《疏》所引。《公羊傳條例》見於《七錄》南朝梁阮孝緒所撰目録書,今佚。劉逢禄作《公羊何氏釋例》以發明之,其《釋時月日例》引子思贊《春秋》上律天時,以爲"《春秋》不待褒譏貶絶,以月日相示,而學之者湛思省悟",推闡甚精。《穀梁》時月日例更密於《公羊》,許桂林作《穀梁釋例》以發明之許桂林(1779—1822):字同叔,號日南,又號月嵐,海州板浦人,清代經學家。《穀梁釋例》指《春秋谷梁傳時日月書法釋例》四卷,其有功於《穀梁》,與劉逢禄有功於《公羊》相等。范甯解《穀梁》亦有例,《四庫提要》曰:"《自序》有'商略名例'之句,《疏》稱甯别有《略例》百餘條,此本不載。然《注》中時有'傳例曰'字,或士勛割裂其文,散入注疏中歟?"語出《四庫全書總目》卷二十六《春秋穀梁傳注疏》提要。陳澧曰:"《楊疏》有稱《范氏略例》者,有稱《范例》者,有稱《范氏别例》者,皆即《略例》也。范氏《注》中已有例,又别爲《略例》,故可稱《别例》。《楊疏》所引二十餘條,王仁圃《漢魏遺書鈔》已鈔出。"語出《東塾讀書記》卷十《春秋三傳》。據此,則《公羊》《穀梁》二家説《春秋》者,皆有例矣。《左氏》之例始於鄭興、賈徽,其子鄭衆、賈逵各傳家學,亦有《條例》。潁容已有《釋例》,在杜預之前。《左氏傳》本無日月例,《孔疏》曰:"《春秋》諸事皆不以日月爲例,其以日月爲義例者,唯卿卒、日食二事而已。"陳澧曰:"此説可疑,豈有一書内唯二條有例者乎?且日食不書日,爲官失之,其説通;大夫卒,公不與小斂,不書日,則不可通。孔巽軒云:'九月甲申,公孫敖卒於齊,公豈得與小斂乎？'舊時喪禮之一,給死者沐浴,穿衣、覆衾等,稱"小斂"。此無可置辨矣。蓋《左傳》無日月例,後人附益者以《公》《穀》有之,故亦倣效而爲此二條耳。"語出《東塾讀書記》卷十《春秋三傳》。

錫瑞案:二條爲後人附益,固無可疑,即"五十凡",亦未知出自何人。然鄭、賈、穎已言例在前,則非杜預所創,特不當以舊例爲周公所定耳。

187. 論日、月、時正變例

胡安國曰:"《春秋》之文,有事同而辭同者,後人因謂之例;有事同而辭異,則其例變矣。是故正例非聖人莫能立,變例非聖人莫能裁。正例,天地之常經;變例,古今之通誼。惟窮理精義,於例中見法、例外通類者,斯得之矣。"語出胡安國《春秋胡氏傳》卷首《明類例》。

案《春秋》正變例,以日、月、時爲最著明,正例日則變例時,正例時則變例日,而月在時、日之間。《公羊》《穀梁》説已詳晰,而後人猶疑之者,以解者繁雜,未有簡明之説以括之也。今據《春秋》之例,討賊、侵伐常事,與不以日、月計者皆例時,以日、月爲變者,不以月計也。《春秋》以月計時事,以月分尊卑。除二者之外,遂不以日、月爲例。《春秋》記事,大事記之詳,如君、夫人葬薨,大夫卒,天王崩,外諸侯卒九州之内天子畿縣之外地區的方國,稱外諸侯,大異,宗朝災,祭事,盟,戰,所關者大,重録之則詳,故記其日。小事則從略,如來往,如致,朝聘,會遇,外盟,外戰,一切小事,皆例時。大事日,小事時,一定之例也,亦記事之體應如是也。至於輕事而重之,則變時而日、月焉;重事而輕之,則變日而月、時焉。事以大小爲準,例以時日爲正,一望而知者也。而月在時、日之中,爲消息焉。凡月,皆變例。大事例日,如盟例日,而桓盟皆不日而月,變也。柯之盟時者,變之至也。此日爲正,月爲變,時爲尤變之例也。小事例時,如外諸侯葬例時,月爲變,日爲變之甚。此時爲正,月爲變,日爲尤變之例也。又如朝時也,變之則月,尤變則日;用幣時也,謹之則日。因其事之小,知其日、月之爲變。外諸侯卒例日,變之則月,尤變則時。因其事之大,知其月、時之爲變。凡變則有二等,以差功過淺深,故月皆變例。從時而日,從日而時,皆變之尤甚者。有條不紊,綱目明白。先儒因有記時分早暮二例,遂遍推之。則正例有三等,無以進退,而於二主之間又添一主,則正變不明,端委朦混端委:始末。朦混:猶"蒙混",治絲而棼紛亂,紊亂,故使人疑之也。淺人以爲經承舊史,或時、或月、或日,皆無義例,則"斷爛朝報"可爲確論矣。

188. 論三《傳》以後説《春秋》者亦多言例,以爲本無例者非是

洪興祖曰洪興祖(1090—1155):字慶善,號練塘,南宋丹陽人,有《楚辭補注》《論語説》等:"《春秋》本無例,學者因行事之迹以爲例,猶天本無度,治曆者因周天之數以爲度天文學上以天球大圓三百六十度爲"周天"。參明人卓爾康《春秋辯義》卷首三。

錫瑞案:洪氏此説,比例正合。聖人作《春秋》,當時嘗自定例與否誠未可知。而學者觀聖人之書,譬如觀天,仁者見仁,知者見知,各成義例,皆有可通。治曆者因周天之數以爲度,不得以爲非天之度;學者因行事之迹以爲例,豈得以爲非《春秋》之例乎?朱彝尊《經義考》論崔子方《本例》云崔子方:字彦直,一説字伯直,北宋夔州路涪陵郡(今重慶涪陵)人,經學家,撰有《春秋本例》等:"以例説《春秋》,自漢儒始,曰《牒例》,鄭衆、劉寔也。

曰《謚例》，何休也。曰《釋例》，潁容、杜預也。曰《條例》，荀爽、劉陶、崔靈恩也。曰《經例》，方範也。曰《傳例》，范甯也。曰《詭例》，吳略也。曰《略例》，劉獻之也。曰《通例》，韓滉、陸希聲、胡安國、畢良史也。曰《統例》，啖助、丁副、朱臨也。曰《纂例》，陸淳、李應龍、戚崇增也。曰《總例》，韋表微、成元、孫明復、周希孟、葉夢得、吳澄也。曰《凡例》，李瑾、曾元生也。曰《説例》，劉敞也。曰《忘例》，馮正符也。曰《演例》，劉熙也。曰《義例》，趙瞻、陳知柔也。曰《刊例》，張思伯也。曰《明例》，王晳、王日休、敬鉉也。曰《新例》，陳德甯也。曰《門例》，王鎡、王炫也。曰《地例》，余嘉也。曰《會例》，胡箕也。曰《斷例》，范氏也。曰《異同例》，李氏也。曰《顯微例》，程迥也。曰《類例》，石公孺、周敬孫也。曰《序例》，家鉉翁也。曰《括例》，林堯叟也。曰《義例》，吳迁也。而梁簡文帝、齊晉安王子懋皆有《例苑》，孫立節有《例論》，張大亨有《例宗》，劉淵有《例義》，刁氏有《例序》，繩之以‘例’，而義益紛綸矣。彦直（崔子方字）謂：‘聖人之書，編年以爲體，舉時以爲名，著日、月以爲例。’《春秋》固有例也，而日、月之例蓋其本，乃列一十六門，而皆以日、月、時例之，亦一家之言云爾。”引文實出朱彝尊《曝書亭集》卷三十四《涪陵崔氏春秋本例序》，非出《經義考》。

　案諸家書多不傳，未能考其得失，惟陸淳《纂例》兼采三《傳》，崔子方《本例》多本《公》《穀》，能成一家之言。其後趙汸《春秋屬辭》爲最著，孔廣森《公羊通義》本之，謂知《春秋》者惟趙汸一人。或謂趙汸、崔子方無“三科九旨”以統貫之，故其例此通而彼窒，左支而右絀，是二家之書，亦未盡善。蓋日、月例，《公》《穀》已極詳密，崔子方等更求詳於《公》《穀》之外，又不盡用《公》《穀》之義，未免過於穿鑿。然例雖未盡善,猶愈於全不言例者,全無例則必失亂矣。後人矯言例者支離破碎之過,謂《春秋》本無例,出後儒傅會（鄭樵謂例非《春秋》之法）。爲此説者,非獨不明《春秋》之義,并不知著書作文之體例矣。凡修史皆有例,《史記》《漢書》"自序",即其義例所在。後世修史,先定凡例,詳略增損,分別合并,或著録或不著録,必有一定之法。修州郡《志》亦然,即自著一部書,或注古人之書,其引用書傳、編次子目,亦必有凡例,或自列於簡端。即爲人撰碑志墓銘,其述祖考子孫官爵事實亦有例,故有《墓銘舉例》《金石三例》等書（《墓銘舉例》,明人王行撰。《金石三例》,清人盧見曾輯。惟日録筆記,隨手紀載,乃無義例,再下則胥吏之檔案,市井之簿録耳。聖人作經以教萬世,乃謂其全無例義,則於檔案簿録,比後儒之著書作文者猶不逮焉,誠不知何説也。

189. 論啖助説《左氏》具有特識,説《公》《穀》得失參半,《公》《穀》大義散配經文,以傳考之確有可徵

《春秋》雜采三《傳》,自啖助始。《三傳得失議》曰:"古之解説,悉是口傳,自漢以來,乃爲章句。如《本草》皆後漢時郡國,而題以'神農';《山海經》廣説殷時,而云'夏禹'所記。自餘書籍,比比甚多。是知三《傳》之義,本皆口傳,後之學者乃著竹帛,而以祖師之目題之。予觀《左氏傳》,自周、晉、齊、宋、楚、鄭等國之事最詳。晉則每一出師,具列將佐;宋則每因興廢,備舉六卿。故知史策之文,每國各異。左氏得此數國之史,以授門人,義則口傳,未形竹帛。後代學者乃演而通之,總而合之,編次年月以爲傳記。又廣采當時文籍,故兼與子産、晏子及諸國卿佐家傳,并卜書、夢書及雜占書、縱橫家、小説、諷諫等,雜在其中。故敍事雖多,釋意殊少,是非交錯,混然難

證。其大略皆是《左氏》舊意，故比餘傳，其功最高，博采諸家，敘事尤備，能令百代之下頗見本末，因以求意，經文可知。又況論大義得其本源，解三數條大義，亦①以原情爲説，欲令後人推此以及餘事，而作傳之人不達此意，妄有附益，故多迂誕。又《左氏》本未釋者，抑爲之説，遂令邪正紛糅，學者迷宗也。《公羊》《穀梁》初亦口授，後人據其大義，散配經文（原注：《傳》中猶稱“穀梁子曰”，是其證也），故多乖謬，失其綱統。然其大指亦是子夏所傳，故二《傳》傳經，密於《左氏》。《穀梁》意深，《公羊》辭辨，隨文解釋，往往鉤深。但以守文堅滯，泥難不通，比附日月，曲生條例，義有不合，亦復强通，踳駁不倫踳（chuǎn）駁：錯亂，駁雜，或至矛盾，不近聖人夷曠之體也。夫《春秋》之文，一字以爲褒貶，誠則然矣，其文亦有文異而義不異者（原注“詳内以略外”“因舊史之文”之類是也）。二《傳》穿鑿，悉以褒貶言之，是故繁碎甚於《左氏》。《公羊》《穀梁》又不知有“不告則不書”之義謂未將事件通告天子或諸侯，則不寫入史書，凡不書者，皆以義説之。且列國至多，若盟會、征伐、喪紀不告亦書，則一年之中可盈數卷。況他國之事，不憑告命，從何得書？但書所告之事，定其善惡，以文褒貶耳。《左氏》言褒貶者又不過十數條，其餘事同文異者，亦無他解。舊解皆言從告及舊史之文，若如此論，乃是夫子寫魯史，何名修《春秋》乎？予故謂二者之説俱不得中。”參唐人陸淳《春秋集傳纂例》卷一。

錫瑞案：啖氏《春秋》之學非專家，故所説有得有失。其説《左氏》具有特見，説《公》《穀》則得失參半。謂三《傳》皆後學著竹帛，而以祖師之目題之，與《公羊》徐《疏》同。《徐疏》惟言《公羊》《穀梁》，啖氏并言《左氏》，亦以爲門人乃著

---

① “亦”，原作“不”，誤，據陸淳《春秋集傳纂例》卷一改。

竹帛,且有附益。故啖氏兼取三《傳》,而不盡信三《傳》也。啖氏不云左氏非丘明,但云《傳》非丘明自作,比趙匡之論爲更平允。謂《公》《穀》得子夏口授,"後人據其大義,散配經文",所見尤精。既云二《傳》傳經密於《左氏》,不得疑其繁碎。《春秋》之旨數千,聖人詳示後人,無所謂不夷曠。若其矛盾穿鑿,正由散配經文時致誤,與《左氏》之徒附益迂誕,正相等耳。《公》《穀》釋經雖密,亦或有經無傳,經所書者間無其說,不書者以義說之,實所罕見。啖氏知"不告則不書",不知《春秋》即告者亦多不書。聖人筆削指著述。筆,書寫記錄;削,刪改時用刀削刮簡牘,大率筆者一而削者十,若從舊史赴告全錄春秋時各國以崩薨及禍福之事相告,前者稱"赴",後者稱"告",則一年之中亦可盈卷矣。以"夫子寫魯史,何名修《春秋》",駁《左氏》家經承舊史,尤爲明快。知啖氏云《公》《穀》大義散配經文之說是者,如"君子大居正"一條,《公羊》以之說宋宣,《穀梁》以之說魯隱,是二家據《春秋》"大居正"之大義散配經文,而參差不同之明證也。《公羊傳》"《春秋》有譏父老子代從政者,未知其爲齊與、曹與"語出《桓公九年》,是《公羊》家據《春秋》"譏世子"之大義散配經文,而未知其屬齊世子、屬曹世子,游移莫決之明證也。明乎此,則於傳義之可疑者不必強通。啖氏見及此,可謂卓識矣。

190. 論啖、趙、陸不守家法,未嘗無扶微學之功, 宋儒治《春秋》者皆此一派

　　三《傳》專門之學,本不相通,而何休《解詁序》云:"援引他經,失其句讀。"《疏》云:"三《傳》之理,不同多矣。群經之義,隨經自合,而顏氏之徒既解《公羊》,乃取他經爲義,猶賊

黨入門,主人錯亂,故曰失其句讀。"據此,則漢之治《公羊》
者,未嘗不兼采三《傳》也。杜預《集解序》云:"古今言《左氏
春秋》者多矣,膚引《公羊》《穀梁》,適足自亂。"《孔疏》云:
"《公羊》《穀梁》口相傳授,因事起問,意於《左氏》不同,故引
之以解《左氏》,適足以自錯亂也。"《疏序》又云:"鄭衆、賈
逵、服虔、許惠卿之等各爲詁訓,然雜取《公羊》《穀梁》以釋
《左氏》。"據此,則漢之治《左氏》者,未嘗不兼采三《傳》也。
范武子《穀梁集解序》兼及《左氏》《公羊》,尤爲顯著。惟諸
人兼采三《傳》,仍是專主一家,間取二家之説,裨補其義。晉
劉兆作《春秋調人》三萬言①,又爲《左氏傳》解,名曰《全綜》,
《公羊》②《穀梁》解詁,皆納經傳中,朱書以別之,似已合三
《傳》爲一書,而其書不傳。今世所傳合三《傳》爲一書者,自
唐陸淳《春秋纂例》始。淳本啖助、趙匡之説,雜采三《傳》,以
意去取,合爲一書,變專門爲通學,是《春秋》經學一大變。宋
儒治《春秋》者,皆此一派。如孫復、孫覺、劉敞、崔子方、葉夢
得、吕本中、胡安國、高閌、吕祖謙、張洽、程公説、吕大圭、家鉉
翁,皆其著者,以劉敞爲最優,胡安國爲最顯。劉敞《春秋傳》
本啖、趙、陸之法,删改三《傳》,合爲一傳。陳澧糾其删改不
當,"如鄭伯克段于鄢,録《左傳》而改之云:'大叔出奔,公追
而殺諸鄢。'既信《公》《穀》殺段之説,乃録《左傳》而删改之,
此孔沖遠所謂方鑿圓枘者"語出《東塾讀書記》卷十《春秋三傳》。胡
安國《春秋傳》雜采三《傳》,參以己意,朱子已駁其王不稱天,
以宰咺爲冢宰、桓公不書秋冬、貶滕稱子之類宰咺(xuǎn):宰爲官
名,咺爲人名。其説有本於《公》《穀》者,有胡氏自爲説出《公》

---

① "三萬言",《晉書・劉兆傳》原文作"七萬餘言"。
② "公羊"上原衍"作"字,據《晉書・劉兆傳》删。

《穀》之外者。蓋宋人説《春秋》,本啖、趙、陸一派,而不如啖、趙、陸之平允。邵子曰:"《春秋三傳》之外,陸淳、啖助可以兼治。"語出邵雍《皇極經世書》卷十三。程子稱其絕出諸家,有攘異端、開正途之功。參《二程文集》卷五。朱子曰:"趙、啖、陸淳皆説得好。"語出《朱子語類》卷八十三。吳澄曰:"唐啖助、趙匡、陸淳三子,始能信經駁傳,以聖人書法纂而爲例,得其義者十七八。自漢以來,未聞或之先也。"語出《吳文正集》卷一《四經敘録》。案吳氏極推三子得聖人之義,勝於漢儒之不合不公。蓋自唐宋以後,《春秋》無復專門之學,故不知專門之善,而反以爲非。後儒多歸咎於昌黎"三《傳》束閣"之言(見昌黎《贈玉川子盧仝詩》),詆啖、趙、陸不守家法,而據啖子曰:"今《公羊》《穀梁》二傳殆絕,習《左氏》者皆遺經存傳。"語出唐人陸淳《春秋集傳纂例》卷一《啖氏集傳注義》。則其時《春秋》之學不講可知。唐開元八年,國子司業李元瓘上言:"《公羊》《穀梁》殆絕。"十六年,楊瑒爲國子祭酒,奏言:"今明經習《左氏》者,十無二三,《公羊》《穀梁》殆將絕廢。"啖氏正當其時,於經學廢墜之餘,爲舉世不爲之事,使《公》《穀》二傳復明於世,雖不守家法,不得謂其無扶微學之功也。

191. 論《公》《穀》傳義、《左氏》傳事,其事亦有不可據者,不得以親見國史而盡信之

自啖助斟酌三《傳》,各取其長,云《左氏》"敘事尤備,能令百代之下頗見本末,因以求意,經文可知。二《傳》傳經,密於《左氏》,《穀梁》意深,《公羊》辭辨"語出唐人陸淳《春秋集傳纂例·原序》。宋人推衍其説,胡安國曰:"事莫備於《左氏》,例莫明於《公羊》,義莫精於《穀梁》。"參王應麟《困學紀聞》卷六《左氏》。

葉夢得曰:"《左氏》傳事不傳義,是以詳於史而事未必實;《公羊》《穀梁》傳義不傳事,是以詳於經而義未必當。"語出《葉氏春秋傳·原序》。朱子曰:"《左氏》是史學,《公》《穀》是經學。史學者,記得事卻詳,於道理上便差;經學者,於義理上有功,然記事多誤。"又曰:"左氏曾見國史,考事頗精,只是不知大義,專去小處理會,往往不曾講學。公、穀考事甚疏,然義理卻精,二人乃是經生,傳得許多説話,往往不曾見國史。"語出《朱子語類》卷八十三。呂大圭曰:"左氏熟於事,公、穀深於理。蓋左氏曾見國史,而公、穀乃經生也。"語出《呂氏春秋或問》附《春秋五論·論五》。吴澄曰:"載事則《左氏》詳於《公》《穀》,釋經則《公》《穀》精於《左氏》。"語出《吴文正集》卷一《四經敍録》。

錫瑞案:諸説皆有所見,朱子之説尤晰。惟兼采三《傳》,亦必有啖、趙諸人之學識方能別擇。初學不守家法,必至茫無把握,而陷於"《春秋》之失,亂"。《公》《穀》精於義,《左氏》詳於事,誠如諸儒之説。《春秋》重義不重事,治《春秋》者,當先求《公》《穀》之義,而以《左氏》之事證之,乃可互相發明,不至妄生疑難(即啖助云"因以求意,經文可知"之説)。若但考《左氏》之事,不明《春秋》之義,將并《傳》之不可信者而亦信之,必至如杜預、孔穎達諸人從傳駁經,非聖無法。正猶齊人知有孟嘗君而不知有王孟嘗君:戰國四公子(魏信陵君、齊孟嘗君、趙平原君、楚春申君)之一,齊國宗室大臣,秦人知有穰侯而不知有王矣穰侯:本名魏冉,亦作魏厓。本楚國人,曾四爲秦相,擊敗三晉和强楚,戰績卓著。因食邑在穰(今河南鄧州),故稱穰侯。引《左氏》之事,以證《春秋》之義可也;據《左氏》之義,以爲《春秋》之義不可也。《左氏》不傳《春秋》,本無義例。劉歆治《左氏》,引傳文以解經,始有章句義理。杜預排斥二《傳》,始專發《左氏》義。劉歆、杜預之義明,而孔子《春秋》之義隱。《左氏》凡例、書法、君子曰,前人已多疑之,陸淳已駁弑君、滅國、薨赴以名之例矣。朱子曰:"《左傳》'君子曰'最無意思,因舉'芟夷、蘊①崇之'一段《左傳·隱公六年》,君子曰:"周任有言曰:'爲國家者,見惡如農夫之務去草焉,芟夷蘊崇之,絕其本根,勿使能殖,則善者信矣。'"芟夷謂割除、削平,蘊崇謂堆積,是關上文甚事?""左氏②是一個審利害之幾、善避就底人,所以其書有貶死節等事(指孔父、荀息諸人,《左氏》亦無貶諸人明文,惟論荀息有"君子曰")。其間議論有極不是處,如周鄭交質之類,是何議論?(此是實事,史官據事直書,卻不礙。)其曰:'宋宣公可謂知人矣,立穆公,其子饗之,命以義夫。'只知有利害,不知有義理。此段不如《公羊》③說'君子大居正',卻是儒者議論。"語出《朱子語類》卷八十三。案朱子說是也,且殤公立而被弑,所謂"其子饗之"安在?非但不明義理,并不合事實。《左氏》於敘事中攙入書法,或首尾橫決,文理難通,如"鄭伯克段于鄢",《傳》文"太叔出奔共"下,接"書曰:鄭伯克段于鄢",至"不言出奔,難之也"云云,乃曰"遂置姜氏於城穎","遂"字上無所承,文理鶻突模糊,混沌。若刪去"書曰"十句,但云"太叔出奔共,遂置姜氏於城穎",則一氣相承矣。其他"書曰""君子曰"亦多類此,爲後人攙入無疑也。

諸儒多云"左氏親見國史,事必不誤",亦未盡然,姑舉一二證之:如昭七年,"春,王正月,暨齊平",《杜解》曰:"暨,與也。燕與齊平。前年冬,齊伐燕,間無異事,故不重言燕,從可知。"《孔疏》曰:"此直言'暨齊平',不知誰與齊平。《穀梁

----

① 蘊,《左傳》一本作"薀"。

② "左氏",原作"左傳",據《朱子語類》卷八十三及上下文改。清《日講春秋講義·總論》、《欽定春秋傳説彙纂》卷首上等所引朱子語作"左傳"。

③ "公羊",《朱子語類》卷八十三原作"穀梁",清《日講春秋講義·總論》、《欽定春秋傳説彙纂》卷首上等所引作"公羊"。

傳》云：'以外及內曰暨。'謂此爲魯與齊平。賈逵、何休亦以爲魯與齊平，許惠卿以爲燕與齊平。服虔云：襄二十四年'仲孫羯侵齊'，二十五年'崔杼伐我'，自爾以來，齊、魯不相侵伐。且齊是大國，無爲求與魯平。此六年'冬，齊侯伐北燕，將納簡公'，齊侯貪賄而與之平，故傳言'齊求之也'，'齊次于虢，燕人行成'。其文相比，許君近之。案經例，即燕與齊平，當書'燕'；魯與諸侯平，皆言'暨'。下'三月，公如楚，叔孫婼如齊涖盟'叔孫婼：又稱叔孫昭子，魯國大夫叔孫豹之子，公不在國，故齊無來者。據經言之，賈君爲得，杜則從許説也。"案《疏》舉經例甚明，當從《公》《穀》，而《左氏》本年傳明云"齊、燕平之月"，則《左》實以爲燕與齊平。賈解《左氏》乃從《公》《穀》（《孔疏》云賈逵雜采《公》《穀》，此其一證），許、服、杜則以《左》解《左》，然《左》實與書法不合。親見聖人、親見國史者，何以有此誤乎？《左氏傳》衛宣公烝於夷姜烝：下淫於上，與母輩通姦。夷姜：宣公之庶母，生急子。爲之妻于齊，而美，公妻之，生壽及朔。事參《左傳·桓公十六年》。夫宣公烝庶母，必在即位之後；生子能妻，必十六七年；公妻之，生壽及朔，朔能譖兄譖：誣陷，中傷，壽能代死，必又十六七年。而衛人立晉在隱四年，宣公卒在桓十三年，共止二十年，如何能及？若謂烝夷姜在即位前，桓公不應容其弟濁亂宮闈，石碏未必立此穢德彰聞之公子石碏（què）：衛國上卿，曾因其子石厚與州吁作亂而大義滅親，殺石厚及州吁止亂。事參《左傳·隱公三年》。《史記》云"愛夫人夷姜"語出《衛康叔世家》，不云烝淫，則《左氏》未可信。（洪邁謂："十九年之間如何消破，此最爲難曉也。"）晉獻公烝齊姜，近人亦有疑之者。蘧伯玉名蘧瑗，衛國大夫、延陵季子季札，春秋時吳王壽夢第四子，皆年近百，而服官帥師服官：爲官，做官，事亦可疑，是《左氏》之事亦不盡可信也（朱子曰"《左氏》所傳《春秋》事，恐八九分"，是亦不盡信《左氏》）。《公羊傳》惟季姬使鄫子請己、單伯淫子叔姬、叔術妻嫂，事有可疑。_{季姬：}齊悼公夫人，與鄫國國君鄫子有曖昧關係。《公羊傳・僖公十四年》載：“夏六月，季姬及鄫子遇于防，使鄫子来朝。鄫子曷爲使乎季姬来朝？内辭也，非使来朝，使来請己也。”單伯：魯國大夫。子叔姬：魯文公之同母妹，齊昭公夫人。單伯曾奉命至齊國接子叔姬回國。《公羊傳・文公十四年》載：“冬，單伯如齊。齊人執單伯，齊人執子叔姬。執者曷爲或稱行人，或不稱行人？稱行人而執者，以其事執也；不稱行人而執者，以己執也。單伯之罪何？道淫也。惡乎淫？淫乎子叔姬。然則曷爲不言齊人執單伯及子叔姬？内辭也，使若異罪然。”叔術：邾國國君邾婁顏之弟，《公羊傳・昭公三十一年》載，其嫂絶色，曾言：“有能爲我殺殺顏者，吾爲其妻。”“叔術爲之殺殺顏者，而以爲妻。”董子《繁露》於此數事皆無説，或以不關大義，或亦疑而不信。學者於此等處，闕疑可也。（《解詁》是章句，不得不解《傳》；《繁露》説大義，故於此數條皆無説，學者亦不必強説。）

192. 論劉知幾詆毀《春秋》并及孔子，由誤信杜預、孔穎達，不知從《公》《穀》以求聖經

説《春秋》者，唐劉知幾爲最謬。其作《史通》，有《惑經》《申左》二篇，詆毀《春秋》，并詆孔子，曰：“善惡必書，斯爲實録。觀夫子修《春秋》也，多爲賢者諱。狄實滅衛，因桓恥而不書；_{《左傳・閔公二年》：“冬十二月，狄人伐衛。”}河陽召王，成文美而稱狩。_{《春秋・僖公二十八年》：“天王狩於河陽。”}斯則情兼向背，志懷彼我。哀八年及十三年，公再與吳盟而皆不書，桓二年公及戎盟則書之。戎實豺狼，非我族類。夫非所諱而仍諱，謂當恥而不恥，求之折衷，未見其宜。如魯之隱、桓戕弒，昭、哀放逐，姜氏淫奔_{魯桓公夫人文姜，曾與其兄齊襄公私通，}子般夭酷_{魯莊公太子公子般年少被殺，事參《左傳・莊公三十二年》，}斯則邦之孔醜_{大醜事，}諱之可也。如公送晉葬，公與吳盟，爲齊所止，爲邾所敗，盟而不

至,會而後期,并諱而不書,豈非煩碎之甚?"語出《史通》卷十三《惑經》。

　　錫瑞案:劉氏但曉史法,不通經義,專據《左氏》,不讀《公》《穀》,故不知《春秋》爲尊親諱。其書不書,皆有義例,非可以史法"善惡必書"繩之。《左氏傳》云孫、甯出君_{衛國大夫孫林父、甯殖趕走他們的國君,此指衛獻公衎。}事參《襄公二十年》,"名藏在諸侯之策,曰:'孫林父、甯殖出其君。'"夫子以爲臣出君不可訓,故更之曰"衛侯衎出奔齊"_{語出《春秋·襄公十四年》},以君自出爲文。"天王狩于河陽",其義亦然。《左氏》引仲尼曰"以臣召君,不可以訓"是隱諱之義_{語出《左傳·僖公二十八年》},《左氏》亦知之。而續經云:"齊陳恒執其君,置于舒州_{地名,一說在今河北大城。}"_{語出《左傳·哀公十四年》}。則與《春秋》不書孫、甯出君之義相背。是《左氏》於《春秋》隱諱之旨半明半昧,劉氏則全不知。夫吳爲伯主,故恥不書,公及戎盟,本無庸諱。且及戎盟,隱、桓二年凡兩見,劉舉桓而失隱,知其讀《春秋》不熟矣。劉氏又曰:"齊、鄭及楚國有弑君,各以疾赴,遂皆書卒;反不討賊,藥不親嘗,遂皆被以惡名,播諸來葉_{傳播後世。}"_{語出《史通》卷十三《惑經》。}案劉氏此說,亦由不解隱諱之義。"鄭伯髡原如會_{鄭伯髡(kūn)原:即鄭僖公,卒於操}_{鄭國地名,今河南新鄭、魯山一帶。}"_{語出《穀梁傳·襄公七年》}。《公羊傳》明以爲隱,以爲弑,以爲爲中國諱。"楚子卷、齊侯陽生卒"_{分別見於《昭公元年》《哀公十年》},《公羊》無說,《左氏》亦但於"鄭伯之卒"云"以瘧疾赴於諸侯"。楚郟敖、齊悼公,《左氏》以爲弑,而不云以疾赴,劉云"各以疾赴",不知何據。"反不討賊",本晉史之舊文;"藥不親嘗",由君子之聽止_{謂處治了太子止的罪行。}是二君之弑,初非夫子所加,夫子特因舊文書之,以著忠臣孝子之義。若齊、鄭、楚三君,其國無董狐之直筆_{董狐:春秋時晉國太史,亦稱史狐,以秉}

筆直書聞名，國史本不書弑，夫子豈得信傳聞之説，遽加人以弑逆之罪乎？至鄭伯隱諱，又是一義。劉氏不明其義，而并爲一談，斯惑矣。魯桓弑隱，但書"公薨"，劉氏以爲董狐、南史春秋時齊國史官，亦爲良史，各懷直筆。孟子言孔子成《春秋》而亂臣賊子懼，無乃烏有之談？參《史通》卷十三《惑經》。不知南、董非崔、趙之臣，故可直書；孔子是魯臣，於其先君篡弑，不可直書。劉氏在唐曾爲史官，試問其於唐代之事，能直書無隱否？乃以此惑聖經，并疑孟子之言爲烏有，固由讀書粗疏，持論獷悍，亦由誤信杜預、孔穎達，不知從《公》《穀》以求聖經也。

193. 論劉知幾據《竹書》以詆聖經，其惑始於杜預，唐之陸淳、劉眖已駁正其失

　　且劉氏受惑之處，非直此也。曰："案汲冢竹書《晉春秋》及《紀年》之載事也，如重耳出奔，惠公見獲，書其本國，皆無所隱。唯魯《春秋》之紀其國也則不然，何者？國家事無大小，苟涉嫌疑，動稱恥諱。""又案晉自魯閔公以前，未通於上國，至僖二年滅下陽已降下陽：即夏陽，虢邑，今山西平陸，漸見於《春秋》。蓋始命行人古代指掌管朝覲聘問的官員，可參《周禮·秋官》，自達於魯也。而《瑣語·春秋》載魯國閔公時事《瑣語·春秋》：即《汲冢瑣語》之《晉春秋》，言之甚詳，斯則聞見必書，無假相赴者也。蓋當時國史，他皆倣此。至於夫子所修也，則不然。凡書異國，皆取來告，苟有所告，雖小必書；如無其告，雖大必闕。尋茲例之作也，蓋因周禮舊法，魯策成文。夫子既撰不刊之書，爲後王之則，豈可仍其過失而不中規矩乎？""又案古者國有史官，具列時事。觀汲填出記，皆與魯史符同。至於周之東遷，其説稍備。隱、桓已上，難得而詳。此之煩省，皆與《春

秋》不別。又獲君曰止,誅臣曰刺,殺其大夫曰殺,執我行人,鄭棄其師,隕石於宋五,諸如此句,多是古史全文。則知夫子之所修者,但因其成事,就加雕飾,仍舊而已,有何力哉!"如上引文,皆出《史通》卷十三《惑經》。

錫瑞案:劉氏據《左傳》而疑經,謂經全因舊史,已是大惑。又據《竹書》而疑經,謂經何以不改舊史,更滋其惑,而其惑實始於杜預。杜預《春秋集解後序》論《汲冢書》云:"其著書文意,大似《春秋經》,推此足見古者策書之常也。文稱'魯隱公及邾莊公盟於姑蔑地名,今山東泗水東',即《春秋》所書'邾儀父未王命,故不書爵。曰儀父,貴之也'。又稱'晉獻公會虞師伐虢,滅下陽',即《春秋》所書'虞師、晉師滅下陽','先書虞,賄故也'。又稱'周襄王會諸侯於河陽',即《春秋》所書'天王狩於河陽','以臣召君,不可以訓'也。諸若此輩甚多,略舉數條,以明國史皆承告據實而書時事。仲尼修《春秋》,以義而制異文也。"胡渭曰:"《竹書紀年》文意簡質,雖頗似《春秋經》,然此書乃戰國魏哀王時人所作,往往稱謚以記當時之事。如'魯隱公及邾莊公盟於姑蔑''晉獻公會虞師伐虢滅下陽''周襄王會諸侯於河陽',明係春秋後人約《左傳》之文,倣經例而爲之,與身爲國史、承告據實書者不同。杜氏《後序》則謂'推此足見古者國史策書之常',不亦過乎?"參清閻若璩《尚書古文疏證》卷四所引。案胡氏此説足解杜氏之惑,即足解劉氏之惑。《春秋》傳於子夏,子夏退老西河地名,戰國時魏地,爲魏文侯師,魏人必有從之受《春秋》者。《紀年》作於魏哀王時,距孔子作《春秋》已百年,其書法明是倣《春秋》。杜氏乃疑古史書法本然,孔子《春秋》是依倣此等書爲之,而益堅其經承舊史、史承赴告之説。不思著書年代先後具有明徵,但有後人襲前人,未有前人襲後人者。孔子作《春秋》在百年前,魏人作《紀年》在百年後,猶之《史記》在《漢書》前,《三國志》在《後漢書》前。若有謂史公襲班書、陳壽襲范書,人未有不啞然笑者。杜氏之惑,何異於是?陸淳《春秋纂例》嘗言之矣:"或曰:'若左氏非受經於仲尼,則其書多與《汲冢紀年》符同,何也?'答曰:'彭城劉惠卿(名眅)著書云:《紀年》序諸侯列會,皆舉其謚,知是後人追修,非當世正史也。至於'齊人殲於遂周代諸侯國名,今山東寧陽西北''鄭棄其師',皆夫子褒貶之意,而《竹書》之文亦然。其書'鄭殺其君某',因釋曰是子亹又稱公子亹,鄭國公子,昭公之弟;'楚囊瓦奔鄭囊瓦爲楚國令尹',因曰是子常,率多此類。別有《春秋》一卷,全録《左氏傳》卜筮事,無一字之異,故知此書按《春秋》經傳而爲之也。'劉之此論當矣,且經書'紀子伯、莒子盟於密',《左氏經》改爲'紀子帛',《傳》釋云'魯故也',以爲是紀大夫裂繻之字參《左傳·隱公二年》,緣爲魯結好,故褒而書字,同之内大夫,序在莒子上,此則魯國褒貶之意。而《竹書》自是晉史,亦依此文而書,何哉?此最①明驗。其中有'鄭莊公殺公子聖'(《春秋》作"段"),'魯桓公、紀侯、莒子盟於區蛇地名,一作曲池,春秋魯地,今山東寧陽東北',如此等數事,又與《公羊》同。其稱今王者,魏惠成王也。此則魏惠成王時,史官約諸家書,追修此紀,理甚明矣。觀其所記,多詭異鄙淺,殊無條例,不足憑據而定邪正也。"語出《春秋集傳纂例》卷一《趙氏損益義第五》。案劉眅(kuàng)、陸淳皆唐人,曾見《紀年》全書,其説可憑。陸年輩後於劉知幾,其説正可駁劉。以'齊人殲於遂''鄭棄其師',爲夫子褒貶之特筆,遠勝劉説以爲出《瑣語·晉春秋》矣。陸通經學,劉不通經,故優劣判然也。

---

① "最",原作"是",誤,據陸淳《春秋集传纂例》卷一改。

194. 論《春秋》家、《左傳》家當分爲二, 如劉知幾説

　　劉知幾説《春秋》雖謬, 猶知《春秋》、《左傳》之分。其論史體六家:"一曰《尚書》家, 二曰《春秋》家, 三曰《左傳》家, 四曰《國語》家, 五曰《史記》家, 六曰《漢書》家。"語出《史通·内篇·六家第一》。前二家經也, 後二家史也, 中二家《左傳》《國語》, 則在經史之間。是劉知幾猶知《春秋》家與《左傳》家體例不同, 當分爲二, 不當合爲一也。古經、傳皆別行, 據《漢書·藝文志》與《左傳序》孔疏, 具有明證。熹平石經《公羊春秋》, 有傳無經。漢時專主《公羊》, 故直以《公羊》爲《春秋》。後世孤行《左傳》, 又直以《左傳》爲《春秋》。《公羊》字字解經, 經、傳相附, 以《公羊》爲《春秋》可也;《左氏》本不解經, 經、傳不相附, 或有經無傳, 或有傳無經, 以《左氏》爲《春秋》不可也。唐人作《五經正義》,《春秋》主《左氏傳》,《公羊》《穀梁》雖在中經、小經之列中經、小經:唐宋國子監教諸生讀經, 依經書文字多少, 分爲大、中、小三等。《新唐書·選舉志上》云:"凡《禮記》《春秋左氏傳》爲大經,《詩》《周禮》《儀禮》爲中經,《易》《尚書》《春秋公羊傳》《穀梁傳》爲小經。"《新唐書·歸崇敬傳》載, 崇敬曾建議:"請以《禮記》《左氏春秋》爲大經,《周官》《儀禮》《毛詩》爲中經,《尚書》《周易》爲小經, 各置博士一員。《公羊》《穀梁春秋》共準一中經, 通置博士一員。", 而習此二經者殆絕。唐時如啖、趙、陸兼通三《傳》者甚少, 如陳商能分別《春秋》是經、《左氏》是史者, 更別無其人矣。宋人刊《十三經注疏》,《公》《穀》稱《公羊》《穀梁》,《左氏》稱《春秋左傳》, 明以《春秋》專屬《左氏》, 而屏《公》《穀》於《春秋》之外。夫以《公》《穀》之字字解經者, 不以《春秋》屬之;《左氏》之本不解經者, 獨以《春秋》屬之, 宜乎學者止知有《左氏傳》, 不知有《春

秋經》,聖人之作經爲萬世法者,付之若存若亡之列。洪邁
《容齋續筆》有"紹聖廢《春秋》"一條云:"五聲本於五行而徵
音廢五聲:指宮、商、角、徵、羽五音,四瀆源於四方而濟水絶《爾雅·釋
水》云:"江、河、淮、濟爲四瀆。四瀆者,發原注海者也。",《周官》六典所
以布治而司空之書亡布治:頒布政令或法典,是固出於無可奈何,
非人力所能爲也。乃若《六經》載道,而王安石欲廢《春秋》。
紹聖中,章子厚作相章惇(1035—1105),字子厚,福建浦城人,官於相位,
主張改革,蔡卞執政,遂明下詔罷此經,誠萬世之罪人也。"語出
《容齋續筆》卷十五。如洪氏説,彼悍然廢《春秋》者,罪誠大矣,然
亦豈非唐宋以來不尊《春秋》有以階之厲乎? 宋人以《春秋》
專屬《左傳》,由於唐作《正義》但取《左傳》。漢人以《禮經》
專屬《儀禮》,而唐作《正義》但取《禮記》,故後世以《禮記》取
士,論者譏其舍經用傳。《禮記》體大物博,雖有解《儀禮》數
篇之義,而非盡解《儀禮》,不得全謂之傳。若《左氏》,明明
《春秋》之傳,傳又不與經合,而後世《左氏》孤行,舍經用傳,
較之舍《儀禮》而用《禮記》者,蓋有甚焉。王應麟《困學紀
聞》先列《春秋》,繼以《左傳》《公羊》《穀梁》,分別尚晰。學
者當知如此分別,則經傳部居不紊,不得以《春秋》專屬《左
氏》,而竟以《左氏》冒《春秋》冒:包括,統括。後之治《左氏》者,
能詮擇經義,解説凡例,可附於《春秋》家;若專考長曆、地名、
人名、事實長曆:依曆法推算,列出千百年間年月朔閏的曆書,或參以議
論者,止可入《左氏》家。以與聖經大義無關,止可謂之"史
學",不得謂之"經學"也。

195. 論孔子作《春秋》,增損改易之迹可尋,非徒因仍舊史

陳壽祺曰:"竊觀孟子言'孔子作《春秋》','作'之云者,

雖據舊史之文,必有增損改易之迹。《不修春秋》曰此指未經孔子筆削過的原本魯《春秋》:'雨星,不及地尺而復。'君子修之曰:'星隕如雨。'見《莊公七年》。諸侯之策曰:'孫林父、甯殖出其君。'孔子書之曰:'衛侯衎出奔齊。'晉文公召王而朝之,孔子曰:'以臣召君,不可以訓。'故書曰'天王狩於河陽。'魯《春秋》去夫人之姓曰吳,其卒曰孟子卒。孔子書'孟子卒',而不書夫人吳。此其增損改易之驗見於經典者也。華督得罪於宋殤公華督:商湯後代,官至宋國太宰,名在諸侯之策。晉董狐書曰:'趙盾弒其君。'齊太史書曰:'崔杼弒其君。'魯《春秋》記晉喪曰:'弒其君之子奚齊,及其君卓。'孔子於《春秋》皆無異辭,此循舊而不改之驗也。太子獨記'子同生',而不及子赤、子野、襄公,則知此爲《春秋》特筆,以起不能防閑文姜之失防閑:防備,禁阻。妾母獨録惠公仲子惠公之母仲子、僖公成風僖公之母成風,而略於敬嬴、定姒、齊歸分別爲魯文公寵姬、魯成公之妾、魯襄公夫人,則知此亦《春秋》特筆,以著公妾立廟稱夫人之始。'有年謂五穀豐收''大有年',惟見桓三年及宣十六年,蓋承屢裖之後裖:不祥之氣,書以示幸。王臣書氏,惟見隱三年及昭二十三年、二十六年,蓋兆世卿之亂王室,書以示譏。則其他之删削者,夥矣。外大夫奔書字,惟見文十四年宋子哀,蓋褒其不失職。外大夫見殺書字,惟見桓二年孔父,蓋美其死節。公子季友、公弟叔肸(xì)稱字,季子、高子稱子,所以嘉其賢。齊豹曰盜,三叛人名,所以斥其惡。公薨以不地見弒,夫人以尸歸見殺,師以戰見敗,公夫人奔曰孫,内殺大夫曰刺,天王不言出,凡伯不言執,與王人盟不言公王人:天子使臣,皆《春秋》特筆也。是知聖人修改之迹,不可勝數。善善惡惡,義逾衮鉞(gǔn yuè)古代賜衮衣以示嘉獎,給斧鉞以示懲罰,因以喻指褒貶,然後是非由此明,功罪由此定,勸懲由此生,治亂由此正。故曰:'《春秋》,天子之事。'苟徒因仍舊史,不立褒貶,則諸侯之策當時未始亡也。
孔子何爲作《春秋》?且使《春秋》直寫魯史之文,則孟子何以
謂之'作'?則'知我''罪我'安所徵,'亂臣賊子'安所懼?"
語出陳壽祺《左海文集》卷四下《答高雨農舍人書》。

　　錫瑞案:陳氏引《春秋》書法,兼采三《傳》,求其增損改易
之迹,可謂深切著明。即此足見《左氏》家經承舊史、史承赴
告,其說近是而實不是。孔子作《春秋》,非可憑空結撰,其承
舊史是應有之事;魯史亦非能憑臆捏造,其承赴告亦是應有之
事。《左氏》家説本非全然無理,特後人視之過泥,持之太堅。
謂《春秋》止是鈔録舊文,尚不如《漢書》之本《史記》,《後漢
書》之襲《三國志》,《新五代史》《唐書》之因《舊五代史》《唐
書》,猶有增損改易之功,則《春秋》一書,於魯史爲重臺(chóng
tái)奴婢之奴婢,比喻同類事物中最低下者,於《左傳》爲疣贅,宋人廢
之,誠不過矣,而《春秋經》豈若是乎?

196. 論宋五子説《春秋》有特見,與《孟子》
《公羊》合,足正杜預以後之陋見謬解

　　宋五子於《春秋》無專書宋五子:據下文,此指宋代有代表性的五
位理學家,分別爲北宋周敦頤、邵雍、二程、張載及南宋朱熹,而説《春秋》
皆有特見。周子曰:"《春秋》正王道,明大法也,孔子爲後世
王者而修也。亂臣賊子誅死者於前,所以懼生者於後。"語出周
敦頤《周元公集》卷一。邵子曰:"《春秋》者,孔子之刑書也。功過
不相掩,聖人先褒其功而貶其罪,故罪人有功,亦必録之。"語
出邵雍《皇極經世書》卷十三。程子曰:"夫子作《春秋》,爲百王不
易之大法。斯道也,惟顏子嘗聞之矣。'行夏之時,乘殷之
輅,服周之冕,樂則《韶》舞',此其準的也。後世以史視《春

秋》,謂褒善貶惡而已。至於經世之大法,則不知也。《春秋》
大義,炳如日星,乃易見也。惟其微辭隱義、時措咸宜者,爲難
知也。或抑或縱,或予或奪,或進或退,或微或顯,而得乎義理
之安,文質之中,寬猛之宜,是非之公,乃制事之權衡制事:處理
政治軍事等重大事件,揆道之模範也揆道:度量道德。"參朱熹、呂祖謙編
《近思録》卷三。張子曰:"《春秋》之書,在古無有,乃仲尼所自
制,惟孟子爲能知之。"語出張載《張子全書》卷十四。朱子曰:"孔
子作《春秋》,當時亦須與門人講説,所以公、穀、左氏得一個
源流,只是漸漸訛舛。當初若是全無傳授,如何鑿空撰得?"
又曰:"三家皆非親見孔子,左氏不必解是丘明。"又曰:"杜預
每到不通處,不云傳誤云經誤,可怪,是何識見?"如上三處引文,
皆出《朱子語類》卷八十三。

　　錫瑞案:《春秋》始誤於杜預,而極謬於劉知幾,當以宋五
子之説正之,其説與《孟子》《公羊》之旨合。周子曰"《春秋》
正王道,明大法",非即"素王改制"之旨乎? 曰"孔子爲後世
王者而修",非即"爲漢定道"之旨乎? 邵子曰"《春秋》者,孔
子之刑書",非即"貶天子,退諸侯,討大夫,以達王事"之旨
乎? 曰"功過不相掩",非即"善善從長"之旨乎? 程子曰"作
《春秋》,爲百王不易之大法",非即"作《春秋》,垂空言以斷
禮義,當一王之法"之旨乎? 引"行夏之時"四語爲證,非即
"損益四代,變周之文,從殷之質"之旨乎? 張子曰"《春秋》之
書,在古無有",豈得如杜預云周公已有《春秋》凡例乎? 曰
"乃仲尼所自作",豈得如杜預云孔子多鈔魯史舊文乎? 朱子
曰"孔子作《春秋》,與門人講説",即"七十子之徒口受其傳
旨"之意,而《史記》以魯君子左丘明列七十子口受傳旨之外,
則丘明不得口受,不當如劉歆輕口説而重傳記矣。曰"三家
皆非親見孔子",公、穀皆子夏弟子,未必親見孔子,而作《傳》

之丘明與《論語》之丘明，是一是二，古無明文，不必如劉歆云
"丘明親見聖人"、荀崧云"丘明造膝親受"矣。程子云"後世
以史視《春秋》，謂褒善貶惡而已，至於經世之大法，則不知
也"，尤道盡杜預以後諸儒之陋見謬解。《春秋》經世，《莊子》
嘗言之矣，其義在《孟子》云"天子之事"、《公羊》云"素王改
制"，其大者在"三科九旨"。杜預以後不明此義，其高者以爲
懲惡勸善，僅同良史直書；其下者以爲錄舊增新，不過鈔胥校
對。其失由於專據《左氏》，不治《公》《穀》，於孔子所以爲後
王立法以馴致太平者，全未夢見。孟子所稱爲天下一治，功可
繼群聖者，亦不致思。宋五子非《春秋》專門，未必深求《公》
《穀》二傳，乃獨能知微言大義，不惑於杜預諸人淺陋之見，由
其學識超卓，亦由此心此理之同，與古人不謀而合也。程子曰
"大義炳如日星"，朱子已引"成宋亂""宋災故"之類以證之。
至於微辭奧義，時措咸宜，程朱以爲難知者，學者能研求《公》
《穀》二傳，當知之矣。

197. 論"斷爛朝報"之説不必專罪王安石，朱子疑《胡傳》并疑《公》《穀》，故於《春秋》不能自信於心

《困學紀聞》引："王介甫答韓求仁問《春秋》曰：'此經比
他經尤難，蓋三《傳》不足信也。'尹和靖云尹焞(1071—1142)，字
彥明，學者稱"和靖先生"，洛陽人，程頤弟子：'介甫不解《春秋》，以其
難之也。廢《春秋》，非其意。'"語出王應麟《困學紀聞》卷六。又林
希逸曰林希逸(1193—1271)：字肅翁，號鬳齋，南宋理學家，著有《道德真經
口義》《莊子口義》等："尹和靖言介甫未嘗廢《春秋》。廢《春秋》，
以爲斷爛朝報斷爛，殘缺不全。朝報，政府公告。斷爛朝報，謂事實記載凌
亂蕪雜，皆後來無忌憚者託介甫之言也。"語出《竹溪鬳齋十一稿續

集》卷二十八。《宋史・王安石傳》："先儒傳注，一切廢不用。黜《春秋》之書，不使列於學官，至戲目爲斷爛朝報。"明人沈德符《野獲編補遺・列朝・今上史學》："宋朝大儒如王荊公，以《春秋》爲斷爛朝報，不列《六經》。"

　　錫瑞案：此諸説，可爲安石平反。然《春秋》之義具在三《傳》，安石過爲高論，以三《傳》不足信，則《春秋》不廢而廢矣。以《春秋經》爲難知，何不深求三《傳》？至於"斷爛朝報"，則非特宋人有是言。自《左氏》孤行，杜預謬解，人之視《春秋》者，莫不如是。專信《左氏》家經承舊史之説，一年之中寥寥數事，信手抄録，并無義例，則是"朝報"而已。不信《公》《穀》家一字褒貶之義，日月、名氏、爵號有不具者，皆爲闕文，萬六千餘字而闕文百數十條，則是朝服之"斷爛"者而已。如杜預、孔穎達之説《春秋》，實是斷爛朝報，并不爲誣。若不謂然，則當罪杜、孔，不當罪宋人矣。《困學紀聞》又引："朱文公亦曰：'《春秋》義例，時亦窺其一二大者，而終不能自信於心，故未嘗敢措一辭。'"王應麟引王介甫、尹和靖二條，繼引朱文公説，蓋謂朱子亦以《春秋》爲難知，與王介甫意同。案朱子所謂"《春秋》義例窺其一二大者"，如"成宋亂""宋災故"，既引以證程子所云大義，又云："如書會盟侵伐，不過見諸侯擅興自肆耳；書郊禘，不過見魯僭禮耳。至於三卜四卜、牛傷牛死，是失禮之中又失禮也。如'不郊不舉行郊祭，猶三望<small>祭祀名。望，謂不能親詣所在，遙望而祭。所祭之事有三，故稱"三望"</small>'，是不必望而猶望也；如書'仲遂卒<small>魯莊公庶子公子遂卒</small>，猶繹<small>周代稱正祭之次日又祭爲繹</small>'，是不必繹而猶繹也。如此等義，卻自分明。"<small>語出《朱子語類》卷八十三。</small>此朱子所云"窺其一二"者。朱子學最篤實，故於《春秋》之義，但言其分明可據者。若其義稍隱，或不見經而但見傳，則皆不敢信據。當時盛行《胡傳》<small>南宋胡安國撰《春秋胡氏傳》</small>，《朱子語録》曰："胡文定《春秋》非不好，卻不合。這件事聖人意是如何下字,那件事聖人意又如何下字？
要知聖人只是直筆,據見在而書,豈有許多忉怛(dāo dá)憂傷,悲
痛？"語出《朱子語類》卷八十三。案《胡傳》議論苛碎,多出《公》
《穀》之外。朱子懲《胡傳》之苛碎,遂并不信《公》《穀》一字
褒貶之義,以爲"必於一字一辭之間求褒貶所在,竊恐不然",
"聖人只是直筆,據見在而書",則仍惑於杜預、孔穎達,而與
孟子、程子之説不合矣。朱子謂"《春秋》自難理會",足見朱
子矜慎,遠勝强不知爲知者,但亦有矜慎太過處。《胡傳》不
可盡信,而《公》《穀》近古則可信。能深考《公羊》之微言大
義,參以《穀梁》之例,又參以《左氏》所載事實,亦不以得十之
七八。朱子謂"須是己之心,果與聖人之心神交心契,始可斷
他所書之旨",則聖人往矣,安得復有聖人？以朱子之賢,猶
不敢自信,安得復有自信與聖人神交心契者？《春秋》一經,
將沈霾終古矣沈霾:同"沉霾",埋没,泯滅。《公羊疏》引閔因敘云:
"昔孔子制《春秋》之義,使子夏等十四人求周史記,得百二十
國寶書。"莊七年《傳》云:"不修《春秋》曰'雨星,不及地尺而
復'不修《春秋》:指孔子筆削《春秋》所依據的舊史。來源有二,一爲魯國史
記,一爲百二十國寶書,君子修之曰'星霣如雨'。"朱子病二書之
不傳,不得深探聖人筆削之意。夫二書不得見,學者無如何
也;三《傳》猶幸存,學者所當信也,亦何必矜慎太過而不措一
辭乎？

198.論據朱子之説足證《春秋》是經非史,
學《春秋》者當重義不重事

　　朱子曰:"前輩做《春秋》義,言辭雖粗率,卻説得聖人大
意出。如二程未出時,便有胡安定、孫泰山、石徂徠胡瑗(993—

1059）：字翼之，泰州如皋人。因世居陝西路安定堡，世稱安定先生。治學重經義與時務，所著有《春秋要義》《春秋口義》《周易口義》《中庸議》等。孫復（992—1057）：字明復，號富春，晉州平陽人。舉進士不第，居泰山，聚徒講學，學者因稱泰山先生。重道統論，長於《春秋》學，所著有《春秋尊王發微》《春秋總論》《易說》等。石介（1005—1045）：字守道，號徂徠，兗州奉符人，學者稱徂徠先生。治學亦重儒家道統，辟佛、老二氏。所著有《易解》《易口義》《唐鑒》《政範》等。三人并稱"宋初三先生"，上承洙泗，下啟閩洛，爲宋代理學之開山，他們説經，雖是甚有疏略處，觀其推明治道，直是懍懍可畏。《春秋》本是嚴底文字，聖人此書之作，遏人欲於橫流，遂以二百四十二年行事，寓其褒貶，一字不敢胡亂下。"又林問："先生論《春秋》一經本是正誼明道、權衡萬世典刑之書正誼明道：《漢書·董仲舒傳》載，仲舒有言："夫仁人者，正其誼不謀其利，明其道不計其功，是以仲尼之門，五尺之童羞稱五伯，爲其先詐力而後仁誼也。"仁誼，即仁義，如朝聘、會盟、侵伐等事，皆是因人心之敬肆誠敬與放肆，爲之詳略。或書字，或書名，皆就其事而爲之義理，最是斟酌，毫忽不差。後之學《春秋》，多是較量齊、魯短長。自此以後，如宋襄、晉悼等事，皆是論霸事業。不知當時爲王道作耶？爲霸者作耶？若是爲霸者作，則此書豈足爲義理之書？"曰："大率本爲王道，正其紀綱。看以前《春秋》文字雖粗，尚知有聖人明道正誼，道理尚可看。近來止説得伯業權譎底意思伯業：即"霸業"。權譎：權謀詭詐，更開眼不得，此義不可不知。"如上引文，皆出《朱子語類》卷八十三。

　　錫瑞案：據朱子之説，可知學者當以《春秋》爲經，不當以《春秋》爲史；當重《春秋》之義，不當重《春秋》之事。謂"以二百四十二年行事，寓其褒貶"，即借事明義也；謂"一字不敢胡亂下"，即一字褒貶也。謂"書字、書名，皆就其事而爲之義理"，亦即一字褒貶之旨。正誼明道，權衡萬世，惟在《春秋》一經。若置經而求傳，舍義而論事，則不過較量齊、魯之短長，宋襄、晉悼之霸事而已。《孟子》曰:"王者之迹熄而《詩》亡,《詩》亡然後《春秋》作。"語出《離婁下》。是《春秋》所以承王者之迹,故《孟子》斷之曰"天子之事"。若夫魯之舊史,止有"其事則齊桓、晉文",而無其義,故孔子裁之以義,曰"其義則丘竊取之矣"。《春秋》是經不是史,重義不重事,即孔子、孟子之言足以證之。《左氏》敘事詳而釋義略,仍如魯史其事其文之舊,非但侈陳桓、文侈陳:繁複鋪陳。《春秋》雖褒桓、文,實與而文不與。實際讚許而文字上不讚許,這是公羊學的一條重要通例。《公羊傳·僖公二年》載:"二年春,王正月,城楚邱。……然則孰城之?桓公城之。曷為不言桓公城之?不與諸侯專封也。曷為不與?實與而文不與。文曷為不與?諸侯之義不得專封。諸侯之義不得專封,則其曰實與之何?上無天子,下無方伯,天下諸侯有相滅亡者,力能救之則救之可也。"孟子深於《春秋》,謂"仲尼之徒,無道桓、文之事",蓋裁之以義,不當侈陳其事,并晉悼之霸亦侈陳之。何劭公不許晉悼之霸,鄭君以為"鄉曲之學,深可忿疾",不知桓、文之事猶無足道,何論晉悼?以鄭君之學而所見如此,何怪後之學者"遺經存傳,談其事迹"(用唉助語)。或且樂道陰謀詭計,如魏禧作《左傳經世》魏禧(1624—1681):字冰叔,江西寧都人,清代學者,又纂《左氏兵謀兵法》,以張其焰,與"春秋無義戰"之旨全然相反語出《孟子·盡心下》。正朱子所謂"止說得伯業權譎,更開眼不得"者。試思《春秋》為王道作,豈專論伯事者哉伯事:通"霸事"?朱子云"以前文字雖粗",即指胡安定、孫泰山諸人。胡書不傳,孫氏《尊王發微》論雖近苛,尚能比附《春秋》之義,以其重義不重事,是經不是史,故文字雖粗,而與聖人之旨猶近也。後來止說"伯業權譎",雖由其人識見卑陋,亦由專主《左氏》,不知有《春秋經》,而其流弊遂至於此。以其重事不重義,是史不是經,故議論猥多,而與聖人之旨愈遠也。學《春秋》者,觀朱子之論,可以審所去取矣。

199. 論杜預專主《左氏》,似乎《春秋》全無關繫無用處,不如啖、趙、陸、胡説《春秋》尚有見解

凡書必有關繫、有用處,然後人人尊信誦習。若無關繫、無用處,雖間存於一二好古之士,而尊信誦習者鮮矣。漢人之尊《春秋》,在《易》《詩》《書》之上,一則以爲諸經止是孔子贊修,不如《春秋》爲孔子手作;二則孔子贊修諸經之旨未甚著明,不如孔子所作之《春秋》,微言大義顯然可見;三則諸經雖爲後世立法,亦不如《春秋》素王改制之顯。故爲漢定道,多專屬之《春秋》,且多引《春秋》以決時事。是漢人以《春秋》爲有關繫、有用處,人人尊信誦習,由專主《公羊》之故也。及《左氏傳》出而一變,《左氏》自成一家之書,亦未嘗與《公羊》抵牾,而偏護古文者務張大其説,以駁異今文。自劉歆、韓歆欲以《左氏》立學,爲今文博士所排,仇隙愈深,反對愈甚。賈逵已將臆造之説爲《左氏》之説以斥《公羊》,而解《左氏》猶采《公》《穀》。至杜預出,乃盡棄二《傳》,專執韓宣“周禮在魯”一語《左傳·昭公二年》:“二年春,晉侯使韓宣子來聘,且告爲政而來見,禮也。觀書于大史氏,見《易象》與《魯春秋》,曰:‘周禮盡在魯矣。吾乃今知周公之德,與周之所以王也。’公享之。”,以《左氏傳》“五十凡例”盡屬周公。孔子止是鈔録成文,并非褒貶筆削,又安得有微言大義與立法改制之旨? 故如杜預所説,《春秋》一經全無關繫,亦無用處。由於力反先儒之説,不信漢儒之論,不顧《孟子》之文,以致聖人所作之經沈廢擱棄,良可浩歎!

啖助在唐時,已云:“習《左氏》者,皆遺經存傳,談其事迹,玩其文采,如覽史籍,不復知有《春秋》微旨。”語出唐人陸淳

《春秋集傳纂例》卷一《啖氏集傳注義第三》。蓋《左氏傳》本是史籍，并無《春秋》微旨在内，止有事實文采可玩。自漢以後，六朝及唐皆好尚文辭，不重經術，故《左氏傳》專行於世，《春秋》經義委之榛蕪。啖、趙、陸始兼采三《傳》，不專主《左氏》，推明孔子褒貶之例，不以凡例屬周公。雖未能上窺微言，而視杜預、孔穎達以《春秋》爲録成文而無關繫者，所見固已卓矣。宋儒通學，啖、趙遺風。至程子出，乃於孔子作《春秋》爲後王立法之意有所窺見，其《春秋傳自序》曰："夫子當周之末，以聖人不復作也，順天應時之治不復有也，於是作《春秋》，爲百王不易之大法。後王知《春秋》之義，則雖德非禹、湯，尚可以法三代之治。自秦而下，其學不傳。予悼夫聖人之志不明於後世也，故作《傳》以明之，俾後之人通其文而求其義，得其意而法其用，則三代可復也。"語出《二程集·河南程氏经说》卷四。自漢以後，論《春秋》者鮮知此義，惜其《傳》作於晚年，略舉大義，襄、昭以後尤略，書止二卷。胡安國師程子，其作《傳》大綱本孟子，而微旨多以程子之説爲據(本晁、陳二氏之说)。其《序》曰："孟氏發明宗旨，目爲天子之事者，周道衰微，乾綱解紐，亂臣賊子接迹當世，人欲肆而天理滅矣。仲尼天理之所在，不以爲己任而誰可？五典弗惇敦厚，篤守，己所當叙；五禮弗庸采用，使用，己所當秩；五服弗章彰明，彰顯，己所當命；五刑弗用，己所當討，故曰'我欲載之空言，不如見之行事之深切著明也'。"空言"獨能載其理，"行事"然後見其用。是故假魯史以寓王法，撥亂世反之正，其大要皆天子之事也。"語出胡安國《春秋胡氏傳》卷首《春秋傳序》。

錫瑞案：胡氏以惇典、庸禮、命德、討罪爲天子之事，又云仲尼以爲己任，足以發明《春秋》素王之義。"空言獨能載其理，行事然後見其用"，尤足證明《春秋》借事明義之旨。"假

魯史以寓王法"，即託王於魯也。"撥亂世反之正"，亦《公羊》
之文也。胡氏尊《孟子》，故能信《公羊》，惜其《傳》不能篤守
《公羊》，故雖窺見微言，未盡原本古義，間涉穿鑿，不愜人心，
而視前儒以《春秋》爲託空言而無用處者，其見爲更卓矣。近
漢學家不取通學，啖、趙、陸、胡，皆致不滿。竊謂諸家雖非專
門，然猶知《春秋》有關繫有用處，故其所著之書，體例雖雜，
猶於《春秋》有關繫有用處。若專主《左氏》者，專執杜、孔之
説，并不知《春秋》有關繫有用處，則其所著之書，考證雖詳，
亦於《春秋》無關繫無用處也。

200. 論《春秋》一字褒貶，不得指爲闕文

　　鄭樵曰："諸儒之説《春秋》，有以一字爲褒貶者，有以爲
有貶無褒者，有以爲褒貶俱無者。謂《春秋》以一字爲褒貶
者，意在於推尊聖人，其説出於太史公曰'夫子修《春秋》，游、
夏之徒不能贊一辭'語出《史記·孔子世家》，故學者因而得是説
也。謂《春秋》有貶無褒者，意在於列國之君臣也，其説出於
《孟子》曰'春秋無義戰，彼善於此則有之矣'語出《孟子·盡心
下》，故學者因而得是説也。謂《春秋》無褒貶者，意在於矯漢
儒，其説出於《竹書紀年》所書(案此即劉知幾之説，前已辨之)，載
'鄭棄其師''齊人殲於遂'之類，皆孔子未修之前，故學者因
而得是説也。雖其意各有所主，然亦不可以泥。泥一字褒貶
之説，則是'春秋'二字皆挾劍戟風霜，聖人之意不如是之勞
頓也。泥於有貶無褒之説，則是《春秋》乃司空城旦之書司空：
官名，掌管工程、囚徒。城旦：古代刑罰名，一種築城四年的勞役。後以指流放
或徒刑，聖人不如是之慘刻也。泥於無褒貶之説，則是《春秋》
爲瑣語小説，聖人又未嘗無故而作經也。"語出《六經奧論》卷四。

顧棟高曰："鄭氏之言極是。聖人之心正大平易,何嘗無褒貶?但不可於一字上求褒貶耳(案此正同朱子之說)。孟子明言:'其事則齊桓、晉文,其文則史。孔子曰:"其義則丘竊取之矣。"'語出《孟子·離婁下》。如以爲無褒貶,則是有文、事而無義也。如此,則但有魯之《春秋》足矣,孔子更何用作《春秋》乎?近日有厭支離之說而竟將《春秋》之褒貶抹去者,矯枉過正,亦非聖人之意。有以《春秋》爲有筆無削者,是即無褒貶之說也。夫未修之《春秋》即不可得見,而《左氏》之書具在,如①襄公親送葬楚子、昭公昏於吳,豈有不遣卿大夫往會吳、楚葬之理?而終《春秋》,吳、楚之葬不書,此削之以示義也。襄公葬楚子不書,而於二十九年'春,王正月,公在楚'見之;昭公昏於吳不書,而於哀十二年書'孟子卒'見之,此削之以示諱也。又如十二公之納幣、逆夫人,魯史皆書,而《春秋》於僖公、襄公不書,此所謂合禮不書也。世子生皆書,而《春秋》止書'子同生子同:即魯莊公',此所謂常事不書也。此皆其顯然可見者。如以爲有筆無削,則《春秋》竟是一部鈔胥,何足以爲經世大典乎?"語出《春秋大事表》附錄《讀春秋偶筆》。

錫瑞案:以《春秋》爲一字褒貶,《公》《穀》之古義也;以爲有貶無褒,孫復之新說也;以爲褒貶俱無,後世習《左氏》者之巇言也巇(wèi)言:欺詐之言。鄭樵并三《傳》皆不信,故於三說皆不取。其不取後二說是也,不取前一說非也。《春秋》一字之褒,一字之貶,兩漢諸儒及晉范甯皆明言之。《左氏》孤行,學者不信《公》《穀》,於是《春秋》或日或不日,四時或具或不具,或州、或國、或氏、或人、或名、或字、或子之類,人皆不得其解,聖人豈故爲是參差以貽後世疑惑乎?《春秋》文成數萬,

---

① "如",原作"於",誤,據顧棟高《春秋大事表》附錄《讀春秋偶筆》改。

其旨數千，非字字有褒貶之義，安得有數千之旨？若如杜預、孔穎達說，其不具者概爲闕文，則"斷爛朝報"之譏誠不免矣。顧氏於《春秋》用功深，《大事表》一書，實出宋章沖、程公説之上。惟其《春秋》之學專主《左氏》，惑於杜、孔之説，故以鄭氏爲是。其《春秋闕文表》於一字褒貶之處，皆以爲僞闕，且謂："此皆《公》《穀》倡之。而後來諸儒，如孔氏穎達、啖氏助、趙氏匡、陸氏淳、孫氏復、劉氏敞亦既辨之矣，而復大熾於宋之中葉者，蓋亦有故焉。自諸儒攻擊三《傳》，王介甫遂目《春秋》爲斷爛朝報，不立學官。文定反之^{胡安國，謐"文定"，}矯枉過正，遂舉聖經之斷闕不全者，皆以爲精義所存，復理《公》《穀》之故説，而呂氏東萊、葉氏少蘊、張氏元德諸儒俱從之^{分別指呂祖}
^{謙、葉夢得、張洽。}由是《春秋》稍明於唐以後者，復晦昧於宋之南渡，豈非勢之相激使然哉？夫蔑棄聖人之經與過崇聖人之經，其用心不同，而其未得乎聖人垂世立教之心則一也。"^{語出}
《春秋大事表》卷四十三。案顧氏之説非是，"斷爛朝報"之説起而《春秋》廢，正由説《春秋》者闕文太多之故。南宋諸儒力反其説，如胡文定者，其穿鑿或出《公》《穀》之外，誠未免求之過深。然文定之深文不可信，而《公》《穀》之故説則可信。文定反斷爛朝報之説，顧氏以爲矯枉過正。顧氏反文定一字褒貶之説，以聖經爲斷闕不全，則仍是斷爛朝報之説矣，獨不爲矯枉過正乎？《春秋經》惟"夏五""伯于陽"實是闕文^{《春秋·桓公}
^{十四年》載}："夏五，鄭伯使其弟語來盟。"《公羊傳》云："夏五者何？無聞焉爾。"又，《春秋·昭公十二年》載："十有二年春，齊高偃帥師納北燕伯于陽。"《公羊傳》以爲經文有誤有闕，云："伯于陽者何？公子陽生也。"乃以"伯"當爲"公"，以"于"當爲"子"，以"陽"下當闕"生"字，其餘後世以爲闕者，皆有説以處之，并非斷闕不全。如文定之説，猶不失爲過崇聖經；如顧氏之説，已不免於蔑棄聖經矣。（黃澤曰："屈經申傳者，杜

預輩是也;屈傳申經者,若胡文定諸公是也。")

201. 論經史分別甚明,讀經者不得以史法繩《春秋》, 修史者亦不當以《春秋》書法爲史法

劉敞曰:"《傳》曰:'公出復入_{僖公出逃後又回國},不書,諱之也。諱國惡,禮也。'語出《左傳·僖公元年》。杜氏曰:'掩惡揚善,義存君親,皆當時臣子率意而隱,故無淺深之準。'非也。《傳》所云者,似言仲尼作《春秋》,改舊史,有所不書之意也,非當時史官以諱爲禮也。何以知之邪? 按御孫謂莊公曰_{御孫}_{爲魯國大夫}:'君舉必書,書而不法,後嗣何觀?'(此曹劌之言,以爲御孫,誤。)語出《左傳·莊公二十三年》。以御孫之説論之,君之不法,無所不書也。既無所不書,則是諱國惡者非史官之事,《春秋》之意也。爲之臣子,率意爲君父諱,非也。臣之意莫不欲尊其君,子之意莫不欲美其親。如此,國史爲無有實事,皆虛美也,謂之史,可乎? 故《春秋》一也,魯人記之則爲史,仲尼修之則爲經。經出於史,而史非經也;史可以爲經,而經非史也。譬如攻石取玉,玉之產於石必也,而石不可謂之玉;披沙取金,金之取於沙必也,而沙不可謂之金。魯國之史,賢人之記,沙之與石也;《春秋》之法,仲尼之筆,金之與玉也。金石必待揀擇追琢而後見,《春秋》亦待筆削改易而後成也。謂《春秋》之文皆舊史所記,無用仲尼者,是謂金石不待揀擇追琢而得,非其類矣。"語出劉敞《春秋權衡》卷四《僖公》。

錫瑞案:劉氏分別經史,義極精確,即以《左氏傳》義駁杜預經出舊史之非,尤足以關其口。《春秋》是爲萬世作經,爲後人立法,聖人特筆,空前絕後,不可無一不能有二之書。前古未有(本張橫渠説),則不得謂前有所承;後莫能繼,則不得云

後人可續。乃後之讀經者，既不知聖人所作是經，而誤以史法繩之，於是經義亂（如劉知幾《惑經》《申左》之類）；後之修史者，又不知非聖人不能作經，而誤以史書擬之，於是史法亦亂（如沈既濟之類）。司馬遷、班固，世稱良史，所著《史記》《漢書》多得《春秋》之義，然其書不敢學一字褒貶，只是據事直書。揚雄準《易》作《太玄》，仿《論語》作《法言》，而不敢擬《春秋》。王通始擬《春秋》作《元經》，論者以爲宋阮逸僞作。蓋隋以前猶知古義，唐宋以下議論始繁。唐沈既濟書中宗，曰“帝在房陵”房陵：古地名，今湖北房縣境內。秦始皇曾徙嫪毐舍人四千余家及呂不韋、趙王遷於此，西漢諸侯王有罪亦多徙於此，唐武則天徙中宗于此，宋太祖徙周恭帝、宋太宗徙秦王廷美於此。參《新唐書·沈既濟傳》，孫甫、范祖禹用其說，以《春秋》“公在乾侯”爲比乾侯：春秋晉地，魯昭公薨於此。事見《左傳·昭公二十八年》。程迥駁之曰：“《春秋》書王在畿內，曰‘居於狄泉’；出王畿，曰‘出居於鄭’。諸侯在境內，曰‘公居於鄆’；出境，曰‘公在乾侯’。《唐鑒》用《春秋》書法，中宗則宜曰‘帝居房陵’，不宜曰‘在’。”參宋人項安世《項氏家說》卷七《春秋書居書在》。案程氏之駁是矣，而未盡也。敬王與王子朝敬王：周景王子、周悼王弟。王子朝：周景王子、周敬王弟，曾與敬王爭位，雖有東王、西王之稱，士伯問介衆而辭王子朝士伯：晉臣士景伯。介衆：大衆。《左傳·昭公二十四年》曰：“三月庚戌，晉侯使士景伯涖問周故，士伯立於乾祭而問於介衆。晉人乃辭王子朝，不納其使。”，則當時皆推戴敬王。襄王之出居鄭襄王：周襄王，周惠王之子，諸侯推戴，更無異說。是《春秋》書“天王”，據實直書也。昭公出奔在外，魯國未別立君。平子每歲賈馬平子：魯國正卿季孫意如。賈：買，具從者之衣屨準備好隨從的衣服鞋子，而歸之於乾侯事見《左傳·昭公二十九年》。士鞅以爲季孫事君如在國，齊、晉諸國亦皆以君禮待之，景公曰：“孰君而無稱哪有身爲國君而不相稱的（意謂有資格使用先君傳下的器皿)。"事見《公羊傳·昭公二十五年》。是《春秋》書"公",亦據實直書也。若唐中宗,已廢爲廬陵王,武后自稱"則天皇帝"。今書廬陵王曰"帝",則唐有兩帝矣。若奪則天之帝以與廬陵,則不據實直書而變亂當時之事實,雖聖人有所不敢矣。乾侯,晉地,故書"在",與"公在楚"同義;房陵,唐地,不當引以爲比。《唐鑒》書"帝在東宮"《唐鑒》爲宋人范祖禹所撰,尤不可通,非止劉知幾貌同心異之誚,錢大昕已辨之。歐陽修《五代史》、朱子《綱目》全稱爲《資治通鑑綱目》,亦有此失。《綱目》書"莽大夫揚雄死",錢大昕亦已辨之。王鳴盛論《五代史》曰:"歐公手筆誠高,學《春秋》卻正是一病。《春秋》出聖人手筆,義例精深,後人去聖久遠,莫能窺測,豈可妄效?"引薛應旂《宋元通鑑·義例》云:"《春秋》諸侯而或書其名,大夫而或書其字,或生而書其爵,或卒而去其官,論者以爲夫子之褒貶於是焉在也。夫《春秋》大義,炳如日星,而其微詞變例,美惡不嫌同辭,有非淺近之所能推測者。後人修史,輒從而擬之,不失之迂妄,則失之鄙陋。"又論孫甫《唐史論斷》云:"觀其《自序》,欲效《春秋》書法,以褒貶予奪示勸戒。幸其書亡,若存,徒汨亂學者耳目。大抵作史者宜直敘其事,不必弄文法,寓予奪;讀史者宜詳考其事實,不必憑意見,發議論。宋人略通文義,便想著作傳世,一涉史事,便欲法聖人筆削,此一時習氣。"語出王鳴盛《十七史商榷》卷九十三《歐法春秋》。王氏此説,切中作史者妄擬《春秋》之弊,皆由不知《春秋》是經不是史,經非可僭擬者也僭擬:越分妄比,謂在下者自比於尊者。(黃澤曰:"作史惟當直書爲得體,夫子《春秋》只是借二百四十二年,以示大經大法於天下,故不可以史法觀之。")

202.論《春秋權衡》駁《左氏》及杜解多精確，
駁《公》《穀》則未得其旨

劉敞曰："前漢諸儒不肯爲《左氏》學者，爲其是非謬於聖人也，故曰《左氏》不傳《春秋》，此無疑矣。然爲《左氏》者皆恥之，因共護曰：'丘明受經於仲尼。'此欲以自解免耳_{自解：自}我辯解，其實非也。何以言之邪？仲尼之時，魯國賢者無不從之游，獨丘明不在弟子之籍。若丘明真受經作傳者，豈得不在弟子之籍哉？豈有受經傳道而非弟子者哉？以是觀之，仲尼未嘗授經於丘明，丘明未嘗受經於仲尼也。然丘明所以作《傳》者，乃若自用其意説經，泛以舊章凡例，通之於史策，可以見成敗耳。其褒貶之意，非丘明所盡也，以其不受經也，學者可勿思之哉。杜氏《序》曰：'仲尼因魯史策書成文，考其真僞而志其典禮，上以遵周公之遺制，下以明將來之法。其教之所存，文之所害，則刊而正之，以示勸戒，其餘皆即用舊史。史有文質，辭有詳略，不必改也。'此未盡也，苟唯文之所害則刊而正之，其餘皆因而不改，則何貴於聖人之作《春秋》也？而《傳》又何以云非聖人莫能修之乎？大凡《左氏》本不能盡得聖人《春秋》之意，故《春秋》所有義同文異者，皆没而不説。而杜氏患苦《左傳》有不傳《春秋》之名，因爲作説云：此乃聖人即用舊史爾。觀丘明之意，又不必然。按隱公之初，始入《春秋》，丘明解經，頗亦殷勤，故'克段于鄢'《傳》曰'不言出奔，難之也'，'不書城郎，非公命也'。不書之例，一年之中凡七發，明是仲尼作經，大有所删改也，豈專用舊史者乎？"_{語出劉}敞《春秋權衡》卷一。又曰："大率《左氏》解經之蔽有三：從赴告，一也；用舊史，二也；經闕文，三也。按，史雖待赴告而録，然其

文非赴告之詞也。《春秋》雖據舊史而作,然其義非舊史之文
也。簡牘雖有闕失,其史非聖人所遺也。如謂史之記從赴告
而已,則亂臣賊子何由而書①? 如謂《春秋》用舊史而已,則何
貴於聖人之筆削也? 且《春秋》書'良霄入於鄭,鄭人殺良霄'
事見《襄公三十年》,'欒盈入於晉,晉人殺欒盈'事見《襄公二十三
年》,其文同也。至哀十四年,非仲尼所修矣。其記陳宗豎,乃
曰:'陳宗豎入於陳,陳人殺之。'事見《哀公十四年》。明史之所
記,與仲尼之所修異矣。又仲尼所修,無記內邑叛者,哀十五
年獨記'成叛',此亦史文,不與仲尼相似。仲尼不專用史文,
驗也。如謂經之闕文皆聖人所遺者,苟傳有所説而不與經同,
盡可歸過於經,何賴於傳之解經哉? 故《春秋》者,出於舊史
者也,而《春秋》非舊史之文也;舊史者,出於赴告者也,而舊
史非赴告之辭也。傳者,出於經者也,而傳非經之本也。今傳
與經違,是本末反矣。"語出劉敞《春秋權衡》卷七。

　　錫瑞案:劉氏《春秋權衡》爲世所稱,以愚觀之,惟駁《左
氏傳》及杜預《集解》説多精確。蓋《左氏》傳事不傳義,本無
所謂義例,杜氏傅會,多不可據,故劉氏所駁多中肯。《公》
《穀》二傳各有義例,非會通全經之旨,必至多所窒礙。誠能
融會貫通,則人所見爲窒礙者,皆有説以處此。枚乘曰:"銖
銖而稱之銖(zhū):古代重量單位,一兩的二十四分之一,至石必差石
(dàn,一説音 shí):古代重量單位,一百二十斤爲一石;寸寸而度之,至丈
必過。石稱丈量,徑而寡失。"語出《漢書·枚乘傳》,又《文選》卷三十
九《上書諫吳王》。專求字句,則多見窒礙,此所謂"銖銖而稱,寸
寸而度"也;會通全文,則少所窒礙,此所謂"石稱丈量,徑而
寡失"也。《春秋》是孔子所作一部全書,其中又有非常異議,

---

① "書",原作"懼",誤,據劉敞《春秋權衡》卷七改。

若不大通義例，粗究微言，則但能見淺而不能見深。凡所爲三科九旨、一字褒貶、時月日例之類，皆以爲横生枝節，妄立異端。不知游、夏不能贊一辭者，義正在此。不達乎此，則雖知經承舊史之謬，而不知聖人作經以教萬世，其異於舊史者，究竟安在。經、史之異，豈僅在一字一句間乎？劉氏博學精識，而《春秋》非專門，故雖知《左氏》、杜預之非，而未曉《公》《穀》二傳之是。其所駁多字句瑣細，不關大義；其大義明著者，又或誑而不信。故《權衡》一書，駁《左氏》及杜預者多可取，駁二《傳》者可取甚鮮，其合并三《傳》爲劉氏《傳》，尤近童牛角馬。"鄭伯克段"一事，陳澧已駁其非參本書第162條。

203.論吕大圭以後世猜防之見疑古義，宋儒説經多有此失

吕大圭曰吕大圭：字圭叔，號朴鄉，南宋福建南安人。朱熹再傳弟子，著有《春秋集傳》《春秋或問》等："《公羊》論隱、桓之貴賤①，而曰'子以母貴，母以子貴'。《公羊傳·隱公元年》云："立適以長不以賢，立子以貴不以長。桓何以貴？母貴也。母貴則子何以貴？子以母貴，母以子貴。"夫謂'子以母貴'可也，謂'母以子貴'可乎？推此言也，所以長後世妾母陵僭之禍者，皆此言基之也。《穀梁》論世子蒯聵之事則曰蒯聵（kuǎi kuì）：衛靈公太子，以謀殺南子事敗露出奔宋，尋之晉，依趙鞅。後歸國，在位三年，爲晉所伐，出奔。晉師退，復入。後見殺，謚曰莊公：'信父而辭王父，則是不尊王父也。其弗受，以尊王父也。'語出《穀梁傳·哀公二年》。夫尊王父，可也；不受父命，可乎？推此言也，所以啓後世父子争奪之禍者，未必不以此言藉口也。晉趙鞅入於晉陽以叛，趙鞅歸於晉，《公》《穀》皆曰：'其言歸何？

---

① "桓"，原作"公"，誤，據吕大圭《春秋五論·論五》改。

以地正國也_{用土地來安定國家。}'語出《定公十三年》。後之臣子,有據邑以叛而以逐君側之小人爲辭者矣。公子結媵婦_{公子結:魯國大夫,魯莊公庶弟,}遂盟,《公羊》曰:'大夫受命不受辭,出境,有可以安社稷利國家,則專之可也。'語出《莊公十九年》。後之人臣,有事異域而以安社稷利國家自諉者矣。祭仲執而鄭忽出,其罪在祭仲也,而《公羊》則以爲合於反經之權_{權宜,變通,與}"經"相對。《公羊傳·桓公十一年》云:"古人之有權者,祭仲之權是也。權者何?權者反於經,然後有善者也。",後世蓋有廢置其君如奕棋者矣。聖人作經,本以明其理也。自傳者學不知道,妄爲之説,而是非易位,義利無別。其極於下之僭上,卑之陵尊,父子相夷,兄弟爲讎,爲大臣而稱兵以向闕,出境外而矯制以行事。國家易姓,而爲其大臣者,反以盛德自居而無所愧。君如武帝,臣如雋不疑_{字曼倩,西漢渤海郡(今山東無棣)人,官至京兆尹。漢昭帝始元五年(前82),成陽人夏方遂冒充衛太子來到北門,群臣無敢辨認,雋(juàn)不疑據《春秋》成例將其拘捕,}皆以《春秋》定國論而不知其非也。此其爲害甚者,不由於敘事失實之過哉?故嘗以爲三《傳》要皆失實,而失之多者,莫如《公羊》;何、范、杜三家各自爲説,而説之繆者,莫如何休。《公羊》之失,既已略舉其一①二,而何休之繆爲尤甚。'元年,春,王正月',《公羊》不過曰'君之始年'爾,何休則曰:'《春秋》紀新王受命於魯。'滕侯卒不名②,不過曰'滕微國而侯,不嫌也',而休則曰:'《春秋》王魯,託隱公以爲始。'黜周、王魯,《公羊》未有明文也,而休乃唱之,其誣聖人也甚矣。《公羊》曰'母弟稱弟,母兄稱兄',此其言已有失矣,而休從爲之説曰:'《春秋》變周之文,從商之質,質家

---

① "二"上原脱"一"字,據吕大圭《春秋五論》補。
② "名",原作"日",誤,據吕大圭《春秋五論》改。

親親，明當親厚於群公子也。’使後世有親厚於同母之兄弟①而薄於父之枝葉者，未必不由斯言啓之。《公羊》曰：‘立適以長不以賢，立子以貴不以長。’此言固有據也，而何休乃爲之説曰：‘嫡子有孫而死，質家親親，先立弟；文家尊尊，先立孫。’使後世有惑於質文之異而嫡庶互爭者，未必非斯語禍之。其釋會戎之文，則曰：‘王者不治夷狄，録戎，來者勿拒，去者勿追也。’《春秋》之作，本以正夫夷夏之分，乃謂之‘不治夷狄’，可乎？其釋天王使來歸賵之義歸賵(fèng)：以車馬等物助喪家送葬，則曰：‘王者據土與諸侯分職，俱南面而治，有不純臣之義謂天子以諸侯爲賓，而非臣，意味君臣關係發生了變化。’《春秋》之作，本以正君臣之分，乃謂‘有不純臣之義’，可乎？”語出呂大圭《呂氏春秋或問》附《春秋五論・論五》。

　　錫瑞案：宋儒不信古義而好駁難，是一時風氣，不足怪。其最不可訓者，則誤沿當時猜防疑忌之習，反以古訓爲助亂之階，非止上誣古人，且恐下惑後世。胡安國《春秋傳》，發明尊王攘夷之義於南宋初，切中時勢，而解“翬帥師”之類，以權臣主兵爲大戒。胡氏《春秋傳》卷二解“秋，翬帥師”曰：“按《左氏》：‘諸侯謀伐鄭，宋公使來乞師，公辭之，羽父請以師會之，公弗許，固請而行。’《易》曰：‘履霜，堅冰至。履霜，陰始凝也，馴致其道，至堅冰也。’臣弑其君，子弑其父，非一朝一夕之故，其所由來者漸矣，由辨之不早辨也。宋人來乞師而公辭之，羽父請以師會而公弗許，其辭而弗許，義也。翬以不義強其君，固請而行，無君之心兆矣。夫公子、公孫升爲貴戚之卿者，其植根膠固，難御於異姓之卿，況翬已使主兵而方命乎？隱公不能辨之於早，罷其兵權，猶使之帥師也，是以及鍾巫之禍。《春秋》於此去其‘公子’，以謹履霜之戒。”王夫之論之曰：“王之尊，非唯喏趨伏之可尊；夷之攘，非一身兩臂之可攘。岳侯之死，其説先中於庸主之心矣。”語出王夫之《宋論》卷十。王氏之

駁《胡傳》，誠非苛論。宋懲黃袍加身之事，首奪將帥之權，子孫傳爲家法，賢者限於習俗。南宋之初，欲雪國恥，正賴師武臣力，乃諸將稍稍振起，秦檜奪其兵而殺之廢之。胡氏與檜，薰蕕不同薰蕕:香草和臭草,比喻善惡、賢愚、好壞等，而誤加推薦，蓋由於議論之偶合，而實因經義之不明。岳侯之死，雖未可以咎胡，而解經不精以致誤國，亦有不得辭其咎者。呂氏此論，多以後世之亂歸咎漢人，不知漢人但解經義，何能豫防後世之亂？奸人引古藉口，何所不至？曹丕自比舜、禹，豈得以舜、禹禪讓爲非？王莽自比周公，豈得以周公居攝爲誤？廢君者自比伊尹，豈得疑伊尹爲篡？反上者自比湯、武，豈得疑湯、武爲弑乎？若以僭上陵尊，相夷爲讎，歸咎《公》《穀》，孔子作《春秋》時已有弑君父者，亦《公》《穀》爲之乎？黜周王魯，變文從質，母弟稱弟，母以子貴，親親立弟，尊尊立孫，《公羊》雖不皆有明文，董子當《公羊》初著竹帛之時，其書已有明文。呂氏但責何休，而不知其本於董子，是董子書并未得見，何足以言《春秋》義乎？“來者勿拒，去者勿追”，并無語弊。呂以爲非，將來者拒之，去者追之乎？王者、諸侯分土，有不純臣之義，封建時本如是，豈可以一統時世并論乎？《容齋隨筆》有“二《傳》誤後世”一條見《容齋續筆》卷二，以《左氏》“大義滅親”、《公羊》“母以子貴”并論，與呂氏所見同。

204. 論黃澤、趙汸説《春秋》有可取者，而誤信杜預，仍明昧參半

黃澤曰黃澤:字楚望,原籍資州（今四川資中）,後遷江西九江。曾任景星書院、東湖書院山長,元代經學家,著有《易學濫觴》《春秋指要》等。趙汸曾師從之:“春秋以前，禮法未廢，史所書者，不過君即位、君薨葬、

逆夫人、夫人薨葬、大夫卒、有年無年、天時之變、郊廟之禮、諸
侯卒葬、交聘會朝,大抵不過如此爾。無有伐國、圍城、入某國
某邑等事也。其後禮法既壞,史法始淆亂,如隱公元年除書及
邾、宋盟,公子益師卒外,其餘皆失禮之事。如不書即位,是先
君失禮,爲魯亂之本;鄭伯克段,是兄不兄,弟不弟;天王歸仲
子之賵,則失禮顯然;祭伯來,則不稱使。舉一年如此,則二百
四十二年可知。如此,則夫子《春秋》安得不作?"見元人趙汸《春
秋師說》卷上。

錫瑞案:黃氏之說甚是,據此,可見《春秋》"凡例"必不出
自周公。周公時,天子當陽喻指帝王登位,諸侯用命,必不容有
伐、滅、圍、入等事,故柳宗元、陸淳皆有此疑。黃氏所見,與柳
氏、陸氏同,而說加詳。然則韓宣之單辭,杜預之謬解,不當以
汩亂《春秋》明矣。乃黃氏既知此義,又曰:"《春秋》凡例,本
周公之遺法,故韓宣子適魯,見《易·象》與魯《春秋》,曰:'周
禮盡在魯矣,吾乃今知周公之德,與周之所以王①。'此時未經
夫子筆削,而韓宣子乃如此稱贊者,見得魯之史與諸國迥然不
同故也。"語出趙汸《春秋師說》卷上《論魯史策書遺法》。案黃氏前後
之說大相矛盾,謂"凡例本周公遺法",然則伐、滅、圍、入,周
公之時已有之乎?"魯史與諸國迥然不同",然則孟子云:"晉
之《乘》,楚之《檮杌》,魯之《春秋》,一也。"又何説乎? 此等
皆由惑於杜預之說,先入爲主,故雖於《春秋》有所窺見,而其
說半明半昧。凡經學所以不明者,由爲前人之説所壓,不知前
人與前人説各不同,有是有非,所當審擇。其審擇是非之法,
當視前人之年代先後與其人之賢否。如杜預解《春秋》,與孟
子全然反對。以年代論,則孟子在五百餘年之前,杜預在五百

---

① "周"下原衍"公"字,據《左傳·昭公元年》删。

餘年之後；以賢否論，則孟子爲命世亞聖，杜預爲黨逆亂臣。其所說之是非，自不待辨而決。而自杜解孤行之後，學《春秋》者誤守其說，盡反孟子之說以從之。黃氏於《春秋》，自謂功力至深，亦未能免此失。所以一知半解，間有所窺，而大義微言終不能喻也。其徒趙汸說《春秋》，亦得失互見，大率本其師說。（黃氏謂："孔子非史官，何由得見國史？蓋魯之史官以孔子是聖人，乃稟君命使其刊正。"又謂："公羊氏五世傳《春秋》，左氏增年傳文亦當是其子孫所續，故通謂之《左氏傳》。"二說皆有思想，而無所依據。）

205. 論趙汸說《春秋》策書、筆削近是，孔廣森深取其書而亦不免有誤

趙汸《春秋集傳序》曰："策書之例十有五，而筆削之義有八。策書之例十有五：一曰君舉必書，非君命不書。二曰公即位不行其禮不書。三曰納幣、逆夫人、夫人至、夫人歸，皆書之。四曰君、夫人薨，不成喪不書葬，不用夫人禮則書卒，君見弒則諱而書薨。五曰適子生則書之，公子、大夫在位書卒。六曰公女嫁爲諸侯夫人，納幣、來逆、女歸、娣婦、來媵、致女、卒葬、來歸娣婦：兄妻稱弟妻爲娣婦。致女：古代國君嫁女之後，派遣大夫前往聘問的一種禮式。來歸：前來饋送，皆書，爲大夫妻，書來逆而已。七曰時祀、時田，苟過時越禮則書之，軍賦、改作逾制，亦書於策，此史氏之録乎內者也。八曰諸侯[①]有命告則書，崩卒不赴則不書，禍福不告亦不書，雖及滅國，滅不告敗，勝不告克，不書於策。九曰雖伯主之役令，不及魯，亦不書。十曰凡諸侯之女行，惟王后書，適諸侯，雖告不書。十一曰諸侯之大夫奔，有玉

---

① "諸侯"下原衍"事"字，據趙汸《春秋集傳原序》删。

帛之使則告,告則書。此史氏之録乎外者也。十二曰凡天子之命無不書,王臣有事爲諸侯,則以内辭書之。十三曰大夫已命書名氏,未命書名,微者名氏不書,書其事而已,外微者書人①。十四曰將尊師少稱將,將卑師衆稱師,將尊師衆稱某帥師,君將不言帥師。十五曰凡天災、物異無不書,外災告則書之。此史氏之通録乎内外者也。

　　"筆削之義有八:一曰存策書之大體。凡策書之大體,曰天道,曰王事,曰土功,曰公即位,曰逆夫人、夫人至、世子生,曰公、夫人外如,曰薨葬,曰孫,曰夫人歸,曰内女卒葬,曰來歸,曰大夫、公子卒,曰公、大夫出疆,曰盟會,曰出師,曰國受兵,曰祭祀、蒐狩越禮,軍賦、改作逾制,外諸侯卒葬,曰兩君之好,曰玉帛之使。凡此之類,其書於策者,皆不削也。二曰假筆削以行權。《春秋》撥亂經世,而國史有恒體,無辭可以寄文,於是有書有不書,以互顯其義。書者筆之,不書者削之,其筆削大凡有五:或略同以存異,公行不書致之類也;或略常以明變,釋不朝正、内女歸寧之類也朝正:古代諸侯和臣屬在正月朝見天子。内女:與王同姓的女子。歸寧:已嫁女子回娘家看望父母;或略彼以見此,以來歸爲義則不書歸、以出奔爲義則殺之不書之類也;或略是以著非,諸侯有罪及勤王復辟不書之類也勤王:君主統治受到威脅時,臣子起兵救援王朝;或略輕以明重,非有關於天下之故不悉書是也。三曰變文以示義。《春秋》雖有筆有削,而所書者皆從主人之辭。然有事同而文異者,有文同而事異者,則予奪無章而是非不著,於是有變文之法焉。將使學者即其文之異同②詳略以求之,則可別嫌疑、明是非矣。四曰辨名實之

────────────

① "人"字原脱,據趙汸《春秋集傳原序》補。
② "異同",原作"是非",誤,據趙汸《春秋集傳原序》改。

際，亦變文也。正必書王，諸侯稱爵，大夫稱名氏，四夷大者稱子四夷：古代華夏族對四方少數民族的統稱，此《春秋》之名也。諸侯不①王而伯者興，中國無伯而夷狄橫，大夫專兵而諸侯散，此《春秋》之實也。《春秋》之名實如此，可無辨乎？於是有去名以全實者，征伐在諸侯，則大夫將不稱名氏，中國有伯，則楚君侵伐不稱君；又有去名以責實者，諸侯無王，則正不書王，中國無伯，則諸侯不序君，大夫將，略有恒稱則稱人。五曰謹華夷之辨，亦變文也。楚至東周，强於四夷，僭王猾夏猾：擾亂，侵犯，故伯者之興，以攘卻爲功。然則自晉伯中衰，楚益侵陵中國，俄而入陳、圍鄭、平宋，盟於蜀、盟於宋、會於申，甚至伐吳、滅陳、滅蔡，假討賊之義號於天下，天下知有楚而已。故《春秋》書楚事，無不一致其嚴者，而書吳、越與徐，亦必與中國異辭，所以信大義於天下也信：通"伸"，伸張。六曰特筆以正名。筆削不足以盡義，而後有變文。然禍亂既極，大分不明大分：多指君臣之間的名分、本分，事有非常，情有特異，雖變文猶不足以盡義，而後聖人特筆是正之，所以正其名分也。夫變文雖有損益，猶曰史氏恒辭史家習用的語詞；若特筆，則辭旨卓異，非復史氏恒辭矣。七曰因日月以明類。上下內外之無別，天道人事之反常，六者尚不能盡見，則又假日月之法區而別之。大抵以日爲詳，則以不日爲略；以月爲詳，則以不月爲略。其以日爲恒，則以不日爲變；以不日爲恒，則以日爲變，甚則以不月爲異。其以月爲恒，則以不月爲變②；以不月爲恒，則以月爲變，甚則以日爲異。將使屬辭比事以求之，則筆削、變文、特筆既各以類明，而日月又相爲經緯，無微不顯矣。八曰辭從主人。主人，謂魯

---

① "不"，原作"有"，誤，據趙汸《春秋集傳原序》改。

② "月"上原脱"不"字，據趙汸《春秋集傳原序》補。

君也。《春秋》本魯史成書,夫子作經,唯以筆削見義,自非有所是正,皆從史氏舊文,而所是正亦不多見,故曰辭從主人。此八者,實制作之權衡也。"

錫瑞案:趙氏分別策書、筆削,語多近是。《春秋屬辭》本此立說,孔廣森深取其書,惟其書學非專門,仍有未盡是者。如隱公不書即位以成公意,桓公書即位以如其意,公薨以不地見弑,公夫人出奔曰孫,凡此等皆《春秋》特筆,未必魯史有此書法。趙氏以爲存策書之大體,是猶惑於杜預之說。又信其師黃澤臆撰孔子奉君命修國史之文,不知聖人口授微言,實是私修而非官書。不信古義而臆造不經,故其所著《集傳》《屬辭》,仍不免有誤也。

206. 論"王正月"是周正,胡安國"夏時冠周月"之說,朱子已駁正之

《春秋》"王正月",三《傳》及三《傳》之注,皆云周正建子之月。《左氏傳》加一"周"字,云:"元年,春,王周正月。"語出《隱公元年》。《孔疏》:"言'王正月'者,王者革前代、馭天下,必改正朔、易服色,以變人視聽。夏以建寅之月爲正,殷以建丑之月爲正,周以建子之月爲正。三代異制,正朔不同,正是時王所建。故以'王'字冠之,言是時王之正月也。"《左氏》之增一字,可謂一字千金。《孔疏》解釋詳明,自宋以前皆無異義。胡安國《春秋傳》始有"夏時冠周月"之說,云:"以夏時冠月,垂法後世。以周正紀事,示無其位,不敢自專。"語出《春秋胡氏傳》卷一。朱子曰:"某親見文定家說。文定《春秋》說夫子以夏

時冠月①,以周正紀事。謂如'公即位',依舊是十一月,只是孔子改正作'春正月',某便不敢信。恁地時二百四十二年恁地:怎麼,夫子只證得個'行夏之時'四個字?據今《周禮》有正月,有正歲,則周實是元改作'春正月'。夫子所謂'行夏之時',只是爲他不順,欲改從建寅。如《孟子》説'七八月之間旱'《梁惠王上》句,這斷然是五六月;'十一月徒杠成徒杠:可供徒步行走的小橋,十二月輿梁成輿梁:橋樑'《離婁下》句,這分明是九月十月。"語出《朱子語類》卷八十三。黃澤曰:"近世士大夫多闢《春秋》用周正之説周正:周曆正月,以建子爲歲首,以爲時不可改,甚者至以爲月亦不可改。如'七八月之間旱',與'十一月徒杠成,十二月輿梁成',趙岐釋以周正,晦庵亦從趙岐。而近世説者以趙岐爲非,則是并晦庵皆非之矣。此是本無所見而妄生事端,以疑惑聖經,爲害不細。前世士大夫學問,卻未見有如此者。"語出趙汸《春秋師説》卷中。

　　錫瑞案:《春秋》本魯史舊文,魯史奉周王正朔,"王正月"之爲周正,無可疑者。孔子作《春秋》,述時事必不擅改周曆,以致事實不明。《春秋》之書"無冰"皆在春,此周正也。若夏正則春無冰,何足爲異?又書"冬,十月,隕霜殺菽",此周正也。若夏正,則十月隕霜,何足爲異?十月亦未必有菽。僖公三年,自去冬"十月,不雨",至春,書"王正月,不雨。夏四月,不雨"至"六月,雨"。若夏正,則六月建未之月,歷三時不雨,至六月不得耕種矣。惟六月爲周正建巳之月,得雨猶可耕種。故《春秋》是年不書旱,亦不書饑,《傳》曰:"不爲災也。"此顯有可據者。乃胡氏諸人好逞異説,此宋人説經所以多不可從。朱子不以《胡傳》爲然,此朱子在宋儒之中所以爲最篤實。乃

---

　　①　"月"上原衍"周"字,據《朱子語類》卷八十三删。

其弟子蔡沈解《尚書》，以爲商、周不改月，不守師説，殊不可解。《春秋》爲後王立法，漢儒以爲素王改制，實有可據，而後人必不信。《春秋》雖爲後王立法，不能擅改時王正朔。宋儒以爲夏時冠周月，實不可據，而後人反信之，是末師而非往古，豈非顛倒之甚！

207. 論三《傳》皆專門之學，學者宜專治一家，治一家又各有所從入

漢十四博士今文之學，今多不傳。施、孟、梁丘、京《易》，歐陽、夏侯《尚書》，齊、魯、韓《詩》，皆已亡佚。惟《公羊春秋》猶存，《穀梁》亦存全書，此天之未喪斯文也。而自《左氏》孤行，二《傳》雖存若亡。陸德明作《經典釋文》，已云"二《傳》近代無講者，恐其學遂絶，故爲音以示將來"。幸而唐人雖以《左氏》列於五經，而《公羊》爲中經，《穀梁》爲小經，亦用之以取士。故士子習者雖少（見李元璀、楊瑒所奏），而書猶不至亡。啖、趙、陸兼采之以作《纂例》，宋人沿啖、趙、陸之派説《春秋》，多兼采《公》《穀》，故未至如《韓詩》之亡於北宋。惟宋尚通學，不主專門，合三《傳》爲一家，是合五金爲一爐而冶之，合三牲魚臘爲一鼎而烹之也。《春秋》是一部全書，其義由孔子一手所定，比《詩》《書》《易》《禮》不同。學《春秋》必會通全經，非可枝枝節節而爲之者。若一條從《左氏》，一條從《公羊》，一條從《穀梁》，一條從唐宋諸儒，雖古義略傳，必不免於《春秋》失亂之弊。故《春秋》一經，尤重專門之學。

國朝稽古，漢學中興，孔廣森作《公羊通義》，阮元稱爲孤家專學。然其書不守何氏義例，多采後儒之説，又不信黜周、王魯科旨，以新周比新鄭。雖有蓽路藍縷之功，不無買櫝還珠

之憾。惟何氏《解詁》與《徐疏》簡奧難讀,陳立書又太繁_{所指}為陳立所撰《春秋公羊傳義疏》七十六卷。治《公羊》者可從《通義》先入,再觀注疏。常州學派多主《公羊》,莊存與作《春秋正辭》,傳之劉逢禄、宋翔鳳、龔自珍諸人。凌曙作董子《繁露》注,其徒陳立作《公羊義疏》。治《公羊》者,當觀凌曙所注《繁露》,以求董子大義;及劉逢禄所作《釋例》,以求何氏條例;再覽陳立《義疏》,以求大備,斯不愧專門之學矣。許桂林作《穀梁釋例》、柳興恩作《穀梁大義述》、鍾文烝作《穀梁補注》,亦成一家之言。《穀梁》不傳三科九旨,本非《公羊》之比,惟其時、月、日例,與《公羊》大同小異。詳略互見,可以補《公羊》所未及。治《穀梁》者,先觀《范解》《楊疏》及許桂林《釋時月日例》。許書簡而有法,如"公子益師卒",《傳》云:"大夫日卒,正也。不日卒,惡也。"何休《廢疾》已引"公子牙、季孫意如何以書卒"難之,鄭君所釋,亦不可通。許據《左氏》"公不與小斂",謂不與小斂即是惡,乃得其解。柳興恩、鍾文烝皆據《穀梁》"謹始",謂隱公之讓為不能正始,柳興恩至以亂臣賊子斥隱公。夫以讓國之賢君而斥為亂賊,則篡弒之桓公,將何以處之乎?《春秋》善善從長,必不如此深刻;《穀梁》惡桓而善隱,其義亦不如此之刻也。《穀梁》義例多比附《公羊》,故治《穀梁》不如治《公羊》,治《公羊》乃可兼采《穀梁》。如《穀梁》桓二年《傳》:"或曰,其不稱名,蓋為祖諱也,孔子故宋也。"是比附《公羊》"故宋"而失其旨之證。成九年《傳》:"不言戰,以鄭伯也。為尊者諱恥,為賢者諱過,為親者諱疾。"是比附《公羊》"為親者諱"而失其旨之證_(《春秋》為親者諱惟魯)。昭二十一年《傳》:"東者,東國也。曰東,惡之而貶之也。"是比附《公羊》"譏二名"而失其旨之證。_{公羊學以為,起兩個字的名字不合於古禮,僅是"春秋之制",故譏之。《公羊傳‧定公六年》於經文"季孫斯、仲孫忌}

帥師圍運"下云："此仲孫何忌也,曷爲謂之仲孫忌？譏二名,二名非禮也。"若《左氏》不傳《春秋》,亦有"譏二名"之説,云"先名武庚,乍名禄父",則尤不知而强説者。治《左氏》者,先觀《杜解》《孔疏》,再及李貽德《賈服輯述》以參考古義,顧棟高《春秋大事表》以綜覽事實。然亦只是《左氏》一家之學,於《春秋》之微言大義無甚發明。

208. 論俞正燮説《春秋》最謬,乃不通經義、不合史事、疑誤後學之妄言

　　近人説《春秋》者,俞正燮爲最謬。其《公羊傳及注論》曰："《公羊傳》者,漢人所致用,所謂漢家自有法度,奈何言王道？《公羊》集酷吏佞臣之言,謂之經義,漢人便之,謂之通經致用。"_{语出俞正燮《癸巳存稿》。}

　　錫瑞案："漢家自有制度"_{語出《漢書·元帝紀》},乃宣帝之言。宣帝好《穀梁》,非尊《公羊》者。通經致用,乃西漢今文之學簡明有用,如《禹貢》治河、《洪範》察變之類,非止《春秋》一經。俞云"《公羊》集酷吏佞臣之言",酷吏似指張湯_{西漢杜陵(今陝西西安)人,武帝時曾任太中大夫、廷尉、御史大夫,爲史上有名酷吏,常以《春秋》決獄},佞臣似指公孫弘。《史記·酷吏列傳》曰："是時,上方鄉文學_{鄉(xiàng):嚮往,景仰},湯決大獄,欲傳古義,乃請博士弟子治《尚書》《春秋》,補廷尉史,亭疑法_{公平處理疑難案件}。"又曰："依於文學之士,丞相弘數稱其美。"又《平準書》曰："自公孫弘以《春秋》之義繩臣下,取漢相,張湯用峻文決理爲廷尉,於是見知之法生_{漢律,吏知他人犯罪而不舉,以故縱論處,謂}"見知法",而廢格、沮誹、窮治之獄用矣_{廢格:作"廢閣",擱置而不實施。沮誹:詆毀,誹謗。窮治:徹底查辦}。"據《史記》,則弘、湯希世用

事希世：迎合世俗，見《公羊傳》有貶絶之義、無將之誅貶絶：貶抑至極點。無將：存叛逆之心，傅會之以行慘酷之法，要非《公羊》所能逆料。俞氏以爲《公羊》罪案，則《莊子》云“儒以《詩》《禮》發冢”語出《外物篇》。發冢：發掘墳墓，可以發冢歸罪《詩》《禮》？王莽動託《周官》，可以王莽歸罪《周官》乎？《公羊傳》由胡毋生著竹帛，公孫弘受學胡毋生，則《公羊》成書必不在弘、湯用事之後。據俞氏説，似作《公羊傳》者集弘、湯之言爲之，年代不符，甚不可通。若酷吏佞臣不指弘、湯，則胡毋生之前酷吏佞臣爲何人，更無可據。《漢書·董仲舒傳》曰：“仲舒在家，朝廷如有大議朝廷集議國家大事，使使者及廷尉張湯就其家而問之，其對皆有明法。”《後漢書·應劭傳》曰：“故膠西相①董仲舒老病致仕古代指官員退休，朝廷每有政議，數遣廷尉張湯親至陋巷，問得失，於是作《春秋決獄》二百三十二②事，動以經對。”據此，則張湯用法，嘗詢仲舒。《漢·藝文志》“《董仲舒治獄》十六篇”久亡，《通典》《六帖》《御覽》共載六事，引《春秋》義以斷當時之獄，多以爲某人罪不當坐判罪。蓋以漢法嚴酷，持議多歸仁恕，與弘、湯之慘刻異趣。《繁露·郊祀對》仲舒答張湯問鳧鶩之類《春秋繁露》卷十五原文作：“臣湯問仲舒：‘魯祭周公用白牡，其郊何用？’臣仲舒對曰：‘魯郊用純騂犅，周色上赤，魯以天子命郊，故以騂。’臣湯問仲舒：‘祠宗廟或以鶩當鳧，鶩非鳧，可用否？’仲舒對曰：‘鶩非鳧，鳧非鶩也。臣聞孔子入太廟每事問，慎之至也。陛下祭躬親，齋戒沐浴，以承宗廟，甚敬謹，奈何以鳧當鶩、鶩當鳧，名實不相應，以承太廟，不亦不稱乎？臣仲舒愚以爲不可。臣犬馬齒衰，賜骸骨，伏陋巷，陛下乃幸使九卿問以朝廷之事，臣愚陋，曾不足以承明詔，奉大對。臣仲舒昧死以聞。”，亦不盡屬刑法，則不能以張湯之法歸咎仲舒，尤不能歸咎《公羊》矣。

---

① “膠西”下原脱“相”字，據《后漢書·應劭傳》補。
② “二百三十二”，原作“二百三十三”，誤，據《后漢書·應劭傳》改。

三科九旨,《繁露》書明言之,俞云:"董仲舒未敢言而心好之,故陷呂步舒之獄。"以俞氏之博,似并未見《繁露》,殊不可解。何休《解詁》曰:"自王者言之,以①屈遠世子在三公下。"引《禮・喪服》爲證。何氏解《禮》即不當,亦無關《春秋》大義。俞以此爲何氏罪案,謂以己得公府掾之故<small>公府掾(yuàn):漢代官名,最高行政機關成員,皇帝及三公的重要助手。</small>論古人當平心静氣,不當鍛煉以入人罪。必欲深文鍛煉,謂何氏因己爲公府掾故崇重三公,亦安知俞氏非因己爲時相所扼,故卑抑三公乎?<small>(俞爲董誥所扼,不得進士。)</small>孟子曰:"《春秋》,天子之事也。"又曰:"孔子成《春秋》而亂臣賊子懼。"《公羊》家説與孟子合。若《左氏》家説經承舊史,無"素王"之法,則天子之事安在?曰:"凡弑君,稱君,君無道也;稱臣,臣之罪也。"如其説,則君無道,而弑君之臣無罪。傳文於殉君之孔父、苟息并無褒辭,而弑君之趙盾、欒書反加稱許,且有"君臣無常位"之言<small>(《左氏》據事直書,初無成見,杜預張大其説,與《春秋》之義相反)</small>,是《春秋》成而亂臣賊子喜矣。如俞氏説,不亦可云《左氏》集亂臣賊子之言,謂之經義乎?俞氏曰:"《左氏》,萬世之書也。《公羊傳》,漢廷儒臣通經致用干禄之書也。何休所説,漢末公府掾致用干禄之書也。"請爲更正之曰:"《公羊傳》,經學也,一字褒貶,孔子作《春秋》之義本如是也。《左氏傳》,史學也,據事直書,不立褒貶,雖不傳《春秋》而書不可廢也。"俞氏所説,乃不通經義、不合史事、疑誤後學之妄言也。

---

① "以"字原脱,據《春秋公羊傳注疏》卷十補。

209. 論《春秋》明王道、絀詐力，故特褒宋襄而
借以明仁義行師之義

　　嘗讀《春秋》而有感焉，《春秋》據亂而作，亂莫甚於戰争。
孟子曰："春秋無義戰。彼善於此，則有之矣。"今據《公羊》之
傳，推孟子之義，而知孟子之善説《春秋》也。《春秋》託始於
隱，隱二年，"無駭帥師入極"，《傳》曰："何以不氏？ 疾始滅也
憎惡極國開始滅國。"然則後之滅人國者，皆《春秋》之所疾矣。四
年，"莒人入杞，取牟婁杞邑名，今山東諸城"，《傳》曰："外取邑不
書，此何以書？ 疾始取邑也。"然則後之取人邑者，皆《春秋》
之所疾矣。桓七年，"焚咸丘魯地，今山東巨野東南"，《傳》曰："以
火攻也，何言乎以火攻？ 疾始以火攻也。"然則後之以火攻
者，皆《春秋》之所疾矣。《春秋》戰例時，偏戰日，詐戰月（《左
氏》凡例，"凡師，敵未陳曰敗某師"，即詐戰。"皆陳曰戰"，即偏戰）。桓十
年"冬，十有二月，丙午，齊侯、衛侯、鄭伯來戰於郎"，僖元年
"冬，十月，壬午，公子友帥師敗莒師於犁，獲莒挐一作莒拏，莒國
大夫"，僖十五年"十一月，壬戌，晉侯及秦伯戰於韓，獲晉侯"，
僖二十二年"冬，十有一月，己巳朔，宋公及楚人戰於泓，宋師
敗績"，文七年"夏，四月，戊子，晉人及秦人戰於令狐晉地，今山
西臨猗西"，十二年"冬，十有二月，戊午，晉人秦人戰於河曲晉
地，今山西芮城西風陵渡一帶"，《傳》皆以爲偏戰各據一方的戰争，是彼
善於此者，猶愈於詐戰也。宋、楚戰泓古水名，故道在今河南柘城西
北，《傳》曰："偏戰者日爾各據一方的交戰不過記下日子罷了，此其言
朔何朔：農曆每月初一？《春秋》辭繁而不殺者用語繁而不省，正也突

出正道①。君子大其不鼓不成列，臨大事而不忘大禮，有君而無臣，以爲雖文王之戰，亦不過此也。”是宋襄戰泓爲善之善者，故夫子特筆褒之。董子《繁露·王道》《俞序篇》、《史記·宋世家贊》、《淮南·泰族訓》、《白虎通·號篇》、何氏《穀梁廢疾》，皆褒宋襄。

　　錫瑞案：《司馬法》曰：“逐奔不過百步，從綏不過三舍從綏：縱綏，追趕敗退的軍隊。三舍：古代一舍三十里，三舍爲九十里，明其禮也；不窮不能而哀憐傷病，明其仁也；成列而鼓，明其信也；爭義不爭利，明其義也。”語出《司馬法·仁本》。據此，則“不鼓不成列不攻擊沒有排好隊列的敵人”，“不重(chóng)傷不再次傷害已經受傷的人”，“不禽二毛禽：“擒”之古字，擒獲。二毛：頭髮斑白，指老年人”，本古軍禮之遺。古禮不行，而《老子》有“以奇用兵”之言，談兵者謂兵不厭詐，宋襄獨行古禮，宜世皆迂之矣。《穀梁》《左氏》不以宋襄爲是，狃於後世詐力之見狃(niǔ)：局限。詐力：欺詐暴力。《左氏》書之善，在明典禮，詳事實。而淺人武夫但以爲善言兵，故隗禧以《左氏》爲相斫書。《左氏》述子魚之言子魚：宋襄公庶兄，名目夷，訾宋襄者以爲口實，不知《宋世家》亦載子魚“兵以勝爲功”之言。而史公作《贊》，必褒宋襄之禮讓者，以《春秋》撥亂之旨，具在此也。當其時，戰禍亟矣，獨有一宋襄公能明王道、絀詐力，故《春秋》特褒之，而借以明仁義行師之義，以爲後之用兵者能如宋襄之言，則戰禍少紓解除，排除，民命可保矣。春秋時，宋華元、向戌皆主弭兵平息戰爭，停止戰爭，其後墨翟、宋牼以禁攻寢兵爲務寢兵：義猶“弭兵”，似聞宋襄仁義之風而興起者。《左氏》載子罕之言以斥向戌事見《左傳·襄公二十七年》，宋左師向戌請求賞賜城邑，子罕以爲“無厭之甚”，向戌聞之乃辭而不

————————

① “正”字原脫，據《春秋公羊傳注疏》卷十二補。

受,似亦近正,然不得以弭兵爲非。兵雖不能終弭,弭一日,緩一日之禍也。痛乎! 何劭公之言火攻也,曰:"征伐之道,不過用兵,服則可以退,不服則可以①進。火之盛炎,水之盛衝,雖欲服罪,不可復禁,故疾其暴而不仁也。"語出《春秋公羊傳注疏》卷五。今之戰事,專尚火攻,其暴而不仁,又百倍於東周之世。西人近講公法指國際法則,開弭兵會,似得《墨子》兼愛、非攻之旨。若進之以《春秋》之義,明王道,絀詐力,戰禍庶少瘥乎瘥(cuó):牽累,勞累!

---

① "可以"上原衍"不"字,據《春秋公羊傳注疏》卷五删。

圖書在版編目（CIP）數據

經學通論/(清)皮錫瑞著；周春健校注. --修訂本. --北京：
華夏出版社有限公司，2021.4
　（中國傳統：經典與解釋）
　ISBN 978-7-5222-0038-5

Ⅰ.①經… Ⅱ.①皮… ②周… Ⅲ.①經學－研究 Ⅳ.①Z126

中國版本圖書館 CIP 數據核字 (2020) 第 223350 號

經學通論（修訂本）

作　者	[清]皮錫瑞	
校　注	周春健	
責任編輯	王霄翎	
特邀編輯	朱綠和	
責任印制	劉　洋	
出版發行	華夏出版社有限公司	
經　銷	新華書店	
印　刷	北京匯林印務有限公司	
裝　訂	北京匯林印務有限公司	
版　次	2021 年 4 月北京第 1 版 2021 年 4 月北京第 1 次印刷	
開　本	880×1230　1/32	
印　張	17.5	
字　數	460 千字	
定　價	118.00 元	

華夏出版社有限公司　　地址:北京市東直門外香河園北里 4 號　郵編:100028
　　　　　　　　　　　網址:www.hxph.com.cn　電話:(010)64663331(轉)
若發現本版圖書有印裝質量問題，請與我社營銷中心聯繫調換。

经典与解释辑刊